本书为中国人民大学科学研究基金项目
"新时代背景下中国社会不平等研究"（批准号：21XNLG06）的成果

明德群学
总主编 ◎ 冯仕政

明德群学
中国社会变迁
李路路 主编

当代中国社会分层与流动研究手册（上）

李路路　朱斌　……　主编

中国人民大学出版社
·北京·

编委会名单

编委会主任：冯仕政

编委会副主任：李路路　富晓星　奂平清　陈那波

编委会委员（按姓氏音序排列）
黄家亮　李迎生　陆益龙　孙　权
王水雄　谢立黎　张会平　赵旭东
赵延东　朱　斌

总　序

一八九五年，其时之中国，积弱不振，在甲午战争中节节败退。作为中国第一批留学生中的一员、北洋水师学堂的总教习，严复先生对国事深感痛惜，扼腕奋舌，发表《原强》一文，文中先谈达尔文进化论的思想，后论斯宾塞的社会学原理。在文中，严复首次使用"群学"概念翻译"sociology"一词，该概念借自荀子"人之所以异于禽兽者，以其能群也"，严复称群学之中心为"人伦之事"，认为斯宾塞之群学"约其所论，其节目支条，与吾《大学》所谓诚正修齐治平之事有不期而合者"，而《大学》中言，"诚、正、修、齐、治、平"为"明德"之道，所以，"明德群学"在社会学引入中国之始，便已是题中应有之义，严复先生所论之群学，也从一开始就和国家强盛之道关联在一起。严复先生从洋务运动的失败进而思考国家强盛的根本，认为国家富强之道在于鼓民力、开民智及新民德，此三者为强国之本。

一八九七年起，严复先生陆续翻译了英国社会思想家斯宾塞《社会学研究》一书中各篇，一九〇三年结集出版时取译名为《群学肄言》。该书是斯宾塞关于社会学的奠基性作品，主要讨论社会学的基本方法论问题，从日常的生活现象开始，分析社会现象为什么需要科学的研究，回答社会学能否成为科学，鼓励人们摆脱以"上帝""伟人"视角来对社会做出解释的习惯，从中抽离和"祛魅"。在该书中，斯宾塞分析了社会现象的特性以及开展针对社会现象之科学研究的困难，系统地阐述了可能影响社会现象之研究结果的各种因素。对于严复先生而言，尽管斯宾塞之群学和中国圣贤之论有不期而合者，但斯宾塞所论述的群学是成体之学，是有体系的科学新理。严复表明他的翻译及论著均旨在以西方科学新理重新解释中国过去治乱兴衰的根源，并据此提出其救亡经世之方，所谓"意欲本之格致新理，溯源竟委，发明富强之事"。

时至今日，距严复先生发表《原强》一文，已然一百多年，斗转星移，沧海桑田，中国的社会发生了翻天覆地的变化：中国建成了世界上规模最大的教育体系、社会保障体系、医疗卫生体系，全体人民摆脱绝对贫困，生活全方位改善，人均预期寿命、人均受教育程度、居民人均可支配收入均持续提高，严复先生一百多年前的强国梦想，已经在一代一代中国人的努力下阶段性地实现。当然，我们仍然面临新的问题，人民日益增长的美好生活需要和不平衡不充分的发展之间的矛盾仍然存在，城乡和区域间的发展差距仍然显著，人口增长开始步入下降通道，未富先老问题正在显现，实现高质量的发展仍需努力。挑战总在不断出现，有些是中国所独有的，也有些是人类所共同面对的，在斯宾塞先生的故乡——英国，也产生了众多斯宾塞不曾预料到的问题：移民无序涌入、政治分裂、社会福利不公、社会流动困难等等。全球共此凉热，人类社会迎来了日新月异的技术变化，唯对我们自身的了解和研究并没有迎来同等水平的提高和进步，社会学研究也因此依然任重道远。

中国人民大学的社会学学科肇基于中国人民大学的前身——陕北公学（1937年），社会学系是陕北公学首创的五个学系之一，且为当时招生规模最大的学系。1950年中国人民大学命名组建后，陈达、李景汉、吴景超、赵承信、戴世光、陈文仙、全慰天等一大批老一辈社会学家来中国人民大学工作，为中国人民大学社会学学科的发展建立了优良的传统，奠定了坚实的基础。在改革开放新时期，以郑杭生、刘铮、邬沧萍、沙莲香为代表的社会学家，带领广大师生高举建设"中国特色社会学"的旗帜，面向国民经济和社会发展需要，扎根中国大地，一代接力一代开展学科建设，中国人民大学社会学逐渐发展为二级学科门类齐全，师资力量雄厚，培养体系完整，在学科建设、科学研究、人才培养、资政启民等方面均具有重要影响的中国社会学教学和研究重镇。

2022年4月25日，习近平总书记在中国人民大学考察时强调要"加快构建中国特色哲学社会科学，归根结底是建构中国自主的知识体系"。中国正在经历一个伟大的时代，面对百年未有之大变局。伟大的时代将会催生伟大的作品和伟大的理论，社会学有着更大的责任去发挥学科所长，深入调研和了解中国，以中国之实践滋养中国之知识、中国之理论，建构中国之自主知识体系。

为进一步推动中国社会学学科发展，服务中国社会建设和社会治理实践，中国人民大学社会学学科组建"明德群学"丛书系列。丛书暂设以下分系列："中国社会变迁"丛书，由李路路教授主编；"中国社会学史论"丛书，由奂平清教授主编；"社会治理与社会政策"丛书，由陈那波教授主编。"明德群学"丛书系列将有组织地汇集社会学一级学科下众多优秀作品，聚焦中国社会建设和社会治理的伟大实践，聚力推进中国式现代化进程，致力构建中国社会学自主知识体系，以"群学"求"明德"，为实现中华民族伟大复兴的中国梦做出学科应有的贡献。

作者简介

（按姓氏首字母排列）

边燕杰，西安交通大学"领军人才"项目特聘教授、实证社会科学研究所所长，美国明尼苏达大学社会学终身教授。长期从事经济社会学、社会分层与流动、社会网络与社会资本研究，创立了中国主体话语的关系社会学，与中国人民大学李路路教授共同创立"中国综合社会调查"（CGSS）。Elsevier2014—2022历年全球高被引学者，中国组织管理研究国际学会（IACMR）2020年杰出学术贡献奖获奖者，2023年进入"世界最有影响学者"榜单。目前率领团队开展中国式现代化视域下的关系社会学理论创新、铸牢中华民族共同体意识的关系机制等研究。

程诚，东南大学人文学院社会学系副教授、博士生导师。研究领域包括：社会网与社会资本、社会分层与流动、数字社会学、社会研究方法。主持国家社科基金、江苏省社科基金重点项目等10余项科研项目，在《社会学研究》、*Chinese Sociological Review*等中英文期刊发表论文40余篇，出版学术专著1部，先后5次获得省部级优秀成果奖。

范晓光，浙江大学公共管理学院"百人计划"研究员，国际社会学会理性选择研究专委会（RC45）理事。研究领域为社会转型与分层、计算社会科学、精英社会学和科学社会学等。代表作包括《中国城乡居民的阶层地位认同偏差》《中国私营企业主的"盖茨比悖论"——地位认同的变迁及其形成》《中国社会学人的"本土化"意识与知识生产》等。

何晓斌，清华大学社会科学学院社会学系长聘副教授、博士生导师，县域治理研究中心主任，2022年度某国家级青年人才项目获得者，美国斯坦福大学统计学硕士和社会学博士。研究领域包括经济与组织社会学、社会转型与社会治理等，目前已经在中英文期刊上发表论文80多篇，出版学术专著3部。代表作包括《中国体制转型与城镇居民家庭财富分配差距——一个资产转换的视角》《工作权威、工作自主性与主观阶层认同形成——基于创业者劳动过程的实证研究》等。

洪岩璧，东南大学人文学院社会学系教授，研究领域为社会分层与流动、教育社会学、医疗健康社会学。主持国家社科基金重大项目、青年项目，教育部人文社科研究项目等科研项目，在《社会学研究》等中英文期刊发表论文20余篇，出版英文学术专著1部、编著1部。

贾文娟，上海大学社会学院副教授、博士生导师，哈佛燕京学社访问学者，上海市晨光学者、曙光学者、高校青年东方学者。研究方向为劳动社会学、组织社会学，对农民工城市化、国企转型升级、新劳动等议题进行了长期研究。在《社会学研究》等刊物发表论文30余篇，出版学术专著2部，承担国家社科基金青年项目等项目10余项。

李丁，中国人民大学社会学院、中国调查与数据中心副教授。主要研究城镇化、数字化背景下的社区治理、社会不平等与流动、青年发展与群团组织。开设"社会研究方法""数据科学与社会研究""互联网与社会""城市社会学""城市社区研究"等课程，著有《跳出农门：农民子女的职业非农化与身份市民化》，论文见于《人口研究》《中国人口科学》《社会》《开放时代》等期刊。

李双龙，日本九州大学社会学博士，华东政法大学"经天学者"、社会发展学院教授。主要研究社会态度、政治社会学、健康社会学以及社会信用。研究成果发表于 *The China Quarterly*、*Social Science and Medicine*、*Journal of Contemporary China*、*Social Indicators Research*、《社会》等期刊，兼任 *British Journal of Sociology*、*Social Science and Medicine*、*Social Science Research*、*Political Psychology*、*Chinese Sociological Review*、《社会》、《社会学评论》、《公共行政评论》等近30本中英文代表性期刊审稿专家。

李雪，复旦大学社会学系副教授，研究领域为全球化、政治社会学、社会不平等与社会政策。相关论文发表于《社会学研究》、《中国社会科学》、《社会学评论》、*American Sociological Review*、*Population, Space and Place*、*Journal* *of Asian Public Policy* 等中英文期刊，出版专著《社会学视野中的全球化与现代国家》(2018)。主持国家社科基金一般项目等研究项目。曾获中国社会学年会优秀论文一等奖，上海市哲学社会科学优秀成果奖一等奖，上海市社会学学会优秀论文一等奖。

李忠路，山东大学哲学与社会发展学院教授、博士生导师。主要从事社会心态与价值观、社会分层与流动、教育社会学等领域研究，相关论文发表于《社会学研究》《社会》、China Quarterly、Chinese Sociological Review 等中英文期刊。主持国家社科基金重大项目子课题、教育部人文社科研究项目多项。获山东省社科优秀成果奖一等奖、深圳市哲学社会科学优秀成果一等奖、《社会》杂志优秀作者奖等奖励。

梁海祥，上海社会科学院社会学研究所助理研究员。主要研究方向为健康不平等、社会分层与流动、都市社会学等。出版学术专著《青少年健康不平等：生成机制及结果》。主持国家社科基金青年项目、上海市社科规划课题和上海市浦江人才项目各1项。

吕鹏，中国社会科学院社会学研究所研究员，中国社会科学院大学社会与民族学院教授、博士生导师。主要研究方向为社会分层与流动、政商关系、企业家成长与传承、互联网平台治理与技术应用。出版学术专著《亲密关系的转变——地方增长联盟的诞生、破裂与修复》等。在《中国社会科学》《社会学研究》《政治学研究》等学术期刊发表多篇论文。

秦广强，中央民族大学社会学系教授、博士生导师，剑桥大学访问学者，研究领域为社会分层与流动，在《社会学研究》《社会》《社会学评论》等学术期刊发表论文30余篇，主持国家社科基金重大项目等多项项目，曾入选国家民委、中宣部等人才支持计划。

石磊，中国人民大学社会学院讲师，主要研究方向为社会分层与流动、婚姻与家庭社会学。主持国家社科基金1项，有多篇学术论文发表于《社会学研究》《人口研究》《中国人民大学学报》《青年研究》等权威期刊。

王冰，复旦大学社会学系博士研究生，主要研究方向为社会分层与流动、社区研究、教育社会学。

王鹏，复旦大学社会学系博士后，主要研究方向为社会分层与流动、价值观与社会态度、技术变迁及其社会后果。学术论文发表于《中国社会科学》、

《社会学研究》《社会》、Social Science Research、Research in Social Stratification and Mobility 等学术期刊。

王修晓，中央财经大学社会与心理学院副教授、硕士生导师，斯坦福大学访问学者。主要从事组织社会学（单位研究）、社会不平等、制度变迁等领域的研究，主持多个国家级和省部级纵向课题，在《社会学研究》《社会学评论》及《社会》等期刊发表论文 20 余篇，另有《社会学基本概念》（第二版、第三版）等译著若干。

吴开泽，华东理工大学社会与公共管理学院副教授、博士生导师。研究方向为住房分层与住房政策，在《社会学研究》《社会》《公共行政评论》、Journal of Chinese Governance 等中英文期刊发表论文 20 余篇，代表作包括《住房市场化与住房不平等——基于 CHIP 和 CFPS 数据的研究》和《房改进程、生命历程与城市住房产权获得（1980—2010 年）》等。

吴晓刚，纽约大学和上海纽约大学御风全球社会科学讲席教授，上纽大应用社会经济研究中心（CASER）主任。在此之前，吴教授在香港科技大学（HKUST）从事教育和科研工作 17 年，从社会科学部助理教授升任社会科学部和公共政策学部讲席教授。中国不平等和社会分层领域权威学者，在国际同行评议期刊上发表学术论文 70 多篇，其中包括社会学领域的一些顶级期刊，如《社会学年鉴》《美国社会学杂志》《美国社会学评论》《社会力量》《人口学》等。自 2011 年起一直担任 Chinese Sociological Review 主编，以及普林斯顿全球学者（2020—2024），国际社会学会社会分层与流动专业委员会（ISA-RC28）两届理事（2018—2026）。

项军，上海大学社会学院讲师、硕士生导师，香港博士研究生奖学金（HKPFS）和 ICS 香港中国研究奖学金获得者，曾入选上海市"超级博士后"激励计划。研究方向为社会分层与流动、户籍制度、社会心态、青年社会学等。主持多项国家级与上海市研究课题，参与编写多部著作，并在 Research in Social Stratification and Mobility、《社会学研究》《社会》等中英文期刊发表论文十余篇。

许琪，南京大学社会学院副教授，主要研究方向为家庭社会学、人口社会学、社会分层、定量研究方法。近年来主持两项国家社科基金项目，在《社会学研究》《社会》、Chinese Sociological Review、Demographic Research 等中英文期刊发表学术论文 50 余篇,出版专著和教材各一部。曾获江苏省社科优青、江苏省哲学社会科学优秀成果奖、中国人口科学优秀成果奖等荣誉称号和省部级奖项。

叶华,中山大学社会学与人类学学院副教授、博士生导师,粤港澳发展研究院双聘副教授,社会科学调查中心主任。研究领域为社会分层与流动、教育社会学。代表作包括《生育率下降与中国男女教育的平等化趋势》、"Key-Point Schools and Entry into Tertiary Education in China"、"Earnings Returns to Tertiary Education in Urban China,1988—2008"。

庄家炽,中央财经大学社会与心理学院副教授,中国社会学会劳动社会学专业委员会副主任委员。研究领域为劳动社会学、金融社会学。主持国家社科基金项目、教育部人文社科研究项目等 6 项项目,在《社会学研究》《社会学评论》等期刊发表论文十余篇,出版学术专著 1 部。

周扬,中央财经大学社会与心理学院副教授,主要研究方向为社会分层与流动、社会人口学。主持国家社科基金项目 1 项,有多篇论文发表于《社会学研究》、《人口研究》、《教育研究》、*Journal of Marriage and Family*、*Research in Social Stratification and Mobility* 等权威期刊。

朱迪,中国社会科学院社会学研究所研究员,中国社会科学院大学教授、博士生导师,研究领域为消费社会学、绿色低碳消费、新消费与新业态研究。代表作包括《"宏观结构"的隐身与重塑——一个消费分析框架》《新中产与新消费——互联网发展背景下的阶层结构转型与生活方式变迁》。

朱妍,上海社会科学院社会学研究所副研究员,研究领域为经济社会学、组织社会学等,近年来关注组织中的激励、约束与分层机制、企业组织变迁、组织 - 社会关系等议题。曾在《社会学研究》《社会学评论》《中国经济史研究》《中共党史研究》等期刊发表论文。

目 录

上

导言 迈向共同富裕的社会不平等研究 /001

- 第一节 社会不平等问题 /002
- 第二节 新发展阶段中国社会不平等的"特色" /007
- 第三节 新阶段社会不平等的环境特征 /013
- 第四节 小结 /016

第一编 社会分层结构

第一章 阶级阶层结构研究 /023

- 第一节 导言 /023
- 第二节 阶级阶层研究的范式转换 /025
- 第三节 阶级阶层结构形态及分类框架 /028
- 第四节 阶级阶层结构的历时变迁 /034
- 第五节 评论与展望 /038

第二章　中国工人阶级研究　　/ 047

第一节　社会机会不平等与农民工研究　　/ 048
第二节　社会转型下中国工人阶级的境遇　　/ 053
第三节　从阶级形成到国家社会治理模式的形成　　/ 057
第四节　技术变迁与数智时代的新劳动研究　　/ 061
第五节　工人阶级研究的未来展望　　/ 067

第三章　当代中国的中间群体研究　　/ 075

第一节　理论溯源：社会分层研究的两大传统　　/ 076
第二节　我国中间群体的结构：界定、类型与规模　　/ 080
第三节　我国中产阶级的形成：阶级认同、生活方式与社会流动　　/ 084
第四节　中产阶级的社会功能：社会态度、社会参与和都市运动　　/ 088
第五节　总结　　/ 093

第四章　精英研究的理论传统与经验发现　　/ 102

第一节　精英社会学的主要传统　　/ 102
第二节　地位获得与社会构成　　/ 105
第三节　市场转型与社会流动　　/ 108
第四节　从行政官僚到技术官僚　　/ 110
第五节　晋升模式与国家市场关系　　/ 111
第六节　中国精英社会学的当下与未来　　/ 113

第二编　社会流动与地位获得

第五章　中国的代际流动研究　　/ 129

第一节　导论：中国代际流动研究的背景　　/ 129

第二节　中国代际流动的模式和机制　　/ 133

　　第三节　中国代际流动模式的变迁与国际比较　　/ 140

　　第四节　中国代际流动的影响　　/ 145

　　第五节　总结与展望　　/ 147

第六章　教育获得不平等研究　　/ 159

　　第一节　导论　　/ 159

　　第二节　宏观社会变迁与教育平等化　　/ 161

　　第三节　家庭影响教育获得的路径与机制　　/ 167

　　第四节　教育政策与学校环境的影响　　/ 176

　　第五节　总结与展望　　/ 180

第七章　工作流动研究　　/ 188

　　第一节　导言　　/ 188

　　第二节　工作流动的中国实证研究　　/ 194

　　第三节　评论与展望　　/ 204

第八章　中国社会中的婚姻不平等　　/ 209

　　第一节　引言　　/ 209

　　第二节　谁更可能结婚：初婚研究　　/ 211

　　第三节　谁与谁结婚：婚姻匹配研究　　/ 216

　　第四节　谁的婚姻更稳定：婚姻稳定性研究　　/ 221

　　第五节　婚姻导致的不平等　　/ 225

　　第六节　总结与展望　　/ 229

第九章　收入与财富分配研究　　/ 239

　　第一节　收入与财富分配的理论框架　　/ 241

　　第二节　收入与财富分配不平等的测量工具与
　　　　　　历史演进　　/ 248

　　第三节　收入与财富分配的实证研究成果　　/ 254

第四节　总结与展望　　　　　　　　　　　　/ 259

第十章　城市住房不平等研究　　　　　　　　　/ 264

第一节　导言　　　　　　　　　　　　　　／ 264
第二节　城市住房不平等理论视角　　　　　／ 265
第三节　城市住房不平等表现形式　　　　　／ 270
第四节　各时期城市住房不平等特征　　　　／ 273
第五节　城市住房分层机制　　　　　　　　／ 276
第六节　住房不平等的社会后果　　　　　　／ 279
第七节　住房不平等研究的展望　　　　　　／ 282

下

第三编　社会不平等的多元形式

第十一章　当代中国组织分层的议题、机制与挑战　　　　　　　　　　　　　　　　／ 293

第一节　引言：组织的社会不平等效应　　　／ 293
第二节　组织间不平等的主要议题　　　　　／ 295
第三节　组织内不平等的主要议题　　　　　／ 300
第四节　组织内机构对不平等的影响　　　　／ 304
第五节　中国式组织分层的制度成因　　　　／ 308
第六节　中国组织分层研究的挑战与展望　　／ 311

第十二章　社会资本与中国社会分层　　　　　　／ 327

第一节　早期社会资本研究掠影　　　　　　／ 329
第二节　社会资本的来源、测量与影响机制　／ 331
第三节　社会资本的功效及其变化　　　　　／ 336

第四节　社会资本与不平等　　　　　　　　/ 341
　　第五节　小结与展望　　　　　　　　　　　/ 343

第十三章　空间与不平等研究综述　　　　　　　/ 355

　　第一节　导言：社会科学中的空间　　　　　/ 355
　　第二节　空间与教育不平等　　　　　　　　/ 357
　　第三节　空间与收入不平等　　　　　　　　/ 360
　　第四节　空间与住房不平等　　　　　　　　/ 361
　　第五节　空间与健康不平等　　　　　　　　/ 365
　　第六节　空间不平等的尺度　　　　　　　　/ 367
　　第七节　总结与展望　　　　　　　　　　　/ 368

第十四章　中国性别不平等研究综述　　　　　　/ 377

　　第一节　引言　　　　　　　　　　　　　　/ 377
　　第二节　理论框架与中国背景　　　　　　　/ 379
　　第三节　公共领域的性别不平等　　　　　　/ 382
　　第四节　私人领域的性别不平等　　　　　　/ 392
　　第五节　未来研究展望　　　　　　　　　　/ 400

第十五章　户籍与不平等　　　　　　　　　　　/ 410

　　第一节　引言　　　　　　　　　　　　　　/ 410
　　第二节　改革开放前：户籍制度与城乡二元社会　/ 411
　　第三节　改革开放后：户籍制度变迁与不平等　/ 416
　　第四节　户籍制度研究：回顾与展望　　　　/ 431

第十六章　健康不平等　　　　　　　　　　　　/ 441

　　第一节　导论：健康不平等的分析视角　　　/ 441
　　第二节　健康与教育　　　　　　　　　　　/ 447
　　第三节　生活方式与健康　　　　　　　　　/ 451
　　第四节　社会资本与健康　　　　　　　　　/ 455

第五节　社会政策与健康　　　　　　　　　　／458

第六节　评议与展望　　　　　　　　　　　　／459

第十七章　消费、生活方式与不平等　　　　　　／468

第一节　导言：生活方式与消费在不平等
　　　　研究中的位置　　　　　　　　　　／468

第二节　生活方式、消费与社会分层　　　　　／470

第三节　消费不平等的机制　　　　　　　　　／472

第四节　品味、区隔与中产阶层消费　　　　　／476

第五节　评论：未来与展望　　　　　　　　　／481

第十八章　社会分层与主观不平等　　　　　　　／489

第一节　导言　　　　　　　　　　　　　　　／489

第二节　主观不平等的内涵与外延　　　　　　／491

第三节　主观不平等研究的演化　　　　　　　／492

第四节　主观不平等的核心发现与理论观点　　／496

第五节　总结与讨论　　　　　　　　　　　　／506

第十九章　不平等与社会态度　　　　　　　　　／517

第一节　社会态度的内涵、外延与总体性变迁　／517

第二节　不平等与幸福感　　　　　　　　　　／518

第三节　不平等与社会信任和社会歧视　　　　／524

第四节　不平等与社会参与意向　　　　　　　／526

第五节　评论：未来与展望　　　　　　　　　／528

第四编　社会变迁与社会不平等

第二十章　中国社会分层与社会流动　　　　　　／537

第一节　导言　　　　　　　　　　　　　　　／537

目 录

第二节　社会分层　　　　　　　　　　　/ 538
第三节　社会经济不平等　　　　　　　　/ 544
第四节　社会流动　　　　　　　　　　　/ 551
第五节　最新理论进展　　　　　　　　　/ 556
第六节　研究展望与挑战　　　　　　　　/ 563

第二十一章　中国社会的不平等与社会分层　/ 582

第一节　引言　　　　　　　　　　　　　/ 582
第二节　超越市场转型争论：新的理论和视角　/ 583
第三节　新的数据搜集、研究设计和方法　/ 588
第四节　不平等和分层研究中的新主题　　/ 592
第五节　总结和结论　　　　　　　　　　/ 599

第二十二章　经济全球化与当代中国的收入不平等　/ 611

第一节　经济全球化　　　　　　　　　　/ 611
第二节　经济全球化作为市场过程　　　　/ 615
第三节　经济全球化与国家政策　　　　　/ 620
第四节　经济全球化与福利体制　　　　　/ 622
第五节　评价与展望　　　　　　　　　　/ 626

第二十三章　金融化与不平等：一个研究综述　/ 634

第一节　金融化与中国的金融化研究　　　/ 634
第二节　泛金融业的扩张与不平等　　　　/ 637
第三节　非金融企业的金融化与不平等　　/ 639
第四节　日常生活的金融化与不平等　　　/ 641
第五节　总结与讨论　　　　　　　　　　/ 644

第二十四章　数字化转型与不平等　/ 649

第一节　数字化转型与宏观不平等　　　　/ 650

第二节　从数字鸿沟到数字素养　　　　　　　　　/ 656
第三节　数字鸿沟的微观后果　　　　　　　　　　/ 662
第四节　数字鸿沟对社会参与和社会资本的影响　　/ 668
第五节　总结与展望　　　　　　　　　　　　　　/ 670

第五编　研究数据

第二十五章　社会不平等研究的数据　　　　　　　/ 683

第一节　数据对社会不平等研究的重要性　　　　　　/ 683
第二节　现有社会不平等研究的数据类型及其特点　　/ 684
第三节　社会不平等经典研究对数据的要求　　　　　/ 692
第四节　社会不平等研究在数据使用上的创新　　　　/ 696
第五节　结语　　　　　　　　　　　　　　　　　　/ 698

导言 | 迈向共同富裕的社会不平等研究[*]

李路路　朱　斌

（中国人民大学社会学理论与方法研究中心）

本书是一本关于以中国迈向共同富裕为背景的中国社会不平等的研究手册。

在新的发展阶段，中国社会新的发展理念着力于促进全体人民的共同富裕。

对共同富裕的研究至少可以被分为两条相互联系又相对区别的路径。一条关注共同富裕的意义、价值、概念、内涵、目标等，其基本结论可以归纳为：共同富裕的核心是经济-社会发展的成果为全社会所共享。另一条关注影响或妨碍实现共同富裕的因素、体制和机制，其核心是人们常说的所谓社会不平等研究。社会不平等研究之所以是共同富裕研究的基本路径之一，是因为蕴含在其中的基本隐喻是：社会不平等就是共同富裕的"反义词"；在"问题导向"和"目标导向"的范式下，社会不平等就是妨碍实现共同富裕目标的"问题"。只有深刻、科学地认识、理解、揭示社会不平等的状况、变化和形成机制，才能真正有效地促进全社会持续走在朝向共同富裕的道路上，换言之，削弱和控制社会不平等是实现共同富裕的前提之一。

简言之，研究社会不平等是为了消除社会不平等，或者说，研究社会不平等是为了促进共同富裕。理念决定目标、路径和行动，决定成败。正因如此，

---

[*] 本章首发于《中国社会科学内部文稿》，经过作者较大程度的补充和修改，发表于《社会建设》2023年第1期。在本手册出版之际，经原发表刊物同意，我们将本章作为本手册的"导言"，以阐明我们编撰本手册的核心目标。

我们才需要认识当今的社会中社会不平等问题对于全社会的特殊意义，以及社会不平等研究在整个社会和学界所具有的特殊意义。

需要特别说明的是，本手册的撰写工作是在2021年7月启动的，距今已过去了近三年。三年来，无论是社会现实还是研究发现，都有了新的变化。但由于时间原因，无法及时地将这些新变化纳入本手册的分析中来，包括遣词造句，这不得不说是一个遗憾。尽管如此，我们相信本手册的基本内容仍然具有重要的理论价值。

第一节　社会不平等问题

一、社会不平等的扩大成为一种全球趋势

相当多的人（包括很多研究者）都认为，随着现代科学技术和经济的发展，现代化所到之处，社会不平等的现象会逐渐减少，社会的公平和公正会日益发展，至少在形式平等、机会平等以及很大程度上的结果平等诸方面都将如此，机会平等甚至被认为是传统社会和现代社会的根本区别之一。曾几何时，经济的发展、财富的增长、技术的进步、教育的普及、大规模的城镇化、社会福利制度的建立都使得人们相信：一直伴随人类社会的社会不平等会逐渐弱化，一个更加平等和普遍富裕的社会正在来临。

然而现实并非如此。

特别值得关注的是，收入不平等的扩大目前已经成为一种普遍的国际趋势，即使是在那些曾经被认为收入不平等程度较低的国家或地区。世界银行的数据表明，1985年以来，多数经济合作与发展组织（OECD）国家，例如德国、加拿大、英国、日本等，收入的基尼系数变化趋势都为增长。[1] 2001年，诺贝尔经济学奖得主、美国著名经济学家约瑟夫·斯蒂格利茨曾指出，1980年到2013年，美国最富有的1%的人的平均实际收入增长了142%，同时，他们在国民收

---

[1] 数据来源：世界银行数据库 https://data.worldbank.org.cn/indicator/SI.POV.GINI。

入中所占的比重从10%增加到20%；2008年到2009年，美国社会91%的收入所得全部进入了最顶层的1%的群体手中（斯蒂格利茨等，2017）。韩国曾经一直被认为是经济增长伴随相对平等分配的范例。然而，20世纪末以来，韩国社会收入不平等的程度在加剧，特别是1997年金融危机之后，"富者越富、贫者越贫"的马太效应日趋突出。2016年国际货币基金组织（IMF）发表的《经济增长成果的分配——亚洲的不平等分析》报告显示，韩国前10%上层阶层的收入占全国整体收入的比重在1995年时为29%，到2013年时猛增到45%，18年间增加了16个百分点，其比重和增速在亚洲国家中最高（苏春艳、孟翔飞，2007；韩锡政、叶克林，2008；詹小洪，2016）。

英国经济学家安东尼·阿特金森曾经说过，过去在主流的经济学中，收入不平等或者其他的社会不平等问题被置于边缘地位，人们更关心经济增长；如今，社会不平等问题已经成为最前沿的公共话题，不仅在社会学中，而且在经济学、政治学以及其他社会科学中，社会不平等问题都已经占据了核心位置（阿特金森，2016）；不仅《21世纪资本论》这样的政治经济学著作风靡全球，"1%和99%"问题也成为"占领华尔街"运动流行一时的口号和旗帜。无论是学者还是社会，人们从来没有像现在这样关心社会不平等。这让我们想起来库兹涅茨关于收入差距变化的著名的倒U形曲线，发达社会曾经的经济发展过程在某种程度上证明了收入分配倒U形曲线的存在，但今天诸多反例使得我们完全有理由怀疑倒U形曲线的适用性，甚至它的存在（王丰，2013）。一些发达国家如美国始终表现出巨大的收入差距；另一些新兴发达国家如韩国在经济快速增长阶段保持着相对平等的收入分配格局，然而在达到高收入水平后收入差距却迅速拉大；而对于大多数发展中国家来说，经济增长更多地导致了收入差距的扩大，这似乎已经成为一种"常态"（王丰，2013）。

社会不平等"重回"社会关注、包括发达国家社会关注的中心，不仅是社会不平等沿着传统的路径持续"发酵"的结果，而且在很大程度上和新的社会变迁过程——例如全球化和科技革命的发展——紧密相关。新的社会机制和形式不断显现，大量新的或原来被忽视的社会不平等形式凸显出来，与收入不平等相伴的，是各个维度上的不平等在扩大，如性别、族群的不平等，以及基于信息技术发展形成的所谓"数字鸿沟"等。全世界几乎各个国家和地区，都被卷入新的不断扩展的社会不平等浪潮中。

二、新兴经济体面临的"中等收入陷阱"

对于新兴经济体来说，社会不平等问题是一个更具特殊意义的问题，即所谓跳出"中等收入陷阱"的挑战。众所周知，世界银行在2007年发布的报告《东亚复兴——关于经济增长的观点》报告中提出（吉尔、卡拉斯，2008），在众多新兴经济体由低收入国家（地区）行列迈入中等收入国家（地区）后，它们的继续增长和发展会普遍面临所谓"中等收入陷阱"的挑战，世界银行的报告将这一挑战归结为三个基本问题：规模经济（专业化，创新和教育，城市环境与管理）、社会不平等和腐败。这三个基本问题也被称为三个陷阱（吉尔、卡拉斯，2008：38、58）。在这个意义上，本章关注的更多是社会不平等问题对新兴经济体所具有的特殊意义，而不是一般地讨论社会不平等。

对于新兴经济体来说，世界银行报告所提到的社会不平等的挑战实质上关注的是在实现经济增长和发展后凸显出来的不平等问题。这一社会不平等的挑战不仅仅是经济或收入和财富分配的挑战，还包括消费、就业、教育、医疗、社会福利和社会参与等多个方面，特别是全面的经济和社会机会是否为全社会所共享的挑战。在这些国家（地区）进入中等收入行列的过程中，社会不平等——如收入和财富的不平等——始终存在，但是，因为在起步时全社会收入和财富水平普遍比较低，因此发展比平等更重要，用世界银行报告的话来说，"说得坦白些，这个地区的国家实施把人均收入从1 000美元提高到10 000美元的政策，比简单地防止收入不平等指数从0.4扩大到0.5更为重要"（吉尔、卡拉斯，2008：58）。这些国家（地区）在发展的第一阶段（从低收入行列迈向中等收入行列），为了尽可能地激励个人和组织的生产积极性和创造性，在相当大的程度上容忍甚至鼓励收入和财富上的差距，以尽快地促进经济增长。但是，当这种增长达到一定阶段后（例如，世界银行所谓的"中等高收入"水平），如何分配和共享经济增长的收益和积累的财富就逐渐成为这些国家（地区）在继续维持增长及发展的过程中所需要解决的基本问题。而它之所以被定义为中等收入陷阱之一，是因为严重的经济－社会不平等会威胁、阻碍甚至颠覆这些国家（地区）的持续发展，特别是向高收入国家迈进的进程。一般来说，严重的社会不平等至少会导致两个方面的负面效应。

第一，压抑乃至破坏人的创造性、积极性和对人力资本的投资。当新兴经济体达到中等收入阶段后，"创新"就成为推动其持续增长和发展的主要动力，而生产者的积极性和对美好生活的追求会成为推动创新的基本动力。如果一个社会持续存在严重的不平等且不断扩大，这种不平等继而通过代际传递而持续地再生产下去，那些处在不平等结构底端的人们看不到实现自己美好追求的可能性，就有可能丧失生产的积极性和创造性，导致生产效率的降低（王丰，2013：3）。不仅如此。创新的需求对人力资本的投资提出了更多、更高的要求，而社会不平等的持续扩大和固化，会使得处于社会底端的人丧失自我投资的能力和努力。这些国家（地区）在"起飞"阶段所制定和实施的很多政策着眼于鼓励个人进取、业绩和成功，但这些政策在促进经济增长的同时也逐渐会显现出另一方面的负面影响，如导致收入差距的扩大，以及在受教育、享有社会福利、社会流动等方面机会不平等的扩大，从激励积极性和创造性的动力转变为反噬积极性的阻力。而且随着时间的延续，在这些国家（地区）中，这种社会不平等扩大的趋势会因既得利益而逐渐固化，不仅不会受到有效控制，反而有可能会被进一步强化或放大（吉尔、卡拉斯，2008：281）。

第二，激化社会矛盾与冲突，损害社会凝聚力和社会稳定。社会不平等的挑战最终涉及的是整个社会伴随增长和发展而不断积累的利益冲突。在新兴经济体从低收入迈向中等收入的历史过程中，伴随着众多增长和发展的过程，例如收入和财富的增加、产业结构的改变、城镇化、新技术革命的发展、教育和大众传媒的普及、全球化浪潮等，所有这些过程最终都会导致社会结构特别是社会利益结构的重大转变，原有的利益结构不断分化和瓦解，新的社会群体迅速崛起，旧的社会群体有的完成"华丽转身"延续下来，有的衰落乃至消亡，此消彼长，整个国家（地区）都处于急剧的变革之中。不同于以普遍贫困为标志的低收入阶段，在不同人群之间，如何对急剧的社会变迁和增加的收入、财富、福利、机会进行相应分配的新问题不断产生，由此导致城市和乡村，公共领域和私人领域，资本和劳动，不同权力、不同阶层、不同职业、不同受教育程度等人群之间的利益结构不断重组，随之形成的利益矛盾和冲突就会越来越成为整个社会面临的新挑战。尽管对于这些国家（地区）来说，保持甚至鼓励某种程度的差距曾经是推动增长的重要机制，但对于平等特别是机会平等的追求始终是人们的基本追求之一,"过度"[①]的不平等状况,例如过度的收入差距,即使在收入普遍增长的背景下也会导致不同收入群体之间产生相对剥夺感,刺激和引发社会的矛盾与冲突,从而威胁到社会的和谐稳定,威胁到人们对于未来发展前景的预期,而这种稳定和预期是经济持续发展的必要条件。

综上,如何将伴随经济增长而扩大的社会不平等控制在可控范围内,使得整个社会和各个群体都能共享发展的成果,会一直困扰着那些试图超越中等收入行列、迈向高收入行列的国家。

三、中国社会迈向共同富裕的问题

和新兴经济体相比,当代中国社会不平等的演变具有相似性。

中国社会在经历了一部分人和地区先富起来阶段、开启迈向新的高级形态的发展阶段的过程中,把共同富裕摆在更加重要的位置上来,协调、控制和削弱社会不平等,推进全社会的共同富裕和共享,不仅成为中国社会顺利实现第二个百年目标的基本保障,而且成为中国社会未来持续发展的根本目标。

如果说 1978 年是中国改革开放的元年的话,经过大约 20 年的"经济起飞",中国在 20 世纪末就摆脱了低收入国家行列,进入了中等收入国家行列,之后继续保持高速增长,甚至是更高速的增长,至 2010 年左右迈入中高收入国家行列,随后进入了全面建设社会主义现代化国家的新发展阶段。换句话说,这个历程意味着我国开启了迈向高收入国家行列的历程,也同样开始面对类似中等收入陷阱的挑战。

与每年近 10% 的增长速度相伴随的,是社会贫富差距的持续拉大,城乡之间、区域之间、阶层之间悬殊的收入差距已是一个不争的事实。普通民众对不断扩大的社会不平等和不公平表现出越来越多的不安甚至是不满,尽管民众对收入差距容忍的限度在提高,但民众容忍度增加的幅度要远小于实际差距拉大的幅度(李路路等,2012),收入差距已经成为社会关注的热点。根据国家统

[①] 这里,困难的是理解何为"过度"。最为人熟知的是基尼系数 0.4 的所谓警戒线。当然,人们都知道,0.4 水平的基尼系数仅是一个参照系,社会不稳定乃至社会动荡取决于更多的社会经济和政治条件,以及历史和文化的传统。但是,至少有一点是得到公认的,即过大的收入差距是造成社会不稳定的重要背景之一。

计局发布的数据，中国社会收入分配的基尼系数在 1982 年时为 0.288，1993 年超过了 0.4，2008 年达到 0.491 的高点，这在世界范围内都是一个相当高的水平；之后虽出现缓慢下降，但在 2015 年达到 0.462 的低点后再次波动上升。根据 2021 年最新数据，2020 年我国的估计基尼系数仍为 0.468 左右。[①]

特别值得指出的是，在这个过程中，虽然日益扩大的收入差距因其直接性和强烈的对比受到全社会的高度关注，在社会热点排行榜上长期居高不下，但它仍然只是社会不平等问题的一个"方面"，一方面它是低收入阶段的主要问题，另一方面它也更多的是一个经济问题。伴随经济－社会发展而出现的社会不平等问题不仅仅是收入差距问题，社会其他方面的不平等，主要是"机会－权利"的不平等，也开始日益凸显出来，受到越来越多的关注和讨论，例如教育机会分配、流动人口权益、代际流动、地区差距、城乡差距等。由此，我们看到了一个极为相似的普遍现象：不发达社会在经济开始"起飞"之后，伴随经济和财富的增长，社会日益分化，不同利益群体间的矛盾与冲突逐渐激化，财富和机会的共享问题成为整个社会面临的严峻挑战，那些曾经刺激增长和发展的因素、机制逐渐显现出扩大社会不平等的负面效应，成为保持社会稳定和谐、增强社会凝聚力、为持续增长和发展提供基础的主要威胁之一。这也是常说的"做蛋糕和分蛋糕"的问题。

第二节　新发展阶段中国社会不平等的"特色"

社会不平等对于世界、对于新兴经济体、对于当代中国来说，都是一个普遍的问题，但是，由于中国社会所具有的特殊性，中国社会在新发展阶段所面临的不平等也具有自身的特殊性。

一、起点

不同于大多数新兴经济体，新中国成立至改革开放前，当代中国社会在

[①] 数据来源：历年《中国统计年鉴》和《中国住户调查年鉴》。

社会主义公有制和高度集中的中央计划经济体制基础上，一方面经济和社会发展水平实现了很大的提升，另一方面在国际标准上仍然位于相对落后的行列（所谓"低收入国家"）；尽管公有制和计划经济体制也存在内在的不平等（Szelényi，1978），但和其他国家相比，当时的中国在社会资源和机会的分配上仍然是一个相对更为平等的社会（Parish，1984）。这一制度上的不同是当代中国和其他新兴经济体在发展历程起点上的一个根本区别，也导致了中国社会不平等格局演变的路径和机制具有自身特色。

1978年开始的改革开放导致中国社会不平等格局发生了根本性变化。改革开放的重要突破口即是打破分配上的平均主义"大锅饭"，允许和鼓励一部分人、一部分地区先富起来，以激发全社会劳动者的积极性和创造性，解放和推动社会生产力的发展。之所以如此，是因为正如任何事物都具有两面性一样，社会主义建设时期相对更为平等的格局也具有双重效应。与新中国建立之前社会极为不平等的状况相比，相对更为平等的格局显示出明显的正向效应：一方面为新中国的建立提供了坚实的合法性基础，另一方面在社会主义建设阶段初期极大激发了广大劳动者的积极性和创造性。但是，随着社会主义现代化建设效率和创新需求的提升，这一格局开始显现出其内含的负向效应，即当社会处于某种特定的历史状况时，例如普遍较为贫困、资源约束较强、经济增长作为国家核心任务等[1]，"干好干坏一个样""干多干少一个样"的平均主义"大锅饭"，相对于显著存在的劳动者个人禀赋、效率、贡献等方面的客观差距，以及人们对美好生活的向往，就逐渐显现出日益严重的逆向激励属性，曾经那种相对更为平等的格局就越来越多地从发展的动力转变为障碍，而社会主义的根本目的则是发展生产力、提高人民的生活水平，正所谓贫穷不是社会主义。因此，改革伊始，打破平均主义"大锅饭"、激励积极性和创造性，成了中国改革的突破口。

同之前的相对平等具有双重效应一样，改革伊始的差距拉大也具有两面性。破除平均主义"大锅饭"、允许拉大收入差距，让一部分人先富起来，让市场机制在收入和机会分配中起到基础性作用，迅速取代了改革开放前的平均主义

---

[1] 实际上在改革开放之前，经济增长并没有在国家的发展中稳定地占据核心位置，本就受到相对严格限制的差距被认为是"资产阶级法权"，不断受到更为严格的限制或约束。

"大锅饭",成为激发劳动者积极性和创造性的主要机制,并取得了巨大的成效,和所有其他方面的体制改革共同造就了中国现代化建设的巨大成就,在 2010 年左右助力中国进入了中高收入国家行列。

但是,伴随经济增长和财富积累,那些曾经的激励手段、机制和结果所内在具有的不平等特征开始显现出来,例如,平均主义"大锅饭"一旦被打破,收入差距就会持续扩大而难以抑制;国有企业改制和现代企业制度的推行提升了企业的生产效率,却造成了 20 世纪末、21 世纪初大规模的城镇下岗失业浪潮;"民工潮"的兴起和大规模的城市化过程,强有力地推动了中国第二次工业化的发展,却产生了普遍的市民权利问题和乡村凋敝问题。"一分为二"和主要矛盾相互转换的思想,作为一种普遍规律,在一个急剧变迁的社会中表现得尤为突出,1994 年,为了调动地方经济建设的积极性,国家实行了分税制改革,曾经的税务局被分为国税局和地税局,加上其他的税改措施,极大地刺激了地方经济建设的积极性。但大约在 2010 年后,其弊端开始日益显现,2018 年后国、地税重新合并,"一切权力归中央",正可谓"此一时彼一时也"。但这符合事物和社会变化的规律性:基础改变,状况改变,条件改变,环境改变,目标就会改变,问题就会改变。

二、"双向强化"

发展起点的中国特色,决定了在迈向共同富裕的道路上中国社会的不平等也具有两种"中国特色"。一方面具有新兴经济体的普遍特征,即在相对普遍富裕的基础上追求共同富裕,与过去普遍贫困状况下的平均主义(也许更准确的说法是"共同不富裕")存在着显著的区别,增长和发展成果的"共享"会成为普遍的要求、面临的问题和严峻的挑战。

另一方面,和大多数新兴经济体不同,中国是一个实行社会主义基本经济制度和政治制度的国家,它基于一个相对更为平等的社会,通过打破平均主义"大锅饭"的改革,在一个急速和剧变的过程中,实现了从一个社会主义的低收入国家向一个社会主义的中等收入国家的跃升。

这一特定的起点导致了随之形成的中国社会不平等呈现出一种"双向强化"的倾向。

一是"正向强化"。改革伊始，拉开差距曾经被赋予了强烈的价值和社会意义，成为改革开放的主要突破口之一，被认为是在一个逐渐丧失活力特别是在微观层面上逐渐丧失活力的体制下重新激发积极性和创造性的重要手段，因而不仅曾经在全社会被广泛接受，直到今天仍然得到广泛认同，也确实起到了巨大的激励作用，因此，和改革开放之前的状况相比，这一过程表现出明显的"突变"特征。即使在新的发展阶段，最为广泛有效地调动全社会的积极性和能动性，提升全社会人力资本质量和专业技能，仍然是中国改革和发展的基本目标。

二是"反向强化"。差距拉大也具有与"正向强化"相对同样强烈的价值和社会意义。与其他新兴经济体相似的是，中国社会现阶段面临的不平等不同于贫穷时代的不平等；但不同于它们的是，中国现阶段的不平等是在社会主义制度相对更为平等的体制和快速改革开放的基础上形成的。例如，收入差距的迅速拉大，导致社会很快从开始阶段的普遍欢呼转变为部分的质疑甚至批判。利益结构的改变不仅导致了这种转变，而且强化了这种转变；不仅导致了收入分配格局的根本性改变，而且造成了意识形态和思想上的强烈刺激。和改革开放之前的状况相比，现阶段的不平等表现出明显的"连续性"特征。因此，社会不平等的扩大受到了更为强烈的关注，长时间占据着公众所认为最重要社会问题的前列。例如，有研究指出，与内地相比，香港社会是世界上收入最不平等的社会之一，其家庭收入的基尼系数在过去 25 年的时间里一直保持在 0.4 以上，1971 年时为 0.43，1981 年上升到 0.45，1991 年增加到 0.48，2006 年达到 0.533，和最贫困的非洲和拉丁美洲国家齐平。但问题在于，即使如此，收入差距问题当时在香港受到的关注度远低于内地，尽管它的基尼系数远高于内地（Wu，2009）。

这种基于特定起点的双向作用力，在表达共同富裕的目标时就表现为：既不是贫富两极分化、区域发展差距拉大，也不是平均主义、杀富济贫、杀富致贫，而是全体人民共享发展的成果。

三、"叠加效应"

中国改革开放过程的基本特色是渐进式的体制改革。这一过程以中央计划经济体制或所谓的"再分配体制"和市场经济体制长期并存为特征,两种体制的"基因"被多方面、多层次、多类型地混合起来,构成了一个连续谱(也许只有在谱系的两端才能看到相对纯粹的类型存在)。中国改革开放的成功之处在于:两种体制基因中的激励效应被巧妙地整合起来,推动经济增长取得巨大成功,而两种体制基因中存在的不平等特质(即所谓"再分配体制"的不平等和市场经济体制的不平等)也因为长期混合共存而被叠加起来,市场经济体制在本质上是形式上的平等和实质上的不平等的结合(李路路,2012),因而向市场经济体制的转型将以更为显著的速度扩大中国社会的收入差距,如上述基尼系数的高峰值所示,乃至收入差距拉大被认为是中国社会持续发展面临的最严峻挑战之一。[①]

四、体制转型

正是由于当代中国社会的变革具有强烈的体制改革特性,中国社会不平等的形成和演变便具有了强烈的体制和阶段特征。例如,以户籍制度、城乡分割体制、"单位-公社"体制为代表的其他各种所谓次级制度体系,改革开放以来国家在不同时期所推行的政策,甚至包括政策的反复,以及中国的文化传统等,都深深影响着中国社会不平等的状况和机制演变。也正是因为如此,中国社会一些独特的体制在一定程度上缓解了收入差距拉大所带来的负面影响,例如面对持续和严重的收入差距拉大,下述因素都在一定程度上削弱了这种差距的影响:长期存在的所有制和单位组织的收入分割,独特的城镇化过程,特有的"民工潮"和城乡分割体制,不同群体参照系的差别等(怀默霆,2009)。

不仅是中国独特的体制,富有特色的体制转型过程也深刻影响了中国社会的不平等,例如20世纪末发生的国有企业改革所导致的城镇地区大规模的下岗待业问题。用本章的概念来说,与改革开放初期关注机会分配公平相比,分配结果的不平等开始受到更多关注,典型的效应是与市场化改革相适应的社会保障体制被强有力地建立起来。而在全社会范围内消除贫困更是新阶段全社会共

[①] 尽管学界对于基尼系数存在很多种解读,但毕竟它是一种被普遍使用的衡量收入不平等的工具,具有一定的参考价值。

享经济-社会发展成果的必然要求。

五、发展与"转型"

基于以上特点,在中国社会不平等的研究当中,体制和机制影响曾经受到更多的关注。其中影响最大的莫过于"市场转型"理论,其中,"再分配体制"和市场经济体制构成了分析的基本范式。在这个过程中,虽然也有研究者注意到了社会不平等状况和变化不仅受到体制、机制的影响,而且在很大程度上受到现代化发展水平的影响(例如,Xie & Hannum,1996),但体制-机制分析仍然占据着主导地位。当我们在新发展阶段的意义上讨论社会不平等的研究时,因为新发展格局的形成,这一分析范式已经发生了引人注目的变化,研究者们开始关注更多新的影响社会不平等的因素,最为核心的是在过去改革为主的范式基础上加上了发展的范式,或者叫作广义的现代化范式(孙立平,2008;文军,2017;洪大用,2019;李培林,2021)。

体制转型和发展并重的转变是和更为广泛的背景转变联系在一起的。众所周知,在世界范围内,早在16世纪左右就出现了一个首先在西欧发端,然后扩散到整个世界的全新的社会变迁过程,即一个基于经济增长和科学技术发展的全面社会发展的过程。这一过程成为近代以来经济学、社会学、政治学等乃至整个人文社会科学的核心议题之一。为了分析的方便,我们将其统称为(广义的)"现代化理论",当然,也可称其为(狭义的)"发展理论"。自20世纪80年代以来,相对于现代化理论或发展理论,兴起了一个新的变迁研究范式:社会转型。狭义的"转型"多指传统的实行中央计划经济体制的社会主义社会向市场经济体制转型的社会变革,它为解释在这些社会发生的具有重大意义的独特社会变迁提供了新的理论视角和解释,称其为相对独立的"转型社会学"一点也不为过(参见,孙立平,2008;文军,2017)。20世纪80年代末到20世纪90年代初在中国社会学中流行的"现代化研究"逐渐被"转型研究"所替代,人们更关注体制转型对中国社会变迁的影响,也就是说,人们认为,只有在现代化的基础上添加转型的视角,才能更好地理解中国当代的社会变迁。确实如此,"转型"也是类似中国这样的新兴经济体所具有的同其他非社会主义制度的新兴经济体截然不同的变迁特征。

但是，正因为如此，改革开放以来中国社会40多年的变迁，实际上是由两个基本过程组成的，即现代化过程和转型过程。前者主要表现为经济的高速增长，后者主要表现为由中央计划经济体制向市场经济体制的转轨，两个过程交织在一起，只不过前一个阶段的以体制改革为标志的转型过程更具有优先意义。尽管如此，现代化过程始终是一个更为基本的过程。当中国社会开始进入第二个百年现代化发展的新阶段、中国社会面临与其他新兴经济体类似的所谓"中等收入陷阱"的挑战时，经济增长在日益改革的新体制（主要是日益发展的市场经济体制）的基础上，越来越多地获得相对独立的地位、意义、价值，或者说，经济增长的过程和结果开始越来越多地显现出相对独立的效应。在这个新发展阶段，社会不平等问题会变得更为复杂；经济增长和社会发展中所出现的社会不平等仍然在很大程度上来自体制本身，因而有赖深入的体制改革，例如户籍分割；发展所带来的改变凸显出体制的问题，例如新社会阶层等的利益表达问题；同时，发展本身还会带来很多新的不平等问题，例如雇佣关系冲突问题、消费者权益保障问题等。形成机制不同，表现形态不同，带来的挑战和治理问题也不同。基于这种日渐复杂的变化，充分地将转型研究和现代化（发展）研究紧密结合在一起，或者将体制转型的研究置于更为基本的社会变迁过程——现代化的新的历史进程中，也许能帮助我们更好地面对新发展阶段社会不平等的问题和挑战。

第三节　新阶段社会不平等的环境特征

在新发展阶段的背景下研究实现共同富裕的问题时，应该对影响社会不平等的诸种环境特征给予高度关注。

当中国新的发展阶段来临时，经济和社会结构首先发生了深刻变革。

在整个经济体系结构中，从1978年到2020年，在全社会总就业人口中，第一产业就业人员占比从70.53%下降到23.6%，第二产业就业人员占比从17.3%上升至28.7%，第三产业就业人员占比从当时最小的12.18%上升到2020

年的47.7%，第三产业成为就业人员规模最大的产业。[①] 而且在第三产业内，现代服务业（通信、金融、物流、电子商务、房地产）发展最为迅速，远超传统的低端服务业，成为中国经济增长最为迅速的产业。

在体制结构上，中国社会已经从改革开放前的社会主义公有制占绝对主导地位转变为以公有制为主体、多种经济成分并存的局面，公有制的一统江山发生重大改变。至2017年底，全国私营企业数量占到企业总数的79.4%，企业注册资本占到全社会总注册资本的53.8%；90%以上的新增就业和企业数量由非国有部门贡献；截至2017年，在非公有制单位就业的就业者从1978年时微不足道的0.15%激增到83.6%左右。[②]

在基本的资源分配机制上（包括雇佣关系），市场机制已经逐渐在资源配置中发挥决定性作用，社会成员所拥有的社会资源和所获得的社会地位越来越多地是通过市场领域而不是通过国家行政再分配体制实现的。

伴随经济迅速增长以及政治和经济结构的重大变革，社会结构也发生了深刻变革。城镇化进程实现了根本性的转折，农村人口占总人口的比重持续下降，1978年时约为82%，2021年常住人口城镇化率已经达到了64.72%。[③] 农业劳动者占全国就业人数的比例从1978年时的70.5%下降到2016年的27.7%；农民中有约46%的人属于从事非农工作的"农民工"，外出进城务工率为28%。第二产业中直接生产者的规模虽然也在扩大，但其中有40%来自"农民工"（李培林、崔岩，2020）。中国社会结构所发生的重大变革，不禁使人想起著名社会学家丹尼尔·贝尔（1984）的名著《后工业社会的来临——对社会预测的一项探索》，在这部开创式的著作中，贝尔将美国社会在20世纪50年代中期发生的就业结构的变革——第三产业就业人数超过第二产业就业人数——作为美国社会进入后工业社会的标志，揭示了一个新的发展阶段在世界范围内的来临。

社会结构的核心之一是阶层结构。在研究者看来，改革开放前中国社会或是由两个阶级、一个阶层构成，或是由"身份体制"所分割的身份群体构成，自世纪之交，"新的社会阶层"——受聘于民营企业与外资企业的管理和技术人

[①] 数据来源：2021年《中国统计年鉴》。
[②] 数据来源：国家统计局《新中国成立70周年经济社会发展成就系列报告之十九》http://www.stats.gov.cn/tjsj/zxfb/201908/t20190820_1692213.html。
[③] 数据来源：世界银行数据库。

员、个体户、私营企业主、中介组织的从业人员、自由职业人员等——迅速成长，根据国家统计局的数据，中国社会中间阶层的规模已经达到四亿多人。

到新时代伊始，伴随体制转型的深入进行和社会财富的巨大增长，如前所述，整个社会的资源和机会的分配结构所发生的重大变革，导致整个社会的利益结构随之发生深刻的分化和根本性重组，新的利益群体和利益格局逐渐形成。整个社会在这方面面临的问题是：转型和发展达到一定阶段也意味着利益结构的变革达到一定阶段，继续变革有可能受到新的既得利益集团和利益格局的各种抵制，专属于变革时期的社会结构和机会结构就有可能逐渐呈现出"固化"的特征。新发展阶段的社会不平等会因此在结构和机制上不同于过去阶段的社会不平等，例如体制、职业、就业身份、社会地位、性别、流动状况、居住空间、年龄、世代等，乃至价值观念、社会认知等，都会成为导致社会不平等、影响实现共同富裕的重要因素。

当代技术革命的变革，特别是信息技术的突破性发展，同经济增长和体制转型一起，也在越来越深刻、越来越广泛地影响着人类社会，影响着每一个社会成员的社会生活，人们已经越来越关注从现在开始到一个很长时期的未来中技术革命带给社会资源和机会分配的影响，并且认为这种影响的方式和程度恐怕会超出人类想象。如丹尼尔·贝尔所说，知识、技能在后工业社会已经成为越来越重要的基础资源。在第四次技术革命开始兴起的时候，美国著名的高科技公司英特尔公司的一位 CEO 曾经说过，英特尔公司不是资本密集型企业，更不是人力密集型企业，而是知识密集型企业。近些年来，以 5G 为标志的万物互联智能化、网络化的发展，以更快的速度、更深的层次、更广的范围改变着当代社会，"科学技术引领经济和社会发展""科学技术是第一生产力""创新发展"等不仅仅是抽象的理论判断或口号，而是实实在在使得社会群体在社会系统中的相对位置、人们的交往形式、社会关系、组织形式、社会矛盾与冲突等都发生了根本性的变革；就像当年人们就如何界定"中产阶层"的社会位置和本质属性所进行的争论一样，今天有更多的职业、更多的工作无法被纳入传统的分类框架中。如果说传统工业社会中社会权力的基础或来源主要是物质财富的话，信息社会中社会权力的基础或来源则越来越多地来自知识和技能，无论是"碎片化""扁平化"还是"多元化"的概念，都揭示了社会的组织结构和权力结构会因人类社会的信息革命而改变，社会不平等的格局更是如此。

其中，新技术革命发展所导致的效应之一，是在信息技术日益发达和普及的社会中，社会学中的经典问题"社会地位的获得"逐渐具有了全新的含义。家庭背景依然具有影响，仍然在社会学的地位获得研究中占有核心位置，但更高的收入、更好的雇佣机会、更理想的职业，已经越来越多地向能够更好地掌握或至少是接受新信息技术的人群倾斜，那些因各种原因在获得和使用新信息工具方面存在困难的群体，则陷入一种较为困难的生活状态之中，甚至成为需要特别关注或帮助的对象，人们将这种新的社会不平等形式简称为"数字鸿沟"，它出现在几乎所有"过去"的群体之间，越来越被认为是未来阻碍共同富裕实现的主要因素之一。

人们曾经对于始于20世纪80年代的所谓第一个真正意义上的全球化充满美好憧憬，全球化也确实对于推动全球和地区发展起到了重要作用。世界银行在分析新兴经济体如何跳出"中等收入陷阱"时提出的三个措施之一就是第二次区域一体化，并强调这种第二次一体化是对融入全球的第一次全球一体化的补充，有助于抵御全球一体化带来的损害（吉尔、卡拉斯，2008）。但是，东亚在全球一体化中获得的迅速发展并不能掩盖其所带来的不平等效应：不同国家的不同地区、行业、职业之间日益扩大的经济-社会发展水平、收入、福利、环境乃至文化等方面的不平等状况。国际政治、经济格局的重大变革，包括新冠感染疫情的全球蔓延，都使得原来就存在的全球不平等格局进一步恶化，影响到几乎所有直接、间接被牵扯到其中的人们，影响着他们的命运。在中国社会的新发展阶段，外部环境的变化必将会对中国社会形成十分复杂的影响。

第四节 小 结

如前所述，社会不平等作为人类社会的一个"痼疾"，几乎自人类社会产生以来就与人类社会共存。从人类社会与社会不平等进行斗争的历史来看，社会不平等不会随着经济-社会的发展自动退出人类历史的舞台，即使社会财富有了巨大增长，这一痼疾也不会自然而然地消失，更不会因为哪个阶层、哪个群体的"良心发现"而被削弱，更遑论消除。库兹涅茨曲线是不会自动实现的，收入分配的平等是不会随着经济增长而自动发生的。面对资源相对短缺的环境，在社会不平等的结构中居于优势地位的群体，会尽可能地保持自己的既得利益，维持不平等的结构（李路路，2006）。因此，社会不平等和社会既得利益集团的既得利益紧密相关。

控制和削弱社会不平等，实现社会财富的共享，从根本上取决于国家的力量，取决于基于国家强制力的政策调节，只有从全社会的利益出发，通过相应的制度设计和社会政策实施，才有可能打破既得利益的藩篱，才能在一定程度上有效地控制和削弱社会的不平等。在这个意义上，中国比任何其他国家都具有这种能力，中国社会也更需要国家的这种能力。同时，那些在不平等格局中居于弱势地位的群体也需要积极参与到这一过程中来，通过自身的努力抵制和削弱社会不平等的扩大。如此，社会才能在新的发展阶段面对新的挑战，更好地实现新的发展目标。

在中国迈向共同富裕的新发展阶段，正是上述发展历程中所存在的共性和特性，以及致力于削弱和控制社会不平等的中国社会的治理特征，使得关于中国社会不平等的研究具有了特殊意义。这种特殊意义不仅来自中国特色的社会主义制度和意识形态，而且还来自具有中国特色的发展起点、社会体制、发展过程、社会状况和国际影响，因为它们决定了影响共同富裕的社会不平等状况和机制也具有中国特色。如果仅集中于关注共同富裕的概念和含义，缺乏对社会不平等状况和形成机制的深入研究，就无法科学系统地认识中国的社会不平等，而这种认识对于中国治理社会不平等、实现共同富裕的目标来说也许更为重要，至少是重要的前提之一。

正是基于这种看法，本章的标题特别突出了共同富裕和社会不平等研究之间的联系。就中国社会来说，特别是 21 世纪以来，涉及社会不平等的研究很多，无论是经济学、社会学、政治学等学科，无论标题中是否体现了社会不平等研究，研究成果都很丰富，但是，依然存在一些可以优化的方面。首先，很多涉及不平等的研究并非聚焦于社会不平等，或者更准确地说，并非明确地以社会不平等作为其研究的核心理念，这种理念决定了相应研究工作的方向和成效。例如，很多研究自称社会分层与社会流动研究，但有时仅此而已；在笔者看来，社会分层与社会流动的核心理念即是社会不平等，社会不平等不仅是社会学中最为传统、成果最为丰富的核心研究领域，对其的关注也是对世界范围内社会发展趋势的最重要的回应。如果缺乏这一核心理念，套用现在一句时髦的话来说，一些研究就是"碎片化"的。

其次，前文的讨论已经指出，无论是世界还是中国，当前的社会不平等问题都是当前社会发展所面临的关键问题。尽管如卢梭所说，人人生来就是自由平等的，但又无往不在枷锁之中，但社会不平等状况、形态、形成机制和效应等都会随着一个社会的制度背景和发展阶段的变化而具有不同的形式和表现，发达社会、新兴经济体和当代中国社会的发展历程都证明了这一点。在这个意义上，社会不平等研究是一个依制度和阶段而变化的主题，它应该被置于制度和阶段变迁的背景下。泽林尼（Szelényi，1978）曾经讨论过不同的制度背景下社会不平等机制的变化，本章对社会不平等的讨论则更多地关注经济-社会发展的后工业社会、中（上）等收入阶段、新发展阶段三个阶段中，经济增长、科学技术、国际环境和社会结构等方面的重大变革；关注在这些重大变革的基础上社会不平等的状况、形态和形成机制的新特征，而不是简单或抽象地讨论某个社会不平等现象，例如市场经济体制下的社会不平等会在很多方面不同于中央计划经济体制下的社会不平等，中等收入阶段的社会不平等会在很多方面不同于低收入阶段的社会不平等。

再次，对于制度背景和发展阶段的关注，实际上强调的是宏观哪怕是中观的社会背景对于任何一个具体社会不平等研究的重要性。其实，如果系统地观察近十多年来国内外社会学领域中社会不平等的研究，会发现相当多研究的主题仍然是传统的，例如教育获得、代际流动、收入决定等，它们大多是将这些传统主题置于一个变化了的、新的背景之中，从而形成对社会不平等的新认识和新解释，使得传统的研究主题保持着长久的学术生命力。

最后，社会不平等研究是一个综合性的概念，其中，收入和财富的不平等、经济方面的不平等是重要的方面，但并非是唯一重要的方面。在进入中等收入阶段、开启向高收入阶段迈进的进程中，社会其他领域的不平等问题会逐渐显现出来，例如权力关系、劳动关系、高度教育、社会福利、工作环境、社会流动等，甚至所谓的"主观社会不平等"等，都会对新的发展阶段产生越来越大的影响。在这个意义上，社会不平等研究不仅仅是收入不平等研究。

综上所述，在中国社会中，社会不平等的研究自改革开放以来一直受到学界和全社会的高度关注，几乎所有社会不平等的领域都得到了不同程度的研究，研究者基于不同的理论视角、研究方法和研究资料，形成了大量富有成效的研究成果。遗憾的是，过去由于多种原因，特别是认识上的原因，这一工作没有能够有效地开展起来，希望在新的发展阶段，本手册的编撰能够弥补这一缺陷。

本手册共分为六个部分，涵盖了社会不平等研究的主要领域，分别是社会分层结构、社会流动、社会不平等的形成、社会不平等的结果、社会变迁与社会不平等、不平等研究的数据。通过本书的目录读者可以看到，本手册涉及中国社会不平等的众多方面。本手册的撰写者多是国内相关领域研究卓有成绩的青年学者。他们一方面在各自的研究领域取得了优异的成果，更为重要的是他们都具有足以分析他们所关注的研究领域的深刻学识。学者们的分析方式和行文风格多有不同，但正因如此，作为主编，我们没有做过多的统一要求，而是希望他们在体例大致统一的基础之上，能够基于自己的认识和方法对相关主题做出有特色的分析，这些分析能够帮助人们认识中国社会不平等的状况和形成机制，为控制和削弱中国社会的不平等、实现共同富裕的目标提供一个有价值的学术基础。

最后需要说明的是，本手册是2021年中国人民大学重大规划项目"新时代背景下中国社会不平等研究"（21XNLG06）的阶段性成果。

参考文献：

阿特金森.不平等，我们能做什么.王海昉，曾鑫，刁琳琳，译.北京：中信出版社，2016.

贝尔.后工业社会的来临：对社会预测的一项探索.高铦，王宏周，魏章玲，译.北京：商务印书馆，1984.

韩锡政，叶克林.中韩社会阶层、阶级结构的比较研究.学海，2008（3）：115-119.

怀默霆.中国民众如何看待当前的社会不平等.社会学研究，2009，24（1）：96-120，244.

洪大用.为社会治理实践提供更加深入的学理支撑.中国社会科学评价，2019，17（1）：24-27.

吉尔，卡拉斯.东亚复兴：关于经济增长的观点.黄志强，余江，译.北京：中信出版社，2008.

李路路.再生产与统治：社会流动机制的再思考.社会学研究，2006（2）：37-60，243-244.

李路路.社会结构阶层化和利益关系市场化：当代中国社会管理面临的新挑战.社会学

研究, 2012, 27（2）: 1-19, 242.

李路路, 唐丽娜, 秦广强. "患不均, 更患不公": 转型期的"公平感"与"冲突感". 中国人民大学学报, 2012, 26（4）: 80-90.

李培林, 崔岩. 我国2008—2019年间社会阶层结构的变化及其经济社会影响. 江苏社会科学, 2020（4）: 51-60, 242.

李培林. 社会学视角下的中国现代化新征程. 社会学研究, 2021, 36（2）: 1-13, 225.

苏春艳, 孟翔飞, 申光勇. 韩国的社会阶层与收入不平等（节译）. 地方财政研究, 2007（10）: 61-64.

斯蒂格利茨, 周建军, 张晔. 不平等与经济增长. 经济社会体制比较, 2017（1）: 46-61, 70.

孙立平. 社会转型: 发展社会学的新议题. 开放时代, 2008（2）: 57-72.

王丰. 分割与分层: 改革时期中国城市的不平等. 马磊, 译. 杭州: 浙江人民出版社, 2013.

文军. 社会转型与转型社会: 发展社会学的中国观照及其反思. 中国社会科学评价, 2017（4）: 25-31.

詹小洪. 韩国社会阶层固化严重. 新民周刊, 2016（13）: 49.

PARISH W L. Destratification in China//WATSON J L. Class and social stratification in post-revolution China. New York: Cambridge University Press, 1984: 84-120.

SZELÉNYI I. Social inequalities in state socialist redistributive economies. International journal of comparative sociology, 1978, 19（1-2）: 63-87.

Wu X G. Income inequality and distributive justice: A comparative analysis of Mainland China and Hong Kong. The China quarterly, 2009, 200: 1033-1052.

XIE Y, HANNUM E. Regional variation in earnings inequality in reform-era urban China. American journal of sociology, 1996, 101（4）: 950-992.

第一编

社会分层结构

第一章 | 阶级阶层结构研究

秦广强

（中央民族大学民族学与社会学学院）

第一节 导　言

当代中国40余年的社会转型过程，是一个从计划到市场、从集中到分散、从一元到多元、从固定到流动、从封闭到开放的总体性变革过程。在其中，社会结构的变革是最为重要的变革之一，而在社会结构分析的诸多维度中，阶级阶层又是其中最为独特的分析视角和概念工具。这是因为，阶级阶层地位是最基本的社会地位，阶级阶层利益是最根本的利益，阶级阶层关系是最主要的社会关系（李路路，2019）。早在1973年，加利福尼亚大学伯克利分校社会学教授斯廷奇科姆就曾指出，"社会学中只有一个自变量，那就是阶级"（Wright, 1979：3）。尽管这一表述有夸张虚饰之嫌，但这句话确实指出了某种重要的东西。如果说社会不平等问题是社会学的核心问题，那么"阶级"就是谈论这一问题的最为重要的方式之一。阶级当然不是社会学中的唯一自变量，但阶级肯定是分析社会不平等及其相应社会现象的诸多视角中最重要、最具竞争性的视角之一。

对于阶级和阶层两个概念，国外学界很少做明确区分，二者的语义表达大都是由"class"一词来统领。在国内学界，这两个概念具有不同含义，且这种区分既有学术指向上的差异性，也有不同的政治和意识形态色彩。众所周知，"文化大革命"时期"以阶级斗争为纲"的意识形态和政治实践使得阶级概念被极度扭曲。因此，学界出于抵触或回避心理，纷纷转向使用"阶层"一词来淡化阶级概念。另外，改革开放后，我国出现了多种经济成分和相对应的社会群体，学界很难通过传统的阶级概念从"生产资料所有权"角度对其进行分析。有一些研究者提出，作为一种改进，可以在阶级中划分阶层，在阶层中划分利益群体，形成"阶级－阶层－利益群体"的分析框架（张宛丽，1990）。随着中国改革开放的深入和社会结构的复杂化，阶级与阶层概念在政治和意识形态上的差异性逐渐被忽略，被归入两种不同的分层研究取向中，即：阶级更多的是一种关系取向的概念工具，指向经济状况和经济利益的分化，"各阶级只能根据它们与其他阶级的社会关系才能够被定义"（Wright，1979：6），阶级分析者们更多的是从社会关系的角度研究社会经济不平等问题，强调社会关系的不平等才是社会不平等的根本来源，如基于财产所有权关系、权力或支配关系、雇佣关系等；而阶层更多的是一种等级取向的分析维度，如收入阶层、教育阶层、消费阶层、声望阶层等。

在后文的综述中，阶级阶层既有被作为一个整体性概念使用的时候，以取其笼统和方便之意，旨在从宏观结构视角分析社会分化或社会构成的基本形态，以描绘和勾勒社会分层的状貌轮廓、社会结构的构成分布及其历时性变迁；与此同时，在指涉具体的分析范式差异与视角转换之时，阶级和阶层也会被区分开来加以使用。

当代中国的阶级阶层结构研究既受到西方阶级理论和经验研究的影响，同时也有突出的中国特色和时代特征，其理论范式、经验议题和分析焦点紧随中国社会变迁进程，是现实社会中重大分层分化现象及其演变的直接折射和反映（李春玲，2019）。下文的叙述逻辑如下：首先从理论上把握伴随着社会形势发展和结构变迁而来的阶级阶层分析范式转换问题，进而从不同逻辑起点出发，归纳和梳理国内有代表性的阶级阶层分类框架，描绘当代中国的阶级阶层结构状况，之后从历时性角度聚焦当代中国社会转型中阶级阶层结构的变迁特征，最后围绕阶级阶层结构分化的形态与走向、阶层分化的逻辑与动力、阶级分析的"元问题"等关键议题展开评论及展望。

第二节　阶级阶层研究的范式转换

考察阶级阶层分析在中国社会学中的"命运",有助于我们理解阶级阶层分析的意义和价值。阶级理论是马克思主义学说的重要组成部分,曾几何时,阶级分析与阶级话语在传统社会主义时期一度盛行,但在以经济建设为中心的改革开放新时期,自社会学学科恢复重建以来,阶级分析却经历了明显的从"式微"到"回归"的过程,或者说经历了两次范式转变过程(冯仕政,2008;刘剑,2012;刘欣、田丰,2018):第一次是20世纪八九十年代,"阶级话语逐渐消逝",等级式或阶梯式分层模型全面取代阶级分析,成为社会不平等研究的主导范式;第二次是在21世纪之后,社会学界又兴起了一股"重返阶级分析"的呼声,阶级分析越来越成为一种引人瞩目的分析范式。也有研究者将这种理论取向的变化轨迹称为冲突论分层观与功能论分层观的交替轮动(李春玲,2019):改革之前以马克思阶级理论为基础的冲突论分层观占据绝对主导地位,改革之初功能论分层观逐步成为主流,而进入21世纪以来,冲突论分层观再度兴起,马克思阶级分析理论一度有所回归,从而形成冲突论和功能论分层观共存的局面。

一、阶级分析的"式微"

对两次范式转变的初衷、立场和主张进行梳理归纳,才能更好地把握和理解范式转换背后的动因与逻辑。概括研究者们的观点,当时主张放弃或取代阶级分析的依据主要在于:"文革"期间及"文革"之前在错误的阶级斗争理论指导下,阶级斗争扩大化给党和国家及现代化建设带来了巨大危害,"以阶级斗争为纲"的路线对阶级概念造成了极度扭曲,给阶级的学术研究以种种顾虑(赵慧珠,2002)。在彻底清理阶级斗争扩大化的错误之后,全党和全国人民的工作重心从"以阶级斗争为纲"转向以经济建设为中心,强调利益对立和斗争的阶级概念不符合我国现代化建设的需要。尤其是当时中国社会已经不存在马克思所指的阶级，即由是否占有生产资料定义、具有阶级意识和阶级行动、存在阶级利益冲突、矛盾斗争不可调和的阶级（雷弢、戴建中，1986；王煜、雷弢，1988），而是新出现了多种经济成分和相对应的社会群体，亟待从多维视角、多元标准如阶层或利益群体的角度展开研究（张宛丽，1990）。

在这一基本思想的指导下，由生产资料私有化所产生的私营企业主和自雇者等，不再被视为阶级敌人；阶级阶层之间存在着社会资源占有量的差异，而非利益关系，尤其是冲突性的利益关系。由此，很多研究者转向借鉴韦伯的多元分层理论，或者以职业声望、社会经济地位指数为基础进行阶层分析。例如，以职业为基础进行阶层划分时，或以职业声望得分、职业社会经济地位指数描述阶层结构（蔡禾、赵钊卿，1995；折晓叶、陈婴婴，1995；陈婴婴，1995；许欣欣，2000；仇立平，2001；李春玲，2005；李强，2005）；或以职业、教育和收入为指标进行多元标准的阶层划分（张翼、侯慧丽，2004；李培林、张翼，2008）；或者以收入和消费为指标对社会成员进行阶层划分（李强，1997；李培林、张翼，2000；李春玲，2007；李培林、朱迪，2015）。

二、"重返阶级分析"

而21世纪之后国内学界"重返阶级分析"的呼声渐起，代表性论点有仇立平（2006）的"回到马克思"，沈原（2006）提出的"把工人阶级带回分析的中心"，佟新、戴建中等人（2008）提出的"将阶级分析带回到劳工研究的中心"，冯仕政（2008）提出的"重返阶级分析"，阶级分析越来越成为一种引人瞩目的分析范式和概念工具。

主张重返阶级分析的缘由主要在于：向市场经济转型之后，社会分化日益严重，社会结构向定型化发展，特别是经济领域中的分化尤显突出，社会利益矛盾与冲突日益显现和尖锐化（仇立平，2006；孙立平，2008）；相对于等级分层的概念，阶级概念能够更深刻地反映深层社会结构的矛盾，能揭示社会不平等、两极分化的根本原因（孙立平，2008），重新引入阶级视角能够更好地反映宏观社会结构的变化（沈原，2006），有研究者甚至指出，与一般分层研究的功能论取向不同，冲突论取向的阶级分析更贴近当前中国社会日益严峻的冲突现实，更适合揭示当前中国社会分配及社会整合的独特性（冯仕政，2008）。可见，阶级分析范式在某种程度上的"回归"主要是因为社会转型过程中利益分化现象严重、群体矛盾与冲突升级，亟须重新引入并使用阶级这一结构性视角。

综合研究者们的观点，早期放弃阶级分析的原因主要是对"文革"时期极"左"的"以阶级斗争为纲"的意识形态和政治实践的抵触或回避，加之改革之初国内社会结构中出现了一些新的事物以及对西方新的分层思想的引介，这些因素共同促成了一般分层议题研究的高潮。而近几年来研究者呼吁重新开展阶级分析的缘由主要在于：转型过程中利益分化现象严重，群体矛盾与冲突升级，亟须引入新的结构性视角。总的来说，无论是阶级分析范式的"式微"，还是之后的"复归"，当代中国的阶级阶层研究逐渐摆脱了意识形态教条的禁锢，及时跟踪了社会转型与变迁中的新现象新变化，并在不断借鉴欧美社会学新兴理论和研究方法的基础上，不断追求研究范式的自主性、规范化，为不平等研究开辟了广阔空间（刘剑，2012）。

三、范式转变相关论题评议

当然，有关两次范式转换及其归因方面的讨论，在有些议题上也存在一定的争议和问题，而这也在一定程度上反映出学界在阶级分析以及分层研究范式上的误识。

第一，近年来国内学界的阶级分析转向更多的是"回到马克思"或重返马克思主义的阶级分析，单一趋向显然遮蔽了其他阶级分析范式和解释逻辑对于当代中国社会结构和社会问题的洞察力和分析适用性。从知识起源的角度来看，阶级分析中既有强调"生产资料所有权""剥削"和"阶级斗争"的马克思传统，也有强调"市场资源""生活机会"的韦伯传统。而当代社会学中，阶级分析的内部态势更具竞争性，既有坚守和延续"剥削和利益形成逻辑"的新马克思主义，也有强调"雇佣关系分化和理性行动逻辑"的新韦伯主义，强调"职业结构化（或同质性）逻辑"的新涂尔干主义等（李路路等，2012）。因此，重返阶级分析的呼声本身没有问题，我们也确实处在一个需要阶级分析的时代，但可以选择的"重返"路径是多元而非单一的，重返阶级分析不等于重返马克思主义阶级分析（秦广强，2018）。

第二，在阶级与其他非阶级分层视角的关系问题上存在误识。国内学界一般将非阶级的研究取向视为韦伯传统，这一点并没有根本性错误，但是将韦伯阶级理论中的核心概念"市场状况"和"生活机会"视为非阶级的、分层研究范式中的核心议题（参见，冯仕政，2008）是很值得商榷的。韦伯明确指出，那些因市场资源、市场能力不同而享有共同生活机会（life chance）的群体构成了阶级（韦伯，1997：248）。与马克思相同的是，韦伯也是在经济关系中定义阶级，只不过韦伯的阶级概念坐落于市场经济的交换领域。另外，有研究者将阶级分析和其他分层视角分别视为冲突论和功能论取向，这是一种误读。无论是分层研究还是阶级分析内部，均可以依据价值取向得出这两种范式的区分。冲突论和功能论是分层或阶级视角内部的范式区分，不是不同分层视角之间的核心差异。从根本上讲，阶级视角相对于其他分层视角最具特色之处在于它是从社会关系的角度研究不平等问题的，强调社会关系的不平等才是构成社会不平等的根本起源。

第三，研究者们不约而同地将分层研究的范式更迭与社会转型"必然性地"连接在一起，如改革开放之初从传统的、激进的、具有明显意识形态色彩的马克思主义阶级分析转向具有温和或调和色彩的多元分层研究，21世纪以来又以保持对宏观社会结构剧烈变革及群体间关系紧张问题的深刻洞察力为由，呼唤重返阶级分析。我们丝毫不否认阶级分析在当代中国社会研究中的重要性，但需要强调的是，无论是阶级分析还是其他分层视角都与社会转型与否（静态或动态社会）没有必然的联系。问题的关键不在于判断学术研究应取决于何种社会形势，而在于从根本上接纳并认可不同立场的多元性存在及其相互间竞争性的关系格局，寻找并确立适合于不同经验议题的分析路径及其比较优势。

第三节　阶级阶层结构形态及分类框架

一、分化形态与特征

在21世纪初期，国内分层学界就已经对中国社会阶层分化的形态与特征进行了充分讨论,在有关阶层分化的趋势上做出了"断裂化"和"中产化"、在分化特征上做出了"结构化"和"碎片化"的不同判断。

就分化形态而言,孙立平(2003:59-67)提出"断裂化"论点,指出整个社会分裂为相互隔绝、差异鲜明的两个部分,阶层分化趋向于两极分化、上下对立;而陆学艺(2002)提出"中产化"的主张,认为随着现代化及城市化的推进,中国的阶层分化将形成中间层占主导地位的整合型社会,即由金字塔形转变为椭圆形或橄榄形。

就分化特征而言,李路路(2003)采用"结构化""再生产"的概念总结当时的阶层分化趋势,指出目前的阶层分化正在形成固定的、有持续影响的、界限分明的阶层结构,尤其是经济地位的差异不断扩散到社会生活的各个方面,且这种阶层结构会通过"再生产"被延续下去;与之相对应的,李培林、李强(2004)等人则提出"碎片化"观点,认为由于利益和观念等方面的个体化、差异化,阶层分化是多元的、分散的、相互交叉的分化,这些碎片并未显示出聚集为几大阶层或群体的迹象。

几种观点之间的争论持续了相当长的一段时间,各派研究者也都形成了相应的理论依据及经验资料基础。20年时间过去了,争论仍难有确切定论,但中国社会阶层结构整体朝向常态化、稳定型方向发展(李培林,2017),在制度排斥与市场排斥机制的交互作用之下(李路路、朱斌,2015),地位再生产、阶层固化等问题逐渐凸显,构成了制约社会稳定与发展的结构性诱因。

二、阶级阶层分类框架

改革开放40余年来,中国的社会结构变革明显经历了一个阶级阶层分化的过程,而对于阶级阶层结构的状貌和特征,很多研究者结合国外阶级研究范式和中国特定的社会现实,从多个维度出发构建了分析框架。理论逻辑出发点不同,人们所建构的阶级阶层分类图式也不同。以下我们将分别从现代化逻辑、制度主义逻辑和权力逻辑出发(李路路,2012、2019),分析每种逻辑的核心论点以及由此构建的阶级阶层分类框架/图式。

一是现代化逻辑。其核心观点是:随着中国社会向以现代化建设为中心转变,现代化和技术的发展导致职业地位在很大程度上取代了过去的政治地位、

"身份"地位等，成为社会地位的核心和资源与机会分配的基础。职业地位所拥有的不同组织资源、文化资源和经济资源，决定了职业地位的高低，导致中国社会形成了基于职业地位的阶层结构。

陆学艺（2002）及其团队提出的"十大阶层"是这一理论逻辑的典型体现。他们指出，随着工业化和城市化的推进，白领群体迅速扩张，人们的教育水平不断提高，上升流动机会也越来越多，原有的阶级阶层结构将发生重大变化，整个社会将形成以中产阶级为主的"现代社会阶层结构"，且这种阶层分化主要表现为职业分化。据此，他们以职业分类为基础，以组织资源、经济资源、文化资源的占有状况为标准，划分出了十大社会阶层，并进一步把这十大阶层归并成五大社会等级。这十个阶层分别是：国家和社会管理者阶层、经理人员阶层、私营企业主阶层、专业技术人员阶层、办事人员阶层、个体工商户阶层、商业服务业员工阶层、产业工人阶层、农业劳动者阶层、城乡无业/失业/半失业者阶层。

十大阶层的划分以职业分类为基础，以三种资源的占有状况为标准。这三种资源被认为是当前社会中最为重要的资源，决定和形塑着个体在社会结构中的位置。其中组织资源是指依据国家政权组织和党组织系统而拥有的支配社会资源（包括人和物）的能力；经济资源是指对生产资料的所有权、使用权和经营权；文化资源是指对社会（通过证书和资格认定）所认可的知识和技能的拥有。

二是制度主义逻辑。其核心观点是：阶层的形成嵌在社会的制度体系之中，阶级阶层结构不仅仅是现代化及其经济-技术理性逻辑驱动的产物，政治、社会、文化、既存利益结构以及传统等各种因素都会对阶级阶层结构产生重要影响。尤其在国家"自上而下"的改良式变迁中始终扮演着关键性角色的，原有的再分配体制、资源分配结构、受到控制的渐进式转型过程等，都会对阶级阶层结构产生影响（李路路，2002）。当然，即使是持有制度主义逻辑，不同的研究者所强调的制度体系间也存在差异，有的特别强调产权制度以及国家权力，有的强调户籍制度、干部身份制度、所有制制度和单位体制。

刘欣（2007、2018）划分的阶层结构框架强调产权制度的重要性。他认为，嵌在国家政治结构之中的产权制度，连同这些制度所派生的次级制度，构成了阶层分化的制度基础。具体而言，中国转型社会的经济资产产权和人力资本产权是嵌在既有政治结构中的,这样的制度安排使阶层关系表现出"支配二元性"(权威型支配和市场型支配)和"权益双重性"(既是支配关系又是经济利益分配关系)特征。他整合支配关系与经济利益分配关系,针对城市社会群体构造了一个由 17 个阶层位置、6 个阶层分类组成的分析框架,包括社会上层、中产上层、中产下层、小业主及自雇者、技术工人、非技术工人等。在新近的研究中,他又对这一框架进行了修正,构建了一个新的、适用于转型期中国城乡整体社会的框架,由 16 个阶层位置、7 个阶层分类组成:社会上层(支配者阶层)、新中产上层、新中产下层、小业主和自雇者、技术工人、非技术工人、农民。具体操作过程如下:首先按是否拥有公共权力,将社会位置划分为"有公共权力的社会位置""无公共权力的社会位置",以及介于两者之间的"行政事务位置"。其次,对有公共权力的位置,又按对公有资产有无直接控制权分为党政事业领导位置和公有(控股)企业领导位置,对每类位置进一步按职务高低分成两层。最后,对无公共权力的位置,按照市场权力的来源和大小进一步分类。

林宗弘和吴晓刚(2010)则认为,户籍制度、单位制度、干部身份制度是决定阶级位置的核心制度,可据此建立一个以对不同形式生产性资产的占有为基础的即新马克思主义取向的阶级分类框架。其中,户籍制度是对劳动力所有权的限制,单位制度决定组织资产的配置,而干部身份则是对生产现场技术与权威的身份界定和对私有产权保障的重建。他们指出,中国正在发生的制度转型对社会不平等秩序的重塑表现为不同形式的生产性资产——劳动力、资本、组织、技术/权威等——的所有权的相对转变,从而导致阶级结构的转型和贫富差距的拉大。他们的阶级分类框架由 10 个群体构成:国家干部、国企工人、资本家、新中产阶级、无产阶级、小资产阶级、集体干部、集体工人、农村干部、农民。

三是权力逻辑。其核心观点是:社会阶层的分化基于权力的形式和权威结构,社会权力关系上的差别决定着阶层结构及阶层群体之间的差别。权力意味着存在支配-服从和统治-被统治的关系,无论这种权力是表征为财产所有权、再分配权力、市场权力,还是职业权力、工作权威等,而权力支配、统治又进一步体现为对关键资源、机会的占有和控制。在权力逻辑视角看来,传统社会主义社会中逐渐出现的依据权力分化逻辑而呈现的阶层化过程、体制改革和对市场化的引入，致使这种分化有了新的动力机制和结构特征。

李路路（2005）基于社会成员之间的社会关系及社会权力的差别，将社会成员所拥有的权力和所占有的资源结合起来，提出了一个以权力和资源为基础的、以大类职业为表现的社会阶层结构，即管理人员、专业技术人员、办事人员、工人和商业服务业人员、自雇佣者、农民六个阶层的结构。

后来，李路路、秦广强、陈建伟（2012）在韦伯权力－支配分析范式的基础上，构建了一个以权力和权威特别是工作组织的权威为基础的阶层结构体系的分析框架——"权威阶层框架"。具体操作上，首先基于财产占有权确定三个基本阶级地位，即雇主、雇员、自雇佣者，然后结合组织权威与工作状况对非体力雇员和体力雇员群体进行细分：那些非体力，拥有下属，在组织的人事、生产经营管理、奖惩、财务等重大事项上有一定决策权和下属管理监督权的雇员，处于这个权威体系的上层；那些非体力且不拥有决策和下属管理监督权，但拥有工作自主性的雇员处于第二个等级；那些从事体力劳力、不拥有决策权，但拥有下属管理监督权的雇员为第三个等级；那些从事体力劳力、不拥有任何下属管理监督权，仅拥有一定工作自主性的雇员，处于这个权威体系的最下层。由此，研究者们构造了一个由十个阶级阶层类别构成的分析框架。这一分类框架的突出特点在于将韦伯传统的权力支配关系、市场与工作状况、新马克思主义阶级概念中的资产控制权等，都整合进了一个权威关系的逻辑框架之中，通过对权力大小的直接测量，揭示了不同阶层地位的特征，并在权力这一单一维度上对阶级阶层进行划分，保持了理论逻辑上的一致性。

仇立平（2006）在"回到马克思"的阶级分析主张中扩展了传统马克思主义有关生产资料所有权的论断，将马克思有关生产资料占有关系的命题延展到了生产要素的占有关系上，根据对资本、管理、技术、劳动四种稀缺性生产要素的占有关系，总结出了当代中国社会中的四个阶级类别：管理者阶级、资本所有者阶级、专业与技术人员阶级和劳动阶级。其中占主导地位的是管理者阶级和资本所有者阶级。

除了上述阶级阶层结构框架的构建，还有不少研究者结合全国人口普查数据或综合社会调查数据，从职业地位、经济收入等维度对中国社会的等级式或阶梯式阶层结构进行了测量和描绘。如果说前述几个阶级阶层结构框架更多是基于某种在社会关系分化过程中形成的社会集团或利益群体，那么后文这些研究结果更多是基于占有资源、机会的数量（例如社会经济地位、收入、声望等）而进行的分类。

李强（2005）使用 2000 年第五次全国人口普查数据，对其中 16~64 岁人口职业的社会经济地位指数（ISEI）进行测算，提出了中国社会"倒丁字形"阶层结构，其中的"一横"主要由社会经济地位很低的农民（ISEI 为 23 分）构成，占比 64.7%，且农民与其他群体之间形成了鲜明的分界，显示出了巨大的差异，而造成这种差异的主要原因就在于城乡分割；此后，李强（2017）又使用 2010 年第六次全国人口普查数据计算了基于 ISEI 得分的职业地位结构，提出了从"倒丁字形"结构向"土字形"结构变迁的观点，十年之间，中国阶层结构从中产严重缺失演变为中下阶层位置的群体明显扩大。张翼、侯慧丽（2004）利用"五普"数据，结合国际职业声望量表和每一种职业中高中及以上文化程度劳动者所占的比例，估计了就业人口的阶层结构状况，指出中国阶层结构是一个底盘很庞大的"烛台"。李培林、朱迪（2015）结合 2006—2013 年的中国社会状况综合调查（CSS）数据，将城镇居民按照收入划分为四个层级：低收入者、中低收入者、中等收入者和高收入者。研究发现，多个年份间各收入群体所占人口比例变动不大，中等收入者在 27% 左右，中低收入者维持在 50% 左右，低收入者在 20% 左右，高收入者在 3% 左右，发出中等收入者规模的扩大停滞，高收入者利益垄断格局形成的信号。

除了面向全国或城镇的阶层结构分析，也有一些研究者面向农民群体进行阶层划分，并指出农村社会与城市社会一样出现了一定的阶层分化（王春光等，2018）。20 世纪八九十年代陆学艺基于职业差异将中国农民群体划分为八个阶层：农业劳动者阶层、农民工阶层、雇工阶层、农村知识分子阶层、个体劳动者和个体工商户阶层、私营农村企业主阶层、乡镇企业管理者阶层和农村管理者阶层（陆学艺，1989、1991）。魏昂德（Walder，2002）根据 1996 年的全国性调查数据将农民分为农业劳动者、非农雇工、个体经营者、私营农村企业主、集体企业管理者、村队农村干部、县级农村干部七个阶层。有研究者对以职业为基础进行的农民阶层划分进行反思，认为以职业作为农民分层的标准，没有充分认识到农民劳动的兼业性、非农劳动的流动性和家庭内部分工的社会外化性这几个方面的问题（李全生，2010）。针对单一分层标准的争议性，刘成斌、卢福营（2005）从农村社会成员多元身份的角度提出了新的分层方法。在新近的研究中，王春光等人（2018）采用中国社会状况综合调查数据（CSS）2008—2015年数据，以职业为基础并考虑兼业情况，对当代中国农民的分层结构进行了研究，构建了一个包括农村干部、农村企业主、个体工商户、打工者、兼业非农者、兼业务农者、纯务农者、无业在内的八类别的"金字塔形"农民分层体系，并结合历时数据比较发现了纯务农者比例逐年减少、兼业务农群体扩大等趋势。

第四节　阶级阶层结构的历时变迁

一、改革开放之前的阶级阶层结构

在中国传统的封建社会里，小农经济和以儒家思想为主的传统文化共同造就了带有明显价值评价的社会分层结构：士、农、工、商。而从阶级结构的视角看，地主阶级和农民阶级是中国传统封建社会中的两大基本阶级。鸦片战争以来中国的近代社会开始向现代化转型，社会结构发生了很大变化，新的阶级成分不断出现。20世纪20年代，毛泽东曾对当时中国社会的阶级阶层结构做了系统的分析，指出当时存在六大典型社会阶级群体：地主、买办阶级和官僚资产阶级，民族资产阶级，小资产阶级，半资产阶级，无产阶级，以及游民阶级（毛泽东，1991：3-11）。

1949年中华人民共和国成立之后，地主阶级、官僚资产阶级被消灭，经过社会主义改造，民族资产阶级也退出历史舞台。从1956年中国基本上完成社会主义改造，至1978年改革开放之前，主流的、带有政治和意识形态色彩的观点认为，中国社会阶级结构一直是"两个阶级一个阶层"的形态。所谓"两个阶级"是指工人阶级和农民阶级，"一个阶层"是指知识分子阶层。知识分子由于不直接参与生产过程，并不构成一个独立的阶级，而是一个依附于其他阶级的阶层，但随着社会主义改造的深入，知识分子将逐步成为工人阶级的一部分。在社会学界，一直到20世纪80年代中后期，都能看到"两个阶级一个阶层"分类框架的踪影（何建章，1986；王颉，1987）。

与这种阶级划分相对应的，是执政党将这一套阶级话语推广到整个社会，成为当时中国占据主导地位的意识形态。例如，关于人民和人民的敌人的区分，无产阶级和资产阶级之间复辟与反复辟的阶级斗争，以党内资产阶级为对象的无产阶级专政下继续革命的理论及实践等，均属此类（李路路，2019）。阶级思想与阶级观念盛行于中国社会，阶级理论对当时党和政府的路线方针以及广大民众产生了极大影响（李春玲，2020）。直到20世纪70年代末，随着党和国家的中心任务向经济建设转移，阶级斗争理论才逐步退出执政党的话语体系。

也有研究者主张这一时期形成了"四大阶层"（郑杭生，2003：237），即干部、知识分子、工人和农民。其中国家干部是政策和计划的制订者与实施者；知识分子经济报酬和社会声望较高，但常常处于被改造的境地；工人具有较高的政治地位，被宪法确立为领导阶级以及国家和企业的主人，是当时社会的中坚阶层；农民处于阶层结构的最边缘地带，城乡二元体制分割将他们排斥在社会核心领域之外，他们在社会经济地位和各种资源占有上居于全面弱势地位。总之，这几类阶级群体在政治待遇、社会地位、经济收入等方面均存在显著差异。

从阶级阶层分化的特点来看，改革开放之前的中国社会更多的是形成了某种身份分层或政治分层的结构。"身份"主要是指依靠先赋或某种特权获得的地位，当时决定人们身份地位的主要为刚性的社会分割制度，如户籍身份、政治身份、单位身份等（李路路、王奋宇，1992）；政治分层是指各种社会地位被赋予了不同的政治和意识形态色彩，行政权力决定着社会资源的分配，单位的行政级别决定着成员在分层体系中的位置。另外，成员与主流政治意识形态（政治出身、政治表现、政治面貌）的距离决定着他们获取资源和机会的差异性（李强，1997）。

在国际学术领域，也有很多研究者关注像中国这样的传统社会主义社会在消灭了私有制和市场经济体制之后，社会中是否还存在阶级。一种观点认为，社会主义社会因为消灭了生产资料私人占有制度和市场经济，不再存在阶级，社会主义社会中的主要结构区分是"精英集团"和"原子化大众"（Goldthorpe，1964：97-122）；另一种观点则认为，社会主义社会不同于资本主义社会，在这样的社会中不存在经典意义上的资产阶级，但随着社会主义社会由革命转向现代化建设，社会中会出现某种程度的阶级化过程（Parkin，1969：355-374）。按照吉拉斯的说法，生产资料的公有制会产生一个新统治阶级（官僚阶级），这个新阶级由那些"因行政垄断而拥有特权和经济偏好"的人组成,其地位来自党和国家在政治经济生活中的支配性角色(Djilas,1957)。

尽管如此,就总体而言,改革前的中国社会无论在结果不平等还是机会不平等方面都处于较低的水平,因为资源与机会都是通过行政渠道进行分配的。上层阶级虽然享有一定的特权,如独立管理的住宅、专供商店,子女被送到特别设立的学校等,但享有这些特权的上层阶级人数很少,其享有的特权也比苏东等社会主义国家小很多。传统社会主义下的中国比之旧中国,比之苏东等社会主义国家,是一个更为平等的社会(Whyte,1975),并且这种平均的结构又进一步被"文化大革命"推向了几乎是"非阶层化"的极端平均主义的境地,因为"文革"对中国社会分层结构进行了彻底的清洗(Parish,1984)。

总之,以上国内外学者关于改革之前中国社会阶级阶层结构分化的分析,无论是哪一种观点,背后的逻辑都可以归结为一个共同的判断,即:改革前的中国社会阶级阶层结构是一个与基本经济和政治制度相适应的高度集中、相对同质性的等级结构体系(李路路,2019)。这一结构体系并非是完全平等的或同质的,依然存在相对的阶级阶层差别或身份等级差别,而这种差别都来源于一个共同的基础,就是高度集中的国家再分配体制,不同社会群体或集团所占有的社会资源和机会,是国家自上而下的决定性或命令性分配的结果(Szelényi,1978)。

二、改革开放以来阶级阶层结构的变化

改革开放以来,中国社会发生了两个深刻变化:一是从传统型农业社会向现代型工业社会转变,二是从高度集中的中央计划经济体制向市场经济体制转轨。可以说,现代化和市场化两种转型力量同时作用于阶级阶层结构的变迁(梁玉成,2007)。按照现代化的理论,其效应首先作用于职业与产业结构,即从农业职业向手工业、产业工人、技术官僚和专业工作转变,而反映在阶级阶层结构上就是白领雇员的增加,服务业的大力发展,以及农民、体力工人相对减少的过程;与之相比,市场化则意味着在社会资源和机会的分配领域,市场机制的作用越来越重要,会逐渐从根本上改变传统的社会资源和机会分配的机制及结果,从而导致整个社会结构的重组,包括国家和市场、国家和社会之间的关系。市场化在阶级阶层结构上的最直观反映就是将导致更多的体制外劳动

力的需求，市场经济及社会组织领域从业人员的规模和比例会大幅度提升。

总之，伴随着现代化与市场化的剧烈转型，原有的社会分层结构、分层标准、动力机制和具体表征均发生了重大变化，阶级阶层之间的关系变得复杂且多元化。两种效应叠加之下，当代中国阶级阶层结构的变化主要体现在以下几方面：

第一，社会阶级阶层的决定机制发生了变化。改革之前社会成员的阶级阶层位置及其不平等来源于一个共同的基础，即高度集中的国家再分配体制（Szelényi，1978），成员间的相对差异取决于其制度性身份和政治地位。向市场经济体制的转变将从根本上改变再分配体制中以权力为核心分层机制的状况（Nee，1989），市场机制下社会资源与机会的配置方式发生重点变化，资源、地位、机会和利益变得相对分散、相对独立，阶级阶层地位衡量标准也逐渐转向经济收入、职业、教育等新维度（庞树奇、仇立平，1989；李强，1993；李培林，1995；许欣欣，2000；陆学艺，2002）。

第二，社会阶级阶层结构朝多元化、复杂化演进。随着劳动分工体系的变化和职业结构的复杂化，原来由工人阶级、农民阶级和知识分子构成的相对简单的社会阶级阶层结构变得越来越多样化、复杂化（李培林，2017），社会中出现了很多新的职业群体，如个体户、私营企业主、经理和管理人员、专业技术人员、商业服务业人员、自由职业者等。世纪之交，学界对于阶级阶层结构的判断也从传统的"两个阶级一个阶层"转向"三大类"（工人阶级、农民阶级和其他社会阶层）（李慎明，2002）、"两大阶级和若干新阶层"（阎志民，2002）、"两阶级两阶层"（段若鹏等，2002）等分类模式。之后学界进一步涌现出大量的关于中产阶级、中产阶层的讨论（李强，2001；周晓虹，2005；李友梅，2005；李路路，2008；张翼，2008）。

第三，市场化转型带来了"体制外"阶层群体的快速发育和成长。伴随着市场化进程，非公有制经济领域和社会领域中出现了一些新的社会阶层群体（张卫、张春龙，2006；张宛丽等，2007；李春玲，2017；张海东、杨城晨，2018），主要包括私营企业和外资企业中的管理技术人员、中介组织和社会组织从业人员、自由职业人员、新媒体从业人员等。有研究者指出，新的阶层群体的定位对经典马克思主义阶级理论构成了挑战（李路路、王薇，2017），他们既不从属于对立阶级（资本家-工人）中的任何一个，也不是原来的阶级，而是在人民群体内部出现的"新的社会阶层"。

第四，以阶级再生产为主要特征的代际关联模式逐渐凸显出来（李路路，2002；李路路、朱斌，2015）。那些占有优势地位的群体，通过不同资本的交换、社会网络和人力资本的优势，将其优势地位在代与代之间进行传递，被称为所谓"富二代""官二代"现象。

第五节 评论与展望

在上文的梳理中，我们首先从理论上把握了伴随着社会形势发展和结构变迁而来的阶级阶层分析范式转换的问题，进而从不同逻辑起点出发，归纳和梳理国内有代表性的阶级阶层分类框架，描绘当代中国的阶级阶层结构状况，最后从历时性角度概括了中国社会转型中阶级阶层结构的变迁特征。从中可以看出，与西方社会学语境中单纯地被作为一种学术流派或理论思潮的阶级阶层分析不同，中国社会语境下的阶级阶层分析与社会政治形势及制度变迁紧密联系在一起。下文我们将围绕阶级阶层结构形态及分化特征、阶级阶层分化的动力与逻辑、阶级分析的"元问题"等几个关键议题展开评论。

一、阶级阶层结构形态及分化特征

早在20多年前，国内分层学界就已经对中国社会阶层分化的形态及特征进行了充分讨论，在有关阶层分化的趋势上做出了"断裂化"和"中产化"、在分化特征上做出了"结构化"和"碎片化"的不同判断。几种观点之间的争论持续了一段时间，各派研究者也都有各自的理论依据及经验资料基础。20余年时间过去了，争论仍难有确切定论。从发展演变趋势来看，中国社会没有走向"断裂"，没有出现影响社会整体稳定的动乱，而是逐步形成了一个中间阶层规模和比例不断壮大的形态，但不同阶层群体之间的利益差别及摩擦日益彰显，局部的群际矛盾与冲突不时发生，阶层意识与观念上的分歧日渐凸显，甚至在一些社会议题上会形成极端对立的话语及立场。

从阶层形成来看，不少研究者指出不同阶层在收入、住房、社会交往、阶层地位认同、社会政治态度、生活满意度、生活方式等方面都表现出显著的差异或边界（边燕杰，2004；李路路，2005；李路路，秦广强等，2016；刘精明、李路路，2005；仇立平，2001；王甫勤，2012），也有不少研究者点出了中产阶级的形成（吕大乐、刘硕，2010；张翼，2016）、工人阶级的再形成（沈原，2006），但与此同时，相当多的研究者开始关注中产群体的多元构成（李路路、李升，2007；刘欣、朱研，2011；秦广强、张美玲，2019）、国企工人与农民工的差异性（李培林、李炜，2007；吴晓刚、张卓妮，2014），以及利益群体的流变（李强，2004）等。而从阶层流动或阶级固化的角度讲，尽管中国社会经历了一个机会空间高度开放、流动高度频繁的阶段，但随着社会优势阶层利用市场排斥机制实现阶层再生产，当前及未来的中国社会仍然存在很大的阶层固化的隐忧（李路路、朱斌，2015）。

总之，无论就现实还是就研究者观点而言，在阶层分化的形态、趋势及特征等相关议题上所呈现出来的，依然是一个高度多元化、竞争性的格局，相关的理论争论还在持续，研究的深化与细化还在推进（李春玲，2019）。在市场化和再生产双重逻辑共同发挥作用的当下，中国社会的阶级阶层结构无论是在形态上还是分化逻辑上都更倾向于形成一个以阶层高低分割的菱形结构（李煜，2009）：上层的精英阶层和社会底层在资源和权力占有上差异明显，各自的阶层地位相对稳固，社会再生产逻辑主导，各自向下或向上的变动机会均较小，而处于中间阶层的大量普通社会成员拥有一定的资源和机会，其地位决定机制也更多地体现为博弈和竞争，其向上或向下流动的可能性均存在。社会结构已进入转型时期中相对稳定的常态化阶段，那种阶级阶层结构大调整、大变动的局面已成为过去时（李培林，2017）。

二、阶级阶层分化的动力与逻辑

前文梳理了中国阶级阶层结构背后的三种基础逻辑，其中现代化逻辑强调，现代化和技术经济理性的驱动会导致职业地位在很大程度上取代过去的政治地位、"身份"地位等，成为社会地位的核心和资源与机会分配的基础，因而阶级阶层结构以职业结构为骨架；制度主义逻辑则主张阶层的形成嵌在社会的制度体系之中，社会政治、文化、既存利益结构以及传统等各种因素都会对阶级阶层结构产生重要影响，尤其是原有的再分配制度仍会对阶级阶层结构的生成产生重要影响；权力逻辑则在很大程度上延续了西方阶级理论范式尤其是韦伯的权力思想，强调阶级阶层的分化基于权力的形式和权威结构，社会权力关系上的差别决定着阶级阶层结构及各群体之间的差别。

中国从再分配经济向市场经济的转型推动了资源控制的权力向市场的转移，那么这一市场化过程是否意味着国家权力的削弱和新兴市场主体力量的提升？虽然很多研究尤其是市场转型理论推崇这一理论预设，形成了肯定性判断，但不容忽视的一点在于，国家和政府的力量在转型过程中一直发挥着关键性作用，且在塑造和重塑阶级阶层结构方面扮演着直接而强有力的角色（李路路，2002；周晓虹，2005）。这是因为，中国的市场化转型是一场由国家主导的自上而下展开的渐进改良式社会经济变迁进程，国家和政府通过一系列政策直接启动了这场变革，且一直以各种手段对转型过程施以显著影响。虽然与传统社会主义时期在资源分配上相对强烈的"政治干预"和"全面控制"有所不同，但改革之后国家和政府对于社会经济生活各方面的控制依然具有相当的主动权和主导权（李路路，2002），并且这一转型过程在资源配置、话语权主导、社会控制等方面有着突出的"路径依赖"特性。社会群体的地位属性和身份界定很容易因受国家政策的影响而出现变化（Zhou et al., 1996），国家政策也能够直接而迅速地改变社会机会结构和各种社会资源的价值意义，使得资源在不同部门中被重新分配，机会在不同群体中被扩大或减少，社会群体和成员个体的生活机遇也随之改变。

三、阶级分析的"元问题"思考

当前分层学界在阶级分析及其与其他分层研究视角之间的关系上仍存在一些"元问题"层面的误识。比如，重返阶级分析并不能简单地等同于重返马克思主义阶级分析。近年来国内学界的阶级分析转向更多的是"回到马克思"或重返马克思主义的阶级分析，这一单一趋向显然遮蔽了其他阶级分析范式和解释逻辑对于当代中国社会结构和社会问题的洞察力和分析适用性。重返阶级分析的呼声本身没有问题，我们也确实处在一个需要阶级分析的时代，但可以选择的"重返"的路径是多元而非单一的。又如，不少研究者将阶级分析和其他分层研究视角分别视为冲突论和功能论取向，这一认识也是有问题的。无论是在分层研究中还是在阶级分析内部，均可以依据价值取向得出对这两种范式的区分。冲突论和功能论是分层或阶级视角内部的范式区分，而不是不同分层视角之间的核心差异。

再者，国内研究者不约而同地将分层研究的范式更迭与社会转型"必然性地"连接在一起，但问题的关键不在于判断学术研究应取决于何种社会形势，而在于从根本上认清并接纳多种视角可以共存、各有其特点与适用性的思想（秦广强，2017）。可取的学术态度应是，坚持认为"某些特定的概念与测量会比其他概念与测量更加适合于分析特定的问题和主题"（克朗普顿，2011：14），即秉持一种分析上的"分离主义"与"相对主义"的态度，接纳并认可不同立场的多元性存在及其相互间竞争性的关系格局，寻找并确立适合于不同经验议题的分析路径及其比较优势。唯有如此，才能做到不仅更好地提升各分层视角的理论力量，而且优化对多元分层范式的拓展，彰显不同概念工具的独特分析价值。

参考文献：

边燕杰.城市居民社会资本的来源及作用：网络观点与调查发现.中国社会科学，2004（3）：136-146，208.

蔡禾，赵钊卿.社会分层研究：职业声望评价与职业价值.管理世界，1995（4）：191-197.

陈婴婴.职业结构与流动.北京：东方出版社，1995.

仇立平.职业地位：社会分层的指示器：上海社会结构与社会分层研究.社会学研究，2001（3）：18-33.

仇立平.回到马克思：对中国社会分层研究的反思.社会，2006（4）：23-42，206.

段若鹏，钟声，王心富，等.中国现代化进程中的阶层结构变动研究.北京：人民出版社，2002：56-88.

冯仕政.重返阶级分析？：论中国社会不平等研究的范式转换.社会学研究，2008（5）：203-228，246.

何建章.我国所有制结构的调整和社会阶级结构的变化.社会学研究，1986（1）：2-9.

克朗普顿.阶级与分层.陈光金，译.上海：复旦大学出版社，2011.

雷弢，戴建中.当今中国社会分层研究构想.北京社会科学，1986（4）：110-116.

李春玲.当代中国社会的消费分层.中山大学学报（社会科学版），2007（4）：8-13，124.

李春玲.当代中国社会的声望分层：职业声望与社会经济地位指数测量.社会学研究，2005（2）：74-102，244.

李春玲.中国社会分层与流动研究70年.社会学研究，2019，34（6）：27-40，243.

李春玲.我国阶级阶层研究70年：反思、突破与创新.江苏社会科学，2019（6）：22-30，257.

李春玲.新社会阶层的规模和构成特征：基于体制内外新中产的比较.中央社会主义学院学报，2017（4）：63-69.

李春玲.中国阶级阶层论述的百年演进：理论取向与研究模式.统一战线学研究，2020，4（2）：32-39.

李路路，陈建伟，秦广强.当代社会学中的阶级分析：理论视角和分析范式.社会，2012，32（5）：25-46.

李路路，秦广强，陈建伟.权威阶层体系的构建：基于工作状况和组织权威的分析.社会学研究，2012，27（6）：46-76，242-243.

李路路，李升."殊途异类"：当代中国城镇中产阶级的类型化分析.社会学研究，2007（6）：15-37，242.

李路路，王奋宇.当代中国现代化进程中的社会结构及其变革.杭州：浙江人民出版社，1992.

李路路，王薇.新社会阶层：当代中国社会治理新界面.河北学刊，2017，37（1）：136-140.

李路路，朱斌.当代中国的代际流动模式及其变迁.中国社会科学，2015（5）：40-58，204.

李路路，秦广强，等.当代中国的阶层结构分析.北京：中国人民大学出版社，2016.

李路路.制度转型与分层结构的变迁：阶层相对关系模式的"双重再生产".中国社会科学，2002（6）：105-118，206-207.

李路路.中间阶层的社会功能：新的问题取向和多维分析框架.中国人民大学学报，2008（4）：125-135.

李路路.再生产的延续：制度转型与城市社会分层结构.北京：中国人民大学出版社，2003.

李路路.改革开放40年中国社会阶层结构的变迁.武汉大学学报（哲学社会科学版），2019，72（1）：168-176.

李路路.社会结构阶层化和利益关系市场化：中国社会管理面临的新挑战.社会学研究，2012，27（2）：1-19，242.

李路路.中国城镇社会的阶层分化与阶层关系.中国人民大学学报,2005(2):9-18.

李培林,张翼.消费分层:启动经济的一个重要视点.中国社会科学,2000(1):52-61,205.

李培林,朱迪.努力形成橄榄型分配格局:基于2006—2013年中国社会状况调查数据的分析.中国社会科学,2015(1):45-65,203.

李培林,李强,孙立平,等.中国社会分层.北京:社会科学文献出版社,2004.

李培林,李炜.农民工在中国转型中的经济地位和社会态度.社会学研究,2007(3):1-17,242.

李培林,张翼.中国中产阶级的规模、认同和社会态度.社会,2008(2):1-19,220.

李培林.改革开放近40年来我国阶级阶层结构的变动、问题和对策.中共中央党校学报,2017,21(6):5-16.

李培林.中国新时期阶级阶层报告.辽宁:辽宁人民出版社,1995.

李强.当代中国社会分层与流动.北京:中国经济出版社,1993.

李强."丁字型"社会结构与"结构紧张".社会学研究,2005(2):55-73,243-244.

李强.关于中产阶级和中间阶层.中国人民大学学报,2001(2):17-20.

李强.政治分层与经济分层.社会学研究,1997(4):34-43.

李强.中产过渡层与中产边缘层.江苏社会科学,2017,291(2):1-11.

李强.当前我国社会分层结构变化的新趋势.江苏社会科学,2004(6):93-99.

李全生.新中国成立以来农村社会分层结构的变迁.党政干部学刊,2010(6):62-64.

李慎明,等.当前我国的社会阶级阶层结构//李慎明."三个代表"重要思想与若干重大理论问题研究.北京:社会科学文献出版社,2002:222-246.

李友梅.社会结构中的"白领"及其社会功能:以20世纪90年代以来的上海为例.社会学研究,2005(6):90-111,244.

李煜.代际流动的模式:理论理想型与中国现实.社会,2009,29(6):60-84,223-224.

梁玉成.现代化转型与市场转型混合效应的分解:市场转型研究的年龄、时期和世代效应模型.社会学研究,2007,130(4):93-117,244.

林宗弘,吴晓刚.中国的制度变迁、阶级结构转型和收入不平等:1978—2005.社会,2010,30(6):1-40.

刘成斌,卢福营.非农化视角下的浙江省农村社会分层.中国人口科学,2005(5):75-81,96.

刘剑.阶级分析在中国的式微与回归.开放时代,2012(9):151-158.

刘精明,李路路.阶层化:居住空间、生活方式、社会交往与阶层认同:我国城镇社会阶层化问题的实证研究.社会学研究,2005(3):52-81,243.

刘欣，田丰.社会结构研究 40 年：中国社会学研究者的探索.江苏社会科学，2018（4）：33-46.

刘欣，朱妍.中国城市的社会阶层与基层人大选举.社会学研究，2011，26（6）：34-58，242-243.

刘欣.协调机制、支配结构与收入分配：中国转型社会的阶层结构.社会学研究，2018，33（1）：89-115，244.

刘欣.中国城市的阶层结构与中产阶层的定位.社会学研究，2007，132（6）：1-14，242.

陆学艺.当前农村社会分层研究的几个问题.改革，1991（6）：157-163.

陆学艺.重新认识农民问题：十年来中国农民的变化.社会学研究，1989（6）：1-14.

陆学艺.当代中国社会阶层研究报告.北京：社会科学文献出版社，2002.

吕大乐，刘硕.中产小区：阶级构成与道德秩序的建立.社会学研究，2010，25（6）：25-40，242.

毛泽东.中国社会各阶级的分析 // 毛泽东选集：第 1 卷.北京：人民出版社，1991：3-11.

庞树奇，仇立平.我国社会现阶段阶级阶层结构研究初探.社会学研究，1989（3）：63-75.

秦广强.社会分层研究中的多维视角与多元范式：兼论国内范式转换及反思.理论月刊，2018（6）：169-174.

秦广强，张美玲."类聚群分"：当代中国中产阶层的多元构成及其多维政治取向.社会，2019，39（2）：107-132.

秦广强.阶级、地位与职业：竞争性分层视角的理论定位及内在关联.中央民族大学学报（哲学社会科学版），2017，44（4）：21-28.

沈原.社会转型与工人阶级的再形成.社会学研究，2006（2）：13-36，243.

孙立平.断裂：20 世纪 90 年代以来的中国社会.北京：社会科学文献出版社，2003.

孙立平.利益关系形成与社会结构变迁.社会，2008（3）：7-14.

佟新，戴建中，王春来.将阶级分析带回到劳工研究的中心：2003—2006 年的劳工问题研究 // 中国社会学年鉴：2003—2006.北京：社会科学文献出版社，2008：201-213.

王春光，赵玉峰，王玉琪.当代中国农民社会分层的新动向.社会学研究，2018，33（1）：63-88，243-244.

王甫勤.社会经济地位、生活方式与健康不平等.社会，2012，32（2）：125-143.

王颉.改革中的阶级结构的变化和对策之我见.社会学研究，1987（2）：1-13.

王煜，雷弢.社会分层理论：方法论上的选择.社会学研究，1988（5）：70-72.

韦伯.经济与社会：下册.林荣远，译.北京：商务印书馆，1997.

吴晓刚，张卓妮. 户口、职业隔离与中国城镇的收入不平等. 中国社会科学，2014（6）：118-140，208-209.

许欣欣. 从职业评价与择业取向看中国社会结构变迁. 社会学研究，2000（3）：67-85.

阎志民. 中国现阶段阶级阶层研究. 北京：中共中央党校出版社，2002：25-29.

张海东，杨城晨. 新社会阶层：理论溯源与中国经验. 福建论坛（人文社会科学版），2018（11）：142-152.

张宛丽. 近期我国社会阶级、阶层研究综述. 中国社会科学，1990（5）：173-181.

张宛丽，李炜，高鸽. 现阶段中国社会新中间阶层构成特征研究. 北京工业大学学报（社会科学版），2007（2）：10-16.

张卫，张春龙. 新社会阶层的社会特征分析：以江苏为例. 江海学刊，2006（4）：119-124.

张翼，侯慧丽. 中国各阶层人口的数量及阶层结构：利用2000年第五次全国人口普查所做的估计. 中国人口科学，2004（6）：55-61，82.

张翼. 当前中国中产阶层的政治态度. 中国社会科学，2008（2）：117-131，207.

张翼. 当前中国社会各阶层的消费倾向：从生存性消费到发展性消费. 社会学研究，2016，31（4）：74-97，243-244.

折晓叶，陈婴婴. 中国农村"职业－身份"声望研究. 中国社会科学，1995（6）：83-95.

赵慧珠. 根本观点与具体论断：从前沿思潮看马克思主义（上）：访著名社会学家、中国社会学会会长、中国人民大学原副校长、社会学理论与方法研究中心主任郑杭生教授. 中国党政干部论坛，2002（4）：4-7.

郑杭生. 社会学概论新修. 3版. 北京：中国人民大学出版社，2003：237.

周晓虹. 再论中产阶级：理论、历史与类型学兼及一种全球化的视野. 社会，2005（4）：1-24.

DJILAS M. The new class: An analysis of the communist system. New York: Frederick A. Praeger, 1957.

GOLDTHORPE J H. Social stratification in industrial society//HALMOS P. Sociological review monograph No. 8: The development of industrial societies. Keele: University of Keele, 1964.

NEE V. A theory of market transition: From redistribution to markets in state socialism. American sociological review, 1989: 663-681.

PARISH W L. Destratification in China//WATSON J. Class and social stratification in post-revolution China. New York: Cambridge University Press, 1984: 84-120.

PARKIN F. Class stratification in socialist societies. The British journal of sociology, 1969, 20（4）: 355-374.

SZELÉNYI I. Social inequalities in state socialist redistributive economies. International journal of comparative sociology, 1978, 19: 1-2.

WHYTE M K. Inequality and stratification in China. The China quarterly, 1975, 64: 684-711.

WRIGHT E O. Class structure and income determination. New York: Academic Press, 1979.

ZHOU X G, TUMA N, MOEN P. Stratification dynamics under state socialism: The case of urban China, 1949—1993. Social forces, 1996, 74(3): 759-796.

WALDER A G. Income determination and market opportunity in rural China, 1978—1996. Journal of comparative economics, 2002, 30(2): 354-375.

第二章 | 中国工人阶级研究

贾文娟

（上海大学社会学院）

人类社会始终处于转型与变迁的过程中。不同于社会变迁的无目的、无方向，社会转型是指从一种社会模式向另一种社会模式的转变，其中包含生产力、社会结构、社会关系、社会文化等诸多要素的转变。社会学所讨论的社会转型往往是指由前工业社会向工业社会、由传统社会向现代社会的转型。自工业革命肇始，如何认识和应对社会转型带来的社会结构撕裂问题一直都是社会科学面临的持续挑战。劳动是推进人类社会发展的重要力量，而工人阶级的劳动生活状况亦成为研究者认识社会转型的重要着眼点。人数众多的工人阶级是历史的缔造者，工人阶级的遭遇映射了同时代人们的普遍经验，工人阶级的问题也反映了社会转型本身的问题。在工业革命时期，社会学家便从工人阶级的普遍境遇中归纳出了社会转型的动力、机制与问题：马克思、恩格斯在英国曼彻斯特各行各业工人的工作和生活遭遇中，看到了资本剥削的存在，并预见了酝酿中的阶级冲突；韦伯在德国工业的兴起中，看到了理性化进程与社会机会分配的不平等，以及劳动神圣观念的消弭；涂尔干从法国工人的生活遭遇中，看到了社会的失序可能与社会分工中可能存在的问题，并意识到了重建社会团结的重要性；波兰尼则根据工人阶级的历史遭遇指出，19世纪末期的"大转型"推动了劳动的商品化，并在全球范围内带来了社会自我保护的反向运动。近年来，工人阶级的内涵与外延皆有所变化。工人阶级不再仅是依靠工资维生的工业劳动者，而且涵盖了服务业中的白领劳动者，数字信息产业中的数字劳工、平台劳工、知识劳工等新型劳动者，以及依靠日结款项、网络打赏、实习补助等各类薪酬维生的劳动者。

工人阶级同样是认识中国社会结构的重要切入点。在中国，工人阶级的工作生活境遇受到社会转型的深刻影响，其具体行动又在推动社会转型的进行，甚至决定着社会转型的成败与方向。中国社会学界的工人阶级研究涵盖了从矿工到医生等的形形色色的劳动者群体，其中，中国市场转型阶段的国企工人群体、中国成为"世界工厂"后的农民工群体，以及产业转型升级后出现的卡车司机、各类数字劳工、平台劳工、家政工等新工人群体受到了国内外学界的密切关注。随着时代发展与社会问题的变迁，中国工人阶级研究的问题意识、理论视角、理论对话也出现了明显变化：在20世纪末期的中国市场改革时期，研究者主要从韦伯主义的视角出发，探讨农民工能否获得与城市工人一样的社会机会；在21世纪初期中国加入WTO成为"世界工厂"的时期，研究者主要从马克思主义的视角出发，探讨与工人阶级相关的剥削、控制与反抗的问题；2014年以后，随着中国产业转型升级的进行，研究者开始从涂尔干的视角出发，对劳动关系治理转型问题进行研究；2020年后，随着新业态、新劳动的出现，研究者从多角度对各种新劳动群体展开了多方面、多层次研究，并注意到了在全球范围内出现的社会自我保护运动。在这个过程中，中国工人阶级研究始终注重回应国家与社会的重大需要，一方面，在推进中国社会转型的进程中，致力于保证中国工人阶级的福祉，提升中国工人阶级的社会地位；另一方面，探讨中国工人阶级的自主性，分析其为推进中国社会转型起到了怎样的作用。

第一节　社会机会不平等与农民工研究

社会学界对中国工人阶级的研究始于20世纪70年代末改革开放之后，一方面，自社会学恢复重建以来，流动、劳动、移民便成了重要的理论议题。而这类理论议题又与中国改革开放后大量析出人口从农村向城市流动的社会现实相对应；另一方面，随着中国向国际社会开放，西方社会科学研究者亦开始进入中国开展调查研究，其入手点往往是中国工人。这一时期，在社会主义国家研究潮流与市场转型理论的影响下,学界探讨的主要问题是市场转型对社会机会分配、社会不平等、社会结构等的影响。研究者好奇的问题是,在社会转型下,社会机会的分配是否更加平等了?或者社会资源分配的逻辑是否发生了改变?以"城乡分割"为核心的资源分配体制发生了怎样的改变?这又对不同的社会群体产生了怎样的影响?在这些问题意识的引导下,研究者围绕农民工社会流动、农民工城市化等议题进行了详细而深入的研究。

一、劳动力市场问题与农民工社会流动研究

(一)劳动力市场、找工作与流动问题

1985—1990年,从农村迁出的总人口只有大约335万,而同时期乡镇企业吸纳的农村人口为2 286万人。到了1990—1994年,研究者推算外出打工的农民工数量达到6 600多万人,中国改革开放带来了令人始料不及的"民工潮"(李培林,1996)。早先的研究主要集中在对农民工群体流动原因、方式和构成的描述上,比如,赵树凯(1996)发现苏南农村地区的劳动力流动并非依靠组织介绍,而是自发性的流动,这种流动不是个体的独自闯荡,而是以自组织为主要形式。此外,流动者存在三种非正式的组织形态,分别是生产经营型、生活友谊型和秘密社会型("农村劳动力流动的组织化特征"课题组,1997)。李培林(1996)对济南流动民工的调查显示,民工主要集中于建筑业、院校、医院,以及酒店、餐饮等服务业中,月收入集中于200~400元之间,并主要通过老乡、朋友的介绍进入城市务工,并将血缘、地缘关系带到了城市。袁岳等人(1997)则发现,流动人口的组织具有松散、规模小、自发及非规范性等特征,并存在三种类型的权威,即机会供给权威、危机处理权威和群体形象整合权威。后续研究者试图对农民工社会流动的原因与组织形态进行更具概括性的分析,并指出外出务工并不仅仅是生存理性、经济理性,而是社会理性下的选择(文军,2001),他们凭借对血缘、亲缘、地缘等社会关系的运用在陌生的城市生存和发展(刘林平,2001),并再生产出自身的社会生活方式(项飚,2000)。

后续,研究者开始关注历史阶段、制度背景、个人经历等推动农民工进行

职业流动、地理流动、城乡流动的结构性因素（刘精明，2001），发现农民工所处的劳动力市场与城镇职工所处的劳动力市场并不一致，他们集中于非正规就业部门，享受不到正规就业部门的社会福利，甚至其工时、周薪、最低工资、带薪假等也不符合现有劳动标准（李强、唐壮，2002）。可以说，在这一阶段，社会学研究者已经观察到诸如农民工主要集中在非正规就业部门和劳动密集型企业、内部趋向分化、缺乏福利待遇、较难融入城市等问题了。

（二）工资收入与流动问题

尽管早先研究认为农民工的收入水平和经济地位得到了显著提升，其经济地位在家乡属于中上级，但其工资与城市居民仍然存在一定差距。在这种情况下，研究者开始探寻农民工收入获得与向上流动之间的逻辑究竟是什么，以及农民工收入获得背后存在怎样的社会不平等问题。

2005年后，"民工荒"现象吸引了社会公众的注意力，研究者则发现了该现象背后潜藏的结构性问题。刘林平、万向东和张永宏（2006）的研究指出，在劳动力市场信息不完全、不充分的情况下，农民工只能通过私人关系寻找工作。较低的工资使农民工难以安心工作，导致了较高的流动率，这反而使企业更不愿进行人力资本投资，而是倾向于短期压榨工人。刘林平与张春泥（2007）的研究则显示，农民工工资处于二元劳动力市场一端，高度市场化，缺乏企业内部劳动力市场或晋升机制，是一种很少受劳动力市场用工情况变化影响、没有地区性差异的刚性低工资。谢桂华（2007）则注意到社会身份和户籍制度与农民工工资收入的关系，指出城市工人和农民工之间的收入差异主要来源于社会保障，影响农民工经济地位提升的因素主要是基于户籍身份的社会保障制度。这些研究显示，工资收入分配不平等的背后实则是以"户籍"为依据的不平等的社会资源分配逻辑。此后，社会学研究者开始研究诸如城乡二元分割与户籍制度等对农民工工作生活境遇与地位获得的影响。

（三）流动人口的社会地位获得问题

那么，究竟是什么限制了流动人口在城市中的社会地位获得？陆学艺在《加快改革现行的户籍管理制度》一文中指出，"现行户籍管理制度，是造成诸如'民工潮'一类社会问题的根源……根本上解决这个问题，必须改革现行的户籍制度",并提出应取消城镇户籍所附着的社会利益,建立统一的、可流动的户籍管理制度,以及以身份证、出生证取代户口本(陆学艺,2002)。李春玲则从"公民权"的角度给出了解答。她指出,在中国,农民工既是一种制度,也是一种身份,而户籍制度既承担了重要的社会资源配置功能,又承担了控制地方财政支出的功能,城乡一体化意味着国家为农村居民追加义务教育、社会保障等资源,需要支付巨大的国民待遇成本,但随着市场化和城市化的推进,农民工对户籍制度形成了巨大冲击和挑战,户籍制度的社会控制和行政管理等功能几近失效,反而成为具有身份制特点的歧视性制度,受到了广泛质疑(李春玲,2006)。国家解决农民工问题的途径是将国家层面上的"公民权"问题转换成城市层面上的"市民权"问题,并辅之以向地方"放权"的举措,却带来了城市政府对外来人口的排斥。在这种情况下,农民工不仅缺乏城市认同,而且即便存在不公平感,也不会表达和申诉,农民工成了与农民、城市居民并列的第三种社会身份。这种身份会使他们说服自己接受在城市中的不公待遇和弱势地位(陈映芳,2005)。

可见,研究者从农民工的流动方式、市场行为入手,继而推进到对农民工工资获得、收入分配的研究,最后从不平等的资源分配逻辑追溯到户籍制度与公民权等宏观制度的改革上来,以期真正提升农民工的社会地位。

二、城乡协同发展问题与农民工城市化研究

2006年以后,户籍制度成为农民工和流动人口研究与政策制定的焦点,似乎只要改革户籍制度,令农民工永久迁入城市,就能够改变农民工遭遇到的不平等对待。然而,事实并没有这么简单。一方面,不是所有农民工都对城市拥有相同的认同感。蔡禾和曹志刚(2009)的研究指出,并不是所有农民工都愿意增强自身的现代性,融入城市文化。农民工的城市认同类型可以划分为融入型认同、断裂型认同、游离型认同和隔离型认同。那些市场能力强、制度压力感受弱、更少依赖乡土社会网络、更多借助城市社会关系网络的农民工,对城市才会有强认同感。蔡禾与王进(2007)的研究进一步指出,农民工是否愿意获得城市户籍,放弃自己的土地,从农村永久迁入城市,是有一定约束条件的。从国际移民的角度看,并非所有移民都愿意选择永久迁移。农民只要保留农村

户籍，哪怕没有责任田，也有最后的保障。户籍迁移则意味着他们永远离开祖祖辈辈生活成长的地方，离开他们的亲朋好友和社会支持网络，离开他们熟悉的环境、语言与文化，进入一个陌生的社会。因此，当农民工需要做出是否迁移户籍的决策时，他们更多考虑的是自己是否适应城市的生活方式，是否熟悉城市的语言和环境，是否能在城市得到平等的生存与发展机会。按照常识来理解，我们往往会认为农民工在城市得到的待遇越平等，心理感受越好，越愿意把户籍迁移到打工城市。但蔡禾与王进发现，真正愿意获得城市户籍的恰是那些受到歧视、心理压力大、认为没有户籍是个麻烦的农民工。他们希望通过获得户籍来获得公平和平等的发展机会，出于很多原因，城市户籍居民与农村户籍居民在城市的经济、社会、文化、教育、政治等各个领域里，仍然存在着诸多的差别或潜在的不公平，农村户籍居民甚至会受到排斥和歧视，这些差别阻碍着农民工实现自己在城市社会中的追求和抱负，而这些差别的产生被归因到了户籍制度上。但实际上，公平享有社会发展红利，获得平等的工作、生活和发展机会，相比一纸户口而言，对农民工的实际意义更大。

从这个意义上看，农民工城市化问题的发力点不应该是一个群体在城市获得永久居留权，而是如何推进中国"城乡一体化"发展。2012年11月，党的十八大对中国城镇化的过去、现在与未来进行了详尽的阐述。十八届三中全会研究并发布了《中共中央关于全面深化改革若干重大问题的决定》，强调要坚持走中国特色的新型城镇化道路。2014年，中共中央国务院印发《国家新型城镇化规划（2014—2020年）》，从政策层面明确未来城镇化的发展路径。2017年，党的十九大提出了"乡村振兴战略"，对新发展阶段优先发展农业农村、全面推进乡村振兴做出了总体部署。随着基础设施的修建，医疗保障体系、社会保障制度、义务教育制度等的发展，新时代城镇化的核心目标是城乡统筹发展、城乡居民收入普遍提高、产业结构结构优化、生态环境优化的城乡统筹发展模式，农民工的选择亦随之增加。

以上，社会学研究者对中国工人的研究始于对市场转型后出现的城乡人口流动的关注，并从韦伯的理论视野，即社会机会与社会资源分配的角度，分析了农民工群体在地位提升、城市融入上的问题。这时，工人阶级问题被作为中国市场转型、城市化进程与社会治理改革的附属物，人们仍将农民工的遭遇归结为户籍制度延续、市民权缺乏等制度性迟滞。然而，农民工问题不仅是城乡资源分配的问题,还是底层社会再生产与阶级主体再生产的问题,其产生固然与制度失当与滞后有关,但更与全球发展趋势与中国整体发展模式有关。

第二节 社会转型下中国工人阶级的境遇

随着中国成为"世界工厂",世界上最庞大的产业工人阶级在中国形成了。研究者随之发现,仅从韦伯的问题意识出发进行研究,难以真正认清和解决工人阶级在社会转型中陷入的困境。研究者意识到必须从马克思理论出发,深入探究转型痛楚背后的结构性根源。在《社会转型与工人阶级的再形成》一文中,沈原旗帜鲜明地呼吁"把工人阶级带回分析的中心",并提出了"从抽象工人到具体工人"和"返回生产中心性"这两个要求(沈原,2006)。与此同时,国企工人不再被看作农民工的对立面——享有制度优越性的城市职工,他们和农民工一样,也在市场转型中承受着痛楚。在这一阶段,学界提出的问题是包括国企工人、农民工在内的中国工人阶级,在社会转型中经历了怎样的痛楚?他们面对的是怎样的生产体制,又是如何行动的?这种生产体制遭遇的问题是什么?

一、国企工人问题

1998—2000 年,4 000 多万国企工人失去了工作。在 2003 年发生的近 300 万人参与的 58 000 起群体性事件中,国企工人参与者有 166 万名。不少研究者开始关注国企工人在市场转型中的经历、痛楚与集体行动。

研究者普遍认为,1995 年终身就业的劳动雇佣制度的取消与随后的大规模国企工人下岗分流,昭示了社会主义劳动契约的解体,工人失去了曾经的"主人翁"地位,女工被边缘化的情况更加严重(Lee,2007;西尔弗,2012;Yu,2011;平萍,1999)。随着终身雇佣制的解除,国企工人失去了国家庇护,并完全曝露于市场竞争中,很多国企工人受到失业危机的威胁(佟新,2002),而那些侥幸留下来的工人则不得不屈从于以强制性的劳动控制、经济惩罚的盛行、工作场所冲突扩散与庇护主义消弭为特征的"非组织的专制主义"等更为严苛的生产体制（Lee，1999）。在1994年对河南三家棉纺厂的调查中，赵与尼科尔斯发现，棉纺厂管理阶层对生产过程的控制权力急剧膨胀，党和工会不再支持工人，为了追求利润，管理者采取延长工作时间、满负荷工作制、提高任务定额、加快机器运转速度、控制出勤率、经济惩罚等方式对工人进行控制，强化其劳动过程，这些都对工人造成了很大的伤害（Zhao & Nichols，1996）。

在对广州市中小型国有企业的研究中，李静君将这种工厂体制称为"无序专制体制"（Lee，1998）。她发现在市场化的大潮下，广州国有企业中的党支部与工会的力量被逐渐边缘化，随着福利的商品化和终身雇佣制度的废黜，魏昂德所述的"庇护主义"不复存在，工人无法依赖企业，也无法依赖刚刚建立的社会保障制度，他们陷入了转型困境。加拉格尔认为，在激烈的市场竞争中，不同所有制企业的劳动实践会变得越来越相似（加拉格尔，2010）。通过对白色家电产业的案例研究，赵炜发现，为了应对过剩和近乎残酷的市场竞争，企业需要压缩成本并提高产品质量，而这一切都需要通过抑制工资和增强劳动控制来实现，国有企业在这方面的政策甚至比外资企业更为苛刻（赵炜，2010）。在这种情况下，国企工人开展了一系列的利益行动。周雪光认为，国企工人在社会主义特定的制度结构下的不服从、倦怠、逃避与冷漠是一种集体性的行为。当国家控制变得紧张时，公开的反对过于危险时，"集体懈怠"就会出现（Zhou，1993）。刘爱玉指出大量工人的行动选择是退出、服从和个人倾诉等积极的"无集体行动"，而不是围绕利益组织起来的公开的集体行动（刘爱玉，2003）。冯仕政采用全国综合社会调查（CGSS）2003年的数据对国内集体行动进行研究并指出集体行动存在单位分割效应，单位类型、单位级别、单位性质都是影响因素，单位级别越高、政治属性越强，越有可能发生集体行动（冯仕政，2006）。

国企工人的集体行动也引起了国外研究者的注意。在市场转型早期，国企工人主要通过围堵政府机关和交通要道、吸引公众的目光来表达他们的愤怒和维护自身的合理权利。很多研究者都发现，在这一阶段，国企工人在反对领导贪腐、反对国企私有化、要求养老金等抗争中所使用的话语与过去的政治说辞有关，其产生的认同仍然指向单位共同体，他们的反抗策略也都是在过去形成的，呈现出明显的"道义经济"特征（Chen，2000、2003；佟新，2002、2006；Blecher，2002）。

在 2010 年以后，国企工人开始重新争夺对劳动过程的控制权，以实际行动来彰显自己的企业主人翁地位。后续研究显示，虽然这个阶段的国企工人没有像同时期的农民工那样走上街头、吸引全社会的目光，但他们灵活运用各种制度资源、社会关系与文化工具，在生产场所中通过直接的对抗、隐晦的讨价还价与管理方进行着旷日持久的博弈，直接要求自己的经济利益、社会地位与人格尊严（贾文娟，2016）。

二、"世界工厂"的兴起与新生代农民工研究

随着中国加入 WTO 并崛起成为"世界工厂"，研究者不再将农民工问题看作特定社会群体的问题，而是指出农民工问题不仅与户籍制度和中国城市化路线相关，更与中国以拆分型劳动力使用方式为特征的农民工生产体制、以劳动密集型产业为依托的经济发展策略、新自由主义全球化趋势相关。农民工问题映射了中国社会发展的总体问题，头疼医头、脚疼医脚的方式无法回应农民工的实际诉求。

随着农民工问题研究的逐渐深化，研究者发现，该问题背后隐藏着的是跨国资本与地方政府既想利用廉价劳动力进行资本积累、推动工业化城市化进程，又不愿意承担劳动力成本的意图。在对宿舍劳动体制的分析中，有研究者指出，农民工处于一种充满悖论且非常割裂的生存状态中，这个群体是国家政治结构与市场经济结构双重作用的产物：一方面，工业化和城市化的发展需要大量农村人口的支持；另一方面，城市却通过各种制度与结构设置来限制其扎根当地，并通过"宿舍"的方式，安置了大量流动劳动力，以保持自己拥有一个年轻并充满活力的劳动大军（任焰、潘毅，2006）。在对建筑行业工资拖欠问题的讨论中，有研究者指出，在社会与空间意义上，农民工的劳动力使用与劳动力再生产被人为地拆分开来，城市虽然接纳了他们作为劳动力的职业身份并允许其进城打工，但却无意负担其劳动力长期再生产的需要，这些临时劳动力只好投身于"包工制"，才能将自己临时地安置在城市中（任焰、贾文娟，2010）。这种工厂专制主义和拆分型劳动力再生产制度相结合以推动生产发展的结构性措施，被研究者称为农民工生产体制，并指出农民工生产体制是"世界工厂"模式背后最基础的支柱。

2008年后，研究者发现年轻农民工产生了不同于老一代农民工的主体意识和利益诉求。根据清华大学社会学系课题组2011年进行的"新生代农民工研究"问卷调查，在生活机遇、生活方式、身份认同、发展定位、利益诉求等方面，新生代农民工与老一代农民工存在明显差异（清华大学社会学系课题组，2013）。新生代农民工务农时间比老一代农民工短，受教育程度比老一代农民工高，其生活机遇明显好于其父辈。从生活方式上看，新生代农民工受到消费社会影响更多，希望提升自身的生活品质与人格尊严。此外，他们还更为积极地通过各种"行动"表达自己的诉求，包括但不限于群体行动、劳动仲裁、"用脚投票"和在新媒体上进行发声等。同时，他们与国家的关系也发生了变化，他们不仅积极利用相关制度争取自身利益，而且试图推动相关制度的发展。蔡禾（2010）发现，农民工的利益诉求已经从受法规保护、有清晰的利益标准、能够通过仲裁和诉讼解决纠纷的"底线性"利益诉求，发展为没有正式法规界定和清晰利益标准，能够通过集体谈判解决纠纷的"增长型"利益诉求。汪建华（2013）指出，改革前农村的绝对贫困和城乡巨大差异背景下勤劳、廉价、驯服劳动力的大量供给，是农民工生产体制能够平稳运行的社会条件。然而，农民工对家乡经济的反哺、农村的衰落、其子女的留守经历等瓦解了农民工生产体制存在的社会条件，新生代农民工与农民工生产体制发生了大量冲突，该体制到了不得不改的境地。

三、劳动过程研究的多元化发展

2007年前后，经由沈原、闻翔等研究者的努力，劳动过程理论被引入中国。中国研究者从不同角度、不同行业的劳动过程入手，对农民工生产体制进行了多元、细致、全面的研究，实现了对劳动过程理论的拓展与创新。社会学界对建筑工人劳动状况进行了深入研究，蔡禾和贾文娟（2009）发现与包工头关系近的工人很容易遭遇工资拖欠，并据此指出权力效应对"关系"作用的重要影响；亓昕（2011）指出，建筑行业的欠薪与计划经济时期农村人民公社的工分制、年底结算的传统有关，而这种集体惯习使农民工将欠薪视为正常状况，因而难以反抗。服务业中的劳动状况也得到了研究者的关注，何明洁（2009）通过对酒楼服务员的研究，考察了工作场所之外的社会、文化身份对资方所使用管理策略的影响；苏熠慧、倪安妮（2016）在家政工的调研中将性别视角纳入分析，讨论了育婴家政工情感劳动的性别化机制及其身份转换与重构的方式；施芸卿（2016）则发现美容师的劳动核心在于以劳动者和顾客之间的情感关系来掩饰资方对顾客的盈利需要和对劳动者的控制。可见，研究者意识到工人阶级队伍不仅包括农民工、国企工人等从事工业生产的劳动者，服务业劳动者的工作状况同样应该得到关注与研究。

随着中国成为"世界工厂"，学界发现农民工问题并不仅仅是一个人口迁移、城市化的问题，工人阶级研究的出发点也不再是市场转型理论和机会与资源分配。学界开始从韦伯式的思维方式转出，运用马克思主义基本原理分析中国工人阶级的现状，分析社会转型给不同工人群体的工作和生活带来的影响，探讨作为阶级行动者与个体行动者的工人是怎样应对其处境的。基于这些扎实而深入的研究，有研究者指出，工人问题实则源于转型时期的生产体制设定和经济社会发展模式，而这不仅损害了广大劳动者的利益，增加了社会不稳定因素，而且可能将中国拉入转型陷阱之中。

第三节　从阶级形成到国家社会治理模式的形成

人民是历史的创造者，工人阶级又是其中一支最具影响力的力量，中国工人阶级就在推动中国整体发展与中华民族复兴之中发挥了极其重要的作用。行至新千禧的第一个十年，如何转变中国经济社会发展模式、如何推进中国社会转型，成为全国上下都在思考的重要问题，而中国工人再次在这一重大历史进程中发挥出了自己的力量。随着农民工生产体制出现危机，劳动者走出工厂、走上街头、走入社会，响应并利用同时期的社会政策与法律制度，围绕社会发展问题提出了自身的期望与诉求。在这一时期，学界围绕无产阶级化议题进行争论，对社会治理转型的路径进行探索，关注国家与工人阶级在此进程中的相互支持与彼此合作，为劳动关系治理模式出谋划策，见证了中国社会发展与社会治理转型的新篇章。

一、工人集体行动研究

2000—2004年，珠三角农民工维权相关的群体性事件从2 405起增加到4 008起，参与人数从2001年的16万人次增加到2005年的25万人次（冯建华，2008）。蔡禾、李超海和冯建华（2019）指出，工人集体行动的增加反映出原有社会治理体系的不足：一方面，国家原本有法律诉讼和行政调解两套利益调节机制，但因为法律诉讼成本过高、农民工往往采用行政调解的方式。然而，不断增长的行政诉求与有限的行政调解能力之间存在着紧张，造成"大闹大解决、小闹小解决、不闹不解决"，反而助推了矛盾的升级。另一方面，大量显而易见的以权压人、以钱压人、以势压人的不公平现象背后存在恃强凌弱的逻辑，这使农民工更倾向于采用激烈的手段来进行利益表达，以获得社会各界的关注。在这种情况下，有必要推动工会组织体制的转型，使工人获得组织化的利益表达渠道，增强其谈判能力。最后，加快劳动关系的制度化建设，将劳动就业、劳动工资、劳动环境、福利保证等各方面内容纳入现有劳动合同建设中已经时不我待。从这个意义上看，劳动治理的转型已经箭在弦上。

还有研究者关注国家治理的制度特征与劳动抗争之间的关系。李静君讨论了分散积累的法律威权主义如何激起了东北国企下岗工人与珠三角地区农民工的抗争。一方面，"世界工厂"时代中央政府的分散积累政策使个别地方政府只关注自身的经济发展与税收状况，无视工人利益，违背法律规范；另一方面，中央政府提出"依法治国"的基本方略，并要求地方政府严格遵守劳动保障相关法律。然而，在经济积累与遵守法律、地方利益与中央要求的张力之下，个别地方政府选择忽视工人的诉求假模假样地遵守法律，却将工人引入陷阱。工人则在这两方面的张力之下选择利用法律来维护自身权益，坚决拥护中央政府政策，并将侵害自身权益的地方政府作为抗争对象（Lee，2007）。

后续，学界围绕农民工抗争的去向展开争论，农民工的"无产阶级化"问题成为该争论的核心。有研究者认为应该推动工人以阶级团结的方式来增强自身权力、维护自身利益（卢晖临、潘毅，2014），但有研究者认为这种观点未准确把握中国工人的特性与诉求。其中，汪建华的观点比较具有代表性。他认为，新工人的集体行动中盛行"实用主义"的团结文化，他们能够策略性地运用官方意识形态、利用法律所赋予的权利（汪建华，2013）。但工人维权行动的升级并不意味着阶级团结的产生，他们显然不愿接受"铁板一块"的僵化行动方式。他们往往会基于对自身能力、各类资源、社会关系、政治风险、生活压力的综合判断来寻找最实际和最合理的行动策略，而不愿被某些价值所绑架。在对珠三角、长三角和中国内地劳动关系形态的比较研究中，汪建华、范璐璐和张书琬指出，长三角地区从工业化模式、劳动体制到劳动力流动模式都与珠三角地区存在较大差异。长三角地区各级政府积极介入和主导地区经济发展，其招商引资的企业也都以优质外资企业为主，企业利润较为丰裕，劳动者权益维护和薪酬待遇状况也更好。此外，长三角地区的劳动力以本地工人为主，并能够对居住方式、社保缴纳、工作时间、劳动合同签订等状况造成影响。基于此，长三角地区的劳动关系呈现出比珠三角地区更加稳定的特性（汪建华等，2018）。最后，研究者还考察了内迁企业在内地中小城市建立起的劳动关系模式与工人利益诉求方式，发现内地地方政商关系与劳动治理方式、劳动力来源与社区生活形态、劳工抗争的政治形态都与沿海地区不同。第一，内地中小城市政府对所有资本大包大揽，在各方面给予非常多的优待；第二，内地企业的劳动力以本市县工人为主，他们在当地的社会关系网络非常密集，但生产生活空间比较分散；第三，内地劳动者多以日常抵抗的方式来要求和实现自身的利益诉求，目的在于影响企业治理，而难以形成集体抗争（汪建华，2017）。总之，21世纪初期的劳工政治虽然不断发展，但其特征在地区、产业上存在很大差异，中国的政治体制与工人的自身特征使得"阶级团结"的斗争路线并不可行。与此同时，中国工会改革与中国社会治理转型开始启程。

二、中国劳资关系治理研究

对于中国劳动关系的规范来说，2008年出台的《中华人民共和国劳动合同法》有着极其重要的意义。常凯指出，《劳动合同法》的颁布意味着"中国劳动关系的个别调整在法律建构上已经初步完成"，在一定程度上纠正了个体劳动关系中的资强劳弱问题，进而带来劳动争议案件的井喷式增长。数据显示，2008年，全国审理的劳动争议案件数量超过28万件，相比以往上升了93.93%（王俊秀、刘梦泽，2010）。然而，仅仅依靠《劳动合同法》来规制劳动关系是不够的，在劳动者利益保护诉求不断提升的情况下，我们需要一个一体多元的劳动关系调整系统来推进政府协调下的劳资关系自治，劳动法制体系的建立、集体合同制度的推行、工会作用的改革与发挥、人力资源工作的转变等都是题中应有之意。其中，集体劳动关系的构建和调整极为关键，能够使经济社会的发展更加稳定。当然，劳动关系集体化的转型不仅需要政府自上而下的推动，更需要工人参与的自下而上的推动。总之，经由《劳动合同法》的颁布，中国协调劳动关系的思路成为"目标和谐、承认冲突、通过法制、实现双赢"（常凯，2013）。孟泉（2013）发现，劳资集体协商的广东经验、大连经验、江南经验的出现意味着，以社会治理的方式来推进我国劳动关系的制度化改革是有可能的。当然，这种路径的核心在于构建起完善的规则体系以及在其基础之上进行灵活运用。此外，劳资关系自治对于使企业劳动关系走向有序化、可调控、可预测非常重要，但需要在政府治理和监管下，通过人力资源管理制度的发展在基层——尤其是企业内部——形成一套自治机制，使劳资双方的利益与发展能够达到动态平衡的状态（孟泉，2016）。

2008年以后，中国开启了一波劳动立法热潮，《中华人民共和国劳动争议调解仲裁法》《中华人民共和国就业促进法》《中华人民共和国社会保险法》等相继颁布，提升了工人的维权意识与行动能力，中国工会也随之开始转型。通过在珠三角、长三角、东北等地进行田野研究，闻效仪（2017）发现，在劳动力市场供求关系发生变化，工人市场谈判地位持续提升，工人要求改善工作条件、提升工资待遇的集体行动能力增强，以及雇主调整自身角色等因素的影响下，中国的劳资集体协商正在从"国家主导"走向"多元推动"，各参与主体围绕不同利益诉求和协商特点发展出不同的集体协商模式，中国通过劳资博弈化解利益矛盾的规则正在逐步建立。工会改革是中国国家基础能力建设进程的重要组成部分，并与基层社会治理发展的总体进程相协调，工会并不是一股独立的结构力量，而是国家用以走入职工群体的代表，并发挥自上而下的组织性建设作用（闻效仪，2020）。可见，中国劳动关系治理模式的转型是紧密配合社会治理转型的总体进行而推进的，形成了一套国家主导、多方参与，且与社会治理逻辑相匹配的劳动关系治理模式。

可见，这一阶段的学术研究显示出中国国家、社会、研究者围绕如何应对中国劳动问题挑战所进行的探索与争论。有些研究者主张从公民权或阶级形成的角度进行思考，使中国工人成为有能力维护自身利益的独立力量，并继续西方国家工人阶级无法完成的使命。一方面，有些研究者从工人群体面对的社会实践出发，认为工人自身的行动取向并非追求某些价值，而是解决实际问题；另一方面，中国的政治体制并不会效仿西方国家以"阶级团结""群体博弈"为核心的劳动关系协调模式。在这种情况下，劳动关系问题成为中国社会治理现代化转型中的一个部分，国家通过"限制集体权利"与"个人权利立法"的双重策略主导劳动关系的走向，而劳动研究背后的理论议题也从马克思主义的革命议题走向涂尔干式的社会整合、社会道德与社会团结议题。

第四节　技术变迁与数智时代的新劳动研究

2021年秋，习近平同志在《求是》杂志发表《扎实推动共同富裕》一文，指出"我们正在向第二个百年奋斗目标迈进。适应我国社会主要矛盾的变化，更好满足人民日益增长的美好生活需要，必须把促进全体人民共同富裕作为为人民谋幸福的着力点"（习近平，2021）。此外，技术发展同样会给劳动关系制造一些新问题。第四次技术革命已然席卷全球，新技术、新业态、新劳动的出现使中国工人阶级研究开始面对一系列的新问题。比如，相比以往的非正规就业，结构性、整体性"不稳定劳动"状态的出现挑战了西方现代社会以公司组织与工会劳资集体协商为基础的劳动关系模式。那么，在新技术的发展下，中国工人的劳动状况与劳动关系状况将会发生怎样的新变化？劳动中的核心问题是什么？会给劳动治理带来什么新挑战与新问题？中国在处理农民工问题的基础上建立的劳动关系治理模式能否成功应对这种新挑战？适应数字劳工劳动关系的模式又是什么？这是现阶段中国工人阶级研究正在讨论的热点问题。

一、传统制造业工人的现状

随着产业转型升级的进行，中国传统制造业工人的劳动生活也出现了深刻的转变。学界主要从以下几个角度对传统制造业工人的工作和生活现状进行了分析。

第一，新生代农民工的现状与"三和大神"的出现。随着21世纪步入第二个十年，曾经的留守儿童的城市化结果初步显现。部分留守儿童长大后成为新生代农民工，并在组建家庭失败后以"三和大神"的形象在城市生存，进行日结劳动，成为人们无法忽略的城市景观。黄斌欢（2014、2021）的研究指出，新生代农民工既脱嵌于乡村社区，又脱嵌于城市社区，社区伦理的变动瓦解了儿童成长的基础秩序。其长大后，不再将农村社区作为认同的对象，家庭观念也土崩瓦解。当下，一部分农民子弟已经舍弃了正常的社会生活，成为一群没有任何财产积蓄、挣扎在生存边缘、满足于维持基本生存的"大神"，"悬浮"在城市的边缘。王欧、王天夫（2021）的研究则指出，长期的家庭拆分与频繁流动使部分新生代男工难以维系其婚姻，家庭化也出现危机，他们陷入了既脱离农村又无法融入城市的尴尬处境。

第二，那些得以继续在制造业工作的传统工人则遭遇了"机器换人"与劳动降级。有研究者指出，包括机器人、人工智能、赛博格在内的非人主体正在将人类从大量传统产业中推挤出去，中国产业升级中的制造业正在经历以"智能化"和"省人化"为目标的"机器换人"。机器换人使劳动关系变得更加不稳定，劳动控制更为强化，工人越发成为仅能承担"执行"作用的被动劳动者，最终将产生劳动力结构的两极分化（许怡、叶欣，2020）。还有研究者发现，人工智能在制造业中的使用方式是将核心科学原理、科学思维从知识生产的基本技能中抽离，工程师等知识性员工陷入了"技术空心化"的境地（王潇，2019）。不少研究者的研究都显示，人工智能将进一步降低传统产业工人在生产中的自主性，甚至将中低技术工人推离制造业（孙中伟、邓韵雪，2020；张桂金、张东，2019）。

第三，农民工的再技能化。基于上述状况，王星聚焦国家技能形成体系并指出，中国产业工人的技术形成不仅涉及企业人力资本提升问题，而且涉及整体社会治理提升问题。中国产业工人的技能短缺反映出低技能、低成本的农民工生产体制与经济发展模式、社会平等及共同富裕之间的矛盾。一方面，技能短缺直接制约了我国制造业的转型升级；另一方面，劳动保护与技术培训的缺乏使低技能群体被锁定在底层。然而，公共服务资源的短缺与国家技能形成体系的不健全制约了我国产业工人技能的提升。难以在城市落户、难以购买城市住房导致农民工无心积累技能。技术培训体系与技能认证系统的不完备，使受训者难以得到相应回报，这将极大制约我国产业的转型升级（王星、徐佳虹，2020）。

第四，卡车司机研究。自2018年以来，由清华大学社会学系沈原教授领衔的学术团队接连推出三部《中国卡车司机调查报告》，对卡车司机群体特征、劳动过程、性别问题、物流行业的组织方式、劳动者的自组织方式等诸多状况进行了详尽的分析。调查发现，卡车司机的劳动形态呈现出多主体卷入、再生产向生产卷入、情绪劳动卷入等多重卷入的特征；其生计在市场准入门槛变低与竞争加剧，物流平台竞价模式，国家限行禁行、环境保护等政策的影响下越加艰难。在这种情况下，卡车司机群体采取了卡嫂跟车、组织化等方式来维护自身利益。对卡车司机的研究推进了学界对平台组织模式、性别观念变迁、社会自组织等重要问题的认识（传化慈善基金会公益研究院"中国卡车司机调研课题组"，2018、2018、2019）。周潇（2021）发现，技术平台对传统产业的重构方式并非只有一种，建立在劳动者组织与熟人交易网络基础上的整合性匹配模式，在一定程度上能够给卡车司机赋能。马丹（2022）发现，卡嫂的性别观念在"卡"与"嫂"之间挣扎，并显示出抽象性别观念与具体性别观念多元组合之间的博弈、交替与转换。刘学等人（2021）发现，卡车司机虚拟社群一方面通过构建嵌入性关系、强化社会性激励，推动了组织化力量的形成，跨越了虚拟社群组织化的障碍；另一方面采用社会性激励、畅通多元制度化表达渠道，破解了行动上的极化效应。卡车司机的研究转变了劳动研究过于微观、忽略总体的问题，从宏观、中观和微观几个方面共同发力，从流通领域工人群体生计入手，回应了中国社会转型的重要问题（闻翔，2020）。

可以说，将农民工遏制在底层，虽有利于某些社会群体的利益，但损害了国家与社会的总体利益和健康发展。无论从"三和大神"还是农民工再技能化的现象来看，曾经的拆分型劳动力使用模式的社会后果已经显现出来。杀鸡取卵的农民工生产体制使中国劳动力代际再生产出现重大问题。我们面对的不再是"农民工城市化困境"，而是劳动力与劳动技能整体缺失的困境，而这个问题即将成为与养老、医疗、市场、消费等多重问题相关的人口学问题，在未来阻碍中国社会的整体发展。

二、平台经济与新劳动现象的研究

国内社会学研究者延续了劳动过程理论对劳动控制问题的关注,从技术控制、工资制度、意识形态支配、劳动管理制度、劳动形式转变等角度出发,衍生出对平台经济下众包劳动者劳动过程的广泛研究,研究对象涵盖网约车司机、快递员、网络作家、网络主播、互联网家政工等。

平台经济下的劳动控制首先表现为形式上扩大的劳动自主权与对劳动者实际控制的加强并存。依托信息技术,平台实现了对于数据收集和任务分配的垄断,由此造成劳动者对于平台的依赖。冯向楠和詹婧(2019)以及陈龙(2020)对外卖员的研究发现,平台会隐秘地收集、分析数据,用于对骑手的精细化管理和控制,这些数据一方面被用于协助智能语音助手规划路线、简化操作,实现对骑手的去技术化;另一方面直接被用于制定时间标准、量化绩效。除直接控制外,平台经济也在不断制造甘愿。吴清军和李贞(2018)指出,互联网平台下分享经济的用工模式,体现为集碎片化的控制与工作自主性于一体,通过激励机制、评分机制和监督机制的设计等,让劳动者对平台形成或主动或被动的认同,在外卖员的配送工作当中,平台还有意将劳动过程游戏化,使骑手在平台的游戏规则下参与到与布洛维所谓"赶工游戏"类似的"自发游戏"中,形成了对工作的认同(陈龙,2020)。掌握控制权的平台在表面上放弃了直接控制,实质上则通过引入消费者等主体对劳动者进行评价,淡化雇主责任并转嫁劳资冲突(陈龙,2020;梁萌,2017)。

平台经济使得生产与消费的边界逐渐模糊,"产销合一"的劳动者在平台经济中发挥重要作用,并催生出与之相适应的控制手段。姚建华等人指出,用户的分享活动、义务宣传以及有偿或无偿参加众包任务,已经成为数字资本主义剩余价值新的增长点,将创造剩余价值的劳动活动延伸到闲暇时间,将象征资本对劳动的"形式吸纳"转变为"实际吸纳",与"弹性资本主义"相适应(库克里奇等,2018)。国内研究者研究了平台对于这部分特殊劳动者的控制方式。胡慧、任焰研究了网络文学产业平台对网络作家的控制,发现平台通过"梦想"的机会制造和分类签约、竞争激励及内容管理等技术控制,重建劳动价值体系,使网络作家积极地参与到自我规训的生产过程之中(胡慧、任焰,2018)。在直播行业当中，平台制造的"人气游戏"通过受平台控制的虚假人气调和劳资利益，使得劳动者忽略了工作不确定性背后的权力关系和严重剥削，产生"命运自主"的意识（徐林枫、张恒宇，2019）；平台还通过将"情商"归结为常态规范，使得劳动过程在具有不确定性和高流动性的情况下，仍然可以被整合进入资本积累的逻辑当中（郑广怀等，2020）。

平台经济下催生的新型劳动模式和新型劳动者的劳动被归类为"数字劳动"，与上述劳动控制机制相呼应。有研究者指出，所谓的"数字劳动"实际上是劳动的媒介化与媒介的劳动化，劳动的过程以及劳动控制都被媒介技术中介化，劳动者不仅高度依赖媒介拥有者，并且在弹性策略下处于"全天候待命"的状态，产销合一的"玩工"又使得媒介被劳动化，二者共同改变了现有的劳动状态和控制方式（姚建华、徐偲骕，2019）。在媒介化的劳动模式当中，劳动分工由细化向极化方向发展，劳动过程趋向于实现有效的人机合作，劳动者存在由去技能化向再技能化转型的可能（邱子童等，2019），然而劳动者仍然需要面对技术控制、意识形态支配等劳动控制手段和由此带来的沉重的工作压力。

三、信息技术产业劳动状况研究

随着中国信息技术（ICT）产业的迅猛发展，大量劳动力涌入，曾经在工业制造业中出现的过度劳动、超时加班、劳动权益受损等问题也扩散波及高科技产业。与此同时，社会学研究者也开始了对ICT产业劳动状况与劳动关系的分析研究。

一方面，研究者关注的焦点是互联网企业中劳资关系究竟发生了哪些变化。佟新和梁萌（2015）指出，在金融资本的推动下，随着各大互联网公司在世界范围内的上市，全球互联网产业出现了以"致富神话"为核心的意识形态与技术符号秩序。"资本"与"智力资本"构成了互联网行业劳动者的新宗教。与此同时，互联网企业以及知识型劳动力市场却是高度分化的，其中，国际资本控制的企业占据着高点，并在企业内部产生了伙伴型劳资关系，而国内中小型互联网企业则处于劳动力市场的底部，企业内部延续着传统的简单型劳动控制模式。梁萌（2016）在对"996"和加班问题的研究中指出，互联网企业对工程师的管理方式仍是以科层制、绩效考核为主的，以平等、自由与合作等工程师文化为核心的虚拟共同体仅是对科层制本身缺乏适应性与灵活性的补充。此外，互联网企业往往采取"敏捷开发"方法进行工作，并在劳动过程中引入了量化和精细化的考核指标。在这种情况下，原本能够缓解工作压力的"弹性工时制"反而成为程序员加班行为的诱导因素，最终破坏了劳动者的公司认同与自尊自信。

另一方面，研究者还考察了互联网企业中的文化与劳动者的认同、主体性等议题。王程韡和杨坤韵（2019）通过对程序员实习生的研究发现，在互联网行业的训导下，人们要么将自我物化为劳动成品的数量，要么将自我物化为能够谋取市场流动的技术等级，并相信只有在业界鏖战才能实现自我成就。这种以"进取"为特征的自我游戏是资本的花招，最终使程序员实习生陷入"自我"迷失。严霞（2020）发现，在程序员的生活成本超过可支配收入，即必须维持高收入才能偿付房贷、车贷等长期劳动力再生产需要的情况下，以及在ICT产业过度市场化、随时舍弃绩效不佳职工的雇佣模式下，ICT企业中的研发劳动过程中出现了一种被称为"以自我为企业"的自我控制方式，即为了提升研发效率向研发工程师让渡部分决策权，一方面使其发挥劳动自主性，另一方面使研发工程师依照市场规则与机制进行自我管理和自我经营。总的来看，在上述情况下，程序员陷入了不稳定的劳动状态和巨大的失业压力之中。

无论在曾经的制造业，还是在今天的ICT产业中，剥削性劳动关系的社会后果并不会被直接地展现给我们。中国的工人——不管是第一代农民工还是今天的互联网码农——都习惯隐忍、渴求适应，并擅长应对。因此，工人阶级对整体社会发展的影响一方面是潜藏在社会深层之中被各种现象遮蔽的，另一方面又是迟滞的。20世纪90年代，我们并不知道拆分型劳动力使用模式导致了劳动力人口的下滑，正如今天，我们很难预料全球生态恶化、新冠感染疫情、局部战争与不稳定劳动的叠加会将人类推向何处。

在围绕新技术新业态的劳动研究中，波兰尼的取向开始出现，研究者意识到社会已经很难约束市场过度扩张与劳动力过度商品化导致的危机。不稳定工作、不稳定劳动正在成为全球普遍现象，人们的工作生活变得越加艰难。全球变暖、新冠感染疫情、局部战争等全球生态环境、政治经济事件使劳动者不断面对更大的风险，围绕风险而产生的社会极化也不断显现出来。新业态中的新劳动群体是我们了解未来社会发展的一个窗口，其劳动与生活状态可显示出劳动力商品化所能够达到的程度。可以预见的是，如果柔性的社会自我保护机制不能有效应对与缓解工人群体遭遇的危机，那么更为刚性、破坏性更大的反向运动将有可能到来。据此，对工人阶级问题的任何短视都是把问题留给下一代的不负责任态度。

第五节 工人阶级研究的未来展望

中国的社会转型过程不断地给工人阶级研究提出新的问题和挑战，我们需要从以下几个方向着手，深化并发展我们未来的研究。

首先，从人类文明演进角度理解当下与未来的劳动方式与劳动关系。当下的劳动方式与我们对未来劳动方式的想象，在很大程度上嵌在我们对历史的认知之中。我们只有了解人类文明发展以来人们劳动方式变迁的逻辑，才能理解当下的劳动方式、工人阶级的处境，并对未来的劳动方式、工人阶级的处境进行预判。尤其是，当我们继续深化新业态中的新劳动研究时，不能只面向未来，还需要回顾历史。这个历史不应只局限于资本主义发展史，而应拓展到对人类文明发展史的理解。

中国劳动研究者始终思考一个问题：如何在社会主义政治经济体制中实现"劳动向善"？马克思在《德意志意识形态》一文中指出，人们在劳动中互动、合作并形成特定的资源分配关系和社会文化规则，在生产的物质基础之上构筑起上层建筑的大厦，而二者所构筑的社会生产关系亦成为界定特定文明形态的重要依据（马克思、恩格斯，1960）。面向未来，我们的研究需要对大历史进行把握，从人类文明发展史的高度来思考自身的研究，这样才能阐释清楚中国工人阶级在不同历史时期的处境、遭遇、行动方式及其特征，才能总结出他们在推动历史发展进程中所发挥的作用。

近期，研究者在讨论数字劳动与"躺平"现象时提出了一个极其重要的问题：劳动尊严（邱泽奇，2021）。该问题涉及社会主义文明发展进程对中国劳动关系发展所提出的一系列新要求。社会主义理想的消除，令单个无产者的发展陷入偶然状态，令社会团结陷入机械模式，我们追求的是使单个劳动者既能在一定程度上控制其生存条件与劳动，又能享有一个温暖、相互关爱的共同体生活。那么，第四次技术革命与数字劳动的发展在哪种意义上为上述发展提供了可能？而我们的劳动关系模式、分配模式、劳动治理模式又应当随之进行什么样的调适？这依然需要研究者继续探索。

其次，我们亟须从波兰尼角度出发，将工人阶级研究与整体社会转型进程研究勾连在一起。工人阶级所面对的具体问题与特定时代的根本议题密切相关，劳动研究在其产生之初，便与更宏大的时代议题结合在一起。如上文所述，中国的工人阶级研究在不同时代具有不同的问题意识，其背后暗含着清晰的理论线索。20世纪八九十年代，在冷战技术、社会主义市场转型的浪潮下，中国也进入社会活力的释放期，中国工人阶级研究的理论取向是韦伯主义的，研究者在"社会机会平等何以可得"的问题意识下，讨论如何使农民工获取与城市居民一样的社会机会与资源。在21世纪初期，中国加入了WTO并成为"世界工厂"，中国工人被纳入跨国劳动之中，中国工人阶级研究的理论取向是马克思主义的，研究者在"剩余价值何以获得"的问题意识下，对各类剥削性的生产体制进行了分析。2010年后，随着全球产业转型升级大潮的到来，中国进入了劳资矛盾高发期，中国工人阶级研究的问题意识转向了涂尔干式，即研究者在"社会团结何以构建"的问题意识下，讨论工人阶级的集体行动与劳资关系治理创新。然而，2020年后，全球政治经济再次出现了剧变。一方面，以人工智能、大数据、云计算、新能源等为核心第四次技术革命到来，数字技术与货币金融化的结合推动金融资本主义的出现，并使大量劳动者处于高度商品化与不稳定劳动的处境；另一方面，逆全球化的浪潮来袭，政治保守主义使局部战争频发，战事亦不断升级，20世纪文明随时面临被瓦解的风险。卡尔·波兰尼在《大转型》中所述的"钟摆"已经开始摆动，自由市场下劳动力、货币、土地商品化的相互结合正在在全球范围内引起形形色色的"干预主义"运动，并引发了各种社会灾难（波兰尼，2007）。今时今日，我们对工人阶级问题的研究需要从宏观层面着手，将与劳动、土地、金融等问题相关的社会反向运动纳入分析，研究在当下的政治经济环境和国家、资本与工人的互动模式下，这种社会反向运动呈现出怎样的态势，这种态势与国家"干预主义"行动之间的关系是怎样的，以及，中国乃至其他国家当下的"干预主义"行动与20世纪有何不同。

最后，持续采用综合性、创新性的理论框架，推进对多种新劳动现象的研究。近年来，学界越发意识到仅从劳动过程、劳动治理、不稳定劳动等传统理论出发，不足以理解当下中国工人阶级面临的一系列新问题。我们还应探索更为前沿、能够回答复杂问题的综合性理论框架，以对中国当下层出不穷的新问题进行解释。比如，研究者注意到，纵深推进复杂劳动问题的研究，不能仅局限于生产领域，还应将视角转向流通领域。流通领域不仅意味着对卡车司机、骑手等物流行业劳动者及其劳动方式的关注，而且意味着对劳动力市场流动、劳动力市场控制策略的关注。目前，已经有研究者从不同角度对劳动力市场控制展开了研究。汪建华、张书琬（2019）讨论了社会嵌入性与劳动力市场控制的关系；郑广怀、付艳敏（2022）讨论了劳动过程控制与劳动力市场控制是如何经由返费机制勾连起来的；周潇（2022）讨论了互联网平台是如何改变了劳动力市场的组织规则，并强化劳动控制的。对流通领域开展研究的核心目的在于强化对资本流动、生产资料流通、劳动力流动之间的复杂关系的分析，以及对时空压缩、不稳定劳动、劳动控制、工人阶级文化与特定社会关系再生产之间所存在的深层逻辑关系的阐释。又如，数字信息技术的发展不仅深刻地改变了人们的日常生活，而且推动了产业组织模式与工作劳动形态的持续变革。但中国数字信息产业发展极为迅猛，源自西方过往经验的诸多概念与理论范式并不能完全解释中国的状况。比如，笔者在人工智能产业进行调研时发现，非物质劳动、数字劳动、知识劳动、创业劳动等概念都能用以研究和阐释数据标注员和AI算法程序员的独特劳动形态，我们只有对资本、劳动等基础概念进行创新，才能更好地理解当下的状况。总的来说，中国工人阶级研究目前仍主要集中于探讨中国劳动问题的自身特征。面对未来，对全球各主要国家劳动模式进行比较性分析、对全球政治经济发展逻辑进行研究也应该成为学界努力的一个方向。

参考文献：

波兰尼.大转型：我们时代的政治与经济起源.冯钢，刘阳，译.杭州：浙江人民出版社，2007.

蔡禾，曹志刚.农民工的城市认同及其影响因素：来自珠三角的实证分析.中山大学学报（社会科学版），2009，49（1）：148-158.

蔡禾，李超海，冯建华.利益受损农民工的利益抗争行为研究：基于珠三角企业的调查.社会学研究，2009，24（1）：139-161，245.

蔡禾，王进．"农民工"永久迁移意愿研究．社会学研究，2007（6）：86-113，243．

蔡禾，贾文娟．路桥建设业中包工头工资发放的"逆差序格局"："关系"降低了谁的市场风险．社会，2009，29（5）：1-20，223．

蔡禾．从"底线型"利益到"增长型"利益：农民工利益诉求的转变与劳资关系秩序．开放时代，2010（9）：37-45．

常凯．劳动关系的集体化转型与政府劳工政策的完善．中国社会科学，2013（6）：91-108，206．

陈龙．"数字控制"下的劳动秩序：外卖骑手的劳动控制研究．社会学研究，2020，35（6）：113-135，244．

陈龙．游戏、权力分配与技术：平台企业管理策略研究：以某外卖平台的骑手管理为例．中国人力资源开发，2020，37（4）：113-124．

陈映芳．"农民工"：制度安排与身份认同．社会学研究，2005（3）：119-132，244．

传化慈善基金会公益研究院"中国卡车司机调研课题组"．中国卡车司机调查报告No.1：卡车司机的群体特征与劳动过程．北京：社会科学文献出版社，2018．

传化慈善基金会公益研究院"中国卡车司机调研课题组"．中国卡车司机调查报告No.2：他雇·卡嫂·组织化．北京：社会科学文献出版社，2018．

传化慈善基金会公益研究院"中国卡车司机调研课题组"．中国卡车司机调查报告No.3：物流商·装卸工·女性卡车司机．北京：社会科学文献出版社，2019．

冯建华．集体行动何以可能：基于珠三角非公企业农民工集体维权行为的个案研究．广州：中山大学，2008．

冯仕政．单位分割与集体抗争．社会学研究，2006（3）：98-134，244．

冯向楠，詹婧．人工智能时代互联网平台劳动过程研究：以平台外卖骑手为例．社会发展研究，2019，6（3）：61-83，243．

何明洁．劳动与姐妹分化："和记"生产政体个案研究．社会学研究，2009，24（2）：149-176，245．

黄斌欢．双重脱嵌与新生代农民工的阶级形成．社会学研究，2014，29（2）：170-188，245．

黄斌欢．从何而来的"大神"：日结体制与悬浮社会．社会发展研究，2021，8（4）：39-57，240．

胡慧，任焰．制造梦想：平台经济下众包生产体制与大众知识劳工的弹性化劳动实践：以网络作家为例．开放时代，2018（6）：178-195，10．

加拉格尔．全球化与中国劳工政治．郁建兴，肖扬东，译．杭州：浙江人民出版社，2010．

贾文娟．选择性放任：车间政治与国有企业劳动治理逻辑的形成．北京：中国社会科学出版社，2016．

库克里奇，姚建华，倪安妮.不稳定的玩工：游戏模组爱好者和数字游戏产业.开放时代，2018（6）：196-206.

李春玲.流动人口地位获得的非制度途径：流动劳动力与非流动劳动力之比较.社会学研究，2006（5）：85-106，244.

李培林.流动民工的社会网络和社会地位.社会学研究，1996（4）：42-52.

李强，唐壮.城市农民工与城市中的非正规就业.社会学研究，2002（6）：13-25.

梁萌.强控制与弱契约：互联网技术影响下的家政业用工模式研究.妇女研究论丛，2017（5）：47-59.

梁萌.技术变迁视角下的劳动过程研究：以互联网虚拟团队为例.社会学研究，2016，31（2）：82-101，243.

刘爱玉.国有企业制度变革过程中工人的行动选择：一项关于无集体行动的经验研究.社会学研究，2003（6）：1-12.

刘精明.向非农职业流动：农民生活史的一项研究.社会学研究，2001（6）：1-18.

刘林平.外来人群体中的关系运用：以深圳"平江村"为个案.中国社会科学，2001（5）：112-124，207.

刘林平，万向东，张永宏.制度短缺与劳工短缺："民工荒"问题研究.中国工业经济，2006（8）：45-53.

刘林平，张春泥.农民工工资：人力资本、社会资本、企业制度还是社会环境？：珠江三角洲农民工工资的决定模型.社会学研究，2007（6）：114-137，244.

刘学，任奕飞，刘金龙.虚拟社群何以组织化？：以卡友驿站平台为例.新闻与传播研究，2021，28（S1）：41-58，126-127.

卢晖临，潘毅.当代中国第二代农民工的身份认同、情感与集体行动.社会，2014，34（4）：1-24.

陆学艺.加快改革现行的户籍管理制度.农业工作通讯，2002（9）：14-15.

"农村劳动力流动的组织化特征"课题组.农村劳动力流动的组织化特征.社会学研究，1997（1）：17-26.

马丹.性别观念变迁的微观逻辑：以跟车卡嫂的劳动实践为例.社会学研究，2022，37（3）：138-159，229.

马克思，恩格斯.德意志意识形态//马克思恩格斯全集：第3卷.北京：人民出版社，1960.

孟泉.从劳资冲突到集体协商：通向制度化之路.中国工人，2013（3）：4-7.

孟泉.工业区企业劳资自治机制形成的前提条件与本土经验：社会治理视阈的分析.社会治理，2016（5）：103-107.

平萍.制度转型中的国有企业：产权形式的变化与车间政治的转变：关于国有企业研究

的社会学述评.社会学研究,1999(3):72-83.

亓昕.建筑业欠薪机制的形成与再生产分析.社会学研究,2011,26(5):55-79,243-244.

清华大学社会学系课题组.新生代农民工与"农民工生产体制"的碰撞.中国党政干部论坛,2013(11):19-24.

邱泽奇.劳动与尊严:数字时代"不躺平"的逻辑前提.探索与争鸣,2021(12):74-79,178.

邱子童,吴清军,杨伟国.人工智能背景下劳动者技能需求的转型:从去技能化到再技能化.电子政务,2019(6):23-30.

任焰,潘毅.跨国劳动过程的空间政治:全球化时代的宿舍劳动体制.社会学研究,2006(4):21-33,242.

任焰,贾文娟.建筑行业包工制:农村劳动力使用与城市空间生产的制度逻辑.开放时代,2010(12):5-23.

苏熠慧,倪安妮.育婴家政工情感劳动的性别化机制分析:以上海CX家政公司为例.妇女研究论丛,2016(5):17-24.

沈原.社会转型与工人阶级的再形成.社会学研究,2006(2):13-36,243.

施芸卿.制造熟客:劳动过程中的情感经营:以女性美容师群体为例.学术研究,2016(7):60-68,177.

孙中伟,邓韵雪."世界工厂"的"凤凰涅槃":中国制造业"机器换人"的经济社会意义.学术论坛,2020,43(3):1-8.

佟新.社会变迁与工人社会身份的重构:"失业危机"对工人的意义.社会学研究,2002(6):1-12.

佟新,梁萌.致富神话与致富神话与技术符号秩序:论我国互联网企业的劳资关系.江苏社会科学,2015(1):16-24.

佟新.延续的社会主义文化传统:一起国有企业工人集体行动的个案分析.社会学研究,2006(1):59-76,244.

王程韡,杨坤韵.进取与迷失:程序员实习生的职业生活.社会,2019,39(3):93-122.

汪建华.实用主义团结:基于珠三角新工人集体行动案例的分析.社会学研究,2013,28(1):206-227,245-246.

汪建华.包揽式政商关系、本地化用工与内地中小城市的劳工抗争.社会学研究,2017,32(2):51-75,243.

汪建华,范璐璐,张书琬.工业化模式与农民工问题的区域差异:基于珠三角与长三角地区的比较研究.社会学研究,2018,33(4):109-136,244.

汪建华，张书琬.劳动力市场中的社会控制：评《全球"猎身"》与《流动社会的秩序》.社会学评论，2019，7（4）：88-96.

王俊秀，刘梦泽.劳合法实施2年，劳动争议案井喷，新工人求职更难.中国青年报，2010-01-19（5）.

王欧，王天夫.多重制度脱嵌与新生代农民工的城市化困境：以新生代大龄单身男工为例.济南大学学报（社会科学版），2021，31（6）：114-123，175-176.

王潇.技术空心化：人工智能对知识型员工劳动过程的重塑：以企业电子研发工程师为例.社会发展研究，2019，6（3）：84-102，243.

王星，徐佳虹.中国产业工人技能形成的现实境遇与路径选择.学术研究，2020（8）：59-64，177.

文军.从生存理性到社会理性选择：当代中国农民外出就业动因的社会学分析.社会学研究，2001（6）：19-30.

闻翔."双重危机"与劳工研究再出发：以《中国卡车司机调查报告》三部曲为例.清华社会科学，2020，2（1）：295-314.

闻效仪.从"国家主导"到多元推动：集体协商的新趋势及其类型学.社会学研究，2017，32（2）：28-50，242-243.

闻效仪."上代下"：工会改革逻辑与多样化类型.社会学评论，2020，8（5）：18-34.

吴清军，李贞.分享经济下的劳动控制与工作自主性：关于网约车司机工作的混合研究.社会学研究，2018，33（4）：137-162，244-245.

习近平.扎实推进共同富裕.求是，2021（20）：4-8.

西尔弗.劳工的力量：1870年以来的工人运动与全球化.张璐，译.北京：社会科学文献出版社，2012.

项飙.跨越边界的社区：北京"浙江村"的生活史.北京：三联书店，2000.

谢桂华.农民工与城市劳动力市场.社会学研究，2007（5）：84-87，89，88，90-110，244.

许怡，叶欣.技术升级劳动降级？：基于三家"机器换人"工厂的社会学考察.社会学研究，2020，35（3）：23-46，242.

徐林枫，张恒宇."人气游戏"：网络直播行业的薪资制度与劳动控制.社会，2019，39（4）：61-83.

严霞.以自我为企业：过度市场化与研发员工的自我经营.社会学研究，2020，35（6）：136-159，244-245.

姚建华，徐偲骕.劳动的"媒介化"与媒介的"劳动化"：数位劳动研究的内涵、现状与未来.新闻学研究，2019（141）：181-214.

袁岳，张守礼，王欣.北京流民组织中的权威.社会学研究，1997（2）：115-124.

张桂金，张东."机器换人"对工人工资影响的异质性效应：基于中国的经验.学术论坛，2019，42（5）：18-25.

郑广怀，范一杰，杜思齐.情商与常态规范：网络主播的劳动过程.清华社会学评论，2020（1）：85-106.

郑广怀，付艳敏.返费：劳动力市场与生产场所双重控制的连接机制.中国人力资源开发，2022，39（2）：73-86.

赵树凯.流动就业农民的外出成因和生活预期：对苏南上海外来农村劳动力的调查.经济与信息，1996（8）：10-13.

赵炜.工厂制度重建中的工人：中国白色家电产业的个案研究.北京：社会科学文献出版社，2010.

周潇.数字平台、行业重组与群体生计：以公路货运市场车货匹配模式的变迁为例.社会学研究，2021，36（5）：47-69，227.

周潇.制造依附：互联网平台的劳动力市场控制研究：基于对物流平台M的社会学分析.中国人力资源开发，2022，39（7）：118-127.

BLECHER M J. Hegemony and workers' politics in China. The China quarterly，2002，170：283-303.

CHEN F. Subsistence crises, managerial corruption and labour protests in China. The China journal，2000（44）：41-63.

CHEN F. Industrial restructuring and workers' resistance in China. Modern China，2003，29（2）：237-262.

LEE C K. The labor politics of market socialism: Collective inaction and class experiences among state workers in Guangzhou. Modern China，1998，24（1）：3-33.

LEE C K. From organized dependence to disorganized despotism: Changing labour regimes in Chinese factories. The China quarterly，1999，157：44-71.

LEE C K. Against the law: Labor protests in China's rustbelt and sunbelt. California：University of California Press，2007.

YU A L. From "master" to "menial": State-owned enterprise workers in contemporary China. Working USA，2011，14（4）：453-472.

ZHAO M，NICHOLS T. Management control of labour in state-owned enterprises: Cases from the textile industry. The China journal，1996（36）：1-21.

ZHOU X. Unorganized interests and collective action in communist China. American sociological review，1993，58（1）：54-73.

第三章 | 当代中国的中间群体研究

朱 斌
（中国人民大学社会学理论与方法研究中心）

随着中国经济体制的转型与经济结构的升级，中国的社会分层结构也发生了巨大变化，一个重要表现就是"中间群体"规模逐步扩大，社会影响力也越来越大，这自然也引起了研究者们的关注。在现有研究中，"中产阶级"与"中等收入群体"是指"中间群体"，但这两个概念不完全一样。"中产阶级"译自英文"middle class"，该词在国内存在中产阶级、中间阶级、中产阶层、中间阶层、中等阶层等多种译法，本章在大多数情况下均将其译为"中产阶级"。"中等收入群体"译自英文"middle income group"，该词首先被经济学家提出，然后被政府有关部门采纳，随后包括社会学研究者在内的研究者以及社会媒体开始广泛使用。

虽然国内关于中间群体的研究早在20世纪就出现了，但成熟的经验研究则是从21世纪开始积累的，因此本章将主要关注2000年以后出现的文献。笔者分别以"中等收入群体""中产阶级""中产阶层""中间阶级""中间阶层"作为主题词，在中国知网搜索了自2000年以来发表在C刊上的期刊论文，可以看到：21世纪以来中产阶级研究迅速上升，但最近几年，相关研究的数量开始回落，与此同时，中等收入群体研究缓慢增加，不过总体上少于中产阶级研究（见图3-1）。

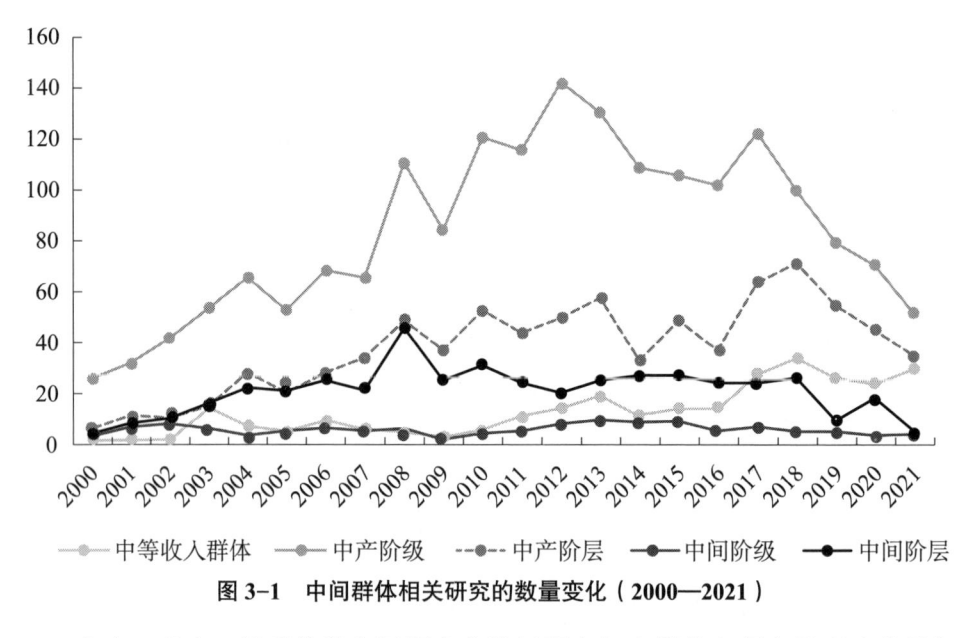

图 3-1 中间群体相关研究的数量变化（2000—2021）

在这一章中，笔者将首先回顾中产阶级研究与中等收入研究的理论背景与现实基础，基于此才能理解两类研究的基本问题及其研究逻辑。围绕这些基本问题，再来系统回顾我国相关研究的发展与现状，最后讨论目前研究中存在的一些问题。

第一节 理论溯源：社会分层研究的两大传统

社会分层研究中一直存在两大分析逻辑：等级与阶级（李路路等，2012）。等级视角根据人们占有社会资源的多少构建了一个高低不等的等级秩序，在此视角下，受教育程度、职业声望、收入等指标通常被用来界定人们的社会地位，有的研究者选择其中一种指标来界定，有的研究者则选择多种指标综合界定（李培林、张翼，2008；李春玲，2013）。如果我们根据收入或财产多少划分社会群体，就会形成一种收入分层形式，而"中等收入群体"主要指在一个连续的收入（或财产）分布序列中位于中间部分的社会群体（李培林、朱迪，2015）。

另一种分层逻辑则是"阶级"视角或者关系视角，阶级分析区别于等级分析最核心的地方在于"阶级不是简单的等级秩序，而是一种关系性的存在。无论这种关系指的是阶级双方/各方之间的生产关系、雇佣关系、剥削关系，还是统治关系，也无论这种关系发生在劳动力市场中还是发生在组织内部"（李路路等，2012）。当然，根据不同的社会关系，也会形成不同的阶级分类框架，最经典的是赖特的新马克思主义框架与戈德索普等人的 EGP 框架。无论哪种阶级分类框架，"中产阶级"都是指处于社会关系中间位置的社会阶级。

中产阶级研究与中等收入群体研究本质上隶属于上述两种分析逻辑，由于二者具体的理论传统与现实基础不一样，因此二者的基本问题意识也不一样，下面分别予以讨论。

一、中产阶级研究的理论传统

虽然马克思与恩格斯不是最先使用"中产阶级"这个概念的，但学界普遍认为，中产阶级研究起源于马克思与恩格斯。那么，马克思主义中的"中产阶级"是如何定义的呢？一般认为，马克思根据生产资料将社会阶级区分为资产阶级与无产阶级，而资产阶级又可进一步分成大资产阶级和小资产阶级，后者就是中产阶级，即中等资产阶级。

这里需要强调的是，从马克思的整体分析来看，"中产阶级"这一概念不是固定不变的，在不同的历史阶段，社会阶级关系的基础会发生变化，从而导致中产阶级的概念及内涵发生变化（刘长江，2006；王浩斌，2014；周晓虹等，2016：76）。无论中产阶级概念如何变化，马克思主义对其的关注始终基于一个基本问题：这一群体将在社会变迁与社会发展过程中发挥何种历史作用。一般性观点认为，中产阶级在资本主义社会中的经济地位，决定了他们的保守性和革命的动摇性（史为磊，2014），正如《共产党宣言》所指出的："中间等级，即小工业家、小商人、手工业者、农民，他们同资产阶级作斗争，都是为了维护他们这种中间等级的生存，以免于灭亡。所以，他们不是革命的，而是保守的。"（马克思、恩格斯，2012：411）与此同时，《共产党宣言》还预测："以前的中间等级的下层……都降落到无产阶级的队伍里来了"（马克思、恩格斯，2012：408）。

但是，资本主义社会的发展并不符合上述预测，这体现在几个方面：一是原有中产阶级，即小资产阶级并没有消失，甚至有所扩大；二是产生了一个日益扩大的新兴白领阶层，他们和工人阶级一样没有生产资料，但不同于工人阶级的是，他们是利用自己的专业技能与管理能力赚取薪水的，为了区别于原有旧中产阶级，可称之为新中产阶级；三是工人阶级也没有日益贫穷，恰恰相反，他们的生活福利在不断提高（王浩斌，2014）。尽管马克思和恩格斯可能意识到了中产阶级尤其是新中产阶级的扩大，但他们并没有进一步深入分析。他们对旧中产阶级的分析思路影响了后续研究者，面对逐渐成长的新中产阶级，后续研究者亟待回答的问题是：他们的社会属性是怎样的？而这一问题背后更深层的关怀则是，这些新兴中产阶级的社会功能是什么？资本主义社会是否因此而面临社会革命的危机？

针对此，无论是马克思主义、韦伯主义还是自由主义，都做了大量讨论（参见，周晓虹等，2016：197-234）。这些讨论基本上都绕不开米尔斯（2016：278-281）提出的分析框架：第一，新中产阶级与资产阶级的地位更接近，他们承担了先前由资产阶级承担的监督管理或服务任务，也和资产阶级一起分享了工人阶级创造的剩余价值，由此他们将会成为资本主义社会的稳定力量。第二，新中产阶级不具有财产所有权，他们是工人阶级的一部分并将与工人阶级相融合，故而他们也将成为反抗资产阶级、推动社会革命的主要力量。第三，中产阶级是一个相对独立的阶级，但他们没有相对独立的作用和行为，而是依附于其他社会阶级，参与或追随他们组织或领导的政治运动。

综上所述，无论是否赞同马克思主义的观点，西方中产阶级的研究始终建立在马克思所提出的基本问题之上，也即中产阶级的社会属性及其社会-政治功能为何（李路路、孔国书，2017）。这一问题同样是我国中产阶级研究的基本出发点，尤其在社会经济体制转型的大背景下，日益扩大的中产阶级将发挥何种作用成为一个学界普遍关注的问题。回顾我国的中产阶级研究，大体上包括两个方面的内容。

第一，我国是否存在真实的中产阶级？对这一问题的回答存在两种思路：一是阶级结构思路，即根据客观社会经济基础界定中产阶级，并由此推断相应的阶级规模。不同研究者的理论根据不同，所界定的中产阶级属性可能也不一样。二是阶级形成思路，该思路认为，上述中产阶级只是一种经济阶级，只有在阶级认同、生活方式、社会流动等方面形成了区别于其他阶级的一致性，中产阶级才能成为一种能够发起集体行动的社会阶级。

第二，中产阶级如果存在，其社会属性以及社会-政治功能又是怎样的？对于这一问题，研究者们普遍关心的是中产阶级是否能够形成威胁社会政治秩序的阶级行动或集体行动。对这一问题的讨论包括阶级意识与行动能力两个方面，前者体现为他们的社会政治态度，决定了阶级行动的方向；后者体现为他们的组织资源、行动策略等，决定了阶级行动实现的可能性。

二、中等收入群体研究的理论传统

与中产阶级不同的是，中等收入群体这一概念较为年轻，从20世纪90年代开始为国外经济学家所使用，根据李春玲（2016、2017）的研究，"中等收入群体"概念的兴起有多重背景：首先是经济学学科本身的强势地位。随着经济学家的研究兴趣不断延伸至传统的其他社会科学的研究领域，他们使用的概念也进入了相应领域。其次，20世纪末以来，西方发达国家的经济不平等持续加重，与此同时，2008年爆发的金融危机使各国特别是欧美发达国家中间阶层遭受了巨大的打击，他们以往生活状态的稳定性受到了威胁，感受到了越来越强烈的经济风险，由此也越来越倾向于把收入和财产与中间阶层的身份地位联系起来。最后，在全球化背景下，对于跨国比较研究而言，收入与财产是非常方便的测量工具，尤其是当经济学家在各种国际组织（如联合国、世界银行、OECD等）中占据主导地位的时候，他们的"经济学霸权"地位使得"中等收入群体"概念在全球日益流行。

在中国，2002年的《在中国共产党第十六次全国代表大会上的报告》最早提出"扩大中等收入者比重"，此后关于"中等收入群体"的研究越来越多。在这种背景下，国内的中等收入群体研究具有很强的经济学色彩与政策导向，其基本问题包括两个方面：其一，中等收入群体的经济功能是什么？许多研究认为，中等收入群体规模的扩大能够促进经济增长（Chun et al., 2017）。这是因为，一方面，中等收入群体是消费的主要驱动力，他们不仅有能力去消费，而且倾向于追求高质量消费，进而推动了企业对新产品的投资；另一方面，中等收入群体更注重人力资本投资，由此也具有更强的创新能力（娄春杰，2014；

Banerjee & Duflo，2008）。其二，如果中等收入群体有助于促进经济增长，那么我们该如何扩大中等收入群体的规模呢？既有研究讨论了技术创新、产业升级、教育普及、城镇化等多个途径（吴鹏等，2018；陈燕儿、蒋伏心，2018；刘志国、刘慧哲，2021）。

综上，中产阶级研究与中等收入群体研究都有较强的功能分析色彩，只不过中产阶级研究集中于其社会政治功能，而中等收入群体研究更多关注其经济功能。因为"中间群体"具有重要影响，所以研究者们非常关心二者的规模及其变迁。只不过中等收入群体研究单纯关心群体规模，而中产阶级研究不仅关心群体规模，也关心中产阶级的形成。因为在经济学看来，经济行为只是个体行动的简单叠加；而在社会学看来，一个群体要想发挥持续的社会影响，必须有集体意识与集体行为。考虑到"中产阶级"作为一种"经济文化群体"，具有更强的综合性和结构性（朱斌、范晓光，2019），其问题意识更符合社会学规范，下文将以中产阶级研究为主，兼顾中等收入群体研究。

第二节 我国中间群体的结构：界定、类型与规模

如何界定中产阶级或中等收入群体一直是相关研究的首要问题。相比于中产阶级，中等收入群体更容易界定。多数研究者以年收入的中位数或平均值为标准，将一定范围内的人群界定为中等收入群体，这个范围的下限和上限对于不同研究者有所不同。通常情况下，下限为标准线的50%或75%，上限为标准线的1.5倍、2倍，甚至3倍，根据标准线与上下限的关系又可以区分出两种中等收入群体，下限到标准线的被称作中低收入群体，标准线到上限的被称作中高收入群体。

中产阶级较难界定，是因为中产阶级是整个社会阶级结构的中间部分，但不同研究者建构的阶级结构不一样，这就使得学界对中产阶级的界定不完全一样。目前比较有影响的阶级结构是以赖特为代表的新马克思主义阶级结构和以戈德索普为代表的新韦伯主义阶级结构，国内研究者在二者的基础上结合我国特殊国情构建了多种阶级图式图示（陆学艺，2002；林宗弘、吴晓刚，2010；

李路路等，2012；刘欣，2007、2018）。总的来看，这些阶级结构是建立在雇佣关系与职业体系基础上的，所以中产阶级往往与特定职业密切相关。还有一些研究者试图使用多重标准来界定中产阶级，包括教育、收入与职业阶级，虽然多重标准在一定程度上回应了现实需要，但往往忽视了中产阶级研究背后的理论基础与问题意识。

中产阶级之所以难以界定，一个原因固然是大家对于中产阶级属性的理解不同，另一个重要原因则在于中产阶级本身存在很大的异质性，因此许多研究者试图对中产阶级做出类型划分。对中产阶级类型的划分也存在多种方法。第一，也是最为一般的方法，是将中产阶级划分为"老中产阶级"和"新中产阶级"。此种划分最早来自西方中产阶级研究，早在马克思时就已经有所体现，但其被广为接受则受益于米尔斯的《白领》。所谓的"新"和"老"，主要是根据中产阶级主体形成的历史顺序来划分的，"老中产阶级"一般指传统的小企业主、自雇佣者，他们以小规模的生产资料自雇经营；"新中产阶级"即"白领"，通常指政府与企业中的一般管理人员、专业技术人员、办事人员、服务人员等。二者的重要区别在于：一方面，老中产阶级中的大多数都拥有自己的财产，故而从生产资料的占有上来看属于小资产阶级，而新中产阶级则大多作为雇员为资本家工作，本身是不占有生产资料的；另一方面，老中产阶级还是会动手从事一些体力劳动，但新中产阶级从事的一般是脑力劳动，并且其中相当多的职业是技术性的（周晓虹等，2016：11-12）。

新、老中产阶级的区分是在西方社会的历史背景下产生的，中国的情况则更为复杂，这是因为新中国成立以后，经过社会主义改造，大量的资本家和自雇佣者都消失了，只有到改革开放以后才又逐渐壮大，而此时这些老中产阶级是和新中产阶级同步成长的。故而，有研究者认为改革开放以后兴起的个体户也能算是"新中产阶级"成员（李强，2005）。这样，中国新中产阶级的来源构成就包括：传统中产阶级、原再分配体制内的干部与知识分子、私营企业主、外资企业的管理者与技术人员（张宛丽，2002）。这些新中产阶级由三种渠道进入，即权力授予关系所作用的行政型进入、市场交换关系所作用的市场型进入和社会关系资本所作用的社会网络型进入，进入渠道的差异，进一步导致他们的社会属性与阶级性格不一样（张宛丽等，2004）。

如果说新、老中产阶级的划分更符合西方社会的历史经验，那么根据经济体制划分中产阶级类型则独具中国特色。李路路与李升认为，中国中产阶级是在市场转型过程中逐渐成长起来的，他们一方面延续于改革开放之前的中国社会，另一方面又在社会转型过程中突生出来。根据这两种形成道路，可以将他们区分为"内源型中产阶级"和"外生型中产阶级"两种类型，前者主要是指更多延续再分配体制特征的中产阶级，后者主要是由于市场的兴起，在更加市场化的体制中产生的中产阶级。由于阶级经历不一样，他们的性格特征和社会功能也存在明显不同（李路路、李升，2007）。

上述两种划分方法强调了不同中产阶级的性质差异，与此同时，也有研究者根据中产阶级占有社会资源的多少对其进行分类。例如，李培林与张翼（2008）根据个人在职业、收入和受教育程度上的占有水平是否一致，区分出三种类型的中产阶级："核心中产阶级"，是指三者都处于中间位置；"半核心中产阶级"，是指有两项指标处于中间位置；"边缘中产阶级"，是指只有一项指标处于中间位置，李春玲（2008）在一项研究中也采用了类似的概念。

表 3-1 总结了目前国内相关研究对于中产阶级的界定及其规模，可以看出，研究者们对于中产阶级或中等收入群体的理解不同，计算出的规模差别也非常大。总的来看，无论是中产阶级还是中等收入群体，整体规模都在逐渐扩大。

表 3-1 中国中产阶级的构成与规模

	文献	数据年限	中产阶级的构成	规模 全国	规模 城市
多重标准	李强，2010	2000年全国人口普查数据	收入、职业、教育的综合标准。由五大集团构成：专业技术人员、各类管理人员、新中产阶层、效益较好的单位职工、中小企业主	16%	—
多重标准	李春玲，2003	2001年"当代中国社会结构变迁研究"调查	职业中产、收入中产、消费中产、认同中产，中产阶级应同时符合四项	7%	—
多重标准	刘毅，2006	2004年广东省城市社会经济调查队常规入户调查	收入中产、职业中产与消费中产，中产阶级应同时符合三项	—	23.69%

续表

	文献	数据年限	中产阶级的构成	规模 全国	规模 城市
多重标准	周晓虹，2005	2004年五大城市调查	月收入5 000元以上；职业为事业单位管理或专业技术人员、公务员、企业技术人员、经理人员、私营企业主；接受过大学本科及以上教育	—	11.90%
多重标准	李培林、张翼，2008	CSS2006	收入中产、教育中产和职业中产的叠加，符合三项、两项、一项分别为核心、半核心和边缘中产阶级。中产阶级＝核心中产＋半核心中产	12.10%	25.40%
多重标准	李春玲，2013	CSS2011	小学及以上教育水平、年收入24 000元及以上的白领职业从业人员（工薪阶层）和小业主（小业主阶层）	22.10%	41.70%
阶级分析	刘欣，2007	CGSS2003	新中产上层：单位中层管理人员、高级专业技术人员；新中产下层：单位低层管理人员、低级专业技术人员；老中产：小企业主、自雇者	—	30%
阶级分析	林宗弘、吴晓刚，2010*	2005年全国人口小普查数据	新中产阶级、个体户、国家干部、集体干部、农村干部	18.54%	—
阶级分析	李春玲，2008	CSS2006	老中产阶级：小企业主、自雇者；新中产阶级：专业人员和管理人员；边缘中产阶级：普通文职人员	30%	55%
阶级分析	李路路等，2012*	CGSS2006	小雇主、自雇佣、非体力雇员	—	53.60%
阶级分析	张翼，2008	CSS2006	老中产阶级：小雇主、自雇阶层；新中产阶级：专业管理阶层、专业监理阶层、专业人员阶层、技术管理阶层、技术监理阶层以及体力管理阶层	21.91%	—
阶级分析	金玉，2014	CGSS2008	中上层阶级：中级管理人员和中小企业；中中层阶级：专业技术人员和个体工商户	—	40%
阶级分析	李炜，2020	CSS2019	白领（专业技术人员＋办事人员＋文化程度大专及以上的担任低层或中层管理职能的商业服务业人员）、小资产者（个体经营者）	37.60%	—

续表

	文献	数据年限	中产阶级的构成	规模 全国	规模 城市
中等收入群体	李强、徐玲，2017	CGSS2013	绝对标准：人均年收入 35 000—120 000 元	19.70%	27.90%
		CFPS2014	绝对标准：人均可支配收入 20 000—69 000 元	21.90%	30.30%
	李强、王昊，2017	CGSS2013	下限：城市居民收入平均值的 50%；上限：平均值的 3 倍	46.02%	61.35%
	翁杰、王菁，2019	CHIP2013	下限：家庭人均年收入等于地区城镇居民家庭食品人均消费支出的 3 倍；上限：家庭人均年收入中位数的 3 倍	31%	52.90%
	刘渝琳、许新哲，2017	CFPS2014	绝对标准：家庭人均可任意支配收入 4 000—31 000 元	33.20%	—
	李春玲，2018	CSS2015	绝对标准：个人年收入 24 000—240 000 元	47.60%	63%
	李炜，2020	CSS2019	下限：个人年收入中位数的 75%；上限：中位数的 2 倍	39%	—

注：本表部分结果来自刘欣、马磊（2011）；*部分的原文并未明确识别中产阶级的规模，也未明确指出社会整体结构中的上层和下层对应哪些社会群体。

第三节　我国中产阶级的形成：阶级认同、生活方式与社会流动

上述对于中产阶级的界定主要建立在客观的社会经济基础上，但越来越多的理论强调，阶级不仅仅是客观的社会经济地位，还应该在阶级意识、文化观念、社会互动等方面形成一致性，只有这样才能进一步形成阶级集体行动，这种视角称为阶级形成视角。马克思提出，仅仅具有相同社会经济地位的人群只能算作自在阶级，自在阶级只有在认识到自身的阶级利益、形成阶级意识的情况下才能变成自为阶级，并形成阶级行动（李强，2011：27）。汤普森在《英国

工人阶级的形成》一书中强调，阶级不是一个"存在"，而是一个"形成"，不是一开始就有的，而是在历史的发展过程中，因人们在无数的经历中认识到自己的存在而最终形成的（汤普森，2001）。

除马克思主义本身外，布尔迪厄的阶级理论同样强调文化对于分辨阶级地位的作用，他用经济资本、文化资本、社会资本与符号资本的资本总量与资本构成来区分阶级，而个人的生活方式、文化品味、行为惯习、语言修辞等都是文化资本的体现（布尔迪厄，2015）。吉登斯则认为，由客观经济基础（市场能力）决定的经济阶级只有经过结构化过程，才能形成具有阶级意识的社会阶级，而社会流动是结构化过程的重要组成部分。只有当社会流动机会趋于封闭时，人们之间的社会经济差异被持续化和稳定化，并且这种经济地位的差异扩散到了社会生活的各个领域，才能形成固定化的、有持续影响力的、界限分明的阶级结构（格伦斯基，2005：133-137）。

基于此，下文将从阶级认同、生活方式、社会流动三个方面来考察我国中产阶级的形成。

一、阶级认同

首先，关于地位认同，不同的询问方式产生的结果差异非常大。如果我们从等级视角出发询问被访者在 1~10（或者 1~5）级中属于哪一等级，或者询问被访者认为自己属于社会上层、社会中上层、社会中中层、社会中下层还是社会下层，人们的地位认同便会存在一定的趋中性，也即大多数人倾向于认为自己是"中间等级"或"中间阶层"（李春玲，2003；周晓虹，2005：48；李培林、张翼，2008；范晓光、陈云松，2015；李升、倪寒雨，2018；胡荣、沈珊，2018）。但是，如果我们从阶级视角出发直接询问被访者是否是"中产阶级"，其中产阶级认同的比例会非常低（冯仕政，2011；张海东，2017），远远低于客观存在的中产阶级的占比。之所以如此，一方面是因为地位认同是由多种因素决定的，这些因素有时并不一致，从而导致人们对于自身的地位认知比较模糊（刘欣，2001）。另一方面，中国人对中产阶级的理解主要来自外界信息的输入，这样容易导致假性阶级意识，例如中国人通常将西方社会视为"普通人"的中产阶级等同于精英阶级，故而很少有人认为自己是"中产阶级"（周晓虹，2005：47-61；李春玲，2009；雷开春，2018）。

其次，从整体上看，许多研究者发现，中国社会整体的"中间阶层"认同比例是偏低的，这体现在两个方面，一是在国际上的横向比较中，我国居民自认为处于社会中层的人偏少，而自认为处于社会底层的人数相对较多（李培林、张翼，2008）；二是在纵向的历史比较中，自认为属于"中下层"与"下层"的比例在上升，而"中产认同"则趋于下降（冯仕政，2011）。之所以如此，固然与我国客观中产阶级比例较小而且不稳定有关，但这不是主要原因，毕竟近年来中产阶级规模在扩大，而整体阶级认同并没有扩大。高勇认为，这一现象不是个人"参照点"的变动引起的，而是因为地位认同"参照系"发生了重大转变，由原来的社会身份转向了市场能力。建立在收入等市场要素占有基础上的地位参照系具有缺乏稳定性、缺乏具体边界等特点，因此原先的"中层认同"趋向于瓦解，新的"中层认同"又难以建立，地位层级认同出现整体性下移（高勇，2013）。

最后，新近的研究讨论了不同类型中产阶级的地位认同形成机制。例如，雷开春（2018）的研究发现，上海青年白领移民的中产身份构建更多建立在社会经济地位上，而非生活方式上，他们的收入、职业地位和自有住房决定了他们的中产认同。比较不同体制中的中产阶级可以发现，市场性因素成为所有中产阶级确立自身地位感知的重要因素，而权力因素只对体制内中产阶级的地位认同有影响（杨城晨等，2020）。

二、生活方式

关于中产阶级生活方式的研究，具体可见本书第十七章。这里仅以消费行为为例，简单概括我国中产阶级消费行为的特点。首先，中产阶级的消费结构逐渐从"生存必需型"消费转向"享受型""发展型"消费，主要体现在恩格尔系数持续下降，而购房购车、教育培训、娱乐健身的支出越来越多（夏建中、姚志杰，2005；周晓虹，2005：65-71；刘毅，2008；田胜炳，2014；张翼，2016）。其次，中产阶级的消费行为与消费理念呈现出个性化与理性化特征，既追求质量，又注重彰显身份，如倾向于选择知名品牌和服务质量高的消费场所（夏建中、姚志杰，2005；周晓虹，2005：76-86；胡建国、李春玲，2009：

273；孙秀林、张璨，2014）；但他们并未走向超前消费和炫耀性消费，反而会根据自己的收入和需求进行调节（李春玲，2011）。

虽然中产阶级消费方式具有一定的特点，但大多数研究者同时也认为，中产阶级的生活方式还难以说形成了一种品味性区隔（王建平，2008）。之所以如此，是因为我国中产阶级还只是经济发展过程中的一个短期产物，而一个阶级共同文化品味的形成显然需要长期累积与固化（王建平，2008），而且，由于住房、医疗、子代教育等支出压力近年来持续上升，中产阶级的生活焦虑水平不断提高，符号消费和发展型消费受到限制，那种具有鲜明阶级特色的生活方式也难以形成（刘毅，2008；胡建国、李春玲，2009；梁晓青，2018；朱迪，2018）。一些研究者还发现，中产阶级的消费行为存在明显的内部分化，"外生中产阶级"的消费意识表现前卫，而"内源中产阶级"的消费意识还比较传统（李路路、李升，2007）；老中产阶层的生存性边际消费倾向较高，新中产阶层的发展性边际消费倾向很高（张翼，2016）。

另一方面，许多研究者认为，生活方式不是阶级地位的结果，中产阶级本身是在生活和消费实践过程中形成的，相似的生活经历和消费实践建构了阶级边界（刘欣、马磊，2011：34），因此中产阶级与其特有的生活方式应该是同步形成的。一项研究发现，存在一种中产阶级生活方式的原型，它吸引着中产居民搬入商品房社区，同时也是他们对社区其他居民生活方式的期待，随着越来越多的居民共享这种生活方式，社区中的道德秩序逐渐建立起来，中产阶级也就逐渐形成了（吕大乐、刘硕，2010）。最新的许多研究进一步探讨了中产阶级通过一些独特的消费行为来彰显自己与其他人不一样的文化品位，进而构建自己的身份认同，如艺术消费（方军，2018）、鲜花消费（马伊超、徐赣丽，2019）、时尚消费（赵杜灵，2021）等。

三、社会流动

中产阶级形成的过程中，社会流动也是一个重要的影响因素，这里的社会流动包括社会交往、婚姻匹配、代际流动等。少量研究发现，社会交往与婚姻匹配方面阶层化的趋势十分明显，人们的社会交往更多地局限在本阶层内部，中间阶层和社会下层之间在婚姻匹配上也存在一条明显的界线（刘精明、李路路，2005；李路路、王宇，2009），正如上文吕大乐和刘硕的研究所指出的，人们之所以选择商品房小区，选择的考虑已不止于物业保值或升值的能力，而是希望选择跟自己差不多的社群一起居住和生活（吕大乐、刘硕，2010）。

考虑到教育是代际流动的中间过程，大量研究聚焦于中产阶级父母在教育投入与教养方式上是否显著区别于工人父母。就教育投入而言，阶层差异比较明显，中产阶级父母的教育支出显著更高，同时更可能让子女参加课外辅导班与兴趣班（洪岩璧、赵延东，2014；林晓珊，2018；刘保中，2018）。而在教养方式上，研究结果比较复杂，一方面是因为教养的类型本来就多，影响较大的是心理学者使用较多的权威型、专制型、民主型与放任型（Mccoby & Martin，1983），以及社会学家拉鲁提出的"协作培养"与"自然成长"两种类型（拉鲁，2018）；另一方面是因为每种教养类型还包括多种维度，故而许多研究者往往会直接讨论具体教养行为之间的阶层差异。虽然研究结果有冲突，但从分析数据先后来看，最近十几年，中国家庭教养方式趋于阶层化，中产家庭倾向于采取权威型或民主型教养方式（李骏、张陈陈，2021），以及协作型教养方式（田丰、静永超，2018；蔡玲，2021）。一些质性研究也发现，在教育竞争加剧以及教育市场化的背景下，家庭育儿行为总体上不断地科学化、精细化、理性化，中产家庭可能会转变得更快、更明显，由此逐渐扩大了阶层间的差异（李一，2018；杨可，2018；田丰，2019；易彬彬，2020；段岩娜，2021）。

第四节　中产阶级的社会功能：社会态度、社会参与和都市运动

延续西方中产阶级研究的传统，国内中产阶级研究同样关心中产阶级的社会功能，这里的社会功能应该是包括多个方面的，如经济增长、政治民主、社会秩序等。在一项文献综述中，有研究者注意到海外已有一些研究讨论了中产阶级的发展将有利于经济增长。这是因为，首先，中产阶级是消费的主要源泉，他们不仅有能力去消费，而且愿意掏更多的钱去追求质量，同时他们对产品的

差异化追求也助长了生产者对新产品的投资；其次，中产阶级注重人力资本和储蓄，他们愿意花更多的钱让自己的子女受更多的教育；最后，中产阶级具有较强的创新能力，是企业家的源泉，在英国的工业化时期，正是他们的创新能力，促进了英国现代经济的繁荣（娄春杰，2014）。

但从社会学领域的文献来看，国内研究者最为关注的还是中产阶级是否会形成阶级行动，从而对社会秩序产生影响。首先，在理论上，国内研究者在讨论这一问题时，很少在马克思主义理论的关照下将中产阶级的社会功能与其社会属性联系起来，更多是在自由主义视角下讨论（胡联合、胡鞍钢，2008），这些研究者的观点大概有如下几种。

第一种观点认为中产阶级是社会的"稳定器"。这是因为中产阶级在社会上代表温和的、保守的意识形态，他们介于社会结构的两极之间，可以缓和二者之间的矛盾与冲突，同时他们也是促进社会消费的最主要群体（李强，2005）。周晓虹同样认为，中产阶级的"稳定器"作用在中国可能更为明显，因为中产阶级与国家处于良性互动中，他们在这种积极互动中获得了财富和地位，因此并没有表现出政治上的激进倾向（周晓虹，2002、2010）。

第二种观点则认为，中产阶级也可能成为社会变革的激进力量，也即社会"颠覆器"（胡联合、胡鞍钢，2008）。事实上，许多新兴工业化国家或地区中，最积极的政治变革力量确实来自中产阶级。一种是文化和意识形态的解释，即由于中产阶级有相对较高的教育水平，因而具有较强的自我意识和自由意识，追求私人领域和公民权利，具有更高的参与意识等。另一种可称为"市场的解释"，即新兴工业化国家所发展的市场经济都是基于独立的个人权利的，在这个过程中发展起来的中产阶级总是会积极推动基于自由的变革。

第三种观点则是"政治后卫"论，这里的"政治后卫"带有消极意味，有两种理解，一种认为中产阶级政治冷漠、参与政治热情不高。另一种则认为，"政治后卫"是指中产阶级具有机会主义的投机倾向，不可能是政治运动的组织者和领导者，只能是参与者和追随者（刘建伟，2012）。

最后一种观点则是"条件论"，也就是说中产阶级会发挥什么样的作用，取决于具体的历史背景、经济发展、政治体制、社会秩序化程度（李路路，2008；沈瑞英，2007）。例如，有的研究者认为，随着我国非公有制经济的发展，以及群体政治属性、阶层政治效能感等主客观条件的变化，我国新社会阶层的政治功能特征也将发生阶段性演进：从"依附型"角色，到"偏激进型"角色，再到稳定性力量等（秦广强，2018）。

其次，在经验研究上，大致有两类相关研究：一类研究使用普遍化的调查数据探讨中产阶级的社会态度，可以看成是对中产阶级的阶级意识的分析；另一类研究则讨论了中产阶级的社会参与，包括制度性的社会参与，如诉讼、投票、慈善捐助等，也包括非制度性的集体行动，主要以都市运动为主，对于都市运动的产生与发展过程的分析，尤其能够显示出中产阶级阶级行动的特点。下面重点从这三个方面予以回顾。

一、社会态度

一些研究支持中产阶级是"社会稳定器"的观点。一个重要体现是，我国中产阶级似乎并没有表现出西方民主理论所期待的那种程序性民主追求，恰恰相反，有研究发现，中国中产阶级在政治态度上相对保守，具有较高的政府服从意识（孙龙，2010；齐杏发，2010），而且在主观上越认同自己是"中产"的人，对于"权威主义""社会满意""社会公平"的认同也越高，具有越明显的保守主义倾向（孙秀林、雷开春，2012）。

另一些研究对此则没有那么乐观，他们认为，当中产阶级的经济利益得不到保障、政治参与愿望得不到实现的时候，往往会创造和利用自己的"现代价值观"等意识形态话语权来影响和动员社会大众，并联合其他感到不满的社会集团诉诸"改革"甚至"革命"（胡联合、胡鞍钢，2008）。已有研究指出，中产阶级并不必然是社会稳定器，与其他各阶级阶层相比，中产阶级的社会批判意识渐趋显化，政治态度也不保守，他们对当地政府工作满意程度的评价较低，表现出了较差的信任程度，社会公平感也不强，尤其是"新中产阶级"的批判意识更加明显（张翼，2008）。

更多研究者则认为，中产阶级作为一个阶级的社会态度没有那么清晰。李友梅（2005）的研究显示，快速形成的上海白领群体内部在社会经历和价值观念的分享上存在着不一致，就其整体而言，也缺乏稳定的行为规范、共同的知识体系和价值认同。其他研究者也发现，中产阶级的政治态度是难以确定的，他们既有"保守的一面"，如认可政府的合法性；也有"激进的一面"，如具有更强的民主意识和参与意识（李春玲，2008；李炜，2018）。这意味着他们还没有形成本阶级的共同意识和对本阶级的稳定认同感，因此作为一个整体展开集体行动的可能性很小。

很多研究都显示，对于中产阶级的社会态度，最有意义的讨论不在于中产阶级与其他阶级的差异，而是中产阶级内部的异质性。总的来说，新社会阶层（或者说体制外的新中产阶级）受教育程度更高、具有更强的市场价值观，处于"高经济地位"和"低政治地位"的地位相悖位置，故而他们的政治态度较为激进；体制内中产阶级在很大程度上延续了再分配体制的特征，政治取向明显保守稳健；老中产阶级则相对冷漠（李路路、李升，2007；齐杏发，2010；孙明，2015；秦广强、张美玲，2019）。但是，新社会阶层内部也存在不一致，新阶层上层是经济改革的最大受益群体之一，故而他们不希望发生剧烈的社会政治变动。与之相反的是，新阶层下层可能成为最具有自由主义取向的中产阶级群体，因为他们的社会公正理念、民主意识较强，而且愿意承受激烈市场竞争、高房价等巨大压力（李春玲，2011），同时新阶层的政治态度也会受到个体的家庭生活经历、家庭背景、工作状态的具体影响（张海东、邓美玲，2017；王天夫、许弘智，2019）。

二、社会参与

关于中产阶级的社会参与研究并不多，这些研究显示，中产阶级的社会参与情况要比工人阶级更积极，如他们的投票率更高（刘欣、朱妍，2011）、志愿服务行为更频繁（王新松、张秀兰，2016）、积极参与社区活动（于显洋，2008）。之所以如此，一方面是因为他们希望借此支持现有的社会秩序与结构，以维护自己的既得利益；另一方面则是因为他们想要彰显中产阶级的身份象征。因此，对于那些可能会损害自身利益的社会行为，中产阶级通常是不愿意参加的，例如中产阶级更不愿意为了环保而降低生活质量，因此更少表现出低碳认知行为和低碳生活行为（孙中伟、黄时进，2015）；与此同时，在发生民事纠纷之后，没有确凿证据表明"中产阶级"会更多地利用制度性的法律解决民事纠纷，事实上，中下层社会阶层成员更多地信赖政府渠道，把日常纠纷诉诸政府（程金华、吴晓刚，2010）。

三、都市运动

我国中产阶级的都市运动主要是维权行动和环境运动，这些集体行动的根源主要在于利益冲突。以维权行动为例，中国实施城市住房体制市场化改革以后，房地产开发事业获得了巨大发展，以开发商为主体的房地产商利益集团也随之形成。房地产商利益集团的强势地位，导致开发商和物业公司侵权现象大量出现（张磊，2005），并使得业主产生了普遍的怨恨感（刘能，2004），这是业主维权行动的前提。

集体行动一旦发生，什么样的行动更可能获得成功呢？大多数经验研究所参考的理论都是西方社会运动理论，具体就是资源动员理论、政治过程理论、框架建构理论。简单而言，这些理论大体上是从结构与行动过程两个维度来探讨集体行动的结果的。

首先，住房市场化改革后，业主从计划经济体制下单位社区的被管理者转变为商品房小区的自治者，国家赋予其的社会结构位置使得业主能够合法聚集起来维护自己的权益（张磊、刘丽敏，2005）。但是，在中国，自从国家认识到"稳定压倒一切"以后，社会运动的合法性就一直受到质疑，与之相对，"维稳政治"也在不断强化（冯仕政，2015）。在这种情况下，社会运动能否避免国家干预或者争取国家支持，对中产阶级运动诉求的满足有着很大影响（黄荣贵等，2015）。一般而言，社会运动的合法性空间与其诉求、对象、运动方式有着明显联系，例如，那些为了经济利益，而不是以制度变革作为诉求的社会运动，以及抗争对象为企业或基层政权，而不是省市级政府的社会运动，就更可能为自己赢得更大的合法性空间（俞志元，2012；盛智明，2016）。但是，如果社会运动为了争取更大的合法性空间而限制自己的抗争诉求、对象与方式，社会运动的意义有时也就被削弱乃至不存在了，这种矛盾被许多研究者称为"合法性困境"（陈映芳，2006；刘子曦，2010；施芸卿，2013）。

其次，在政治机会结构限定的条件下，社会抗争的结果还取决于具体运作，如资源动员、行动策略、话语塑造与框架建构等（何艳玲、钟佩，2013；俞志元，2012；张磊，2005）。第一，相比于农民和工人，中产阶层能够动员的资源更加丰富、组织化程度更高，因此他们的动员能力更强（应星，2007；黄荣贵、桂勇，2009）。与之相反，如果业主委员会内部产生派系斗争，则会削弱业主维权的战斗力（石发勇，2010）。

第二，从行动策略来看，为了争取合法性空间，合法抗争越来越成为社会运动的主要策略，主要包括依法抗争和以法抗争两种方式。中产阶级有着更强的法律意识，因此业主维权运动基本上固定在法权抗争的框架内，其基本形式有上访维权、诉讼维权和立法维权（陈鹏，2010）。业主或者业委会在维权的开始往往把法律作为一种武器，但是当他们发现法律成为维权的瓶颈时，则会推动维权向社会行动扩展，并试图通过参选居委会甚至地方人代会从立法和制度层面维护自己的权益（管兵，2010；刘子曦，2010）。

第三，社会抗争中的行动话语和框架能够帮助动员群众的参与，同时也能影响到公众对社会运动的支持。在中产阶级的话语塑造过程中，起源于西方社会的"公民权"观念是一个重要资源。对于公民权，英国社会学家马歇尔最早进行了社会学阐释，他认为公民权是一种社会成员身份，包括三个基本要素，即民事权、政治权和社会权（陈鹏，2009）。在中产阶级的维权行动中，他们会逐渐意识到自身的共同利益，并逐渐形成并强化维权意识，一方面他们使用公民权观念来合法化自身的抗争行为，另一方面这种维权意识将有助于业主群体形成集体认同意识，进而实现从"经济的消费者"到"政治的行动者"的转变，也即完成阶级形成过程（陈鹏，2009；施芸卿，2007；刘子曦，2010）。

第五节　总　结

综上所述，对于中间群体的研究，目前存在两种基本路径：中等收入群体研究与中产阶级研究。虽然二者在理论上具有不同的源头与问题意识，但在实际经验研究中，很多研究者都对二者有一些混淆。无论哪种研究，第一个需要回答的问题都是当前中国中间群体的规模问题。由于不同研究者对中等收入群体或中产阶级的界定不一样，大家计算出的规模也不一样，但从时间上来看，这一群体的规模无疑是在增长的。尽管如此，中产阶级是否已从一个经济阶级转变为社会阶级还是值得怀疑的，因为他们的阶级认同模糊，也没有形成一种区隔于其他阶级的生活方式，社会流动的结构化趋势也不明显，事实上，在这些方面，中产阶级内部的异质性有时候更为突出。

由于中产阶级并未形成一个阶级界限清晰的社会阶级，那么所谓的中产阶级的社会功能可能就是一个伪命题，正因如此，经验研究并不能否定任何一种理论上的推测。一方面，中产阶级的社会态度呈现多元化，特别是在没有统一标准来测量社会态度的情况下，不同研究结果的可比性本身仍然值得讨论。另一方面，虽然中产阶级主导了都市运动，但与其他阶级的集体行动没有表现出质的差异，他们都是在有限的制度空间内，利用各种合适的行动策略来维护自己的利益，那种基于阶级意识与阶级利益的阶级行动非常少，而且近年来相关的研究也越来越少。

当然，上述结果并不意味着中国中产阶级的形成一直都是停滞的，或许正如阶级形成理论所认为的，中国中产阶级是在实践过程中建构的，在消费、娱乐、教育、交往、婚姻、抗争等实践过程中不断建构阶级意识，并逐渐使得自己的阶级界限越来越清晰。大多数已有研究仅仅是截取某一特殊年份来讨论中产阶级的规模、态度与行为，很难从中看出中产阶级阶级界限的变化情况。因此，未来研究的一个重要方面就是基于统一的理论框架，利用已有的丰富调查数据，考察我国中产阶级规模、态度与行为的变化，从而检验上述有关中产阶级形成的命题。

同时，虽然大家逐渐认识到中等收入群体与中产阶级不完全是同一个群体，但在现有的研究中，对相关概念——包括"中产阶级""中等收入群体""新社会阶层"——的使用依然较为混乱，由此需要我们进一步厘清这些基本概念的内涵、理论与应用，以便于后续研究者能在既有研究的基础上予以推进。

参考文献：

布尔迪厄.区分：判断力的社会批判.刘晖，译.北京：商务印书馆，2015.

蔡玲.育儿差距：家庭教养方式的实践与分化.青年探索，2021（3）：73-87.

程金华，吴晓刚.社会阶层与民事纠纷的解决：转型时期中国的社会分化与法治发展.社会学研究，2010，25（2）：151-179，245-246.

陈鹏.从"产权"走向"公民权"：当前中国城市业主维权研究.开放时代，2009（4）：126-139.

陈鹏.当代中国城市业主的法权抗争：关于业主维权活动的一个分析框架.社会学研究，2010，25（1）：34-63，243-244.

陈燕儿，蒋伏心.新时代扩大中等收入群体的路径研究.江苏社会科学，2018（1）：77-84.

陈映芳.行动力与制度限制：都市运动中的中产阶层.社会学研究，2006（4）：1-20，242.

段岩娜.认同、反思与游离：城市中产家庭"密集型育儿"的类型化分析.云南社会科学，2021（6）：142-148.

范晓光，陈云松.中国城乡居民的阶层地位认同偏差.社会学研究，2015，30（4）：143-168，244-245.

方军.中国新兴中产家庭中的视觉艺术：职业地位群体、抽象艺术与自我呈现.社会学研究，2018，33（5）：66-92，243-244.

冯仕政.中国社会转型期的阶级认同与社会稳定：基于中国综合调查的实证研究.黑龙江社会科学，2011（3）：127-133.

冯仕政.社会冲突、国家治理与"群体性事件"概念的演生.社会学研究，2015，30（5）：63-89，243-244.

高勇.地位层级认同为何下移？：兼论地位层级认同基础的转变.社会，2013，33（4）：83-102.

管兵.维权行动和基层民主参与：以B市商品房业主为例.社会，2010，30（5）：46-74.

何艳玲，钟佩.熟悉的陌生人：行动精英间关系与业主共同行动.社会学研究，2013，28（6）：21-45，242.

洪岩璧，赵延东.从资本到惯习：中国城市家庭教育模式的阶层分化.社会学研究，2014，29（4）：73-93，243.

胡建国，李春玲.北京中产阶级的现状及特征//李春玲.比较视野下的中产阶级形成.北京：社会科学文献出版社，2009：273.

胡联合，胡鞍钢.中产阶层："稳定器"还是相反或其他：西方关于中产阶层社会政治功能的研究综述及其启示.政治学研究，2008（2）：43-51.

胡荣，沈珊.客观事实与主观分化：中国中产阶层的主观阶层认同分析.东南学术，2018（5）：138-145.

黄荣贵，桂勇.互联网与业主集体抗争：一项基于定性比较分析方法的研究.社会学研究，2009，24（5）：29-56，243.

黄荣贵，郑雯，桂勇.多渠道强干预、框架与抗争结果：对40个拆迁抗争案例的模糊集定性比较分析.社会学研究，2015，30（5）：90-114，244.

吉登斯.发达社会的阶级结构//格伦斯基.社会分层.北京：华夏出版社，2005：130-141.

金玉.中国社会中产阶级的构成及其阶级意识.东疆学刊,2014,31(3):91-99.

拉鲁.不平等的童年:阶级、种族与家庭生活.宋爽,张旭,译.北京:北京大学出版社,2018.

雷开春.青年白领移民的中产身份认同及影响因素.青年研究,2018(3):34-43,95.

李春玲.中国当代中产阶层的构成及比例.中国人口科学,2003(6):29-36.

李春玲.中国中产阶级的增长及其现状.江苏社会科学,2008(5):68-77.

李春玲.比较视野下的中产阶级形成.北京:社会科学文献出版社,2009.

李春玲.寻求变革还是安于现状?:中产阶级社会政治态度测量.社会,2011,31(2):125-152.

李春玲.如何定义中国中产阶级:划分中国中产阶级的三个标准.学海,2013(3):62-71.

李春玲.中等收入群体与中间阶层的概念定义:社会学与经济学取向的比较.国家行政学院学报,2016(6):53-58,126-127.

李春玲.中等收入群体概念的兴起及其对中国社会发展的意义.中共中央党校学报,2017,21(2):101-107.

李春玲.中等收入群体的增长趋势与构成变化.北京工业大学学报(社会科学版),2018,18(2):1-7.

李骏,张陈陈.中国城市家庭教养方式的阶层差异:基于不同数据和测量的交叉验证.学术月刊,2021,53(2):139-150.

李路路.中间阶层的社会功能:新的问题取向和多维分析框架.中国人民大学学报,2008(4):125-135.

李路路,陈建伟,秦广强.当代社会学中的阶级分析:理论视角和分析范式.社会,2012,32(5):25-46.

李路路,秦广强,陈建伟.权威阶层体系的构建:基于工作状况和组织权威的分析.社会学研究,2012,27(6):46-76,242-243.

李路路,孔国书.中产阶级的"元问题".开放时代,2017(3):90-100,7.

李路路,李升."殊途异类":当代中国城镇中产阶级的类型化分析.社会学研究,2007(6):15-37,242.

李路路,王宇.当代中国中间阶层的社会存在:社会生活状况.江苏社会科学,2009(1):34-40.

李培林,张翼.中国中产阶级的规模、认同和社会态度.社会,2008(2):1-19,220.

李培林,朱迪.努力形成橄榄型分配格局:基于2006—2013年中国社会状况调查数据的分析.中国社会科学,2015(1):45-65,203.

李强.关于中产阶级的理论与现状.社会,2005(1):28-42.

李强.当代中国社会分层：测量与分析.北京：北京师范大学出版社，2010.

李强.社会分层十讲.北京：社会科学文献出版社，2011.

李强，王昊.我国中产阶层的规模、结构问题与发展对策.社会，2017，37（3）：163-179.

李强，徐玲.怎样界定中等收入群体？.北京社会科学，2017（7）：4-10.

李升，倪寒雨.中国城镇居民的中层意识研究：基于对工作状况、地区差异与生活方式的分析.社会学评论，2018，6（4）：64-76.

李炜.中等收入群体的价值观与社会政治态度.华中科技大学学报（社会科学版），2018，32（6）：1-10.

李炜.中间阶层与中等收入群体辨析.华中科技大学学报（社会科学版），2020，34（6）：1-8.

李一.中产阶层家庭参加辅导班教养实践分析.青年研究，2018（5）：19-26，94-95.

李友梅.社会结构中的"白领"及其社会功能：以20世纪90年代以来的上海为例.社会学研究，2005（6）：90-111，244.

梁晓青.转型期城市中产阶层焦虑对其消费行为的影响.西安交通大学学报（社会科学版），2018，38（2）：78-85.

林晓珊."购买希望"：城镇家庭中的儿童教育消费.社会学研究，2018，33（4）：163-190，245.

林宗弘，吴晓刚.中国的制度变迁、阶级结构转型和收入不平等：1978—2005.社会，2010，30（6）：1-40.

刘保中."鸿沟"与"鄙视链"：家庭教育投入的阶层差异：基于北上广特大城市的实证分析.北京工业大学学报（社会科学版），2018，18（2）：8-16.

刘建伟.论米尔斯的中产阶级"政治后卫"说.中南大学学报（社会科学版），2012，18（3）：5-9.

刘精明，李路路.阶层化：居住空间、生活方式、社会交往与阶层认同：我国城镇社会阶层化问题的实证研究.社会学研究，2005（3）：52-81，243.

刘能.怨恨解释、动员结构和理性选择：有关中国都市地区集体行动发生可能性的分析.开放时代，2004（4）：57-70.

刘欣.转型期中国大陆城市居民的阶层意识.社会学研究，2001（3）：8-17.

刘欣.中国城市的阶层结构与中产阶层的定位.社会学研究，2007（6）：1-14，242.

刘欣.协调机制、支配结构与收入分配：中国转型社会的阶层结构.社会学研究，2018，33（1）：89-115，244.

刘欣，马磊.中国中产阶级研究综述//中国社会科学院社会学研究所.中国社会学年鉴.北京：社会科学文献出版社，2011：29-37.

刘欣, 朱妍. 中国城市的社会阶层与基层人大选举. 社会学研究, 2011, 26 (6): 34-58, 242-243.

刘毅. 中产阶层的界定方法及实证测度: 以珠江三角洲为例. 开放时代, 2006 (4): 76-88, 64.

刘毅. 中产阶层消费结构变迁及特征: 基于珠江三角洲城镇住户调查的分析. 经济学家, 2008 (3): 86-91.

刘毅. 社会转型期我国中产阶层消费倾向研究: 基于珠江三角洲城镇住户调查数据的实证. 学术研究, 2008 (9): 43-48.

刘长江. "中产阶级"研究: 疑问与探源. 社会, 2006 (4): 43-56, 206-207.

刘渝琳, 许新哲. 我国中等收入群体的界定标准与测度. 统计研究, 2017, 34 (11): 79-85.

刘子曦. 激励与扩展: B 市业主维权运动中的法律与社会关系. 社会学研究, 2010, 25 (5): 83-110, 244.

刘志国, 刘慧哲. 收入流动与扩大中等收入群体的路径: 基于 CFPS 数据的分析. 经济学家, 2021 (11): 100-109.

娄春杰. 中产阶级、政治民主与经济增长: 一个文献综述. 社会主义研究, 2014 (1): 167-172.

陆学艺. 当代中国社会阶层研究报告. 北京: 社会科学文献出版社, 2002.

吕大乐, 刘硕. 中产小区: 阶级构成与道德秩序的建立. 社会学研究, 2010, 25 (6): 25-40, 242.

马克思, 恩格斯. 马克思恩格斯选集: 第 1 卷.3 版. 北京: 人民出版社, 2012.

马伊超, 徐赣丽. 品味生活: 上海市中产阶级的鲜切花消费. 哈尔滨工业大学学报 (社会科学版), 2019, 21 (4): 55-61.

米尔斯. 白领: 美国的中产阶级. 周晓虹, 译. 南京: 南京大学出版社, 2016.

齐杏发. 当前中国中产阶层政治态度的实证研究. 社会科学, 2010 (8): 3-11, 187.

秦广强. 新社会阶层的政治功能及社会整合研究. 江苏社会科学, 2018 (5): 92-99.

秦广强, 张美玲. "类聚群分": 当代中国中产阶层的多元构成及其多维政治取向. 社会, 2019, 39 (2): 107-132.

沈瑞英. 中产阶级 "稳定器" 理论质疑. 学术界, 2007 (4): 106-111.

盛智明. 组织动员、行动策略与机会结构业主集体行动结果的影响因素分析. 社会, 2016, 36 (3): 110-139.

史为磊. 马克思恩格斯 "中间阶级" 思想及其当代价值: 基于马克思主义经典文本的考察. 求实, 2014 (2): 4-8.

施芸卿. 机会空间的营造: 以 B 市被拆迁居民集团行政诉讼为例. 社会学研究, 2007 (2):

80-110，244.

施芸卿.自我边界的"选择性固化"：公民运动与转型期国家一个人关系的重塑：以B市被拆迁居民集团行政诉讼为例.社会学研究，2013，28（2）：125-151，244.

石发勇.业主委员会、准派系政治与基层治理：以一个上海街区为例.社会学研究，2010，25（3）：136-158，245.

孙龙.当前城市中产阶层的政治态度：基于北京业主群体的调查与分析.江苏行政学院学报，2010（6）：94-100.

孙明.城市中产阶层的改革态度：利益驱动与理念牵引.江海学刊，2015（5）：114-121.

孙秀林，雷开春.上海市新白领的政治态度与政治参与.青年研究，2012（4）：45-56，95.

孙秀林，张璨.上海青年中产阶层的奢侈品消费研究.青年研究，2014（5）：42-49，95.

孙中伟，黄时进."中产"更环保吗？：城市居民的低碳行为及态度：以上海市黄浦区为例.人口与发展，2015，21（3）：37-44.

汤普森.英国工人阶级的形成.钱乘旦，等译.南京：译林出版社，2001.

田丰.阶层教养方式述评：拉鲁框架与中国社会.社会发展研究，2019，6（1）：225-241，246.

田丰，静永超.工之子恒为工？：中国城市社会流动与家庭教养方式的阶层分化.社会学研究，2018，33（6）：83-101，243-244.

王浩斌.马克思中产阶级理论的历史与逻辑分野.社会科学辑刊，2014（5）：23-28.

王浩斌.伯恩施坦中产阶级理论的逻辑范式分析.社会主义研究，2014（5）：108-114.

王建平.分化与区隔：中国城市中产阶层消费特征及其社会效应.湖南师范大学社会科学学报，2008（1）：69-72.

王天夫，许弘智.家庭生活经历如何影响新阶层人士的政治信任倾向.江苏社会科学，2019（3）：86-96，258-259.

王新松，张秀兰.中国中产阶层的公民参与：基于城市社区调查的实证研究.经济社会体制比较，2016（1）：193-204.

翁杰，王菁.中等收入群体的测度方法和应用：基于CHIP数据的分析.中国人口科学，2019（5）：43-55，127.

吴鹏，常远，陈广汉.技术创新的中等收入分配效应：原创还是引进再创新.财经研究，2018，44（7）：126-141.

夏建中，姚志杰.白领群体生活方式的一项实证研究.江苏社会科学，2005（1）：139-144.

杨城晨，郁姣娇，张海东.新社会阶层与体制内中产的地位认同差异：基于情境锚定法的一项研究.社会学评论，2020，8（1）：103-117.

杨可.母职的经纪人化：教育市场化背景下的母职变迁.妇女研究论丛，2018（2）：79-90.

易彬彬.城市中等收入家庭精细化教育的生成逻辑与风险.南京社会科学，2020（12）：141-148.

应星.草根动员与农民群体利益的表达机制：四个个案的比较研究.社会学研究，2007（2）：1-23，243.

于显洋.中产阶层的社区参与：意识与渠道研究.湖南师范大学社会科学学报，2008（2）：71-76.

俞志元.集体性抗争行动结果的影响因素：一项基于三个集体性抗争行动的比较研究.社会学研究，2012，27（3）：90-112，243-244.

张海东.中国新社会阶层：基于北京、上海和广州的实证分析.北京：社会科学文献出版社，2017.

张海东，邓美玲.新社会阶层的政治态度测量与比较研究：基于六省市调查数据.江海学刊，2017（4）：81-90.

张磊，刘丽敏.物业运作：从国家中分离出来的新公共空间国家权力过度化与社会权利不足之间的张力.社会，2005（1）：144-163.

张磊.业主维权运动：产生原因及动员机制：对北京市几个小区个案的考查.社会学研究，2005（6）：1-39，243.

张宛丽.对现阶段中国中间阶层的初步研究.江苏社会科学，2002（4）：85-94.

张宛丽，李炜，高鸽.现阶段中国社会新中间阶层的构成特征.江苏社会科学，2004（6）：100-107.

张翼.当前中国中产阶层的政治态度.中国社会科学，2008（2）：117-131，207.

张翼.当前中国社会各阶层的消费倾向：从生存性消费到发展性消费.社会学研究，2016，31（4）：74-97，243-244.

赵杜灵.时尚消费与具身化策略：小镇中产青年女性的身份建构研究.中国青年研究，2021（5）：77-86.

周晓虹.中产阶级：何以可能与何以可为？.江苏社会科学，2002（6）：37-46.

周晓虹.中国中产阶层调查.北京：社会科学文献出版社，2005.

周晓虹.全球化、社会转型与中产阶级的建构：以中国为对象的比较研究.江苏行政学院学报，2010（1）：61-69.

周晓虹，王浩斌，陆远，等.西方中产阶级：理论与实践.北京：中国人民大学出版社，2016.

朱斌，范晓光.中产阶层抑或中等收入群体：当前中国中间阶层的再审视.江海学刊，2019（1）：117-126，254-255.

朱迪. 白领、中产与消费：当代中产阶层的职业结构与生活状况. 北京工业大学学报（社会科学版），2018，18（3）：1-11.

BANERJEE A V，DUFLO E. What is middle class about the middle classes around the world?. Journal of economic perspectives，2008，22（2）：3-28.

CHUN N，HASAN R，RAHMAN M H，et al. The role of middle class in economic development：What do cross-country data show?. Review of development economics，2017，21（2）：404-424.

MCCOBY E E，MARTIN J A. Socialization in the context of the family：Parent-child interaction. Handbook of child psychology，1983，4：1-101.

第四章 | 精英研究的理论传统与经验发现

吕 鹏

（中国社会科学院社会学研究所）

第一节 精英社会学的主要传统

精英（elite）是社会学的重要研究对象，以研究该群体为己任的"精英社会学"（sociology of elite）也一度是社会学的热门，在社会分层与流动领域，诞生了诸多经典文献（Scott, 1991; Mills, 1956; Giddens, 1975; Bourdieu et al., 1984）。在经历了20世纪90年代的"萎靡"状态之后，最近十年以来，精英社会学开始了一场引人注目的"复兴"（Khan, 2012; Savage & Williams, 2010）。大量的社会学研究重新将精英群体作为分析对象，并在主流期刊上和公共领域中引发了热烈的讨论。

自帕累托（Pareto, 1991）将"精英"这一概念纳入社会学分析框架后，围绕精英展开的研究便层出不穷，诞生了诸如莫斯卡（Mosca, 1939）和米歇尔斯（Michels, 1915）这样的所谓"古典精英理论"的代表人物。但社会学的"精英研究传统"并不应该局限于追述那些明确使用"精英"这一概念的人；事实上，包括政治家/政客、资本家/企业家、知识领袖在内的诸多"精英"人物，不仅是包括马克思、韦伯、涂尔干、凡勃仑、齐美尔在内的社会学奠基人物频繁讨论的对象，甚至构成了他们主要著作的核心。第二次世界大战后，社会学的中心自欧洲转移至美国；多元主义（pluralism）逐渐成为精英研究中的主流思想。多元主义者相信，美国社会是一个多种权力相互制衡的社会，并不存在单一精英，因此民主政治正在取代传统精英统治（Dahl，1961；Domhoff & Ballard，1968）。然而，米尔斯于1956年出版的《权力精英》明确批判了多元主义。米尔斯在书中指出美国存在三大主导力量，即公司富豪、军事领袖和政治董事，三者相互配合，共同引领国家的发展方向（米尔斯，2004）。

以米尔斯的《权力精英》为标志和集结号，加上后续研究者的贡献（Domhoff，1967；Mankoff，1970；Schwartz，1987；Scott，1990、1997；Useem，1985），我们可以清晰地看到，欧美老牌资本主义国家的精英社会学形成了一个"批判传统"：精英社会学的批判传统主要不是致力于解决精英个人或者公司的（管理）问题，而是要与对社会整体命运的关注紧密结合，甚至致力于建立一个更加平等的社会（Aronowitz，2012；Khan，2012；Mintz et al.，1976）。重要的是：精英社会学虽然研究的是"精英"，但批判传统下的精英研究所关注的问题意识，绝不局限于精英这个独特的群体，而是致力于帮助人们理解这批"社会等级制的顶层"与其他阶层/群体、权力结构、时代变迁的关系。

20世纪90年代中后期，传统的批判性精英社会学开始走向衰败。尽管欧美主流社会学期刊和顶级出版社不时仍有相关的优秀著述出现（例如，Carroll，2004），以中东欧国家和东亚国家为研究对象的"市场转型之争"更是集中讨论了精英的问题（例如，Eyal et al.，1998；Walder，2003）——不过这场红火的争论到2008年左右也基本沉寂了（Lü，2012；Nee，2008）。问题的关键在于，就英语世界的社会学研究而言，本国的精英不再是一个热门的研究议题，新近发展的各种社会学理论也忽视或弱化了精英群体的作用（Khan，2012；Savage & Williams，2010）。

衰败的原因主要有二。一是学科发展的影响。美国社会学在20世纪70年代迎来了转型，有研究者将此转型的影响喻为"钳形运动"（the pincer movement）：两个钳子中，一个是实证主义社会科学的霸权，另一个是结构主义和后结构主义的兴起（Savage & Williams，2010）。"钳形运动"的结果体现于两个方面：在方法上，实证主义转向导致定量研究方法，尤其是问卷调查，成为社会分层研究的主要工具，而精英作为一个人数稀少的群体难以被问卷调查所覆盖。理论上，结构主义和后结构主义的转向促使研究者更重视制度性的影响因素，忽视了对具体能动者的关注，一些人否认诸如精英这样的行动者本身在社会变迁中的重要作用。

第二个，也是更重要的原因，是整个欧美经济和社会形势的映射。美国自20世纪60年代起经历了一段经济高速发展期，在此阶段内，受"水涨船高"效应的影响，各个阶层的生活水平均得到了显著提高（Hines et al., 2001），甚至有研究者开始争论工人阶级是否已经被资产阶级化了（Goldthorpe et al., 1967）。面对诸如"阶级死亡"（Clark & Lipset, 1991；Gorz, 1982）、"资本家消失"（Dearlove & Saunders, 1984）这样的强势话语，那个时代的许多精英研究首先要捍卫的问题是资本家阶级是否存在、精英是否消亡等（Giddens, 1973；Scott, 1991）。这一状况到了"冷战"结束之后更加明显。在"历史的终结"这样的乐观主义情绪弥散和新经济红利高歌猛进的氛围下，许多人暂时忽视了社会中的不平等现象，并降低了对精英群体的关注度。

从上述回顾中可以看到，精英社会学的衰败虽有技术原因，但更主要的是时代变化的一个后果；而今日精英研究在社会学的复兴，同样是对时代的反映。2008年的全球金融危机是一个重要的触发点：那些"太大以至于不能倒闭"（too big to fall）的公司以及高管引发了全球范围内的公众对金融资本主义的愤怒声讨（杨典、欧阳璇宇，2018）；人们发现，随着资本主义经济的进一步发展，世界经济不平等程度自1980年后不断提高，而精英既是这一轮全球性不平等的原因，也是结果。民众与学者都意识到，极少数人占据了大部分资源，且这种情况有愈演愈烈之势。因此，当美国民众于2011年发起"占领华尔街"运动、打出"我们是后99%"的旗号时，很快就形成了一场跨越媒体、公众和学界的社会运动，引发了包括社会学和政治学在内的跨学科的热烈讨论，形成了一种热烈讨论精英与民众之间日益扩大的裂痕的学术现象，甚至对欧美的政治生态产生了直接的影响（比如茶党、桑德斯甚至特朗普现象）。事实上，精英研究在社会学里的再次回归，正是更为广泛的对不平等的强烈关注的一个组成部分，这也是研究不平等问题的研究者成为这一波精英社会学研究复兴的主力的原因。当前欧美社会更加分裂，民粹主义、经济增长、福利分配无一不是最为热门的议题，社会学研究者对精英研究——尤其是批判性研究——的兴趣恐怕还会持续下去甚至高涨。

在中国，"精英"也一直是许多人关心的议题。虽然很多人都在使用"精英"一词，但学界对"什么是精英"缺乏一个标准的概念，甚至村干部有时都会被贴上"精英"的标签（O'Brien & Li，2000；Jean & Scott，2000；Melanie，2009）。类似地，研究者会根据各自的理论和实践目的使用不同的标准，将"精英"划分成不同的类别，最典型的划分就是政治精英、经济精英、文化精英"三分法"。在中国社会学界，大多数研究围绕着经济精英和政治精英两个群体展开。不过，自布迪尔厄的开创性贡献之后（Bourdieu，1984），越来越多的研究者开始重新关注精英及其子女的"文化维度"（Khan，2010；King & Smith，2018）。正如里维拉（Rivera，2015）所指出的那样，过去对文化生产和再生产的研究大多局限于教育机构内，但文化再生产机制在市场和职场中同样存在。不过，由于社会学里关于精英的研究实在是汗牛充栋，考虑到国家－市场关系最近几十年来在塑造社会结构方面的主导作用，本章将把焦点放到经济精英和政治精英的国内研究上。

第二节　地位获得与社会构成

谁能成为精英？谁是精英？在社会分层与流动的研究传统中，这首先是一个地位获得的问题。尽管在观点、分析路径和兴趣关注点上有所不同，但关于精英身份获得的争论大部分集中在一个本质的问题上：这是一个精英再生产过程还是精英循环过程（Szelényi & Szelényi，1995）？然而，任何直接的答案，无论主张再生产还是循环，都是描述性的。因此进一步的问题是追问再生或循环如何发生，进而要求一个针对机制的解释。理论上，精英的地位获得可以总结为三个机制：家庭（代际）支持、政治资本和文化资本。当然这些机制是相互交织的，但我们要将它们分开看待。

在身份获得方面，家庭背景通常被视为一个"先赋性因素"：如果某些家庭背景的优势延续下去，那么这就是一个"社会地位/阶层的再生"的情况。然而，中国语境下的特殊情况是，相同的家庭背景在不同的历史时期经常具有完全不同的政治标签。一个简单但有效的解决方案是把改革开放作为一个转折点。许多研究者声称，一方面，1949年新中国成立之后，旧社会的阶层结构被推翻（Lee，1991；Martin，1975；Parish，1984；Walder & Hu，2009）；另一方面，平等主义的意识形态，特别是"文化大革命"之前以及期间一波又一波的政治运动，使得具备"红色"背景家庭的优势被中和（Walder & Hu，2009）。总之，家庭背景在干部身份获得方面并不发挥决定性的作用。

然而，周雪光等人认为，即便是戏剧性的重大政治事件，似乎也只能暂时中断阶层再生产的过程（Zhou & Hou，1999）。毕竟在其他社会主义国家，阶层的再生产还是发生了，导致所谓"新阶层"的力量增强（Djilas，1957），这些阶层关系具有不平等的特征（Szelényi，1978；Trotsky & Eastman，1937）。大多数研究者同意，随着计划经济向市场经济的转型，具备转型前精英或体制精英背景的家庭在身份继承方面的优势又重新回归。与其他社会群体相比，体制精英的后代能获得更高的社会地位（Walder & Hu，2009）。然而，家庭背景的优势并不足以充分解释地位的获得，还需要结合其他的中间机制来进行更好的解释（孙明，2011）。政治身份和大学学历是决定社会地位和向上流动的两个最重要的因素，两者分别构成了政治和文化资本。

在干部晋升和身份获得的研究中，政治资本的作用是显而易见的。许多研究都将党员身份作为理解政治精英的关键（Li & Walder，2001），党员身份代表政治忠诚。值得强调的是，党员资格（Bian et al.，2001）与"什么样的党员可以成为干部"和"什么样的干部可以提升"是完全不同的问题，虽然这三个问题遵循类似的逻辑。在改革开放的时代，这三个问题已经更加清晰地分离开了。有研究者（Zang，2001）指出，在精英研究中，相比党员身份，党员资历是一个更好的测量指标。事实上，在成为行政精英方面，将党员身份作为一个关键因素进行测量已经有所过时。一些研究者因而提出了一些更为细致的社会政治变量，如当地工作经历、民族、性别、籍贯、校友关系等（Goodman，2002；周玉，2006；寇健文，2005）。

文化资本同样受到了研究者的关注，被看作除党员身份以外的一个关键测量变量。事实上，有关"红"和"专"的政治和学术争论不仅在中国是政治选拔的核心政治议题，在其他社会主义国家亦是如此（Baylis，1974；Konrád & Szelényi，1979；Szelényi & Martin，1988）。"红"和"专"之间的分工也构成了精英二元论的起点（Zang，2013、2001）。这提醒我们，对于干部身份获得的分析必须考虑不同时间段的宏观因素。特定因素的重要性总是取决于结构或制度变迁，正如臧小伟（Zang，2013）强调制度变迁对于干部进入的巨大影响那样。其他一些研究也发现了结构性转变对精英生产和再生产的意义（Li，2000；Ivan，2002）。

在政治精英研究中，代际流动和精英二元论也已经被综合调查数据验证。大部分关注这一主题的研究强调干部体系内越来越高的教育水平上的人事改革的影响（Walder et al.，2000；Li & Walder，2001；Wei & Zhou，2004；Zhao & Zhou，2004；孙明，2011）。另一方面，正如（Ian，2007）所发现的，在县级，虽然95%的被访者拥有本科或以上学历，实际上大量的被访者都是通过在职培训获得他们的学位，尤其是研究生学位的。地区差异也很明显：拥有研究生学位的县级干部大多数位于沿海省份。这项研究提醒我们"在职"培训在其他类型的培训（如干部培训学校）中的重要性，国家将自身塑造成了一个"学习"系统（Tsai & Dean，2013）。

经济精英的地位获得研究，也非常强调文化资本的作用。企业主创业前的职业流动经历（mobility trajectory），不仅反映了中国宏观经济和社会环境的变迁，也在微观上勾勒了个体作为能动主体的行动策略。学术共识认为，从再分配经济向市场经济转型的过程中，许多私营企业主们在创建企业之前有过丰富的职业流动（范晓光，2016）。除社会流动经历频繁，私营企业主的来源也较为复杂。研究发现早期来自社会底层或边缘化的社会群体在私营企业主中可能占有较大比例，但到了20世纪90年代中期，私营企业主的来源已经多元化，既有感到能力无法完全发挥的国有企业职员，也有寻求稳定工作的城乡无业人员，还有在计划经济体制下无论经济收入还是社会声望都较高的党政干部和专业技术人员（戴建中，1995）。在承认多元来源的大背景下，学界在"国有背景的人是'下海创业'主体"这一问题上开展了激烈争辩。有人认为干部进入私营经济（主要是乡镇企业家和个体户）的概率在下降（Nee，1991；Wu，2006），但更多的人认为拥有干部经历的人更有可能成为企业家，管理人员、技术人员和干部出身的私营企业主已成为主流（Akos，1994；宋时歌，1998；陈光金，2005），即拥有"体制资本"的私营企业主在发展中更有优势（李路路，1996）。有研究者认为，2000年以后，这种格局被进一步强化，私营企业主群体的成长在很大程度上也是中国各种精英、准精英再生产的过程（Dickson，2003）。此外，还有人认为拥有高等学历的人会越来越多地加入私营企业主的队伍（陈光金，2005）；在对1992年之前与之后创业成功的"超级富豪"进行对比时，两个组群之间的教育差距尤为突出（吕鹏，2013）。

范晓光和吕鹏（2017）在回答"私营企业主的社会构成"这一经典命题时认为，经过近40年的发展，私营企业主的总体构成已发生重大变化，有市场背景、受过高等教育、非政治党派的私营企业主的占比在上升。通过将私营企业主的职业流动进一步划分成"下海""改制""跨界""跳板""草根"等类型，研究者发现大、中、小三种类型的企业主在创业前的职业流动上存在显著差异，尤其是大企业主更有可能来自体制内下海或改制，而中小企业主以体制外成长为主。多元回归和系数集束化分析表明，受教育程度与政治身份在阶层地位和同期群方面会对企业主职业流动产生不同的影响。朱斌和吕鹏（2020）则进一步认为，初始企业规模与企业成长本质上是资源汇聚与整合的结果，而这取决于创业者的特征。精英型创业者的初始企业规模、企业成长速度以及当前企业规模均要高于草根型创业者。随着经济改革的深入和民营经济的增长，大企业主的社会来源总体上趋于精英化，精英型创业者特别是内源型创业者的企业规模优势越来越突出。

第三节　市场转型与社会流动

正如塞勒尼的经典研究（Szelényi，1978）所指出的那样，在社会主义社会里面，不同群体之间在工资方面的差距很小，但在以住房、福利、价格补贴等形式存在的非工资奖励方面有着显著的不平等，市场化转型则改变了不平等的动态（Szelényi & Manchin，1987；Szelényi，1988）。倪志伟把这一研究思路拓展到了中国。他于1989年发表的关于中国市场转型的重要论文引发了一场大辩论，这是20世纪90年代中国社会学界最激烈的争论之一。对于中国市场转型的争论之焦点在于如何评估权力再分配的经济效益。在过去的数十年里，大量的分析是富有成果的，也刺激了这一研究项目的蓬勃发展（Yang & Victor，2000；Doug，2000；Bian，2002；陈那波，2006；Keister，

2009；Lü，2012）。尽管实证结果是混杂的，但似乎大多数研究者都同意，政治资本的产出不仅依赖于不同类型和市场转型的轨迹（Andrew，1996；Walder，2003），也取决于市场转型这一过程的不同阶段（Akos，1994；Ivan & Eric，1996）。

在21世纪，相关研究已经更加多样化，学界对政治生涯路径模式和（家庭）收入水平的学术兴趣有所下降。倪志伟和他的合作者认为需要用"更直接的方式"来研究市场化和政治资本价值之间的联系，通过从家庭层面分析转移到企业层面分析的方式（Nee & Opper，2009）。在国家干部应对新兴市场所带来的机遇方面，一个新的模式已经出现。城市干部随着时间的推移越来越有可能成为个体经营者，只有那些在后期改革阶段成为个体经营者的人享有更高的收入回报（Xu，2006）。

经济精英方面，李路路认为，私营企业主的构成并不能被简单概括为精英再生产，而是精英循环和精英再生产并存（李路路，1997）；相比市场型企业家，来自"干部身份"的企业家固然在经济改革初期具有相对竞争优势，但这一优势随着改革的推进而减弱，这主要是因为经济扩张使得市场型企业家抓住了市场机遇，获得了更大收益（李路路、朱斌，2014）；即便今天，许多创业初期的大企业家一般也出身于普通家庭或起步于工薪职业（吕鹏，2013）。这为回答"谁成为企业家"以及"谁成为大企业家"这样的问题增加了难度。

在代际流动方面，吕鹏和范晓光试图分析改革开放以来父辈的优势地位影响子代获得特定精英身份的程度和方式，以及这一模式是否在1978—1992年、1993—2002年、2003—2010年这三个历史时期发生了变化。通过对2011年"中国社会调查"（CSS）资料的分析，他们发现虽然父辈的优势地位对子代的精英地位获得有着显著正效应，但体制精英和市场精英的代际流动仍然遵循着两条相互隔离的轨迹，只是2003年之后体制精英的子女成为市场精英的概率与1993—2002年相比有所上升。对可能造成这种代际再生产模式的因素的分析表明，虽然精英地位获得的影响因素多元化给社会流动提供了一定的开放性，但未来代际再生产的趋势很可能会强化并由体制精英占据主导。这种代际流动的格局及趋势在更宏观的层面上反映了中国自市场转型以来政治经济生态的变迁（吕鹏、范晓光，2016）。

第四节 从行政官僚到技术官僚

在精英研究的文献中，所谓"行政官员"和"技术官员"之间的区别一直是一个长期的、有趣的话题（Konrád & Szelényi, 1979; Putnam, 1977; Centeno & Silva, 1998; Baylis, 1974; Fischer, 1990）。虽然并不是毫无争议，但对于关注中国社会分层研究的研究者而言，这一话题也是老生常谈（Zang, 2013）。类似的对比是"红"和"专"之间的区别。前者是指"革命化"或"政治忠诚"，而后者则意味着"专业化"或"专业知识"。

在1976年后，特别是1982年党的十二大开始推进干部"四化"以后，这种情况开始得到系统的改变。尽管在一些问题上还存在分歧，但中国研究者在很大程度上同意，改革开放之后，中国社会的精英群体发生了大规模的转变（Lee, 1991; Mills, 1983）。然而，在技术官员在多大程度构成了精英群体这一问题上，研究者似乎没有达成共识。

这些差异反映了"技术官员""技术统治论"缺乏清晰的概念。在现有实证研究中，人们大多用教育、职业、地位和经验来定义技术官员。例如，有研究者认为，技术官员是那些在科学和经济管理方面拥有文凭同时在经济或专业职位具备超过五年的工作经验的人（Chiu & Zhang, 2006）。李成和怀特使用三个指标来定义技术官员：教育、职业和专业位置。在他们的术语中，技术官员是指那些持有金融、工程和其他应用学科学位，以及在工厂、工业部门或经济部门具备工作经验的国家干部（Cheng & White, 1988）。魏昂德和他的合作者们提出了与中国政治逻辑相关的两种截然不同的职业生涯轨迹的双轨道模型。一个是基于政治表现的政治官员路径，另一个是基于专业技能的技术路径（Walder et al., 2000; Li & Walder, 2001）。一些研究者认为，对技术专家/专家管理的多种定义，阻碍了对这一领域进一步的和更深入的研究（Chiu & Zhang, 2006）。

在笔者看来，技术官员不应该依据位置而是应该依据专业知识来定义。几乎所有研究技术官员群体的研究者都有意识或者无意识地做出了这样一个假设：技术官员的行为和思想是脱离政治和意识形态的，是"工具理性技术"（Centeno & Silva，1998）、"专业知识"（Fischer，1990）、"技术官员的心态"（Putnam，1977）或"技术问题"（Baylis，1974）综合的结果。换句话说，技术官员可以是一个特定的领域——包括社会科学和法律界——中的任何一个人，只要他或者她可以通过专有技术合法化他的权力（Konrád & Szelényi，1979；King & Szelényi，2004），他们由于拥有专业知识而保留了一定程度的自治。在国家自主性的研究脉络中，这种自治可以称为"技术官员自治"，得益于他们的专业知识，技术官员能够独立于非技术人员做出专业决策。遗憾的是，到目前为止，没有可靠的方法来测量技术官员的自主权，加上缺乏清晰的概念，评估技术统治论变得尤为艰难。

技术专家还应与人文知识分子区分开来。正如古尔德纳（Gouldner，1979）指出的那样，有两种理想类型的知识分子：技术知识分子和人文知识分子。两者都共享"批评话语的文化"——这是他们形成"言语社区"的共同意识形态话语的深层结构。在中国的研究中，技术官员与人文知识分子的关系很少被讨论。"官员 - 技术专家 - 人文知识分子"的分析图式只决定了精英们在精神方面的位置，但还是不够的。精英们的偏好不仅在于他或她的专业知识，还取决于他或她的"正式机构职位"和"非正式的机构位置"。前者指的是精英们工作的部门以及他或她的头衔，后者则是通过研究"非正式行为"、社会网而展开。这方面的研究也是汗牛充栋的（Nathan，1973；Shih & Shan，2010），限于篇幅，我们不再展开。

第五节　晋升模式与国家市场关系

市场经济的崛起带来了一个新的难题：在国家进入"以经济建设为首要任务"的新时期后，干部的经济政绩会对他们的晋升产生重大影响吗？正如有关晋升和经济增长之间关系的争论所揭示那样，这仍然是一个充满争议的领域。一些研究者相信，经济表现与晋升的可能性存在正相关。周黎安（2007）借用"晋升锦标赛"概念来描述地方干部的激励机制，但这个概念在学界充满了争议。周黎安后来提出了"官场＋市场"理论，认为地方官员之间围绕着辖区经济发展的官场竞争嵌在不同辖区企业的市场竞争之中，而辖区企业参与的市场竞争又嵌在官场竞争之中（周黎安，2018）。除了针对省级领导的研究，一些研究者主张这一模型也可以被应用到更低行政层级的干部上（Ho，1995；Edin，1998；徐现祥等，2007；王贤彬等，2011）。例如，有研究者（Guo，2007）表明，除去一些特殊因素，税收赠长会增加地方官员被提拔的概率。

然而，更多的研究者对政绩与晋升之间的联系有所怀疑。有研究者指出，省级经济资源和表现没有显著影响干部的晋升（Sheng，2009、2007）。在县一级层面，还有研究表明，晋升和经济表现（人均GDP）没有明显相关性（Landry，2002；Mei，2006）。陶然和他的合作者们对政绩与晋升之间的联系持强烈的怀疑，声称将从基层政府到省级政府再到中央政府的政治晋升与经济增长或任何主要经济指标联系起来，只是一种全国范围内评价系统的假象。该研究也认为，仅仅用人均GDP增长来测量的经济绩效并不是晋升的充分条件。用定量方式分析省级领导人的研究直到2006年才形成高潮，包括几个社会政治和经济指标。他们进一步断言，在他们的数据中，没有经验证据支持GDP增长和省级干部的晋升之间的正向关系，更不用说相比于县级政府，省级政府拥有更少权力去干预地方经济增长（陶然等，2010）。

因此，我们可以在很大程度上将这两个竞争性的模式看作类似于之前所说的"红"与"专"之间的争论：值得注意的是，中国学界中的这两个模式并不是相互排斥的。这些争论迄今未能产生一个对于晋升的清晰理解。仍至少有四个理论和方法论上的问题需要解决。第一，最具争议的问题是如何测量，以及如何对待所存在的许多影响晋升的不可估量的社会政治变量。更严重的是，相比于不完美但至少无害的指标，一些似是而非的测量（如共同的地区、共同的工作经验和大学的母校）可能会导致错误的解读。第二，内生性问题可能预示着需要做许多的解释工作。如果内生性问题不能处理得当，研究就将停留在描述性层面，并成为主要基于不可靠证据而形成的因果解释。第三，在现有文献中，衡量经济表现的标准是大大不同的。一些经济指标在一些模型中的影响是显著的，在其他模型中则不显著（Yang & Xu，2014），研究者有时甚至难以找到某些想要的指标。第四，经济数据的真实性也是一个大问题（Li & Cheng，2012）。

有关干部晋升的研究当然不是局限于上述争论之中。社会学中，晋升模式也是身份获得和精英流动的一种现象，因此晋升模式也涉及"谁能成为干部"的问题。此外，许多研究者揭示了若干个晋升的关键机制，这些晋升机制在20世纪80年代开始出现，曾经被用来管理政治精英的晋升和退休，这些机制包括年龄限制、任期限制、完整任期、级别晋升前需拥有多样的工作经历、逐步晋升以及年龄困境的快速通道（Bo，2004；寇健文，2005）。通过这些研究，我们不仅能够了解到更多精英的人口和社会政治特征，对于决策过程研究也大有裨益。

第六节　中国精英社会学的当下与未来

本章虽然总结了近十年以来英语世界里精英社会学研究复兴后所呈现出的变化与发展，但中国社会的特殊性在相关研究中应该得到特别的关注：与美国那样的"权力精英社会"不同，中国正在发生的这场社会转型和改革开放从开始到现在，都是在执政党的领导和推动下进行的。这就要求我们在分析中国精英的现状时，除具备动态的视角和历史的眼光之外，还必须具备转型的思维（吕鹏，2014）。

新的现实冲突与学科发展促使研究者关注新的研究对象，发展新的理论框架，运用新的研究方法。在研究对象上，复兴后的精英社会学再次探讨了精英的定义与界限，并且更加关注超级精英、女性精英和少数族裔精英。在理论框架上，研究者对内部圈子理论进行了修正与发展，希冀能发现隐藏在精英群体背后的不平等的生产机制。此外，阶级分析理论也再次成为研究者的理论武器，帮助其对精英的阶级位置做出新的划分。在研究方法上，各类大型精英相关数据库的建成为精英研究奠定了扎实的基础，更具反思性的定性研究方法的回归助力研究者挖掘现象背后的深层次原因和机制，而混合研究方法的兴起有望帮助精英社会学超越方法限制。

从社会不平等研究和精英社会学的前沿议题来看，中国社会的精英研究有很多研究课题需要去做。比如，社会差距的扩大和精英群体的崛起并不是西方国家独有的现象，中国也在一定程度上面临着类似的情况，一部分精英与其他群体相脱离，社会撕裂的现象也很突出（李培林，2018）；就超级富豪的数量来说，中国已经仅次于美国，但我们在相关研究方面很薄弱；当前我国的绝大多数研究将精英视为单一整体，较少关注女性精英和少数民族精英的发展；我们对于精英网络的研究也很不足，迄今没有出现关于全国性精英的网络分析，而欧美在20世纪六七十年代在这方面就已经很成熟了；关于精英的国别比较研究，以及海外的中国精英，还没有形成一个类似比较社会学（comparative sociology）的制度化的研究领域，我们的研究依然是以关注"本土问题"为主。此外，研究者应该更加关注精英的文化特征、消费模式和政治社会态度等，而对决策过程的研究也方兴未艾。精英内部的流动、精英与非精英之间的转化也应该引起更多的重视，此类研究有助于探究阶层鸿沟的形成原因和破解策略。最后，日益落地的人工智能将会对社会结构、社会治理、社会心态产生不可预见的深刻影响，新精英的出现与分化、精英与大众的关系都可能被重写。中国的精英社会学研究并不缺乏议题，飞跃的空间很大。

中国的精英社会学要想实现飞跃，首先要得到更多优质的数据——无论是量化还是质性。精英研究里，优秀的新闻记者的作品往往会给人们（包括社会科学工作者）带来更大的阅读快感和启发。但社会科学研究者们最终还是要强调以扎实的数据为基础的实证研究。这就凸显出了数据的重要性。中国的调查数据取得了重大的进展（李炜，2016），为解决早年的一些研究遗憾提供了弹药。比如，早年关于经济不平等的文献几乎都以家计收入为因变量，但这几年关于财富的研究增多了，虽然我们还不能获得来自官方的财产数据，但越来越多的学术机构主持的抽样调查已经将房产和金融资产作为重要的指标［比如中国家庭追踪调查（CFPS）、中国家庭金融调查（CHFS）等］。当定量研究讨论到中国精英时，如果采用的是全国性抽样调查数据，在数据的选择和使用上依然或多或少存在本章所说的样本代表性"不够精英"或无法深入做精英内部异质性分析的问题。这就要求研究者们另辟蹊径。比如，皮凯蒂、杨利与加百列·楚克曼通过整合国民账户数据、调查数据以及最新税收数据来研究中国1978—2015年收入财富的累积分布情况（Piketty et al., 2019），这与我们之前介绍的皮凯蒂团队研究其他国家财富状况的手段一脉相承。

更重要的是，随着数据开发的深入，一些各具特色的数据库也不断出现或更新。比如，利用政治精英的名单研究领导干部的职业生涯、利用上市公司数据库研究董事会的连锁已经是比较常见的做法，文献已经汗牛充栋，这里不再一一列出。还有一些并未成为主流但值得更多研究者参与的做法。比如，倪志伟主持的长江三角洲企业调查，涉及企业家的社会关系网络信息（Burt & Opper，2017；Nee & Opper，2012）；有人以富豪榜为基础，重新建构了信息更加丰富的数据库研究中国超级富豪（吕鹏，2013）；有人利用基金会中心网的数据，研究了中国非政府组织里的连锁董事（Ma & Dedeo，2018）；有人与地方性政府机构合作，研究省域内的商会发展状况（黄冬娅、张华，2018）；有研究者挖掘上市公司年报信息，收集到了1998—2013年的4 275起上市公司商业诉讼（Wang，2018）；有研究者利用计算社会科学与大数据的结合，使数据挖掘的算法逼近扎根真相（ground truth），从而在中国风险投资产业中"找到"产业领袖（罗家德、樊瑛，2018）；甚至还有研究者通过自己创办企业来搜集数据（Cai & Szeidl，2018）。事实上，这种数据库还有很多，只不过大多数仍然处于开发阶段。近些年来，一些研究团队开始公开他们自己编码的精英数据库（比如中山大学徐现祥和复旦大学陈硕团队各自发布的领导人数据库），这种做法将有力地推动包括精英社会学在内的中国本土精英研究的发展。

  需要指出的是，中国在形成自己的关于精英的数据库上有着自己的优势。第一个是组织优势。中国的党政机关每年都组织各种各样的调查，这些调查中的绝大多数都不会公开原始数据，但有心人可以通过各种政府报告、蓝皮书获取相关信息。一些全国性的调查近年来开始公开数据，比如中国私营企业调查数据（CPES），这套数据包含了大量企业主个人层面的信息，收集过程历时25年，尤其宝贵（陈光金等，2018）。随着数据发布和使用的日益规范，相信会有越来越多的政府数据可以为学术和政策咨询服务；学界也应该尽力推动政府里的有识之士共同建立更多制度化的平台和渠道。定性研究也是如此，学界应该更充分地利用官方渠道开展调研。

  第二个是大数据的优势。大数据对社会科学的冲击目前才刚刚开始（陈云松等，2015；孙秀林、施润华，2016），精英社会学研究对其的应用还凤毛麟角。但由于独特的体制和社会状况，中国在大数据的生产方面有着欧美国家不具备的"优势"，一个突出的表现就是场景丰富，且在获取上受到更少的社会监督（比如隐私权问题）。利用政府大数据（比如司法文书）、企业数据（比如微博数据）的实证研究逐年增多，其中一部分实际上已经涉及精英问题（比如反腐败、算法歧视、社会政治态度、社会动员等），只不过在理论脉络和问题意识上尚未与精英社会学的传统有力衔接。正如贺光烨（2018）所指出的那样，数据本身只是一个信息的载体，分析其中潜在的问题与数据的"大小"无关，而是与思维有关。在越来越多计算社会科学专家关注精英问题（张小劲、孟天广，2017），或者越来越多的精英研究的传人掌握了计算社会科学的方法后，相信未来精英研究的数量会进入一个爆发期。

研究者对数据的追求是无穷无尽的，对于精英研究来说，可能永远也无法获取完美的数据，一些信息可能注定会成为无法揭开的"黑箱"。比如，决策过程中的可信数据难以搜集（或者陷入知情却不能公开言说的困境），但这个问题不解决，精英研究就永远缺乏"结构-结果"上的关键一环。再比如，财富之所以重要，是因为它的累积与收入有着完全不同的逻辑和机制。但是，仍然有很多差异是无法测量的，比如当我们测量收入时，其实更多是在测量收入中的工资（wage）和利润（profits），但第三种收入类型，也就是人们从一种封闭关系（比如垄断和国家监管）中获取的收入——索伦森所说的"租"（rent）——却很难测量；如果借助"租"这个概念，腐败发生的机制就更加便于理解了（Mihályi & Szelényi, 2017）。因此，同样是不平等的扩大，产生机制到底是什么很重要：是工资和利润这样的收入差距扩大，还是"租"这样的收入差距扩大。这背后实际上是对不同类型政商关系的判断，是精英属于投机者（speculator）还是寻租者（rent-seeker）的问题。当研究者无"米"可"炊"的时候，是该放弃选题，还是换一种方式言说呢？

本章一直在强调实证研究的重要性。但实证研究不等于量化研究。精英研究如果过于数学化，就会重蹈经济学的覆辙（陆蓉、邓鸣茂，2017）。比数据更重要的是"社会学的想象力"；换句话说，与"缺数据"相比，更严重的是"缺理论"。关于中国精英的社会学研究，学术脉络本来是多元的，比如受到"国别研究"（Pearson, 1997）、单位制研究、基层治理研究、经济社会学甚至情报学的影响。但 20 世纪 90 年代以来，很大一部分研究——尤其是定量研究——受到了"市场转型之争"的影响。这场争论所产生的关于"精英"的文献同样数量惊人，我们无法一一列举。但它深刻地影响了关于中国精英的社会学研究，丰富了我们对于中国精英的理解，尤其是在不平等、地位获得、阶层型构、社会流动等方面。但我们对于精英的很多其他维度依然知之甚少。

我们的建议是，先从最简单的、探索性的描述性研究做起。搞清楚基本的社会事实，是我们去反思西方的概念和理论、建立自己的理论的基础。中国的"精英"由什么样的人构成？他们的规模和实力如何？中国真实的权力结构是什么样的？全球产业大转移、以互联网和人工智能为代表的新经济如何改变了我们的财富分配的方式和后果？……我们在一些基本问题上仍然没有进行深入的讨论，更不要说达成共识。

在这个基础上，再来谈迭代创新，尤其是理论上的贡献。正如可汗所指出的那样，精英研究的兴起与衰败是潮起潮落，随社会风尚（faddish）而变的（Khan，2012）。欧美的精英社会学研究虽然取得了突出的成果，但存在着不少不足。比如，这些研究者树立了一种批判传统，这是他们的学脉能够代代相传的一个重要因素，但有一些研究过于强调"批判（经济）资本"，而对所谓"社会资本"有着过于温情的想象，认为"社会"是抵制资本的万能药，殊不知精英们也可以通过各种手段操纵"社会"乃至媒体；另一些研究则似乎走上了另一个极端，理论带有预设的"阴谋论"色彩，即认为似乎所有的精英都在通过一种神秘的方式统治一切，却不能为此提供令人信服的证据。再比如，当前欧美精英社会学研究的"议题建构"不可避免地受到欧美经济与社会发展阶段的影响，反而一些关于市场经济兴起早期阶段和转型阶段（比如美国的"镀金时代"）的历史研究（比如 AJS 在 2018 年的两篇文章，Accominotti et al.，2018；Erikson & Hamilton，2018）更加能够在中国的情境下找到共鸣。

因此，坚持批判传统并不是说要遵守欧美的研究议程，也不要被欧美的政治口号"带节奏"（比如一些欧美左翼学者倡导的对富人征税 70%）。事实上，中国与欧美有着差异巨大的国情，发展恰当的本土理论以解释中国特有的现象是必由之路。比如，分析中国的精英再生产或循环，除了去寻找那些微观层面的要素（文凭、职业准入），更不能忽视的是宏观理论，尤其是剧烈的时代变迁和制度改革的影响，而诸如许多人跌宕起伏的集体生命历程这样的要素则提醒我们要打破线性的社会流动观。再比如，虽然很多人都知道中国的国家精英与市场精英的关系并不能简单地套用欧美的框架，中国与欧洲有着基本政治制度的本质差异，但研究者也不能创造出超越"威权主义"范式的话语体系，或者简单地将中国的政商精英间的关系理解为庇护主义。解决这一问题最终需要研究者对国家理论、市场理论、国家-市场关系理论做出创新。如果研究精英的研究者们不能致力于回答与中国精英有关的真问题，对于中国精英群体的描绘和措辞无法尽最大可能符合社会事实，关于精英的研究不能跳出精英去关注更为广泛的社会各阶层的福祉、权益和社会进步，那么精英研究就摆脱不了兴盛一时又泯然一时的命运。

参考文献：

陈光金，吕鹏，林泽炎，等．中国私营企业调查25周年：现状与展望．南开管理评论，2018，21（6）：17-27．

陈光金．从精英循环到精英复制：中国私营企业主阶层形成的主体机制的演变．学习与探索，2005（1）：44-51．

陈那波．海外关于中国市场转型论争十五年文献述评．社会学研究，2006（5）：188-212，246．

陈云松，吴青熹，黄超．大数据何以重构社会科学．新疆师范大学学报（哲学社会科学版），2015，36（3）：54-61．

戴建中．中国私营经济的社会状况与"市场过渡"．战略与管理，1995（4）：105-114．

范晓光，吕鹏．中国私营企业主的社会构成：阶层与同期群差异．中国社会科学，2017（7）：70-87，205．

范晓光．中国私营企业主的职业流动与阶层地位认同：2004—2014．中国民营经济发展报告：No.12（2014—2015）．北京：中华工商联合出版社，2016．

贺光烨．喧嚣之后的沉思：关于社会科学大数据研究的认识论与方法论的讨论．华东理工大学学报（社会科学版），2018，33（2）：1-9．

黄冬娅，张华．民营企业家如何组织起来？：基于广东工商联系统商会组织的分析．社会学研究，2018，33（4）：28-55，242-243．

寇健文．中共菁英政治的演变：制度化与权力转移1978—2004．2版．台北：五南图书出版社，2005．

李路路，朱斌．中国经济改革与民营企业家竞争格局的演变．社会发展研究，2014，1（1）：32-52，242-243．

李路路．社会结构变迁中的私营企业家：论"体制资本"与私营企业的发展．社会学研究，1996（2）：93-104．

李路路．私营企业主的个人背景与企业"成功"．中国社会科学，1997（2）：133-145．

李培林．中国阶级阶层结构的变动、问题和对策：对改革开放40年来变化情况的研究//李培林，蔡昉，谢寿光．当代中国阶级阶层变动：1978～2018．北京：社会科学文献出版社，2018：1-24．

李炜．与时俱进：社会学恢复重建以来调查研究的发展．社会学研究，2016，31（6）：73-94，243．

陆蓉，邓鸣茂.经济学研究中"数学滥用"现象及反思.管理世界，2017（11）：10-21.

罗家德，樊瑛.计算社会科学如何扎根真相：以如何找出中国风险投资的"产业领袖"为例.探索与争鸣，2018（7）：94-102，143.

吕鹏，范晓光.中国精英地位代际再生产的双轨路径：1978—2010.社会学研究，2016，31（5）：114-138，243-244.

吕鹏.群体事件的三重境界与政治关联.中国青年研究，2014（6）：25-30.

吕鹏.新古典社会学中的"阿尔吉之谜"：中国第一代最富有私营企业家的社会起源.学海，2013（3）：46-61.

米尔斯.权力精英.王崑，许荣，译.南京：南京大学出版社，2004.

宋时歌.权力转换的延迟效应：对社会主义国家向市场转变过程中的精英再生与循环的一种解释.社会学研究，1998（3）：26-36.

孙明.家庭背景与干部地位获得：1950—2003.社会，2011，31（5）：48-69.

孙秀林，施润华.社会学应该拥抱大数据.新视野，2016（3）：36-41.

陶然，苏福兵，陆曦，等.经济增长能够带来晋升吗？：对晋升锦标竞赛理论的逻辑挑战与省级实证重估.管理世界，2010（12）：13-26.

王贤彬，张莉，徐现祥.辖区经济增长绩效与省长省委书记晋升.经济社会体制比较，2011（1）：110-122.

徐现祥，李郁，王美今.区域一体化、经济增长与政治晋升.经济学（季刊），2007（4）：1075-1096.

杨典，欧阳璇宇.金融资本主义的崛起及其影响：对资本主义新形态的社会学分析.中国社会科学，2018（12）：110-133，201-202.

张小劲，孟天广.论计算社会科学的缘起、发展与创新范式.理论探索，2017（6）：33-38.

周黎安."官场＋市场"与中国增长故事.社会，2018，38（2）：1-45.

周黎安.中国地方官员的晋升锦标赛模式研究.经济研究，2007（7）：36-50.

周玉.社会网络资本与干部职业地位获得.社会，2006（1）：83-97，207-208.

朱斌，吕鹏.中国民营企业成长路径与机制.中国社会科学，2020（4）：138-158，207.

ACCOMINOTTI F，KHAN S R，STORER A. How cultural capital emerged in gilded age America：Musical purification and cross-class inclusion at the New York philharmonic. American journal of sociology，2018，123（6）.

AKOS R. The first shall be last?：Entrepreneurship and communist cadres in the transition from socialism. American journal of sociology，1994，100（1）.

ANDREW G W. Markets and inequality in transitional economies：Toward testable theories. American journal of sociology，1996，101（4）.

ARONOWITZ S. Taking it big：C. Wright Mills and the making of political intellectuals. New

York: Columbia University Press, 2012.

BAYLIS T A. The technical intelligentsia and the East German elite: Legitimacy and social change in mature communism. Berkeley: University of California Press, 1974.

BIAN Y J, SHU X L, JOHN R L. Communist party membership and regime dynamics in China. Social forces, 2001, 79(3).

BIAN Y J. Chinese social stratification and social mobility. Annual review of sociology, 2002, 28.

BO Z. The institutionalization of elite management in China//NAUGHTON B, YANG D. Holding China together: Diversity and national integration in the post-Deng era. Cambridge: Cambridge University Press, 2004.

BOURDIEU P. Distinction: A social critique of the judgement of taste.Cambridge: Harvard University Press, 1984.

BURT R S, OPPER S. Early network events in the later success of Chinese entrepreneurs. Management, organization review, 2017, 13(3).

CAI J, SZEIDL A. Interfirm relationships and business performance.Quarterly journal of economics, 2018, 133(3).

CARROLL W K. Corporate power in a globalizing world: A study in elite social organization. Ontario: Oxford University Press, 2004.

CENTENO M Á, SILVA P. The politics of expertise in Latin America. London: Palgrave Macmillan, 1998.

CHIU K, ZHANG J. Elite circulation or reproduction?: Trends of CCP technocrats since the 12th party congress. Mainland China studies, 2006, 49(2).

CHENG L, WHITE L. The Thirteenth Central Committee of the Chinese Communist Party: From mobilizers to managers. Asian survey, 1988, 28(4).

CLARK T N, LIPSETS M. Are social classes dying. International sociology, 1991, 6(4).

DAHL R A. Who governs?: Power and democracy in an American city. New Haven: Yale University Press, 1961.

DEARLOVE J, SAUNDERS P. Introduction to British politics: Analysing a capitalist democracy. Oxford: Polity Press, 1984.

DICKSON B J. Red capitalists in China: The party, private entrepreneurs, and prospects for political change. Cambridge: Cambridge University Press, 2003.

DJILAS M. The new class: An analysis of the communist system. New York: Praeger, 1957.

DOMHOFF G W. Who rules America?.Englewood Cliffs: Prentice-Hall, 1967.

DOMHOFF G W, BALLARD H C. Wright Mills and the power elite. Boston: Beacon Press,

1968.

DOUG G. Understanding China's transition to capitalism: The contributions of Victor Nee and Andrew Walder. Sociological forum, 2000, 15 (4).

EDIN M. Why do Chinese local cadres promote growth?: Institutional incentives and constraints of local cadres. Forum for development studies, 1998, 25 (1).

ERIKSON E, HAMILTON M. Companies and the rise of economic thought: The institutional foundations of early economics in England, 1550 to 1720. American journal of sociology, 2018, 124 (1).

EYAL G, SZELÉNYI I, TOWNSLEY E R. Making capitalism without capitalists: Class formation and elite struggles in post-communist central Europe. London: Verso, 1998.

FISCHER F. Technocracy and the politics of expertise. Newbury Park: Sage Publications, 1990.

GIDDENS A. The Class structure of the advanced societies. New York: Harper & Row, 1975, 81 (3).

GIDDENS A. The Class structure of the advanced societies. London: Hutchinson, 1973.

GOLDTHORPE J H, LOCKWOOD D, BECHHOFER F, et al. The affluent worker and the thesis of embourgeoisement: Some preliminary research findings.Sociology, 1967, 1 (1).

GOODMAN S G D. Why women count: Chinese women and the leadership of reform. Asian studies review, 2002, 26 (3).

GORZ A. Farewell to the working class. London: Pluto Press, 1982.

GOULDNER A W. The future of intellectuals and the rise of the new class. London and New York: Macmillan, 1979.

GUO G. Retrospective economic accountability under authoritarianism: Evidence from China. Political research quarterly, 2007, 60 (3).

HINES J R, HOYNES H W, KRUEGER A B. Another look at whether a rising tide lifts all boats.National bureau of economic research, 2001.

HO S P S. Rural non-agricultural development in post-reform China: Growth, development patterns, and issues. Pacific affairs, 1995, 68 (3).

HSU C L. Cadres, getihu and good businesspeople: Making sense of entrepreneurs in early post-socialist China. Urban anthropology and studies of cultural systems and world economic development, 2006, 35 (1).

IAN S. County leadership in China: A baseline survey.China: An international journal, 2007, 5 (2).

IVAN S, ERIC K. The market transition debate: Toward a synthesis?. American journal of sociology, 1996, 101（4）.

IVAN S. An outline of the social history of socialism or an auto-critique of an auto-critique. Research in social stratification and mobility, 2002, 19（4）.

JEAN C O, SCOTT R. Elections and power: The locus of decision-making in Chinese villages. The China quarterly, 2000, 162.

KEISTER L A. Organizational research on market transition: A sociological approach.Asia pacific journal of management, 2009, 26（4）.

KHAN S R. Privilege: The making of an adolescent elite at St. Paul's School. Princeton: Princeton University Press, 2010.

KHAN S R. The sociology of elites. Annual review of sociology, 2012, 38.

KING A, SMITH D. The Jack Wills crowd: Towards a sociology of an elite subculture. British journal of sociology, 2018, 69（1）.

KING L P, SZELÉNYI I. Theories of the new class: Intellectuals and power. Minneapolis: University Of Minnesota Press, 2004.

KONRÁD G, SZELÉNYI I. The intellectuals on the road to class power. New York: Harcourt Brace Jovanovich, 1979.

LANDRYP F. Performance, markets and the political fate of Chinese mayors.Conference papers-American political science association, 2002: 1-26.

LEE H Y. From revolutionary cadres to party technocrats in socialist China. Berkeley: University of California Press, 1991.

LI B, WALDER A G. Career advancement as party patronage: Sponsored mobility into the Chinese administrative elite, 1949—1996. American journal of sociology, 2001, 106（5）.

LI C. Jiang Zemin's successors: The rise of the fourth generation of leaders in the PRC. China quarterly, 2000, 161.

LI J, CHENG J. Cadre performance appraisal and fabrication of economic achievement in Chinese officialdom//CHENG J. China: A new stage of development for an emerging superpower. Hong Kong: City University of Hong Kong Press, 2012.

LÜ P. The end of postcommunism?: The beginning of a supercommunism?: China's new perspective. Polish sociological review, 2012, 179（3）.

MA J, DEDEO S. State power and elite autonomy in a networked civil society: The board interlocking of Chinese non-profits. Social networks, 2018, 54.

MANKOFF M.Power in advanced capitalist society: A review essay on recent elitist and marxistcriticism of pluralist theory. Social problems, 1970, 17（3）.

MARTIN K W. Inequality and stratification in China.The China quarterly, 1975, 64.

MEI C Q. Get Promoted: Political incentives and policy implementation of China's local officials in China.College Park: University of Maryland, 2006.

MELANIE M. How to assess village elections in China. Journal of contemporary China, 2009, 18(60).

MICHELS R. Political parties: A sociological study of the oligarchical tendencies of modern democracy. New York: Hearst's International Library Co., 1915.

MIHÁLYI P, SZELÉNYI I. The role of rents in the transition from socialist redistributive economies to market capitalism.Comparative sociology, 2017, 16(1).

MILLS W D. Generational change in China. Problems of communism, 1983, 32(6).

MILLS C W. The power elite. New York: Oxford University Press, 1956.

MINTZ B, FREITAG P, HENDRICKS C, et al. Problems of proof in elite research. Social problems, 1976, 23(3).

MOSCA G. The ruling class. KAHN H D trans. New York: McGraw-Hill, 1939.

NATHAN A J.A factionalism model for CCP politics. The China quarterly, 1973, 53.

NEE V, OPPER S. Bringing market transition theory to the firm//OPPER S. Work and organizations in China after thirty years of transition. New York: Emerald Group Publishing Limited, 2009.

NEE V, OPPER S. Capitalism from below: Markets and institutional change in China. Cambridge: Harvard University Press, 2012.

NEE V. China in transition. Accounts, 2008, 7(7).

NEE V. Social inequalities in reforming state socialism: Between redistribution and markets in China. American sociological review, 1991, 56(3).

O'BRIEN K J, LI L J. Accommodating "democracy" in a one-party state: Introducing village elections in China. The China quarterly, 2000, 162.

PARETO V. The rise and fall of the elites: An application of theoretical sociology. Piscataway: Transaction Publishers, 1991.

PARISH W L. Destratification in China//WALTSON J L. Class and social stratification in post-revolution China. Cambridge: Cambridge University Press, 1984.

PEARSON M. China's new business elite: The political consequences of economic reform. California: University of California Press, 1997.

PIKETTY T, YANG L, ZUCMAN Z. Capital accumulation, private property, and inequality in China, 1978—2015. American economic review, 2019, 109(7).

PUTNAM R D. Elite transformation in advanced industrial societies. Comparative political studies, 1977, 10(3).

RIVERA L A. Pedigree: How elite students get elite jobs. Princeton: Princeton University Press, 2015.

SAVAGE M, WILLIAMS K. Elites: Remembered in capitalism and forgotten by social sciences. Sociological review, 2010, 56（1）.

SCALAPINO R A. Elites in the People's Republic of China. Seattle: University of Washington Press, 1972.

SCHURMANN F. Ideology and organization in communist China. Oakland: University of California Press, 1966.

SCHWARTZ M. The structure of power in America: The corporate elite as a ruling class. New York: Holmes & Meier Publishers, Inc., 1987.

SCOTT J. Corporate business and capitalist classes. Oxford: Oxford University Press, 1997.

SCOTT J. The sociology of elites: The study of elites. London: Elgar, 1990.

SCOTT J. Who rules Britain?. London: Polity Press, 1991.

SHENG Y M. Career incentives and political control under authoritarianism: Explaining the political fortunes of subnational leaders in China. Working paper, 2009.

SHENG Y M. The determinants of provincial presence at the CCP central committees, 1978—2002: An empirical investigation. Journal of contemporary China, 2007, 16（51）.

SHIH V, SHAN W, LIU M X. Gauging the elite political equilibrium in the CCP: A quantitative approach using biographical data. China quarterly, 2010, 201.

SZELÉNYI I, MANCHIN R. Social policy under state socialism, market, redistribution, and social inequalities in East European socialist societies// ESPING-ANDERSON G. Stagnation and renewal in social policy: The rise and fall of policy regimes. New York: M. E. Sharpe, 1987.

SZELÉNYI I, MARTIN B. The three waves of new class theories. Theory and society, 1988, 17（5）.

SZELÉNYI I, SZELÉNYI S. Circulation or reproduction of elites during the postcommunist transformation of Eastern Europe. Theory & society, 1995, 24（5）.

SZELÉNYI I. Social inequalities in state socialist redistributive economies. International journal of comparative sociology, 1978, 19（1-2）.

SZELÉNYI I. Socialist entrepreneurs: Embourgeoisement in rural hungary. Madison: University of Wisconsin Press, 1988.

TROTSKY L, EASTMAN M. The revolution betrayed: What is the Soviet Union and where is it going?. New York: Pathfinder Press, 1937.

TSAI W, DEAN N. The CCP's learning system: Thought unification and regime adaptation. China journal, 2013, 69（1）.

USEEM M, KUTNER, STEPHEN J. Corporate contribution to culture and the arts: The organization of giving and the influence of CEO and other firms on company contributions in Massachusetts. Oxford: Oxford University Press, 1985.

WALDER A G, HU S. Revolution, reform, and status inheritance: Urban China, 1949—1996. American journal of sociology, 2009, 114(5).

WALDER A G, LI B, TREIMAN D J. Politics and life chances in a state socialist regime: Dual career paths into the urban Chinese elite, 1949—1996.American sociological review, 2000, 65(2).

WALDER A G. Elite opportunity in transitional economies. American sociological review, 2003, 68(6).

WANG Y. Relative capture: Quasi-experimental evidence from the Chinese judiciary. Comparative political studies, 2018, 51(8).

WEBER M. The profession and vocation of politics//LASSMAN P, SPEIRS R. Weber: Political writings. Cambridge: Cambridge University Press, 1994.

WEI Z, ZHOU X G. Special issue on corporate transformation in the People's Republic of China: Chinese organizations in transition: Changing promotion patterns in the reform era. Organization science, 2004, 15(2).

WU X G. Communist cadres and market opportunities: Entry into self-employment in China, 1978—1996. Social forces, 2006, 85(1).

YANG C, VICTOR G N. Comment: Controversies and evidence in the market transition debate. American journal of sociology, 2000, 105(4).

YANG D L, XU H. A Tragedy of the nomenklatura?: Career incentives, political loyalty and political radicalism during China's great leap forward.Journal of contemporary China, 2014, 23.

ZANG X W. Elite dualism and leadership selection in China. London: Routledge, 2003.

ZANG X W. University education, party seniority, and elite recruitment in China. Social science research, 2001, 30(1).

ZHAO W, ZHOU X G. Chinese organizations in transition: Changing promotion patterns in the reform era. Organization science, 2004, 15(2).

ZHOU X G, HOU L R. Children of the Cultural Revolution: The state and the life course in the People's Republic of China. American sociological review, 1999, 64(1).

第二编

社会流动与地位获得

第五章 中国的代际流动研究

王 鹏

(复旦大学社会学系)

第一节 导论：中国代际流动研究的背景

个体的社会经济成就在多大程度上由其父辈的状况决定，是衡量社会开放程度的重要指标。因而，作为社会流动最为重要的表现形式，代际流动一直是社会学领域的核心议题之一。国内外关于代际流动的研究卷帙浩繁，国际间的比较研究也已经积累了丰富的成果。在中国的语境下讨论代际流动问题之前，我们有必要首先从研究的理论脉络与中国社会现实的角度，对这一问题的背景做一简单的梳理与说明。

一、代际流动研究的理论背景

一般而言，代际流动包含两种不同的衡量方式：绝对流动（absolute mobility）和相对流动（relative mobility）。前者是指子代相对于父代在绝对职业地位上的提高，但这种衡量方式很容易受社会结构变动的影响，比如一部分人实现了绝对意义上的向上流动，但相比其他优势群体来说，其向上流动的相对机会可能依然很低；相对流动也被称为循环流动，是指排除了社会结构性变化之后的流动状况，因此更能反映不同群体的相对流动机会。代际流动研究也经历了从关注绝对流动到更加关注相对流动的转变。

从研究的历史脉络来看，代际流动进入社会学的视野与人类社会的工业化进程密切相连。相关研究的核心问题是：工业化与社会流动之间存在怎样的关系？围绕这一主题，研究者基于大规模的社会调查，并借助不断改进的统计方法，展开了大量讨论。李普赛特与泽特伯格（Lipset & Zetterberg，1959）认为，高社会流动性是工业社会的重要特征，且这一特征具有跨国的相似性，当工业化和经济发展到达一定程度时，该社会的代际流动就会相对未完成工业化的社会更高。当然，这里的流动更多指的是能够观察到的流动，即绝对流动。而社会流动的"工业化假设"（thesis of industrialization）则指向一个更具方向性的回答：工业化进程极大地推动且会持续推动代际流动的提升。该论断基于工业化进程带来的一系列开放效应，如非农部门的扩张、绩效主义原则的扩散等。社会流动的工业化假设认为，工业化进程带来的不仅是绝对流动性的提高，相对流动性也在不断提高（Treiman，1970）。

社会流动的工业化假设虽然得到了一系列研究的支持（Hout，1988；Wong & Hauser，1992；Breen & Luijkx，2004），但是与之相对的观点同样受到了研究者的关注。费瑟曼等人（Featherman et al.）在1975年的研究中提出，尽管工业化进程对于社会流动（无论是绝对流动还是相对流动）在初期都有提升的作用，但是在具备市场经济和核心家庭制度的社会中，代际流动性达到一定程度之后都会保持在一个相对平稳的水平。这一观点被称为"FJH假设"，并为其后的许多实证研究所支持（Grusky & Hauser，1984；Erikson & Goldthorpe，1992）。如埃里克森与戈德索普（Erikson & Goldthorpe，1992：25）所言，FJH假设直接反驳了工业化时代社会开放性不断增加的观点，认为工业化本身并不必然包含推动各国流动机会模式变化的内在力量。虽然工业社会代际的相对流动模式并没有系统性的差异，但这一假设并不排斥不同社会的特殊性，即各国的政治制度、文化背景和社会政策仍会对观察到的流动产生影响，使得各国的"表型流动"程度不尽相同。

长期以来，关于工业化假设与FJH假设的讨论并未取得一致性的结论。近年来研究者试图从长时段的部门变化（shift in sector）重新审视工业化与社会流动之间的关联（Maas & Van Leeuwen，2016；Song et al.，2020）。历史视角下的长时段分析为传统代际流动理论提供了新的证据，也为考察转型社会的代际流动变迁带来了新的启示。

二、中国代际流动研究的社会背景

当把目光转向中国，悠久绵延的历史文化、独特的政治制度、复杂的转型现实等都显示出中国不同于其他社会的特征，也构成了中国语境下讨论代际流动的基础。因此，在梳理中国代际流动的相关研究之前，或许需要对与此相关的更基本或更早期的社会背景做一个简单回顾。

（一）中国代际流动的历史传统

代际流动的朴素思想在传统中国社会已经有所体现，所谓"王侯将相宁有种乎"[1]"千年田，八百主"[2]等言论和俗语，或表达出社会底层对于家庭出身限制的反抗，或反映了民间对于社会流动过程中贫富无定势的认知。而"朝为田舍郎，暮登天子堂"[3]更是以阶层流动前后的强烈对比成为激励读书人改变人生轨迹的名言。使这一长距离流动成为可以触及的现实的，是中国延续千年的政治精英选拔制度——科举制。隋唐之际，科举制开始取代两汉以来的"察举制""九品中正制""门阀制"等，打破世家大族对于官僚体系与政治权力的垄断，为寒门出身者打开了一个向上流动的重要通道。

科举制对于传统社会代际流动的影响至少可以从两个方面去理解。

其一，科举制在实际层面增加了社会流动的可能性。较早期的柯睿格（Kracke，1947）对宋朝进士题名录的统计、何炳棣（Ho，1962）对明清时期进士题名录的分析，显示这些时期考取进士者中，平民出身的或占一半甚至以上。更为近期的研究者对唐代"均田制"改革之后科举取士的研究（代谦、别朝霞，2016）、对明代进士资料的重新考察（徐泓，2016）得出了类似的结论。尽管有观点认为，科举制创造的流动空间非常有限，无法从根本上改变社会整体流动率低的状况，家族势力、经济与文化资源对于考取功名依然十分重要

---

[1] 见于司马迁《史记·陈涉世家》。
[2] 见于宋代道原和尚《景德传灯录》卷11。
[3] 语出北宋汪洙《神童诗》。

(Elman，1991；张杰，2003），但不可否认的是，这一流动通道在相对封闭的传统社会已是远胜于无。与工业革命之前的西方社会横向对比来看，科举制相比贵族等级制或君主赐官职，无疑是流动性更强的一种方式（潘光旦、费孝通，1947；Elvin，1973；余英时，2006）。

其二，在文化层面上，科举制与强调个人能力和努力的绩效主义（meritocracy）具有内在一致性，也促成了中国社会绩效主义传统的形成（谢宇，2010）。科举制直接带来的流动性或许有限，但造成了不同阶层对于社会流动的热情以及期望，推动了重视教育、追求公平的社会价值的形成（纪莺莺，2006；张天虹，2017）。而这些观念在中国开启工业化进程之前就已存在。这种对于社会流动的观念，即认为个人才干和后天的努力，而非家庭背景，才是获得社会成就的决定性因素的观念，也是我们理解当代中国流动状况及其社会后果时不可或缺的视角。

（二）中国改革开放前的代际流动状况

此外，研究当代中国的代际流动，离不开对改革开放之前社会状况的认识。这一时期中国的社会结构形态被研究者称为"总体性社会"，反映了一种高度集中的政治经济体制与国家主导的资源分配方式（孙立平等，1994；邹谠，1994）。新中国成立之后，随着"三大改造"相继完成，社会主义公有制在中国逐步建立起来。在社会主义建设的探索阶段，国家确立了优先发展重工业的赶超战略。而面对建国初期资金稀缺和工业基础薄弱的现状，国家出台统购统销制度，利用工农业产品价格的"剪刀差"，使农业贴补工业，农村支援城市（Ka & Selden，1986；林毅夫等，1994）。在此过程中，户籍制度逐步建立并加强，被赋予了限制人口迁移和城乡资源分配的双重功能，城乡二元结构成为这一时期的典型特征（Chan，1994；Chan & Zhang，1999；陆益龙，2002）。其中，农村通过人民公社等制度强化基层组织，城市则以"单位"作为基本的生产和分配单元（李汉林、李路路，1999）。如此，传统社会的阶级结构被国家力量所重塑，取而代之的是以公有制为基础的新的社会分层体系。

这种社会重塑对代际流动的影响主要体现在两个方面：一是户籍制度下，农村户籍居民的迁移受到限制，农-非农之间存在非常高的流动壁垒，农民的后代只能通过参军、考学、招工等极少数方式进入城市，向上流动空间有限且极具选择性（Kirkby，1985；吴晓刚，2007）；二是在城市内部，单位制和平均主义的分配制度缩小了收入差距，加上革命意识形态下原有社会上层的优势被打破，代之以对工农阶层子女的政治偏好，城市地区的代际继承性因此呈现出相对较低的水平（Parish，1981、1984；Deng & Treiman，1997）。这一部分，我们将在梳理中国代际流动的模式及其变迁时做进一步的探讨。

回顾代际流动研究的历史脉络，以及中国的历史传统和改革开放前的社会背景，有两个特点值得我们注意。其一，代际流动研究更多是一种动态的、比较的研究，既包括纵向的历时性的趋势分析，也包括横向的不同社会之间的比较分析。其二，代际流动研究离不开对宏观结构变量的考察，不论是工业化进程带来的一系列社会后果，还是某个社会特定的历史文化、政治制度、社会政策甚至是人口结构，都可能对代际流动的模式与机制产生影响。其中，前者是关于代际流动与工业化关系的普遍性、一般性理论，后者则是对某一社会的代际流动状况进行具体分析的依据。当我们讨论中国社会的代际流动时，两者均不可或缺。改革开放四十多年来，中国激荡变化的社会现实与复杂的代际流动状况，使得我们既无法单纯套用一般性的理论，也不能脱离宏观历史背景和比较研究的视野，因此以上两点的结合就显得尤为重要。

第二节　中国代际流动的模式和机制

改革开放之后，中国社会在经济协调体制、社会治理和社会结构方面都发生了巨大的变化，在此过程中，代际流动的模式呈现出什么特点，又是由什么机制导致的？现有的诸多研究从代际流动研究的基本逻辑出发，深入探讨了影响中国代际流动的基本因素。与以往文献总结的思路略有不同，这里我们分别从代际流动的一体两面——开放性与封闭性的视角对相关研究进行梳理。为避免重复，这里仅就现有研究中两种视角的主要机制进行分析，并非指该视角只包含这些机制，亦非指某一机制仅能产生开放或封闭的单一后果。

一、开放性视角

代际流动主要表现为子代与父代在社会经济成就上的差异。推动中国代际流动的因素虽然很多,但主要来源于两个方面,一是遵循现代化 - 理性逻辑的工业化进程,另一个则是中国特定的社会、政治背景下促进代际流动的制度力量。

(一)工业化与现代化 - 理性逻辑

现代化 - 理性逻辑也被称为经济技术理性 - 功能主义范式(李路路、朱斌,2015),也有研究者称之为绩效原则下的竞争流动模式(李煜,2009)。这一逻辑是代际流动的"工业化假设"的理论依据。其基本观点是不论在绝对流动还是相对流动的层面,工业化进程都会极大推动代际社会流动的程度。这一论断主要基于三个机制:结构效应(structural effect)——技术进步会导致产业结构和职业结构的剧烈变化,劳动力由农业部门向非农部门大量转移;程序效应(processual effect)——社会分工进一步细化,专业技术性与管理性岗位增多,职业向上流动的机会增加,同时理性化的发展使得向上流动的选择标准由先赋性因素(ascriptive attributes)向自致性因素(achieved attributes)转变,绩效主义开始占据主导地位;以及构成效应(compositional effect)——以个人成就而非先赋性背景作为选择标准在快速扩张的部门与科层组织中被强调,因此构成效应与程序效应会相互促进,进一步推动流动性的增强(Blau & Duncan,1967;Treiman,1970;Erikson & Goldthorpe,1992)。此外,工业化使得人们的跨地域流动增加,促进了劳动力资源的合理配置;大众传媒的发展促进了自由思想的传播、开拓了人们的眼界;基础教育的普及促进了教育公平性,为不同出身的人提供了更加公平的机会……因此,经历了工业化的社会将是一个流动的、开放的社会,各个阶层间普遍较强的代际流动性构成了工业社会的主要流动模式。

在中国,改革开放之后快速推进的工业化进程,首先带来了职业结构的巨大变化。其中最为显著的变化,是农民的比例由改革开放初期的 70% 以上下降到 2015 年的 40% 以下。①大量农民出身的群体或通过进城务工的方式向非农职业转化，或通过经商、升学等途径实现代际职业地位的向上流动（Liang et al., 2016; Peng, 2011; Chen, 2013; Wu & Zheng, 2018）。而管理和专业技术、一般非体力性岗位的增加，同样为非农群体提供了向上流动的机会。因此，职业结构变动带来了结构性向上流动的增加，以及社会总流动率的大幅提升（Chen, 2013；李路路等, 2018）。同时，研究者也注意到了工业化带来的绩效主义扩散对于相对流动的推动作用。如有研究者指出，教育扩张一定程度上促进了教育的代际流动（梁晨等, 2013、2017；李春玲, 2014；罗楚亮、刘晓霞, 2018），受教育程度在社会经济地位获得中的作用也越来越重要（李实、丁赛, 2003；Yang, 2005；李培林、田丰, 2010；陈纯槿、李实, 2013）；另一方面，大规模的城镇化与人口流动使得传统社会中基于亲缘与地缘的社会联结被削弱，熟人社会的关系和背景等因素也让位于竞争性的个人能力与努力。这些都可能导致后致性因素而非先赋性因素成为当代社会中影响个体成就的主要因素。

（二）制度性推动力与社会-政治逻辑

关于制度性推动力的讨论基于代际流动的社会-政治逻辑，即除工业化进程外，特定的社会制度、利益结构、文化传统等同样会深刻影响代际流动的程度和模式（李路路、朱斌, 2015）。代际流动的 FJH 假设即遵循这一逻辑，且将市场经济和核心家庭制度作为支撑其理论假设的两个最基本的制度安排。李煜（2009）总结了国家政策和制度安排促进社会流动的三个主要方式，分别是改善不平等结构，降低社会不平等程度；削弱家庭背景在代际不平等传递中的作用；直接对处于社会经济劣势地位的群体进行照顾。

在中国，制度设计经历了改革开放前后的巨大转变，但都包含了提升社会开放性的制度力量。如改革开放前，宏观制度设计服务于革命意识形态和工业化战略，通过建立社会主义公有制、高度集中的计划经济和再分配体制，一方面改造了原有社会结构，为代际流动创造了新的条件；另一方面，也通过特定的社会筛选对处在劣势地位的工农阶级出身的群体进行照顾，在升学、就业、职业分配和精英吸纳等社会流动过程中给予额外的政策倾斜（Parish, 1984；

---

① 国家统计局数据：https://data.stats.gov.cn/easyquery.htm?cn=C01。

Deng & Treiman，1997；李春玲，2003；李煜，2006）。改革开放后，制度的开放性作用主要体现为市场经济体制的建立对社会选择机制的影响。市场化改革逐步开放了个体经济和私营经济，为劳动者提供了更多的流动路径选择（Wu，2006；Davis，1999）。已有研究指出，尽管公有制部门中教育对于进入精英地位的重要性在提升，但政治资本与个人关系纽带在体制内依然发挥着作用（Bian，1994；Walder，1996；周玉，2006；孙明，2011）。相比较而言，私营经济部门则更加遵循绩效主义的原则，表现为教育的经济回报更高，教育对晋升的作用也更强（Wu & Xie，2003；Wu，2002；Zang，2002；李春玲，2003；刘精明，2006；王甫勤，2010），而个体社会网络的影响则相对公有制部门更弱（张顺、郭小弦，2011）。不论是改革开放前社会主义意识形态下国家对劣势群体的庇护性制度（李煜，2009），还是改革开放后建立起的更加重视绩效原则的市场制度，都对特定时期的代际流动起到了推动作用（Parish，1984；李路路等，2018）。

二、封闭性视角

与社会开放性相对，封闭性视角关注的是阻碍社会流动的机制性因素。这一视角整体上遵循的是不平等-再生产逻辑，但同时也包含上文所说的中国特定社会政治背景下的制度因素的影响。这里，我们根据以往研究的结论，对两个方面的具体机制进行分析。

（一）代际继承与再生产机制

代际继承是实现阶层关系再生产的重要方式。它既包括经济资源和阶层地位的直接传递，例如财产和身份继承、子承父业等，也包括政治与文化资本、社会网络等资源的传递对于社会经济地位获得的间接影响。前者是传统社会中常见的代际传递方式，而工业化社会的代际继承则更多以间接方式呈现。以布劳-邓肯的地位获得模型为代表的第二代流动研究，通过路径分析检验了工业社会中教育在连接父代与子代职业地位中的中介作用（Blau & Duncan，1967）。琼森等人则提出了基于职业实现代际间阶层传递的三种途径：优势地位群体的子女可以通过父辈的经济资源获取教育和培训；通过社会网络获得职业信息；

通过社会化过程形成适应最佳职业的相关技能（Jonsson et al., 2009）。

新中国成立之后，新生的社会主义政权通过一系列社会改造和制度建构瓦解了既存的阶层结构，使得基于财产和身份的继承机制受到削弱（Parish, 1981；周雪光，2015；Xie & Zhang, 2019）。同时，由于自由竞争的劳动力市场并未形成，工作流动性低，单位内部的私人网络，尤其是父辈的关系资源成为影响子女职业地位获得的重要因素（Bian, 1994、1997）。"文革"结束之后，知青大规模返城使得城镇长期积累的就业压力爆发，为缓解这一问题，出现了较为普遍的子女接班顶替、子承父业的情况（田毅鹏、李珮瑶，2014）。

改革开放后，随着市场化的深入和教育重要性的提升，以教育作为中介的代际传递模式开始受到广泛关注。大量研究表明，与改革开放前国家政策庇护下教育机会的相对平等不同，改革之后教育机会的不平等程度提升，表现为家庭背景与教育获得之间的联系不断加强（Deng & Treiman, 1997；李春玲，2003；李煜，2006；郝大海，2007；李春玲，2014）。这种不平等也并未随着不同教育阶段的扩张而缩小（李忠路、邱泽奇，2016；杨中超，2016；Wu, 2010；Tam & Jiang, 2015）。此外，其他的家庭文化资本如精英地位文化、经商传统等，也会通过代际传递对后代的职业获得产生影响（吴愈晓，2010；Chen, 2011；古德曼、秦晨，2013；朱斌，2018）。相对而言，家庭文化资本的传承具有跨时期的稳定性，一旦外部的限制减弱就会重新发挥作用（Davis, 1992；吴愈晓，2010，周雪光，2015）。因此，其对代际流动的影响也更加深远而持久，甚至在隔代流动中依然存在（Zeng & Xie, 2014；张桂金等，2016）。然而，随着收入不平等和财产不平等程度的上升，经济资源的直接或间接传递对代际不平等的影响也可能被进一步提升（李路路等，2018；李煜，2019），尽管国外学界对此问题已经有了一定的关注，但国内仍然相对缺乏这一部分的研究。

（二）排斥与分隔机制

除了代际直接与间接的继承，由于各个社会集团所处的位置、实现利益的能力和机会不同，处于优势地位的社会群体还会采用各种方式对社会资源进行垄断和保护，阻止其他社会成员参与利益分享（李路路，2002、2006）。这一"社会封闭"过程既是阶级形成的基本机制，也是限制代际流动、实现阶层再生产的方式（韦伯，1997；李路路、朱斌，2015）。社会封闭主要是通过社会排斥实现不同群体之间在权力、资源和流动机会上的分隔，这种排斥与分隔既可以建立在个体特征之上，也可以在群体层面上实现（Parkin，1974）。参照一些研究者的总结，中国的社会排斥与分隔可以分为两种主要类型，即基于市场能力的市场性分隔与基于体制身份的体制性分隔。

在我国，市场分隔更多存在于市场经济体制中，即在市场化转型之后逐步显现，是一种"基于市场竞争和市场选择形成的、以个人为对象并以个人属性为标准、非强制性的甚至是非正式的排斥体系"（李路路、朱斌，2015：47）。正因如此，市场分隔的表现形式也更为间接和隐蔽。例如，人力资本是衡量市场能力的重要指标，人力资本的差异对于生活机会的影响也在市场环境下被放大。虽然基于市场能力的排斥并不必然加剧代际社会封闭的程度，但不同阶层的父母对子代人力资本投资的差异，以及优势阶层对优质教育资源的垄断，都将基于市场能力的排斥和分隔转变为代际间流动机会的差异（李煜，2006；郝大海，2007）。市场化同样会加剧社会流动中的性别分隔。随着国有企业改制和私营经济的发展，国家政策对女性的庇护能力降低，职业的性别隔离程度随之上升，男女之间的收入差距也有拉大的趋势（蔡禾、吴小平，2002；Shu，2005；Zhang et al.，2008；李实等，2014），劳动分工方面也出现女性劳动参与率降低的情况（Wu & Zhou，2015）。反映在社会流动领域，则是女性的地位获得与其家庭出身之间的联系更加紧密，代际流动性更低（Cheng & Dai，1995；Chen，2013；Zhou & Xie，2019）。

体制性分隔是建立在一系列制度规定之上、自上而下实行且不断演变的排斥体系，其特点是带有正式性和强制性，将社会成员分为几个大的社会群体，且边界相对明确（李路路、朱斌，2015）。在中国，这种体制分隔主要表现为两个社会制度：户籍制度和单位制度。

户籍制度在建立之初是通过人口登记重建社会秩序，但随着政策需要转变为限制人口流动和调节城乡资源分配（Chan，2009；Chan & Zhang，1999；陆益龙，2002）。由于户籍制度严格限制农村居民进入城市地区从事非农工作，农村户籍出身的人很难实现社会流动，只有通过参军、招干、升学等极少数途径才能完成从农民向非农的转变（Chan & Zhang，1999）。即使父辈通过招工、招干等途径到城镇工作，只要他们的子女无法将农村户籍通过正规途径转为非农户籍，就仍然只能"回乡务农"（吴晓刚，2007；Wu & Treiman，2007）。这种城乡分隔的情况导致农民群体内部的代际封闭性非常高,也极大地影响了社会整体的代际流动程度(Chen,2013)。改革开放后,户籍制度有所放松,农民向城市流动、从事非农工作的劳动者的数量不断增加,但是户籍对劳动者的限制依然存在。大量研究表明农村户籍群体在城市劳动力市场中面临不平等的待遇(Meng & Zhang,2001;Wu & Treiman,2004;陈映芳,2005;吴晓刚,2007;李培林、李炜,2010),其子女的受教育机会也与城镇居民存在差距(吴愈晓,2013;李春玲,2014)。这些社会分隔阻碍了农村户籍群体及其子女的向上流动,甚至影响到"农转非"之后的社会经济获得(林易,2010;张春泥,2011;王鹏,2017)。

单位制度方面,计划经济时期,单位作为连接个体与国家的结构单元,不仅在很大程度上决定了个体社会资源的占有与生活机遇的获得,也在代际流动中扮演着重要角色(Walder,1992;余红、刘欣,2004)。一方面,工作、医疗、教育等资源都是通过单位来分配的,所以在中国的城市地区,工作单位本身就是社会经济地位的重要组成部分,是地位获得的被解释变量(Lin & Bian,1991)。另一方面,单位的行政级别、经济效益又影响着个体所能分享的组织资产和社会福利的数量,因而即使同在体制内也会存在一定差异(Walder,1992;周雪光,2015)。改革开放后,私营经济的兴起和国有企业改革,使得单位在资源分配中的作用似乎受到了削弱(Nee,1989;林宗弘、吴晓刚,2010)。但单位制度造成的社会分隔依然可能存在,也会继续对子代社会经济地位的获得发挥着影响(余红、刘欣,2004;周雪光,2015)。

社会分隔除了制度层面的正式排斥,也延伸出了一种制度合法化的逻辑,构成了一些研究者所说的统治机制(李路路,2006)。这一机制源于韦伯所说的一种社会事实,即通过一种宣告了的"意志"(命令)影响他人的行为,并使他人将这种命令作为一种行为准则(韦伯,1997:269)。这其实包含了两个过程:一是将"意志"转化为"命令",即建构制度化的权力;二是将制度合法化,使得对制度的遵从被内化为一种当然的义务或习惯(Johnson et al.,2006;李路路,2006)。统治机制其实回答了社会封闭如何通过制度化手段得以存续的问题。再生产的统治机制既体现在市场领域,即优势阶层利用利益状况特别是垄断地位实现社会封闭,也体现在社会领域,制度化了的社会分隔为成员所内化和接受,从而加剧了代际阶层固化(Kluegel & Smith,1986)。

与前文提到的市场分隔与体制分隔相关，中国社会中的排斥与区隔同样可以从制度合法化的角度进行分析。如户籍是一种被国家赋予的制度性身份，户籍制度在自上而下的施行中，也会被个体逐渐内化成为一种身份价值观念（杨菊华等，2014）。这种心理上的区隔对于流动人口的城乡融合、社会融入甚至婚姻匹配都产生了一定的影响（王春光，2010；韦艳、蔡文祯，2014）。而社会结构的深层变动带来的社会价值取向变化与年轻一代的自我认同变化，也是制度化权力在民众心理层面的反映，并进一步影响着代际流动机会（田丰、林凯玄，2020）。然而，国内相对缺乏这一领域的研究，从制度化、合法化视角开展的研究大多着眼于组织研究或社会心态领域，而关于统治机制如何影响代际流动的机会与模式的讨论略显不足。

总而言之，代际流动的开放性与封闭性的机制各有不同，但相互之间亦有所联系。同一种社会现象或制度，背后可能同时包含着促进或阻碍代际流动的力量，这取决于宏观社会背景的变化以及不同因素之间的相互作用。对于社会经历剧烈变迁、内部异质性极强的中国来说，各种机制的互动和关联更加明显。如一些研究者所言，社会的开放性与封闭性在中国同时存在，两支力量的相对强弱决定了整体流动性的情况，因而也显示出当代中国社会结构变迁的复杂性特征（李春玲，2005；李路路等，2018）。

第三节　中国代际流动模式的变迁与国际比较

一、代际流动模式的变迁

中国代际流动的变迁一直受到不同领域的关注，流动模式的变迁不只是社会结构变动的产物，更是社会公平性和开放性的体现。改革开放以来，工业化、市场化、城镇化、全球化等进程几乎在几十年的时间里同时发生，中国正经历着一场前所未有的社会转型。在此背景下，研究者们根据转型社会的一系列特征，基于经验调查的数据，对中国代际流动模式的变迁展开了激烈讨论。

相关讨论的起始点是改革开放前或改革初期的代际流动状况。由于大规模调查数据的缺乏，对这一时期代际流动的考察或是从理论出发进行的回顾性探讨，或是基于早期间接数据的分析，又或是以近期数据调查中获取的较早世代的状况代替其改革前的状况。比较有代表性的研究是白威廉（Parish，1981、1984）通过对20世纪70年代从内地移民到香港的人群的代际流动情况的分析，发现父代与子代的联系在"文革"期间显著降低；布劳和阮丹青（Blau & Ruan，1990）利用1986年天津的一项调查数据所做的分析也得出了类似的结论。其后，利用改革开放后数据进行的回溯性研究，在一定程度上支持了改革前中国社会具有较高的代际流动性这一观点（李路路、朱斌，2015；李路路等，2018；Zhou & Xie，2019）。如前文对流动机制的总结所言，改革开放前的社会开放性，可以用社会-政治逻辑中的制度性推动力解释，即这一时期中国的政治运动带来了"去分层化"的后果，在重塑社会阶层结构的同时打破了原有的代际继承途径，并通过对弱势阶层出身的群体的政策倾斜进一步促进了代际流动。

然而，另一部分研究指出了这一时期的社会封闭的一面，主要表现为两点。一是在城市地区，尽管父代与子代职业地位间的继承性相对较低，但父代工作单位对子代工作单位的获得却有直接且显著的影响（Lin & Bian，1991），且在地位获得过程中，家庭的政治资本与私人关系网络也发挥着重要作用（Bian，1994、1997；周雪光，2015）。二是在城乡二元分割的背景下，户籍制度严格限制了农村户籍居民的流动机会，农与非农职业之间的流动性极低。由于农民群体占总体人口的大多数，全社会整体的代际继承性也因之提高。从这个意义上讲，改革开放前的中国很难被称为一个开放的社会（Cheng & Dai，1995）。这种城乡分野的情况一直延续到改革之后，吴晓刚与特雷曼（Wu & Treiman，2007）通过对1996年调查数据的分析，指出农村户籍出身的群体依然具有非常高的代际职业继承性。农村中一部分具有高度选择性的群体，克服结构性门槛实现了向上流动，而这种流动正是中国城市看起来具有很高的代际流动性的原因。

关于中国改革开放之后代际流动趋势的争论，主要围绕工业化与市场化两大主题及其之间的互动展开。前文提到，在现代化-理性主义的解释逻辑下，工业化会通过结构效应、程序效应和构成效应，使社会向更加开放和更具流动性的方向转变。工业化带来的职业结构变动，配合户籍制度改革对人口迁移的放松，使转型时期中国的绝对流动率不断提升（Chen，2013；李路路等，2018）。然而，在相对流动率的变化上，研究者却得出了不同的结论。首先，从开放性视角来看，工业化包含了推动相对流动的力量，如农民与非农之间的部门壁垒的减小（Zhou & Xie，2019），教育扩张与绩效主义的扩散等。而市场化转型过程中同样存在类似的推动力，新兴的私营部门更加强调个人能力和受教育程度，为较低阶层提供了更多体制之外向上流动的机会（Nee，1989、1991；Nee & Cao，2002；Wu，2002；Wu & Xie，2003）。由此推测，相对流动率也应该随之上升。

但与此同时，市场化转型也带来了与之相反的封闭性力量。一方面，市场化为原来的精英阶层提供了将政治资本转变为经济资本的机会，从而使其社会经济地位比以前更容易继承（Bian & Logan，1996）。革命时期被压制的家庭背景优势，在改革开放后重新浮现出来。如众多研究所指出的那样，党政精英的后代在成为党政精英方面比其他群体更有优势（Zhou & Hou，1999；Walder et al.，2000；Walder & Hu，2009；郑辉、李路路，2009；吕鹏、范晓光，2016）；而再分配体制下的干部在改革后成为个体户或企业主的可能性也更大，尽管这种优势在城市和农村的表现形式不同（宋时歌，1998；吴晓刚，2006）。这也导致了精英阶层与非精英阶层之间的流动壁垒不断加强（高勇，2009）。另一方面，市场化使社会不平等程度迅速提高，经济与社会资源的直接或间接代际传递也变得更为容易（Xie & Zhou，2014；Wu，2010）。其中一个重要表现就是家庭背景对教育获得的影响在改革后逐渐增强（例如，Deng & Treiman，1997；李春玲，2014）。综合这些因素，在排除了部门流动壁垒的影响之后，中国社会的相对流动性实际上可能在不断下降（张翼，2004；Zhou & Xie，2019）。但同时也有研究指出，中国社会的相对流动性始终保持在一个较为稳定的状态（Chen，2013），或是根据开放性与封闭性的力量在不同时期的互动情况，呈现出一个波动的N字形趋势（李路路、朱斌，2015；李路路等，2018；石磊，2022）。

二、代际流动模式的国际比较

与中国自身代际流动性的研究相比，将中国与其他国家的流动模式进行比较的研究则较为缺乏。这类研究大多数聚焦中国社会，在理论框架上使用了许多基于其他社会的发展经验得出的结论，如基于美国与西欧工业化过程提出的工业化理论和FJH假设，基于东欧社会主义国家转型经验提出的一系列命题等。

而研究者在使用这些理论或命题时，不可避免地要面临本土化实践的挑战，因此，将中国与其他国家的代际流动模式进行系统性比较显得尤为重要。

早期研究中，一些研究者曾比较了中国与西方的传统社会，并认为由于科举等制度的存在，中国传统社会更接近于"贤能统治"或绩效主义。比如，潘光旦、费孝通在《科举与社会流动》一文中将清代中国与同期的美国、俄国进行比较，认为传统中国的社会流动"似小实不小"（潘光旦、费孝通，1947）。余英时也认为，"中国的行政官员，自汉代始，即由全国各地选拔而来，并以德行和知识为绝对的标准，这是世界文化史上仅见之例"（余英时，2006：12）。

至于当代中国的国际比较研究，布劳和阮丹青（Blau & Ruan，1990）根据天津1986年的调查数据，将中国与美国的代际流动率进行比较，得出中国城市的代际传承度比美国更低的结论。也有研究对东亚中日韩三国的代际流动模式进行了比较，发现中国的代际继承效应与日本类似，但中国白领阶层与非技术劳动者间的长距离流动性更强，研究者将其归结为中国社会主义制度对弱势阶层的照顾政策（Takenoshita，2007）。

除此之外，也出现了一些以中国为主要研究对象的更大范围的国际比较研究。李路路（2006）利用"国际社会分层与流动"项目收集的代际流动表数据，以及1996年与2003年在中国进行的两次调查的数据，对中国与其他16个国家的代际流动状况进行了比较。这一研究发现，相对于西方发达的资本主义国家，中国的代际关联程度较低。各国虽然社会制度与发展程度不同，但在代际继承性与阶层渗透性的比较中，代际继承始终占据主导地位。其后的研究中，李路路等人（2018）通过对更近期数据的分析，将中国与其他市场转型国家以及发达国家相比较，同样得到类似结论。其中，中国剧烈的社会转型、与欧美国家相比更加标准化的教育考试制度、推崇教育的文化传统以及相对较高的城乡流动率被认为是导致中国代际流动率相对较低的原因。在代际流动的变化趋势方面，中国与东欧转型国家虽然整体趋势大致相同，但存在差异，中国代际关联性下降的时间更长，整体上的关联性也更低。周翔与谢宇（Zhou & Xie，2019）将中国的流动趋势置于工业化变迁的全球背景中，认为工业化进程与农业与非农的部门壁垒之间的关系是先下降后上升，呈现U形变化趋势。而对于地位层级性，即父代与子代地位层级的关联性来说，与大多数发达国家保持稳定的趋势不同，中国在改革开放后呈现出强化趋势，但从绝对的关联程度上看还是比其他国家低。谢宇等人对中美代际流动的比较研究也得出了类似结论，即排除农民之后，中国的代际关联性在上升，但比起美国来说仍处在较低水平（Xie et al.，2022）。

整体而言，立足中国社会且将中国纳入跨国比较视野中的研究还不算多。这一方面是因为西方传统的社会流动研究主要基于欧美社会变迁的历史经验，中国长期仅作为一个特例存在，而非其理论建构与实证检验的重心所在。另一方面，中国式现代化的特殊性也使得中外社会的比较研究缺乏明确的立足点和参照标准。正如李培林所说，中国的现代化过程既由经济体制变革转轨与社会结构转型两大转变组成，又是一种跨越式发展和不同发展阶段的叠加过程（李培林，2021）。因此，代际流动模式的国际比较，在考虑具有一定跨国相似性的宏观进程的同时，自然也无法脱离中国复杂且特殊的社会转型背景。

与此相关，当我们将中国与其他社会进行比较时，也需要明确究竟是哪种意义上的比较，是绝对流动或是相对流动，是整体代际流动水平还是排除了部门封闭性之后的代际关联性？譬如与东欧转型国家比较时，虽然中国与它们一样都经历了向市场化转型的过程，但彼此的社会基础状况存在很不相同。首先，这些国家在开启市场转型之前，就基本完成了工业化与城市化，农与非农的部门流动在绝对数量和相对水平上都与转型期的中国大相径庭（李路路等，2018；Zhou & Xie，2019；李培林，2021）；其次，中国的制度转型是一个渐进式、自下而上与自上而下共同进行的双向改革，而非苏联或东欧国家激进式的"休克疗法"（Popov，2000、2007；Kolodko，2000；Whyte，2009；Szelényi，2013）。这也使得与其他转型国家相比，中国在社会整体流动性、部门流动性等方面都呈现出不同的模式与变化趋势。在将中国与美国或是东亚社会其他国家进行比较时，又有其他方面的差异需要注意。但是，社会差异的存在并不代表彼此之间无法进行比较。例如，当我们比较中国与美国时，会发现两个国家都有强调社会流动的传统，美国被称为"机会之地"，相信人能够通过个人能力与后天努力获得成功，这一点与中国有很多相似之处（Xian & Reynolds，2017）；同时，两国在过去几十年都经历了经济不平等的加剧与教育机会的分化，又共同面临着新技术革命对社会结构的冲击（Xie & Zhou，2014；赵昌文、许召元，2020）。这些层面的相似，又为我们提供了比较中美两国代际流动的现实基础与理论价值。总而言之，比较视野下的代际流动研究，有利于我们从不同角度把握社会转型与代际流动的关系，从而加深对中国代际流动的理解。

第四节　中国代际流动的影响

代际流动的模式与变化趋势之所以备受关注,还因为代际流动会作用于不同领域,对个体与社会产生一系列的影响。

对个体而言,代际流动意味着个体的出身阶层与现时所在阶层存在差异,往往也意味着其自身占有的资源、交往的群体、接触的文化环境发生了改变,这些都可能影响到个体的行为模式、生活方式和价值观念等(例如,Wilson et al., 2022)。代际流动影响个体的作用机制主要通过三种不同的途径实现:一是阶层出身通过社会化过程将价值观念与行为倾向等内化为个体特征,或是通过代际联结影响当前个体的态度与行为选择(Kiley & Vaisey, 2020);二是现时所在阶层的资源或文化状况使个体改变了原有的态度和行为特征(Blau, 1956);三是社会流动过程本身可能会对个体产生独立的影响,比如向上流动带来的满足感或向下流动的失落感等(Hope, 1975)。在社会层面,一方面,受代际流动影响的个体行为和态度可以汇聚成群体性集合,成为超越个人层次的集体表征;另一方面,流动机会的结构性差异也会影响不同群体的社会态度,因而代际流动与群体间冲突、社会稳定和经济发展之间都存在密切的关系(Tocqueville, 1835; Acemoglu et al., 2018; Breen, 1997; Galor & Tsiddon, 1997)。

这里,我们根据中国相关研究的关注内容,重点梳理代际流动对个体在客观与主观、态度与行为等不同层面的影响。

代际流动对个体的影响首先体现在健康不平等与幸福感方面。在中国,健康不平等与社会经济地位存在密切联系(Lowry & Xie, 2009),但代际流动本身对于健康的作用则存在差异。有研究发现长距离的向上流动对个体健康有促进作用,长距离向下流动则不利于个体健康,总体而言代际流动有利于缩小不同阶层之间的健康差异(王甫勤,2011;池上新,2016;Yan et al., 2018)。而关于代际流动与幸福感的研究则有不同的结论。有研究指出代际流动对个体幸福感并无显著影响,由于代际向下流动的群体将更低的社会阶层作为比较时的参照,因此向下流动者的幸福感也不会因此降低(Zang, 2016)。但不同的观点则认为,向上流动提升了个体的幸福感(李路路等,2018),而从非体力阶层到体力阶层的向下流动并不会对幸福感有明显影响,原因是其家庭出身提供了资源帮助和回到原阶层的期待(Zhao et al.,2017)。也有研究发现向下流动有显著的负向作用,向上流动的作用则不明显(鲁元平、张克中,2014)。相互矛盾的结果可能与这些研究所使用的方法以及对阶层地位的测量标准不同有关。

代际流动对个体价值观念和社会态度的影响同样受到了研究者的关注。如代际流动是影响民众对社会不平等的态度的重要因素。过去几十年中国的不平等程度迅速提升,但人们对不平等的接受程度却一直较高,有研究者将民众对绩效主义的认可和实现社会流动的乐观预期作为一个重要解释(Whyte,2010;谢宇,2010)。同时,民众对不平等的归因和对再分配政策的偏好会随代际流动状况的不同而变化。有研究发现,具有向下流动预期和向下流动经历的人更加支持再分配政策(潘春阳、何立新,2011;徐建斌,2015)。与此相关的是,代际向上流动会显著增强个体的社会公平感,同时削弱个体的社会冲突感,增强民众的政治信任度和政治参与度,从而促进社会政治稳定(李路路等,2018;胡建国,2012;盛智明,2013;Fan & Yan,2019)。此外,代际流动还与民众的阶层感知与群体间态度相关。例如,有研究者指出向上流动感知能够提升个体的主观阶层地位,虽然这种提升作用近期有所下降(陈云松、范晓光,2016)。与之类似,向上流动的经历也对少数民族的主观阶层认同起到了拉升作用(王军、陈可,2016)。关于外群体歧视的研究则发现,经历了向上流动的群体对外来人口的歧视程度主要受到现时所处阶层的影响,表现为这一群体对陌生人的信任更强,对外来人口的歧视程度也更低(秦广强,2011;高学德,2015;聂伟,2017)。而在性别观念方面,研究者发现代际向上流动,尤其是长距离的向上流动,能够提升女性的平等意识(李姚军、王杰,2021)。

最后,代际流动的作用还体现在其对个体行为模式的影响上,包括社会交往、婚姻匹配、教养方式以及生育态度和行为等。上文提到了代际流动与外群体歧视之间的关联,事实上除了内在的态度,代际流动同样会作用于实际的交往行为(秦广强,2011)。有研究者通过对农村出身的城市劳动者的研究发现,社会流动会从不同方面影响流动者的社会网络,如受教育程度的提高会使得社会网络的选择性、扩大性增强,而政治身份的向上流动则会使网络总量增加,同质性增强(张云武,2009)。虽然社会流动能够弥合出身阶层与流入阶层之间的差异，使向上流动者获得与当前所在阶层成员相同的社会网络资源，但工农出身者会在社会交往方面面临阻力，影响他们进一步向上流动（边燕杰、芦强，2017；芦强，2021）。同时，代际流动还可能通过婚姻匹配与教养方式影响阶层再生产的过程。例如，研究发现代际社会流动会反向影响婚姻匹配模式，实现向上流动的城市男性更可能向下婚配，而向下流动的城市女性和农村男性更可能向上婚配，从而呈现出"社会阶层回归"的结果（石磊，2020）。但从家庭教养方式来看，从工人家庭向中产家庭流动的家长更可能采用中产阶层的教养方式，从中产家庭向下流动的家长则会保留原有阶层的教养方式，这种非对称性的流动效应有利于打破阶层结构的固化（田丰、静永超，2018）。

除此之外，社会流动也会影响个体的生育意愿和生育决策。研究指出，在中国社会转型过程中，从农民向非农阶层的社会流动会使这一群体受到当前所在阶层文化观念的影响，从而降低其生育意愿（Gan & Wang, 2023）。但宏观的相对流动性与生育意愿和生育率则呈正相关，因而推动机会公平、促进社会流动是提高生育意愿和生育率的重要方式（蔡韦成、谢宇，2024；蔡昉，2024）。

总体而言，当前中国关于代际流动影响的研究立足于中国大规模社会转型与代际流动的宏观背景，涵盖了客观与主观、态度与行为等不同方面，积累了相当丰富的研究成果。但是，大部分研究聚焦于主观层面与态度层面，有关客观领域、行为的研究略显不足。同时，代际流动在不同领域的作用机制和流动效应的群体差异性等方面仍有许多值得挖掘的地方，代际流动影响的动态变化也相对缺乏关注。如果将这些视角引入相关研究中，也许会有更多有价值的发现。

第五节　总结与展望

作为社会学领域的经典议题，代际流动研究始终与社会现实紧密相连，同时又有着超越学科本身的社会意义。社会现实的发展演变、社会开放性的动态变化，给相关研究的推进提供了源源不断的动力。而中国在最近几十年经历的巨大社会变迁，以及今后一段时间还会继续进行的变革，如城市化、工业化与市场化等进程,都为立足于中国社会的代际流动研究创造了独特而丰富的研究土壤。

从学科发展的角度来说,改革开放之后,尤其是进入21世纪之后,有关中国代际流动的研究越来越多地涌现出来,研究领域也在不断拓展当中。从聚焦的议题看,改革开放前及改革初期的研究更多涉及社会主义制度和"文革"对于社会流动的作用,20世纪八九十年代海内外研究者的讨论主要集中于市场转型过程对地位获得和流动机会的影响,21世纪初开始关注代际流动的具体模式和相对流动性,更近期的研究则将目光转向代际流动的变迁趋势以及流动的社会后果。从研究方法和途径来看,早期研究限于数据收集的困难,多基于质性研究和小范围的定量调查;之后,随着一些全国性抽样调查的开展,对代际流动的定量分析成为主流,数据分析方法也更加多样,包括不同形式的回归分析、对数线性模型等;近期数据来源的多样化和长时段数据的积累,为代际流动的趋势性研究和历史大数据研究奠定了基础。从今后的发展趋势来看,多数据联合使用、利用大数据开展的分析可能会逐渐增多;在方法层面,得到改进的对数线性模型和新兴的衡量代际关联的方法会被更多地运用于相关研究,计算社会科学的方法也会加入其中;此外,新技术革命对社会分层的冲击逐渐显现,立足于技术变革背景的社会转型研究,以及更为广泛而系统的比较研究,相信能够为深入地揭示这些影响机制及后果提供富有启发的见解。

另外,目前中国的代际流动研究依然存在一些有待充实的地方。在理论方面,一些研究者基于中国的经验进行了相关领域的探讨与本土化理论建构的尝试(例如,Nee,1989;李路路,2006)。但整体而言,大多数研究主要还是建立在西方经典理论之上,以中国社会为基础进行的理论建构和解释还不多。因此不论是理论的本土化应用或"桥接",还是本土"中层理论"的建构(王宁,2017;谢宇,2018;梁玉成,2018),都有赖于研究者的进一步挖掘和探索。与此相关,将中国的代际流动置于国际比较视野中也就显得格外重要,因其同样是讨论中国代际流动特殊性与建构本土化理论的起点。在社会现实方面,中国快速且持续的社会转型使得代际流动的新议题不断涌现,但与此相关的实证研究有所欠缺,比如经济不平等与代际流动之间存在怎样的关联、新技术革命带来的机会结构变化如何影响代际流动的模式、代际流动在社会层面产生了哪些新的后果等,不一而足。这些问题也有待研究者在后续的研究中进行深入的研究与讨论。

参考文献：

边燕杰，芦强．跨阶层代际流动是否增加人们的社会资本：基于中国综合社会调查的分析．求索，2017（12）：103-112.

蔡禾，吴小平．社会变迁与职业的性别不平等．管理世界，2002（9）：71-77.

蔡昉．生育意愿、社会流动和福利国家．经济学动态，2024（3）：3-12.

蔡韦成，谢宇．孕育希望：宏观代际流动性对生育意愿的影响．社会，2024，44（1）：178-212.

陈纯槿，李实．城镇劳动力市场结构变迁与收入不平等：1989～2009．管理世界，2013，（1）：45-55，187.

陈映芳．"农民工"：制度安排与身份认同．社会学研究，2005（3）：119-132，244.

陈云松，范晓光．阶层自我定位、收入不平等和主观流动感知：2003—2013．中国社会科学，2016（12）：109-126，206-207.

池上新．阶层流动与中国居民的健康及其不平等．贵州师范大学学报（社会科学版），2016（5）：50-59.

代谦，别朝霞．土地改革、阶层流动性与官僚制度转型：来自唐代中国的证据．经济学（季刊），2016，15（1）：53-84.

高学德．社会流动与人际信任：基于CGSS数据的实证研究．西南大学学报（社会科学版），2015，41（6）：29-37，189.

高勇．社会樊篱的流动：对结构变迁背景下代际流动的考察．社会学研究，2009，24（6）：1-17，243.

古德曼，秦晨．新经济精英：地方权力的社会基础．中国研究，2013（1）：67-87，242.

郝大海．中国城市教育分层研究：1949—2003．中国社会科学，2007（6）：94-107，206.

胡建国．社会流动对收入分配公平感的影响：中国公众收入分配公平感的再探讨．人文杂志，2012（6）：148-154.

纪莺莺．明清科举制的社会整合功能 以社会流动为视角．社会，2006（6）：190-208，212.

李春玲．"80后"的教育经历与机会不平等：兼评《无声的革命》．中国社会科学，2014（4）：66-77，205.

李春玲．当代中国社会的声望分层：职业声望与社会经济地位指数测量．社会学研究，2005（2）：74-102，244.

李春玲．断裂与碎片：当代中国社会阶层分化实证分析．北京：社会科学文献出版社，2005.

李春玲．社会政治变迁与教育机会不平等：家庭背景及制度因素对教育获得的影响：1940—2001．中国社会科学，2003（3）：86-98，207.

李汉林，李路路.资源与交换：中国单位组织中的依赖性结构.社会学研究，1999（4）：46-65.

李路路，石磊，朱斌.固化还是流动？：当代中国阶层结构变迁四十年.社会学研究，2018，33（6）：1-34，242.

李路路，朱斌.当代中国的代际流动模式及其变迁.中国社会科学，2015（5）：40-58，204.

李路路.再生产与统治：社会流动机制的再思考.社会学研究，2006（2）：37-60，243-244.

李路路.制度转型与分层结构的变迁：阶层相对关系模式的"双重再生产".中国社会科学，2002（6）：105-118，206-207.

李培林，李炜.近年来农民工的经济状况和社会态度.中国社会科学，2010（1）：119-131.

李培林，田丰.中国劳动力市场人力资本对社会经济地位的影响.社会，2010，30（1）：69-87.

李培林.中国式现代化和新发展社会学.中国社会科学，2021（12）：4-21，199.

李实，丁赛.中国城镇教育收益率的长期变动趋势.中国社会科学，2003（6）：58-72，206.

李实，宋锦，刘小川.中国城镇职工性别工资差距的演变.管理世界，2014（3）：53-65，187.

李姚军，王杰.社会流动与传统性别意识：以"干得好不如嫁得好"为例.社会学评论，2021，9（2）：92-114.

李煜.代际流动的模式：理论理想型与中国现实.社会，2009，29（6）：60-84，223-224.

李煜.代际社会流动：分析框架与现实.浙江学刊，2019（1）：32-37.

李煜.制度变迁与教育不平等的产生机制：中国城市子女的教育获得：1966—2003.中国社会科学，2006（4）：97-109，207.

李忠路，邱泽奇.家庭背景如何影响儿童学业成就？：义务教育阶段家庭社会经济地位影响差异分析.社会学研究，2016，31（4）：121-144，244-245.

梁晨，董浩，任韵竹，等.江山代有才人出：中国教育精英的来源与转变：1865—2014.社会学研究，2017，32（3）：48-70，243.

梁晨，张浩，李中清.无声的革命：北京大学、苏州大学学生社会来源研究，1949—2002.北京：三联书店，2013.

梁玉成.走出"走出中国社会学本土化讨论的误区"的误区.新视野，2018（4）：49-54.

林易."凤凰男"能飞多高：中国农转非男性的晋升之路.社会，2010，30（1）：88-108.

林毅夫, 蔡昉, 李周. 中国的奇迹: 发展战略与经济改革. 上海: 三联书店, 1994.

林宗弘, 吴晓刚. 中国的制度变迁、阶级结构转型和收入不平等: 1978—2005. 社会, 2010, 30（6）: 1-40.

刘精明. 高等教育扩展与入学机会差异: 1978～2003. 社会, 2006（3）: 158-179, 209.

芦强. 社会流动对社会交往的影响研究: 基于西部社会的实证分析. 宁夏社会科学, 2021（2）: 142-150.

鲁元平, 张克中. 社会流动影响居民幸福感吗: 来自中国转型期的经验证据. 财经科学, 2014（3）: 96-107.

陆益龙. 1949年后的中国户籍制度: 结构与变迁. 北京大学学报（哲学社会科学版）, 2002（2）: 123-130.

罗楚亮, 刘晓霞. 教育扩张与教育的代际流动性. 中国社会科学, 2018（2）: 121-140, 207.

吕鹏, 范晓光. 中国精英地位代际再生产的双轨路径: 1978—2010. 社会学研究, 2016, 31（5）: 114-138, 243-244.

聂伟. 社会流动与外群体歧视: 基于CGSS2005数据的实证研究. 社会科学辑刊, 2017（4）: 102-110.

潘春阳, 何立新. 独善其身还是兼济天下？: 中国居民再分配偏好的实证研究. 经济评论, 2011（5）: 20-29, 56.

潘光旦, 费孝通. 科举与社会流动. 社会科学, 1947, 4（1）.

秦广强. 代际流动与外群体歧视: 基于2005年全国综合社会调查数据的实证分析. 社会, 2011, 31（4）: 116-136.

秦广强. 社会流动的影响与后果: 基于2003 CGSS的实证分析. 湖南社会科学, 2011（5）: 58-62.

盛智明. 社会流动与政治信任: 基于CGSS2006数据的实证研究. 社会, 2013, 33（4）: 35-59.

石磊. 中国代际社会流动的变迁: 基于多重机制的分析. 社会学研究, 2022, 37（5）: 156-178.

石磊. 社会阶层、代际流动与婚姻匹配. 中央民族大学学报（哲学社会科学版）, 2020, 47（6）: 74-81.

宋时歌. 权力转换的延迟效应: 对社会主义国家向市场转变过程中的精英再生与循环的一种解释. 社会学研究, 1998（3）: 26-36.

孙立平, 王汉生, 王思斌, 等. 改革以来中国社会结构的变迁. 中国社会科学, 1994（2）: 47-62.

孙明. 家庭背景与干部地位获得: 1950—2003. 社会, 2011, 31（5）: 48-69.

田丰, 静永超. 工之子恒为工？：中国城市社会流动与家庭教养方式的阶层分化. 社会学研究, 2018, 33（6）: 83-101, 243-244.

田丰, 林凯玄. 岂不怀归：三和青年调查. 北京: 海豚出版社, 2020.

田毅鹏, 李珮瑶. 计划时期国企"父爱主义"的再认识：以单位子女就业政策为中心. 中共党史研究, 2014（9）: 128.

王春光. 对新生代农民工城市融合问题的认识. 人口研究, 2010, 34（2）: 31-34, 55-56.

王甫勤. 人力资本、劳动力市场分割与收入分配. 社会, 2010, 30（1）: 109-126.

王甫勤. 社会流动有助于降低健康不平等吗？. 社会学研究, 2011, 25（2）: 78-101, 244.

王军, 陈可. 社会经济地位、社会流动与民族间的阶层认同差异. 南方人口, 2016, 31（4）: 18-28.

王宁. 社会学本土化议题：争辩、症结与出路. 社会学研究, 2017, 32（5）: 15-38, 242-243.

王鹏. "农转非"、人力资本回报与收入不平等：基于分位数回归分解的方法. 社会, 2017, 37（5）: 217-241.

韦伯. 经济与社会. 林荣远, 译. 北京: 商务印书馆, 1997.

韦艳, 蔡文祯. 农村女性的社会流动：基于婚姻匹配的认识. 人口研究, 2014, 38（4）: 75-86.

吴晓刚. "下海"：中国城乡劳动力市场转型中的自雇活动与社会分层：1978—1996. 社会学研究, 2006（6）: 120-146, 245.

吴晓刚. 中国的户籍制度与代际职业流动. 社会学研究, 2007（6）: 38-65, 242-243.

吴愈晓. 家庭背景、体制转型与中国农村精英的代际传承：1978—1996. 社会学研究, 2010, 25（2）: 125-150, 245.

吴愈晓. 中国城乡居民的教育机会不平等及其演变：1978—2008. 中国社会科学, 2013（3）: 4-21, 203.

谢宇. 认识中国的不平等. 社会, 2010, 30（3）: 1-20.

谢宇. 走出中国社会学本土化讨论的误区. 社会学研究, 2018, 33（2）: 1-13, 242.

徐泓. 《明清社会史论》译注及其后续研究：重论明代向上社会流动. 中国社会历史评论, 2016, 17（上）: 1-19.

徐建斌. 收入水平、社会流动与再分配偏好：对"POUM"假说的再检验. 南方经济, 2015（11）: 70-85.

杨菊华, 王毅杰, 王刘飞, 等. 流动人口社会融合："双重户籍墙"情景下何以可为？. 人口与发展, 2014, 20（3）: 2-17, 64.

杨中超.教育扩招促进了代际流动?.社会，2016，36（6）：180-208.

余红，刘欣.单位与代际地位流动：单位制在衰落吗?.社会学研究，2004（6）：52-63.

余英时.余英时文集.桂林：广西师范大学出版社，2006.

张春泥.农民工为何频繁变换工作：户籍制度下农民工的工作流动研究.社会，2011，31（6）：153-177.

张桂金，张东，周文.多代流动效应：来自中国的证据.社会，2016，36（3）：216-240.

张杰.清代科举家族.北京：社会科学文献出版社，2003.

张顺，郭小弦.社会网络资源及其收入效应研究：基于分位回归模型分析.社会，2011，31（1）：94-111.

张天虹."走出科举"：七至二十世纪初中国社会流动研究的再思考.历史研究，2017（3）：137-148，191-192.

张翼.中国人社会地位的获得：阶级继承和代内流动.社会学研究，2004（4）：76-90.

张云武.社会流动与流动者的关系网络.社会，2009，29（1）：122-141，226-227.

赵昌文，许召元.新工业革命背景下的中国产业升级.北京：北京大学出版社，2020.

郑辉，李路路.中国城市的精英代际转化与阶层再生产.社会学研究，2009，24（6）：65-86，244.

周雪光.国家与生活机遇：中国城市中的再分配与分层.郝大海，译.北京：中国人民大学出版社，2015.

周玉.社会网络资本与干部职业地位获得.社会，2006（1）：83-97，207-208.

朱斌.文化再生产还是文化流动?：中国大学生的教育成就获得不平等研究.社会学研究，2018，33（1）：142-168，245.

邹谠.20世纪中国政治：从宏观历史与微观行动的角度看.牛津：牛津大学出版社，1994.

ACEMOGLU D，EGOROV G，SONIN K. Social mobility and stability of democracy：Reevaluating de Tocqueville. The quarterly journal of economics，2018，133（2）.

BIAN Y J，LOGAN J R. Market transition and the persistence of power：The changing stratification system in urban China. American sociological revie，1996，61（5）.

BIAN Y J. Bringing strong ties back in：Indirect ties，network bridges，and job searches in China. American sociological review，1997，62（3）.

BIAN Y J. Guanxi and the allocation of urban jobs in China. The China quarterly，1994，140.

BIAN Y J. Work and inequality in urban China. Albany：State University of New York Press，1994.

BLAU P M，DUNCAN O D. The American occupational structure. New York：John Wiley and Sons，1967.

BLAU P M, RUAN D. Inequality of opportunity in urban China and America. Research in social stratification and mobility, 1990, 9 (3-32).

BLAU P M. Bureaucracy in modern society. New York: Random House, 1956.

BREEN R, LUIJKX R. Conclusions//BREEN R. Social mobility in Europe. Oxford: Oxford University Press, 2004.

BREEN R. Inequality, economic growth and social mobility. British journal of sociology, 1997, 48 (3).

CHEN J R, ZHANG L. The Hukou system and rural-urban migration in China: Processes and changes. The China quarterly, 1999, 160.

CHAN E J R. Cities with invisible walls: Reinterpreting urbanization in post-1949 China. Oxford: Oxford University Press, 1994.

CHAN E J R. The Chinese hukou system at 50. Eurasian geography and economics, 2009, 50 (2).

CHEN M L. Tiger girls: Women and enterprises in the People's Republic of China. New York and London: Routledge, 2011.

CHEN M. Intergenerational mobility in contemporary China. Chinese sociological review, 2013, 45 (4).

CHENG Y, DAI J Z. Intergenerational mobility in modern China. European sociological review, 1995, 11 (1).

DAVIS D S. Job mobility in post-Mao cities: Increases on the margins. The China quarterly, 1992, 132.

DAVIS D S. Self-employment in Shanghai: A research note. The China quarterly, 1999, 157.

DENG Z, TREIMAN D J. The impact of the Cultural Revolution on trends in educational attainment in the People's Republic of China. American journal of sociology, 1997, 103 (2).

ELMAN B A. Political, social, and cultural reproduction via civil service examinations in late imperial China. The journal of Asian studies, 1991, 50 (1).

ELVIN M. The pattern of the Chinese past: A social and economic interpretation. Stanford: Stanford University Press, 1973.

ERIKSON R, GOLDTHORPE J H. The constant flux: A study of class mobility in industrial societies. Oxford: Clarendon Press, 1992.

FAN X G, YAN F. The long shadow: Social mobility and political participation in urban China, 2006—2012. Social science research, 2019, 81.

FEATHERMAN D L, JONES F L, HAUSER R M. Assumptions of social mobility research in the U.S.: The case of occupational status. Social science research, 1975, 4（4）.

GAN Y Q, WANG P. Social class, intergenerational mobility, and desired number of children in China. Social science research, 2023（114）.

GALOR O, TSIDDON D. Technological progress, mobility, and economic growth. The American economic review, 1997, 87（3）.

GRUSKY D B, HAUSER R M. Comparative social mobility revisited: Models of convergence and divergence in 16 countries. American sociological review, 1984, 49（1）.

HO P T. The ladder of success in imperial China. New York: Columbia University Press, 1962.

HOUT M. More universalism, less structural mobility: The American occupational structure in the 1980s. American journal of sociology, 1988, 93（6）.

HOPE K. Models of status inconsistency and social mobility effects. American sociological review, 1975, 40（3）.

JOHNSON C, DOWD T J, CECILIA L R. Legitimacy as a social process. Annual review of sociology, 2006, 32.

JONSSON A O, GRUSKY D B, MATTHEW D C, et al. Microclassmobility: Social reproduction in four countries. American journal of sociology, 2009, 114（4）.

KA C M, SELDEN M. Original accumulation, equity and late industrialization: The cases of socialist China and capitalist Taiwan. World development, 1986, 14（10-11）.

KILEY K, VAISEY S. Measuring stability and change in personal culture using panel data. American sociological review, 2020, 85（3）.

KIRKBY R, Jr. Urbanization in China: Town and country in a developing economy 1949—2000. New York: Columbia University Press, 1985.

KLUEGEL J R, SMITH E R. Beliefs about inequality: Americans'views of what is and what ought to be. New York: Routledge, 1986.

KOLODKO G W. From shock to therapy: The political economy of post-socialist transformation. New York: Oxford University Press, 2000.

KRACKE E A, Jr. Family vs. merit in Chinese civil service examinations under the empire. Harvard journal of Asiaticstudies, 1947, 10（2）.

LIANG Z. China's great migration and the prospects of a more integrated society. Annual review of sociology, 2016, 42（1）.

LIN N, BIAN Y J. Getting ahead in urban China. American journal of sociology, 1991, 97（3）.

LIPSET S M, ZETTERBERG H L. A theory of social mobility// LIPSET S M, BENDIX R.

Social mobility in industrial society. Berkeley, CA: University of California Press, 1959.

LOWRY D, XIE Y. Socioeconomic status and health differentials in China: Convergence or divergence at older ages. PSC research report, 2009, 9.

MAAS I, VAN LEEUWEN M H D. Toward open societies？: Trends in male intergenerational class mobility in European countries during industrialization. American journal of sociology, 2016, 122（3）.

MENG X, ZHANG J S. The two-tier labor market in urban China: Occupational segregation and wage differentials between urban residents and rural migrants in Shanghai. Journal of comparative economics, 2001, 29（3）.

NEE V, CAO Y. Post-socialist inequalities: The causes of continuity and discontinuity. Research in social stratification and mobility, 2002, 19（2）.

NEE V. A Theory of market transition: From redistribution to markets in state socialism. American sociological review, 1989, 54（5）.

NEE V. Social inequalities in reforming state socialism: Between redistribution and markets in China. American sociological review, 1991, 56（3）.

PARISH W L. Destratification in China//WATSONJ L. Class and social stratification in post-revolution China. Cambridge: Cambridge University Press, 1984.

PARISH W L. Egalitarianism in Chinese society. Problems of communism, 1981, 29.

PARKIN F. Social analysis of class structure. London: Tavistock Publications, 1974.

PENG X Z. China's demographic history and future challenges. Science, 2011, 333（6042）.

POPOV V. Shock therapy versus gradualism reconsidered: Lessons from transition economies after 15 years of reforms. Comparative economic studies, 2007, 49（1）.

POPOV V. Shock therapy versus gradualism: The end of the debate（explaining the magnitude of transformational recession）. Comparative economic studies, 2000, 42（1）.

SHU X L. Market transition and gender segregation in urban China. Social science quarterly, 2005, 86.

SONG X, CATHERINE G M, KAREN A R, et al. Long-term decline in intergenerational mobility in the United States since the 1850s. Proceedings of the national academy of sciences of the United States of America, 2020, 117（1）.

SZELÉNYI I. Varieties of social structure during and after socialism: Russia, East Europe, and China. Chinese sociological review, 2013, 46（2）.

TAKENOSHITA H. Intergenerational mobility in East Asian countries: A comparative study of Japan, Korea and China. International journal of Japanese sociology, 2007, 16（1）.

TAM T, JIANG J. Divergent urban-rural trends in college attendance: State policy bias and structural exclusion in China. Sociology of education, 2015, 88（2）.

TOCQUEVILLE A. Democracy in America. Chicago: University of Chicago Press, 1835.

TREIMAN D J. Industrialization and social stratification. Sociological inquiry, 1970, 40（2）.

WALDER A G, HU S H. Revolution, reform, and status inheritance: Urban China, 1949—1996. American journal of sociology, 2009, 114（5）.

WALDER A G, LI B B, TREIMAN D J. Politics and life chances in a state socialist regime: Dual career paths into the urban Chinese elite, 1949 to 1996. American sociological review, 2000, 65（2）.

WALDER A G. Markets and inequality in transitional economies: Toward testable theories. American journal of sociology, 1996, 101（4）.

WALDER A G. Property rights and stratification in socialist redistributive economies. American sociological review, 1992, 57（4）.

WHYTE M K. Paradoxes of China's economic boom. Annual review of sociology, 2009, 35.

WHYTE M K. Myth of the social volcano: Perceptions of inequality and distributive injustice in contemporary China. Stanford: Stanford University Press, 2010.

WILSON G, VINCENT R, CARSTEN S, et al. Mobility, inequality, and beliefs about distribution and redistribution. Social forces, 2022, 100（3）.

WONG R S, HAUSER R M. Trends in occupational mobility in hungary under socialism. Social science research, 1992, 21（4）.

WU X G, TREIMAN D J. Inequality and equality under Chinese socialism: The hukou system and intergenerational occupational mobility. American journal of sociology, 2007, 113（2）.

WU X G, TREIMAN D J. The household registration system and social stratification in China: 1955—1996. Demography, 2004, 41（2）.

WU X G, XIE Y. Does the market pay off？: Earnings returns to education in urban China. American sociological review, 2003, 68.

WU X G, ZHENG B D. Household registration, urban status attainment, and social stratification in China. Research in social stratification and mobility, 2018, 53.

WU Y X, ZHOU D Y. Women's labor force participation in urban China, 1990—2010. Chinese sociological review, 2015, 47（4）.

WU X G. Communist cadres and market opportunities: Entry into self-employment in China, 1978—1996. Social forces, 2006, 85（1）.

WU X G. Economic transition, school expansion and educational inequality in China, 1990—

2000. Research in social stratification and mobility, 2010, 28 (1).

WU X G. Work units and income inequality: The effect of market transition in urban China. Social forces, 2002, 80 (3).

XIAN H, REYNOLDS J. Bootstraps, buddies, and bribes: Perceived meritocracy in the United States and China. The sociological quarterly, 2017, 58 (4).

XIE Y, DONG H, ZHOU X, et al. Trends in social mobility in postrevolution China. Proceedings of the national academy of sciences, 2022, 119 (7).

XIE Y, ZHANG C N. The long-term impact of the Communist Revolution on social stratification in contemporary China. Proceedings of the national academy of sciences, 2019, 116 (39).

XIE Y, ZHOU X. Income inequality in today's China. Proceedings of the national academy of sciences of the United States of America, 2014, 111 (19).

YAN F, HE G Y, CHEN Y S. The health consequences of social mobility in contemporary China. International journal of environmental research and public health, 2018, 15 (12).

YANG T. Determinants of schooling returns during transition: Evidence from Chinese cities. Journal of comparative economics, 2005, 33 (2).

ZANG E, NAN D D G. Frustrated achievers or satisfied losers？: Inter-and intra-generational social mobility and happiness in China. Sociological science, 2016, 3.

ZANG X W. Labor market segmentation and income inequality in urban China. The sociological quarterly, 2002, 43 (1).

ZENG Z, XIE Y. The effects of grandparents on children's schooling: Evidence from rural China. Demography, 2014, 51 (2).

ZHANG Y P, EMILY H, WANG M Y. Gender-based employment and income differences in urban China: Considering the contributions of marriage and parenthood. Social forces, 2008, 86 (4).

ZHAO Y Z, LI Y J, HEATH A, et al. Inter-and intra-generational social mobility effects on subjective well-being-evidence from Mainland China. Research in social stratification and mobility, 2017, 48.

ZHOU X G, HOU L R. Children of the Cultural Revolution: The state and the life course in the People's Republic of China. American sociological review, 1999, 64 (1).

ZHOU X, XIE Y. Market transition, industrialization, and social mobility trends in post-revolution China. American journal of sociology, 2019, 124 (6).

第六章 教育获得不平等研究

李忠路

（山东大学哲学与社会发展学院社会学系）

第一节 导 论

在现代社会，教育既被视为实现社会平等的助推器，又被看作社会再生产的重要工具，"谁能向上流动"在很大程度上取决于"谁能获得教育"，教育获得不平等被视为导致社会阶层分化的最重要和最关键的机制（李春玲，2003）。教育系统与社会不平等的关系一直是教育社会学和社会分层研究的中心议题，学界关心的核心问题是哪些因素影响了教育机会的群体分布与获得机制。鉴于教育是个人和国家竞争力的核心来源，教育公平问题也是公众、媒体、政策制定者关注的核心问题，因此，《中国教育现代化2035》亦把"如何实现教育机会的均衡分布和公平分配"列为重要发展战略目标之一。

20世纪五六十年代，伴随着西方国家平权运动的兴起和教育扩张的推进，特别是著名的《科尔曼报告》指出家庭背景比学校更能解释学生的学业表现与教育成就，教育的阶层不平等现象逐渐进入公众和学者的视野（陈心想、董书昊，2020）。学界对教育不平等形成的原因及可能的解决方案进行了大量探讨，这些研究大致可以分为学校视角、家庭视角、政策视角三个取向（Reay，2010）。学校视角主要关注学校和班级因素如何影响教育成就与教育获得

（Hallinger & Heck，1998），主张通过改善学校环境和教学实践等措施来提高学生的教育成就，但随着大量研究指出学校因素并不足以解释教育成就的阶层差异，教育实务取向的学校视角的研究在20世纪90年代后日益式微。家庭视角以地位获得模型和威斯康星模型确立的解释框架为研究起点，关注父代社会经济地位和家庭教育方式对子女教育成就的影响，从家庭经济资源、文化资本、社会资本、教养方式等视角来解释教育获得的阶层差异，尤其关注中产阶级和工人阶级不同的文化资本禀赋和教育实践策略是如何再生产了教育的不平等。政策视角主要关注教育政策是如何调节教育阶层不平等的，相关研究探讨了教育扩张、教育选拔、教育分流、学业评估、教育促进项目（如美国的No Child Left Behind，英国的Sure Start）等教育政策能否促进教育的平等化，基本共识是相关教育平等促进政策并未显著改善或是维护了现有的教育不平等。

改革开放以来，我国的教育发展取得了举世瞩目的成就，居民的平均受教育程度有了显著提升，但随着社会阶层分化和教育市场化改革，我国居民教育获得的阶层差异和城乡差异也呈现出扩大趋势，城乡和家庭出身对教育成就和教育获得的影响日益凸显（吴愈晓，2020）。特别是在1999年高校扩招后，"寒门难出贵子"现象开始进入公众视野，教育不平等研究逐渐成为国内社会学研究的重要议题，其热度一直延续至今（陈心想、董书昊，2020）。在借鉴西方经验研究和理论解释的基础上，研究者们根据中国社会情境，探讨了制度变迁如何影响了教育获得的阶层差异，特别是在宏观社会变迁与教育获得不平等关系领域产生了丰硕的成果，为教育不平等研究贡献了中国解释。

概括来说，关于中国教育获得不平等的研究主要围绕着以下三个核心问题展开：第一，宏观社会变迁与教育平等化趋势，主要探究了伴随着社会转型和教育扩张，我国居民的教育获得模式在不同历史时期呈现出怎样的特征，其背后的机制是什么，教育获得不平等在阶层、城乡、性别等重要维度上呈现出了怎样的变化趋势；第二，家庭影响教育获得的路径和机制，重点研究了家庭社会经济地位、教养方式、家庭结构等因素是通过何种路径和机制影响子女的教育成就与教育获得的；第三，教育政策与学校环境对教育获得不平等的影响，特别关注了教育选拔政策、教育分流、学校资源与环境、同辈群体等因素是如何与家庭因素共同作用于教育获得的。

需要说明的是，这种区分只是笔者为了便于文献梳理而做的，在具体研究中，这三大研究议题往往是交织在一起的，只是研究的侧重点略有差异；此外，由于笔者阅读量有限，在进行综述时，难免挂一漏万、存在盲区。在接下来的综述中，本章将依据上述三大议题来梳理关于中国教育获得不平等的研究，然后根据笔者的理解，对进一步研究的方向和议题提供一些初步的想法和建议。

第二节　宏观社会变迁与教育平等化

社会出身对人们教育获得的影响受到宏观制度环境的制约和调节。新中国成立以来，我国发生了巨大的社会变迁，工业化、现代化、市场化、城市化进程的快速推进，既深刻地改变了中国的社会分层格局和社会分化程度，又对各群体的教育获得产生了深远的影响。围绕着"宏观社会变迁与教育平等化趋势"这一核心议题，研究者们较为集中地探讨了以下三个重要问题：第一，新中国成立以来，特别是改革开放以来，我国居民教育获得不平等的总体情况及变化趋势，尤其是教育获得在阶层、城乡、性别等维度上呈现出了何种差异及变化趋势。第二，伴随着社会转型，我国的教育机会分配机制发生了怎样的变化？对各阶层和群体的教育获得模式产生了怎样的影响？第三，教育机会扩张，特别是20世纪90年代末以来的高等教育扩张是否促进了教育平等化？主要对"最大化维持不平等假设"和"有效化维持不平等假设"进行了中国情境的检验。

一、教育获得不平等的变化趋势：从平等到分化

（一）教育获得的阶层差异及变化趋势

新中国成立之初到改革开放之前，党和政府通过扩大基础教育和政策干预等措施来保障工农子弟的教育机会，限制剥削阶级子弟、非劳动人民子弟的教育和向上流动的机会，进而促进了教育的阶层平等（杨东平，2006）。虽然在特

定的情况下，家庭政治成分成了入学选拔的重要标准，政治出身不好者子女的受教育机会得到了限制，但因为被歧视的人群所占比例不大，政治选择过程对教育阶层不平等的影响是有限的（李煜，2006）。经验研究发现，受益于新中国教育平等化的政策和实践，在改革开放以前，家庭出身对个人教育获得的影响极其微弱，并且家庭背景对教育获得的影响在持续降低，教育获得的阶层差异并不明显（Deng & Treiman, 1997; Zhou et al., 1998; 李春玲，2003）。梁晨等人指出，1949年以来，中国高等教育经历了一场"无声的革命"，一流大学的生源开始多样化，以往为优势阶层所垄断的状况被打破，工农等社会阶层的子女逐渐在一流高校中占据相当比重（梁晨等，2012）。这些经验研究都表明，新中国成立之初到改革开放之前，中国居民教育获得的阶层差异呈现出一种较为平等化的格局。

改革开放以来，一方面，以考试分数为中心的绩效选拔成为教育系统的基本原则，计划经济时期执行的带有庇护工农阶层色彩的教育政策退出舞台，普通工农阶层与优势阶层的差距显现出来（李煜，2006）；另一方面，教育的市场化和产业化改革进一步加剧了不同家庭经济背景的学生之间教育机会分配的不平等（李春玲，2003）。与此同时，计划经济向市场经济的转变促使社会阶层结构产生了进一步的分化，家庭对子女的教育支出和投入的阶层化差异日益凸显，社会不平等的扩大导致优质教育资源进一步向高阶层群体倾斜（吴愈晓，2020）。经验研究表明，改革开放以来，以父母教育和职业为代表的家庭出身对个体教育获得的影响越来越重要，教育获得的阶层化差异呈现扩大趋势（李春玲，2003；李煜，2006；吴愈晓，2013），特别是1992年以后，随着社会分化加剧、教育体制受到市场化的冲击，家庭阶层背景的效用显现，管理阶层的资源优势正逐步转化成其下一代的教育机会（刘精明，2008）。另外，改革开放后的教育扩张带来的教育盈余主要被较高阶层获得，这进一步增大了教育分层的不平等程度（郝大海，2007）。方长春和风笑天（2018）利用中国社会综合调查的多期数据（CGSS2003—2013）所做的研究发现，以家庭背景为代表的先赋性因素对中国居民教育获得的影响，基本上经历了从"平均主义模式"向"自由竞争模式"的转变，20世纪80年代末以来，父亲职业地位对子女高等教育机会获得的影响呈现出上升趋势。

总体来说，新中国成立之后的中国教育分层可以分为两个阶段：1978年改革开放之前，教育机会分配趋向公平，家庭背景对个体教育获得的影响不是很突出；1978年改革开放之后，家庭背景对教育获得的影响越来越大。家庭出身等先赋性因素对教育获得的影响呈现出从"平均主义"模式向"自由竞争"模式的转变（方长春、风笑天，2018）。

（二）教育获得的城乡差异及变化趋势

户籍制度造成的城乡二元分割对我国居民的教育机会和教育获得产生了深远的影响。改革开放以来，随着义务教育普及、高等教育扩张和户籍制度改革，我国城乡居民的受教育年限均有显著提升。但相关研究表明，囿于城乡社会经济发展水平、社会阶层分化、教育资源配置等领域的差异，我国居民教育获得的城乡不平等现象并未得到显著改善（吴愈晓，2013、2020；李春玲，2014）。

吴愈晓发现，1978—2008年这30年，得益于义务教育的强制性和普惠性，初中升学机会的城乡差异没有变化，但高中和大学升学机会的城乡不平等呈现出扩大趋势（吴愈晓，2013），而且越年轻的世代，城乡居民之间拥有大学及以上学历的比例差距越大（吴愈晓，2020）。李春玲（2014）应用中国社会科学院开展的CSS2006、2008、2011数据，考察了1940—2010年各教育阶段城乡教育不平等的变化趋势，得出了与吴愈晓相似的结论，即小学阶段的城乡教育不平等在下降，初中阶段的城乡教育不平等没有变化，而高中阶段的城乡教育不平等在持续上升，大学阶段的城乡教育不平等略有上升，她认为中等教育的城乡教育不平等是教育分层的关键所在，初中升入高中的机会的城乡差异在持续上升，进一步导致农村子弟上大学的机会相对下降。庞圣民（2016）也发现城乡间高等教育不平等主要肇始于小学升初中和初中升高中两个阶段，而由后者产生的不平等尤为严重。方长春和风笑天（2018）分析了中国综合社会调查（CGSS）中70个年龄组的教育获得变化趋势，发现从新中国成立到20世纪80年代中期，高等教育的城乡差异处于较低水平，从80年代中后期开始高等教育的城乡差异开始拉大，2000年之后快速拉大，近年来高等教育的城乡差异呈现出下降的趋势。

此外，伴随着我国的户籍制度改革和城市化进程，大量农村剩余劳动力来到城市谋求更好的工作机会，由此产生了流动儿童与留守儿童群体，他们的教育成就和教育获得也受到学界的广泛关注。首先，就流动儿童的教育成就与教育获得而言，一种观点认为，流动儿童因户籍制度和入学制度的限制，往往被排斥在城市优质教育资源之外，他们的学业表现和教育获得往往处于劣势（杨菊华、谢永飞，2015；Wu & Zhang，2015）；另一种观点则认为，相比留在当地的农村儿童，流动儿童有机会接触到城市更丰富、更高端的教育资源，故而，乡城迁移能够促进流动儿童的教育成就与教育获得（曹谦，2018；肖利平、刘点仪，2021）。其次，就留守儿童的教育成就而言，有研究表明，父母外出务工增加了子女的日常开支和教育投资，从而为儿童的学习成绩和教育获得带来显著的积极影响（Lu & Treiman，2011；Hu，2012）；也有研究发现，由于亲子教育的缺失和弱化，留守经历对教育获得产生了不利影响，留守发生阶段越晚，越不利于高等教育学历层次的提升（胡建国、鄢雨，2020）。

（三）教育获得的性别差异及变化趋势

随着教育扩张和社会现代化的发展，世界各国教育获得的性别不平等程度日趋下降，有的国家甚至出现女性教育获得开始超过男性的趋势（Buchmann et al.，2008）。在父权制传统观念的影响下，中国女性的受教育程度曾远远落后于男性，但新中国成立以来，女性的受教育情况得到显著改善，特别是改革开放以来，教育领域的性别不平等现象呈现明显的下降趋势，最近也呈现出女性受教育程度超越男性的情况（叶华、吴晓刚，2011；张兆曙、陈奇，2013；邵岑，2015；吴愈晓，2020）。但不能忽略的是，中国教育获得的性别差异在城乡、不同阶层背景下仍然存在着显著的差异，特别是农村地区或家庭背景较差的女性的教育机会仍然偏少（李春玲，2009；吴愈晓，2012；吴愈晓、黄超，2015；许琪，2018；等等）。

既有研究从家庭背景、生育政策、城乡差异等不同角度对教育获得的性别差异进行了研究和解释。李春玲（2009）系统考察了父母教育、职业、家庭收入、户籍等家庭背景因素对教育获得性别差异的影响，发现相比于男性，女性的教育机会更易受到家庭背景的影响。叶华、吴晓刚（2011）认为计划生育政策促使中国生育率持续下降，改变了家庭子女数和子女的性别构成，并影响了家庭对子女教育投资的性别差异，随着生育率的下降，年轻一代的性别间教育不平等相对老一代降低了。张兆曙、陈奇（2013）考察了中国高等教育扩张对教育获得性别平等化的影响，发现高校扩招总体上改善了高等教育获得的性别差异，特别是改善了父母受教育程度较低的女性以及农村地区女性的高等教育获得。邵岑（2015）的研究也发现，教育扩张促进了基础教育和中等教育的性别平等化。吴愈晓（2012）及吴愈晓、黄超（2015）研究了教育获得性别不平等的城乡差异，发现城镇居民教育获得性别不平等程度较小，并且呈现逐渐缩小的趋势，但受父权制和传统性别角色观念的影响，农村居民教育获得的性别不平等程度虽然也显示出逐渐缩小的趋势，但缩小的幅度很小。许琪（2018）进一步比较了教育获得性别不平等在家庭内部和家庭之间的差异，他发现，教育获得的性别不平等不仅在城乡之间、不同家庭背景和兄弟姐妹数量的家庭之间存在显著差异，不平等的下降速度也随城乡、家庭背景和兄弟姐妹数量的变化而变化，特别是在家庭背景较差和子女众多的农村家庭，教育获得的性别差异下降缓慢且至今依然存在。

综上，新中国成立以来，随着生育率下降（叶华、吴晓刚，2011），教育扩张（张兆曙、陈奇，2013），性别平等观念（吴愈晓、黄超，2015）、性别平等政策实践（Hannum & Xie，1994）、家庭教育投资行为（魏钦恭、张佳楠，2021）的变化，教育获得的性别差异获得了显著改善，但农村地区、家庭背景较差的女性的教育获得仍需进一步改善。

二、教育机会分配机制：从政策干预到绩效选拔

国家教育机会分配原则的变化深刻地影响着中国各阶层的教育获得模式，我国不同时期的教育机会分配原则虽然有细节上的差异，但总体上经历了从"政策干预模式"到"绩效选拔模式"的转变，1977年高考恢复后，"分数挂帅"取代"政治挂帅"，绩效选拔成为整个教育体系的基本准则。

这一议题的代表性研究是李煜2006年发表在《中国社会科学》上的《制度变迁与教育不平等的产生机制——中国城市子女的教育获得（1966—2003）》一文。李煜根据中国社会政治状况和教育制度变迁，区分了政策干预模式、文化再生产模式、资源转化模式等三种教育机会获得的理想类型，并利用2003年中国社会综合调查数据进行了实证检验。

政策干预模式的主要特征是否定或部分否定"绩效选拔原则"，通过照顾

劣势群体的制度设计来削弱教育不平等的代际传递。政策干预模式对应着我国"文革"期间的教育机会分配原则，这一时期的教育选拔取消了考试，而是根据政治成分和表现推荐升学，采取有利于广大工农子弟的筛选标准。文化再生产模式预测父母文化程度越高子女越能取得优异的教育成就，其制度前提是教育选拔遵循绩效原则。在"分数挂帅"的选拔原则下，受教育程度高的父母可通过教育期望、人力资本、文化资本等途径，将家庭文化优势转换为子女的学业表现和教育机会。文化再生产模式主要对应我国改革开放初期（1978—1991），教育体制在高考恢复后回归到绩效原则，终止了对工农子女的庇护政策，社会分化总体上差异不大，且家庭所需承担的教育费用仍然十分低廉，所以这一时期主要表现为文化再生产模式。不同于文化再生产模式通过影响子女的学业表现来换取教育机会，在资源转换模式下，家庭通过直接排斥（垄断和插队）和隐性排斥（教育决策），将其社会经济资源转化为子女教育机会的优势，从而实现教育不平等的代际传递，这种模式发挥作用的前提是教育系统在一定程度上偏离了绩效原则，教育机会分配基本按成绩择优依次录取，但存有一定的制度空间。李煜认为，我国改革开放深化期（1992—2003）社会分化加剧，教育市场化改革使得教育费用上升，资源转换模式开始发挥作用，这一时期文化再生产模式和资源转换模式并存。

三、教育机会结构：从精英教育到大众教育

新中国成立以来，我国的基础教育和高等教育机会总量都有了前所未有的规模扩张，特别是20世纪90年代以来的大学教育扩张，促使我国高等教育实现了从精英教育向大众教育的转变（杨东平，2006）。教育机会扩张能否促进教育平等化？工业化假设预测，随着工业化水平的提高和教育机会的扩张，家庭背景等先赋性因素对教育获得的影响将逐步减弱，教育不平等程度会呈现出下降趋势。跨国比较发现，大多数国家的教育扩张非但没有促进教育的平等化，反而进一步扩大了教育获得的阶层差异。针对这种现象，再生产理论则认为，虽然教育扩张在低水平教育上促进了教育平等，却无法降低高水平教育的不平等。最大化不平等假设（maximally maintained inequality，简称MMI假设）认为只有当上层阶级在某一级别的教育中达到饱和，这一级别的教育不平等才会

下降，然后在下一阶段的教育中维持新的不平等（Raftery & Hout，1993）。而有效化维持不平等假设（effectively maintained inequality，简称EMI假设）则进一步关注同等教育阶段的水平分化问题，该假设认为社会优势阶层在任何教育阶段中都会寻求质量更高的教育机会，因此即使在某个教育阶段上可能会出现教育年限这样的量的平等，但是特定的教育文凭将会以一种质性的、更为不平等的方式替代以前的量的不平等（Lucas，2001）。

刘精明指出教育扩张可能会增加下层家庭子女的受教育机会，从而缩小整体的教育获得差距，但日益增长的社会分化导致的社会封闭性可能会抵消教育扩张可能带来的教育机会的均等化成就，具体表现为家庭背景因素对教育获得的影响变得更大。自1999年高等教育扩招以来，社会阶层背景的影响出现了两种截然不同的变化态势：在地位取向明确的本科教育中，高校扩招导致优势阶层较大程度地扩大了他们的相对优势；而生存取向明确的成人高教领域的机会扩大，则使下层社会群体获得了更多的益处（刘精明，2006）。郝大海利用CGSS2003数据，对最大化维持不平等假设进行了系统检验，研究发现，改革开放后中国教育分层正显现出MMI假设的诸项特征，较高阶层在高中入学阶段具有稳定的优势，同时专业技术阶层在大学入学阶段也具有一定优势，教育扩张带来的教育盈余主要被较高阶层获得，进一步增大了教育分层的不平等程度（郝大海，2007）。李春玲应用2005年1%人口抽样调查数据，系统检验了MMI假设、EMI假设和理性选择理论在中国社会的适用性，她发现，大学扩招没有减少阶层、民族和性别之间的教育机会差距，反而导致城乡之间的教育不平等上升（李春玲，2010）。吴晓刚和张卓妮利用全国人口普查数据分析了教育扩张的影响，教育扩张所带来的教育机会主要被城市居民、特别是大城市居民所获取，这使得城乡教育机会差异进一步扩大（Wu & Zhang，2010）。

第三节　家庭影响教育获得的路径与机制

改革开放以来，随着绩效原则成为教育选拔的主要标准，我国教育机会的分配逐渐由结构和制度排斥转变为个人排斥（洪岩璧、钱民辉，2008；刘浩、钱民辉，2015），父母社会经济地位、资源禀赋、教育投入与教养方式等方面的差异，使不同家庭参与教育竞争的能力产生了分化，从而影响了子代之间在教育获得和教育成就上的差异。在目前中国的教育系统下，家庭对个体教育获得的影响愈发重要，经验研究表明儿童的学业成绩（李忠路、邱泽奇，2016）、教育分流结果（吴愈晓，2013）、高等教育机会获得（刘精明，2014）、上什么样的大学（吴晓刚，2016）、研究生教育机会获得（李忠路，2016）等无不与其家庭出身密切相关。在借鉴西方人力资本理论、文化资本理论、社会资本理论、首属效应与次属效应、教育决策的理性模型、协作培养与自然成长等理论视角和分析框架的基础上，基于文化自觉，研究者们结合中国社会情境对家庭如何影响子女教育成就的微观机制进行了深入的探讨。

一、家庭资源影响教育获得的路径和机制

刘精明（2008）在绩效选拔为主的教育机会分配机制下，进一步探讨了家庭资源对个体教育获得的影响模式。基于"先赋-自致"的经典分析框架以及布东关于首属效应和次属效应的区分，刘精明指出以家庭资源禀赋、城乡、地区等为代表的先赋性因素主要通过促进儿童之间的能力分化、影响教育选择偏好、改变教育机会配置结构三个路径对个体的教育获得产生影响，并将家庭资源区分为内生性家庭资源和外依性家庭资源。以家庭结构和文化资本等为代表的内生性家庭资源较少受到外界力量的影响，对教育不平等产生的影响通常更具有持久性和稳定性。以家庭阶层地位以及与之相关的经济和社会资源为代表的外依性家庭资源，可以通过影响儿童的学习自觉与能力分化、改变教育机会的分配、影响教育选择和通过资源交换获取教育机会等途径导致教育不平等。就外依性家庭资源对教育不平等的影响而言，通常家庭资源所依赖的社会制度条件越多，它所形成的不平等的强度也就越大；但当外部制度条件发生变化的时候，这类不平等的维持机制也更容易受到冲击，并使不平等率先表现出弱化的迹象。

唐俊超（2015）进一步关注了家庭社会经济地位对教育获得的影响是如何随着入学阶段而变化的，他发现家庭社会经济地位及文化背景对个体教育获得

的影响随着入学阶段的上升而降低,并进一步提出了差异选拔、生命历程发展、异质教学三种影响机制,以解释这种变化。基于教育的连续性和过程性特征,李忠路、邱泽奇(2016)分析了在义务教育阶段,家庭社会经济地位如何影响儿童的教育成就,他们指出,家庭一是通过其社会经济资源为儿童提供有差异的教育机会来影响儿童的学业表现,二是通过家长的教育参与和行为支持培养儿童的学习态度和学习习惯,从而对其学业成就产生影响。

概括来说,既有研究主要从家庭经济资源、文化资本、社会资本等角度讨论了家庭社会经济地位对子女教育获得的影响路径和微观机制(吴愈晓,2013)。家庭经济资源为子女的生活和学习提供重要物质保障;文化资本对子女的教育期望、学习行为、学业成就有重要影响;社会资本可以通过父代的社会网络资源和家长-社区-学校形成的社会闭合,帮助子女获得优质教育资源和取得良好学业表现。

(一)家庭经济资源对教育获得的影响

既有研究主要从人力资本理论和教育决策的理性模型两个视角来解释家庭经济资源对子女教育获得的影响。人力资本理论认为个体教育成就的差异主要是家庭对其教育投资的多寡造成的,受到家庭资源的约束,贫穷家庭的父母通常对其子女的教育投入不足,从而影响了子女的教育成就(Becker,1964)。教育决策的理性模型认为,不同阶层的教育选择是存在差异的,社会上层采取的策略是,即使子女的学业成绩不是很好,也会投入大量的资源来保证教育上的优势;而下层采取的策略是将有限的资源投入可以获取短期向上流动的机会中,只有其子女的学业成绩非常优异,才有可能把资源投入到教育中(Goldthorpe,1998)。

改革开放以来,教育资源供给和分配方式的多元化导致家庭经济条件对教育获得的影响日益明显(吴愈晓,2020)。市场力量的介入使得中国的教育系统在办学条件和师资力量上出现分化,教育系统的内部分化为不同家庭提供了不同的教育选择,这是因为优质教育资源的获得在多个维度,特别是家庭社会经济地位的比较上,是竞争性的。此外,教育培训市场的发展提供了学校教育外的选择和补充,经济条件较好的家长可以为孩子购买额外的教育产品和服务,这进一步强化了家庭经济资源对个体教育获得的影响。家庭经济资源影响了家庭对子女的教育投入和优质教育机会的获取，进一步影响了儿童的教育成就和教育获得。

经验研究发现，儿童校外教育消费存在明显的阶层差异，中产家庭的教育支出水平更高、家庭文化藏书量更为丰富、子女参加课外补习的可能性更大（洪岩璧、赵延东，2014；Zhang & Xie，2016；刘保中，2018；林晓珊，2018）；而上课外补习班或课外兴趣班能够提高初中生的数学和字词成绩（Zhang & Xie，2016）。此外，家庭社会经济地位与子女就读学校水平之间具有正向关系，优质公办学校或私立学校里聚集了较多社会经济地位较高家庭的子女，并形成学校阶层隔离（吴愈晓、黄超，2015）。关于家庭资产建设的研究也表明，家庭资产和儿童教育储蓄对于提升儿童学业表现有显著的积极作用（方舒、苏苗苗，2019）；较差的住房条件以及因政府征地而失去土地都会对儿童的学业表现产生负面影响（黄建宏，2018；柳建坤、贺光烨，2019）。

（二）家庭文化资本对教育获得的影响

文化资本理论强调家庭文化资源和文化氛围对孩子教育获得的影响，主要有文化再生产和文化流动两种竞争性的解释。以布尔迪厄为代表的文化再生产模式认为，文化资本一方面有助于提高学生的认知能力和学习技能，另一方面有助于提升其升学抱负和期望，故文化资本与教育获得有着非常密切的关系，文化资本越丰富，在学校的表现越好，升学的机会也越大。来自高阶层家庭的学生通常能够从家庭的文化资本中获益，从而取得优异的学业成就，低阶层的学生则因先天的文化资本不足而受到限制（Bourdieu & Passeron，1990）。文化流动模式认为，精英文化的扩散使文化资本的阶层区隔并不明显，低阶层的学生可以在学校和社会生活中积累相应文化资本，从而实现向上流动（DiMaggio，1982），但遗憾的是文化流动模式并没有得到足够的经验证据支持。

教育筛选遵循绩效原则是文化资本发挥效用的制度前提（李煜，2006），改革开放以来，随着绩效选拔成为我国教育机会分配的主要原则，家庭文化资本对个人教育获得的影响越来越重要（Wu，2008；吴愈晓，2020）。经验研究发现，以父母受教育程度为代表的制度性文化资本对子女教育获得的影响自20世纪90年代以来变得越来越重要（李春玲，2003；李煜，2006；郝大海，2007；

刘精明，2008；Wu，2008；仇立平、肖日葵，2011）；家庭文化因素对初中后教育选择的影响以及对高等教育机会获得的影响甚至大于家庭经济条件的影响（王进、汪宁宁，2013）。此外，关于文化资本发挥作用的两大途径，即通过对子女认知能力与非认知能力的影响来影响教育获得（胡安宁，2007）也得到了大量经验证据支持，受教育程度高的父母对子女的教育期望也越高（刘保中等，2014；张云亮，2018），家庭文化资本对儿童学习成绩有着直接的正向影响（方长春、风笑天，2008；李忠路、邱泽奇，2016；吴愈晓等，2017）。

新近的研究发现，文化资本对学业成就的影响存在阶层差异和学校差异，文化资本的效应在社会经济地位较高的家庭和优质学校中的作用更大，而且由于在高阶层学生聚集的优质学校中更大，因此文化资本的效应在当前中国是一个"双重再生产"过程。在当下的中国教育系统中，文化再生产模型比文化流动模型更适用于理解当前中国文化资本对教育成就和地位获得的影响（吴愈晓等，2017）。

（三）家庭社会资本对教育获得的影响

学界主要从社会闭合和网络资源两个视角来探讨社会资本与教育获得不平等之间的关系（赵延东、洪岩璧，2012；吴愈晓，2020）。布迪尔厄将社会资本定义为个人通过体制化的社会关系网络所能获得的实际或潜在资源的集合，家长可以通过社会网络资源为子女提供更多更好的机会，使子女获得更高水平的教育成就，从而以一种隐秘的方式实现社会再生产（赵延东、洪岩璧，2012）。科尔曼认为家庭社会资本主要是指父母与儿童之间的社会联系，有三种存在形式：家庭成员之间的期望和义务、亲子之间的互动和信息沟通、家庭规范和奖惩。特别是由家长、孩子、教师及其他家长之间形成的紧密社会结构而形成的"社会闭合型"社会资本可以对孩子的教育成就产生直接影响（Coleman，1988；赵延东、洪岩璧，2012）。

关于这一议题的代表性研究是赵延东和洪岩璧2012年发表在《社会学研究》上的《社会资本与教育获得——网络资源与社会闭合的视角》一文。该文作者综合性地分析了布迪尔厄的网络资源和科尔曼的社会闭合两大类型的社会资本如何影响了子女的教育成就与教育获得。他们发现，家长的社会网络资源主要是通过为子女提供更好的教育机会来间接地影响子女的教育成就的，而以父母教育参与和代际闭合为代表的社会资本则对子女的学业成绩有显著的直接影响。此外，社会网络资本也会对社会闭合型资本的作用机制产生影响，丰厚的网络资本往往会放大社会闭合对孩子学业成绩的影响。基于中国教育追踪调查（CEPS）数据的经验研究发现，家长主动承担教育责任、自觉配合并与学校沟通等行为均能有效提高孩子的认知能力和学习成绩（黄亮，2016），亲子间互动的频率、交流沟通的频率越高，孩子的认知能力越强。此外，也有研究指出，父母的教育参与等家庭内部社会资本还是家庭社会经济地位影响学业成就的中介机制，社会经济地位较高的家长通常会更频繁地参与子女学业，从而提升了子女的教育成就（李忠路、邱泽奇，2016；侯利明、雷鸣，2019）。

此外，家庭结构也是一种重要的社会资本。科尔曼指出，家庭的社会资本首先以人力支持的作用存在，父母在场是社会资本发挥作用的必要条件，那些来自单亲家庭或者父母长期缺席的儿童先天缺乏社会资本。同时，即便是父母在场，如果他们的主要精力被投入工作或家庭以外的环境的话，无论他们的人力资本有多高，儿童还是无法从这些人力资本中获益（Coleman，1988）。从这个意义上讲，家庭的社会资本是儿童利用父母人力资本的一个重要通道，社会资本的缺失会影响到人力资本作用的发挥。

总结来说，社会网络资本主要通过资源转换模式影响子女的优质教育机会获得来发挥作用（李煜，2006；赵延东、洪岩璧，2012），而以父母教育参与、家校联系、家长联系等为代表的社会闭合型资本主要通过影响教育期望、学习行为、学业表现等方式直接影响子女的教育成就。

二、家庭教养方式对教育获得的影响

所谓教养方式，是指通过家长养育行为传递给儿童，并由儿童感知到的有关儿童养育的信念、价值、目标、态度和养育风格。鲍姆林德从家长对待儿童情感需求的反应与家长对儿童行为的管教程度两个维度，将教养方式分为四种类型，即权威型（接受-控制）、专制型（拒绝-控制）、溺爱型（接受-容许）、忽视型（拒绝-容许）。拉鲁则提出了"协作培养"和"自然成长"两种教养方式类型。中产阶层家长多采用"协作培养"方式，表现为注重对儿童智力和社交能力的系统性培养，亲子互动中注重理性沟通，注重与学校的互动，对孩子的课外活动进行系统性的规划和组织。工人阶层家长则大多采用"自然成长"方式，强调孩子的成长应顺其自然，不做过多干预，亲子互动中采取命令性的口吻，对孩子学业的参与程度低，不特意给孩子组织课外活动，把大部分的教育责任托付给学校。鲍姆林德和拉鲁的理论框架为之后的教养方式相关研究提供了主要依据。国内关于教养方式与教育获得的研究主要围绕两大议题：一是探讨教养方式的阶层差异，即不同社会经济地位的家庭在教养方式上是否存在差异；二是探讨教养方式对儿童发展的影响，包括学业成就、非认知能力等方面。

关于教养方式的阶层差异，一些研究者依据中国的文化传统和制度安排，描述了当前中国家庭教养方式的基本状况，分析了中国社会中教养方式的阶层差异。黄超（2018）的研究表明，社会经济地位较高的家庭倾向于选择权威型和溺爱型教养方式，社会经济地位较低的家庭倾向于选择专制型或忽视型教养方式。田丰（2019）从养育观、亲子关系和能力培养三个维度，对家庭阶层地位与教养方式之间的关系进行了梳理。中国家庭的教养方式在养育观和亲子关系方面不存在明显的阶层差异，养育观强调服从性（田丰、静永超，2018），亲子关系则趋近于专制型，中产阶层的家长甚至更加不愿意与孩子沟通和共同决策（洪岩璧、赵延东，2014）；在能力培养维度上，阶层差异则较为明显，与工人阶层相比，中产阶层家长更加主动地与学校联系，而且中产阶层的孩子参加课外活动的频率更高、门数更多，但是课外活动表现出强调课外教育而非品味培养的现象，这可能与中国目前的教育制度选拔机制有关。但是我们也关注到，近年来家庭的亲子关系有逐步转向权威型的趋势，中国台湾的中产阶层家长在养育观上的转变程度高于工人阶层家长（蓝佩嘉，2014）。

对于何种教养方式更有利于儿童学业发展，目前学界颇有争议。多数研究表明，权威型教养方式对儿童学业发展更加有利。比如，方平等（2003）的研究表明，权威型教养方式有利于学生通过确定成就目标、形成学业自我概念等来提高学业成就，而专制型教养方式则不利于学业自我概念的形成，忽视型教养方式对确定成就目标有负向影响。也有研究对"权威型教养方式最有利于儿童学业发展"提出了质疑。王红宇（Wang，2014）的研究发现，宽容型教养方式下男孩的学业成绩普遍优于权威型、专制型和忽视型教养方式，女孩则在宽容型、权威型两种教养方式下都有更好的学业成绩回报。朱美静、刘精明（2019）的研究发现，教养方式对儿童的语文学业能力的影响效应存在年龄段的差异，一般来说，权威型教养方式对童年中期的语文能力有更为显著的正向效应，进入青少年早期后，宽容型教养方式显示出了更为积极的作用。同时，教养方式对儿童非认知能力的发展也有显著影响。黄超（2018）的研究表明，权威型教养方式最有利于培养子女的非认知能力，忽视型教养方式最不利于培养子女的非认知能力。

三、家庭结构对教育获得的影响

改革开放以来，随着现代化、工业化、城市化的推进，中国的婚姻和家庭状况发生了深刻的变迁，家庭结构和居住安排模式呈现出多元化格局，这对青少年的教育和发展产生了深远影响（吴愈晓等，2018）。目前学界比较多地关注父母缺席、同胞数量和结构、隔代照顾等与家庭结构和居住安排相关的议题如何影响了个人的教育成就。

关于父母缺席对教育获得的影响，主要有家庭资源理论、社会化理论、社会资本理论三种解释视角。家庭资源理论认为父母的经济资源和时间资源会影响到子女的教育与发展，相比单亲家庭，双亲家庭有较高的收入水平，可以为孩子选择更好的学校、提供优质教育技术或课外辅导课程等，从而帮助孩子更好地积累人力资本（Entwisle & Alexander，1995）。社会化理论认为，父母共同生活养育是促进孩子健康发展的最有利的形式，因离婚或其他原因造成的父母一方或双方的缺位意味着缺位方所承担的功能的丧失，从而对孩子的教育和发展产生负面影响（吴愈晓等，2018）。如前文所述，社会资本理论认为，父母在场是社会资本发挥作用的必要条件，那些来自单亲家庭或者父母长期缺席的家庭的儿童先天缺乏社会资本。同时，即便是父母在场，如果他们的主要精力被投入工作或家庭以外的环境的话，无论他们的人力资本有多高，儿童还是无法从这些人力资本中获益。吴愈晓等人（2018）将父母缺席对子女教育发展的影响归纳为社会经济地位剥夺机制和父母教育参与剥夺机制。在考试成绩、教育期望等一系列指标上，与双亲同住的孩子总是具有更好的表现（吴愈晓等，

2018),关于留守儿童教育成就的研究也发现,母亲单独外出对农村留守儿童的学习成绩具有显著的负面影响(许琪,2018)。

同胞数量和结构包括同胞规模、同胞性别结构、出生顺序、出生间隔等,对个人的教育成就与教育获得有着重要影响。目前学界研究较多的是同胞数量和性别结构对个人教育获得的影响。资源稀释理论和数量质量权衡理论认为,同胞数量和结构会影响家庭内部资源分配模式,在既定的家庭资源的约束下,同胞之间会对有限的家庭资源产生竞争,每个孩子平均分配到的资源将减少,从而不利于子女的教育获得(Becker,1964;Blake,1981),受传统性别观念的影响,男孩通常会获得更多的教育投入,一些家庭甚至会让年长的女孩放弃学业参加工作,以帮助家庭。基于中国的经验研究大部分支持了同胞竞争假设,也发现同胞数量对子女教育获得有显著的负向效应(Weng et al.,2019),且对女孩的教育获得更为不利,即拥有兄弟不利于个人的教育获得,而同胞中女孩比例越高越有利于个人的教育获得(叶华、吴晓刚,2011;郑磊,2013;Weng et al.,2019)。近年来,随着女性受教育程度的提高和母亲在家庭中地位的提高,越来越多的研究发现,多子女家庭中女孩相较于男孩获得了更多的教育资源。尤其是在家庭校外教育投入中,不少研究表明,女孩与男孩相比不仅没有劣势,反而存在不同程度的优势(林晓珊,2018;Liu et al.,2014;Park & Lim,2020;魏钦恭、张佳楠,2021)。由此可见,教育资源分配的性别偏好正在发生一定程度的转变,当下我国不少家庭的教养方式已非男孩优先、女孩次之的传统偏好。

在现代社会,随着双职工家庭的普及和祖辈在青少年生活中扮演着越来越重要的角色,很多家庭由于父母工作繁忙,孩子从一出生就被交给祖辈照看,日常上学的接送工作也往往由祖辈完成。祖辈与孙辈之间这种频繁的互动一方面可以通过高效看管的实现使未成年子女获得更优质的教育,另一方面也能够更好地传递祖辈的经济资源和人力资本。张帆和吴愈晓(2020)通过分析初中学生样本数据考察了三代居住安排与青少年学业表现之间的关系机制,三代共同居住家庭的学生的学业表现要优于两代核心家庭的学生;与祖辈同住的效应受到家庭社会经济地位和家庭结构的调节,来自较低阶层或非双亲家庭的学生从与祖辈同住中获益更多。

第四节　教育政策与学校环境的影响

一、教育政策对教育机会获得的影响

个体教育机会获得深受招生、分流等教育政策的影响，因而研究者们围绕"自主招生""教育分流""撤点并校"等教育政策展开了很多经验研究。

（一）自主招生

自主招生涉及的是优质教育资源（接受精英大学教育机会）的分配问题，自其诞生之日起便引发了广泛关注。自主招生的选拔标准加剧了教育机会分配的不公平性似乎已成为学界的共识。刘丽敏等人（Liu et al., 2014）通过对北京大学自主招生过程的分析发现，即便是在初试成绩完全相同的情况下，面试选拔机制也更青睐来自社会经济地位较高家庭的孩子。尹银等人（2014）发现，父亲的职业地位、受教育程度、家庭收入等较高，以及中东部地区家庭、城市家庭、独生子女家庭等家庭中的孩子更容易通过自主招生获得大学教育机会。鲍威（2012）认为自主招生制度在一定程度上削弱了保送生制度背后存在的不公平性，但依然存在向知识阶层和城市学生倾斜的精英化趋向。刘进（2016）发现考生家庭社会资本对于自主招生有重要影响，弱势阶层、弱势地区和弱势中学的考生在这场新的游戏中无疑是输者。吴晓刚、李忠路（2017）从教育公平和人才选拔效率两个角度检验了自主招生政策实施的效果。他们发现，从教育公平方面来讲，获得自主招生破格录取的学生更有可能来自父母受过高等教育的家庭、城市家庭和好的重点高中。这其中的原因，一方面在于社会经济地位较高的家庭对自主招生相关政策的认知度较高；另一方面在于，在具体的操作环节，自主招生考试所注重的往往不是课本的知识，而是学生的综合素质、能力和知识面或某些方面的特长，而这些素质或特征往往和学生家庭所处的社会经济地位以及掌握的文化资本密切相关。

（二）教育分流

教育分流是指依据学业考试成绩将学生分层别类，让学生进入不同的学校，按照不同的要求和标准并采用不同的方法向学生教授不同的内容，使其成为不同类型的人才。关于教育分流体制与教育不平等之间的关系，相关研究主要围绕"重点学校制度"和"学轨制"两大制度安排进行分析。研究结果更倾向于认为重点学校制度和学轨制对教育平等造成了负面影响（侯利明，2020）。

1. 重点学校制度对教育获得的影响

重点学校制度是通过将有限的教育资源集中在极少数学校，以改善其教育环境、提升教育质量，通过考试选拔出学习成绩优异者，让他们在优越的教育条件下实现优势发展的一项制度。与非重点学校相比，重点学校拥有更雄厚的师资力量、更充足的教育经费、更完善的教育配置和更多的学习交流机会，进而可以为学生提供更优越的学习环境，庇护学生在后续教育中胜出。虽然这种制度在一定程度上解决了我国的人才问题，但是其对教育平等的消极影响引起了社会各界的重视。杨东平（2005、2006）较早地阐述了重点－非重点二元学校制度对社会开放性的威胁。这种制度成为中等教育社会分层的基本制度之一，城镇户籍和中高阶层家庭的学生集中在重点中学，而农业户籍和低阶层家庭的学生多在普通中学，导致教育资源、生源和师资力量的分配严重不均，破坏了正常的社会流动机制，成为阶层固化或加大社会两极分化的制度设置。吴愈晓（2013）使用CGSS2008调查数据考察了重点中学制度对教育获得的影响，认为家庭背景特别是父母社会经济地位对子女高等教育机会获得的影响是有限的，更主要是通过影响子女进入重点中学来实现的，是否进入重点中学成为城乡居民之间不平等的重要分水岭。应星、刘云杉（2015）指出，重点中学成立的目的是通过发挥示范作用，集中力量和资源来带动普通中学质量的提高，结果则是拉大了学校间的差距，加剧了学校间的竞争，成为推动应试教育、凝固和扩大阶层差距的选拔机制。王威海、顾源（2012）则更直接地讨论了分流体制下的重点学校制度对个人生命历程的影响，认为这一制度不仅导致了后续高等教育机会分配的不平等，也会间接影响地位获得的机会。不同于上述观点，梁晨等人（2012）的研究肯定了重点中学制度使得一部分家庭文化资源相对薄弱的工农子女能够进入一流大学。

2. 学轨制对教育获得的影响

除重点学校制度外，新中国成立以后特别是改革开放以来，基于工业化和现代化的需求，决策部门也一直很重视职业教育，建立了大批初等、中等（包括中专、职高、技工等）和高等职业（大专）学校，并逐步形成了一套完善的现代职业教育体系。职业教育体系的建立和完善意味着学轨制的形成。普职分流本是基于职业分工和个性化发展的自主选择，但在现实中却演变成"一流"和"二流"的分水岭，即由于职业教育的办学条件（包括财政投入、师资和各项硬件环境）都不及普通教育，而且其生源大部分来自中低收入家庭，因此职业学校学生与普通学校学生相比被置于二流学生的境地。

在学术教育轨道与职业教育轨道的选择上，不同社会阶层的家庭存在很大差异。研究表明，中上阶层的孩子更可能进入学术教育轨道，毕业后获得更高地位的职业，而低阶层的孩子则更可能进入职业教育轨道，从而影响他们获得高等教育的机会和相应更高的职业地位。而且，父母的学历越高，子女选择就读职业学校的概率越小，选择学术型学校的可能性越大。吴愈晓（2013）通过分析CGSS2008的数据发现，家庭社会经济地位诸如户籍、父亲的职业地位和父母受教育程度等，会影响子女在高中阶段的升学路径，家庭社会经济地位（父亲的职业地位和父母受教育程度）越高的学生，越有可能选择学术教育轨道而非职业教育轨道。李春玲（2014）通过对中国社科院的三次全国抽样调查数据（2006年、2008年、2011年）中"80后"人群的教育经历进行分析，发现上层和中上阶层（管理人员和中高层专业人员）子女大多数进入普通高中，再考入大学；中下阶层（办事人员、低层专业人员、农村专业技术人员等）子女在学业成绩不理想、考大学希望较小的情况下会选择职业教育，掌握一定的专业技能后再进入劳动力市场；农民子女在学业成绩不理想、考大学希望较小的情况下较倾向于放弃升学，直接进入劳动力市场，外出打工挣钱。

（三）撤点并校

20世纪90年代末，我国农村义务教育阶段发生了大规模的"撤点并校"布局调整。"撤点并校"政策的初衷在于调整学校布局、提高教育效率。2001年，国务院发布《关于基础教育改革与发展的决定》，提出要"因地制宜调整农村义务教育学校布局"。自此，全国范围开启了对村小有计划、有步骤的布局调整进程，大量农村学校消失。2012年9月，国务院办公厅发布《关于规范农村义务教育学校布局调整的意见》，提出要"规范农村义务教育学校撤并程序""坚决制止盲目撤并农村义务教育学校"，被视为"撤点并校"政策的重大转向。

自2001年正式启动到2012年紧急叫停，"撤点并校"实施了整整十年。这期间，农村义务教育阶段学校的数量急剧下降，且降幅大于学生减少的幅度（潘光辉，2017），我国的小学生人数减少1/4，初中生人数减幅超过10%，但是学校撤并的数量达到了50%、60%甚至80%~90%，政策的负面效应逐渐显现，使原本在村中就可以获得的教育资源转向城镇，进而增加了农村学生教育获得的成本，提高了农村家庭当下的教育支出。农村学生要"长途跋涉"到寄宿学校，缴纳伙食费、寄宿费，许多家长还要进城陪读，农村学生重新面临上学难、上学贵、上学远的问题。

二、学校环境对教育机会获得的影响

学校是学生接受教育的场所，是学生成长和发展的重要环境，其在社会不平等形成过程中扮演何种角色，究竟是扩大了还是缩小了社会不平等，一直是教育社会学领域争论的焦点。功能论学者认为，当代教育系统建立在平等主义理念之上，每个个体都应该得到相同的教育机会，因此学校应当是降低社会不平等的机构，扮演着筛选人才和平等器的角色；冲突论学者则认为，教育系统或学校并不会带来社会的平等化，相反它们是合法化不平等的机构，有助于优势阶层通过系统灌输或宣扬自己特定的规则、文化品位或意识形态实现不平等的再生产。与理论分歧相对应的是经验研究结果的差异。有研究表明，教育不平等是在学校之外的教育过程（如暑期补习）中产生的，学校可以在一定程度上抵消校外产生的不平等，因而弱势家庭的学生比优势家庭的学生更能从学校教育中获益（Raudenbush & Eschmann，2015；Alexander et al.，2007）。另有研究表明，学校教育通过能力分班和学轨制等方式，实现了不平等的再生产（Gamoran & Mare，1989），在接受学校教育的过程中，学生最初的劣势或优势不断累积，差异不断扩大。基于此，中国研究者思考并检验了在市场转型和教育制度变迁的背景下，我国的教育体系和学校扮演着何种角色。

囿于数据限制，立足中国的社会背景，关于学校因素对教育公平性的经验检验或理论探讨相对较少。吴愈晓等人（2017）使用CEPS2013—2014学年基线数据，以文化资本为核心理论，将家庭社会经济背景和学校质量相结合讨论了文化再生产，验证了文化资本的"双重再生产"现象，家庭环境实现了文化资本的第一重再生产，学校系统实现了文化资本的第二重再生产。随着中国的阶层分化日益加剧，学校间也因教育资源、教育理念和实践方式不同而明显分化，文化资本将会扩大高社会经济地位群体的优势，也即在高阶层学生聚集的优质学校中，文化资本可以得到更多的学业成就回报，特别是学校系统与家庭背景的勾连，强化了文化资本的再生产，削弱了学校原本应该承担的平等器的作用。

在学校环境中，同辈群体也是影响教育成就的重要因素。科尔曼在《青少年社会》一书中提出，在青少年群体中存在着有别于成人文化的亚文化，作为同龄人，青少年之间更容易相互影响。而且，同伴对学生成就的影响甚至比教师和学校的影响更大（Coleman，1961）。关于同伴网络影响教育成就的机制和途径，研究者们通常认为分为直接效应和间接效应，但对于哪种效应占主导地位尚未形成共识。直接效应强调个体的能动性和理性，强调行动者通过对社会网络资源的动员和利用获取社会支持和达成目标（如获得好成绩），同伴所掌握的学习资源和技能便构成了学生的网络资源。间接效应将社会网络视作外在于个体的社会情境，社会网络对各类产出（如学业成就）的影响不是直接的，而是通过影响个体的价值观（如教育和职业期望）和行为间接产生的。程诚（2017）考察了同伴社会资本对青少年学业成就的影响机制及途径，通过对中国某高校官方数据的分析，发现同伴社会资本的影响机制是间接的，即通过影响个体的价值观和行为影响最终学业产出。而且，随着时间的推移，与自身阶层背景相似的同伴社会资本的影响有增强的趋势，背景相异的同伴影响则维持稳定。

第五节 总结与展望

综上所述，基于中国社会情境和严谨的调查数据，研究者们讨论了社会转型、市场化、城市化、教育扩张等宏社会观因素如何影响了教育机会的群体分布和教育机会的分配模式；研究了家庭社会经济地位、父母教养方式、家庭结构和居住安排等微观家庭因素影响子女教育获得的路径和机制；探讨了教育选拔政策、教育分流、撤点并校、学校环境、同辈群体等政策与学校因素如何影响个人的教育获得。这些不同视角和主题的研究，为我们理解中国教育公平问题提供了深刻的理论洞见和经验证据。

然而，依据笔者浅见，目前中国的教育获得研究仍存在不少有待深入的议题和领域。首先，虽然基于 CEPS 和大学生调查数据（如首都大学生跟踪调查，中国大学生及毕业生就业、生活和价值观追踪调查等），现有研究对学校资源与同辈群体如何影响不同阶层的教育获得进行了有益探讨，但在学校影响个人教育获得的具体机制和长远影响方面还需进一步深化，如教师期望、师生互动、同辈交往、素质教育与教学改革等具体的教育实践如何影响了学生最终的教育获得？其次，近年来受新冠感染疫情的影响，互联网和线上教育广为人们所接受，互联网＋教育改善了家庭资源禀赋和社会结构差异所导致的教育获得不平等，还是进一步强化了教育不平等？其影响教育获得的路径和机制与传统的线下教育是否有不同？再次，国际化如何影响教育获得不平等，随着出国留学已经成为越来越多的家长和学生的教育选择，海外教育的选拔政策、对家庭经济资源和文化资本的要求与国内的教育系统存在较大的差异，出国留学如何改变了中国的教育生态和教育获得，也是一个值得关注的议题。最后，职业教育的发展如何影响个人和家庭的教育选择及教育获得？虽然既有研究讨论了教育分流与教育获得不平等的关系，但有待补充基于新近情境的研究，特别是在国家大力发展职业教育的当下，地方社会发展水平、产业结构变化、职业教育招生政策等因素如何影响了个人和家庭的教育决策，能否改变中国教育获得的机制和路径？

个人的教育获得既受宏观教育机会结构和教育分配模式的影响，又与个人和家庭参与教育竞争的能力密切相关。随着我国的教育机会的分配由结构和制度排斥转变为个人排斥，优势阶层会凭借着丰富的家庭资源禀赋帮助子女获取更好、更高的教育机会，导致受教育机会的阶层差异不断加剧。鉴于教育是个人和国家竞争力的核心来源，教育公平问题也日益受到公众、媒体、政策制定者的关注，如何通过宏观政策改善教育获得的不平等现实，应是政府和学界需要持续研究的重大课题之一。

参考文献：

拉鲁.不平等的童年.张旭,译.北京：北京大学出版社,2010.

鲍威.高校自主招生制度实施成效分析：公平性与效率性的视角.教育发展研究,2012,32（19）：1-7.

陈心想,董书昊.时代发展与学术议题：以教育社会学中"社会流动与地位获得"研究演变为例.学习与探索,2020（5）：17-31.

曹谦.流动经历对农村青少年教育获得的影响：基于"中国城镇化与劳动力移民研究"数据的实证研究.教育与经济,2018（4）：89-96.

程诚.同伴社会资本与学业成就：基于随机分配自然实验的案例分析.社会学研究,2017,32（6）：141-164,245.

方长春,风笑天.家庭背景与学业成就：义务教育中的阶层差异研究.浙江社会科学,2008（8）：47-55,126-127.

方长春,风笑天.社会出身与教育获得：基于CGSS 70个年龄组数据的历史考察.社会学研究,2018,33（2）：140-163,245.

方平,熊端琴,郭春彦.父母教养方式对子女学业成就影响的研究.心理科学,2003（1）：73-76.

方舒,苏苗苗.家庭资产建设对儿童学业表现的影响：基于CFPS2016数据的实证分析.社会学评论,2019,7（2）：42-54.

郝大海.中国城市教育分层研究：1949—2003.中国社会科学,2007（6）：94-107,206.

侯利明,雷鸣.社会资本与教育获得：基于亲子互动模式的潜在类别分析.西安交通大学学报（社会科学版）,2019,39（4）：114-125.

侯利明.教育系统的分流模式与教育不平等：基于PISA 2015数据的国际比较.社会学研究,2020,35（6）：186-211,245-246.

黄建宏.住房贫困与儿童学业：一个阶层再生产路径.社会学评论,2018,6（6）：57-70.

黄超.家长教养方式的阶层差异及其对子女非认知能力的影响.社会,2018,38（6）：216-240.

黄亮.家长参与学校教育对初中学生认知能力表现影响的实证研究：基于中国教育追踪调查基线数据的分析.教育科学研究,2016（12）：53-59.

洪岩璧,钱民辉.中国社会分层与教育公平：一个文献综述.中国农业大学学报（社会科学版）,2008,25（4）：64-76.

洪岩璧,赵延东.从资本到惯习：中国城市家庭教育模式的阶层分化.社会学研究,2014,29（4）：73-93,243.

胡安宁.文化资本研究：中国语境下的再思考.社会科学,2017（1）：64-71.

胡建国，鄢雨.留守经历与高等教育地位获得.青年研究，2020（4）：1-10，94.

李春玲.社会政治变迁与教育机会不平等：家庭背景及制度因素对教育获得的影响：1940—2001.中国社会科学，2003（3）：86-98，207.

李春玲.教育地位获得的性别差异：家庭背景对男性和女性教育地位获得的影响.妇女研究论丛，2009（1）：14-18.

李春玲.高等教育扩张与教育机会不平等：高校扩招的平等化效应考查.社会学研究，2010，25（3）：82-113，244.

李春玲.教育不平等的年代变化趋势：1940—2010：对城乡教育机会不平等的再考察.社会学研究，2014，29（2）：65-89，243.

李煜.制度变迁与教育不平等的产生机制：中国城市子女的教育获得：1966—2003.中国社会科学，2006（4）：97-109，207.

李忠路.家庭背景、学业表现与研究生教育机会获得.社会，2016，36（3）：86-109.

李忠路，邱泽奇.家庭背景如何影响儿童学业成就？：义务教育阶段家庭社会经济地位影响差异分析.社会学研究，2016，31（4）：121-144，244-245.

刘保中，张月云，李建新.社会经济地位、文化观念与家庭教育期望.青年研究，2014（6）：46-55，92.

刘保中."鸿沟"与"鄙视链"：家庭教育投入的阶层差异：基于北上广特大城市的实证分析.北京工业大学学报（社会科学版），2018，18（2）：8-16.

刘浩，钱民辉.谁获得了教育：中国教育获得影响因素研究述评.高等教育研究，2015，36（8）：9-19.

刘精明.高等教育扩展与入学机会差异：1978～2003.社会，2006（3）：158-179，209.

刘精明.中国基础教育领域中的机会不平等及其变化.中国社会科学，2008（5）：101-116，206-207.

刘精明.能力与出身：高等教育入学机会分配的机制分析.中国社会科学，2014（8）：109-128，206.

刘进.社会资本对高校自主招生影响的实证计量.重庆高教研究，2016，4（2）：72-80.

蓝佩嘉.做父母、做阶级：亲职叙事、教养实作与阶级不平等.台湾社会学，2014（27）：97-140.

梁晨，李中清，张浩，等.无声的革命：北京大学与苏州大学学生社会来源研究：1952—2002.中国社会科学，2012（1）：98-118，208.

吕利丹，王非.人口流动与儿童教育：基本事实与解释.人口研究，2017，41（6）：45-57.

柳建坤，贺光烨.农民失地会影响子女的学业表现吗：来自中国家庭追踪调查的证据.教育研究，2019，40（8）：115-126.

林晓珊."购买希望":城镇家庭中的儿童教育消费.社会学研究,2018,33(4):163-190,245.

马宇航,杨东平.城乡学生高等教育机会不平等的演变轨迹与路径分析.清华大学教育研究,2015,36(2):7-13.

潘光辉."撤点并校"、家庭背景与入学机会.社会,2017,37(3):131-162.

庞圣民.市场转型、教育分流与中国城乡高等教育机会不平等:1977—2008:兼论重点中学制度是否应该为城乡高等教育机会不平等买单.社会,2016,36(5):155-174.

仇立平,肖日葵.文化资本与社会地位获得:基于上海市的实证研究.中国社会科学,2011(6):121-135,223.

邵岑.教育扩张与教育获得性别差异:1978—2008.青年研究,2015(2):10-19,94.

唐俊超.输在起跑线:再议中国社会的教育不平等:1978—2008.社会学研究,2015,30(3):123-145,244.

田丰,静永超.工之子恒为工?:中国城市社会流动与家庭教养方式的阶层分化.社会学研究,2018,33(6):83-101,243-244.

田丰.阶层教养方式述评:拉鲁框架与中国社会.社会发展研究,2019,6(1):225-241,246.

吴晓刚.中国当代的高等教育、精英形成与社会分层:来自"首都大学生成长追踪调查"的初步发现.社会,2016,36(3):1-31.

吴晓刚,李忠路.中国高等教育中的自主招生与人才选拔:来自北大、清华和人大的发现.社会,2017,37(5):139-164.

吴愈晓.中国城乡居民教育获得的性别差异研究.社会,2012,32(4):112-137.

吴愈晓.中国城乡居民的教育机会不平等及其演变:1978—2008.中国社会科学,2013(3):4-21,203.

吴愈晓.教育分流体制与中国的教育分层:1978—2008.社会学研究,2013,28(4):179-202,245-246.

吴愈晓.社会分层视野下的中国教育公平:宏观趋势与微观机制.南京师大学报(社会科学版),2020(4):18-35.

吴愈晓,黄超.中国教育获得性别不平等的城乡差异研究:基于CGSS2008数据.国家行政学院学报,2015(2):41-47.

吴愈晓,黄超,黄苏雯.家庭、学校与文化的双重再生产:文化资本效应的异质性分析.社会发展研究,2017,4(3):1-27,242.

吴愈晓,王鹏,杜思佳.变迁中的中国家庭结构与青少年发展.中国社会科学,2018(2):98-120,206-207.

魏钦恭,张佳楠.来自兄弟的"让渡"和母亲的"馈赠":校外教育投入中的女孩占优现象与家庭偏好逻辑.社会，2021，41（5）：208-242.

王进，汪宁宁.教育选择：理性还是文化：基于广州市的实证调查.社会学研究，2013，28（3）：76-100，243.

王威海，顾源.中国城乡居民的中学教育分流与职业地位获得.社会学研究，2012，27（4）：48-66，242-243.

许琪.父母外出对农村留守儿童学习成绩的影响.青年研究，2018（6）：39-51，92.

许琪.男女教育的平等化趋势及其在家庭间的异质性.青年研究，2015（5）：59-68，95-96.

肖利平，刘点仪.乡城人口迁移与流动儿童教育获得：基于教育质量的视角.中国经济问题，2021（6）：182-196.

杨东平.高中阶段的社会分层和教育机会获得.清华大学教育研究，2005（3）：52-59.

杨东平.中国教育公平的理想与现实.北京：北京大学出版社，2006.

杨菊华，段成荣.农村地区流动儿童、留守儿童和其他儿童教育机会比较研究.人口研究，2008（1）：11-21.

杨菊华，谢永飞.流动儿童的学前教育机会：三群体比较分析.教育与经济，2015（3）：44-51，64.

杨可.母职的经纪人化：教育市场化背景下的母职变迁.妇女研究论丛，2018（2）：79-90.

叶华，吴晓刚.生育率下降与中国男女教育的平等化趋势.社会学研究，2011，26（5）：153-177，245.

尹银，周俊山，陆俊杰.谁更可能被自主招生录取：兼论建立高校自主招生多元评价指标体系.清华大学教育研究，2014，35（6）：41-47.

应星，刘云杉."无声的革命"：被夸大的修辞：与梁晨、李中清等的商榷.社会，2015，35（2）：81-93.

张兆曙，陈奇.高校扩招与高等教育机会的性别平等化：基于中国综合社会调查（CGSS2008）数据的实证分析.社会学研究，2013，28（2）：173-196，245.

张云亮.亲子互动、学校资源与学生教育期望：基于"中国教育追踪调查"的异质性分析.青年研究，2018（2）：46-56，95.

张帆，吴愈晓.与祖辈同住：当前中国家庭的三代居住安排与青少年的学业表现.社会，2020，40（3）：212-240.

郑磊.同胞性别结构、家庭内部资源分配与教育获得.社会学研究，2013，28（5）：76-103，243-244.

赵延东，洪岩璧.社会资本与教育获得：网络资源与社会闭合的视角.社会学研究，2012，5（27）：47-69.

朱美静，刘精明. 教养方式对儿童学业能力的影响. 社会发展研究，2019，6（2）：43-62，243.

AIEXANDER K L，ENTWISLE D R，OLSON L S. Lasting consequences of the summer learning gap. American sociological review，2007，72（2）.

BAUMRIND D. Current patterns of parental authority. Developmental psychology，1971，4（1）.

BECKER G S. Human capital：A theoretical and empirical analysis，with special reference to education. 3rd ed. Chicago：University of Chicago Press，1964.

BLAKE J. Family size and the quality of children. Demography，1981，18（4）.

BOURDIEU P，PASSERON J C. Reproduction in education，society and culture. 2nd ed. California：Sage Publications，1990.

BUCHMANN C，DIPRETE T A，MCDANIEL A. Gender inequalities in education. Annual review of sociology，2008，34.

COLEMAN J S. The adolescent society：The social life of the teenager and its impact on education. New York：The Free Press of Glencoe，1961.

COLEMAN J S. Social capital in the creation of human capital. American journal of sociology，1988，94：S95-S120.

DIMAGGIO P. Cultural capital and school success：The impact of status culture participation on the grades of U.S. high school students. American sociological review，1982，47（2）：189-201.

DIMAGGIO P J，MOHR J. Cultural capital，educational attainment，and marital selection. American journal of sociology，1985，90（6）.

DENG Z，TREIMAN D J. The impact of the Cultural Revolution on trends in educational attainment in the People's Republic of China. American journal of sociology，1997，103（2）.

ENTWISLE D R，ALEXANDER K L. A Parent's economic shadow：Family structure versus family resources as influences on early school achievement. Journal of marriage and family，1995，57（2）.

GAMORAN A，MARE R D. Secondary school tracking and educational inequality：Compensation，reinforcement，or neutrality？. American journal of sociology，1989，94（5）.

GOLDTHORPE J H. Rational action theory for sociology. The British journal of sociology，1998，49（2）.

HALLINGER P，HECK R H. Exploring the school principal's contribution to school effectiveness 1980—1995. School effectiveness and school improvement，1998，9（2）.

HU F. Migration，remittances，and children's high school attendance：The case of rural China. International journal of educational development，2012，32（3）.

HANNUM E, XIE Y. Trends in educational gender inequality in China: 1949—1985. Social stratification and mobility, 1994, 13.

IRVING E S, ANN V M. Parenting beliefs are cognitions: The dynamic belief systems model//BORNSTEIN M H. Handbook of parenting: Being and becoming a parent. Mahwah: Lawrence Erlbaum Associates Inc. Publishers, 2002.

LIU L M, WAGNER W G, WU X W, et al. Independent freshman admission and educational inequality in the access to elite higher education. Chinese sociology review, 2014, 46(4).

LU Y, TREIMAN D J. Migration, remittances and educational stratification among blacks in apartheid and post-apartheid South Africa. Social forces, 2011, (89) 4.

LUCAS S R. Effectively maintained inequality: Education transitions, track mobility, and social background effects. American journal of sociology, 2001, 106(6).

PARK H, LIM Y. Student participation in private supplementary education: A comparative analysis of Japan, Korea, Shanghai, and the USA. Chinese journal of sociology, 2020, 6(2).

RAFTERY A E, HOUT M. Maximally maintained inequality: Expansion, reform, and opportunity in Irish education, 1921-75. Sociology of education, 1993, 66(1).

RAUDENBUSH S W, ESCHMANN R D. Does schooling increase or reduce social inequality?. Annual review of sociology, 2015, 41(1).

REAY D. Sociology, social class and education//MICHAEL W A, STEPHEN J B, GANDIN L A. The Routledge international handbook of the sociology of education. London: Routledge, 2009.

WANG H Y. The Relationship between parenting styles and academic and behavioral adjustment among urban Chinese adolescents. Chinese sociological review, 2014, 46(4).

WENG Q, GAO X, HE H R, et al. Family size, birth order and educational attainment: Evidence from China. China economic review, 2019, 57.

WU X G, ZHANG C N. Changes in educational inequality in China, 1990—2005: Evidence from the population census data. Research in the sociology of education, 2010, 17.

WU X G, ZHANG C N. Population migration and children's school enrollments in China, 1990—2005. Social science research, 2015, 53.

WU Y X. Cultural capital, the state, and educational inequality in China, 1949—1996. Sociological perspectives, 2008, 51(1).

ZHANG Y Y, XIE Y. Family background, private tutoring, and children's educational performance in contemporary China. Chinese sociological review, 2016, 48(1).

ZHOU X G, MOEN P, TUMA B N. Educational stratification in urban China: 1949-94. Sociology of education, 1998, 71(3).

第七章 | 工作流动研究

周 扬

(中央财经大学社会与心理学院)

第一节 导 言

工作流动是个体在劳动力市场结构中位置与状态的变化，是个体职业生涯塑造的重要组成部分，从代内社会流动的角度反映了社会的流动性。工作流动是个体地位获得的重要过程，也影响着整个社会的分层结构和流动模式。英文文献中的"工作流动"通常用 job mobility[1] 来表达，也有一些研究使用 job shifts、job changes、turnover[2] 等词。值得指出的是，job mobility 在中文文献中常常被翻译为"职业流动"[3]，而中英文实证研究中主要讨论和操作化的是"工

---

[1] 也有研究者将"job mobility"翻译为"就业流动"（吴晓刚，2008）。
[2] 其中，job mobility/shifts/changes 等主要用于社会学、人口学领域（Davis，1992；Hachen，1990），而 turnover 主要用于人事管理经济学领域（拉齐尔，2000；风笑天、王晓焘，2013）。
[3] 例如，戴慧思的"Job Mobility in Post-Mao Cities: Increases on the Margins"（Davis，1992）一文的中文翻译版本收录在《市场转型与社会分层——美国社会学者分析中国》（边燕杰，2002）中，其英文标题中的"job mobility"被译为"职业流动"。吴愈晓（2011）的文章《劳动力市场分割、职业流动与城市劳动者经济地位获得的二元路径模式》，在脚注中指出其研究所讨论的职业流动（job mobility）是指变换工作单位（或雇主），而不包括同一单位内的流动。

作单位或组织流动"[①]。事实上，社会学领域中常常有将工作单位或雇主变化的流动等价为"职业流动"的倾向，这一倾向或是为了研究的便宜性，或是遵循了早期职业分层研究的传统。然而，工作流动的含义比职业流动（occupational mobility）、工作组织流动（cross-organizational mobility/job mobility within and across organizations）更加广泛，既可以包含不同职业属性或工作内容上的变化，也可以包括不同工作场合和组织及雇主的变更。与工作流动相关的概念还有职业生涯流动（career mobility）和代内流动（intragenerational mobility），工作流动是进一步分析职业生涯流动和代内流动的基本单位。

工作流动研究，即以工作流动现象或事件为核心的实证研究，其主要的研究内容包括：第一，探讨工作流动的发生机会或模式；第二，解释工作流动的发生机制；第三，探究工作流动带来的社会经济后果。但由于"工作流动"概念本身的内涵和外延较为广泛，以及不同实证研究对工作流动的操作化定义不尽相同，工作流动实证研究的文献梳理也需要一条较为清晰且全面的线索。以下是本章的行文安排：在第一节中，笔者将首先介绍工作流动研究的三类研究主题，进而借用关于工作与不平等各个研究层次、分析单位的动力学模型（Baron & Bielby，1980），对工作流动研究进行整体性评述，提出"工作流动的类型学分析"的综述角度与线索，针对不同分类维度下的工作流动进行概念界定与辨析，总结理论模型并梳理实证发现；在第二节中，笔者将根据上述线索，对中国情境下的工作流动实证研究的主要发现和研究范式进行梳理和评论；最后一节是对目前关于中国的工作流动实证研究进行总结和讨论，并对未来工作流动领域的研究增长点进行评论和展望。

一、工作流动研究的主要内容

在社会学领域，工作流动研究主要从属于社会流动研究，是社会学家对传

[①] 如周雪光等人将"job shifts"操作化为工作单位类型间的转换（Zhou et al.，1997）。王春光（2003）在《中国职业流动中的社会不平等问题研究》中写道："所谓职业流动，就是指寻找和变换工作的过程，所谓变换工作，就是指工作单位的变动，或在同一单位内因职务、职称、行政级别或职业活动的变更而造成工作内容和工作性质的重大变化。"吴克明和成刚（2008）在《教育的收入效应新探——劳动力工作流动的视角》中写道："工作流动（job mobility 或 turnover）是指雇员从一个工作单位转换到另一个工作单位，或者说是雇员的雇主发生了变化。"

统社会向现代社会变迁过程中工业化、现代化进程和劳动力市场所进行的经验观察催生的产物。目前关于工作流动的研究主题或研究内容主要集中于三个方面：流动机会、流动机制和流动后果。

第一，将工作流动作为因变量，探讨工作流动机会分布中存在的结构性不平等问题，尤其是关注工作流动机会分布的结构性差异和群体异质性。其中，劳动力市场分割理论是重要的理论模型。将劳动力市场分割理论应用于工作流动机会不平等研究中，强调的是劳动力市场中的机会分布存在结构性分割，这种现象会影响个体的工作流动，而工作流动本身意味着地位获得和社会流动的机会。二元劳动力市场理论进一步强调整个劳动力市场结构并不是同质的，而是可以分为"首要劳动力市场"和"次要劳动力市场"（Doeringer & Piore，1971），二者之间的结构性差异使得处在次要劳动力市场中的个体难以进行跨市场部门的流动。除二元劳动力市场理论外，劳动力市场分割理论还包含着"内部劳动力市场"和"外部劳动力市场"的区分。二元分割的劳动力市场结构以及内部劳动力市场的存在对个体选择在组织内部晋升还是向外部流动有较大影响，塑造了工作流动机会分布上的结构性不平等。关于工作流动机会分布的群体异质性问题，西方学者提出了"有限机会模型"进行讨论，这一模型旨在讨论区别于白人男性群体，女性、黑人以及少数族裔等弱势群体特殊的工作流动模式（Hachen，1990）。

第二，将工作流动作为因变量，探讨影响工作流动发生的具体机制，用以解释工作流动为什么会发生。学界从不同的研究视角提出了若干解释模型。其中主要的解释机制包括人力资本机制（Schultz，1971；吴愈晓，2011；Kalleberg & Mouw，2018）、代际再生产机制、社会网络机制（Hachen，1990；格兰诺维特，2008）等。

第三，将工作流动作为自变量，探讨工作流动带来的具体后果或影响，主要包括社会经济地位（socioeconomic index，SEI）、收入、晋升机会、主观幸福感和健康（Liljegren & Ekberg，2009；Wilkinson et al.，2012）等。相关的理论解释模型包括工资匹配理论、职业搜寻理论、劳动力市场分割理论（刘士杰，2011）等。当前，越来越多的研究者开始关注频繁工作流动可能带来的负面后果（Yu，2010；Zhou，2019），而不再局限于将工作流动本身仅仅视为一项给个体带来向上流动后果的机会。

二、工作流动研究的层次与类型

组织管理学家巴伦与贝尔比关于"工作"与不平等的研究存在着从宏观到微观的、五个层面的研究层次和分析单位的分类图式（Baron & Bielby, 1980），为我们提供了一个分析劳动力市场中社会分层结构和社会不平等产生机制的动力学模型。笔者将这一分类图式扩展到工作流动研究领域，通过总结目前实证研究中关于工作流动这一社会现象的分类，从不同研究层次和分析单位系统归纳并讨论工作流动的相关理论模型和实证研究，并结合流动机会、流动机制和流动后果三方面的研究内容，对工作流动研究进行类型学分析。

目前实证研究中对于工作流动的分类与界定主要有以下几个维度：根据工作单位的部门特征是否变化、根据雇主或工作单位（组织、场所）是否变化、根据工作内容或功能是否变化、根据社会经济地位的变化、根据个体做出工作流动决策的动机（见表7-1）。不同分类维度下的工作流动研究从属于不同的研究层次和分析单位，对"工作流动"的界定和操作化也有所区别，下文将分别进行介绍（顺序略做调整）。

表 7-1 工作流动的类型学分析

分类标准	类别	分析单位	研究层次
—	—	经济	社会层面
根据工作单位的部门特征是否变化	1. 跨部门流动 2. 部门内部流动	部门（市场）	制度层面
根据雇主或工作单位是否变化	1. 单位内部的工作流动 2. 单位之间的工作流动	公司组织	组织层面
根据工作内容或功能是否变化	1. 同种工作/职业的工作流动 2. 不同工作/职业的工作流动	工作或职业	角色层面
根据社会经济地位的变化	1. 向上流动 2. 平调 3. 向下流动	个体	个体层次
根据个体做出工作流动决策的动机	1. 自愿的工作流动 2. 非自愿的工作流动	个体	个体层面

第一，国内外既有实证研究中出现最多的界定和操作化方式是根据雇主或工作单位（组织、场所）是否变化，将工作流动界定为单位内部的工作流动和单位之间（跨单位、更换雇主）的工作流动。这一分类维度下的研究层次是组织层面，分析单位聚焦于附着在个体身上的组织所属是否发生变化。管理学领域中有"turnover rate"这一概念，即探讨公司里职员离开所属组织的离职率，或者说是公司职员的"跳槽"情况。工作流动在这一分类维度下的研究主要包括两方面。第一方面是关于工作组织转换的研究，即"是否换了工作单位"。这类实证研究的主题集中于三点：一是描述人们转换工作单位的基本模式；二是探讨工作组织流动的影响机制，分析什么因素影响了个体转换工作单位的概率，如教育等人力资本、家庭背景、关系网络的作用等；三是探讨转换工作单位产生的具体后果，分析个体的工作单位转换对其社会经济地位获得、收入、主观幸福感、健康等方面的影响。第二方面是关于组织内部的晋升研究，主要探讨组织内部的晋升机制、晋升机会上的社会不平等（性别差异、种族差异等）等。

第二，根据工作单位的部门特征是否变化，工作流动可以界定为部门内部流动和跨部门流动。这一维度是对前文"根据雇主或工作单位是否变动"维度的进一步分类汇总。雇主、工作单位或组织在整个劳动力市场中的数量和分类数不胜数，因此，进一步根据工作单位的所属部门这一结构性特征进行归纳分类是极其必要的，即基于部门特征的分类，强调从相对宏观的结构层次来分析劳动力市场中的工作流动现象，关注工作流动的结构性限制。现有实证研究中涉及的部门特征属性主要包括国有或私有产权、体力或非体力部门、所属产业、所属行业、首要和次要劳动力市场等。

第三，根据工作内容或功能是否变化而界定的工作流动研究，关注的重点在于工作本身的内容和功能，主要包含三方面内容。一是职业流动。在社会学领域，职业这一概念最能反映工作的功能分化，是劳动者所扮演的角色。此时的工作流动分为同种工作内容或功能的流动[1]和更换了不同工作内容或功能的流动，即职业流动。职业流动研究有助于探讨代内流动模式。二是脆弱性就业（precarious job）。后工业化时代，工作本身在内容和形式上出现了新变化，"脆

---

[1] 如职业和工作内容不变，但是职称发生变化。

弱性工作"成为劳动社会学的研究热点，脆弱性工作这一概念本身即蕴含着工作流动，这种工作流动对于个体层次和社会层次的影响主要是消极的。三是关于非正规就业（informal employment）、零工经济（gig economy）等非常规工作形式和新兴就业形式的工作流动研究。总体而言，脆弱性工作、非正规工作、零工等工作内容或形式本身就蕴涵着工作流动，相关实证研究主要是从工作本身的特性和就业稳定性的意义上来讨论工作流动现象的。

第四，根据工作流动为个体带来的社会经济地位变化，可以分为向上流动和向下流动。在区别工作流动的上下方向时，存在着不同的标准，如经济标准（收入）、职业标准（社会经济地位分数）、权威等级（管理权威和技术权威的职业等级和职称）、生产关系（受雇或自雇）等。这一分类维度下的工作流动研究主要聚焦考察工作流动给个体带来的社会经济结果，研究工作流动为个体带来的社会经济地位变化，尤其依托于地位获得和社会流动这一大的研究脉络，从属于代内流动研究范畴。代内工作流动，即强调个体进入劳动力市场、开始自己的职业生涯后，在生命周期内的工作流动如何影响其获得最终的社会经济地位。代内工作流动研究本身对理解社会分层结构的形成和社会流动的机制也很重要。生命历程和职业生涯理论告诉我们，个体的地位是依时变化（age-variation）的（Sorensen, 1975），个体在劳动力市场中的工作流动，会影响其人力资本积累过程和收入变化轨迹，带来个体间生活机遇的分化，最终影响个体的地位获得和社会整体的不平等程度。因此关注工作流动为个体带来何种方向上的社会经济地位变化的代内流动研究，对丰富社会分层与流动研究议题的机制讨论具有重要意义。

第五，根据个体做出工作流动决策的动机，可以区分自愿的工作流动和非自愿的工作流动，这是从个体的行为选择层面进行的分类。自愿与非自愿的工作流动存在着非常不同的机制与后果（Hachen, 1990）。基于理性选择理论，工作流动的决策是个体在现有资源和结构约束下、基于成本－回报考量后做出的行为选择，目的是实现效益最大化。只有预测到工作流动的成本小于收益时，个体才会换工作，以期得到更高的回报，在经济学领域这一回报通常是收入等经济利益，在社会学领域则存在多元或综合的回报，如社会经济地位、权威等，见前文的讨论。然而现实世界中的工作流动并不仅仅是基于理性选择机制下个体主动做出的决策，还有多方面、不同层次的限制力量，包括大量的非自愿的、被动的工作流动,如被解雇(dismissal)、下岗(layoff)等造成的工作流动。因此,劳动力市场中发生工作流动的群体本身具有高度异质性。基于此,考察个体工作流动的原因,将有助于进一步研究工作流动带来的社会经济后果(Yu,2010)。一般来讲,主动自愿选择的工作流动通常意味着向上流动,基于这种流动性可以衡量市场经济的活力,而被动、非自愿的工作流动往往要面临向下流动的后果,此时的工作流动衡量的是就业不稳定性。区分自愿与非自愿的工作流动,本质上是由于工作流动受制于机会结构,不完全是个体主动的选择,因此,我们还需要考虑自愿流动之外的、被迫的工作流动,并探究其带来的社会经济后果。

总结来说,工作流动研究为探讨当代社会分层、劳动力市场不平等的形成与地位获得和社会流动模式提供了一个载体。通过结合不同的研究层次和分类维度,工作流动研究为我们提供了一个考察社会结构与行动者互动过程的动态分析视角。而对工作流动的发生机会、发生机制和社会经济后果进行具体的实证研究,有助于我们深刻理解劳动力市场中的制度结构不平等如何塑造社会不平等、影响社会流动。

第二节 工作流动的中国实证研究

基于中国社会情境的工作流动实证研究同样包含部门、组织、个体等不同的研究层次,用以分析中国劳动力市场中工作流动的机会不平等、解释影响工作流动的具体机制、探讨工作流动的影响及其异质性。下文关于工作流动的中国实证研究综述将以界定不同类型的工作流动研究为基本线索,总结中国情境下工作流动研究的主要内容、研究范式和基本发现。

一、根据雇主或工作单位是否变动

关于跨工作组织流动的中国实证研究主要包括三方面的研究内容。第一类是估计劳动力市场中的跨工作组织流动率,最基础的是探讨个体在其职业生涯阶段改变过多少次工作单位，属于对工作流动基本情况的描述性研究（王奋宇、李路路等，2001）。职业生涯中的转换单位组织的工作流动，对于个体和社会而言具有十分特别的意义，这种工作转换既反映了就业的流动性和劳动力市场活力，同时也可能反映着就业不稳定性。此外，在经历了从计划经济体制向社会主义市场经济体制转型的中国社会中，受雇单位数量本身具有重要的理论与现实研究意义。中国社会中的工作单位不同于西方社会中的工作场所或组织，还具有深刻的政策和制度含义（Bian，2002）。单位不仅仅是从事工作和经济活动的场所，还是个体获得地位合法性的组织机构。单位是国家进行社会控制的最基层组织。戴慧思于1992年在《中国季刊》的文章讨论了新中国成立以后中国城市的工作流动情况，从实证数据中发现，截至20世纪80年代末，城镇劳动力的工作流动呈现的仅仅是一种"边缘上的增长"，变换工作单位的情况相当有限。计划经济时期，城镇劳动力属于终身制就业，绝大多数个体自其职业生涯开始到结束都固定在被分配的那个工作单位中，国有单位中的这种终身制现象要更甚于集体所有制单位。人们少量的工作单位转换多属于管理者安排的"工作调动"，极少数个体主观选择下的工作流动则需经过向旧单位的管理部门申请、旧单位审批、新单位审批、新单位接收等一系列程序。在国家实行的严格的单位制管理下，解雇和辞职同样非常少见且困难。从新中国成立到20世纪80年代末，城镇劳动力在其职业生涯内经历的受雇单位数平均小于两个（Davis，1992）。需要指出的是，戴慧思的这项研究使用的数据不具有全国代表性，但也从一个侧面为我们提供了新中国成立后到改革开放初期工作流动的基本模式和特征。王奋宇、李路路等人在《中国城市劳动力流动》一书中统计了1993—1998年的工作单位平均变动次数，调查城市包括北京、无锡、珠海等，均值在1.3次左右，但这一数据并不是个体职业生涯的全部经历。有限的工作单位转换次数表明了国家对于劳动力严格的管理和控制，一方面，国有和集体所有制部门实行的特定的工资制度与社会保障制度从物质层面限制了流动；另一方面，户籍、档案等人事管理制度从行政层面限制了流动。

此外，大量研究者针对劳动力市场中的某一部分群体（如青年、女性、国企工人、大学生、农民工等）的工作单位转换模型进行了分析（宋月萍，2007；张春泥，2011；邢春冰，2007；风笑天、王晓焘，2013）。例如，风笑天等人（2013）研究了城市在职青年群体跨工作单位流动的模式，推论出青年群体中存在着两种工作单位转换模式：一是文化程度高、工作转换频率低，二是文化程度低、工作转换频率高。

第二类关于跨工作组织流动的中国实证研究则对换工作现象进行了机制分析，探讨影响工作组织流动的因素，其中主要的解释机制包括前文讨论的个体层次的人力资本机制、代际再生产机制、社会网络机制等（Hachen，1990），还包括结构意义上的各种机制，如劳动力市场分割机制等。李路路等人（2016）的研究发现基于国有和非国有体制二元分割的劳动力市场中，作为首要部门的国有部门中劳动者离职的可能性更低，这是由于不同劳动部门的社会资源分配权力存在系统性差异。周扬和谢宇也得到了同样的研究发现，即国有部门相较于非国有部门具有体制稳定性效应，发生工作流动的概率显著更低（周扬、谢宇，2019）。吴愈晓（2011）则基于社会网络理论验证了首份职业是通过关系网络获得的群体更可能换工作，此外这类群体也具有选择性，是社会经济地位较低的群体。

第三类跨工作组织流动的中国实证研究集中于讨论换工作的后果或影响。关于工作组织流动对于收入的影响，邢春冰（2008）利用2002年的中国家庭收入调查（CHIP）数据进行了实证分析，基本结论是换工作单位对于收入的影响不是线性的，对于低收入者来说，换工作单位带来的收入增长更高，而对于高收入者来说，换工作单位可能产生负向影响，这也说明了为什么低收入者更倾向于换工作。吴愈晓（2011）则提出了以是否具有高等教育学历划分的两部分群体中，低学历者换工作单位会增加收入，而高学历者换工作单位则对收入没有影响。关于工作组织流动对于晋升机会的影响，王建（2021）的研究发现，劳动者可以借助跨工作组织流动获得晋升的机会，对于市场能力较差的群体，工作组织流动可发挥"劣势补偿"机制，而对于市场能力较强的群体，工作组织流动则会形成"优势叠加"效应，但工作组织流动带来的晋升效应对于不同初始职级的群体具有异质性。

与跨工作组织流动相对应的，关于组织内部工作流动的中国实证研究，其主要关注的主题是"晋升"，主要包括探讨晋升机制，以及晋升过程中产生的社会不平等。这类研究主要见于：（1）组织管理学、经济学领域中，人事晋升制度作为组织的激励机制实现组织有效管理这一课题（周雪光，2003）；（2）社会分层与流动领域中，一方面关注我国劳动力市场中工作组织内部的晋升现象如何影响资源分配，从而产生社会分层与收入不平等，另一方面则是以中国经历的市场经济转型过程作为研究背景，讨论精英循环与精英流动问题，最具代表性的是"二元晋升路径"模型（Li & Walder, 2001; Walder et al., 2000）。

在此重点介绍一下社会分层领域中一系列关于社会主义制度下精英晋升式工作流动的二元路径模型的实证研究，这对理解中国社会中的制度变迁、分层结构和社会流动模式具有重要意义。不同于资本主义社会以绩效原则为基础的地位获得模式，在社会主义制度下，一直以来存在着政治忠诚和专业能力的两种权力地位分配原则（边燕杰等，2008）。泽林尼等人的相关研究强调，在社会主义社会中，存在着管理精英和专业技术精英的"红与专"二元路径，分别对应着政治忠诚和专业技术能力的选拔标准。但实行社会主义制度的国家同样经历着现代化的变迁过程，在向现代社会发展的过程中，同样逐渐强调教育在地位再生产和代际流动中的重要作用，此时具有教育和专业能力的"知识分子"正走在通往"获得阶级权力"的道路上（Konrad & Szelényi, 1979）。魏昂德等人则基于此论述，进一步通过实证研究提出了中国城市精英的二元职业路径模型，考察组织选拔和晋升的标准及其变迁（1949—1996），指出管理岗位上的精英选拔与晋升，政治标准是主导条件，随着改革开放的深入，大学学历的作用有所加强。但在专业技术精英这一条晋升路径上，学历一直是最重要的条件。两条路径相对平行，存在很少的相互转化（Walder et al., 2000）。周雪光进一步专门讨论了中国行政体系中的晋升模式，关注工作单位组织内部中晋升事件发生的影响因素及其历时变化，得到了与魏昂德等人一致的相关证据（Zhou, 2004）。

既有中国情境下根据雇主或工作单位是否发生转换界定的工作流动研究基于组织层面，强调了工作单位在中国社会中特殊的制度性意义及其对工作流动的发生机制与流动后果的影响和解释作用。下文将对工作单位进一步进行归纳分组，向上提取到"部门结构"这一相对宏观的层次，分析总结以部门特征是否变化为分类标准的中国社会情景下的工作流动研究。

二、根据工作单位的部门特征是否变化

中国情境下根据工作单位/组织的部门特征是否发生变化而界定的工作流

动研究，因其应用的结构主义和制度主义研究视角而在我国社会分层文献中占据重要位置。当我们将工作流动的分类维度定位在是否跨部门时，主要考察的是经济部门这一研究层次上的系统性、结构性差异，而经济部门层次上的差异在制度层面的意义深刻地反映了社会主义社会中再分配制度和资本主义社会中市场制度之间的区别。当代中国社会经历的整个经济转型过程，从新制度主义视角看，是资源分配制度由再分配机制向市场机制的经济体制转变过程；从新结构主义视角看，则是国有和集体等经济部门向私有、民营等市场经济部门转变的部门结构转变过程。而跨部门工作流动模式则集中反映了转型过程中这些相互竞争的经济制度和经济部门之间此消彼长的力量变化及其对整个中国社会分层结构和社会流动模式的塑造，具有重要的理论和现实意义。

具体来说，关于此类工作流动现象的中国实证研究基于两个研究视角。一是结构主义视角下，依据劳动力市场分割理论，采用不同的标准将中国的城镇劳动力市场划分为首要部门和次要部门，然后探讨两个部门内的工作流动的发生机制与后果，强调二元分割的部门之间存在结构性壁垒。划分两个部门的具体标准则在各个实证研究中各不相同，如城乡户籍身份分割（张春泥，2011）、国有与非国有部门的体制分割（周扬、谢宇，2019；李路路等，2016）、行业与产业分割（李路路等，2016）、基于高等教育文凭的"人才市场"（由人事局管理）与"劳动力市场"（由劳动局管理）身份分割（吴愈晓，2011）。这一研究视角在理论上预设了由于不同部门间存在结构性壁垒而不易发生跨部门工作流动，因而更加关注的是部门内部的工作流动现象所带来的结果（如收入的变化、部门带来的溢价等），借助"内部劳动力市场"等概念进行分析。二是制度主义视角下，依据市场转型理论及相关批评，探讨部门特征分类下的工作流动的具体模式，适用于社会主义国家进行市场化转型过程中的制度变迁和结构主义分析。此时，工作流动现象是研究经济转型时期再分配制度向市场体制变迁的重要载体（Li，2013；Zhou et al.，1997）。这个研究视角的相关实证研究更加关注的是跨部门的工作流动，因为这种流动反映了经济制度变迁的过程，其结论有助于与市场转型理论进行对话。在此主要介绍一下第二种视角下的主要实证研究。

社会主义计划经济制度下，国家通过各级科层组织将整个社会中的资源按照企事业各个单位系统进行生产与再分配，工作单位是最基本的生产和再分配组织机构，而劳动力本身也作为一种经济资源被动接受国家的统筹分配（李路路、李汉林，2000）。工作单位所属的部门类型之间存在等级结构，反映了其距离国家政治权力中心的远近，在再分配体制下则代表了资源、利益和特权的多寡。工作单位类型的产权关系是社会主义经济再分配的基础，国有产权的经济部门由于政府的资源倾斜和政策支持，占据最多的再分配权力和利益以及优先发展的特权。而相对而言，半国有的集体部门和非国有的私营、民营等市场经济部门则在资源分配上处于弱势地位。因此，个体所处的工作单位类型的等级属性和产权关系基本决定了其地位资源实际含量的多寡（李路路等，2016），是比职业和收入等更加重要的社会经济地位指标（Bian & Lin, 1991）。随着再分配经济的衰落和市场经济的逐步兴起，国有部门经历了国有企业改革和单位改制的过程，市场化程度不断提高，而民营经济在经济中所占份额则不断增加。市场转型理论提出，市场制度产生的效率高于再分配体制，市场经济部门的竞争机制对于人力资本的经济回报更高（Nee, 1989），这种经济利益上的比较优势将使得工作流动产生一种部门结构间的转换模式。因此，研究者可以将观察到的工作流动的部门转换作为理解市场转型这一制度变迁过程的载体加以实证检验。例如，周雪光等人于1997年在《美国社会学评论》上发表的文章是一个将中国制度变迁过程与工作单位的部门转换相结合进行实证分析的极好尝试（Zhou et al., 1997）。

  周雪光等人使用回溯性数据，比较分析了新中国成立以来到市场化转型中期（1949—1994年）中国城市地区中各个类型的工作单位在经济部门间的工作流动模式，探讨计划经济时期再分配制度下不同经济部门和组织之间的工作流动发生概率，以及这一概率如何随着经济制度向市场体制转型的过程而发生历时性变化。在建模过程中，作者强调其主要关注的是一个人从第一份工作流动到第二份工作的情况，也即个体进入职业生涯后经历的首次工作流动，并假设这一换工作行为或事件本身是因为新工作单位更具有吸引力、是对宏观政治和制度环境变化做出的主动回应。这一假设在计划经济时期可能存在一些问题，因为在再分配体制下，个体的工作流动主要是"工作调动"，是基于上级指令的流动，并不必然是因新工作单位具有相对优势而进行的流动，但为便于比较市场转型前和转型后，这一假设是有必要的。同时作者区分外部工作流动是跨经济部门的工作转换，而内部经济流动是部门内部的工作转换。跨经济部门的工作流动可以帮助我们评估市场转型和制度变迁的过程和趋势。从实证研究结果来看，工作流动在部门内部和部门间的转换模式变迁在新中国成立到"文革"前、"文革"期间和市场转型时期三个阶段呈现出了非常明显的差异，这表明劳动就业机会和市场结构会随着国家政策变化和制度变迁发生重构。受限于所用数据，该研究的时间窗口限制在1994年之前。作者发现，直到1994年，中国经济体制转型仍然比较有限，改革并未带来更高比例的跨国有部门的工作流动，"市场经济的增长似乎并不是人们离开国有部门的结果"（Zhou, 2004）。

李路路等人（2016）则在整体结构上依据上述文章提供的思路，调整了研究的时间窗口并限制了研究对象（1978年后仍从事非农工作的劳动力群体，排除了改革开放前已经不工作的群体），试图检验在市场转型的三个历史分期（转型初期的1978—1992年、中期的1993—2001年、深入期的2002—2008年）的跨部门流动情况。作者将部门进一步按照工作单位的所有制情况以及所属行业是否具有垄断性两个标准进行分类，并借助劳动力市场的二元结构分割理论进行解释，区分出国有部门和非国有部门、垄断部门和非垄断部门的二元经济结构，实证研究结果发现，劳动者从优势部门（国有部门、垄断部门）流出的可能性更高，具有更高的流动性。这一结果不同于周雪光等人关于市场转型初期跨部门流动有限的结论，利用更长时期的数据信息考察了我国劳动力市场中跨部门流动随着市场化转型的深入而发生的系统性变化。

三、根据工作内容或功能是否变动

如前文所讨论的，根据工作内容或功能是否发生变动界定的工作流动，关注点在于工作本身的内容、性质与功能。考察这类工作流动的中国实证研究主要集中于三个方面：代内职业流动研究、脆弱性就业下的工作流动研究、非正规就业及零工经济等新兴工作形式下的工作流动研究。

整体来讲，由于包含工作史相关信息的数据较为缺乏，系统性考察中国社会中代内职业流动基本模式的实证研究也较为缺乏。周扬（2022）利用序列分析模型探索了代内工作流动模式，基于雇佣地位、单位类型、工作位置三个维度识别和提炼了转型以来中国劳动力市场中的四种典型的工作流动轨迹——业绩晋升轨迹、私营蓝领流动轨迹、国企蓝领流动轨迹和自雇轨迹。在这项研究中，工作流动的界定既包括了不同单位组织类型间的转换，也包括体力/非体力职业、不同的纵向权威等级间的转换，还包括自雇与非自雇工作状态间的转换。研究发现，伴随市场化转型，中国城镇劳动力市场中的代内工作流动轨迹呈现出多样性和复杂性上升的趋势，不同典型轨迹对个体在职业生涯内获得综合社会经济地位和精英地位的影响具有系统性差异。该研究是对代内职业流动生涯研究的一项尝试。

关于脆弱性就业下的工作流动研究，在中国情景下，劳动力市场中农民工群体频繁流动的不稳定就业处境与脆弱性工作群体有很大的相似之处。如张春泥（2011）研究了21世纪初农民工经历频繁工作流动的影响因素，指出中国社会中的户籍制度带来的政策歧视影响了农民工的就业稳定性，虽然这种影响正在逐渐降低。这一研究表明，虽然正式制度上，户籍制度造成的空间流动壁垒已被打破，农村户籍人口可以流动到城市中，在劳动力市场中获得工作，成为"农民工"或"流动人口"，但他们陷入了一种"只流不迁"的境况，农村户籍身份无法仅仅通过在城市就业而得到改变。因此在劳动力市场中，农民工多数只能陷入不稳定就业，需要频繁换工作，在换工作中提高收入或改善福利（刘林平等，2006）。该文虽然主要集中讨论户籍制度对农民工频繁换工作的影响，却展示了我国自改革开放以来，特别是加入WTO、参与到全球化浪潮中后，脆弱性工作的增加和脆弱性就业群体规模扩大，农民工由于在人力资本和制度上存在双重劣势，成为劳动力市场中脆弱性工作的主要承担者。而关于零工经济、平台经济等新兴工作形式下的工作流动研究则多见于定性分析中，如有研究者对快递员、外卖员和网约车司机等特定群体的工作状况进行了研究。不同于工业时代的固定时间工作制，零工时代，劳动者的工作时间灵活甚至没有边界，工作风险高、不稳定。"零工"式工作可能蕴含了脆弱性工作的特征，重新定义了工作的内涵，也带来了不稳定的工作流动。

四、根据社会经济地位的变化

根据个体社会经济地位变化界定工作流动的中国实证研究，其研究主题是探讨工作流动对收入、职业等社会经济地位的影响，并强调工作流动影响社会经济地位获得时存在的结构性差异和群体异质性。其中，考察工作流动对收入的具体影响在既有实证研究中占据主流。

关于工作流动对收入的影响，既有国内实证研究发现，工作流动对不同群体收入的影响存在异质性。如前文所提到的，邢春冰（2008）发现跨工作组织流动对收入的影响在高低收入群体间是不同的，工作流动仅仅给低收入者带来更高的收入增长，而对于高收入者可能产生负向影响。吴愈晓（2011）则发现高低学历群体通过换工作单位获得的收益存在系统性差异，只有低学历者换工作单位才能促使其收入增加，高学历者换工作单位则对收入没有影响。这两项实证研究的结论基本一致，因为低学历者通常在初始收入上较低，工作流动带来的收入增长空间较大，而高学历者通常也是收入相对较高者，换工作本身已经难以较高地提高收入。周扬、谢宇（2019）的研究发现，相对于一直工作在体制外的群体发生的工作流动，已经在体制内工作的群体会通过换工作实现收入增长，突出了体制分割通过个体的动态工作流动提供制度溢价，在这项研究中，工作流动包括任何意义上的工作转换，即不区分更换雇主、工作单位的流动与单位内部流动、职业变化等。

相对于对收入后果的考察，关于工作流动对职业社会经济地位分数的影响，既有国内实证研究则数量较少，主要原因在于数据限制。目前国内既有大型数据调查项目收集到的个体工作流动和工作史信息较为粗糙，这使得研究者难以对工作转换中涉及的各个具体职业求取国际社会经济地位得分（international socioeconomic index，ISEI）。少量以职业 ISEI 作为结果变量的工作流动研究中，周扬（2022）利用中国劳动力动态调查（CLDS）中的工作史回溯信息，考察了代内工作流动模式对个体的职业 ISEI 的影响，发现目前中国劳动力市场中存在的业绩晋升轨迹、私营蓝领流动轨迹、国企蓝领流动轨迹和自雇轨迹这四种典型工作流动轨迹中，业绩晋升轨迹和自雇轨迹可以帮助个体显著地提高其社会经济地位，从而实现代内向上流动。

五、根据个体做工作流动决策的动机

自愿的与非自愿的工作流动存在截然不同的流动机会分布、机制与后果，这两类工作流动群体具有高度异质性。有研究者研究了日本社会中宏观经济危机对代内工作流动的影响，区分了自愿工作流动率和非自愿工作流动率的变化以及性别差异，而这种自愿与非自愿动机下的工作流动的区分得益于调查数据关于工作史数据信息的丰富性（Yu，2010）。但遗憾的是，相关的中国实证研究所用数据中往往缺乏区分个体工作流动的信息，不过也有研究巧妙地通过其他信息进行推断和假设，区分了基于自愿的与非自愿动机的这一高度异质性的工作流动群体，如吴晓刚（2008）的研究。

吴晓刚（2008）关于中国市场转型过程中的工作流动研究强调，人们在劳动力市场中的工作流动是中国经历的市场经济转型这一大的社会变迁过程中必然出现的现象，且是这一过程中不可或缺的一部分。基于"机会-流动"的视角分析，"除非我们假设个人的行为全部由结构性的因素决定，或者个体之间的差异在社会层面加总过程中可以被全部抵消，不然，缺乏对微观或个体层面机制的探讨是无法解释社会的结构性变化的"，因此，需要研究结构和行动者之间的社会过程。劳动力市场中的个体在面对市场转型时，是具有主观能动性的社会行动者，会根据市场机会结构和自身的人力资本条件来"主动积极地适应劳动力市场中的变化"。基于此，该研究认为，早期进入市场部门的"下海"者多是人力资本较高的、自愿流入市场部门的群体，而后期进入市场的原体制内工人则既包含了下岗群体，也包含了主动选择工作流动的群体，具有异质性，由此可以区分自愿的和非自愿的工作流动。这两种工作流动的机制不同，结果也不同，混淆二者会影响我们对市场转型理论之争的验证和对中国转型过程中社会分层结构与流动模式的认识。具体来说，吴晓刚在研究中利用"是否具有下岗经历"的信息，假定国有企业的下岗工人是通过非自愿的工作流动进入市场部门的，而没有下岗经历的国有企业工人进入市场部门是自愿选择工作流动，同时在统计手段上使用倾向值匹配方法对这一强假设进行统计学调整，将进入市场部门的倾向值分数作为工作流动决策的自愿性程度来进行工作流动分类。研究发现，后期（1993—2000年）进入市场部门的工作流动群体中，呈现出一种负向选择机制，即那些在国有部门干得好的人主动换到市场部门工作的倾向低，但其一旦进入市场部门，获益会更多，市场机制本身并不必然带来收入的提高。

总结来讲，在理性行为选择的分析框架下，将工作流动依据个体做出行为选择的主观意愿来进行区分，实际上反映了流动性本身并不总是一件"好事"，自愿的工作流动通常是个体预期到了一定的收益回报（收入或其他方面）而做出的决策。而在中国情境下的具体的实证研究中,由于数据中常常缺少用以判断自愿与非自愿换工作的信息,现有研究只能基于其他信息和相关社会情境来判断,或进行假设和推论。

第三节 评论与展望

本章借用巴伦等提供的社会系统动力学模型分析框架,按照不同的研究层次和分析单位对工作流动进行了界定和讨论,进而针对不同研究层次的有关中国社会情境中的工作流动实证研究所包含的研究主题、核心关注、理论讨论与研究发现进行了梳理。不同分类维度下工作流动的界定实际上存在交叉,并不是截然互斥的,但其强调的重点各有不同。在一项具体的实证研究中,考察核心往往是某一或几个研究层次和分析单位下界定的工作流动,具体的研究内容包括工作流动分布的基本模式、发生机制及其带来的影响。目前国内外学界对"工作流动"的定义并没有一个统一标准,这意味着工作流动研究的内容是十分庞杂的。但在社会分层与流动领域,工作流动的内涵主要是个体在劳动力市场结构中位置与状态的变化,是个体地位获得的重要过程,从代内社会流动的角度反映了社会的流动性,其既为劳动力市场中的制度结构和机会结构所塑造,也是塑造社会结构分层分化的重要过程和机制。从这个研究角度来看,工作流动的中国实证研究与西方相关研究具有相似之处,只是在具体的劳动力市场结构、解释机制上具有差异。但另一方面,由于中国经历了渐进式市场化转型和劳动力市场从无到有的建立过程,中国情境下的工作流动研究,特别是探讨转型前与转型过程中工作流动的机会不平等问题,从另一角度回应了关于市场转型理论的争论。研究跨部门工作流动模式及其后果,可以为"市场究竟给人以流动机会并带来平等还是产生新的固化模式"的争论,提供一定的实证检验。

关于工作流动研究的研究展望,第一,当前关于中国情境下的工作流动研究,主要集中于将工作流动作为单次事件而进行研究的静态分析范式,缺乏关于多次工作流动甚至职业生涯流动的研究,后续研究有必要拓展研究的时间窗口,利用长时段的历时性数据进一步搭建因果机制链条,这将有助于我们深刻理解个体地位获得和社会分层与流动的过程。第二，有必要将工作流动的中国实证研究与其他领域进行结合。比如与家庭研究相结合，工作与婚姻家庭均为个体生命历程中极为重要的经历，个体发生的动态的工作流动会对家庭领域产生何种影响？再比如与健康不平等领域相结合进行研究，探讨工作流动与健康之间的互动关系。这类研究已多见于西方文献中，但中国情境下的相关讨论还比较匮乏。第三，运用定量分析方法，结合当下国内劳动力市场中新突出的现象和特征来系统性讨论工作流动。如当前劳动力市场中就业形式灵活化、多样化，脆弱性就业、非正规就业、零工经济等的出现，互联网就业、平台经济、快递和外卖等从业人员大量增加等，均会给工作流动模式带来深刻的影响和变化，从而影响社会整体的分层结构与流动性。但目前针对这些新兴工作形式的工作流动研究主要集中于定性分析，缺乏更具有代表性的实证证据。第四，在当前中国劳动力市场中，发生工作流动的群体具有高度选择性。不同于代际流动研究中的"流动是好事"，也不同于对转型早期中国劳动力市场中工作流动机会不平等的研究，工作流动越来越反映了微观个人的生活机遇和生命历程，需要具体考虑流动性背后的后果。工作流动机会背后的社会学意义可能具有双重性（Zhou，2019），流动何时反映的是经济活力和机会平等，何时反映的是结构分割和两极分化，后续研究需要进一步对工作流动及其后果加以区分，只有这样才能更好地理解中国的社会结构与社会变迁。当然，以上研究展望能否顺利推进将高度依赖于数据资料的规模和质量，希望学界和有关机构能够进一步重视并加强对中国劳动力市场中高质量数据的收集工作。

参考文献：

边燕杰，李路路，李煜，等.结构壁垒、体制转型与地位资源含量.中国社会科学，2006（5）：100-109，207.

边燕杰，吴晓刚，李路路.社会分层与流动：国外学者对中国研究的新进展.北京：中国人民大学出版社，2008.

边燕杰.市场转型与社会分层：美国社会学者分析中国.北京：三联书店，2002.

风笑天，王晓焘.城市在职青年的工作转换：现状、特征及影响因素分析.社会科学，2013（1）：81-91.

格兰诺维特.找工作：关系人与职业生涯的研究.张文宏，等译，上海：格致出版社，2008.

拉齐尔.人事管理经济学.刘昕,译,北京:三联书店,2000.

李路路,朱斌,王煜.市场转型、劳动力市场分割与工作组织流动.中国社会科学,2016(9):126-145,208.

李路路,李汉林.中国的单位组织:资源、权力与交换.杭州:浙江人民出版社,2000.

李路路,秦广强,等.当代中国的阶层结构分析.北京:中国人民大学出版社,2016.

刘林平,万向东,张永宏.制度短缺与劳工短缺:"民工荒"问题研究.中国工业经济,2006(8):45-53.

刘士杰.人力资本、职业搜寻渠道、职业流动对农民工工资的影响:基于分位数回归和OLS回归的实证分析.人口学刊,2011(5):16-24.

宋月萍.职业流动中的性别差异:审视中国城市劳动力市场.经济学(季刊),2007(2):629-654.

王春光.中国职业流动中的社会不平等问题研究.中国人口科学,2003(2):31-40.

王奋宇,李路路,等.中国城市劳动力流动:从业模式、职业生涯、新移民.北京:北京出版社,2001.

王建.工作组织流动、市场能力与职业晋升机遇.社会学评论,2021,9(2):115-135.

吴克明,成刚.教育的收入效应新探:劳动力工作流动的视角.教育与经济,2008(4):40-44,10.

吴晓刚.1993—2000年中国城市的自愿与非自愿就业流动与收入不平等.社会学研究,2008(6):33-57,243-244.

吴愈晓.劳动力市场分割、职业流动与城市劳动者经济地位获得的二元路径模式.中国社会科学,2011(1):119-137,222-223.

吴愈晓.社会关系、初职获得方式与职业流动.社会学研究,2011,26(5):128-152,244-245.

邢春冰.换工作对收入水平和收入增长的影响.南方经济,2008(11):70-80.

邢春冰.经济转型与不同所有制部门的工资决定:从"下海"到"下岗".管理世界,2007(6):23-37,171.

张春泥.农民工为何频繁变换工作:户籍制度下农民工的工作流动研究.社会,2011,31(6):153-177.

周雪光.组织社会学十讲.北京:社会科学文献出版社,2003.

周扬,谢宇.二元分割体制下城镇劳动力市场中的工作流动及其收入效应.社会,2019,39(4):186-209.

周扬.工作流动轨迹与地位获得过程:一个序列分析模型研究.社会学研究,2022,37(1):179-202,229-230.

BARON J N, BIELBY W T. Bringing the firms back in: Stratification, segmentation, and the organization of work. American sociological review, 1980, 45（5）.

BIAN Y J, LIN N. Getting ahead in urban China. American journal of sociology, 1991, 97（3）.

BIAN Y J. Chinese social stratification and social mobility. Annual review of sociology, 2002, 28（1）.

DAVIS D. Job mobility in post-Mao cities: Increases on the margins. The China quarterly, 1992, 132.

DOERINGER P B, PIORE M J. Internal labor markets and manpower analysis. New York: Routledge, 1971.

HACHEN D S. Three models of job mobility in labor markets. Work and occupations, 1990, 17（3）.

JARVIS B F, SONG X. Rising intragenerational occupational mobility in the United States, 1969 to 2011. American sociological review, 2017, 82（3）.

KALLEBERG A L, MOUW T. Occupations, organizations and intragenerational career mobility. Annual review of sociology, 2018, 44.

KONRAD G, SZELÉNYI I. The intellectuals on the road to class power. Brighton: Harvester Press, 1979.

LI B, WALDER A G. Career advancement as party patronage: Sponsored mobility into the Chinese administrative elite, 1949—1996. American journal of sociology, 2001, 106（5）.

LI J. Job mobility in postreform urban China. Chinese sociological review, 2013, 45（4）.

LILJEGREN M, EKBERG K. Job mobility as predictor of health and burnout. Journal of occupational and organizational psychology, 2009, 82（2）.

NEE V. A Theory of market transition: From redistribution to markets in state socialism. American sociological review, 1989, 54（5）.

SCHULTZ T W. Investment in human capital: The role of education. New York: Free Press, 1971, 53（4）.

SORENSEN A B. The structure of intragenerational mobility. American sociological review, 1975, 40（4）.

WALDER A G, LI B, TREIMAN D J. Politics and life chances in a state socialist regime: Dual career paths into the urban Chinese elite, 1949 to 1996. American sociological review, 2000, 65（2）.

WILKINSON L R, SHIPPEE T P, FERRARO K F. Does occupational mobility influence health among working women?: Comparing objective and subjective measures of work trajectories. Journal of health and social behavior, 2012, 53（4）.

YU W H. Enduring an economic crisis: The effect of macroeconomic shocks on intragenerational mobility in Japan. Social science research, 2010, 39(6).

ZHOU X G, TUMA N B, MOEN P. Institutional change and job-shift patterns in urban China, 1949 to 1994. American sociological review, 1997, 62(3).

ZHOU X G. The state and the life chances in urban China: Redistribution and stratification, 1949—1994. Cambridge: Cambridge University Press, 2004.

ZHOU Y. Understanding job mobility patterns in contemporary China: A comparative study based on CFPS and PSID. Chinese journal of sociology, 2019, 5(4).

第八章 | 中国社会中的婚姻不平等

石 磊
（中国人民大学社会学系）

第一节 引 言

"喜结良缘"表达了中国人对美好婚姻的憧憬与追求。从古到今，由中至外，婚姻的缔结都被认为是值得额手称庆的喜事。从社会学的功能主义视角来看，婚姻对于整个社会的协调发展具有非常重要的功能。首先，在个人层面，对于绝大多数成年人来说，夫妻关系是最重要的一种初级社会关系，是情感慰藉、安全感与归属感、社会支持等的主要来源；其次，在家庭层面，夫妻关系逐渐成为家庭关系的核心纽带，对家庭的功能如生育、抚养、赡养等具有十分重要的影响；最后，在社会层面，家庭是最基本的社会组织、生活消费单位，也是养老制度、福利制度等其他重要社会制度的基石，而家庭的稳定依赖于婚姻的稳定。

无论是从婚姻的文化象征意义还是社会功能来看，都很难将其与不平等联系在一起。的确，婚姻上的不平等不似收入不平等、教育不平等那样直观可感，是否结婚、与谁结婚，可能更多地被认为是个人的选择，而非不平等的结果。然而不可否认的是，在现实社会生活中，婚姻与不平等紧密相连，二者之间的关系可以从两个方面来理解：婚姻本身的不平等和婚姻所导致的不平等。

在婚姻本身的不平等方面，有三个问题值得关注：一是谁更可能结婚，什么时间结婚？这一问题成立的前提是，婚姻与收入、财富等资源一样，是被人赋予了价值的。例如，在一些文化中，婚姻被认为是人生的必选项，不结婚是难以被接受的。再如，一些理论观点认为，人们之所以结婚，是因为结婚带来的收益要大于保持单身的收益。在这两种情况下，婚姻均被视为是有价值的。然而，由于性别结构、择偶文化与偏好等方面的限制，不是所有人都能够结婚或者在理想的时间内结婚。因此谁更可能结婚、什么时间结婚就成了一个与不平等相关的话题。二是谁和谁结婚，也即婚姻匹配的问题。谁和谁结婚看似是随机的，其实不然。例如在传统社会中，婚姻的缔结强调"门当户对"，望族子弟通常与豪门千金结婚，而穷苦布衣则多娶贫家民女。而在崇尚自由平等的现代社会，尽管"门当户对"的重要性下降，但是"当对""般配"依然是成婚的重要原则，只不过其标准由家庭背景等先赋性因素转变为了教育、职业、收入等自致性因素。三是谁的婚姻更稳定？虽然在现代社会中，离婚已经屡见不鲜，但是对于绝大多数个体来说，离婚仍属于不幸事件，无论是对当事人还是其他家庭成员的心理、日常生活等方面都可能造成负面影响。而如果离婚的发生是非随机的，是与特定的群体性特征相关的，那么在婚姻的稳定性上便可能存在不平等。

婚姻所导致的不平等可以分两个层次来理解。就个人层次而言，许多研究发现结婚者相比于未婚者在资源和机会占有、身心健康等方面享有优势。以收入为例，平均而言，已婚男性的工资收入会高于同等条件的未婚男性，这种现象被称为"婚姻溢价"（marriage premium），婚姻溢价的大小一般在10%到40%之间（Hill, 1979; Greenhalgh, 1980; Bartlett & Callahan, 1984; Schoeni, 1995）。在社会层次上，由于在现代社会中，夫妻一般具有相同或相似的受教育程度、收入水平、职业等，而这种同类婚会使得社会优势阶层通过婚姻实现优质资源和机会的"强强联合"，而社会下层则会出现劣势的累积，由此便会导致资源与机会的占有量在家庭层面出现更为严峻的两极分化。例如，有对美国社会的研究发现，夫妻在收入上的同类婚，可以解释全社会家庭收入不平等加剧程度的17%~51%（Gonalons-Pons & Schwartz, 2017; Schwartz, 2010）。

回到中国社会中的婚姻，中国在经济、政治、文化、制度、历史变迁等方面的特殊性，可能使其社会中的婚姻不平等具有一些独有的特征，同时也更加复杂。例如在文化方面，随着现代化的发展，中国居民的初婚年龄也像西方发达国家一样不断推迟，然而受"普婚"文化的影响，中国的不婚率非常低。也就是说，人们初婚的年龄虽然越来越大，但是大多数最终都会进入婚姻，从而形成了非常独特的"晚婚普婚"模式（陈卫民、李晓晴，2020；陈卫、张凤飞，2022）。在此背景下，婚姻在很大程度上不再是个人自由的选择，而是人生必须要到达的一种状态，具有非常重要的象征性价值，这成了产生婚姻不平等的一个重要的基础。再比如，在中国大多数人的观念里，拥有属于自己的住房是结婚的前提条件，这将许多没有房产的人置于婚姻市场上的弱势地位。在政治、制度方面，许多国家政策如人口政策、教育政策、户籍政策等，都对人们的婚姻，包括结婚时间、婚配模式等产生了重要的影响。在经济方面，工业化、现代化的发展，市场经济体制改革等因素所带来的诸多经济社会变迁，如城乡人口流动、单位制解体、住房市场化等，都深刻塑造了不同社会群体在婚姻市场中的不平等地位。

基于上述背景，本章将围绕两大议题来介绍已有关于中国婚姻不平等的研究，具体内容安排如下：第二、三、四节聚焦于婚姻本身的不平等，具体的分议题包括初婚时间、婚姻匹配、婚姻稳定性等；第五节介绍婚姻所导致的不平等，分议题包括婚姻溢价、婚姻匹配与家庭收入差距；第六节对当前关于中国婚姻不平等的研究进行总结并提出展望。

第二节 谁更可能结婚：初婚研究

已有关于初婚的研究包括两个主要的部分：一是考察影响人们进入婚姻的个体层次特征，二是在相对宏观的层次上分析影响整体结婚率、平均初婚时间的因素。尽管影响人们能否结婚、什么时间结婚的因素有很多，但是纵观已有研究，我们主要依据两个理论来分析各因素对初婚的影响：专业化与交易理论（specialization and trading）和婚姻搜寻理论（marriage searching）。

专业化与交易理论认为，人们一般会对保持单身和结婚的成本收益进行比较，只有当结婚的收益大于保持单身的收益时，才会选择进入婚姻（Becker，1973）。而结婚的收益主要来自夫妻之间基于性别分工而形成的相互依赖。"男主外，女主内"的分工模式，对于整个家庭来说收益最大。然而，由于现代社会劳动力市场中女性的参与率不断提高，在经济上获得了独立，不需要依赖丈夫，因此进入婚姻的收益减少，最终导致越来越多的女性选择不结婚或者晚婚。

婚姻搜寻理论认为，婚姻的决策简单来说就是人们在婚姻市场中搜寻配偶，不断对候选人进行比较的过程，这一过程决定了人们是否进入婚姻、什么时间进入婚姻（Keeley，1977；Oppenheimer，1988）。现代社会中人们的结婚年龄之所以越来越晚，正是因为在婚姻市场中搜寻配偶的时间变得越来越长。一方面，社会开放性的不断提高在给人们的职业发展带来更多选择的同时，也导致对个人未来社会经济地位的预测变得越来越难，因此人们需要更多的时间来考察未来配偶的能力和发展潜力。另一方面，随着人口流动的不断加快、交通通信和网络技术的发展，原来地理空间上的限制被打破，人们的婚姻市场被极大扩展，择偶范围更加广泛，这在很大程度上加大了配偶搜寻的难度。

以这两个理论为基础，已有关于中国的研究考察了诸多影响人们进入婚姻和结婚时间的因素，包括个体层次的受教育程度、社会经济地位，宏观层次的制度和国家政策等。而这些因素往往与更加宏大的经济社会变迁背景相联系，包括教育扩张、经济消费模式的转变、房价攀升、城乡人口流动、人口政策变动等。

一、个体层次因素

（一）受教育程度

个人的受教育程度尤其是女性的受教育程度对其进入初婚和初婚时间的影响，一直是初婚研究领域的热点问题。一般而言，受教育程度越高，进入婚姻市场的年龄越晚，从而导致初婚时间推迟（Goldscheider & Waite，1986；Sweeney，2002）。有针对中国的研究发现，在其他条件不变的情况下，受教育时间每增一年，人们的初婚年龄推迟0.11年（杨克文、李光勤，2018）。受教育程度对初婚时间的推迟效应在女性中更为明显，也更加稳健。从成本收益的角度看，较高的受教育程度增强了女性在劳动力市场中的竞争力，降低了其进入婚姻的收益，增加了机会成本。从婚姻搜寻的角度看，受"男高女低"的婚配传统影响，学历越高的女性配偶选择的范围越小，配偶搜寻的时间就会延长。有研究发现，自20世纪80年代以来，中国女性的平均初婚年龄呈现不断上升的趋势，而受教育程度的提高正是背后的主要原因之一（淡静怡、姜全保，2020）。值得注意的是，虽然高学历女性因为配偶的有限性而更晚结婚，但是她们配偶的质量更高。

（二）社会经济地位

概览中国背景下关于社会经济地位如何影响初婚的研究，有两个特殊性：一是影响因素的特殊。除收入、职业、家庭背景等之外，住房也是社会经济地位的一个重要表征，这是因为大多数中国民众将拥有住房看作结婚的必要条件。二是变迁的特殊。改革开放前后，中国社会经历了经济消费模式转变、住房市场化改革等重要变迁，这使得社会经济因素对人们初婚的影响发生了深刻的变化。

在改革开放之前，中国社会的消费模式以平均主义为主要特征，改革开放后，消费主义和物质文化的兴起打破了原有平均主义的消费模式。在此背景下，个体的社会经济地位在婚姻中扮演着越来越重要的角色，那些具有更高社会经济地位的人在进入婚姻上更有优势。有关中国的研究发现，男性的就业状态会显著影响其婚姻，拥有一份工作对进入婚姻具有促进作用，并且这种积极影响随着出生世代的推近不断增强，在1975年及以后出生的世代中，拥有工作会使结婚的概率增加6倍（於嘉、谢宇，2013）。

除了受教育程度、工作状态等自致性因素外，个人的家庭背景对其婚姻也具有重要的影响，一方面家庭会为子女的婚姻提供资源支持，另一方面父母的职业也会影响代际关系的价值观和实践模式（王鹏、吴愈晓，2013）。有研究发现，个人的家庭在当地拥有住房有助于其更早地进入婚姻。母亲的受教育程度高、父亲拥有工作会导致初婚年龄的推迟，这是因为受教育程度较高的父母也会促进其子女的教育成就获得，更加优越的家庭条件也可以支持子女在婚姻市场上待价而沽，进行更长时间的搜寻，直至找到满意的配偶（薄文广等，

2020）。还有研究发现，父亲从事技术类职业会导致子女结婚年龄的推迟，然而父亲从事管理类职业则对子女的结婚年龄有提前效应，并且这种提前效应在农村中要比城市中更加显著（王鹏、吴愈晓，2013）。这是因为管理类职业更加强调子女的服从，而中国传统的家庭观是希望子女早日成婚。在农村中，传统的家庭文化更加根深蒂固，父亲相对于子女的权威也更大。

在住房方面，自1994年住房市场化改革之后，中国住房的商品化和私有化速度迅速加快，与之相伴随的是房屋价格的大幅攀升，而高房价将那些无力购买房子的人置于婚姻市场的不利地位。对中国的研究发现，住房产权和住房价值对于进入婚姻有显著的影响。拥有产权住房、拥有较高市场价值的住房都会显著增加进入婚姻的可能性（焦开山、郭靓雯，2020；廉思、赵金艳，2017）。此外，房价越高，人们为购房做资金积累的时间越长，结婚的年龄越晚。一些经验研究确实发现，在房价较高的地区，无论男女都会出现初婚年龄的推迟。平均而言，房价每上涨1%，婚龄人口的初婚年龄增加1岁（刘金山、杜林，2024）。另外，房价的高低同样也会影响其他因素对婚姻的效应。例如，在房价较高的地区，那些受教育程度较高的人更可能有能力购买房产，从而更早进入婚姻。这种促进效应甚至可以扭转教育本身对婚姻的推迟效应。相反，在房价较低的地区，受教育程度的高低对能否购买房子的影响较小，那些高学历的人可能会经历更长的配偶搜寻时间，此时教育对婚姻的推迟作用要大于促进作用（於嘉、谢宇，2013）。

二、宏观层次

除个体层次因素外，宏观的制度设置同样会影响人们的初婚行为，在中国的背景下，最典型的便是户籍制度以及与此紧密相关的城乡人口流动。概括起来，户籍制度对初婚的影响之所以备受关注，主要有两个方面的原因。其一，户籍身份与许多特定的资源和机会相联系，如接受更好的教育，获得更好的职业，享受医疗、住房等方面的国家福利等（Wu & Treiman，2004；Treiman，2012），由此，户籍不仅仅是一种限制人口流动的工具，也塑造了个人的财富、权力、声望等，成了和教育、收入等类似的一种社会经济地位。有研究发现，城市户籍在跨户籍通婚中具有明显的优势。例如，无论是城市女性还是农村女性都更倾向于嫁给城市男性，这就导致农村男性处于绝对的劣势地位。娶农村女性为妻的城市男性一般结婚相对较早，这是因为城市男性的户籍优势会让农村女性家庭降低婚姻要价等其他方面的要求，从而促使他们更加容易进入婚姻（段朱清、靳小怡，2020）；而农村男性，尤其是娶城市女性和边缘地区女性为妻的农村男性在婚姻上需要付出更多的时间、金钱等成本，由此导致结婚年龄的推迟（段朱清、靳小怡，2020）。

除赋予户籍身份以社会经济地位的含义外，户籍制度下城市与农村社会之间的分割也导致了二者在婚姻市场上的分离。随着20世纪80年代中期以来户籍政策逐步放松，大量的农村劳动力开始进入城市，又使得两个婚姻市场出现了交叉。由此，城乡人口迁移对婚姻的影响进入婚姻研究者的视野。虽然由农村向城市的流动能够极大扩展农村人口的婚姻市场，但是许多研究发现，那些从农村迁移到城市的人反而会出现结婚年龄推迟的现象（段朱清、靳小怡，2020；曾迪洋，2014；许琪，2015；刘厚莲，2014）。有研究指出，进城务工的农村人口之所以会出现初婚年龄的推迟，是因为外出务工提升了他们在婚姻市场上的议价能力和他们的择偶标准，从而增加了配偶搜寻的时间（刘利鸽等，2019）。但是还有研究指出，农民工初婚年龄的推迟源于他们自身的劣势。一方面农村户籍将他们置于城市婚姻市场中的不利位置，另一方面长期的工作变换等不稳定因素，价值观念、认同上的差异进一步加剧了农村人口的弱势，这种劣势消解了婚姻市场扩大、经济条件改善的正面影响。然而，也有研究发现，虽然向城市的流动一般会推迟农村人口自己的初婚时间，但是父亲有迁移经历却对子女进入婚姻有积极的影响，这主要是因为父亲外出务工可以改善家庭的经济状况，为子女成婚提供更多的财物支持（曾迪洋，2014）。

通过以上综述可以发现，中国社会中的初婚年龄推迟在不同的社会群体中具有一定的普遍性，这里有工业化、现代化发展的作用，也有人口政策的影响（李建新、王小龙，2014）[①]，但仍可以从中发现不平等的现象或原因。例如，那些社会经济地位较高、拥有房产的人，因自身条件好且拥有了一定的结婚资本

---

① 李建新和王小龙的研究发现，在20世纪90年代之前，中国社会中初婚年龄的变化主要受人口政策的影响。例如，1973年开始实施的"晚、稀、少"政策规定男性的结婚年龄不早于25周岁、女性不早于23周岁，这使得中国人口初婚年龄从1970年的23.1岁上升到25.1岁。

而更可能早结婚。再如，即使不同群体都出现了初婚年龄推迟，其背后的原因也不同。那些受教育程度、社会经济地位较高的人更可能出于"待价而沽"的目的主动增加配偶搜寻的时间，最后也一般能够寻得质量较高的配偶进入婚姻。而诸如农村男性等社会经济地位较低的人群，更可能是因为在婚姻市场上受到歧视和排斥而"无人问津"，最终可能无法进入婚姻或配偶质量不高（陈卫、张凤飞，2022）。

第三节 谁与谁结婚：婚姻匹配研究

一、婚姻匹配模式与机制

在婚姻不平等的研究主题中，谁与谁结婚的婚姻匹配问题备受关注。婚姻匹配中的不平等主要有两个方面的含义。首先，由于在婚姻和家庭中，某个人所具有的资源为其他家庭成员所共享，因此社会经济地位等各方面条件较好的人往往会成为婚姻市场上被竞争的对象，而谁能在竞争中获胜便是一个与不平等相关的问题。其次，从更加宏观的角度来看，婚姻是社会中最普遍、最亲密的社会关系之一，它不仅仅是夫妻两个人的结合，还意味着他们加入对方所属的社会群体，所以婚姻匹配的结果也反映了不同社会群体之间的边界强弱（Kalmijn，1991；Fernandez et al.，2005；Ermisch et al.，2006）。正因如此，同类婚的程度被视为衡量社会封闭程度或社会结构开放程度的主要指标之一。

根据匹配属性的不同，婚姻匹配可以分为许多类型，包括收入、教育、职业、种族、家庭背景等各个方面。尽管类型多样，但是国内外的研究均发现各类婚姻匹配大多是以同类婚为主导的（Kalmijn，1991）。在中国，有近56%的夫妻拥有相同或相似的阶层地位，有92%的夫妻在初婚时拥有相同的户籍类型。此外，"门当户对"的家庭背景同类婚在当代中国社会中也十分普遍（张翼，2003；马春华等，2011）。

在婚姻匹配研究中，婚姻匹配模式尤其是同类婚的形成机制一直是核心议题之一。概括起来，同类婚的成因主要有以下几个方面：一是择偶偏好的影响。

这里的择偶偏好既包括同类之间的相互吸引，也包括异类之间的排斥。例如，教育同类婚既可能源于相似文化资源的吸引，也可能是因为理性选择下对受教育程度低于自身的人群的排斥。二是婚姻市场上的结构限制，主要包括人口结构、地理结构、局部婚姻市场等（Kalmijn，1994）。中国背景下的研究也支持了上述两个机制，例如有研究发现，中国1980年后出生的人群中同类婚的程度明显提高，这在很大程度上是源于受过高等教育的人在择偶偏好上对其他受教育程度人群的排斥增强，小学及以下受教育程度的人受到其他教育层级的排斥也在增强（石磊、李路路，2022）。还有一些研究发现，中国社会中的户籍同类婚和地区同类婚非常普遍（王丰龙、何深静，2014；李煜、陆新超，2008），这在很大程度源于地理空间上的结构限制。地理结构的限制还会导致一些其他类型的同类婚，有研究发现人们在择偶过程中对户籍、出生地的选择是独生子女之间同类结婚的重要原因（郭志刚、许琪，2014）。

二、婚姻匹配的变迁

婚姻匹配研究中另一个备受关注的问题是婚姻匹配模式在现代社会中的变迁。例如，工业化理论认为，工业化的发展会使得那些学历高、收入高的人在婚姻市场上占据优势，导致教育、收入、职业等方面的同类婚大幅增加，而家庭背景上门当户对的婚姻会逐渐减少（Blossfeld，2009；Schwartz，2013）。

如前所说，中国社会中的婚姻模式不仅受工业化、现代化的影响，而且与国家的政策、制度密切相关。已有的关于中国婚姻匹配模式及变迁的研究主要集中于教育婚姻匹配、户籍婚姻匹配和家庭背景婚姻匹配。

（一）教育婚姻匹配

关于中国社会中的教育婚姻匹配及变迁，已有的经验研究存在争议。一些研究发现，教育同类婚程度在1950—1990年一直下降，符合工业化理论的预测（Smits & Park，2009；Raymo & Xie，2020）。然而更多的研究表明，中国教育婚姻匹配模式的变化要更加复杂，与国家的宏观政治进程密切相关。

很多研究发现，自新中国成立以来，中国社会中的教育同类婚大致呈现V形变化趋势（Han，2010；李煜，2008；石磊，2019）。具体来说，在新中国成立初期（1949—1956年），由国家推动的工业化发展提高了受教育程度的社会经济价值。此外，1950年颁布的《中华人民共和国婚姻法》正式废止了父母包办的婚姻，这进一步削弱了家庭作为第三方群体对个人择偶的限制，因此教育同类婚的程度较高。然而在"文化大革命"时期，政治忠诚取代了绩效主义成为获得职业等社会经济资源的标准（Zhou，2000），教育的社会经济价值逐步丧失。这一时期的"上山下乡"运动将大批城市知识青年（知青）送往农村，由于上山下乡的知青多处于或即将进入适婚年龄，这一运动在知青与本地农村青年之间创造了一个特殊的婚姻市场。此外，这一时期国家开始提倡和鼓励下乡知识青年与当地农民结婚，即所谓的"扎根婚"（刘小萌，2009；蔡霞，2014），这就进一步导致了教育同类婚程度的下降（Wang & Wong，2017）。在改革开放后，国家的工作中心重归经济建设的正轨，教育等人力资本的经济回报大幅提升。在此背景下，教育重新成为决定人们社会经济地位获得的重要因素，教育同类婚程度在经历了"文革"时期的下降后开始迅速反弹（李煜，2008；石磊，2019）。教育同类婚程度的急剧回升，在很大程度上反映出社会分层结构的固化。

还有研究分析了高等教育扩张后出现的教育获得性别差异逆转对教育婚姻匹配的影响，发现：中国社会中随着女高男低的教育获得性别差异新格局的形成，婚姻有效供给匹配失衡问题严峻，表现在女性受教育程度越高越难嫁，男性受教育程度越低越难娶的现象并存，并且这种失衡在一段时间内会长期存在（王立军等，2022）。

（二）户籍婚姻匹配

如前所说，户籍制度曾严格限制城乡人口流动，导致了城市与农村婚姻市场的分割。此外，户籍身份背后所蕴含的社会经济地位含义，也导致了城市居民与农村居民在婚姻市场上的不平等位置。因此，户籍婚姻匹配模式可以反映出城市与乡村之间的融合度，以及基于户籍的不平等状况的变化。

20世纪80年代以来，户籍制度所经历的一系列改革，如对人口流动限制的大幅减弱，户籍身份的继承、转换及随转等规则的改变等，大有促进跨户籍通婚之势，对户籍婚姻匹配产生了十分重要的影响。有研究发现，自1990年以来，中国的跨户籍异类婚持续增多。值得注意的是，这一时期中国社会的贫富分化日益严峻，尤其是城乡之间的经济差距迅速拉大。根据已有的理论观点，当社会不平等程度提升时，向下婚的成本会增大，导致异类婚减少。因此，户籍异类婚的增多可能是因为农村居民跨户籍通婚的强烈动机，超过了城市居民向下婚成本增加的作用（Wang & Schwartz，2018）。更加具体地看，户籍异类婚更多发生在城市男性与农村女性之间，而农村男性则在婚姻市场上处于绝对的劣势地位，并且这种劣势随着城乡差距的扩大而进一步加剧。另外，在1985年后迅速增加的户籍异类婚中，有近40%发生在原有城市居民和户籍转换者之间，而这些户籍转换者一般都具有教育或职业地位上的优势（Wang & Schwartz，2018）。

虽然许多研究发现改革开放后城乡户籍异类婚不断增加，但是有研究者指出，这并不必然意味着城市与农村之间的通婚障碍消解，还需要对具体的户籍异类婚形成模式进行分析（Lui，2017）。有研究者总结了户籍异类婚形成的三种模式：同质偏好异类婚、地位交换异类婚和内群体挤出异类婚。在同质偏好异类婚中，无论是城市居民还是农村居民，都更愿意与受教育程度较高者结婚，而无论对方是城市户籍还是农村户籍，这种情况下城乡之间的通婚壁垒确实是消解了。在地位交换异类婚中，农村居民嫁娶城市居民需要具备更高的受教育程度，也就是存在户籍地位和教育地位之间的交换。内群体挤出异类婚是同类婚偏好和地位交换的一种结合（Fu，2001），也即城市居民同时具有教育和户籍上的同类偏好，那些高学历的城市人更倾向于和同样高学历的城市人结婚，这就导致那些受教育程度较低的城市人被挤出，而这些人会和农村中受教育程度较高的人结婚，存在地位上的交换。因此，如果户籍异类婚的形成是地位交换或者内群体挤出的结果，那么其数量的增多并不意味着城乡之间通婚壁垒的减弱，反而可能进一步强化。有研究发现，1975—2013年，城市与农村户籍之间的通婚壁垒始终较强。虽然户籍异类婚不断增加，但是其形成模式主要是基于地位上的交换。尽管如此，户籍之间的通婚壁垒还是有减弱的趋势，表现为在1997—2013年结婚的出生世代中，户籍与受教育程度之间的地位交换在弱化。虽然依旧是那些受教育程度较高的农村人更可能与城市人结婚，但是城市一方的受教育程度与城市户籍同类婚中二者的受教育程度并没有显著的差别。这种户籍之间婚姻壁垒的弱化，主要是因为城市化的发展和一系列的户籍改革（Lui，2017）。

（三）家庭背景婚姻匹配

长期以来，中国社会中的传统婚姻讲求"父母之命，媒妁之言"，子女的婚姻多由父母包办，婚姻的主要目的是家族利益的最大化，当事人的幸福则位在其次。因此，婚姻匹配的原则是家庭背景上的"门当户对"。虽然新中国成立以后，父母包办等婚姻陋习被废除，工业化、现代化、城镇化等的发展也削弱了家庭对于个人择偶的控制力，提高了自致性因素在婚姻市场上的重要性。然而一些研究发现，家庭背景对婚姻匹配的影响并没有消失，甚至还有增强的趋势。

部分针对中国的研究指出，传统的婚姻观念在工业化、现代化迅速发展的过程中依然具有韧性和惰性，很多人仍然笃信门当户对的婚姻更加幸福和稳定，一些传统的婚姻价值也在世代更替中得以保存和传递（Hu & Scott，2014；To，2013）。由此，家庭背景上的同类婚依旧较多，例如夫妻双方父亲在职业地位、户籍身份等方面往往具有显著的关联（Hu，2016）。还有研究发现，家庭背景（父亲职业）上的同类婚程度在1950—1991年逐步下降，符合工业化的预期，然而在1992年之后的改革开放深化期，家庭背景同类婚程度迅速回升（齐亚强、牛建林，2012）。这是因为随着市场化改革的深入，急剧的社会转型带来了社会不确定性和生活风险的提高，失去原有单位庇护的个体需直面这些日益增加的不确定性和风险。在此背景下，受传统家庭文化观念的影响，家庭背景因素又重新融入个人的生活中，对婚姻匹配具有十分重要的影响（李煜，2011；齐亚强、牛建林，2012）。

除了上述重点介绍的三类婚姻匹配之外，还有许多研究揭示了中国社会中婚姻匹配上的其他不平等及变化。例如，有研究者发现，中国居民在年龄上的同类婚程度在1960—1990年前后不断上升，从1990年后开始出现下降。这是因为20世纪90年代以来，劳动力市场压力不断增加，生活成本攀升，消费主义膨胀，男性的经济地位在择偶婚配中越来越受重视。现代社会中女性的受教育程度迅速提高，而与她们同龄的男性可能刚刚处于职业发展的初期，很难让她们实现地位的向上婚配。因此，她们更可能选择年龄较大的、已经获得较高的社会经济地位的男性成婚（Zheng & Xie，2014）。再如，有研究者讨论了中国情景中美貌和地位的交换，发现二者之间并不存在交换关系，所谓的"男才女貌"的现象并不是普遍存在的，但是教育、职业、收入、家庭背景等相似资源之间的交换非常明显（许琪、潘修明，2021）。还有研究考察了家庭背景对于个人婚姻匹配的影响及变化，发现那些家庭背景较差但是受教育程度较高的"凤凰男""凤凰女"确实在婚姻市场上面临一些阻碍，尤其是"凤凰男"更可能因为家庭背景而在受教育程度上低就，并且"凤凰男"和"凤凰女"在婚姻市场上的劣势并没有随着时间的推移而得到改善（许琪，2022）。

第四节　谁的婚姻更稳定：婚姻稳定性研究

前文提及，在当前的中国社会，绝大多数人仍然将结婚看作人生的必选项。虽然在何时结婚、与谁结婚等方面存在不平等，但是大部分人最后都会进入婚姻，中国社会因此出现了独特的"晚婚普婚"模式。然而，尽管多数人或早或晚都会结婚，但是婚姻的质量和稳定性是不同的，总是有部分婚姻最终走向解体。而什么样的人更可能离婚，其中也可能涉及不平等的问题。

影响婚姻稳定性的因素有很多，这些影响因素虽然纷繁复杂，但是关于它们影响机制的解释大致相同，可以总结为几个主要的理论观点。其一是经济学角度的婚姻成本效用假说，这种假说认为离婚与否是当事人对离婚的成本和效用进行权衡的结果（Becker，1973）。其二是婚姻匹配角度的婚姻异质性假说，认为夫妻在一些特征上的异质性越强，生活、家庭、事业等方面的习惯和价值观念越不同（Kalmijn，1998），越不利于婚姻的稳定。其三是心理学角度的家庭压力假说，认为家庭压力尤其是经济压力会导致配偶关系的紧张，影响婚姻的稳定性。其四是社会学角度的婚姻互动论，认为婚姻解体的真正原因根植于夫妻之间日常的社会互动。夫妻之间的争吵、冲突越多，婚姻越可能解体。最后是婚姻凝聚理论，认为婚姻的稳定性主要取决于三个因素：婚姻收益、离婚阻力和配偶替代机会（Levinger，1965、1976）。

基于以上理论观点，中国社会背景下的婚姻稳定性研究讨论了诸多因素对婚姻稳定性的影响，包括个人层次的年龄、受教育程度等，家庭层次的婚姻匹配模式、住房等，以及与更加宏观的工业化、户籍制度相关的人口迁移等。

一、个体层次

在个体层次上，影响婚姻稳定性的主要影响因素包括年龄、受教育程度、阶层地位等。就年龄的影响来说，有针对中国的研究发现，女性的初婚年龄对离婚的风险具有显著的影响，并且影响模式为 U 形结构，也即结婚年龄过早和过晚都不利于婚姻的稳定（郭婷、秦雪征，2016；彭大松、陈友华，2016；李建新、王小龙，2014）。一方面，过早结婚可能对配偶特征做出误判，进而对婚姻匹配程度估计不足，并且结婚后双方的特征还会发生较大的变化；另一方面，早结婚意味着双方积累的婚姻资本较少，离婚的成本较低。因此，过早结婚者更可能离婚，过晚结婚的人配偶搜寻的成本较高，更可能主动接受不匹配的婚姻。此外，晚结婚的人更可能习惯单身的生活，因此配偶替代的概率较大，这也会导致过晚结婚的人更可能离婚。然而也有新近的研究发现，初婚年龄对离婚风险的影响并不存在 U 形关系，过晚结婚比早婚和正常结婚的离婚风险都要高，而后两者没有明显差别（张冲、李想，2020）。

在受教育程度方面，女性受教育程度对婚姻稳定性的影响备受关注。国外的一些研究发现，受教育程度较高的女性更多地因参与劳动力市场活动而减少家务劳动，这与主流的性别规范不相符，并且容易引发夫妻在家庭分工上的分歧和冲突，进而影响婚姻的稳定性（Fernandez et al., 2004）。此外，受教育程度较高的女性对配偶的经济依赖较小，因此更容易主动终结不幸福的婚姻（Schoen et al., 2002）。同时也有研究指出，受教育程度较高者更重视夫妻之间的互动交流，营造和谐的家庭氛围。在此背景下，受教育程度对婚姻稳定性的影响方向发生了转变，那些受教育程度较低者的婚姻不稳定性不断增加，与受教育程度较高者在离婚率上的差距越来越大（Park & Raymo, 2013；McLanahan, 2004）。

有针对中国的研究发现，15 岁以上处于离婚状态的人口比例与受教育程度之间的关系从 1990 年至 2015 年经历了从 U 形、线性到倒 U 形的转变（杨菊华、孙超，2021）。1990 年受教育程度最低的文盲人口离婚比例最高，但是不同受教育程度者之间的离婚比例差距并不大。随着时间的推移，受教育程度越高的人群离婚比例越高。而到了 2015 年，中等受教育群体的离婚比例最高。还有研究发现，在比较早的出生世代中，确实存在女性受教育程度越高离婚风险越高的现象，但是到了1980年后的出生世代，这种现象已经不显著。对于男性来说，在1960—1970年的出生世代中，受教育程度越低则离婚的风险越高，且影响程度在1980年后的出生世代中变得更大（郭云蔚，2021）。还有研究显示，同为流动人口，那些受教育程度高的人婚姻质量更高，离婚的可能性最小（彭姣等，2022）。这些结果表明，在当前的中国社会，受教育程度较低者在婚姻稳定上越来越处于劣势。

在阶层地位方面，有针对农村中青年的研究发现，经济条件在村庄中处于中下层位置的男性离婚的可能性最高。这主要是因为较差的经济状况无法满足妻子的日常消费或对城市生活方式的需求（张雪霖，2016）。

二、家庭层次

在家庭层次方面，影响夫妻婚姻稳定性的因素有很多，包括子女数量（许琪等，2013；郭婷、秦雪征，2016；彭大松、陈友华，2016）、婚前是否同居（梁同贵，2017；郭郡郡等，2018）等。其中与不平等相关的议题主要包括，夫妻之间的婚姻匹配模式、家庭住房状况等对婚姻稳定性的影响。前文提及，有观点认为异类婚夫妻在生活习惯以及家庭、职业等其他价值观念上的差异会导致更频繁的冲突，从而威胁婚姻的稳定性。关于中国的研究支持了这一观点，经验结果显示夫妻在受教育程度、年龄、户籍等方面的不同会提高离婚的风险，并且差异越大，离婚的风险越高。而背后的原因正是夫妻之间在家庭背景、教育等方面的差异使得他们持有不同的价值观念，进而更可能产生矛盾与冲突（郑晓冬、方向明，2019）。例如，妻子的受教育程度高于丈夫会降低婚姻满意度，并且差距越大婚姻满意度越低。相比之下，在受教育程度较高的同类婚中，夫妻双方的婚姻满意度较高，婚姻较稳定（王杰、李姚军，2021）。

除了夫妻的婚配模式外，家庭的住房状况对婚姻稳定性也有重要的影响。如前所说，住房在中国人的婚姻中具有非常重要的地位。尤其在房价日益高涨的背景下，住房已经超越了安居之所的含义，成了一种社会经济地位的象征，具有了地位商品的属性。对中国的研究发现，是否拥有产权住房、房屋的市场价值和居住空间都会对婚姻稳定性产生影响（焦开山、郭靓雯，2020）。没有产权住房的人一方面会花费更多的住房成本在租房上，造成较大的家庭经济压力；另一方面经常更换住所加剧了婚姻的不稳定和不安全感。较高市场价值的住房提高了离婚的成本，从而降低了离婚的可能。面积较大的住房可以给夫妻双方留有足够的隐私，提升各自的自主性，也有助于构建良好的沟通和互动环境，从而缓解夫妻间的情绪紧张，减少冲突，提高婚姻稳定性。

三、宏观层次

如前所说，中国的户籍制度及城乡人口流动对社会中的婚姻不平等具有深刻的影响，在婚姻稳定性上亦是如此。有研究发现，相比于夫妻户籍异类婚，户籍同类婚的婚姻满意度更高，离婚的风险更低。并且在异类婚中，如果夫妻之间的户籍距离比较大（如一个是农村户籍，一个是地级市非农户籍），那么婚姻满意度明显更低（袁晓燕、石磊，2017），这主要是由于不同户籍的夫妻在文化习惯、社会经济地位等方面具有差异。此外，娶了城市女性的农村男性婚姻满意度较高，而嫁给农村男性的女性婚姻满意度较低（袁晓燕、石磊，2017），从中可以进一步看出城市和农村户籍上的不平等。

从农村向城市的迁移被认为不利于婚姻的稳定，主要有以下几点原因：首先，农村人口迁入城市后会接触到更大的婚姻市场，增加了配偶替代的机会；其次，迁移所带来的不稳定和夫妻的居住分离，会增加家庭的压力，阻碍夫妻之间的有效沟通互动，更容易引发矛盾和冲突（许传新，2010）；再次，向城市的迁移使农村人口离开了原来的熟人社会而进入了陌生人社会，削弱了传统乡村社会规范对离婚行为的约束和熟人社会网络对婚姻行为的监督；最后，迁入城市的农村人口会接触到更加现代的婚姻观，如男女平等、追求婚姻幸福等，从而增强结束不幸婚姻的决心，以及提升对离婚的接受度（刘成斌、童芬燕，2016）。然而也有一些观点认为，农村人口向城市的流动并不会影响婚姻的稳定性。在传统"男主外，女主内"的家庭分工模式下，男性外出务工可以增加家庭收入，而留守妇女可以照料家人，这反而有利于婚姻关系的稳定（金一虹，2009）。虽然微观上关于城乡流动对农民婚姻稳定性产生影响的观点存有争议，但是宏观上的研究揭示了劳动力的流出会显著提高村庄的离婚率（刘彬彬等，2018；彭小辉等，2018；高梦滔，2011）。

还有部分研究更为细致地探究了城乡迁移对婚姻稳定性的影响在不同的迁移模式、性别、出生世代上的差异。在迁移模式上，夫妻一方单独流动和共同流动都会提高离婚的概率，但是共同流动的离婚风险要比一方单独流动的离婚风险低（莫玮俏、史晋川，2015）。在近距离的流动中，流动者与当地的文化差异小，社会交往多，配偶替代机会更多且搜寻成本低，因此相比于远距离的流动更可能提高离婚的可能性（马忠东、石智雷，2017；任远、郝立，2021）。在性别差异上，女性农民工的婚姻稳定性明显低于男性。这主要是因为女性农民工获得了经济上的独立，同时城市的生活、工作和交往经历也让她们逐渐接受平等化的性别意识，更容易产生对传统性别分工的反抗，这导致夫妻冲突频发，影响婚姻的稳定性（李卫东，2019）。在出生世代上，新生代的农民工的婚姻稳定性低于初代农民工。这主要有两方面的原因：一是年龄效应，新生代农民工的年龄更小，婚姻替代的机会更多。二是世代效应，新生代农民工主要是基于发展而非生存的目的外出务工，他们对物质和精神生活有更高的追求，更加注重婚姻中的情感需求和感受，对婚姻冲突的忍耐度更低，对离婚和性也有更加开放的态度（吴新慧，2011）。新生代农民工尤其是女性农民工有更加平等的性别观点，也更容易遭遇与传统性别分工观念的冲突，从而降低婚姻满意度（李卫东，2019）。此外，新生代农民工受到的传统乡村规范和社会网络的束缚也更小，离婚的阻力相对较弱。

农村人口由于进城务工而遭遇的婚姻不稳定，在很大程度上反映了一些弱势群体由于制度的限制而难以保障家庭的福利和稳定。由于户籍的限制，进城务工的农村人口不得不经历夫妻分居、亲子分离，同时他们在劳动就业、购买房产等方面都受到诸多限制，这些都不利于婚姻家庭的稳定。

第五节 婚姻导致的不平等

婚姻导致的不平等有很多表现，例如，针对中国的研究发现，已婚有配偶的人比未婚、离婚的人有更强的幸福感（李凌、梁筱娴，2017；池丽萍，2016；宋健、王记文，2016）、更好的健康状态（袁萌等，2011；李成福等，2018；

魏东霞、谌新民，2017）；教育同类婚家庭的婚姻质量更高（王杰、李姚军，2021；王晓磊、杨晓蕾，2019）、子女有更高的非认知能力（李安琪、吴瑞君，2021）；高等教育同类婚家庭的子女学业表现更好（李安琪，2022）；等等。婚姻对收入的影响，无疑是研究婚姻如何导致不平等时最受关注的主题。如前所说，关于婚姻与收入不平等的研究可以分为两个层次，一是个体层次上对婚姻溢价现象的讨论，二是在宏观层次上分析社会整体的婚姻匹配模式对收入差距的影响。

一、婚姻溢价

许多国家中都存在婚姻溢价现象。关于婚姻溢价的产生机制，已有研究主要形成了以下几种观点：一是选择性假说，即那些收入高、能力强的男性在婚姻市场上占据优势，因此比那些低收入的男性更可能进入婚姻。所以婚姻溢价并不是结婚本身带来的，而是因为结婚的男性本身能力更强（Nakosteen & Zimmer，1987；Jacobsen & Rayack，1996）。二是家庭分工假说，该假说认为男性更擅长进入劳动力市场工作，而女性更擅长家务劳动。因此婚后"男主外，女主内"的家庭分工模式可以使男性将更多的时间投入工作，提高生产能力，最终带来收入的增加（Becker，1973、1974、1991）。三是"贤内助"假说，即素质高、能力强的妻子可以为丈夫的职业发展提供建议和支持，帮助他们获得更好的工作和职位晋升机会，进而提高收入水平（Wang，2013）。四是补偿性假说，即婚姻会激励个人为了养家而更加努力地工作，也更加看重薪资水平（Gorman，2000）。

从以上观点可以看出，婚姻溢价主要是针对男性而言的，而对于女性来说，结婚可能不但不会带来收入的增加，反而会导致收入的减少，即"婚姻诅咒"现象。例如，根据家庭分工假说，女性在结婚后会把更多的时间用于家庭事务，减少了在劳动力市场的精力投入，甚至中断或退出劳动力市场，这非常不利于其职业发展。根据补偿性假说，女性相比于男性面临较小的养家糊口的压力，因而易于为了家庭而放弃提高工资的机会。

大多数针对中国的研究支持了男性的婚姻溢价现象，结婚确实可以提高男性的工资水平（张芬、何伟，2021；袁国敏、熊海珠，2017；林建浩等，2016；

王智波、李长洪，2016；李雅楠、秦佳，2013）。从机制上来看，家庭分工是导致男性婚姻溢价的重要原因。此外，婚姻溢价的大小和机制存在阶层差异，中等收入阶层的婚姻溢价最高，贤内助机制对低收入阶层的婚姻溢价有效，但是高收入阶层的婚姻溢价则主要受家庭分工机制的影响（林建浩等，2016）。关于婚姻如何影响女性的工资和收入，仍然存在争议。有些研究确实发现，由于结婚后女性的劳动参与率和接受培训的概率降低、工作投入时间减少，她们的工资水平趋于下降（孙良媛等，2007；龚斌磊等，2010；冯其云、朱彤，2013；袁国敏、熊海珠，2017；张芬、何伟，2021）。另有一些研究显示，婚姻对女性的收入并没有显著的影响（王姮，2008）。还有研究发现，结婚同样也会增加女性的收入，但主要是源于选择性，家务分工的影响依然会显著降低女性的收入水平（陈洁，2019）。

二、婚姻匹配与家庭收入差距

不同的婚姻匹配模式会影响收入等资源在家庭层面的聚合，进而作用于社会不平等。如果具有相同收入水平的夫妻更可能结婚，那么在家庭层面就会出现高收入者的强强联合和低收入者的劣势累积，导致家庭收入的两极分化。在当代社会，教育逐渐成为决定人们收入、职业等社会经济地位的最重要因素，因此教育婚姻匹配对收入不平等的影响备受关注。有研究者提出，正是因为受教育程度与收入密切相关，所以教育同类婚在很大程度上可以等同于收入同类婚（Blossfeld & Timm，2003：341），教育同类婚的增加必然会拉大社会的收入差距（Schwartz，2010）。一些针对美国、丹麦等国家的研究发现，随着社会中的教育同类婚增多，收入不平等确实在不断加剧（Greenwood et al.，2014；Breen & Andersen，2012）。

中国背景下关于教育婚姻匹配对家庭收入差距影响的研究不多，且由于分析策略和方法的不同，结论也存在差异。有研究发现，如果教育婚姻匹配是随机的，那么中国社会收入的不平等程度会降低，这意味着教育同类婚的增加扩大了社会收入差距（李代，2017；徐雷、曹秋菊，2022；龚锋，2019；江求川，2018；李雅楠、王飞，2013）。还有研究发现，高等教育扩张极大提升了女性的受教育程度，促进了高等教育层次上的性别分布平衡，导致教育同类婚向高等教育层次转移，更多的夫妻在收入上"强强联合"，由此拉大了家庭层面的收入差距（石磊，2022）。然而，也有研究得出了截然不同的结果。胡安宁和钱震超以城市为研究对象，根据夫妻受教育程度（高中以下、高中、大学）的匹配情况构建了九类家庭，考察了教育婚姻匹配在1988—2007年的变迁对收入不平等的影响。结果发现，这20年间教育同类婚的不断增加虽然增大了各类家庭之间的不平等，却在更大程度上缩小了各类家庭内部的收入差距，由此反而降低了社会收入不平等水平（Hu & Qian，2015）。

除夫妻的资源聚合外，婚姻匹配还会通过影响家庭中夫妻的分工、决策等互动模式，进而作用于家庭间的收入差距。例如，有对中国的研究发现，女性在受教育程度或家庭背景上向下婚的家庭，更可能占据家庭财富上的优势，尤其是同时存在这两种妻子向下婚的家庭，其财富优势会随着结婚年份的延长而扩大（Cheng & Zhou，2021）。这是因为当妻子的受教育程度高于丈夫时，更可能形成比较平等的家庭分工模式（Yu & Xie，2012），可以将更多的精力投入劳动力市场。许多研究发现，更平等的家庭分工确实可以促进女性收入的增加和职业发展，对男性则没有明显的影响（Qian，2018），因此家庭整体的收入水平是提升的。除此之外，妻子受教育程度更高时，也更可能参与到家庭决策中（李建新、郭牧琦，2015；吴帆，2014），而女性在决策上更加厌恶风险、以家庭利益为重，由此有助于家庭财富的增加（Van Raaij et al.，2020）。当妻子在家庭背景上向下婚时，一方面女方父母为了继续维持地位上的优势会为夫妻家庭提供更多的资源支持（Cheng & Zhou，2020），并且常常与男方父母提供的资源形成互补（Zhang，2009；李霞，2010）；另一方面地位更高的女方父母也更可能运用其社会网络的优势为男方提供更好的工作机会，促进其职业发展。由此，妻子在家庭背景上占优势有利于家庭财富的积累。当妻子同时在受教育程度和家庭背景上向下婚时，除两种优势的叠加外，更好的家庭背景还可以进一步促进家庭分工的平等和夫妻共同决策（Qian & Jin，2018），从而推动家庭财富更快地增长。

夫妻之间的婚姻匹配不仅会影响他们自身一代的家庭收入差距，还会导致下一代的收入不平等。有研究发现，父母之间的教育同类婚会提高子代的收入水平。这是因为父母同类婚能够提高婚姻的稳定性和亲子关系的亲密度，从而提高子代的受教育程度，进而增加子代收入（谭莹等，2022）。教育同类婚还被发现会降低代际收入流动性，扩大子代的收入差距（谭莹等，2022；许志等，2019）。

第六节 总结与展望

本章聚焦于中国社会背景下婚姻不平等的研究，从婚姻本身的不平等和婚姻所导致的不平等两个议题出发，具体综述了中国社会背景下初婚时间、婚姻匹配、婚姻稳定性、婚姻溢价、婚姻与收入差距等方面的内容。与国外相关研究相比较可以看出，中国社会中的婚姻不平等有一些共同性，例如，更高的社会经济地位对进入婚姻的促进作用；教育对婚姻有推迟效应，但是高学历者在配偶质量和婚姻稳定性上更加具有优势，社会中的教育同类婚程度越来越深，并对整体的收入差距具有深刻的影响；结婚可以提高男性的收入水平，即存在婚姻溢价；等等。然而，中国在经济、政治、文化、历史社会变迁等方面的特殊性，也决定了中国的婚姻不平等具有一些独有特征。首先是议题的特殊性，例如户籍制度以及与此相关的城乡人口流动、"文化大革命"、"上山下乡"、市场化改革等一些宏观经济政治进程对初婚时间、婚姻匹配、婚姻稳定性等的影响。其次是影响因素的特殊性，例如住房在中国社会的婚姻不平等中具有非常重要的地位。拥有私有住房，住房面积更大、质量更高的人更可能结婚，婚姻也更加稳定。

虽然有关中国婚姻不平等的研究日臻成熟，但还是有些方面需要进一步深化和完善：

第一，经验结果上的争议有待厘清。通过综述可以发现，几乎每个具体议题下的研究都存在有争议的，甚至是截然相反的结论。例如，关于初婚年龄与婚姻稳定性的关系、城乡流动对婚姻稳定性的影响、女性是否存在婚姻溢价或惩罚、教育婚姻匹配对收入差距的影响等，已有研究都发现了相左的结果。虽然这些研究对各自的结果都能给出自圆其说的解释，但是大多数对于业已存在的争议置之弗论，导致相关问题的基本事实、成因、机制依然处于模糊不清的状态。因此，应当对各议题下的经验结果争议进行进一步的探究，弄清出现争议结果的原因究竟是社会群体异质性、研究设计的优劣、数据质量的高低、分析方法的差异，还是其他，而搁置争议、自说自话，无益于我们对中国婚姻不平等现象的认识和理解。各类调查数据的不断丰富、研究方法的推陈出新等，为一些经验争议的厘清提供了条件。

第二，对经验结果的理论反思和提炼需要加强。目前针对中国婚姻不平等的研究日渐增多，也有相对独特的研究对象和问题，但是大多数均是基于西方既有的理论来进行解释。这里可能存在两个问题：一是理论的适用性问题。不可否认的是，理论解释通常具有一定的普适性，但是鉴于中西方社会所存在的巨大差异，在用西方理论来解释中国社会的现象时，还是应该对理论的适用性进行反思。例如，用婚姻的成本效益来解释各因素对初婚时间、婚姻稳定性等的影响时，可能就需要考虑在中国"普婚"的文化和现实背景下，人们在结婚还是不婚之间的选择本就不是平衡、对等的，所以基于成本和收益的考量可能并不是决定人们是否进入或离开婚姻的主导因素，或者对成本和收益的理解与西方社会不同。二是理论解释的选择问题。关于同一个经验结果，可能存在多种解释。例如，针对移民会破坏婚姻稳定性的解释就有社会网络约束弱化、婚姻观念的现代化、夫妻沟通受阻、配偶替代机会增加等。已有的关于城乡人口流动如何影响婚姻稳定的研究大多堆砌式地使用这些不同的理论观点，而没有在各种解释之间进行辨析。虽然某一结果可能有多个诱因，但是作为学术研究需要对每一种可能的理论解释进行验证，在不同的理论解释中进行提炼，去伪存真。在对西方相关理论观点进行反思和提炼的基础上，构建起具有中国特色的理论观点，应该成为这一领域中研究者的自觉追求。

第三，研究议题需要进一步扩展和更新。一方面，囿于先前数据等方面的限制，现有关于中国婚姻不平等的研究对部分传统的重要议题仍旧涉猎不足。例如婚姻匹配对社会流动的影响，其中主要的问题可能涉及男女的教育婚姻匹配与其家庭背景之间的关系、婚姻匹配模式如何影响夫妻在婚后代内的社会地位流动、父母的教育婚姻匹配如何影响子代的资源获得等。另一方面，随着互联网等新技术的发展，人们的婚姻市场极大扩展，接触潜在配偶和配偶替代者的机会都大幅增加。同时，不同地区和社会群体的婚姻文化、观念等相互碰撞、交融，互联网等新技术的发展必然会对新时代的婚姻不平等包括初婚时间、婚姻匹配、婚姻稳定性，以及由婚姻导致的不平等等各方面产生深刻的影响，这是婚姻不平等研究领域需要进一步关注的课题。

参考文献：

薄文广，张宏洲，李佳宇.中国人口初婚风险的影响因素及异质性研究：基于性别和区域细分视角的分析.南方人口，2020，35（6）：13-29.

蔡霞.上山下乡运动中知识青年婚姻研究（1968~1980）.婚姻·家庭·性别研究，2014：196-265.

陈洁.婚姻状态对女性工资的影响及机制分析.人口与发展，2019，25（5）：99-110.

陈卫，张凤飞.中国人口的初婚推迟趋势与特征.人口研究，2022，46（4）：14-26.

陈卫民，李晓晴.晚婚还是不婚：婚姻传统与个人选择.人口研究，2020，44（5）：19-32.

池丽萍.中国人婚姻与幸福感的关系：事实描述与理论检验.首都师范大学学报（社会科学版），2016（1）：145-156.

淡静怡，姜全保.中国女性初婚模式变动趋势研究.人口学刊，2020，42（2）：17-28.

段朱清，靳小怡.中国城乡人口的婚姻匹配及其对初婚年龄的影响研究.人口学刊，2020，42（6）：58-71.

冯其云，朱彤.贸易开放与女性劳动参与率：基于省级面板数据的经验研究.南开经济研究，2013（4）：139-152.

高梦滔.农村离婚率与外出就业：基于中国2003~2009年村庄面板数据的研究.世界经济，2011，34（10）：55-69.

龚斌磊，郭红东，唐颖.影响农民工务工收入的因素分析：基于浙江省杭州市部分农民工的调查.中国农村经济，2010（9）：38-47.

龚锋.中国婚姻匹配模式及其对家庭收入不平等的影响.武汉大学学报（哲学社会科学版），2019，72（2）：166-174.

郭郡郡，刘玉萍，喻海龙.婚前同居与中国女性的婚姻稳定性：自选择效应还是测度问题.南方人口，2018，33（5）：1-14.

郭婷，秦雪征.婚姻匹配、生活满意度和初婚离婚风险：基于中国家庭追踪调查的研究.劳动经济研究，2016，4（6）：42-68.

郭云蔚.受教育水平对离婚风险的影响及其时代变化.人口研究，2021，45（6）：96-109.

郭志刚，许琪.独生属性与婚姻匹配研究：对"随机婚配"假定的检验.中国人口科学，2014（6）：26-35，126-127.

江求川.婚姻中的教育匹配对中国收入差距的影响.中南财经政法大学学报，2018（2）：32-42.

焦开山, 郭靓雯. 住房拥有、居住空间和婚姻转变. 社会建设, 2020, 7 (6): 86-96.

金一虹. 离散中的弥合: 农村流动家庭研究. 江苏社会科学, 2009 (2): 98-102.

李安琪. 父母的婚姻教育匹配与子女学业表现. 社会, 2022, 42 (2): 209-242.

李安琪, 吴瑞君. 母亲教育水平、婚姻教育匹配与子女非认知能力. 北京社会科学, 2021 (10): 120-128.

李成福, 王海涛, 王勇, 等. 婚姻对老年人健康预期寿命影响的多状态研究. 老龄科学研究, 2018, 6 (6): 38-44.

李代. 教育的同型婚姻与中国社会的家庭工资收入不平等: 1996—2012. 社会, 2017, 37 (3): 103-130.

李建新, 郭牧琦. 相对资源理论与夫妻权力关系的阶层差异分析: 基于第三期中国妇女社会地位调查数据. 妇女研究论丛, 2015 (6): 17-23.

李建新, 王小龙. 初婚年龄、婚龄匹配与婚姻稳定: 基于 CFPS 2010 年调查数据. 社会科学, 2014 (3): 80-88.

李凌, 梁筱娴. 结婚、生子对主观幸福感的影响. 山东社会科学, 2017 (2): 100-108.

李卫东. 流动模式与农民工婚姻稳定性研究: 基于性别和世代的视角. 社会, 2019, 39 (6): 23-61.

李霞. 娘家与婆家: 华北农村妇女的生活空间和后台权力. 北京: 社会科学文献出版社, 2010.

李雅楠, 秦佳. 我国男性的婚姻溢酬: 基于内生选择性模型的分析. 南方人口, 2013, 28 (2): 19-27, 49.

李雅楠, 王飞. 城镇居民婚姻匹配和家庭收入变动: 1991—2009. 人口与经济, 2013 (6): 39-46.

李煜. 婚姻匹配的变迁: 社会开放性的视角. 社会学研究, 2011, 26 (4): 122-136, 244-245.

李煜. 婚姻的教育匹配: 50 年来的变迁. 中国人口科学, 2008 (3): 73-79, 96.

李煜, 陆新超. 择偶配对的同质性与变迁: 自致性与先赋性的匹配. 青年研究, 2008 (6): 27-33.

廉思, 赵金艳. 结婚是否一定要买房?: 青年住房对婚姻的影响研究. 中国青年研究, 2017 (7): 61-67.

梁同贵. 婚前同居与初婚离婚风险: 基于 CFPS2010 数据的分析. 南方人口, 2017, 32 (4): 45-55.

林建浩, 张兰, 王美今. "贤内助"效应还是岳父效应?: 中国式婚姻溢酬机制的收入阶层异质性研究. 劳动经济研究, 2016, 4 (1): 33-64.

刘彬彬, 崔菲菲, 史清华. 劳动力流动与村庄离婚率. 中国农村经济, 2018 (10):

刘成斌, 童芬燕. 陪伴、爱情与家庭: 青年农民工早婚现象研究. 中国青年研究, 2016 (6): 54-60.

刘厚莲. 新生代流动人口初婚年龄及其影响因素分析: 基于全国流动人口动态监测调查数据. 人口与发展, 2014, 20 (5): 77-84.

刘金山, 杜林. 房价上涨是否推迟了初婚年龄?: 基于CGSS数据的实证分析. 北京航空航天大学学报(社会科学版), 2024, 37 (1): 108-116.

刘利鸽, 刘红升, 靳小怡. 外出务工如何影响农村流动人口的初婚年龄?. 人口与经济, 2019 (3): 32-47.

刘小萌. 中国知青史: 大潮 (1966—1980年), 北京: 当代中国出版社, 2009.

马春华, 石金群, 李银河, 等. 中国城市家庭变迁的趋势和最新发现. 社会学研究, 2011, 25 (2): 182-216, 246.

马忠东, 石智雷. 流动过程影响婚姻稳定性研究. 人口研究, 2017, 41 (1): 70-83.

莫玮俏, 史晋川. 农村人口流动对离婚率的影响. 中国人口科学, 2015 (5): 104-112, 128.

彭大松, 陈友华. 初婚解体风险变化趋势及其影响因素: 基于CFPS2010数据的分析. 人口与社会, 2016, 32 (3): 85-97.

彭姣, 毕忠鹏, 翟振武. 中国流动人口的婚姻状态稳定性研究. 西北人口, 2022, 43 (3): 1-12.

彭小辉, 张碧超, 史清华. 劳动力流动与农村离婚率: 基于劳动力双向流动视角. 世界经济文汇, 2018 (4): 36-52.

齐亚强, 牛建林. 新中国成立以来我国婚姻匹配模式的变迁. 社会学研究, 2012, 27 (1): 106-129, 244.

任远, 郝立. 人口流动过程中离婚风险差异及其影响机制分析. 中国人口科学, 2021 (2): 64-75, 127.

石磊. 新中国成立以来教育婚姻匹配的变迁. 人口研究, 2019, 43 (6): 90-104.

石磊. 教育婚姻匹配变迁与家庭收入差距. 青年研究, 2022 (1): 28-39, 94-95.

石磊, 李路路. 中国的教育婚姻匹配变迁与家庭收入差距. 中国人民大学学报, 2022, 36 (2): 77-90.

宋健, 王记文. 中国青年的婚姻状态与主观幸福感. 中国青年研究, 2016 (9): 5-12, 37.

孙良媛, 李琴, 林相森. 城镇化进程中失地农村妇女就业及其影响因素: 以广东省为基础的研究. 管理世界, 2007 (1): 65-73.

谭莹, 李昕, 关会娟. 教育同型婚姻匹配的变迁及对子代收入的影响 (1990—2018). 南开经济研究，2022（4）：139-156.

王丰龙，何深静.中国劳动力婚姻匹配与婚姻迁移的空间模式研究.中国人口科学，2014（3）：88-94，127-128.

王姮.中国农村贫困地区女性家庭责任和收入的关系研究.世界经济文汇，2008（5）：77-89.

王杰，李姚军.教育婚姻匹配与婚姻满意度.中国人口科学，2021（2）：52-63，127.

王立军，王玥，胡耀岭.中国教育获得性别差异逆转下婚姻有效供给匹配失衡研究.中国人口科学，2022（3）：31-45，126-127.

王鹏，吴愈晓.初婚年龄的影响因素分析基于CGSS2006的研究.社会，2013，33（3）：89-110.

王晓磊，杨晓蕾.夫妻教育匹配对婚姻质量的影响研究：基于社会性别的视角.西北人口，2019，40（2）：107-118.

王智波，李长洪.好男人都结婚了吗？：探究我国男性工资婚姻溢价的形成机制.经济学（季刊），2016，15（3）：917-940.

魏东霞，谌新民.婚姻对个体精神健康的影响：基于中国健康与养老追踪调查的实证分析.西北人口，2017，38（4）：103-110.

吴帆.相对资源禀赋结构中的女性社会地位与家庭地位：基于第三期中国妇女地位调查数据的分析.学术研究，2014（1）：42-49.

吴新慧.传统与现代之间：新生代农民工的恋爱与婚姻.中国青年研究，2011（1）：15-18，77.

许传新.西部农村留守妇女婚姻稳定性及其影响因素分析.中国农业大学学报（社会科学版），2010，27（1）：97-106.

许志，刘文翰，徐舒.婚姻市场正向匹配如何影响代际流动？.经济科学，2019（5）：93-103.

徐雷，曹秋菊.婚姻的教育匹配与居民家庭收入不平等：来自中国综合社会调查（CGSS）的经验证据.湘潭大学学报（哲学社会科学版），2022，46（4）：67-71.

许琪.外出务工对农村男女初婚年龄的影响.人口与经济，2015（4）：39-51.

许琪."凤凰男"的婚姻市场地位研究：家庭背景、教育和性别对婚配分层的影响.华中科技大学学报（社会科学版），2022，36（1）：23-33.

许琪，潘修明.美貌与地位：中国人婚姻中的匹配与交换.社会，2021，41（6）：203-235.

许琪，于健宁，邱泽奇.子女因素对离婚风险的影响.社会学研究，2013，28（4）：26-48，242-243.

杨菊华，孙超.我国离婚率变动趋势及离婚态人群特征分析.北京行政学院学报，2021

（2）：63-72.

杨克文，李光勤.教育获得对初婚年龄的影响研究.人口学刊，2018，40（6）：5-19.

於嘉，谢宇.社会变迁与初婚影响因素的变化.社会学研究，2013，28（4）：1-25，242.

袁国敏，熊海珠."结婚"还是"单身"？：基于中国劳动力市场婚姻工资溢价效应的研究.财经理论研究，2017（5）：85-95.

袁萌，王宁，袁冬莹，等.不同婚姻状况对健康状态的影响研究.中华中医药学刊，2011，29（7）：1535-1537.

袁晓燕，石磊.户籍如何影响婚姻稳定性：基于中国经验数据的解释.学术月刊，2017，49（7）：45-57.

张冲，李想.女性初婚年龄与离婚风险.西北人口，2020，41（1）：63-71.

张芬，何伟.家庭因素对性别工资差异的影响：基于CFPS数据的实证分析.人口与经济，2021（2）：84-102.

张雪霖.阶层分化、社会流动和农村离婚新秩序：以鲁西北C村离婚经验为例.中国青年研究，2016（12）：33-38，110.

张翼.中国阶层内婚制的延续.中国人口科学，2003（4）：43-51.

曾迪洋.生命历程理论视角下劳动力迁移对初婚年龄的影响.社会，2014，34（5）：105-126.

郑晓冬，方向明.婚姻匹配模式与婚姻稳定性：来自中国家庭追踪调查的经验证据.人口与经济，2019（3）：16-31.

BARTLETT R L, CALLAHAN C. Wage determination and marital status: Another look. Industrial relations: A Journal of economy and society, 1984, 23（1）: 90-96.

BECKER G. A theory of marriage: Part I. Journal of political economy, 1973, 81（4）: 813-846.

BECKER G. A theory of marriage//SCHULTZ T. Economics of the family: Marriage, children, and human capital. Chicago: University of Chicago Press, 1974.

BECKER G. A treatise on the family. Cambridge: Harvard University Press, 1991.

BLOSSFELD H P, TIMM A. Who marries whom: Educational systems as marriage markets in modern societies. Dordrecht: Kluwer Academic Publisher, 2003.

BLOSSFELD H P. Educational assortative marriage in comparative perspective. Annual review of sociology, 2009, 35（1）: 513-530.

BREEN R, ANDERSEN S H. Educational assortative mating and income inequality in Denmark. demography, 2012, 49（3）: 867-887.

CHENG C, ZHOU Y. Wealth accumulation by hypogamy in own and parental education in China. Journal of marriage and family, 2021, 84（2）: 570-591.

ERMISCH J, FRANCESCONI M, SIEDLER T. Intergenerational mobility and marital sorting. The economic journal, 2006, 116（513）: 659-679.

FERNANDEZ R, FOGLI A, OLIVETTI C. Mothers and sons: Preference formation and female labor force dynamics. The quarterly journal of economics, 2004, 119（4）: 1249-1299.

FERNANDEZ R, GUNER N, KNOWLES J. Love and money: A theoretical and empirical analysis of household sorting and inequality. The quarterly journal of economics, 2005, 120（1）: 273-344.

VAN RAAIJ F, ANTONIDES G, DE GROOTI M. The benefits of joint and separate financial management of couples. Journal of economic psychology, 2020（80）: 102313.

FU V K. Racial intermarriage pairings. Demography, 2001, 38（2）: 147-159.

GOLDSCHEIDER F K, WAITE L J. Sex differences in the entry into marriage. American journal of sociology, 1986, 92（1）: 91-109.

GONALONS-PONS P, SCHWARTZ C R. Trends in economic homogamy: Changes in assortative mating or the division of labor in marriage. Demography, 2017, 54（3）: 985-1005.

GORMAN E H. Marriage and money. Work & occupations, 2000, 27（1）: 64-88.

GREENHALGH C. Male-female wage differentials in Great Britain: Is marriage an equal opportunity. The economic journal, 1980, 90（360）: 751-775.

GREENWOOD J, GUNER N, KOCHARKOV G, et al. Marry your like: Assortative mating and income inequality. American economic review, 2014, 104（5）: 348-353.

HAN H Y. Trends in educational assortative marriage in China from 1970 to 2000. Demographic research, 2010（22）: 733-770.

HILL M S. The wage effects of marital status and children. The journal of human resources, 1979, 14（4）: 579-594.

HU A N, QIAN Z C. Educational homogamy and earnings inequality of married couples: Urban China, 1988—2007. Research in social stratification and mobility, 2015（40）: 1-15.

HU Y, SCOTT J. Family and gender values in China: Generational, geographic, and gender differences. Journal of family issues, 2014, 37（9）: 1267-1293.

HU Y. Impact of rural-to-urban migration on family and gender values in China. Asian population studies, 2016, 12（3）: 251-272.

JACOBSEN J, RAYACK W. Do men whose wives work really earn less. American economic review, 1996, 86（2）: 268-273.

KALMIJN M. Intermarriage and homogamy: Causes, patterns, trends. Annual review of sociology, 1998, 24（1）: 395-421.

KALMIJN M. Assortative mating by cultural and economic occupational status. American journal of sociology, 1994, 100（2）: 422-452.

KALMIJN M. Status homogamy in the United States. American journal of sociology, 1991, 97（2）: 496-523.

KEELEY M C. The economics of family formation. Economic inquiry, 1977, 15（2）: 238-250.

LEVINGER G. A social psychological perspective on marital dissolution. Journal of social issues, 1976, 32（1）: 21-47.

LEVINGER G. Marital cohesiveness and dissolution: An integrative review. Journal of marriage and the family, 1965, 27（1）: 19-28.

LUI L. Hukou intermarriage in China: Patterns and trends. Chinese sociological review, 2017, 49（2）: 110-137.

MCLANAHAN S. Diverging destinies: How children are faring under the second demographic transition. Demography, 2004, 41（4）: 607-627.

NAKOSTEEN R A, ZIMMER M A. Marital status and earnings of young men: A model with endogenous selection. The journal of human resources, 1987, 22（2）: 248-268.

OPPENHEIMER V K. A theory of marriage timing. American journal of sociology, 1988, 94（3）: 563-591.

PARK H, RAYMO J M. Divorce in Korea: Trends and educational differentials. Journal of marriage and family, 2013, 75（1）: 110-126.

QIAN Y, JIN Y. Women's fertility autonomy in urban China: The role of couple dynamics under the universal two-child policy. Chinese sociological review, 2018, 50（3）: 275-309.

QIAN Y. Educational assortative mating and income dynamics in couples: A longitudinal dyadic perspective. Journal of marriage and family, 2018, 80（3）: 607-621.

RAYMO J M, XIE Y. Temporal and regional variation in the strength of educational homogamy. American sociological review, 2000, 65（5）: 773-781.

SCHOEN R, ROTHERT K, STANDISH N J, et al. Women's employment, marital happiness, and divorce. Social forces, 2002, 81（2）: 643-662.

SCHOENI R F. Marital status and earnings in developed countries. Journal of population economics, 1995, 8（4）: 351-359.

SCHWARTZ C R. Trends and variation in assortative mating: Causes and consequences. Annual review of sociology, 2013, 39（1）: 451-470.

SCHWARTZ C R. Earnings inequality and the changing association between spouses' earnings. American journal of sociology, 2010, 115（5）: 1524-1557.

SMITS J, PARK H. Five decades of educational assortative mating in 10 East Asian societies.

Social forces, 2009, 88(1): 227-255.

SWEENEY M M. Two decades of family change: The shifting economic foundations of marriage. American sociological review, 2002, 67(1): 132-147.

TO S. Understanding sheng nu ("leftover women"): The phenomenon of late marriage among Chinese professional women. Symbolic interaction, 2013, 36(1): 1-20.

TREIMAN D J. The "difference between heaven and earth": Urban-rural disparities in well-being in China. Research in social stratification and mobility, 2012, 30(1): 33-47.

WANG Y R, WONGR S. From reds to riches: Contemporary changes of educational assortative mating in China. Research in social stratification and mobility, 2017(50): 40-49.

WANG S Y. Marriage networks, nepotism, and labor market outcomes in China. Applied economics, 2013, 5(3): 91-112.

WANG Y, SCHWARTZ C R. Hukou intermarriage and social exclusion in China. Research in social stratification and mobility, 2018(56): 28-39.

WU X G, TREIMAN D J. The household registration system and social stratification in China: 1955—1996. Demography, 2004, 41(2): 363-384.

YU J, XIE Y. The varying display of "gender display". Chinese sociological review, 2012, 44(2): 5-30.

ZHANG W G. "A married out daughter is like spilt water": Women's increasing contacts and enhanced ties with their natal families in post-reform rural China. Modern China, 2009, 35(3): 256-283.

ZHENG M, XIE Y. Marital age homogamy in China: A reversal of trend in the reform era. Social science research, 2014(44): 141-157.

ZHOU X G. Economic transformation and income inequality in urban China: Evidence from panel data. American journal of sociology, 2000, 105(4): 1135-1174.

第九章 | 收入与财富分配研究[*]

何晓斌

（清华大学社会学系）

在经济活动中，分配环节是劳动生产的价值增值在生产要素之间的派发，不均匀的分配是人与人之间经济不平等的直接来源。分配的基础是劳动生产过程；分配的最后结果体现在家庭/个人支出或消费水平上；分配的效率与公平则关乎国民经济发展与社会的和谐稳定。在政治经济学思想中，价值增值在土地所有者、资本所有者和劳动者之间的分配始终是一个核心命题。从亚当·斯密到托马斯·皮凯蒂，无数研究者都在为厘清这一百年难题做出理论和实证贡献，而其中起到分水岭作用的正是由马克思论证并完善的劳动价值论。基于这一理论，我国在1956年前后完成社会主义改造，完成了生产资料私有制向社会主义公有制的转变，开始实施以按劳分配为原则的分配制度。改革开放之后，随着以公有制为主体、多种所有制经济共同发展的经济制度逐渐形成，我国摸索出了以按劳分配为主体、多种分配方式并存的分配制度，并一直延续至今。

本章讨论的主题既包括收入分配，也包括财富分配。前者是流量的概念，指一定时段内，劳动生产的价值增值以收入的形式在不同个体、家庭或者社会群体之间的分配；后者则是存量的概念，指社会总体财富由不同个体、家庭或者社会群体占有的结构。收入可以按年、月、日等时间单位计算，其来源是生产过程创造的价值，表现形式既包括工资，也包括通过对生产要素的占有而获

---

[*] 作者特别感谢清华大学社会科学学院社会学系硕士研究生王安磊在准备本章内容时的研究帮助。

得的利息、分红或租金等，强调单位时间内流量收入在不同主体间的分配；而财富则可以理解为不同主体既往净收入与所继承财产的总和，是对流量收入的累积。当然，考虑到债务因素，特定个人或者家庭在某一时段的财富可能是负值。个体拥有财富的规模可以显著影响其收入，一个最简单的例子就是，在银行定期存款时，在存款年限和利率相同的条件下，单笔规模更大的存单，其利息收入明显高于规模较小的存单。也就是说，个体拥有的存量财富越多，其在一定时间内获得的流量收入可能就越高，即在分配格局中占据更有利的位置。

我们要区分初次分配和再分配。初次分配是指在生产参与者中对劳动过程的增加值进行直接分配，马克思在《资本论（第三卷）》中这样描述资本主义生产过程初次分配的模式："它们从下述意义上讲确实是收入的源泉：对资本家来说，资本是一台永久的汲取剩余劳动的永久的抽水机；对土地所有者来说，土地是一块永久的磁石，它会把资本所汲取的剩余价值的一部分吸引过来；最后，劳动则是一个不断更新的条件和不断更新的手段，使工人在工资的名义下取得他所创造的一部分价值"（马克思，2004）。资本获得利润，土地获得地租，雇佣劳动获得工资，马克思引用萨伊的分类方式（萨伊，1997），概括了三种生产要素获得收入的途径。但与萨伊不同的是，马克思借用基督教"圣父圣子圣灵"三位一体的说法，将这种分配方式戏称为"三位一体公式"，以此讽刺资本家和土地所有者实际上都是在瓜分完全由劳动者一个主体生产的剩余价值（马克思，2004）——这种从生产关系角度分析初次分配的方式，既涵盖了劳动收入的获得，也包括了财富参与的分配，即生产要素的占有者依靠土地、资金和机械设备的所有权，获得地租、红利和股息等流量收入的过程。通过这种方式，存量财富可以成为获取流量收入的筹码，流量收入也可以通过储蓄、投资等渠道转化为存量财富，所以初次分配中收入分配与财富分配相互贯通，作为彼此的条件而存在。

另一种视角是从国民收入入手分析初次分配。宏观经济学认为，对于一个不存在跨国贸易和跨境收入流动的封闭经济体，理论上其国民收入等于国内生产总值减去折旧（即国民生产净值）（曼昆，2015）。国民收入被在公司、家庭/个人、国家三个主体之间分配，公司获得的部分被称为留存收益，往往用于投资和扩张；家庭/个人获得的部分被称为可支配收入；最后是政府获得的部分，呈现为税收和社会保险缴费、罚单等非税收形式，这一部分构成国家再分配的资金来源。国家财政通过企业所得税和个人所得税等途径分得了国民收入的一部分，以财政支出为手段，通过提供社会保障、转移支付等方式对初次分配的结果进行调节，这就是再分配的过程。近年来中国学界开始热烈讨论的"第三次分配"的重要性，正是针对以上两个过程而言的。厉以宁最早在1994年提出：第三次分配是指在由市场主导的初次分配、国家完成的再分配之外，在道德力量的作用下，通过个人自愿捐献，或者由"第三部门"即公益机构和社区等非营利社会组织主导的分配过程，对于前两次分配的结果有着重要的调节作用（厉以宁，1994）。

收入与财富分配的研究不仅是一个实证性问题，在更多的争论中它也呈现为一个规范性问题和政策性问题：学界不仅关心当前收入与财富分配的现状及其根源，更关心什么样的收入与财富分配差异水平更有利于个体幸福感提升和整体经济社会的发展与稳定，包括制定什么样的政策，建立什么样的社会经济制度更有利于实现最优化分配。"绝对平等"的分配方式已经被实践证明并不利于生产力的解放和人民生活水平的提高。在当下，"效率"与"公平"的权衡取舍问题已经成为分配的规范性、政策性讨论的焦点。

本章共分四个部分：第一节回顾收入与财富分配理论发展的历史，主要从经济学和社会学的研究脉络出发，以期提供一个分析收入与财富分配问题的理论框架；第二节介绍收入与财富分配不平等程度的经典测量工具，包括洛伦兹曲线、基尼系数等，并以欧美和中国社会上百年、几十年至今收入与财富分配格局的变迁为例考察其演进过程；第三节梳理收入与财富分配领域重要的实证研究成果，按照宏观、中观和微观三个层次归纳对中国社会收入与财富分配格局发展变迁起重要作用的因素或机制；第四节总结全章要点，并展望几个收入与财富分配的前沿研究领域。

第一节　收入与财富分配的理论框架

经济学发展到当代，关于分配的理论可以粗略地分为三派：新古典主义的功能性分配理论、马克思主义政治经济学的劳动价值论和后凯恩斯主义的综合派。西方主流的新古典主义经济学认为收入在不同主体之间的分配取决于他们所拥有的生产要素数量和价格的乘积。而生产要素的价格，无论是劳动力的价格即工资，还是土地的价格即地租，以及资本的价格如分红、利息和利润水平等，都是在竞争的生产要素市场上由供给与需求间的均衡决定的。更精确地来说，边际生产要素的价格取决于其边际产出，即每增加一单位劳动或者一单位资本所能生产出的价值增值（萨缪尔森、诺德豪斯，2012）。

马克思主义政治经济学则沿着古典主义经济学的劳动价值论视角前进，创造了"剩余价值"概念，指出只有工人的"活劳动"（劳动者在生产过程中的体力和脑力消耗）才能在原材料、工厂、机械设备和土地等生产资料价值转移的基础上创造剩余价值。全部剩余价值都是由劳动创造的，而资本家、土地所有者不过是依赖自己对生产资料的垄断权，通过延长工作时间等方式，剥削了工人创造的一部分剩余价值（马克思，2004）。关于分配，马克思认为生产关系决定分配方式，他并不否认在资本主义生产方式下资本家和土地所有者对社会财富生产所做的贡献，甚至正面引用了英国早期政治经济学者威廉·配第"劳动是财富之父，土地是财富之母"的论断（马克思，2004）。然而马克思本人并没有根据劳动价值论规划一种具体的收入与财富分配制度，他只是指出由于资本的所有权被少数人所占有，工人即使将部分劳动收入积累了下来，也是存在银行成为资本家投资赚取利息的工具，随着经济危机的到来，这些收入又会化为乌有，所以工人很难拥有财富（马克思、恩格斯，1956）。那种剩余价值全部由其创造者——工人占有的分配方式，其前提是社会已经实现了公有制，而且商品经济已经彻底消亡。所以后人根据剩余价值理论推导出的"按劳分配"可以是一项指导原则，但并不能被作为具体的分配制度来设计，其所需的社会历史条件尚不具备（张宇等，2012）。

最后是综合了新古典主义经济学和马克思主义政治经济学的后凯恩斯主义分配理论，尤其是以斯拉法价值论为代表的将价值决定和收入分配融为一体的思想。斯拉法批判了新古典主义经济学的生产要素边际产出决定分配的观点，发展了马克思的价值理论，强调在用商品生产商品的物质联系中，利润率、价格和剩余的分配必须同时被放在一个联立的方程中求解（斯拉法，1991）。

在经济理论中，分配问题始终离不开价值的生产。收入与财富的分配问题本质上就是在讨论商品生产过程中产生的价值增值从何而来、应该按照何种标准在参与贡献的要素之间流动。以上三派分配理论的核心分歧就在于劳动之外的生产要素能否直接产生价值、如何分配价值增值：功能性分配理论认为多种生产要素都参与了生产，应该按照市场价格分配增值；而马克思的单一劳动价值论认为只有劳动是价值增值的源泉。所以关于分配是否公平这一议题，不同学派的判断标准也就落在生产过程的价值增值是否按照对生产的实际贡献比例派发给了应得的主体上（见表9-1）：

表9-1　经济学分配理论的流派差异

理论流派	价值的生产	价格的决定	分配的标准
劳动价值论	单一劳动	劳动时间	按劳分配
生产费用论（功能性分配理论）	多重要素	供求关系	按生产要素贡献分配

上述理论分歧的起源可以一直追溯到亚当·斯密的二元价值论，而斯密是在继承重农主义学说的基础上研究国民财富的来源的。马克思将重农学派看作政治经济学的鼻祖，因为以魁奈为代表的法国学者将经济学的研究重心由重商主义关注的商品流通领域转移到了价值生产领域，首先提出了生产活动是唯一创造剩余价值的活动的观点，这是分配问题的前提——只有生产出了超过生产本身所需要耗费的价值增值时，才存在可以分配的内容（马克思、恩格斯，1956）。

亚当·斯密继承了重农学派从生产角度入手的分析方法，提出了二元论的价值理论。他认为在原始社会，无主的土地可以免费使用，生产活动也不需要资本的参与，这时获取不同物品的劳动时间就是交换的唯一标准，比如采集一筐果实与狩猎一只驯鹿耗费的劳动时间一样，它们的价值就相等。收入分配也十分公平，多劳多得，少劳少得。但是当土地逐渐被增长的人口所占据，出现了土地所有权的概念，而且生产商品越来越需要大规模的资本时，价值就取决于对这些生产要素的耗费了。斯密提出现代社会由工人、资本家和地主三个基本阶级构成，由于三个阶级的生产要素在价值增值过程中被消耗了，所以工资、利润和地租成了他们合理的收入（斯密，2014）。因此马克思认为斯密的价值论具有"二重性"，而且未能实现这两种理论的统一（马克思、恩格斯，1956）。

但斯密写作的主要目的是论述国民财富的增长过程，他也只是考察了三种生产要素的质的区别，并未涉及分配的量的规定。经济学分配理论的发展脉络如图9-1所示。

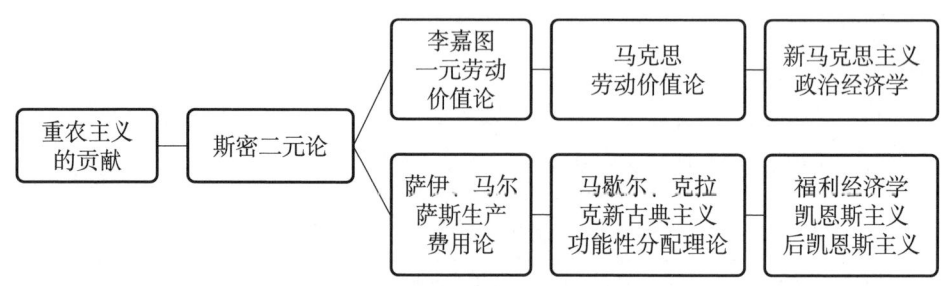

图9-1 经济学分配理论的发展脉络

如上图所示，自斯密以降，两派理论继承者开始了一元劳动价值论和多种生产要素贡献论的长期纷争。李嘉图是劳动价值论的支持者，他认为斯密由原始社会单要素论转向现代社会的多要素论是一个错误，商品的价值无论在什么社会，都是由劳动过程生产的。与之相对的是被马克思称为"庸俗政治经济学"的生产费用论（马克思、恩格斯，1956），代表人物是法国经济学家萨伊和英国经济学家马尔萨斯。萨伊认为除了阳光、空气等人人可以免费享用的自然物，其他凡是能够用来满足人们各种需要的物品都是在生产中创造的，生产的本质是创造满足人们各种需要的"效用"，而效用是物品价值的唯一来源。价格是衡量物品价值即效用的尺度，完全由供求关系决定。在萨伊这里，物品效用的生产是由劳动、资本和土地三个要素协同完成的，工资、利润和地租分别是劳动、资本和土地投入的费用，具体分配比例由供求平衡决定。这就是著名的资本－利润、土地－地租、雇佣劳动－工资"三位一体"分配公式的来源。由此萨伊认为彻底由市场供求来完成分配过程是合理的，反对任何形式的政府干预（萨伊，1997）。马尔萨斯的价值论则重新回到了流通领域，把交换价值作为衡量商品价值的尺度。他认为当一件商品进入市场时，生产它所耗费的劳动并不清晰，所以也不重要，它的价值由当时当地能达成交易的价格所决定，价格则取决于供给和需求的平衡机制。至于分配的问题，马尔萨斯认为商品的生产过程中，生产者在其产品进入市场交易、获得交换价值之前，先垫付了一笔成本费用，包括原材料的费用、工具的费用、购买劳动的费用、土地使用的费用等，这是因为生产者为了获得更大的利益而暂时克制了自己消费的欲望，所以分得的利润是对他们推迟享受的补偿（斯拉法，1979）。同时马尔萨斯本人身处法国人口稳步增长的18世纪，亲眼见证了人口"过剩"导致的农业收入水平停滞和地租大幅上涨的分配不平等现象，所以在《人口原理》中提出了必须抑制人口增长的悲观看法（马尔萨斯，1992）。萨伊和马尔萨斯的共同点是认为多种生产要素均会参与到价值的增值过程中，收入分配由市场供求决定，这与一元的劳动价值论背道而驰。

在生产费用论的基础上，西方经济学经过"边际革命"发展到了新古典主义时期，其分配理论以剑桥学派的马歇尔和美国学派的克拉克为代表。"边际革命"指19世纪70年代之后欧美经济学家从边际效应递减的原理出发，应用边际增量分析等数理方法研究经济问题的实践。在分配理论上，边际效用论被应用于为各类生产要素在生产中所做出的贡献定价。所谓"功能性分配"，就是按照不同类别生产要素对生产具有的功能进行分配的方式。马歇尔在《经济学原理》中论证，在完全竞争的生产要素市场中，受供给定理和需求定理的影响，随着价格的上升，供给增加，需求减少；反之则供给减少，需求增加。各种生产要素总供给和总需求长期来看会按照均衡价格进行交易。而对于个体生产者来说，商品的市场价格是给定的，单一生产要素的投入会经历边际产量值（即边际产量乘以产品的市场价格）递减的情况，就像在同一亩地里施肥，到了一定程度之后多增加一单位的肥料，相应增加的产量会减少。边际产量值会随着生产要素投入的增加而减少，当边际产量值等于市场既定的生产要素价格后，多投入一单位生产要素的产值将低于其成本，企业也就无利可图了。劳动力的投入也符合这一规律，所以任何一个追求利润最大化的生产者都会根据生产函数和既定的市场价格调整自己的生产要素投入结构，并且边际投入的生产要素价格就是该生产要素的边际产量值。马歇尔认为市场竞争使得相同职业的不同工人的工资呈现出分化的趋势，但也有使得工资与生产效率成比例的功能。至于劳动收入和资本，马歇尔认为两者是相互促进的关系，资本辅助劳动，在生产函数中，更多的资本将帮助劳动创造更多的收入，这也是国与国之间贫富差距的由来（马歇尔，1964）。克拉克则以产业团体为单位研究收入分配问题，他认为每个产业团体在社会财富中能够分得多少由市场规律支配，最终的结果趋近于该团体创造出来的财富。其论证方式与马歇尔类似，都是假设投入劳动、资本等生产资料的边际效益递减，当边际效益减少到等于要素的市场价格时，生产者不再多投入生产资料，因此生产资料的市场价格此时正好等于其边际效益（克拉克，1997）。通过这种理想的市场竞争模型，新古典主义经济学规避了资本所有者、土地占有者和劳动者之间充斥着权力不对等的议价过程，将定价权交给"看不见的手"，将分配的过程等同于厂商在面对生产函数和市场价格时做出的完全理性的采购和生产决策。

以上所述主要是经济学理论对于收入与财富分配的研究成果，在经典的社会学理论中，收入与财富的分配也占据着重要的地位。社会学家认为，社会制度和文化决定了社会资源的价值，而社会分配规则决定了这些资源在不同社会群体中的分配方式，分配的规则会受到社会分工、经济体制和政治体制的影响（李强，2011）。

在涂尔干、马克思和韦伯的思想中，收入与财富分配都是作为基础的社会分化和社会分层机制出现的，甚至因为过于基础而常常被忽视。涂尔干在《社会分工论》中讨论社会分工与社会整合的关系时，认为劳动分工的基本功能是促进社会团结，差异化的劳动避免了激烈的竞争，增加了所有人的福祉，所以一定程度上的分化有利于社会整合和人类福祉的增加。与功利主义倡导的个体特质差异造成分化的观点相反，涂尔干认为个体的差异和分工完全来自社会，社会密度的增加和社会容量的扩大导致了分工的细化。但是在讨论到社会失范的问题时，涂尔干发现随着工业社会的到来，劳工和资本家群体之间的分化已经过度，劳资冲突越来越残酷，他认为这是劳动分工的分解作用的体现。实现基于分工的社会整合需要职业群体自发形成约束性的规则（涂尔干，2000）。基于孔德、斯宾塞和涂尔干的思想发展起来的结构功能主义社会理论主宰了20世纪中期的社会学界，这一理论认为社会系统的每一个结构都有特定的功能，或是积极的，有助于系统的存续；或是消极的，会造成系统的解体。在帕森斯那里，经济子系统属于AGIL模型中的适应（adaptation）功能，起到帮助人类社会从环境中获取资源的作用（Parsons，1971）。收入与财富作为次属报酬，从属于社会地位和共同价值构成的首属报酬（Parsons，1954）。该流派的研究者认为不同的社会群体对社会的功能和重要性不同，收入分配体制的差异化有利于人才的配置，将有才能的人吸引到重要的岗位上去。适度差异化的社会分配有助于社会的稳定和发展，而过度的贫富分化则会导致社会不稳定和秩序瓦解。

他们也意识到随着资本所有权的集中和继承,以及签订劳动合约时存在雇佣方的权力较大等因素,利益不平等会时常出现,但是他们还是认为在一个流动性较强且机会较为均等的社会中,一定程度的不平等是有益的(Davis & Moore,1945)。

马克思对于收入与财富分配的研究批判性较强,其基本观点在之前所述经济学理论中已经得到过介绍。社会学的新马克思主义学者如达伦多夫进一步发展了马克思的分配理论,他从承认社会冲突广泛存在的立场出发,批判了帕森斯的功能主义理论。达伦多夫首先分析了随着工业社会的不断发展,自马克思以来社会分层领域中所发生的变化,指出在资本家内部分化出了企业的所有者和控制者,控制者没有资本所有权,依赖其管理技能获得劳动收入,他们和白领、工程师等职业阶层逐渐融合,导致中产阶级的壮大。而工人内部也分化出了高级技术工人、半技术工人和无技术工人,劳动收入在这些不同的群体间形成了较大的差异。收入分配不公曾经频繁引发的制度外社会冲突也逐渐被现代资本主义政治体制吸纳进合法的轨道中来,实现了社会运动的制度化。劳动和资本之间的分配矛盾开始通过利益集团代表之间的协商谈判来解决,在制度内完成对劳动时间、工资水平的议价(Dahrendorf,1959)。

韦伯及其继承者的理论更加强调收入与财富作为经济地位的衡量标准与政治权力、社会声望之间的关联。韦伯在《经济与社会》一书中指出:"对消费品、生产资料、资产、资源和技能的不同控制权,都会分别构成一种特殊的阶级状况。"(韦伯,2019:267)在这里韦伯强调了所有权机制对于阶级地位的作用,其来源根植于社会经济制度中。但他同时认为技艺也可以产生阶级内部的分化,根据不同职业的人为市场提供的产品和服务种类,无产者中也会出现收入分化。韦伯用"生存机遇"这一概念来描述收入与财富分配的结果:生存机遇即个体在市场中通过竞争、交换和分配过程获取资源的机会,个体的生存机遇由占有的收入和资产所有权决定,并在商品市场或劳动力市场中被呈现出来,"它构成了个人命运的共同条件"(韦伯,2019:681)。吉登斯继承了韦伯关于资本所有者内部和劳动者内部都会进一步出现收入分化和财产占有类型分化、最终形成不同身份群体的观点。他还指出,依赖工资的劳动者并不像马克思所说的那样因为不占有生产资料而失去了和资本家的议价权。吉登斯从韦伯提出的市场生存机遇或者经济行动的视角来看待劳资关系，认为劳动者拥有的稀缺性技能将使他在市场竞争和罢工之类的集体行动中发挥出和财产所有权一样的优势（Giddens，1975）。

上文总结了收入与财富分配在经典的经济学和社会学理论中的地位及思想脉络，总的来说，经济学家更关心收入与财富分配的本质——价值，是被哪些主体生产出来的，以及应按照何种标准将其分配给相应主体；而社会学家更关心收入与财富的分配如何影响了社会分层和社会不平等。

第二节 收入与财富分配不平等的测量工具与历史演进

收入与财富分配理论经过数百年的发展，经济学家和社会学家往往就其质的来源争论不休。但如果我们能从量的实际分配出发，考察不同人群中收入与财富的差距及其历史变迁，或许能够为不同流派研究者的论点提供更加具体的支撑。资本主义社会的财富真的如马克思所预言的那样集中到少数人手中了吗？随着现代科技的进步，劳动者真的如吉登斯所指出的那样依靠对技术的掌握获得了更高的收入吗？如果要定量地对收入与财富分配进行测算以及历史比较，我们就需要一套标准化的度量方式。现代社会科学常用的收入与财富分配测量工具包括基尼系数、泰尔指数、资本／收入比等。

基尼系数既可以用来衡量收入分配的不平等，也可以用来衡量财富分配的不平等，其基础是洛伦兹曲线。该曲线由美国经济学家洛伦兹于 1905 年提出，将一个经济体总人口百分比按照从最贫穷到最富有的次序排列在横轴上，纵轴则是截至该百分位人口累计拥有的财富份额或者收入份额。以收入的洛伦兹曲线为例，绝对公平意味着该社会中每 1% 的人口拥有等额的收入，其洛伦兹曲线将与横轴呈现出严格的 45 度倾斜，是一条平直的线段；绝对不公平则意味着前 99% 的人口获得 0 份额的收入，而最后 1% 的人口获得全部国民收入，洛伦兹曲线将呈现为横轴和跟其垂直的最右侧的线段，即最后一单位人口的收入百分比飙升至 100%，如图 9-2 所示：

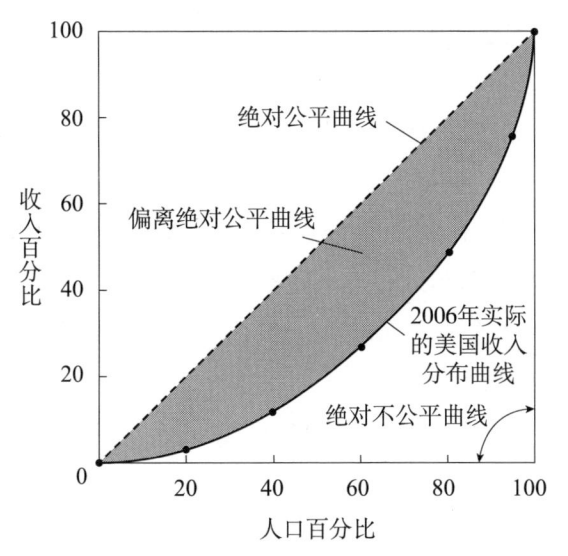

图 9-2 　洛伦兹曲线可以呈现收入失衡程度

资料来源：萨缪尔森，保罗，诺德豪斯，等.萨缪尔森谈效率、公平与混合经济.萧琛，译.北京：商务印书馆，2012.

从图中我们可以看出，一个经济体的洛伦兹曲线越向右下突出，即灰色区域所占面积越大，就意味着较贫穷的人群获得的收入份额越低，社会分配失衡越严重。所以如果我们通过微积分工具计算出灰色部分面积在绝对公平曲线以下直角三角形中的比例，所得便是基尼系数，以意大利经济学家科拉多·基尼的名字命名。相应地，基尼系数越大，意味着该经济体中的不同人群之间收入差距越大。根据世界银行的数据，截至 2016 年，中国大陆人均可支配收入的基尼系数为 0.385，美国为 0.411，英国为 0.348，法国为 0.319，芬兰为 0.271。[1] 财富在群体之间的占有结构也可以用基尼系数来衡量，但是由于现代社会中家庭财富的组成愈发复杂，测量量表难以统一，而且在一般的调查中，调查员难以入户调查那些占有较多财富的人群，从而导致代表性不足，所以现有研究只能从不同数据集中推测我国的财富基尼系数，往往会与现实有所出入。比如李实等人使用中国社会科学院经济研究所 1995 年和 2002 年的调查数据，采用包括金融资产、房产、生产性固定资产、耐用消费品价值减去负债计算出的家庭

---

[1] 数据来源：世界银行 https://data.worldbank.org.cn/indicator/SI.POV.GINI?locations=CN-US-GB-FR-FI。

净资产进行测算，得出我国1995年的家庭净资产基尼系数为0.40，2002年上升到0.55（李实等，2005）。梁运文等人使用奥尔多中心入户调查收集的数据测算出2007年我国城镇和农村家庭财产的基尼系数分别为0.58和0.62（梁运文等，2010）。较新的研究根据福布斯中国富豪榜和胡润中国富豪榜对我国最富有人群的财产分布结构进行建模，并通过统计手段合并CHIP和CFPS住户调查数据重新估算中国社会整体的财产不平等程度，测算出2016年中国的财产基尼系数达到0.8以上（罗楚亮、陈国强，2021）。其实世界上大部分经济体的居民家庭净财产差距都显著大于收入的不平等程度，发达国家的财产基尼系数普遍在0.5~0.9之间；而且由于财产本身也可以通过金融投资、房屋租金等渠道获得收入，所以如果不加以调节，就会出现"穷者愈穷，富者愈富"的马太效应（宁光杰等，2016）。

以上介绍的洛伦兹曲线更多被用作直观地呈现一个经济体内部存在的收入与财富不平等程度，基尼系数则将其量化成可跨国跨历史时期比较的指标。还有一种方式是使用5等分法、10等分法呈现社会不同阶层的收入或财富差距，本质上和绘制洛伦兹曲线的逻辑一致，就是将经济体全部人口进行5等分或者10等分，给出从贫穷到富有每一部分人口的收入在国民收入中的比重或者在社会总财富中的比重，再进行比较。另一种描述财富集中度的方式强调社会金字塔顶尖最富有的1%或者0.1%的人群所占有的财富是最贫穷的50%人口所占有财富的多少倍，使用这个倍数进行国际比较和历史比较。

在使用基尼系数等工具呈现和比较收入与财富不平等程度的基础上，经济学家和社会学家还开发出了多种工具对收入与财富不平等的实质和来源进行度量分析，比如收入基尼系数可以被分解为不同来源收入的基尼系数，财产基尼系数可以分解为不同类型财产的基尼系数[①]，分解出的不同类型基尼系数的大小可以提供关于不平等来源的信息，比如赵人伟和李实于20世纪90年代发现我国城镇居民财产性收入增长很快，而且分布十分不均，金融性财产收入和房产租金收入的基尼系数较高（赵人伟、李实，1997）。程永宏对中国城乡居民收入差距的基尼系数做了组群分解，发现2004年城镇基尼系数对全国整体基尼系数

---

① 计算方法最早由Rao在1969年提出（李实，2005）。

的贡献率高达 55.4%，并且仍有继续上升的趋势，同期农村基尼系数贡献率为 20.6%，城乡贡献率差距达到 24%（程永宏，2007）。

还有一个可以根据不同影响要素的分组来分解收入和财富不平等的工具：泰尔指数。泰尔指数常常被用来分析我国经济不平等的来源，其计算过程是将整体样本按照一定特征分组，比如户籍、性别、同期群等，分别计算组内的收入或财产差距，以及组间的收入或财产差距，最后进行加总与比较，可以得出对当前收入或财产分配差距贡献较大的单位是哪一个。泰尔指数越大，说明该部分对于整体差距的贡献越大。罗楚亮、李实基于第一次全国经济普查资料计算了不同省份、不同行业门类的工资收入的泰尔指数，发现省份内部、行业门类内部的工资差异较大，不同省份之间、行业之间的差距对整体不平等的贡献率较低（罗楚亮、李实，2007）。

当涉及收入与财富不平等结构的历史变迁问题时，研究者都会对话一个经典的模型——库茨涅兹曲线，即认为一个经济体的收入分配不平等状况将随着经济发展呈现出倒 U 形曲线，在早期经济高速发展的阶段，收入分配不平等程度逐步上升，到达峰值后会经历下降的过程。这个曲线是根据 1955 年美国经济学家库茨涅兹发表在《美国经济学评论》杂志上的文章抽象出来的，其实库茨涅兹在他的文章中只是发现从一战前到二战后的半个世纪中，无论是欧洲还是美国，高收入群体的收入份额几乎都经历了先上升再下降的过程，他给出的解释包括大萧条和世界大战摧毁了大量高收入者的财富和不动产，政治决策对利率的限制，战后人口增长造成的稀释作用，以及产业结构的转型等（美国经济学会，2018）。

收入分配的倒 U 形曲线是否具有普适性在 20 世纪的经济学界是一个争论不休的话题，新古典主义经济学给出"涓滴效应"模型，用来形容穷人从经济增长和富人受益的政策中获得收入提高（盖凯程、周永昇，2020）。但是如前文所述，分配问题可以分解为存量和流量两方面，发达国家存量财富的差距往往比劳动收入的差距更大。然而存量财富作为生息资本又会产生如地租、利息和分红等流量收入，如果财产收入在国民收入中的比重长期大于劳动收入，而财富的分配本身又不平等，那么势必会造成"穷者愈穷，富者愈富"的马太效应。法国经济学家托马斯·皮凯蒂 2013 年的著作《21 世纪资本论》用翔实的数据检验了这些过程。该书将国民收入中资本收入和劳动收入各自所占份额，以及资本/收入比等作为计量工具，考察了1800年到21世纪欧美国家收入和财富分配结构的变迁，是对既有的收入和财富分配理论的一次集中检验。他的发现与库茨涅兹曲线预言的并不一致，欧美国家的收入和财富分配差距在20世纪中叶确实曾经下降过，但是包括美国、英国、德国、法国和日本在内的主要经济体的收入和财富分配不平等程度在20世纪末和21世纪初都有上升的趋势。到2010年，欧美国家收入最低的50%的人口获得了社会总劳动收入的25%~30%，这一比例和收入最高的10%的阶层获得的25%~35%差不多；但在财富方面，2010年欧洲和美国最富有的1%的阶层，分别占有着25%和35%的财富，而欧美最贫穷的50%的人口只占有5%的财富（皮凯蒂，2014）。

首先，从流量收入的分配上来说，皮凯蒂发现国民收入中劳动收入与资本收入的相对份额在长期历史中是不稳定的。在马克思生活和写作的1800—1870年，工业革命促使欧美各国的经济增长不断加速。但是正像马克思所说的，由于工人既没有生产资料，又缺乏组织，所以劳动工资长期停滞在非常低的水平，工厂所有者、土地占有者的资本收入占国民收入的比重大幅上升。但是在1870年至第一次世界大战爆发前，皮凯蒂发现欧美工人劳动工资水平的增速基本赶上了经济增速，他将其归因于第二次工业革命带来的技术飞速进步以及劳动者人力资本的积累，这使得资本在生产中的重要性下降。即使是这样，在接近半个世纪的时间里，资本收入与劳动收入的分配比例仍然维持着高度的不平等。从1914年至20世纪80年代，伴随着第一次世界大战、社会主义运动、"大萧条"、第二次世界大战、凯恩斯主义的税收和分配政策、资本管制、"福利国家"的兴起、"滞涨"等一系列历史事件和政治变革，巨额财富持有者的资产经历了一波又一波破坏性的冲击，资本收入占国民收入比重大幅下降，收入不平等显著缓解。然而从20世纪80年代一直到21世纪的前十年，新自由主义经济思潮席卷全球，撒切尔主义和里根主义的保守经济改革以及各国促进金融全球化和金融自由化的政策导致资本开始在全球寻找利润高地或者税收洼地，但劳动者不能像资本一样实现全球自由流动，导致发达国家开始出现制造业凋敝、工人大规模失业、工资下降、劳动零工化的现象，资本收入在国民收入中的占比重新上升，收入不平等加剧（皮凯蒂，2014）。

然后是财富的分配。皮凯蒂使用资本/收入比的概念衡量一国财富的规模，即一个国家的资本存量总额是其一年的国民收入的多少倍。资本或者说财富包括不动产（含居民住宅）、金融资本、专业资本（厂房、基础设施、机器、专利、版权等），但不包括人力资本。国民收入则是流量的概念，可以拆分为资本收入和劳动收入之和。所以资本/收入比实际上衡量的是一国既有的存量资本需要多少年的流量收入积累才能形成。现代西方社会的财富基本上由私人财富构成，因为公共财富被公共债务抵消了。在如今的欧美发达国家，资本/收入比一般在5~6之间波动，即一个国家的财富存量总额等于5~6年国民收入之和。当我们知道资本/收入比，同时知道该国这一时期的总和资本收益率时，就能求出资本收入占国民收入的份额，如下：

$$资本收入份额 = \frac{资本收入}{国民收入} = \frac{资本总额 \times 总和资本收益率}{国民收入}$$
$$= 资本/收入比 \times 总和资本收益率$$

在以上公式的基础上，皮凯蒂发现历史上资本的长期收益率基本上维持在4%~5%的水平上，波动不大。因此决定资本收入在国民收入中比重的，其实就是一国存量财富的规模，以及国民收入的另一种构成成分——劳动收入——是否能够随着经济的增长而快速增加（皮凯蒂，2014）。

除了资本和劳动收入两者之间的分配，皮凯蒂还探讨了劳动收入内部和资本收入内部的不平等问题。关于劳动收入内部的不平等，他给出了一个在新古典主义边际生产率决定论之外的"社会规范"视角的解释，用以分析为什么英国和美国的超级经理人工资比他们在日本和欧洲的同行高出那么多。他指出英美社会20世纪90年代以来最高一档个人所得税税率大幅降低，给了高管们更强的动机去追求薪酬的大幅上涨。同时，顶层人群收入的急剧增长反过来增强了他们在税法改革中的影响力，使他们有能力利用手握的大量财富对相关政党、院外活动团体和智库施压，迫使最高一档个人所得税税率保持在低水平甚至进一步降低。而且英美社会相较于日本和欧洲有一种更加强调"多劳多得"的个体主义文化，民众更认可高管个人对企业的"贡献"，对高工资的宽容度越来越高，导致劳动收入的极差在21世纪变得无比之大。针对资本收入内部的不平等，皮凯蒂用高校基金会投资收益更高的例子说明资本收入在不同资金规模的投资者中会出现马太效应，财富越多，越能聘请到优秀的理财师或财务顾问，导致富裕者的平均资本收益率高于那些财富规模不大的人（皮凯蒂，2014）。21

世纪愈发恶化的收入和财富不平等状况加剧了西方国家的社会矛盾。

第三节 收入与财富分配的实证研究成果

由于涉及中国收入与财富分配的实证研究成果非常丰富，本部分试从宏观、中观和微观三个层次介绍和梳理收入和财富分配的现状、变化及其影响因素（机制）。宏观层次的影响因素包括市场化、产权变革、政治政策等，中观层次的影响因素包括地区、行业（产业）、部门、企业类型等，而微观层次的影响因素主要指受教育程度、职业、政治资本、性别等个体（家庭）层面的属性或特征。

从宏观层次来看，改革开放40多年来，国家主导的市场化改革和产权方面的变革都显著影响了各地区、行业、部门和社会群体的收入和财富分配状况。不少研究发现，中国自1978年开始的市场化改革至今，社会整体的收入分配不平等程度经历了先扩大、近年有所缩小的类似于库茨涅兹曲线的过程：改革前我国是一个相对均等化的社会，收入和财富差距比较小。但因为工业部门主要集中在城市，且以重工业为主，所以城乡间分配存在一定程度的失衡现象（边燕杰，2002）。随着市场化和产权私有化改革的逐步推进，社会总体的财富和收入差距都在不断扩大，甚至超过法国，接近美国等西方发达国家；法国经济学家皮凯蒂等使用CHIP和CFPS的数据，并利用胡润财富排行榜对富人的代表性对这些数据进行修正后发现，自改革开放以来到2015年，中国社会的总体财富从国民收入的3.5倍增长到7倍。其中私人财产比例从1978年的30%上升到了2014年的近70%。2015年中国最富有的1%的人群占有全部财富的比重为29.6%，进入这一阶层的门槛是297万元人民币。与之相比，最底层50%的人群只占有全部财富的6.7%，他们拥有的平均财产是3万6千元（Piketty et al., 2019）。近年来国家实施的精准扶贫和产业扶贫战略，从政策层面上提高了低收入群体的收入水平，扩大中等收入群体规模，并通过税收调节高收入群体的收入，使得居民收入差距有缩小的趋势（李实、朱梦冰，2018；周强，2021）。

在市场化改革进程中，市场机制本身成为收入和财富分配差距的重要来源之一。市场化改革前，国家主导的官僚机构是制定工资标准和完成收入分配的唯一主体，公有制资产占据绝对优势地位；而从1978年开始，"家庭联产承包责任制"在农村推广，农户家庭对承包土地上种植的农产品有了自主权并被允许在市场上售卖，市场机制激发了农民的生产积极性，改变了人民公社"吃大锅饭"时生产效率低下的现象，农民人均收入大幅上升，缩小了城乡居民之间的收入差距。美国社会学家倪志伟根据这种市场化机制导致的经济不平等格局的变化发展出"市场转型理论"，认为市场化转型过程使得权力由再分配者向直接生产者转移，市场化程度高的地区的权力精英在收入分配格局中的地位下降，原来在再分配体系中处于劣势地位的家庭的收入得到提高。在这一"市场权力命题"之外，倪志伟还提出并验证了"市场激励命题"，即市场化进程将会回馈生产效率更高、学习能力更强的个体以更高的收入，因此改革将会增加对教育投资的回报，削弱对于政治资本的回报。最后则是"市场机遇命题"，倪志伟验证了城乡贸易的重建使得距离城市更近的农村家庭的收入提高（边燕杰，2002）。因此，农村地区的率先市场化，使得城乡居民的收入差距有所缩小。但很快，随着市场化改革在城市地区的推进，中国居民整体的收入差距、城乡差距、城镇内部差距和农村居民内部差距，都开始迅速扩大。但王小鲁、樊纲的研究认为，这种差距的扩大可能并不能简单归因于市场化本身，他们构建了一套市场化指数作为衡量我国不同地区市场化水平的指标，发现当控制了经济增长、制度效应和再分配效应之后，市场化程度对收入差距的影响显著为负，但这未能抵消其他因素带来的社会整体基尼系数的扩大。于是他们认为公平、透明、开放的市场体系有利于缓解收入差距，市场化本身并不必然带来贫富分化（王小鲁、樊纲，2005）。因此，学界对于市场化与居民收入差距之间的关系也不是那么确定。

虽然关于市场化对经济不平等的作用方向尚无定论，但如果在市场转型中，收入不平等叠加上产权改革中的不公平，比如在国有企业、住房市场化和私有化改革中出现偏向某一社会阶层的优先配给或寻租现象，那么贫富分化的马太效应是显而易见的，因为对资本和不动产的占有可以在特定市场条件下获得超额收益，同时财产性收入的扩张与劳动收入占国民收入比重下降将会加剧贫富分化（郭庆旺、吕冰洋，2012）——这是市场化机制与所有权（产权）机制共同作用的结果。法国启蒙思想家卢梭在《论人与人之间不平等的起因和基础》一书中就指出了所有权机制对于社会分化的作用（卢梭，2007）。马克思、恩格斯的经典著作阐释了为什么生产资料的私有化是阶级分化的根源。不少研究表明，我国城镇住房私有化进程的不平衡和农村土地收益的下降是20世纪90年代中期以来中国城乡居民财富差距拉大的重要原因（李实等，2005；何晓斌、夏凡，2012）。而在此基础上，21世纪以来的城镇化进程、土地财政政策和房地产行业的快速发展导致房价和房租飞涨，加剧了我国"有房阶层"和"无房阶层"之间的收入与财富分配差距（原鹏飞、冯蕾，2014）。迟巍、蔡许许通过分析1988—2009年国家统计局全国入户调查数据发现，我国居民的财产性收入差距比劳动收入差距更大，对总体收入差距的贡献也在逐步扩大。同时财产性收入主要集中在东部地区，中西部地区居民获得财产性收入的机会更小（迟巍、蔡许许，2012）。宁光杰等人通过分析西南财大CHFS和清华大学消费金融调研的数据发现，金融资产的投资收益是导致居民收入分配失衡的重要因素，而利息和保险收益则可以缓解财产性收入失衡（宁光杰等，2016）。因此可以说，城乡居民金融资本占有的不平等和住房市场化改革过程中住房机会的不平等是加剧我国21世纪以来居民收入和财富分配失衡的重要因素。

面对悬殊的收入和财富分配差距，我国自2013年以来开始实施"精准扶贫"政策，这引出了宏观上影响收入和财富分配的第三个因素：政治和政策机制。我国政府管控能力强大，国有资产的规模较大，因此政治和政策对收入和贫富差距的作用显著，直接影响前面所述的市场化和所有权变革两个影响机制，而且政治和政策的影响一直贯穿改革开放的整个进程。李实、赵人伟较早注意到，改革前期国家对农副产品的价格管制、农业税的征收和各种名目繁多的杂费抑制了农村居民收入的进一步提高，1995年仅税款一项，农村居民的人均支付额就相当于城镇居民的9倍，这导致不同地区农村居民之间以及农村居民和城镇居民之间的收入差距不断扩大（李实、赵人伟，1999）。这一脉络的研究重视国家战略、权力或制度在收入分配中所起的作用，比如我国长期以来实行的城乡二元分割的户籍制度是导致城乡收入和财富机会差距的重要因素。官员腐败和灰色收入也是扩大收入和财富分配差距的因素之一，王小鲁专门撰写了一本书来揭示公务人员灰色收入在2000年后的高速膨胀，并表达了对我国可能因贫富分化导致内需不足而落入中等收入陷阱的担心（王小鲁，2012）。陈光金的研究使用泰尔指数分解发现，体制内和体制外的非农就业者各自内部存在着巨大的收入不平等，其中体制外的收入不平等程度对整体的不平等程度贡献最大，其次是体制内的差异，体制内外之间的差异贡献最小（陈光金，2010）。林毅夫等人根据统计数据分析发现，东中西部居民收入差距的重要来源是非农收入和国有部门之外市场化收入机会的差异，以及地区技术发展战略与本地资源禀赋的匹配程度差异（林毅夫等，1998；林毅夫、刘明兴，2003）。马拴友、于红霞的研究发现，1994年我国税制改革后，区域之间的转移支付政策并没有降低东部发达地区和中西部欠发达地区的收入分配差距（马拴友、于红霞，2003）。近十年来，国家打击腐败力度的加大，乡村振兴、共同富裕战略的提出，加之社会保障覆盖面、转移支付规模的扩大，以及精准扶贫等普惠性政策的实施，城乡居民的收入差距在新时代有所缩小，似乎已经到了库茨涅兹曲线倒U形的拐点附近（李实，2018；陈宗胜，2020；孙豪、曹肖烨，2022）。所以政治和政策机制对市场化和所有权机制产生的收入与财富分配失衡能够起到明显的调节作用。

从中观层次看，各行业的特征，市场化和产权变革所带来的国企改革，新创企业和行业的涌现，以及互联网、人工智能等新技术的出现，都在很大程度上影响了居民的收入和财富差距。王天夫、崔晓雄的研究表明，行业规模、行业年龄和行业的教育水平等行业特征可以通过行业平均收入水平和个人特征的收入回报率影响个体的收入（王天夫、崔晓雄，2010）。刘伟、蔡志洲通过核算第三次全国经济普查数据，发现2013年中国新创造的经济增加值经过初次分配，约60%转化为居民的净收入，30%转化为非金融企业部门的净收入，其余增加值流入政府部门和金融部门。从2004年第一次全国经济普查到2013年，非金融部门和政府部门从国民收入中分得的"蛋糕"比例是降低的，而居民和金融部门的分配占比是提高的（刘伟、蔡志洲，2017）。20世纪80年代开始的国企改制使得大量劳动力下岗，面对相对不利的劳动力市场环境，这些劳动者的收入显著下降（郭荣星等，2003；白重恩等，2008）。随着市场化改革的推进，产业结构的升级扩大了城乡收入差距，但劳动力在城乡、地域之间的流动缩小了城乡差距（刘慧等，2017）。总体而言，我国东中西三个地区的经济增速自改革开放以来经历了差距先缩小、再扩大，以及区域内部差距缩小的过程（潘文卿，2010）。1992年以来我国各地区的第一、二、三产业的结构调整和技术升级扩大了行业之间和东部地区的城乡收入差距，却缩小了中西部地区的城乡收入差异（胡立君、郑艳，2019）。各地区的技术创新研发投入增加了技术人员的劳动报酬，从而扩大了地区内的收入差距；而跟技术创新推广相关的投入往往可以吸纳更多的低技能劳动者，因此起到缩小地区收入分配差距的作用（王林辉、袁礼，2018；吴鹏，2022）。此外，在市场主导的第一次分配、政府主导的第二次分配之外，由慈善组织和基金会负责的"第三次分配"成了减少贫困和缓解贫富差距的有生力量（周绍东等，2022）。

如果说影响收入和财富分配的宏观和中观因素大多可以看作制度性或结构性要素的话，那么微观层面的个人（家庭）特征可以看作个体主义因素。从这个层面看，影响居民收入和财富分配的一个重要因素是以教育、技能、工作经验为代表的人力资本。虽然大量研究者已证明教育、工作经验等是形成人力资本，导致个体在就业市场上获得差异化收入的重要因素甚至核心因素，但在我国具体的社会情境下，不同行业、不同所有制企业中的个体，其教育投入与收入的关系有区别，存在不确定性。早年的研究显示各地偏向城市的对教育的财政支持是拉大城乡贫富差距的因素之一（陈斌开等，2010）。近年来的研究显示，高等教育对收入增长的提升效应正在减弱，对于低收入家庭的收入提升边际贡献更大，这有利于缩小不同收入群体之间的差距（王丽、李凤兰，2022）。同样，职业教育具有促进农村劳动力增收的功能，缩小了城乡差距，但是其边际收益正在减小（祁占勇、谢金辰，2021）。如今叠加上产业转型和互联网经济的兴起，以及灵活用工规模的扩大，学校教育、在职培训和在线教育都在重塑劳动力要素和收入分配之间的关系（乔晗等，2020）。除人力资本以外，政治资本、宗族社会网络、职业、性别等个人层次的特征都会显著影响收入和财富获得的机会及结果（刘精明，2006；梁运文等，2010；陈斌开等，2009；王甫勤，2010；郭云南等，2014）。

综上所述，宏观和中观层次的体制转型（包括市场化和产权变革）、国家战略调整和政策变化，行业、部门和地区特征等要素，以及微观层次的人力资本、社会网络等个人特征，都可以显著影响中国居民的收入和财富差距。同时，宏观和中观层次的因素和微观层次的因素还可以对收入和财富分配结果产生显著的交互作用（王甫勤，2010）。

第四节 总结与展望

本章是对经济学和社会学收入与财富分配研究经典理论、基础计量工具和中国改革开放以来相关领域实证研究成果的一个综述。收入与财富分配在社会科学研究中占据着基础而重要的地位，在经济学中它是生产增值的归宿，是消费的起点；在社会学中它是社会分层的基础维度之一，是研究中国社会转型的钥匙。在第一部分中，本章回顾了收入与分配领域的经典理论，围绕着多种要素对生产的贡献如何定价，衍生出了新古典主义经济学的边际效用论和马克思主义的劳动价值论两大经济学脉络；而在社会学中，收入与财富的分配既是一种社会事实，是社会制度形成的结果，又作为社会分层的重要机制发挥作用。衡量贫富差距的工具多种多样，选择哪一种呈现方式取决于研究是否需要跨国、跨历史时期进行比较。洛伦兹曲线和库茨涅兹曲线比较直观，而分解的基尼系数和泰尔指数则可以提供收入与财富差距来源的信息。世界各国历史上并没有出现一以贯之的贫富差距演化趋势，财富的集中度随着战争、萧条、政治变革和福利制度建设等事件波动，只是进入 21 世纪以来，随着全球化和金融自由化的扩张，不平等的水平也更高了。对我国改革开放 40 余年以来收入与财富分配的研究不仅关注市场化、产权变革、国家战略政策等宏观要素，以及地区、行业、部门、组织等中观要素，也关注不同人力、社会、政治资本等个体要素对个体（家庭）的收入和财富获得的影响。收入与财富分配的公平性不仅关系到国民经济的健康发展和社会生活的繁荣稳定，也关系到我们每一个人的幸福感和获得感。

未来的收入与分配研究仍然离不开对最新收入与财富分配现状的描述和追踪，离不开对导致最新分配结果的宏观、中观和微观影响因素的剖析。但未来研究不能仅仅局限于不同层次影响因素对于中国社会收入与财富分配的单独影响，而是需要深入探索不同层次影响因素的交互作用对于收入和财富差距的作用。同时，随着大数据、云计算和人工智能这轮新科技革命的到来，数据在产业和国民经济中的地位越来越重要，不同国家、地区、行业、部门和群体对于最新科技和数据这一新生产要素的运用如何影响收入和财富分配将是一个新的问题。最后，肆虐全球三年的新冠感染疫情危机如何重塑世界的收入和财富格局，如何改变中国社会各个行业、部门和群体的收入和财富机会，也将是社会分层与不平等领域的重要研究议题。

参考文献：

白重恩，钱震杰，武康平.中国工业部门要素分配份额决定因素研究.经济研究，2008（8）：16-28.

边燕杰.市场转型与社会分层：美国社会学者分析中国.北京：三联书店，2002.

陈斌开，杨依山，许伟.中国城镇居民劳动收入差距演变及其原因：1990—2005.经济研究，2009，44（12）：30-42.

陈斌开，张鹏飞，杨汝岱.政府教育投入、人力资本投资与中国城乡收入差距.管理世界，2010（1）：36-43.

陈光金.市场抑或非市场：中国收入不平等成因实证分析.社会学研究，2010，25（6）：86-115，243-244.

陈宗胜.试论从普遍贫穷迈向共同富裕的中国道路与经验：改革开放以来分配激励体制改革与收入差别轨迹及分配格局变动.南开经济研究，2020（6）：3-22.

程永宏.改革以来全国总体基尼系数的演变及其城乡分解.中国社会科学，2007（4）：45-60，205.

迟巍，蔡许许.城市居民财产性收入与贫富差距的实证分析.数量经济技术经济研究，2012，29（2）：100-112.

盖凯程，周永昇.所有制、涓滴效应与共享发展：一个政治经济学分析.政治经济学评论，2020，11（6）：95-115.

郭庆旺，吕冰洋.论要素收入分配对居民收入分配的影响.中国社会科学，2012（12）：46-62，207.

郭荣星，李实，邢攸强.中国国有企业改制与职工收入分配：光正公司和创大公司的案例研究.管理世界，2003（4）：103-111，155.

郭云南，姚洋，FOLTZ J.宗族网络与村庄收入分配.管理世界，2014（1）：73-89，188.

何晓斌，夏凡.中国体制转型与城镇居民家庭财富分配差距：一个资产转换的视角.经济研究，2012，47（2）：28-40，119.

胡立君，郑艳.中国收入差距与产业结构调整互动关系的实证分析.宏观经济研究，2019（11）：63-73.

克拉克.财富的分配.陈福生，陈振骅，译.北京：商务印书馆，1997.

李强.社会分层十讲.2版.北京：社会科学文献出版社，2011.

李实.中国收入分配制度改革四十年.China economist，2018，13（4）：2-33.

李实，魏众，丁赛.中国居民财产分布不均等及其原因的经验分析.经济研究，2005（6）：4-15.

李实，赵人伟.中国居民收入分配再研究.经济研究，1999（4）：5-19.

李实，朱梦冰.中国经济转型40年中居民收入差距的变动.管理世界，2018，34（12）：19-28.

李晓.教育扩展对中国居民收入分配的影响分析及政策选择.黑龙江社会科学，2014（5）：86-89.

李晓鹏.大数据时代市场监管模式研究：以郑州市工商行政管理局为例.郑州：郑州大学，2016.

厉以宁.股份制与现代市场经济.南京：江苏人民出版社，1994.

梁运文，霍震，刘凯.中国城乡居民财产分布的实证研究.经济研究，2010，45（10）：33-47.

林毅夫，蔡昉，李周.中国经济转型时期的地区差距分析.经济研究，1998（6）：5-12.

林毅夫，刘明兴.中国的经济增长收敛与收入分配.世界经济，2003（8）：3-14，80.

林毅夫，刘培林.中国的经济发展战略与地区收入差距.经济研究，2003（3）：19-25，89.

刘慧，伏开宝，李勇刚.产业结构升级、劳动力流动与城乡收入差距：基于中国30个省级面板数据实证分析.经济经纬，2017，34（5）：93-98.

刘精明.市场化与国家规制：转型期城镇劳动力市场中的收入分配.中国社会科学，2006（5）：110-124，207-208.

刘伟，蔡志洲.完善国民收入分配结构与深化供给侧结构性改革.经济研究，2017，52（8）：4-16.

卢梭.论人与人之间不平等的起因和基础.北京：商务印书馆，2007.

陆铭，陈钊.城市化、城市倾向的经济政策与城乡收入差距.经济研究，2004（6）：50-58.

罗楚亮，李实.人力资本、行业特征与收入差距：基于第一次全国经济普查资料的经验研究.管理世界，2007（10）：19-30，171.

罗楚亮，陈国强.富豪榜与居民财产不平等估算修正.经济学（季刊），2021，21（1）：201-222.

马尔萨斯.人口原理.朱泱，等译.北京：商务印书馆，1992.

马克思.资本论：第3卷.2版.北京：人民出版社，2004.

马克思，恩格斯.马克思恩格斯全集：第1卷.北京：人民出版社，1956.

马拴友，于红霞.转移支付与地区经济收敛.经济研究，2003（3）：26-33，90.

马歇尔.经济学原理.朱志泰，译.北京：商务印书馆，1964.

曼昆.经济学原理.梁小民，梁砾，译.北京：北京大学出版社，2015.

美国经济学会.美国经济评论百年经典论文.杨春学，等译.北京：社会科学文献出版社，2018.

宁光杰，雒蕾，齐伟.我国转型期居民财产性收入不平等成因分析.经济研究，2016，51（4）：116-128，187.

潘文卿.中国区域经济差异与收敛.中国社会科学，2010（1）：72-84，222-223.

皮凯蒂.21世纪资本论.巴曙松，译.北京：中信出版社，2014.

祁占勇，谢金辰.投资职业教育能否促进农村劳动力增收：基于倾向得分匹配（PSM）的反事实估计.教育研究，2021，42（2）：97-111.

乔晗，王杰，卢涛.收入分配研究述评与研究前沿分析：基于文献计量方法.管理评论，2020，32（11）：282-296.

萨缪尔森，诺德豪斯.萨缪尔森谈效率、公平与混合经济.萧琛，译.北京：商务印书馆，2012.

萨伊.政治经济学概论.陈福生，陈振骅，译.北京：商务印书馆，1997.

斯拉法.李嘉图著作和通信集.蔡受百，译.北京：商务印书馆，1979.

斯拉法.用商品生产商品.巫宝三，译.北京：商务印书馆，1991.

斯密.国富论.郭大力，王亚南，译.北京：商务印书馆，2014.

孙豪，曹肖烨.收入分配制度协调与促进共同富裕路径.数量经济技术经济研究，2022，39（4）：3-24.

涂尔干.社会分工论.渠东，译.北京：三联书店，2000.

王甫勤.人力资本、劳动力市场分割与收入分配.社会，2010，30（1）：109-126.

王丽，李凤兰.普及化阶段高等教育对收入及收入分配的影响.重庆高教研究，2022，10（5）：45-55.

王林辉，袁礼.有偏型技术进步、产业结构变迁和中国要素收入分配格局.经济研究，2018，53（11）：115-131.

王天夫，崔晓雄.行业是如何影响收入的：基于多层线性模型的分析.中国社会科学，2010（5）：165-180，223.

王小鲁.灰色收入与发展陷阱.北京：中信出版社，2012.

王小鲁，樊纲.中国收入差距的走势和影响因素分析.经济研究，2005（10）：24-36.

王泽昊，姚健，孙豪.城乡收入差距、消费倾向与消费结构升级.统计与决策，2022，38（15）：51-54.

韦伯.经济与社会：epub电子版.阎克文，译.上海：上海人民出版社，2019.

吴鹏.高质量发展阶段下技术创新对收入分配的影响.华东经济管理,2022,36(4):79-88.

杨蕤.企业慈善行为、第三次分配与共同富裕.社会科学战线,2022(5):275-280.

杨宜勇,池振合.中国居民收入分配现状及其未来发展趋势.经济研究参考,2014(6):5-12.

杨永兵,雷昭明.产业结构、对外开放度与城乡收入差距.企业经济,2012,31(11):53-56.

原鹏飞,冯蕾.经济增长、收入分配与贫富分化:基于DCGE模型的房地产价格上涨效应研究.经济研究,2014,49(9):77-90.

张宇,孟捷,卢荻.高级政治经济学.3版.北京:中国人民大学出版社,2012.

赵人伟,李实.中国居民收入差距的扩大及其原因.经济研究,1997(9):19-28.

周强.精准扶贫政策的减贫绩效与收入分配效应研究.中国农村经济,2021(5):38-59.

周绍东,陈艺丹,张毓颖.共同富裕道路上的中国特色第三次分配.经济纵横,2022(4):11-20.

周业安,赵坚毅.市场化、经济结构变迁和政府经济结构政策转型:中国经验.管理世界,2004(5):9-17,155.

DAHRENDORF R. Class and class conflict in industrial society. Stanford:Stanford University Press,1959.

DAVIS K,MOORE W E. Some principles of stratification. American sociological review,1945,10(2):242-249.

GIDDENS A. The class structure of the advanced societies. New York:Harper & Row Publishers,1975.

PARSONS T. Essays in sociological theory. Glencoe:The Free Press,1954.

PARSONS T. The system of modern societies. Englewood Cliffs:Prentice Hall,1971.

PIKETTY T,LI Y,ZUCMAN G. Capital accumulation,private property,and rising inequality in China,1978—2015. American economic review,2019,109(7):2469-2496.

第十章 城市住房不平等研究

吴开泽

(华东理工大学社会与公共管理学院)

第一节 导 言

城市住房问题是工业革命以来世界各国面临的普遍问题。19世纪中叶以后,伴随欧洲工业化的发展,城市普遍存在的住房缺乏现象引起了研究者的关注。恩格斯指出,当一个古老的文明国家从工场手工业和小生产向大工业过渡,并且这个过渡还由于进展极其顺利而加速,这个时期多半也就是"住宅缺乏"时期(马克思、恩格斯,2012)。20世纪40年代,社会学研究者就敏锐地提出应该将住房作为社会学的重要研究领域(Wirth, 1947)。自1967年雷克斯和摩尔在《种族、社区和冲突》中提出"住房阶级"理论以来,住房与分层成为社会学研究的重要议题(Rex & Moore, 1967)。1981年4月,在伦敦召开的国际住宅和城市问题研究会议上提出的《住宅人权宣言》,明确指出把住宅问题从经济学、建筑学扩大到社会学领域进行综合研究(张仙桥,1995)。

住房是中国城市家庭资产的重要组成部分,对个体的社会地位和生活机遇有重大影响。住房影响居民的福利享用、阶层认同、社区归属、邻里交往、幸福感、婚配机会和工作机遇,住房资产累积对于社会财富分配亦有重要影响(吴开泽、范晓光,2021)。新中国成立以后,政府对城市私房进行社会主义改造，原有的住房产权制度被打破，房屋交易被限制甚至被禁止，房地产市场不复存在（吴开泽，2019）。改革开放后国家随即启动了住房市场化改革，改革先后经历了试点售房（1979—1985 年）、提租补贴（1986—1990 年）、以售带租（1991—1993 年）、全面推进（1994—1998 年）、住房分配货币化（1998 年以后）等不同阶段（成思危，1999）。1998 年以前的改革实现了住房的商品化和货币化，被称为住房产权化改革，住房市场化后来又经历了住房产业化和住房金融化阶段，住房从消费品逐渐变为投资品和金融品，成为城市家庭财产主体和社会分化的重要机制（吴开泽，2019）。现有研究表明，当前基于住房获得的财富已经超过了职业收入，住房不仅代表着独立于职业之外的生活机会，而且已经成为影响城市居民财富的主要因素（魏万青、高伟，2020）。

中国的社会学研究者积极关注住房问题，在住房制度改革和房地产发展的关键时期发表了相关研究成果。1983 年 12 月中国住宅问题研究会成立，社会学家费孝通、经济学家于光远、建筑学家戴念慈任担任顾问；1985 年 10 月住宅社会学学术委员会正式成立（张仙桥，1995）。在 2000 年之前，大多数关于中国住房的研究都是政策导向，侧重于宏观方面，如住房制度、住房政策、住房问题以及住房制度改革，此后关于中国住房的研究扩展到了众多学科领域（Huang & Clark，2002）。21 世纪初以来，国内房价的快速上涨加剧了城市住房产权与住房财富分化，引发了社会科学研究者的广泛关注。国内外研究者针对中国住房问题，从住房不平等理论视角、住房不平等表现形式、各时期住房不平等特征、住房分层机制、住房不平等的社会结果等方面进行了丰富而深入的研究。本章主要基于 SSCI 和 CSSCI 期刊论文，结合公开出版的专著，重点关注社会学和经济学领域的住房不平等研究。考虑到中国城乡土地性质和住房权属方面的巨大差异，本章仅对城市住房不平等进行回顾。本章最后会对城市住房不平等研究的不足和原因进行探讨，对未来住房不平等研究进行展望。

第二节　城市住房不平等理论视角

住房阶级理论和消费社会学理论是早期国内外住房不平等研究的主要理论

视角。当前国内住房不平等研究除了与市场转型理论进行对话外，还采用生命历程、优势累积和住房属性等研究视角。此外，有研究者基于宏观制度视角，考察经济发展特征和住房市场发展模式对中国住房不平等的影响，还有研究者将地理区位引入住房不平等研究，考察地理空间差异对住房不平等的影响。

一、住房阶级理论

住房阶级理论是推进住房与社会不平等研究的重要理论。雷克斯和摩尔的研究是住房阶级讨论的经典，他们试图糅合人类生态学和韦伯的阶级理论去分析城市中各个群体争取有限资源的情况。他们指出城市居民在对住房资源的要求方面有着共同的价值取向，即人人都希望入住环境清幽的高级住房或郊区住房，但城市的优质住房资源有限，因而形成了激烈的竞争（陈锦华，1997：50）。雷克斯和摩尔认为城市生活机会的竞争与冲突、住房资源分配的冲突可被理解为某种形式的阶级斗争。市民竞争稀少的郊区住房，经过市场的运作与政府干预，结果是不同群体在不同的区位居住于十分不同的住房，于是住房成为一种不平等与阶级冲突的来源，他们因此提出了"住房阶级"理论（Rex & Moore，1967）。他们指出，竞争城市资源的过程如同生产领域内的阶级斗争，也会形成不同的阶级，这个"住房阶级"的划分有别于生产领域的阶级。他们将城市内部不同群体按照获取住房途径的差异，从最好到最差分为六类人：（1）全资拥有整套住房；（2）拥有住房产权但需要还房贷；（3）租赁公共房屋，包括不需要拆迁的住房和将要清拆的住房；（4）租住整层私人住房；（5）拥有住房产权，但需要出租房间以偿还贷款；（6）临时住所的房客（Rex & Moore，1967）。桑德斯将住房阶级的讨论推进了一步，他认为现代社会的分层不能简单地划分为资产阶级和无产阶级，而应该根据个人住房处境不同划分为不同的住房阶级（Saunders，1978）。住房阶级理论不仅发展了韦伯关于社会阶层的讨论，而且将芝加哥学派对城市空间的讨论加以具体化，在方法上又结合了个体微观行动和城市空间两个方面的优点（张杨波、吴喜，2011）。

住房阶级理论在受到褒奖的同时，也受到了研究者的批评。住房阶级有一个相当强的假设，即认为"郊区住房是竞争的目标，也是稀少的资源"，由于并非所有市民都会把郊区住房当成最高目标，拥有住房也并不优于租赁住房，因此这个假设的存在相当可疑（许秉翔，2002）。要想证实住房阶级的存在，必须认清两个问题：（1）对住房引起的阶级斗争的分析能否独立于劳动市场；（2）住房阶级意识如何确认（Bell，1977）。马克思主义学者认为社会阶级建基于生产关系，住房状况不是生产关系，因而不会形成阶级。住房是消费品而非商品，除"炒房客"外，自住业主不会从房价上涨中获益，拥有住房作为住房消费模式不能改变个体的阶级地位，他们认为住房拥有情况源于劳动力市场或家庭财富的差异，住房的作用在于强化社会阶级的分化（陈锦华，1997：53-54）。

由于理论本身某些脆弱的假设，目前西方研究者很少有人跟随住房阶级理论，尽管如此，"住房阶级"概念在观察某些由住房衍生的社会现象方面仍具有适用性和启发性（许秉翔，2002）。有研究者基于中国的经济发展模式和财富分配方式，认为住房不平等不仅能反映出职业不平等，而且住房已经成为分享社会发展红利、影响财富分配的主要渠道（魏万青、高伟，2020）。住房财富的分配不均极有可能恶化社会阶层之间原本存在的不平等问题，深化社会结构的内部冲突，对于注重住房文化和高房价的地区，有重要的社会和政治经济的政策意涵（许秉翔，2002）。在高速增长的房价的催化下，住房资产不平等成为21世纪初中国城市贫富分化的主要标志，也是贫富分化加剧的重要机制（吴开泽，2019）。

二、消费社会学理论

20世纪80年代后，对住房阶级的研究进一步发展出"消费社会学"（sociology of consumption）理论，桑德斯（Saunders，1986）认为过往的社会研究太集中于生产领域，忽视了消费领域（如住房等）的社会影响，因此需要发展出一套消费社会学。桑德斯指出居民在消费模式上的分歧将促进社会再分层，认为根据住房（财富）、生活方式判断一个人的社会阶层会比根据职业更准确。桑德斯提出要用"消费部门分割"理论取代"住房阶级"理论，他根据住房产权状况，把社会群体分为依赖公房的房客群体和依赖住房市场的私人消费者群体（Saunders，1984）。普通劳动阶层可以通过购房增加财富并分享城市经济发展的成果，因此提高居民住房自有率可以缩小社会贫富差距（陈锦华，1997：38）。桑德斯的理论架构修正了过去讨论阶层时只着重生产要素的不足，从而提高了消费在现代生活方式中的分量,并促使研究者重新审视消费部门塑造社会阶层的可能(于伟锦,1997)。但是,"消费部门分割"理论遭到了一些研究者的批评,他们认为把住房群体仅仅划分为两类过于武断,应同时考察住房的绝对流动速度和相对流动速度对住房阶层的影响,因为绝对流动速度有可能通过代际住房流动来打破住房群体的形成(张杨波、吴喜,2011)。

三、生命历程与优势累积

近年来,生命历程和优势积累成为国内住房分层研究的一个视角。生命历程指的是一种由社会界定并按年龄分级的事件和角色模式,该模式受文化和社会结构历史性变迁的影响(埃尔德,2002:139-440)。生命历程的核心观念在于:"社会机制与个体特质的交互影响所形塑的累积性作用力,将不同个体带往不同的生命轨迹。"(吕朝贤,2006)生命历程不仅在个体生命轨迹上建立横向维度的衔接,还在微观行动者与宏观社会结构之间搭建纵向维度的理论桥梁(徐静、徐永德,2009)。生命历程范式被设计为允许在同一时间进行多进程的分析,从而提供了一个灵活处理家庭结构和变化的方法(Clark et al.,1994)。生命历程理论作为一个综合性的理论框架,可以将影响住房获得的宏观世代因素、中观单位因素、微观的家庭和个体因素纳入分析(吴开泽、陈琳,2014)。

20世纪90年代以来,国内调查数据日益丰富,研究者开始采用纵贯数据进行住房研究,对生命历程方法的应用越来越广泛,成为贯穿居住选择研究的核心方法。陈佳欣和陈彦仲(2010)发现,在中国台湾地区,首次购房既受收入、财富和住房市场状况等因素影响,也与结婚等对生命历程重大事件的决策高度相关。吴开泽(2017)引入制度分析方法和生命历程视角,研究住房市场化改革进程与个体生命历程交互作用对首套住房产权获得的影响,发现住房市场化改革的"差序格局"和差异化改革策略,使住房获得具有明显的时期效应和世代效应,体制分割和市场分化导致的住房不平等相互叠加。

生命历程社会学需要解释生命早期条件和后期结果之间的运作机制,优势累积被认为是生命历程的作用机制(Mayer,2009;周雪光,2014:240-262)。优势累积是一个普遍的不平等机制,它说明在生命历程中居于一个相对有利的位置将成为进一步获得收益的资源(吴开泽,2016)。在房价持续上涨的环境下，父代生命早期的住房优势/劣势不断累积并扩大，通过代际传递方式加剧了子代住房资源分化，因此优势积累和代际视角成为研究住房不平等的重要视角。随着中国住房制度从福利住房向市场住房转型，"代际累积"对住房不平等的解释力从无到有、从弱到强（谌鸿燕，2017）。

四、市场转型与发展模式理论视角

在改革时代的中国城市，住房产权是阶层差异和阶层分化的重要指标，住房市场化改革是中国整体改革的重要组成部分，因此住房成为考察市场转型的重要领域。研究者们的研究证实，房改初期的住房不平等体现了"权力维续论"，后期则更多体现市场转型论的影响。边燕杰和刘勇利（2005）通过研究"五普"数据发现，管理精英和专业精英的家庭所拥有的住房往往面积更大、质量更好，这些发现清晰地支持"权力维续"的观点，他们认为中国渐进改革一方面使专业精英在市场体制中得到利益，又使管理精英在再分配体制和市场体制中继续和更多地得到利益的满足。吴开泽（2017）基于广州城市居民住房调查数据也得出了类似结论，他发现福利住房产权化和住房商品化双轨并行的住房市场化模式，使住房领域的市场转型具有二元性，在商品住房获得方面，市场机制逐渐起决定作用，福利住房获得则延续了再分配机制。

宋曦和谢宇采用1988年、1995年和2002年CHIP数据的研究结果表明，随着时间的推移，市场决定因素取代了再分配因素，成为住房空间最重要的预测因素，从而成为市场转型理论的弱支持（Song & Xie，2014）。吴开泽（2016）对二套房获得的研究从资产累积角度支持了市场转型理论，表现为单位因素影响减弱，职业地位和家庭因素影响增强，他认为早期市场化改革为不同阶层提供了住房机遇，但再分配和市场导致的住房不平等在住房市场化过程中相互强化。蔡禾和黄建宏（2013）以北京、上海及广东三地城市家庭二套住房分配来审视市场转型，研究显示，在转型时期，制度、市场和家庭背景等多重因素相互交织，共同塑造城市住房分配的不平等结构，市场与再分配正走向"强强联合"。

还有一些研究者从经济发展模式和财富分配机制的角度研究住房分层，这也拓展了住房分层的视角。吴开泽（2019）基于住房市场化进程和住房属性变迁考察住房分层机制，认为住房市场化经历了产权化、产业化和金融化三个阶段，住房产权化改革影响了住房可得性，住房产业化和金融化则使得住房消费和住房资产的差异凸显。他认为城市住房分层是体制、市场和家庭多重因素聚合的结果，在市场化进程中，收入分层和住房分层经历了从"失配""适配"到"叠配"的过程。魏万青和高伟（2020）认为基于外贸与投资驱动的经济发展方式，使劳动者份额在社会财富分配中占比较低，政府主导的投资驱动经济发展模式使住房投资属性彰显，住房已经成为分享社会发展红利、影响财富分配的主要渠道。

第三节 城市住房不平等表现形式

一、住房不平等结构及形式

住房不平等主要是指不同社会群体间住房产权选择、住房条件及区位等方面的差异（Clark & Dieleman，1996），表现在住房产权、住房条件、住房质量、住房面积、住房资产等多个方面。研究者们针对住房结构提出了"三阶五级式"分层结构和"住房地位群体"等具有广泛影响的观点。刘祖云和毛小平（2012）发现城市住房分层结构形成了一个从低到高为无产权房阶层、有产权房阶层（福利性产权房阶层、商品性产权房阶层、继承性产权房阶层）和多产权房阶层的"三阶五级式"结构。李强（2009）根据住房来源情况将北京市居民划分为商品房户、回迁房户、单位房改房户、简易楼住户、廉租房户和传统私房户六种住房群体，认为城市住房地位群体的出现是20世纪90年代后期城市住房体制改革和住房市场化发展的结果。李骏（2017）借鉴"住房阶级"理论，以产权有无和产权获得方式为标准，将住房阶层划分为无产权、市场产权、补贴产权和继承产权四个，他认为贷款产权和市场产权阶层只是名义获益者，全付产权和补贴产权阶层才是改革和发展过程中的真正获益者。也有针对特定群体的住房分层研究，如根据住房状况将城市青年划分为有房、借房、租房三个阶层（张俊浦，2009）。

有研究者注意到了住房的不同属性以及相应的住房分层结果。吴开泽和范晓光（2021）基于住房的物理属性、经济属性和社会属性，指出当前的住房分层呈现出居住空间分异、住房资产极化和社会权利分割等特征。研究者们根据家庭人均住房资产与收入总额、资产和收入基尼系数比较发现，基于住房获得的财富已经超过了职业收入（魏万青、高伟，2020），住房资产不均等度远远大于收入不均等度（吴开泽，2019；方长春、刘欣，2020）。住房不平等普遍存在于精英和非精英群体（吴开泽，2017、2019）、本地居民和移民（方长春，2020），以及不同代际（范晓光、吕鹏，2018）。

二、单位和职业住房不平等

单位和职业间住房不平等是研究者关注的重点。在福利住房体制内居住、教育与职业状况处于优势地位的居民成了改革的赢家（Logan et al., 2010），这些拥有政治资本的家庭从住房私有化改革中获得了极大的利益（靳永爱、谢宇，2015）。边燕杰和刘勇利（2005）通过分析"五普"数据发现，管理精英拥有住房产权的机会大于专业精英，管理精英在住房面积和住房质量上均优于专业精英。

福利住房产权化和住房商品化双轨并行的住房市场化模式，降低了体制内外的住房不平等，加剧了精英和非精英阶层的住房差异，延续了行政精英的福利住房获得优势（吴开泽，2017）。体制分割因素依然在一定程度上活跃于当前的社会不平等中，且有可能随着市场化的推进叠加于源自市场的社会不平等，甚至经由市场的作用被进一步延续并放大（方长春，2014）。住房市场化显著改善了城市家庭的住房条件，减少了体制内外单位以及不同职业群体间的住房面积差异，拉大了高学历、高职业地位和高收入群体与普通居民的住房资产和住房数量差异（吴开泽，2019）。

三、代际住房不平等

家庭背景对子代住房的影响，结合婚姻匹配机制，使住房优势或劣势在青年家庭内部累积，或会加剧住房分层现象（崔璨等，2021）。刘祖云和胡蓉（2010）基于CGSS2006数据的研究发现，城市各阶层在住房产权上的差异并非主要来源于阶层差异，而是来源于代际差异。范晓光和吕鹏（2018）基于"机会－流动"论，从代际视角入手分析双轨制时期中国城市家庭的住房差异，他们认为代际累积优势主要通过资源传递和地位继承两种机制实现。

住房市场化加剧了代际以及不同收入和学历群体间的住房面积不平等，其中"70后"和"80后"的住房面积显著低于其他世代（吴开泽，2019）。"80后""90后"青年群体内部住房分层秩序发生了重大转变，购房年龄呈现年轻化趋势，住房生涯具有跳跃性特征，父代资助已成为青年群体住房资源获得的重要途径，父代资助水平的不同是子代住房和财富的先赋性资源差异（吴开泽、魏万青，2018；范一鸣，2020）。住房资产差异以及不平等成为个人能力、家庭禀赋与市场效应不平等的传递结果（杨城晨、张海东，2021）。

四、户籍住房不平等

流动人口的住房问题是研究者重点关注的内容，本章限于篇幅未对流动人口的住房研究进行综述，而是重点比较户籍住房不平等。由于城市政府长期采取将户籍和城市福利待遇相联系的做法，流动人口基本上被置于主流的住房分配体制之外，城市住房体制改革似乎在很大程度上忽视了这一群体的需求，流动人口在人均住房使用面积和住房质量两个指数上都更低（吴维平、王汉生，2002）。有研究者从住房面积和住房质量两个方面比较了城乡住房不平等，发现农村住户人均住房建筑面积稍高于城市住户，城市地区住房质量的指标远高于农村地区（卢春天、成功，2015）。还有研究者从住房面积和房产价值两个角度分析城乡居民住房不平等，发现城乡家庭居住面积有了很大的改善，但人均居住面积分布的不均等程度进一步扩大，城乡内部和城乡之间的房产价值差距也急剧扩大（朱梦冰、李实，2018）。

再分配体制所转化的住房市场化造成了城镇居民与农村居民在城镇住房市场的不平等状态，保障性住房福利外溢造成了新的不平等，农村居民难以享受保障性住房（范雷，2016）。有研究者发现，城市移民与本地居民相比在收入上并没有明显的弱势，但在住房上却表现出明显的弱势，他认为基于住房的社会排斥机制开始形成，这种排斥在一定程度上独立于劳动市场，有着时间累积性和代际传承性（方长春，2020）。中国城镇住房体系最终形成了一个本地非青年

（上）、本地青年和外地非青年（中）、外地青年（下）的分类结构（马秀莲、韩君实，2022）。也有研究者关注到流动人口内部的住房不平等，认为中国流动人口的住房贫困相异于西方国家，住房贫困率低于收入贫困率，具有高住房面积贫困率和低住房负担贫困率等特征，该特征与人群构成多元化和中国住房市场的二元化有关（吴开泽、陈琳，2018）。

五、地理空间的住房不平等

由于居住有很强的空间黏滞性，地理空间差异也是理解住房不平等问题的结构性因素。方长春和刘欣（2020）基于CFPS2016数据的研究发现，地理空间差异不只是住房不平等的外在表现，也是导致住房不平等的不可忽视的因素。穆学英等人（2022）采用空间机会结构视角，发现不同"地理出身"的流动人口在流入地的住房存在显著分化，流入地的城市等级不仅对流动人口的住房产权获得有直接影响，还发挥着重要的中介作用。关注地理空间对个体行为的影响及其社会不平等后果有助于拓展住房分层研究，但地理空间视角的住房不平等研究成果还较少。

第四节　各时期城市住房不平等特征

一、福利住房体制下的住房不平等特征

福利住房体制下的住房不平等问题是研究者关注的重点，取得的研究成果也最丰富，这些研究往往与单位制和市场转型研究相结合。由于住房是国家生活物资再分配体系中最具代表性的福利品，国家通过单位供应住房并进行持续性补贴，城市居住空间的稀缺性使住房成为福利和地位的象征（Song & Xie, 2014）。在房改结束前，国有机构一直得到权力的庇护，住房建设得到国家财政补贴，国有企业则利用单位自有用地将留利、收益、自有资金用于住房建设，然后再将住房作为福利分配给职工（王育琨，1992）。由于福利住房的分配逻

辑，在行政关系隶属上越是接近有权决定投资建房行政管理部门的单位，在住房资源的拥有上越有较大的机会（边燕杰等，1996）。职工能否获得住房以及所获得住房的区位和居住水平等，均与其所在单位的建房、管房，以及是否有最终的分配权有关，职工所在单位的级别越高、规模越大，就能拥有更好的住房（边燕杰等，1996）。由于这种机制的存在，单位之间以及单位内部职工之间的住房不均现象较严重，有的职工居住在套型面积大、配套齐全的套房中，有的职工则居住在面积狭小、配套不全的住房或者根本就没有住房（杨鲁、王育琨，1992）。改革前的福利住房模式造成国家财政负担沉重、个人对就业单位强烈人身依附、住房建设资金短缺等诸多问题，这些弊端是促使城镇住房制度改革的重要动因（贾康、刘军民，2013）。

很多研究者关注到了单位内部福利住房分配机制，住房研究也成为单位制研究的重要组成部分。福利住房采取"官本位行政分配方式"（辜胜阻、李正友，1998；李斌，2004），住房成为对政治忠诚的奖励和对低工资制度的补偿（Wang & Murie, 1996）。在单位内部，福利住房按照"论功行赏"的原则，分配给那些对社会"更有用"的社会成员（塞勒尼，2010：63-86；Logan et al., 2009）。由于个人的贡献通过社会地位来衡量，住房的获得是根据个人的社会地位而不是需求来决定（朱亚鹏，2007）。住房的获得是职称等级、工龄、政治进步性、家庭状况等因素决定的（Huang & Clark, 2002）。年龄、收入和教育对住房获得有直接影响，个人行政级别越高、工龄越长，越有可能获得住房实物分配（边燕杰等，1996）。能获得单位住房的是有高收入的老人、党员以及在大单位工作的工人，有机会获得单位住房的人往往能获得更大、设施更好的居住单位（Logan et al., 1999）。

因此，在中国改革前的传统分配体制下，由再分配权力和寻租权力组成的公共权力差异是造成城市住房不平等的重要机制（刘欣，2005）。这种分配逻辑的结果是在住房体系中导致社会特权累积，那些在工作上处于优势地位的人在住房体系中往往也处于有利位置（塞勒尼，2010：63-86）。

二、住房市场化阶段的住房不平等特征

在住房制度改革进程中，市场机制被引入，住房分配的"双轨制"现象明

显，即市场得到发展的同时，福利分房制度也得以延续（朱亚鹏，2007）。住房制度改革沿着福利住房产权化和住房商品化两个方向推进，因此也被称为双轨制改革（魏万青，2014；吴开泽，2017）。"双轨制"是政府为保证改革过程平稳而采取的改革策略，被称为"新房新制度，老人老办法"，即老职工继续得到实物分配，新入职职工则实行货币化分配。在市场经济和再分配体制"双轨制"并存的住房环境市场下，市场机制和体制力量都影响了房改过程中城市家庭的住房获得，影响因素比西方市场化国家更加复杂（Logan et al.，1999）。

由于中国的改革由政府主导，因此市场化改革并未消除再分配者的优势。单位在售房时对既得利益的潜在阻力非常在意，承认和保护单位既有住房分配结构（朱亚鹏，2007：116-121）。这种改革策略，使住房制度改革的赢家是在旧体制内居住、教育与职业状况等处于优势地位的人（Logan et al.，2010）。国家、工作单位和家庭之间的体制因素，如户籍、职业级别和工作单位等级，在住房选择方面仍然扮演着重要角色（Huang & Clark，2002）。改革过程中干部和在国有单位工作的家庭更可能低价从工作单位买到住房，私营企业主和私营单位居民家庭则要从市场上以更高的价格购置住房，这使得获得住房更为困难（何晓斌、夏凡，2012）。

20 世纪 80 年代以来，住房从简单的商品变为复杂的金融品。为应对金融危机的影响，中国各级政府进行大规模的房地产和基础设施投资，地方政府对土地融资的依赖加深（吴开泽，2019）。2013 年以后，地方政府开始通过控制土地供给推高土地和住房价格（付敏杰等，2017）。房价上涨激发了居民对未来房价持续上涨的预期，将拥有多套住房作为家庭财富投资的重要部分（易成栋、黄有琴，2011）。房价高速增长通过引致富裕家庭增加投资性住房需求，进一步推高了房价（陈彦斌、邱哲圣，2011）。在政府、银行和中介等多重利益的聚合推动下，住房投资和投机行为盛行，住房金融化程度进一步加深（刘升，2014）。

在住房金融化阶段，房地产成为社会增量财富分配机制，社会财富从无房者向多套住房者、从后获住房者向已获住房者转移（吴开泽，2019）。在高房价背景下，住房产权滋生的资产性收益、住房资产与面积引起的潜在再投资收益等开始影响家庭总收入，并加剧收入不平等（张传勇，2018）。中国的城市住房财产分层体系是职业分层之外的重要分层体系（李骏，2017），2008年后住房资产对家庭总收入的贡献度提高了大约一倍，住房资产收益对家庭总收入的影响大于个人收入（张传勇，2018）。住房市场化加剧了不同地区、收入、职业和学历群体间的住房资产差异，高收入、高职业地位和高学历者的优势凸显（吴开泽，2019）。住房分层甚至取代传统的收入、教育和职业分层，决定了个人的社会阶层（闵学勤，2012）。

第五节　城市住房分层机制

住房分层机制是城市住房分层研究的重点，研究者们主要基于市场转型理论，探讨体制性因素、市场性因素和家庭因素等对住房分层的影响。

一、体制性因素与住房分层

在传统福利住房体制下，单位制及相关制度设置成为理解城市住房不平等问题的重要切入点，人们在不同单位的分布和在特定单位内部的位置在很大程度上决定了其住房状况。单位类型、户籍、工人或干部身份、政治忠诚等成为解释这一时期住房不平等现象的重要变量（方长春、刘欣，2020）。在住房制度改革过程中，内部市场和开放市场长期并存（Sato，2006），内部市场的存在使得原有体制性因素对住房不平等的影响得以延续。

在影响机制方面，研究者们发现福利住房体制下的再分配是住房不平等的根源，而在市场化改革后，住房不平等是市场与再分配共同作用的结果。房改初期的住房不平等表明，住房市场化改革的真正受益者是那些改革之前就已经在原有的住房体系中获益的人（方长春，2014）。单位制和再分配权力仍然对住房资源的分配具有重要影响，以寻租能力和再分配能力为代表的公共权力对住房分配具有正向影响（刘欣，2005）。

中国的渐进改革所导致的双重分层体制也是研究者关注的重点。胡蓉（2012）发现了市场化和再分配体制共同作用的住房的双重分层体系，原有再分配体制中的权力精英,既可通过住房私有化改革将从再分配体制中获得的优势住房资源合法私有化,又遇到了房改过程中的有利政策机会,甚至能继续享受再分配特权,因此享有较高的住房回报。边燕杰和刘勇利(2005)认为专业精英在市场体制中获益,但管理精英同时在再分配体制和市场体制中继续和更多地得到利益满足。刘祖云和胡蓉(2010)发现体制内外单位职工的住房差异已经不显著,但政治精英在获得住房资源上更加有优势。

随着住房市场化的推进,经济资本、人力资本和职业阶层地位等市场分化机制逐步取代再分配机制,成为住房不平等的推动力(王宁、陈胜,2013;吴开泽,2019;李春玲、范一鸣,2020)。李春玲和范一鸣(2020)认为"结构维续论"和"结构衍生论"为当代中国城镇住房分层提供了新的解释视角。吴开泽(2016)基于二套房获得情况验证市场转型理论,研究发现经济管理精英、专业精英和个体工商户在二套房获得上具有优势,体制内单位职工和党员在二套房上处于劣势。

二、市场性因素与住房分层

地区市场化程度和个体市场能力等市场因素也是导致城市住房分层的机制。有研究者发现在住房市场化进程中,制度因素和地区市场化水平对住房获得的影响显化(吴开泽、魏万青,2018)。从地区市场化程度因素看,地区市场化程度能够有效提高整体的住房供应水平,对于城市居民现住房的价值和住房数量都具有显著的正向作用,但是也会拉大住房不平等(胡蓉,2014)。地区市场化水平与住房不平等之间存在倒U形曲线关系,即在市场转型的早期阶段市场化改革会在一定程度上导致住房分层,随着市场化水平进一步发展,住房不平等程度将会逐步降低(胡蓉,2012)。

国内住房研究不同程度地表明,住房不平等越来越受到人们的收入状况、人力资本、职业地位等市场能力因素的影响。李斌(2004)用"位置能力"和"市场能力"两个概念解释单位员工的住房获得,他认为随着住房改革的深入,"位置能力"会逐渐减弱,"市场能力"的作用力会增强。王宁和陈胜(2013)分析了广州1980—2009年住房产权分化机制变迁,认为住房产权分化越来越体现了城市居民市场能力的差异,而非再分配能力的差异。吴开泽(2019)发现在住房市场化进程中，学历和职业地位是影响住房不平等的重要因素，高收入、高职业地位和高学历者的住房数量优势累积效应明显。

三、家庭因素与住房分层

在市场经济中购房是一种市场行为，住房获得从依靠单位向依靠家庭经济能力转变（吴开泽，2017），首次购房受收入、财富因素与住宅市场经济状况影响（陈佳欣、陈彦仲，2010）。中国独特的购房模式，即社会中的三个家庭或六个劳动力共同购买或供养一套住房，使居民在高房价环境下仍表现出旺盛的住房购买力（孙立平，2007）。许多购房者没有能力支付首期款，或者不能从制度性融资渠道获得支持，这使家庭社会网络所提供的非制度性金融支持的重要性日益凸显（王宁、张杨波，2008）。中国城市住房领域出现明显的"再家庭化"趋势，家庭成为个人获得住房的重要影响因素，这体现为父母提供多种形式的支持，深入介入并运用策略，对住房决策、获得和安排有着极大影响（钟晓慧，2015）。家庭成员在体制内市场及体制外市场获得资源的机会影响了城市住房不平等（蔡禾、黄建宏，2013）。

住房市场化改革以后，城市青年的住房消费呈现仪式化倾向，其购房行为已从集体消费转向集体展演，对住房的认同已从经济资本扩展到符号资本（闵学勤，2011）。一项针对青年人的调查发现，大约三分之一的青年需要依靠父母的经济支持来解决住房问题（风笑天，2011）。由于得到了家庭支持，财富积累有限的"80后"在高房价背景下仍有较高的住房自有率，父母资助购房比重接近80%（吴开泽，2017）。父母提供的购房资助差异是"80后"内部住房分层的主要原因，青年人拥有的房产更多来自父母支持而非仅依赖个人收入，能够资助子女买房的父母大都为经济地位较高或者来自城市地区的父母（朱迪，2012）。吴开泽和魏万青（2018）基于CSS2010数据的研究发现，在房地产市场，"80后"职业地位对住房产权获得的影响减弱，父辈受教育程度的影响增强。范一鸣（2021）研究发现，家庭背景对青年住房资助的影响更为突出，父亲受教育程度较高、城镇户籍及本市户籍的青年群体在住房资助获得上更具有优势。杨城晨和张海东（2021）发现，具有代际和代内累积优势的城市居民可以在住房市场以及住房财富累积上获得较大的优势。

四、综合性解释

近年来,对住房不平等的解释也开始走向综合。有研究者从资源累积的角度研究住房分层,认为城市居民的住房资源累积有体制性、市场性和继承性三种方式。在急剧的社会变迁下,一些优势群体在生命历程的早期阶段能同时从体制内和体制外积累资源,在住房资源累积上具有倍数效应(吴开泽等,2021)。有研究者认为,住房分层主要是国家权力机制、市场机制和居民自我选择机制三者共同作用的结果,权力机制与市场机制是影响住房分层的结构性因素,政治资本或人力资本的高低是住房分层的必要条件,而非充分条件(毛小平,2014)。

第六节 住房不平等的社会后果

本节主要回顾住房不平等对财富不平等、阶层认同和社会心态的影响。近年来,学界关于住房不平等对城市定居和落户意愿、公共卫生、中老年健康等影响的研究取得了丰富成果,本节限于篇幅未进行回顾。

一、住房不平等对财富不平等的影响

过去 20 余年里,房价持续上涨使住房财富效应膨胀,住房财富成为城市家庭财富的主要组成部分,收入分层与住房分层双重叠加形成的分化效应加剧了 21 世纪初中国城市的贫富分化(吴开泽,2019)。李斌和王凯(2010)认为理论界还没有找到一个可以将"市场"与"国家"很好地链接起来并能够反映中国社会转型期社会阶层结构特征的载体,使既有成果对这种"双向强化模式"的解释力还比较微弱,"住房"这一分析工具有助于破解该理论难题并形成以"住房权利"为基础的社会分层秩序。在"住房金融化"和房产投资盛行的背景下,住房财富成为社会财富增值的分配机制,财富积累向特大城市居民和"炒房食利阶层"积聚（杨城晨、张海东，2021）。住房差异可以通过住房产权滋生的资产性收益渠道、住房市值与面积引起的潜在再投资收益渠道等影响家庭总收入并加剧家庭之间的收入不平等，该影响对于房价上涨较快的东部地区影响程度较大（张传勇，2018）。研究者们通过对家庭人均住房资产与收入总额、资产和收入基尼系数的比较研究发现，就资源获得而言，基于住房获得的财富已经超过了职业收入（魏万青、高伟，2020）。住房资产不均等度远远大于收入的不均等度（吴开泽，2019；方长春、刘欣，2020），住房不平等分别通过租金收益和抵押贷款等渠道加剧了收入差异进而恶化了消费差异（赵伟、耿勇，2020）。

二、住房不平等对阶层认同的影响

近年来，随着中国城市房价的快速上涨，住房分层与传统收入、教育、职业分层的关系成为学界的关注重点。住房分层研究关注住房分层对财富累积、社会结构和阶层认同等方面的影响。住房不平等被认为是城市居民向上流动的障碍，住房被认为是阶层固化的定型化社会的基本载体和主要表现形式（芦恒，2014）。住房不仅代表着独立于职业之外的生活机会，而且已经成为影响城市居民财富、社会地位的主要因素，从主观认知而言，住房产权成为城市居民社会地位获得与向上流动的基础（魏万青、高伟，2020）。有研究者发现住房对城镇居民社会阶层认同存在显著的正向效应，住房对阶层认同的正向效应在东部、中部地区较为显著，住房的社会效应还存在性别差异，对女性社会阶层认同的影响更为显著（王敏，2019）。还有研究者发现住房权利和住房财富不平等对地位认知均具有显著的正向影响，这种影响在东部地区显著而在中西部地区不显著；福利分房对居民社会地位认知的影响已不复存在（唐将伟等，2019）。

近年来，住房不平等对阶层认同的影响机制成为研究者的关注重点。产权、面积、社区品质等住房的消费品属性，以及住房消费分层本身，都对阶层认同的产生及阶层分化产生了重要影响（张传勇等，2020）。有研究者发现，房产数量与居住面积对主观阶层认同感有积极的影响，房产情况不仅能直接影响个体的主观阶层认同感，而且可以通过相对剥夺感这个中介变量间接影响人们的主观阶层认同感（胡荣、龚灿林，2021）。有研究发现，房产数量、住房支出等经济因素对主观阶层认同具有显著的直接影响，以住房产权认同感为代表的文化符号影响了个体在与同龄人比较时的阶层认同，经济、文化等结构性因素亦通过住房相对剥夺感间接影响阶层认同（胡蓉、任婉婷，2021）。

三、住房不平等对社会心态的影响

学界在住房分层结果、住房不平等对阶层认同的影响方面取得了丰富的研究成果，住房不平等对居民公平感、幸福感等社会心态的影响成为研究者们又一关注重点。经济学研究者认为，住房通过流动性约束和预防性储蓄两种机制影响居民幸福感，住房产权类型对居民幸福感的影响存在显著差异，拥有产权住房和更多的大产权住房能够显著提高居民幸福感，但拥有小产权住房以及小产权住房的数量对居民幸福感没有显著影响（李涛等，2011）。李骏（2017）基于上海的随机入户调查数据的实证研究表明，有房产阶层的公平感与幸福感都要显著高于无房产阶层，全付产权和补贴产权阶层作为改革的获益者同时有更高的公平感与幸福感，贷款产权者等名义获益者虽有更高的幸福感却没有更高的公平感。住房套数和数量对幸福感有显著影响，居民拥有越多住房，幸福感越高，较高幸福感更多地集中于住房财富较多的人群（Cheng et al.，2020）。城市房价上涨程度对居民幸福感具有显著的负面影响，住房产权状况和幸福感显著相关，多房者、仅有一套房产者和租房者的幸福感呈明显递减趋势（林江等，2012）。易成栋等人（2020）基于 CGSS 数据发现，2005—2015 年，有房和有多套房对居民幸福感的正向影响显著增加，现住房面积大会显著提高居民的幸福感，但无显著性变化，房价通过财富增加来影响幸福感，房价和住房不平等通过主观社会地位影响幸福感。王敏（2019）基于 CGSS2003—2015 年数据证实了"幸福拐点"生命历程特征的存在，住房对 50~70 岁城镇居民幸福感的影响程度最高。

关于住房不平等对社会公平感的影响的研究发现，住房分层对于城市居民公平感的影响主要体现为住房分配结果差异而非住房获得机会差异，从高住房阶层到低住房阶层，社会公平感评价依次降低，住房阶层对社会公平感的影响在 2003—2013 年持续显著，低住房阶层认为社会资源分配的结果更不公平（李路路、马睿泽，2020）。青年租客的公平感与幸福感普遍低于自有住房群体，且高学历、中高收入租客对公共政策与政府服务的满意度相对较低，甚至低于低学历、低收入的青年租客（项军、刘飞，2021）。

第七节 住房不平等研究的展望

中国城市住房不平等研究取得了丰富的成果，对住房不平等结果、不平等特征、分层机制和社会影响进行了深入探讨，这些研究既注重与理论对话，也注重对热点问题的回应。住房分层研究成果对理解中国住房不平等的特征、原因和趋势具有重要的促进作用。但与住房在中国社会的重要性相比，国内现有的住房不平等研究成果仍不相称，对于住房领域重要问题的研究仍不够深入，具有影响力的理论观点仍相对缺乏。住房不平等研究现状既与住房资料获取难度大、高质量住房数据资料缺乏有关，也与住房涉及面广、住房知识的多学科性和复杂性有关。由于理论性和学理性较强的论文撰写周期长、发表的不确定性大，在课题考核和期刊发文偏好等因素的影响下，住房研究成果的政策性和实践性特征明显。从成果的学科分布来看，经济学、社会学、建筑学、管理学和地理学等学科的研究者都在住房不平等领域取得了丰富的研究成果，社会学研究者在住房研究领域的影响力仍待加强。

针对住房研究的现状，未来的住房不平等研究可以从以下几个方向推进：新中国成立以来，住房问题一直是受到社会重点关注的重要民生问题，住房制度改革也是市场化改革的重要组成部分，国内积累了非常丰富的文献资料和实践案例。这些资料是住房研究的"宝库"，系统梳理和总结这些材料，对深化中国住房不平等研究具有重要作用。当前中国住房研究主要基于 CGSS、CFPS、CHIP、CSS 和 CLDS 等全国性调查数据，以及北京、上海、广州等特大城市调查数据，大中城市的研究数据和成果较少，县城、乡镇和农村住房研究成果更是不足。中国社会已经进入了人口高速流动阶段，第七次全国人口普查数据显示流动人口达到3.76亿人，大部分流动人口来自中小城市和农村地区，他们的购房行为及其对住房不平等的影响值得关注。加强对中小城市、县城和乡镇的住房不平等研究，才能有效反映中国的住房不平等状况。

近年来，随着房价的快速上涨，住房金融化趋势明显，居民的住房投资和投机行为显著增加，政府频繁进行房地产宏观调控，这些措施和行为对住房不平等的影响值得学界关注。受新冠感染疫情的影响，政府进行了宏观调控和房地产企业破产重组，许多城市房价下跌明显，部分失去收入的居民断供，房地产市场波动对居民住房不平等的影响也值得关注。

住房研究长期隐蔽于社会学各分支领域，2008年的金融危机将住房研究领域的争论提升至国家乃至国际层面，也为学界提供了组织住房研究的框架，该框架将住房视为商品和权利，国外研究者提出应从生产领域对住房进行新的社会学分析（Pattillo，2013）。在中国城市，住房作为享受社会权益和公共服务等的权利凭证，对居民的影响是全方位的（吴开泽、范晓光，2021）。政府、开发商和学校等利益相关者推动的"学区房热"，使对优质基础教育资源的争夺演化为对学区房的争夺（陈友华等，2017）。由于住房产权具有资格凭证功能，业主和租客在居住权方面的"不同权"现象突出（吴开泽、范晓光，2021）。在新冠感染疫情中，很多城市的租客曾面临进不了城或回不了屋的困境。《联合国住房权2020年度报告》指出，新冠感染疫情对住房权影响的分布非常不均匀，数百万边缘化人口的住房条件不足，在很大程度上造成了原本可以预防的过度死亡和痛苦（联合国，2020）。2022年上海因疫情实行全域静态管理，不同类型住房及其社区的阳性感染率、基层治理能力差异和社区公共资源的差异引起了全社会的广泛关注。在中国的社会情境下，住房的社会属性、住房的社会权利以及住房对社会治理的影响等研究也许是中国住房社会学能够做出独特贡献的地方。

针对上面提到的问题，国内住房分层研究需要高质量的住房调查数据去揭示住房不平等的新变化。这既需要提升人口普查数据的公开性和共享性，也需要学界协助共同开展关于住房现状和住房史的追踪调查。国内研究者在强化本土经验总结的同时，也应加强住房分层研究的理论对话，通过创新理论视角和解释框架、注重研究的学理性思考等途径提升住房分层研究质量。

参考文献：

埃尔德. 大萧条的孩子们. 田禾，马春华，译. 南京：译林出版社，2002.
边燕杰，罗根，卢汉龙，等. "单位制"与住房商品化. 社会学研究，1996（1）：83-95.
边燕杰，刘勇利. 社会分层、住房产权与居住质量：对中国"五普"数据的分析. 社会学研究，2005（3）：82-98，243.
蔡禾，黄建宏. 谁拥有第二套房？：市场转型与城市住房分化. 吉林大学社会科学学报，

2013，53（4）：102-114，175-176.

谌鸿燕.代际累积与子代住房资源获得的不平等：基于广州的个案分析.社会，2017，37（4）：119-142.

陈彦斌，邱哲圣.高房价如何影响居民储蓄率和财产不平等.经济研究，2011，46（10）：25-38.

陈佳欣，陈彦仲.结婚决策对首次购屋决策影响之内生性分析：台湾地区男性受访者之实证现象探讨.住宅学报，2010，19（1）：59-80.

陈锦华.韦伯学派：城市经理与房屋阶级//陈锦华，等.香港城市与房屋：城市社会学初探.香港：三联书店（香港）有限公司，1997.

陈友华，施旖旎，季春梅.学区房的形成机制及其社会后果研究.学海，2017（4）：122-127.

成思危.中国城镇住房制度改革：目标模式与实施难点.北京：民主与建设出版社，1999.

崔璨，崔军茹，李佳怡.代际传递视角下中国城市家庭住房产权获得：基于上海的实证研究.世界地理研究，2021，30（1）：167-178.

马克思，恩格斯.马克思恩格斯选集：第2卷.3版.北京：人民出版社，2012.

范晓光，吕鹏.找回代际视角：中国大都市的住房分异.武汉大学学报（哲学社会科学版），2018，71（6）：177-187.

方长春.体制分割与中国城镇居民的住房差异.社会，2014，34（3）：92-116.

方长春.中国城市移民的住房：基于社会排斥的视角.社会学研究，2020，35（4）：58-80，242-243.

方长春，刘欣.地理空间与住房不平等：基于CFPS2016的经验分析.社会，2020，40（4）：163-190.

范一鸣.住房流动、父代资助与青年群体的阶层分化：基于北上广青年群体的实证分析.中国青年研究，2020（8）：43-50.

范一鸣.家庭背景与青年群体住房资助获得.青年研究，2021（2）：32-40，95.

风笑天.家安何处：当代城市青年的居住理想与居住现实.南京大学学报（哲学·人文科学·社会科学版），2011，48（1）：73-81，159.

付敏杰，张平，袁富华.工业化和城市化进程中的财税体制演进：事实、逻辑和政策选择.经济研究，2017，52（12）：29-45.

范雷.当前中国住房状况与住房不平等.山东大学学报（哲学社会科学版），2016（6）：25-33.

辜胜阻，李正友.住房双轨制改革与住宅市场启动.社会学研究，1998（6）：105-112.

何晓斌，夏凡.中国体制转型与城镇居民家庭财富分配差距：一个资产转换的视角.经济研究，2012，47（2）：28-40，119.

胡荣，龚灿林.房产、相对剥夺感与主观阶层认同感.吉林大学社会科学学报，2021，61（1）：128-137，238.

胡蓉.市场化转型下城镇居民住房资源分化：基于住房价值与住房数量的实证分析.甘肃行政学院学报，2014（6）：108-116，128.

胡蓉.市场化转型下的住房不平等：基于CGSS2006调查数据.社会，2012，32（1）：126-151.

胡蓉，任婉婷.住房资源、生活方式与阶层认同：基于广州青年中间阶层的实证研究.华东理工大学学报（社会科学版），2021，36（5）：13-30.

靳永爱，谢宇.中国城市家庭财富水平的影响因素研究.劳动经济研究，2015，3（5）：3-27.

贾康，刘军民.建立符合国情和可持续发展要求的"双轨统筹"住房制度模式.财贸经济，2013（11）：13-21.

李春玲，范一鸣.中国城镇住房不平等及其分化机制.北京工业大学学报（社会科学版），2020，20（4）：13-21.

李斌.城市单位职工位置能力与获取住房利益关系的实证研究.中南大学学报（社会科学版），2004，10（2）：166-171.

李斌，王凯.中国社会分层研究的新视角：城市住房权利的转移.探索与争鸣，2010（4）：41-45.

李骏.城市住房阶层的幸福感与公平感差异.华中科技大学学报（社会科学版），2017，31（1）：46-57.

李路路，马睿泽.住房分层与中国城市居民的公平感：基于CGSS2003、CGSS2013数据的分析.中央民族大学学报（哲学社会科学版），2020，47（6）：56-65.

李强.转型时期城市"住房地位群体".江苏社会科学，2009（4）：42-53.

李涛，史宇鹏，陈斌开.住房与幸福：幸福经济学视角下的中国城镇居民住房问题.经济研究，2011，46（9）：69-82，160.

联合国.联合国住房权2020年度报告|冠状病毒病与适当住房权：影响和前进方向.（2020-12-24）[2022-10-25].https://www.sohu.com/a/440291342_99902483.

刘欣.中国城市的住房不平等//复旦社会学论坛：第1辑.上海：三联书店，2005.

刘欣.当前中国社会阶层分化的制度基础.社会学研究，2005（5）：1-25，243.

刘祖云，胡蓉.城市住房的阶层分化：基于CGSS2006调查数据的分析（英文）.社会，2010，30（5）：164-192.

刘祖云，毛小平.中国城市住房分层：基于2010年广州市千户问卷调查.中国社会科学，2012（2）：94-109，206-207.

刘升.房地产的社会阶层固化性.河北法学,2014,32(5):112-120.

林江,周少君,魏万青.城市房价、住房产权与主观幸福感.财贸经济,2012(5):114-120.

芦恒.房地产与阶层定型化社会:读《房地产阶级社会》.社会,2014,34(4):229-242.

卢春天,成功.转型中国城乡住房不平等:基于2010人口普查汇总和CGSS2010数据.华东理工大学学报(社会科学版),2015,30(2):1-14.

吕朝贤.贫困动态及其成因:从生命周期到生命历程.台大社会工作学刊,2006,14:167-210.

毛小平.购房:制度变迁下的住房分层与自我选择性流动.社会,2014,34(2):118-139.

马秀莲,韩君实.中国住房体系的代际和户籍分层及影响机制:基于CHFS2017数据的实证分析.社会学研究,2022,37(3):23-44,226-227.

闵学勤.空间拜物:城市青年住房消费的仪式化倾向.中国青年研究,2011(1):36-41.

闵学勤.社会分层下的居住逻辑及其中国实践.开放时代,2012(1):110-118.

穆学英,崔璨,崔军茹.空间机会结构视角下的住房分化:基于中国新生代流动人口的实证研究.社会学研究,2022,37(2):202-225,230.

孙立平.高房价与当代中国社会结构.新远见,2007(9):124-127.

唐将伟,寇宏伟,黄燕芬.住房不平等与居民社会地位认知:理论机制与实证检验:来自中国社会综合调查(CGSS2015)数据的分析.经济问题探索,2019(7):35-44.

王育琨.住房改革背景分析.管理世界,1992(5):50-60,225-226.

王宁,张杨波.住房获得与融资方式.广东社会科学,2008(1):164-170.

王宁,陈胜.中国城市住房产权分化机制的变迁:基于广州市(1980—2009)的实证研究.兰州大学学报(社会科学版),2013,41(4):1-12.

王敏.住房、阶层与幸福感:住房社会效应研究.华中科技大学学报(社会科学版),2019,33(4):58-69.

魏万青.制度变迁与中国城市居民住房不平等的演化特征.江汉论坛,2014(5):136-140.

魏万青,高伟.经济发展特征、住房不平等与生活机会.社会学研究,2020,35(4):81-103,243.

吴开泽,陈琳.从生命周期到生命历程:中西方住房获得研究回顾和展望.城市发展研究,2014,21(12):7-13.

吴开泽,陈琳.落脚大都市:广州新市民住房贫困研究.复旦公共行政评论,2018(1):152-175.

吴开泽.生命历程视角的城市居民二套房获得.社会，2016，36（1）：213-240.

吴开泽.房改进程、生命历程与城市住房产权获得：1980—2010年.社会学研究，2017，32（5）：64-89.

吴开泽.住房市场化与住房不平等：基于CHIP和CFPS数据的研究.社会学研究，2019，34（6）：89-114，224.

吴开泽，魏万青.住房制度改革与中国城市青年住房获得：基于住房生涯视角和离散时间事件史模型的研究.公共行政评论，2018，11（2）：36-61，190.

吴开泽，范晓光.居住空间、资产载体与权利凭证：住房三重性探讨.学海，2021（5）：127-134.

吴开泽，范晓光，王丹凤.资源累积与中国城市的住房分化.社会学刊，2021（4）：1-25.

吴维平，王汉生.寄居大都市：京沪两地流动人口住房现状分析.社会学研究，2002（3）：92-110.

项军，刘飞.特大城市青年房租客的结构、境遇与心态.中国青年研究，2021（9）：79-88.

徐静，徐永德.生命历程理论视域下的老年贫困.社会学研究，2009，24（6）：122-144，245.

许秉翔.住宅代间移转对社会阶层意识的影响：对1990年代台湾社会的观察.住宅学报，2002，11（1）：55-78.

杨城晨，张海东.累积优势、金融化效应与住房资产不平等：以北京、上海、广州为例.济南大学学报（社会科学版），2021，31（6）：138-149，176.

杨鲁，王育琨.住房改革：理论的反思与现实的选择.天津：天津人民出版社，1992.

易成栋，黄友琴.家外有宅：北京市家庭多套住宅的空间关系研究.经济地理，2011，31（3）：396-403.

易成栋，任建宇，高璇.房价、住房不平等与居民幸福感：基于中国综合社会调查2005、2015年数据的实证研究.中央财经大学学报，2020（6）：105-117.

塞勒尼.住房体系与社会结构//塞勒尼，等.新古典社会学的想象力.吕鹏，等译.北京：社会科学文献出版社，2010.

于伟锦.马克思学说：资本主义中的城市与房屋问题//陈锦华，等.香港城市与房屋：城市社会学初探.香港：三联书店（香港）有限公司，1997.

张仙桥.住宅社会学的兴起及在中国的发展.社会学研究，1995（1）：13-19.

张海东，杨城晨.住房与城市居民的阶层认同：基于北京、上海、广州的研究.社会学研究，2017，32（5）：39-63.

张传勇.住房差异是否影响了家庭收入不平等？：机制、假说与检验.南开经济研究，2018（1）：67-85.

张传勇，罗峰，黄芝兰.住房属性嬗变与城市居民阶层认同：基于消费分层的研究视域.社会学研究，2020，35（4）：104-127，243-244.

张杨波，吴喜.西方"住房阶级"理论演变与经验争辩.国外社会科学，2011（2）：32-37.

张俊浦.兰州市城市青年职工住房分层状况研究.中国青年研究，2009（7）：64-67，106.

赵伟，耿勇.住房不平等加剧了城镇家庭收入差异对消费差异的冲击吗？.经济经纬，2020，37（5）：9-18.

钟晓慧."再家庭化"：中国城市家庭购房中的代际合作与冲突.公共行政评论，2015，8（1）：117-140，201.

周雪光.经济转型与生活机遇：一个生命历程的视角//周雪光，郝大海，等.国家与生活机遇：中国城市中的再分配与分层 1949—1994.北京：中国人民大学出版社，2014.

朱亚鹏.住房制度改革：政策创新与住房公平.广州：中山大学出版社，2007.

朱迪."80后"青年的住房拥有状况研究：以985高校毕业生为例.江苏社会科学，2012（3）：63-68.

朱梦冰，李实.中国城乡居民住房不平等分析.经济与管理研究，2018，39（9）：91-101.

BELL C. On housing classes. Australian and New Zealand journal of sociology, 1977, 13（1）：36-40.

CHENG Z, PRAKASH K, SMYTH R, et al. Housing wealth and happiness in urban China. Cities, 2020, 96（1）：102470.

CLARK W A V, DEURLOO M C, DIELEMAN F M. Tenure changes in the context of micro-level family and macro-level economic shifts. Urban studies, 1994, 31（1）：137-154.

CLARK W A V, DIELEMAN F M. Households and housing：Choice and outcomes in the housing market. London：Center for Urban Policy Research, 1996.

HUANG Y, CLARK W A V. Housing tenure choice in transitional urban China：A multilevel analysis. Urban studies, 2002, 39（1）：7-32.

LOGAN J R, BIAN Y, BIAN F. Housing inequality in urban China in the 1990s. International journal of urban and regional research, 1999, 23（1）：7-25.

LOGAN J R, FANG Y, ZHANG Z. Access to housing in urban China. International journal of urban and regional research, 2009, 33（4）：914-935.

LOGAN J R, FANG Y, ZHANG Z. The winners in China's urban housing reform. Housing studies, 2010, 25（1）：101-117.

MAYER K U. New directions in life course research. Annual review of sociology, 2009（35）：

413-433.

PATTILLO M. Housing: Commodity versus right. Annual review of sociology, 2013 (39): 509-531.

WIRTH L. Housing as a field of sociological research. American sociological review, 1947, 12 (2): 137-143.

REX J, MOORE R. Race, community and conflict. London: Oxford University Press, 1967.

SAUNDERS P. Domestic property and social class. International journal of urban and regional research, 1978, 2 (1-4): 233-251.

SAUNDERS P. Beyond housing classes: The sociological significance of private property rights in means of consumption. International journal of urban and regional research, 1984, 8 (2): 202-227.

SAUNDERS P. Social theory and the urban question. London: Unwin Hyman Ltd., 1986.

SATO H. Housing inequality and housing poverty in urban China in the late 1990s. China economic review, 2006, 17 (1): 37-50.

SONG X, XIE Y. Market transition theory revisited: Changing regimes of housing inequality in China, 1988—2002. Sociological science, 2014 (1): 277-291.

WANG Y, MURIE A. The process of commercialization of urban housing in China. Urban studies, 1996, 33 (6): 971-989.

图书在版编目（CIP）数据

当代中国社会分层与流动研究手册．上／李路路，朱斌主编．－－北京：中国人民大学出版社，2024.6
（明德群学／冯仕政总主编．中国社会变迁）
ISBN 978-7-300-32662-7

Ⅰ.①当… Ⅱ.①李… ②朱… Ⅲ.①社会阶层－研究－中国 ②社会流动－研究－中国 Ⅳ.①D663 ②C912.8

中国国家版本馆 CIP 数据核字（2024）第 066363 号

明德群学　冯仕政　总主编
明德群学・中国社会变迁　李路路　主编

当代中国社会分层与流动研究手册（上）
李路路　朱　斌　主编
Dangdai Zhongguo Shehui Fenceng yu Liudong Yanjiu Shouce

出版发行	中国人民大学出版社		
社　　址	北京中关村大街 31 号	邮政编码	100080
电　　话	010 - 62511242（总编室）	010 - 62511770（质管部）	
	010 - 82501766（邮购部）	010 - 62514148（门市部）	
	010 - 62515195（发行公司）	010 - 62515275（盗版举报）	
网　　址	http://www.crup.com.cn		
经　　销	新华书店		
印　　刷	北京昌联印刷有限公司		
开　　本	720 mm×1000 mm　1/16	版　次	2024 年 6 月第 1 版
印　　张	19.5 插页 2	印　次	2024 年 6 月第 1 次印刷
字　　数	308 000	定　价	259.00 元（全两册）

版权所有　侵权必究　　印装差错　负责调换

本书为中国人民大学科学研究基金项目
"新时代背景下中国社会不平等研究"（批准号：21XNLG06）的成果

明|德|群|学
总主编 ◎ 冯仕政

明德群学
中国社会变迁

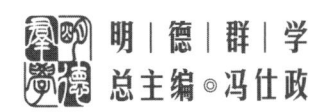

李路路 主编

当代中国社会分层与流动研究手册（下）

李路路　朱斌　……… 主编

中国人民大学出版社
·北京·

编委会名单

编 委 会 主 任：冯仕政

编 委 会 副 主 任：李路路　富晓星
奂平清　陈那波

编委会委员（按姓氏音序排列）
黄家亮　李迎生　陆益龙　孙　权
王水雄　谢立黎　张会平　赵旭东
赵延东　朱　斌

目 录

上

导言 迈向共同富裕的社会不平等研究 / 001

  第一节 社会不平等问题 / 002

  第二节 新发展阶段中国社会不平等的"特色" / 007

  第三节 新阶段社会不平等的环境特征 / 013

  第四节 小结 / 016

第一编 社会分层结构

第一章 阶级阶层结构研究 / 023

  第一节 导言 / 023

  第二节 阶级阶层研究的范式转换 / 025

  第三节 阶级阶层结构形态及分类框架 / 028

  第四节 阶级阶层结构的历时变迁 / 034

  第五节 评论与展望 / 038

第二章 中国工人阶级研究　　/047

第一节　社会机会不平等与农民工研究　　/048
第二节　社会转型下中国工人阶级的境遇　　/053
第三节　从阶级形成到国家社会治理模式的形成　　/057
第四节　技术变迁与数智时代的新劳动研究　　/061
第五节　工人阶级研究的未来展望　　/067

第三章 当代中国的中间群体研究　　/075

第一节　理论溯源：社会分层研究的两大传统　　/076
第二节　我国中间群体的结构：界定、类型与规模　　/080
第三节　我国中产阶级的形成：阶级认同、
　　　　生活方式与社会流动　　/084
第四节　中产阶级的社会功能：社会态度、
　　　　社会参与和都市运动　　/088
第五节　总结　　/093

第四章 精英研究的理论传统与经验发现　　/102

第一节　精英社会学的主要传统　　/102
第二节　地位获得与社会构成　　/105
第三节　市场转型与社会流动　　/108
第四节　从行政官僚到技术官僚　　/110
第五节　晋升模式与国家市场关系　　/111
第六节　中国精英社会学的当下与未来　　/113

第二编　社会流动与地位获得

第五章 中国的代际流动研究　　/129

第一节　导论：中国代际流动研究的背景　　/129

第二节　中国代际流动的模式和机制　/ 133
　　第三节　中国代际流动模式的变迁与国际比较　/ 140
　　第四节　中国代际流动的影响　/ 145
　　第五节　总结与展望　/ 147

第六章　教育获得不平等研究　/ 159

　　第一节　导论　/ 159
　　第二节　宏观社会变迁与教育平等化　/ 161
　　第三节　家庭影响教育获得的路径与机制　/ 167
　　第四节　教育政策与学校环境的影响　/ 176
　　第五节　总结与展望　/ 180

第七章　工作流动研究　/ 188

　　第一节　导言　/ 188
　　第二节　工作流动的中国实证研究　/ 194
　　第三节　评论与展望　/ 204

第八章　中国社会中的婚姻不平等　/ 209

　　第一节　引言　/ 209
　　第二节　谁更可能结婚：初婚研究　/ 211
　　第三节　谁与谁结婚：婚姻匹配研究　/ 216
　　第四节　谁的婚姻更稳定：婚姻稳定性研究　/ 221
　　第五节　婚姻导致的不平等　/ 225
　　第六节　总结与展望　/ 229

第九章　收入与财富分配研究　/ 239

　　第一节　收入与财富分配的理论框架　/ 241
　　第二节　收入与财富分配不平等的测量工具与
　　　　　　历史演进　/ 248
　　第三节　收入与财富分配的实证研究成果　/ 254

第四节　总结与展望　　　　　　　　　　　　/ 259

第十章　城市住房不平等研究　　　　　　　/ 264

第一节　导言　　　　　　　　　　　　　　　/ 264
第二节　城市住房不平等理论视角　　　　　　/ 265
第三节　城市住房不平等表现形式　　　　　　/ 270
第四节　各时期城市住房不平等特征　　　　　/ 273
第五节　城市住房分层机制　　　　　　　　　/ 276
第六节　住房不平等的社会后果　　　　　　　/ 279
第七节　住房不平等研究的展望　　　　　　　/ 282

下

第三编　社会不平等的多元形式

第十一章　当代中国组织分层的议题、机制与挑战　　　　　　　　　　　　　　　　/ 293

第一节　引言：组织的社会不平等效应　　　　/ 293
第二节　组织间不平等的主要议题　　　　　　/ 295
第三节　组织内不平等的主要议题　　　　　　/ 300
第四节　组织内机构对不平等的影响　　　　　/ 304
第五节　中国式组织分层的制度成因　　　　　/ 308
第六节　中国组织分层研究的挑战与展望　　　/ 311

第十二章　社会资本与中国社会分层　　　　/ 327

第一节　早期社会资本研究掠影　　　　　　　/ 329
第二节　社会资本的来源、测量与影响机制　　/ 331
第三节　社会资本的功效及其变化　　　　　　/ 336

  第四节 社会资本与不平等 / 341

  第五节 小结与展望 / 343

第十三章 空间与不平等研究综述 / 355

  第一节 导言：社会科学中的空间 / 355

  第二节 空间与教育不平等 / 357

  第三节 空间与收入不平等 / 360

  第四节 空间与住房不平等 / 361

  第五节 空间与健康不平等 / 365

  第六节 空间不平等的尺度 / 367

  第七节 总结与展望 / 368

第十四章 中国性别不平等研究综述 / 377

  第一节 引言 / 377

  第二节 理论框架与中国背景 / 379

  第三节 公共领域的性别不平等 / 382

  第四节 私人领域的性别不平等 / 392

  第五节 未来研究展望 / 400

第十五章 户籍与不平等 / 410

  第一节 引言 / 410

  第二节 改革开放前：户籍制度与城乡二元社会 / 411

  第三节 改革开放后：户籍制度变迁与不平等 / 416

  第四节 户籍制度研究：回顾与展望 / 431

第十六章 健康不平等 / 441

  第一节 导论：健康不平等的分析视角 / 441

  第二节 健康与教育 / 447

  第三节 生活方式与健康 / 451

  第四节 社会资本与健康 / 455

第五节　社会政策与健康　　　　　　　　　　/ 458
　　第六节　评议与展望　　　　　　　　　　　　/ 459

第十七章　消费、生活方式与不平等　　　　　　　/ 468
　　第一节　导言：生活方式与消费在不平等
　　　　　　研究中的位置　　　　　　　　　　/ 468
　　第二节　生活方式、消费与社会分层　　　　　/ 470
　　第三节　消费不平等的机制　　　　　　　　　/ 472
　　第四节　品味、区隔与中产阶层消费　　　　　/ 476
　　第五节　评论：未来与展望　　　　　　　　　/ 481

第十八章　社会分层与主观不平等　　　　　　　　/ 489
　　第一节　导言　　　　　　　　　　　　　　　/ 489
　　第二节　主观不平等的内涵与外延　　　　　　/ 491
　　第三节　主观不平等研究的演化　　　　　　　/ 492
　　第四节　主观不平等的核心发现与理论观点　　/ 496
　　第五节　总结与讨论　　　　　　　　　　　　/ 506

第十九章　不平等与社会态度　　　　　　　　　　/ 517
　　第一节　社会态度的内涵、外延与总体性变迁　/ 517
　　第二节　不平等与幸福感　　　　　　　　　　/ 518
　　第三节　不平等与社会信任和社会歧视　　　　/ 524
　　第四节　不平等与社会参与意向　　　　　　　/ 526
　　第五节　评论：未来与展望　　　　　　　　　/ 528

第四编　社会变迁与社会不平等

第二十章　中国社会分层与社会流动　　　　　　　/ 537
　　第一节　导言　　　　　　　　　　　　　　　/ 537

第二节 社会分层 /538
第三节 社会经济不平等 /544
第四节 社会流动 /551
第五节 最新理论进展 /556
第六节 研究展望与挑战 /563

第二十一章 中国社会的不平等与社会分层 /582

第一节 引言 /582
第二节 超越市场转型争论：新的理论和视角 /583
第三节 新的数据搜集、研究设计和方法 /588
第四节 不平等和分层研究中的新主题 /592
第五节 总结和结论 /599

第二十二章 经济全球化与当代中国的收入不平等 /611

第一节 经济全球化 /611
第二节 经济全球化作为市场过程 /615
第三节 经济全球化与国家政策 /620
第四节 经济全球化与福利体制 /622
第五节 评价与展望 /626

第二十三章 金融化与不平等：一个研究综述 /634

第一节 金融化与中国的金融化研究 /634
第二节 泛金融业的扩张与不平等 /637
第三节 非金融企业的金融化与不平等 /639
第四节 日常生活的金融化与不平等 /641
第五节 总结与讨论 /644

第二十四章 数字化转型与不平等 /649

第一节 数字化转型与宏观不平等 /650

第二节　从数字鸿沟到数字素养　　　　　　　　　　/ 656
第三节　数字鸿沟的微观后果　　　　　　　　　　　/ 662
第四节　数字鸿沟对社会参与和社会资本的影响　　　/ 668
第五节　总结与展望　　　　　　　　　　　　　　　/ 670

第五编　研究数据

第二十五章　社会不平等研究的数据　　　　　　　/ 683

第一节　数据对社会不平等研究的重要性　　　　　　/ 683
第二节　现有社会不平等研究的数据类型及其特点　　/ 684
第三节　社会不平等经典研究对数据的要求　　　　　/ 692
第四节　社会不平等研究在数据使用上的创新　　　　/ 696
第五节　结语　　　　　　　　　　　　　　　　　　/ 698

第三编

社会不平等的多元形式

第十一章 当代中国组织分层的议题、机制与挑战[*]

朱 妍 王修晓

（上海社会科学院社会学研究所，中央财经大学社会与心理学院）

第一节 引言：组织的社会不平等效应

在现代社会，人们受其雇佣并为之工作和服务的组织，是大多数人获取工资收入、福利保障、身份认同，以及与他人建立人际连带并构建社会关系和网络的重要基础。这些工作组织掌握着大量的资源，并通过对各种稀缺资源、回报奖赏和生活机遇的分配，来改变社会分化的模式和格局。这里的工作组织指有着明确目标和运行模式、稳定的架构，以及通过劳动分工和权力等级来实现某种功能的社会性系统。工作组织对社会不平等产生影响的核心机制，是通过劳动力市场中的雇佣实践（hiring practices）来分配资源，并由此形塑不均衡的分配后果。具体而言，组织特征（organizational attributes）会直接影响各种回报和机遇的分配，同时不同企业在人职匹配上的不同做法，也会影响雇员的收入和发展机遇（Baron，1984）。

---

[*] 本部分系国家社科基金一般项目"新时期产业工人技能形成的经济社会学研究"（项目号 18BSH099）和国家社科基金一般项目"单位体制的当代社会效应研究"（20CSH090）的阶段性成果。

在当代中国的独特制度和文化情境下，组织特征对于社会不平等的影响既包括以单位制为主要特征的传统组织机制，也涵盖了市场化改革以来涌现的一系列新型组织形态。新旧两种组织类型相互关联，是形塑当代中国社会不平等结构及图景的主要结构性力量和基础性制度安排。早在20世纪七八十年代，就有不少海外中国研究者对社会主义中国指令性计划时期的单位体制投入了大量的兴趣，他们注意到新中国的工作场所和组织方式与众不同，认为单位体制的运作是经济分配与社会管理的微观展现，单位类型深刻地影响了中国城镇居民的收入福利与社会地位（Blecher & White，1979：9-31；Henderson & Cohen，1984；Bjorklund，1986；Walder，1986）。改革开放40余年来，无论是传统单位制的延续，还是市场转型背景下组织形态与功能的变革，都在不断激发中国的组织分层研究者探究"组织"因素的社会不平等效应，由此涌现出大量重要的研究，推动了相关理论的发展。

本章尝试从三个维度出发，系统梳理改革开放以来有关中国组织分层和社会不平等研究的重要文献：一是组织间社会分层，即组织因其特征差异而导致受雇者生活机遇的分化，在经验研究的操作化层面体现为组织特征的净效应；二是组织内社会分层，即不同类型的组织是否会强化某些变量的分层作用，在经验研究中则常常体现为组织特征与其他分层变量的交互作用；三是组织内机构对于社会分化的影响，即次组织层级（sub-organizational）的中国式机构是否会影响组织对生活机遇和资源的分配，进而影响社会不平等，经验研究集中在组织内机构，包括工会、党组织、职代会等。在综述既有研究之经验发现的同时，我们也尝试概括和总结中国组织分层的若干制度基础。

最后一部分是研究展望。作者指出，在对组织特征和行为逻辑的分析上，目前有关中国组织分层的研究仍存在诸多欠缺。对于劳动力市场上的雇主机构如何招募、遴选、培养员工，如何匹配职位和分配资源，如何影响生活机遇分化的社会与制度过程，学界的关注仍严重不足，导致中国的组织分层研究常常只是作为转型社会"社会分层研究"的一条支脉，在议题设置、方法选择和理论发展上都受到一定的限制。我们倡议，要将"组织"变量带回"社会分层"研究，借鉴和对话组织研究的前沿成果，才能在更普遍的意义上做出实质性的理论突破。

第二节 组织间不平等的主要议题

单位组织对城镇居民生活机遇的分化,主要体现在组织类型、行业特征等"集团"层次因素所带来的影响。研究者所关注的生活机遇分化后果,主要包括收入、住房、福利、流动机会等方面,其中,经济学研究者大多聚焦于收入与福利分化,而社会学研究者关注的维度相对更广,包括但不限于经济回报。既有研究大体关注以下几方面的议题。

一、"单位制"的社会分层效应

"单位"一直被看作指令性计划经济时期中国政治、经济和社会体制的基础,是一种特殊的组织形态(路风,1989;李路路、李汉林,2000;刘建军,2000)。而"单位制"则是基于中国社会主义政治制度和计划经济再分配体制所形成的一种特殊的组织制度,是国家进行社会控制、资源分配和秩序整合的组织化形式,承担着包括政治控制、专业分工、社会保障等在内的多种功能,是中国社会的基础性架构。资本主义国家以市场分配机制为主,中国长期以来更倚赖再分配机制,单位就是再分配机制的重要环节,故工作单位的各种组织特征构成了组织间分层的重要推动力。

较早关注到新中国城镇"单位"之特殊性是海外的中国研究者,他们认为单位嵌于科层体制中,地位各不相同,资源获取能力也有很大差异,由此影响了资源分配的水平和模式(Bjorklund,1986;Walder,1986:28-29)。大量研究显示,全民所有制或国有单位职工之间的生活机遇存在显著分层(Bian,1994:162-166;Bian & Logan,1996;Khan & Riskin,2001:99-101;Lin & Bian,1991;Walder,1992)。

时至今日,"单位"间的社会分层仍然存在,"单位制"仍然以这样或那样的方式发挥各种作用。随着制度变迁,"单位制"的一些核心特征确实已经发生了变化,职工与工作单位之间的组织化依附程度在减弱(Won,2012),工作单位承担的既有功能逐渐弱化（张静，2012、2015、2016；张静、董彦峰，2018），这都使得单位内外分化加剧，出现了突破单位边界的新的共同体。因此有研究者指出，"单位社会"已经终结，转变成了各种功能性组织和社区（田毅鹏、漆思，2005；田毅鹏、吕方，2009）。与此同时，大量的经验研究依旧表明，在影响甚至决定城镇居民的认同、行为、资源获取和生活机遇等方面，工作单位仍起着至关重要的作用，单位在当下社会分层中的重要性仍然显著（李路路等，2012；林宗宏、吴晓刚，2010；刘欣，2018）。因此，研究者认为，单位体制并没有发生根本的改变，通过考察单位仍然可以深刻地洞察和理解中国的城市社会（李汉林，2008；李路路、李汉林，1999）。

研究者大多从权力的视角来理解单位对分层的作用，认为再分配性质越强、市场化转型程度越弱的组织，越能掌握和操控资源的获取和占有，也就越居于相对优势地位。在种种权力中，基于行政性垄断地位的权力最为典型，这种类型权力的存在，扭曲了包括资本、资源、劳动力在内各种要素的价格，由此对非垄断行业产生了不利影响。[①] 行政性垄断行业容易导致消费者剩余向生产者转移，更容易转嫁工资成本，易于创制出巨额垄断租金，垄断行业职工参与分享垄断租金，推高其相对工资水平。有研究者测算，20世纪90年代后期的主要垄断行业，如电力、交通运输、航空运输、邮电通信等的垄断租金合计为1 300~2 020亿元，占 GDP 比重高达1.7%~2.7%（胡鞍钢，2001）。行政性垄断行业通常都是国有部门，容易出现因所有者缺位而被内部人员控制的情况，从而提高管理者的收入和福利水平（李晓宁，2008）。也有研究者指出，行政垄断背后的政治逻辑也带有社会属性，公部门受到的国家规制更多，而国家规制意在稳定社会秩序、增强社会融合、防止社会断裂，所以公部门内部的职业阶层间收入差距较小，变动较慢；而较少受到国家规制的部门（即新兴市场部门）内部收入差距大，变动较快（刘精明，2006）。

此外，居于资源优势地位的行业或单位组织，往往还能够享受到更多与劳动力相关的公共服务与优惠政策，例如可以获得更多的大城市落户指标、租/购房优惠名额、各类人才或项目扶持资金等，这些服务和政策可以帮助其在劳动力市场上进一步固化自己的有利地位，在招聘、雇佣和培养相同资质的员工

---

① 更多相关研究发现，将在关于垄断行业/组织的下一节中予以呈现。

时付出相对更低的成本（陈钊等，2010）。在经验层面的表现是，相较于竞争性市场部门/体制外单位/中小企业，行政垄断部门/体制内单位/大型企业员工的收入水平、工作稳定性、福利待遇、享受公共服务的水平等都有明显优势（陈斌开、曹文举，2013；郝大海、李路路，2006）。另有研究指出，行业间收入不平等也有赖于某些行业对于劳动力进入所设置的障碍，如更多地依赖社会关系网络、父辈经济社会地位等非市场性因素来招聘员工，大大提升某些类型的求职者进入高收入行业的可能性（陈钊等，2009）。

简言之，强调"单位"作用依旧维续的文献，恰恰指出了再分配机制在中国情境下与市场机制的共存关系。郑辉、李路路（2009）指出，中国的市场转型是在城市化相对不发达，且始终由国家主导的制度背景下发生的。这在一定程度上可以解释"单位"之间，以及"单位"与"非单位"之间的差异。刘欣（2021）也认为，当代中国存在不同的权力支配-服从的场域，既有权威支配-服从阶层关系，也有更为开放的市场支配-服从阶层关系，在不同场域中，民众的生活机遇存在显著差异。

二、组织导致收入和福利分层

假定人们的个体禀赋、工作岗位相同，那么非垄断性行业/组织与垄断性行业/组织中的职员，在资源获取和生活机遇上是否存在系统性的差异？答案是肯定的。有研究指出，行业、所有制等"集团"因素可以解释20世纪90年代中期大约一半的收入增长差异；哪怕到了2010年，行业间收入差距也贡献了个体之间收入差距的14%；从趋势来看，行业间收入不平等对城镇居民收入差距的贡献度不断提高（陈钊等，2010；王天夫、王丰，2005；Qi & Liang, 2016）。

"集团"因素最集中的体现，就是企业在资源获取、资源分配或市场竞争中占据垄断性位置。郝大海和李路路（2006）利用CGSS2003数据，考察了市场化转型后中国城镇居民收入分配的基本模式及变化趋势，发现国家通过国有单位的垄断或设立严格的排他性准入门槛，实现了对稀缺资源的有效控制。这些国家垄断部门在很大程度上具有封闭性，与竞争性非国有单位相比较，会在资源获取和分配方面具有相对优势。

无论关注哪个时段、无论如何定义垄断行业、无论采用哪类数据资料，研究者都对行业间工资收入差距不断拉大的现实基本达成了共识（陈彦玲、陈首丽，2002；刘渝琳、梅斌，2012；潘胜文，2009）[①]。有些垄断企业的超发工资总额计划比例高达 40%，工资外收入占工资总额计划指标的比例最高达到 66%（胡静波、李立，2002）。垄断行业职工的名义平均工资，是同时期全国平均值的 1~2 倍，工资增长率也远高于全国平均水平（姜付秀、余晖，2007）。例如，证券业职工平均工资是全国的 4.07 倍，金融保险业的工资增长率也远超全国平均水平（陈彦玲、陈首丽，2002；潘胜文，2009）。1999—2007 年，行政性垄断是形成我国行业收入差距最主要的因素，垄断及部分垄断对我国行业收入差距的贡献合计达到了 65% 左右，相比之下人力资本水平等因素的贡献度不足 10%（任重、周云波，2009）。如果把垄断行业收入拉到较为合理的区间，那么我国的行业间收入差距会下降 20%（武鹏，2011）。也有研究关注政府管制与企业所有制之间的交互效应，发现行业垄断会直接提高国有企业职工的工资水平，但对非国有企业，这种效应并不明显，也就是说行业垄断与所有制会产生交互效应（叶林祥等，2011），政府干预导致的国有企业规模扩张会拉大收入差距，而在竞争环境下，国有企业规模扩张反而会显著缩小收入差距（褚敏、靳涛，2013）。

行业或企业层次的数据往往只能体现变量的平均效应，无法考察性别、年龄、教育、技能等个体属性对职工收入的影响，而仅有住户调查数据也无法考察职工所在企业特征的影响，因此有新近研究采用更精细化的数据收集与分析方法，用嵌套模型分析了企业-个体两层次的数据，发现垄断对个体间收入差距的贡献度在 4%~8% 之间，是最主要因素之一：在控制企业经营绩效后，行业垄断是行业间工资差异的重要来源；行业垄断对高技能劳动者的收入不平等影响较小，对低技能劳动者的收入不平等影响较大（聂海峰、岳希明，2016）。

除了收入，垄断行业为职工提供显性或隐性福利的能力也显著更强。垄断企业一般行政级别较高，因此上级主管部门的财政预算更有自主性，这些

[①] 这几项研究分别聚焦于 1978—2000 年全国分行业职工平均工资、1989—2006 年金融业与全国平均职工工资的比较，以及 2002—2009 年的中国上市公司数据，得出了类似结论。对于如何定义垄断行业，学界的共识是根据是否存在高强度行政垄断（所有制垄断）来判断，也就是看政府是不是通过行政手段为该行业设置了极高的进出壁垒。

单位也越有能力为职工提供各种种类齐全、覆盖全面且保障水平较高的福利（Walder，1992）。例如，职工的医疗费用支出、养老和医疗的保障水平等都存在巨大的组间差异（李实等，2013；Khan & Riskin，2001：99-101）。罗楚亮、李实（2007）从2004年第一次经济普查的企业数据中发现，不同行业/企业间的工资性收入差距并不大，但如果考虑补贴与福利性收入，组织间差异就显著加大了，尤其体现在住房补贴与住房公积金上。于良春、菅敏杰（2013）测量了不同行业员工的隐性收入和隐性福利，发现在2003—2010年，银行业职工的隐形收入和福利逐年增加，与竞争性行业（通信设备、电子设备制造业）相比，从2003年的15.23倍，增长到2010年的18.29倍。

三、组织导致流动机会分层

在劳动力市场上，组织给予求职者的"印记"会影响其获得更多更好的流动机会吗？吴晓刚（2006）研究了1978—1996年城市居民和农村居民"下海"进入自雇职业的过程，发现在市场化改革后期，体制内单位的权力精英更可能流动出来，是自雇群体的主要来源。刘欣（2021）则发现，在转型过程中，公职精英与市场精英存在两条不同的地位获得路径：在相对封闭的权威型支配-服从阶层关系中，政治忠诚者更有可能通过赞助性社会流动获得公职精英地位；在更为开放的市场型支配-服从阶层关系中，市场能力突出者更有可能通过竞争性社会流动获得市场精英地位。在精英分割理论（Walder，1995）和精英分化理论（Szelényi & Kostello，1996）的基础上，有研究者把社会转型过程中的体制内精英分为行政干部精英、技术干部精英和专业技术精英三类，提出"精英代际转化和阶层再生产"替代模型，认为中国的市场转型是在工业化、城市化和技术化相对不发达且始终由国家主导的制度背景下发生的，因此精英可以通过一系列排他性的制度安排，使得精英集团的后代获得精英位置的机会明显高于非精英的后代（郑辉、李路路，2009）。

一项经济学研究佐证了上述发现：体制内精英，特别是父母中至少一方是党政干部的子代，在金融业、党政军群机关、事业单位及国际组织任职的比例，明显高于普通人群子女（李宏斌等，2012）。吕鹏和范晓光（2016）对中国精英地位代际传递的研究同样发现，体制内精英（党政机关、国有企事业单位中的管理者和专业技术工作者）和市场精英（非公企业中的管理者、私营企业主和个体工商户）遵循两条相互隔离的轨迹，但 2003 年以后体制精英的子女出现了跨部门获得精英地位的趋势。另一项关注中国私营企业主社会构成的研究发现，大企业主更有可能是从体制内单位下海或者来自改制过的企事业单位（范晓光、吕鹏，2017）。换句话说，体制资本对于成为大企业主的助力作用并没有消退。再分配体制的作用，在中产阶级地位的代际延续性上也得到了明显体现（李路路、李升，2007）。

第三节　组织内不平等的主要议题

这一节深入组织内部结构，考察了组织与其他分层变量的交互作用，探究组织究竟是放大还是削弱了这些变量所带来的分层效应。组织在这里的作用可以简单归为两种，即组织削弱分层和组织维持甚至强化分层。

一、组织削弱分层："单位制"与"新单位制"

不少研究都发现，即便是在市场化改革启动后，也有某些类型的组织（以国有企业为主）在内部分配上仍然采取平均主义的模式。有研究者认为，国有企业内部在收入、福利、性别等方面的分层并不显著。例如，针对 20 世纪八九十年代国企的研究发现，职务职级、绩效、教育技能等因素在分配中的作用并不大。批评者认为，国企改革并没有产生太大效果，因为各级政府机构与利益集团都谋求保护自己的既得利益，由此在企业内部导致了平均主义的奖金分配（Cauley & Sandler, 1992; Walder, 1989）。在性别不平等方面也有类似发现：李春玲和李实（2008）分析了 1988 年、1995 年和 2002 年的三轮全国抽样调查数据后发现，国有部门的性别收入差距是最低的；其他一些研究也显示，国有部门从业女性的收入劣势不明显（亓寿伟、刘智强，2009；张丹丹，2004；Liu et al., 2000）。

之后的新单位制研究也延续了这一主张，认为以国有垄断行业为代表的高水平福利平均主义现象十分常见。例如，罗楚亮（2006）对于某垄断型国有企业职工 2002—2004 年的收入变化进行了分析，发现企业内部的收入分配具有显著的平均化倾向，基尼系数只有 0.06~0.07，尤其是超额奖金的发放是高度平均主义的。刘平等人指出，随着对企业的外部化控制（即国有企业的上级主管部门（国家）的控制）转变为以企业内部控制为主，国有企业资源的社会化占有也转变为单位化占有，因而形成了某种利益共同体（刘平等，2008）。通过对中石油一家新疆子公司长达两年多的参与式田野调查，克利夫（Cliff, 2015）发现，社会主义时期的"单位体制"基本得到了延续。在这个"新单位"（neo-danwei）里，医院、学校、电影院、文化中心、体育馆、游泳池、派出所一应俱全，近些年来甚至还允许职工子女"接班顶替"，该公司业已成为当地人最希望入职的单位。

此外，国有部门还在一定程度上削弱了教育的分层效应，较低受教育程度者（如高中及以下）在国有部门几乎得不到相应的回报，但在非公有部门，初中、高中学历者都可以提高自己的工资收入水平，而且学历越高，教育回报越大，大学教育在非国有部门的影响显著高于国有部门（亓寿伟、刘智强，2009）。

二、组织维持甚至强化不平等

更多研究表明，组织在分层中更可能发挥着维持甚至强化不平等的作用。下面笔者将从性别、劳动人事身份、职务职级三个方面做简要梳理。

（一）组织强化性别不平等

在性别不平等上，特定类型的组织会通过职位分配、同工不同酬、低估女性的技能与业务价值来形塑和强化性别不平等（李乐旋、马冬玲，2018；Bridges & Nelson, 1989; Petersen & Morgan, 1995; Petersen & Saporta, 2004）。有研究者指出，市场部门的性别工资差距十分显著（亓寿伟、刘智强，2009；张丹丹，2004）。由于缺乏正式的工资制度或是出于隐私保密机制，非公企业员工的工资大多由老板、合伙人或高管单方面决定，企业方会利用信息不对称，出于各种目的给到女性员工更低的薪水，形成薪酬歧视（汪力斌、宫君，

2009；颜士梅，2008；颜士梅等，2008）。民营企业往往因规模较小而缺乏健全的职工培训体系，晋升流程也不够完善和透明，女性员工会因为各种原因无法获得晋升和发展机遇（毛海强、姚莉萍，2006），导致在基层和中层管理者中，虽然女性人力资本储量远高于同级别男性，但依然难以凭借教育和技能在职务和职级上获得相应的回报（杨云、彭敏志，2016）。外资企业在雇佣阶段的男女平等方面做得相对较好（李磊等，2015），但更容易出现职业性别隔离和晋升上的"玻璃天花板"现象（颜士梅等，2008）。

对于国有部门内部的性别平等状况，也有研究者提出不同意见。蔡禾和吴小平（2002）的研究发现，改革使得体制内单位的职业性别隔离程度迅速上升，性别机会大体平等的状况急速恶化，到世纪之交时，体制内单位已经体现不出性别平等方面的优势。朱斌和徐良玉（2020）利用多个时点的全国抽样调查数据发现，改革初期集体单位和私有单位的性别收入差距都显著高于国企，但2002年和2013年的调查显示，不同所有制的性别收入差距出现趋同，笔者认为这是因为国家保护力量从体制内退出，导致国有部门的性别不平等逐渐加剧，而非国有部门由于市场竞争激烈，反而缓和了性别歧视。更有研究者指出，国有部门普遍存在的科层制本质上是父权主义导向的，因而会强化性别不平等。有研究发现，党政机关中的女职工在晋升机遇上的性别劣势最大，远高于其他组织（王存同、余姣，2013），女性公务员在高层管理岗位中的占比明显偏低（魏姝，2011）。

在以扁平化、去科层化、平等主义自诩的高科技行业，女性的性别劣势是被强化，还是被削弱了？有研究者认为，在这些行业中，性别不平等至少没有被削弱，甚至在一定程度上被强化了。夏冰青（2021）对于互联网企业的研究发现，这一行业中的女性大多集中在行政类岗位，与从事技术类工作的男性呈现职业的性别隔离，即便是从事技术工作的女性，也会被认为工作能力较差。性别标签通过科技行业特征、职场文化等因素不断得到复制，并再生产了女性在薪资、培训、晋升等多方面的不利处境（蔡玲，2020；梁萌，2019；孙萍，2019、2021）。

（二）组织强化劳动人事身份不平等

在劳动身份带来不平等方面，用工单位会通过非正式用工形式来招募不同劳动人事身份的劳动者，从而达到维持生产灵活性和降低用工成本的目的。在这一方面，公部门的做法更为突出。因为受到用人编制限制、事权扩大、绩效－成本等因素带来的压力，党政机关、事业单位和一部分参照事业单位管理的央企招募了大量非编人员（胡晓东，2017；吕德文，2019；叶静，2016）。一部分央企或大型国企在招聘时存在几种不同形式的劳动合同，即有编制的事业单位合同、正式合同（劳动合同）、劳务合同和派遣合同；上述合同的就业稳定性依次递减，前两者的福利待遇高于劳务合同，第三种又显著好于派遣。政府部门的编外人员，大部分实行企业化管理，与单位签订劳动合同或人事代理合同，就业稳定性较低，几乎没有享受福利保障、技能培训以及获得职业晋升的机会（吕芳，2015；杨云霞、黄亚利，2012）。胡晓东（2017）对北京某区政府系统编外人员的研究发现，逾四成被访者既没有签订合同，也未投缴社会保险，薪酬福利"既没有以岗位评级为基础，也没有参照市场规律"。有研究考察了医院的编外人员，发现编制内外存在严重的同工不同酬现象，超过七成的编外人员没有完全缴纳"五险一金"；编外人员内部盛行平均主义分配，缺少晋升和薪酬福利增长空间，"多劳不多得"（马效恩，2013）。在新冠感染疫情防控过程中，各地纷纷以"编制"作为奖励，来激励疫情防控一线的编外医务工作者，特别是护工。[①] 此外，高校以"师资博士后"或"非升即走"名目招募的青年教师队伍也面临很大的生存困境，包括软硬件条件供给不足、期满无法留任、精神上的压力与自卑感等（李晶、李嘉慧，2019）。

（三）组织强化职务职级不平等

有研究者认为，无论是国有企业还是非公企业，职务职级都是造成组织内部收入分化的重要因素。例如，郭荣星等人（2003）对山东省两个国有企业职工工资的分析发现，企业改制后职工收入分配差距明显扩大，一是分红收入对收入差距产生扩大效应，二是改制后国企更强调职务变量对工资和收入的决定

---

① 参见以下新闻报道和政策文件：
编外医护可"抗疫入编"！"硬核"政策出台，全力支持抗击疫情 https://www.cn-healthcare.com/articlewm/20220412/content-1337422.html；
我省落实落细防控一线医务人员激励：转正入编、定向招聘、优先评聘 http://www.jiangsu.gov.cn/art/2020/4/17/art_76928_9048320.html；
关于印发《吉林省人社领域全力支持抗击新冠疫情若干政策措施》的通知 http://hrss.jl.gov.cn/gg/202204/t20220406_8430355.html。

性作用，经营者从持大股中获取高额分红，同时他们的职务工资和津贴也比较多。柏培文（2008）从对闽南地区一家大型国有上市公司的研究中发现，组织中不同管理层级的收入与福利差距之大令人吃惊，而且高层管理者的收入与企业绩效并不直接挂钩。

互联网科技型企业业务架构不稳定，这使得高级管理人才变得更不可替代，也加剧了此类组织内部的收入与福利差距。夏冰青（2021）的研究显示，这些组织存在明确的科层制等级，高管与中层管理者、普通员工在福利待遇上的差异极其显著，甚至每个部门都设有服务于高管的小组，专门处理高管的生活事务，高管每年的体检、子女教育、搬家等开销也都由公司报销。

第四节 组织内机构对不平等的影响

当面对制度变迁所带来的外部冲击时，组织内部会涌现出适应性和变革性的力量，调整内部次级机构，进而对组织内的资源分配产生影响。制度主义认为，组织行为逻辑是为了适应制度环境，因此组织的结构和实践不能有悖于外界认可的形式或做法（李路路、朱斌，2014）。为了回应外部规范要求或制度压力，组织架构会相应调整，强化或建立党组织、工会、职代会等次组织机构，这些机构会改变对企业注意力的分配，从而影响企业资源向不同类型员工的倾斜，形成组织内部分层机制。下面将简要分述。

一、企业工会的分层效应

在国外研究文献中，工会始终是影响和形塑组织分层的重要机制。工会拥有"垄断权力"（monopoly power），工会会员可以享受到工会的"垄断"地位所创制出的"垄断租金"（monopoly rent），即较高的工资、福利和职业门槛（Farber，1986；Stewart，1990；Wright，2000：958-959）。工会对于未入会的职工还会产生"外溢效应"（spill-over effect）和"威胁效应"（threat effect），前者指工会化部门将劳动力"挤出"到非工会化部门，从而使后者的雇员收入整体降低，后者则指非工会化部门雇主为避免工人组建工会而主动提高工人收入待遇，这些因素都会形塑部门、行业、组织间的收入分化模式。而对于工会覆盖率较高的行业或组织来说，工会又会对工资率起到均等化（equalizing）作用，缩小因人力资本差异和雇主个人判断而造成的工资率差异（Freeman & Medoff, 1984），故工会覆盖率越高的行业或企业，越可能通过工资集体谈判来影响收入分配，其组织内和行业间的劳动报酬差距也会越小。近年来，美国劳动力市场上的工会密度（union density）日渐降低，工人的"去组织化"日趋严重，行业或企业的劳动报酬便主要取决于劳动力的市场供求，由此拉大了组织间和组织内的收入差距。

反观中国，工会是否有助于提升（部分）职工的福祉？是否能够带来组织间和组织内的收入或福利分化？工会在组织分层中的作用是什么？对于这些问题，现有研究仍然莫衷一是。

从工会对企业/行业间收入和福利差异的影响来看，不少研究认为，建有工会的企业，其社会保障水平、职工的小时工资更高，就业稳定性更好，职工的职业健康和生产安全能够得到更好的保障（刘海洋等，2013；魏下海等，2015；杨继东、杨其静，2013；姚先国等，2009；Chen & Chan, 2004；Lu et al., 2010；Yao & Zhong, 2013）。魏下海等人（2013）的研究发现，在资本密集型行业，工会的工资溢价会加速企业用资本替代劳动，从而促进管理效率和劳动生产率的提高，因此反而拉低了职工的劳动收入份额；相比而言，劳动密集型行业的工会没有起到这么大的作用，因此劳动收入份额没有显著下降。

从工会作用的群际异质性来看，有研究指出，工会对于在劳动力市场上居于弱势地位的群体，如劳务派遣工、农民工等，有更显著的福利提升作用，例如提高工资率、缩短工时、增加培训机会等（黄伟等，2014；李龙、宋月萍，2017；纪雯雯、赖德胜，2019）。这些劳动者大量聚集在次级劳动力市场，有显著的行业和部门特征，例如建筑业、生产性服务业、消费性服务业以及公共服务业和集体部门。李明、徐建炜（2014）的研究发现，工会对国企职工的影响主要是提升了小时工资额度，而对非国企职工的效应则体现在缩短工作时间上。另外，不同技能群体从企业工会中的获益也有不同，工会缩短了低技能职工的工作时长，提高了中低技能职工的小时工资额。还有研究表明，企业工会作为"行政的一条腿"，对于职工往往起到了分化而非团结的作用（黄岩、刘剑，2016），中国的企业工会在实践自身能动性的过程中通过"借力"、参与构建企业文化、调整组织目标等方式有效影响企业内部的分配格局（佟新，2005；游正林，2011）。

与此同时，也有研究者质疑中国工会的分配作用，认为除了测量偏差与样本代表性问题之外，许多研究因没有厘清中国式的工会体制，而呈现了"想象中的工会作用"（游正林，2017），即便有统计指标上的相关性，这些研究也无法证明确实是企业或行业工会提高了职工的收入和福利待遇。朱斌和王修晓（2015）通过全国私营企业调查数据发现，制度环境对私营企业是否建立工会有显著影响，制度压力越大的企业（例如改制企业、大型企业、有政治关联的企业等）更有可能建立工会，同时这些企业也更倾向于履行与员工利益相关的社会责任；在控制了建立工会的自选择效应后，私营企业工会在提高员工收入和福利方面并没有发挥显著作用。

二、党组织、职代会的分层效应

在企业中建立党组织，利用执政党科层体系控制企业的日常运营和治理，是中国特色社会主义政治经济体制的独特现象，也是理解中国式企业组织的运营逻辑和社会经济后果的重要路径。这里的企业可以分为国有企业和非公企业两类，两类企业的党建特征及组织分层后果有较大差异。

国企党建的研究，主要侧重考察党组织在现代企业架构中的位置、运作及功能，回应的核心问题包括党组织参与国企治理如何影响了企业的绩效、党的领导作用如何改变国企的治理结构等（强舸，2019）。这里的绩效不仅包括总量上的变化，还包括不同利益相关者所能分享的剩余索取权份额。有研究表明，国企党委通过参与公司治理降低了公司高管的绝对薪酬，缩小了高管和普通员工之间的薪酬差距，即党委会通过"双向进入、交叉任职"的领导体制进入公司董事会、监事会和管理层后，其双重身份会使其主动抑制自身薪酬的增长（马连福等，2013）。除此之外，国企党组织还能通过降低"内部人控制"的风险来有效防止国有资产流失或是落入少部分管理者之手（陈仕华、卢昌崇，2014；王元芳、马连福，2014；吴秋生、王少华，2018；严若森、吏林山，2019；Chang & Wong，2004）。

在非公企业和民营经济领域，党组织的作用与工会组织有一定的类似性，自党的十七大提出"以党的基层组织建设带动其他各类基层组织建设"[①]的要求以来，历届全会均高度重视开展以党的组织建设带动工会组织建设为内容的"党建带工建"活动。党的十九大报告更是提出要全面提升基层党组织的组织力。[②]因此，非公企业中党组织的建立初衷、组织目标、人员配置、运营方式等都与工会组织有相近之处[③]，非公企业工会组织研究中存在的观点分歧在非公企业党组织研究中也一样存在，即党组织对于企业与职工发展究竟有没有独立的积极作用？这些积极作用是否被夸大？如果发挥了正向作用，其机制又是什么？

一些研究呈现了党组织对于提升非公企业职工福利的积极效应。例如，龙小宁和杨进（2014）、董志强和魏下海（2018）分别对2006年和2010年全国民营企业抽样调查数据进行了分析，都发现民营企业中的党组织能够显著提升职工的权益保障水平和发展机遇，建有党组织的民营企业，"五险一金"覆盖率、劳动保护状况等指标都表现更好。作者进一步指出，党组织"加持"下的职工权益保障比仅靠工会的权益保障更有效果。同时也有研究表明，非公企业会不会建立党组织，党组织能不能发挥作用都取决于一定的外部条件，当企业面临更大的外部制度和资源压力时，更可能通过建立党组织来谋求对外合法性（朱斌等，2021）；如果党组织能够通过各种机制嵌入企业的治理结构中，就能获得更强的对内合法性，两重合法性有助于非公企业党组织有效发挥作用（何轩、马骏，2018）。例如，徐细雄和严由亮（2021）的研究发现，如果企业所在地的地方官员有更强烈的晋升预期，相对于没有党组织的民营企业，有党组织的企业职工的就业稳定性能得到更大的提升。章高荣（2019）对于科创性企业的研究也发现，只有非公企业的党组织形成与党政部门的有效关联，才能完成从"形"到"实"的转换，有效嵌入企业治理架构，并成为企业非正式治理的一项手段。那些同时兼任企业党组织书记的私营企业主，也就是所谓"一肩挑"模

[①] https://www.gov.cn/ldhd/2012-11/17/content_2268826.htm.
[②] https://www.gov.cn/zhuanti/2017-10/27/content_5234876.htm.
[③] 例如，2000年中央组织部印发的《关于在个体和民营等非公有制经济组织中加强党的建设工作的意见（试行）》和2012年中共中央办公厅印发的《关于加强和改进非公有制企业党的建设工作的意见（试行）》都提到非公企业中的党组织要密切联系群众、热忱服务党员和职工群众、关心和维护职工合法权益、协调企业内部关系、化解矛盾纠纷等，这些主张都与对非公企业工会组织的要求有很高的相似度。

式下的非公党建，能够更有效地将地方党政部门的主张贯彻到企业决策中，对于员工权益保障也会更加重视（董志强、魏下海，2018）。

党组织会对不同类型的职工产生差异化的作用吗？一些探索性研究呈现出了有趣的图景，即非公企业的党组织建设往往会借助党员职工来参与企业治理，因此在职工培养和机遇分配方面都会偏好党员，比如优先录用党员，优先安排党员到企业的重要岗位，党员更可能走上管理岗位等（张承耀，2009；章高荣，2019）。但仍然需要深入分析这种差异化对待与党组织工作机制之间的关联。有研究发现，非公企业党组织成员大多是核心员工、技术骨干，或是与企业家有亲属关系的职工（Yan & Huang，2017），他们所获得的更好的生活机遇究竟是源于人力资本储量、社会关系，还是党组织的统合结果，仍有待研究。

有关企业职代会对于组织分层影响的相关研究数量较少，而且大多只是间接指出了一些证据。例如，蔡禾和李晚莲（2014）通过对某国营工厂的历史考察发现，在公司制改革之前，职代会在职工的住房分配、工资改革、福利分配等方面都发挥了重要作用。而公司制改革之后，职代会就只能局部性地影响单位内部的福利政策，对企业内职工的经济待遇和福利保障仅起到十分有限的作用（张静，2001；张允美，2003）。从企业间差异来看，朱晓阳和陈佩华（2003）的研究指出，集体企业中的职代会能发挥更大的作用，而国有企业则由于科层等级较多，职代会更容易流于形式。工会和职代会在角色和人事任免方面有紧密的联系和重合度，职代会的许多代表同时也是企业工会的代表，因此，关于职代会对于企业间和企业内分配的净效应，以及职代会与工会等组织的交互效应等，还需要更多细致的研究工作。

第五节 中国式组织分层的制度成因

前文中我们梳理了有关中国组织分层的文献，主要呈现了研究者在这一议题上的经验发现。这一节，我们将基于既有研究来归纳和分析组织不平等之制度成因，探究形塑中国当代组织分层模式的动力机制。研究者的分析触及不同的学科和领域，对这些研究进行归纳和提炼后可以看到，学界大体聚焦于制度主义视角的两个切入点：一是旧体制惯性与再分配权力的延续，二是制度变迁以及组织对外部冲击的回应。

一、制度惯性与权力延续

旧体制惯性与再分配权力延续的视角特别有助于我们理解当下中国组织间的诸多不平等现象。既有经典文献指出，组织作为劳动力市场上的雇主，会对资源、回报、奖赏和机遇进行分配，由此导致了被雇者的生活机遇出现分化。如果在中国情境下讨论组织的作用，那么组织作为资源分配之中介的作用更为显著。改革后各类组织机构在占有和分配资源上的差异源于改革前的指令性计划经济体制，制度惯性所导致的再分配权力持续发挥作用，是当下组织间资源分布高度不均等的原因。再分配性质越强、市场化转型程度越低的组织，在资源获取和占有上越居于相对优势地位；行政性垄断的存在扭曲了包括资本、资源、劳动力在内的各种要素的价格，由此对非垄断行业或企业产生了不利影响。金融市场的利率管制、劳动力市场的户籍制度和资源价格扭曲都对中小企业、非公企业不利，也形塑了组织间分层格局。拿金融市场来说，中国金融市场的不完备体现在金融抑制上，即存贷款利率限制和资本账户管制。中国官方利率比市场利率平均低50%～100%，而且绝大部分低息贷款配置给了与政府关系密切的国有企业（陈斌开、曹文举，2013）。

行政垄断带来的价格扭曲，也反映为不同类型的组织对于人力资本的回报是不一致的，从而形塑了组织分层的机制。有研究者认为，市场化程度较高的组织，更可能形成依据个人能力进行机遇分配的制度，而市场化转型的不彻底，会使得资源和机会分配模式偏离能力原则，采取其他的非能力标准（王存同、余姣，2013）。周雪光及其合作者（Zhou et al., 1996）考察了人力资本在不同所有制单位之间的流动情况，发现市场机制在中国城市经济资源的分配中所起的作用十分有限。

如前所述，居于资源优势地位的行业或单位组织，往往还能够享受到更多与劳动力相关的公共服务与优惠政策，例如可以获得更多的大城市落户指标、租/购房优惠名额、各类人才或项目扶持资金等，这些服务和政策可以帮助组织在劳动力市场上进一步固化其有利地位，在招聘、雇佣和培养相同资质的员工时付出相对更少的成本（陈钊等，2010）。

制度不仅包括正式制度，也包括了文化、观念等非正式制度，无论是计划经济时期的"单位制"观念，还是传统文化中有关权威、等级的理念，都会持续对组织的分配与福利实践产生影响。例如，法兰西斯（Francis，1996）针对20世纪九十年代北京高科技行业的研究发现，社会与组织文化在这些企业中也得到了复制与再生产，例如对企业承担社会福利责任的期待等，都使得高科技企业在企业福利分配等方面与传统单位制的组织有很多相似性。韩亦和郑恩营（2018）分析了北京大学国家发展研究院数据中心和国家统计局联合组织的2006年工业企业调查的数据，发现企业在初创时期是否具有单位制传统会深刻影响当下的福利模式。中国传统伦理下的等级与权威观念则被用于解释组织内的性别分层和职务职级分层。有研究发现，性别收入差异的主要根源不是雇主歧视，而是文化偏见（程诚等，2019）。夏冰青（2021：107-110）也用"权威崇拜"的文化来解释互联网企业中的高管特权与组织分层现象。

二、制度变迁与组织回应

制度惯性固然会带来组织惰性，但当组织面对制度变迁所带来的外部冲击时，也会形成适应性和变革性的力量，并由此对组织内的资源分配产生影响。组织社会学的新制度主义强调，组织行为逻辑是为了适应制度环境，因此组织的结构和实践需要遵循外界通行的做法或规范（李路路、朱斌，2014）。这一应对制度变迁的组织逻辑可以解释许多组织分层的现象。例如，为了更好地进行制度性适应，中国的公有制部门（如政府、事业单位等）中出现了规模日益庞大的编外人员队伍，派遣工、临时工规模的急速扩张，劳动用工体制的不稳定化加剧，都与基层治理的制度性约束和需求密不可分（吕德文，2019；叶静，2016）。而随着近年来保障劳动者权益的相关法律法规与社会政策的退出，公部门会面临合法性压力，从而有助于这一部门的从业者稳定化，私部门则面临合法性和经济性的双重压力，所以部门内部的二元劳动力市场分割程度也有所加深（朱斌，2022）。

组织架构出于回应外部要求或压力而做出的相应调整、强化或建立工会等机构的组织行为，也体现了组织分层机制的制度逻辑，这些因回应制度压力、谋求合法性而建立的组织内机构会改变企业注意力的分配，导致企业稀缺资源在不同类型员工之间进行重新分配。

在制度变迁过程中，还有研究者注意到了正式制度与非正式制度间的张力与协作。企业的现代化转型，就是在充斥着非正式制度的组织中引入正式制度，企业的分配模式也会因此发生变化（何轩等，2008）。组织内机构，如工会、党组织等，也会与非正式制度产生交互作用，这些机构的分配效应也会由此得到调节：例如，有研究者发现，工会维权和提高工资的能力会被企业主的政治关联所削弱（杨继东、杨其静，2013）；赵德余（2011）的工会案例分析也发现，即便有了正式制度，非正式的互惠机制、信任关系、非正式沟通仍然会对工会成功介入企业职工工资决定机制并产生预期效果发挥重要作用。

第六节　中国组织分层研究的挑战与展望

一、把"组织"带回组织分层

在2010年发表于《美国社会学年鉴》的一篇影响深远的综述论文中，斯坦巴克等人（Steinback et al.，2010）为组织何以形塑不平等提供了三种解释框架，即组织惰性、组织内部争斗和组织外部压力，并进一步阐述了刻板印象、同质性偏好等具体机制。这些解释呈现了组织作为有机体的重要动力机制，认为组织内外群体间关系的流变和相对力量的角逐，会影响组织如何捕获资源和分配机遇，进而塑造或改变既有的分层结果。近年来，海外研究者在不平等研究方面持续结合组织分析与分层理论，不断拓展和创新相关理论：例如，有研究者对1971—2015年美国的37 343起商业并购案例做了分析，指出商业并购行为对既有组织结构形成了冲击，削弱了维持不平等的组织惰性，改善了少数族裔和女性在管理层中的代表性，降低了工作场所的种族与性别隔离（Zhang，2021）。还有研究者系统检验了职场中"宽容自己人"（in-group tolerance）的同质性偏好现象，指出女性相比于男性，少数族裔相比于多数族裔，在面临职场行为不端的指控后更容易丢掉工作，也更难找到新工作（Egan et al.，2022）。

卡斯蒂利亚（Castilla，2011）则呼吁把对管理者的研究带入工作场所不平等分析中，她的研究表明，员工的几任雇主之间的社会网络以及同质性情况（如是否同属少数族裔）会显著影响员工的绩效和机遇。

反观国内学界，组织分层研究较少向组织研究、组织社会学进行理论借鉴，几种研究取向之间的学术对话相对欠缺。组织分层研究者不太关注组织间关系和组织内部动力机制对劳动者境遇的影响，倾向于将组织看作原子化的存在、铁板一块的实体，忽略不同利益相关者之间的互动与角力。有研究者指出，国内社会学研究者对于组织的研究容易忽视非市场机制（如社会关系）、组织环境、组织文化等在组织转型中的作用，没有把正式组织作为一个有着独特逻辑的实体（周雪光、赵伟，2009）。研究性别不平等的研究者也指出，目前对于不同性质、不同类型组织的性别歧视的比较研究仍然罕见，对于组织特征如何影响组织内的性别分层，我们还知之甚少（李乐旋、马冬玲，2018）。

缺少"组织"视角让"组织分层研究"成为后共产主义国家转型背景下社会分层研究的一条研究支脉，与理论根基深厚的"组织研究""制度研究"渐行渐远，理论发展受到分层研究所设定的命题之局限，容易强调中国组织变革之特殊性，较难在一个更具普遍性的理论背景下考察中国的组织现象，也很少选择多元研究方法去回应组织变革的根本性问题。

近年来，一些组织研究者开始讨论中国式企业的组织动力机制及其社会分层后果。例如石磊等人（2019）讨论了组织内部劳动力市场如何发挥作用，组织招聘、遴选、晋升标准如何确定并受到了哪些因素的影响；朱妍（2017）考察了组织内非正式制度（如社会关系）与正式制度（内部劳动力市场制度设置）在生活机遇分配上的替代性关系；佟新（2005）研究了企业中的党组织、行政部门和工会组织之间的角力关系如何影响了企业内部分层架构；马冬玲与周旅军（2014、2018）考察了组织领导团队的性别构成对女性员工所面临的性别歧视的影响；经济史学研究者研究了指令性计划经济时期工厂分配生活机遇的机制，发现企业内部党政领导权力关系的变化会影响工农家庭出身的职工获得就业和晋升的机会，解释了不同出身职工的境遇在不同时期的变化，由此凸显了资源分配背后的政治与制度逻辑（林盼，2015、2018）。此类研究如何被进一步扩展深入下去并与社会分层研究结合，进而形成对中国组织分层机制的分析和理解，还有待研究者的努力和探索。

二、超越再分配与市场的二元论

20 世纪八九十年代,研究者主要关注社会主义国家的市场转型及其社会分层后果,讨论再分配机制与市场机制在民众收入、福利和生活机遇上的角力。组织分层研究也受到"市场转型论"的极大影响,对传统"单位制"和新型"单位制"之分配作用的讨论很大程度上就嵌在"再分配-市场之争"中。

再分配机制与市场机制的二元论,其背后的理论假设是政治逻辑与效率逻辑的二分,即认为再分配体现了政治逻辑,与市场机制背后的效率逻辑截然不同,甚至呈对立和此消彼长的状态。更进一步来讲,这种二元对立的理论预设反映了不同的研究者如何看待经济发展和社会分层中的政治因素与国家角色,体现了新自由主义与国家主义的根本对立:持新自由主义市场至上论的研究者认为,市场机制的引入和政治逻辑的让步极大地改善了资源分配的有效性,让社会的收入和福利分配获得了帕累托改进(倪志伟、欧索菲,2016;Nee,1989、1996;Pei,1994);但更多的研究者或多或少地持有国家主义的观点,认为国家以更隐晦和更有效的方式参与到了社会财富的创造与分配中,指出要理解中国转型的社会经济后果,就必须重新认识中国的权力特征和国家角色(Blecher & Shue,1996;Naughton,1995)。周雪光(1999)在一篇研究综述中指出,在中国的改革进程中,政治分配机制和市场制度机制本身就体现了国家权力的两重性,而这种两重性如何发生历时性变化,在哪些领域会相互抵消、强化或是受到制约,都是涉及组织制度变迁的根本性问题,目前还没有得到充分研究和回应。刘精明(2006)也指出,在改革时期的中国,再分配权力与市场权力这两个因素应被理解成一种混合体,它们以这样或那样的方式结合,形塑着当代中国社会的分层机制,而不能将它们看作非此即彼、壁垒分明的两种路径。

因此,回到组织分层的机制,目前绝大部分的相关研究或是将市场逻辑与政治逻辑对立,或是将其看作连续体的两端,根据自己的偏好或研究的便利度各执一端进行讨论,并没有充分考虑两者已通过各种方式结合成混合体的状态。有研究指出了政治逻辑带有社会属性,以此可以解释不同行业和组织之间的福利差距,即公部门受到的国家规制更多,而国家规制意在稳定社会秩序、增强社会融合、防止社会断裂,所以公部门的职业阶层间收入差距较小;而较少受到国家规制的部门（即新兴市场部门）内部收入差距较大（刘精明，2006）。中国式组织（主要是企业组织）的架构、运行、管理与资源分配，究竟依据哪些逻辑，这些逻辑之间存在哪些组合关系，对这些重要问题的理解和回答，都需要我们摒弃简单化的二元思维，在类型学辨析与理论创新上再下功夫。

三、推进研究对象与方法多元化

组织分层研究对于不同类型组织的注意力分配十分不平衡，大部分研究仍然聚焦于城镇组织，考察不同规模、不同所有制类型组织成员的生活机遇分化；考察组织内分层，或是组织内机构（如工会、党组织等）对于分层的影响时，更多聚焦于国有企业和民营企业，对于其他类型的企业（如混合所有制企业、跨国公司等）研究不足。例如，跨国公司往往在全球劳动保护标准的推动过程中扮演了重要角色，20世纪90年代兴起的"反血汗工厂"运动推动了道德采购政策（ethical sourcing policies）的出台，迫使跨国公司对供应商的生产环境进行监控，对劳工进行赋权，保证劳工准则能够落地（Bartley，2018；余晓敏，2008）。在华的跨国企业以及本土供应商多大程度上会遵循这些规则，继而提高工人的薪酬待遇，改善生产环境，值得研究者进一步探究。此外，跨国公司往往是东道国和本土组织文化共存的场域，这些文化之间的张力和调试如何影响了组织内的分层，也需要更多细致研究。

除此之外，组织分层的研究对于农村生产性组织的关注度很低，不少政治学和社会学研究者聚焦农村民众的财富分化及动力机制，但这一部分研究在组织分层研究中尚没有获得足够的关注。研究者对于非企业组织的关注也远远不够，虽然有大量的国内研究者关注基层政府行为，但对于这些基层组织会带来什么样的社会分配后果几乎很少涉及，包括对于公部门使用编外人员的研究也多讨论其制度基础，而不讨论社会经济后果。

近年来，随着新技术的出现，涌现出了各种新型组织与雇佣形态，如平台企业、零工经济、创意阶层联合体等。对于这些新型组织及其社会后果仍然需要大量深入的研究，例如分层机会不会随着技术变迁而出现变化，数字技术下的用工方式变革会给组织分层带来哪些影响。这里有几组不同层次的研究问题，对这些问题的回答与组织分层议题之间的关联度也有较大差异。

第一组问题是关于这些新型组织内部的分配差异。首先，科技类企业是否像其所标榜的那样扁平化、去科层化和坚持平等主义导向？目前一些研究显示，基于互联网等技术而出现的新型组织在薪酬、福利和职业发展机遇方面都存在显著的内部分层，而且由于生产过程的非正式性、自主性和灵活性等特点，组织内部分层被进一步固化了，与科技企业的初心渐行背离，更像一个传统的科层制组织，等级森严（夏冰青，2021）。更多类似的细致研究将有助于我们更好地把握这一类型的组织现象及不平等后果。

第二组问题涉及互联网平台企业与传统企业在劳动者福祉上的比较，既包括传统企业借用互联网平台技术组织用工所导致的劳动者分化，也包括运营相近业务类型并由此导致的传统企业与互联网平台企业中相似岗位劳动者间的福利差异。这个议题比较复杂，大量研究者关注人数众多、规模庞大的互联网平台企业灵活用工现象，但对于这一群体的收入与福利保障分化是否可以被归为组织内分层现象，目前仍然存在争议。原因在于，对于共享经济用工模式是否属于雇佣与被雇佣关系、平台用工是否应该被定性为劳动关系，法律界、学界和政策制定者仍然不甚明确。有研究者认为，传统劳动关系具有组织从属性，也就是在某个时间段、某个场所、服从于某个单一雇主是传统劳动关系的主要表征，而这些表征在依托互联网的平台用工中并不适用（常凯、郑小静，2019；李怡然，2022；王天玉，2020；谢增毅，2018）。本章所论述的组织内分层主要是指传统雇佣关系，组织对于职工生活际遇产生影响的逻辑不能被简单推至平台灵活用工情境。

但不能否认的是，互联网平台企业对于用工市场的深度介入已经影响了从业者的福祉，导致了同一职业群体内部的分化。例如，快递、外卖送餐的骑手就分为众包、专送等不同类型，这些骑手的订单量、收入水平、顺从度等都有很大差异，还会根据所在区域的外卖市场发展情况而出现不同的分化（陈龙，2022）；在出租车行业则有承包经营和买断经营两种类型，后者类似网约车平台下的"独立承包商"，自行承担社会保险、燃料费、修车费等费用，通过向公司缴纳管理费来获得一些服务（李天国，2006；朱建利，2015）；在货物运输行业，卡车司机也分为自雇和他雇两大类，前者既是劳动者又是所有者，通过挂靠公司来获得资质和服务，后者则是运输公司的雇员，缺少自由度和自主性，但也多了稳定和保障（传化公益慈善研究院"中国卡车司机调研课题组"，

2018）。对于这些群体，已有社会学研究者做了大量细致、深入、有开拓性的研究工作，有助于我们厘清和分析互联网平台技术对于职业群体内部分化和组织分层的深刻影响。

组织分层研究的传统议题，也需要结合当代中国的新时代语境，进一步拓展研究对象和问题意识。该领域的经典文献指出，中国城市社会的结构性特征和大量的个体社会行为特征，都可以通过对"单位组织"特征的分析来求得解释（李路路、李汉林，2000、2019）。已有文献大多考察工作单位组织特征对若干有限现象的影响，如个体收入、住房、福利、流动机会和集体行为等，而没有进一步拓展"单位研究"的分析范围。我们是否可以把更多社会不平等领域的宏观结构现象和微观个体行为纳入工作单位的解释半径，是值得进一步思考和努力的问题。例如，学界近年来关注到了金融化及其不平等效应。那么，人们的金融素养、投资行为、风险偏好是否受其雇主组织特征的影响？比如，体制内单位的住房公积金缴纳基数和比例都相对更好，从而有利于其职工撬动更多、更大的金融杠杆；面向个人消费者的无抵押信用贷款产品，很多都是专门为体制内职工量身定制的。另外，组织变量与前述其他不平等因素（如性别、教育等）的交叉叠变效应，也需要学界分配更多的注意力。

研究对象的复杂性呼唤分析路径和研究方法的多元化。周雪光和赵伟（2009）在一篇综述中指出，中国的组织与组织分层相关研究因缺乏细致深入的个案研究而难以提供对微观机制的系统理解，他们因此呼吁"建立在对实际变化过程、社会制度与历史背景的贴切把握之上（的理论贡献），而不是一些现成的、流行的概念和模式与经验资料的拼凑"。要了解中国组织分层的复杂机制，必须要深入组织行为发生的具体场域，了解与分析组织行为的逻辑及对不同利益相关者的影响。

深入细致的案例分析能为量化分析设计指标、收集并分析数据打下坚实的研究基础。目前很多量化研究在测量组织分层的因变量时，大多数仍聚焦于收入、社会保障覆盖情况等指标，很多隐匿的福利、保障和补贴无法被捕捉到。从组织分层的解释变量或中介变量来看，测量更是非常粗糙。例如，对于行业的行政垄断（还有自然垄断和市场垄断）程度，研究者大多使用国有或国有控股单位的人数和资产数、国有资本的相对份额、行业集中度等指标来测量，存在较大的测量偏差。对"单位特征"这一自变量的测量，目前也依然采用所有制性质、单位行政级别、单位规模等指标，指标的精细度也有待进一步提升。

组织分层研究还要拓展纵向与横向比较的视野，特别是要从历史（主要是指令性计划经济时期）组织现象中汲取营养。对于指令性计划经济时期和改革初期的组织分配，经济史、企业史方面的研究者已有大量成果，无论是关于农村组织的劳动力配置与工分分配（黄英伟、侯青秀，2020；徐卫国、黄英伟，2014；张乐天，1998；张江华，2007）、城镇企业在提拔干部时的"红-专"之争（林盼，2015、2018），还是工人内部的亚群体分化（刘亚娟，2018、2019），历史学研究者都贡献了大量深入细致的资料分析与类型呈现，有助于我们了解新中国成立以来的制度演进与变迁历史。同时，组织分层研究还要更多借鉴海外的组织研究，在比较的棱镜中更好地了解中国组织分层机制与模式的普遍性与特殊性。

参考文献：

柏培文.国有企业内部收入分配公平性研究：基于 M 公司的案例研究.南开管理评论，2008（4）：63-69.

蔡禾，李晚莲.国有企业职工代表大会制度实践研究：一个案例厂的六十年变迁.开放时代，2014（5）：43-53，5.

蔡禾，吴小平.社会变迁与职业的性别不平等.管理世界，2002（9）：71-77.

蔡玲.科技职场中女性的职业处境与性别管理：以 IT 女性程序员为例的质性分析.青年探索，2020（5）：70-83.

常凯，郑小静.雇佣关系还是合作关系？：互联网经济中用工关系性质辨析.中国人民大学学报，2019，33（2）：78-88.

陈斌开，曹文举.从机会均等到结果平等：中国收入分配现状与出路.经济社会体制比较，2013（6）：44-59.

陈龙.方寸与帝国：外卖骑手的生活生产世界//佟新.数字劳动：自由与牢笼.北京：中国工人出版社，2022.

陈仕华，卢昌崇.国有企业党组织的治理参与能够有效抑制并购中的"国有资产流失"吗？.管理世界，2014（5）：106-120.

陈彦玲，陈首丽.国有垄断行业职工收入水平基本分析.统计研究，2002（8）：76-77.

陈钊，陆铭，佐藤宏.谁进入了高收入行业？：关系、户籍与生产率的作用.经济研究，2009，44（10）：121-132.

陈钊，万广华，陆铭.行业间不平等：日益重要的城镇收入差距成因：基于回归方程的分解.中国社会科学，2010（3）：65-76，221.

程诚, 王奕轩, 姚远. 职场投入的性别不平等及其影响: 兼论"出差"的收入效应. 社会学评论, 2019, 7 (1): 50-64.

褚敏, 靳涛. 政府悖论、国有企业垄断与收入差距: 基于中国转型特征的一个实证检验. 中国工业经济, 2013 (2): 18-30.

传化公益慈善研究院"中国卡车司机调研课题组". 中国卡车司机调查报告 NO.1: 卡车司机的群体特征与劳动过程. 北京: 社会科学文献出版社, 2018.

董志强, 魏下海. 党组织在民营企业中的积极作用: 以职工权益保护为例的经验研究. 经济学动态, 2018 (1): 14-26.

范晓光, 吕鹏. 中国私营企业主的社会构成: 阶层与同期群差异. 中国社会科学, 2017 (7): 70-87, 205.

韩亦, 郑恩营. 组织印记与中国国有企业的福利实践. 社会学研究, 2018, 33 (3): 51-73, 243.

郝大海, 李路路. 区域差异改革中的国家垄断与收入不平等: 基于 2003 年全国综合社会调查资料. 中国社会科学, 2006 (2): 110-124, 207.

何轩, 陈文婷, 李新春. 赋予股权还是泛家族化: 家族企业职业经理人治理的实证研究. 中国工业经济, 2008 (5): 109-119.

何轩, 马骏. 党建也是生产力: 民营企业党组织建设的机制与效果研究. 社会学研究, 2018, 33 (3): 1-24, 242.

胡鞍钢. 中国挑战腐败. 杭州: 浙江人民出版社, 2001.

胡晓东. 我国政府"编外人员"隐形膨胀研究: 一个基于我国地方政府的案例调查. 甘肃行政学院学报, 2017 (2): 30-40.

郭荣星, 李实, 邢攸强. 中国国有企业改制与职工收入分配: 光正公司和创大公司的案例研究. 管理世界, 2003 (4): 103-111, 155.

胡静波, 李立. 我国垄断行业收入分配存在的问题与对策. 经济纵横, 2002 (11): 31-33.

黄伟, 陈钊, 陈耀波. 劳务派遣工工会: 来自企业外的独立力量及其维权效应. 经济社会体制比较, 2014 (3): 181-194.

黄岩, 刘剑. 激活"稻草人": 东莞裕元罢工中的工会转型. 西北师大学报 (社会科学版), 2016, 53 (1): 33-44.

黄英伟, 侯青秀. "机动工": 生产大队的劳动力配置: 以山东省梁桥大队为例. 中共党史研究, 2020 (2): 26-37.

纪雯雯, 赖德胜. 工会能够维护流动人口劳动权益吗? 管理世界, 2019, 35 (2): 88-101.

姜付秀, 余晖. 我国行政性垄断的危害: 市场势力效应和收入分配效应的实证研究. 中国工业经济, 2007 (10): 71-78.

李春玲, 李实. 市场竞争还是性别歧视: 收入性别差异扩大趋势及其原因解释. 社会学研究, 2008（2）：94-117, 244.

李汉林. 变迁中的中国单位制度 回顾中的思考. 社会, 2008（3）：31-40.

李宏彬, 孟岭生, 施新政, 吴斌珍. 父母的政治资本如何影响大学生在劳动力市场中的表现？：基于中国高校应届毕业生就业调查的经验研究. 经济学（季刊）, 2012, 11（3）：1011-1026.

李乐旋, 马冬玲. 组织中的性别歧视：国外研究综述及展望. 中华女子学院学报, 2018, 30（2）：77-85.

李磊, 王小洁, 蒋殿春. 外资进入对中国服务业性别就业及工资差距的影响. 世界经济, 2015, 38（10）：169-192.

李龙, 宋月萍. 工会参与对农民工工资率的影响：基于倾向值方法的检验. 中国农村经济, 2017（3）：2-17.

李路路, 李汉林. 单位组织中的资源获得. 中国社会科学, 1999（6）：90-105.

李路路, 李汉林. 单位组织中的资源获取与行动方式. 东南学术, 2000（2）：18-23.

李路路, 李升. "殊途异类"：当代中国城镇中产阶级的类型化分析. 社会学研究, 2007（6）：15-37, 242.

李路路, 秦广强, 陈建伟. 权威阶层体系的构建：基于工作状况和组织权威的分析. 社会学研究, 2012, 27（6）：46-76, 242-243.

李路路, 朱斌. 效率逻辑还是合法性逻辑？：现代企业制度在中国私营企业中扩散的社会学解释. 社会学评论, 2014, 2（2）：3-18.

李明, 徐建炜. 谁从中国工会会员身份中获益？. 经济研究, 2014, 49（5）：49-62.

李晶, 李嘉慧. "双一流"建设下的师资博士后："青椒生力军"还是"学术临时工". 教育发展研究, 2019, 39（23）：42-48.

李实, 赵人伟, 高霞. 中国离退休人员收入分配中的横向与纵向失衡分析. 金融研究, 2013（2）：1-18.

李天国. 出租车：经营模式·司机权益·劳动关系. 中国劳动, 2006（7）：10-12.

李晓宁. 国有垄断与所有者缺位：垄断行业高收入的成因与改革思路. 经济体制改革, 2008（1）：54-57.

李怡然. 困住骑手的是系统吗？：论互联网外卖平台灵活用工保障制度的完善. 中国劳动关系学院学报, 2022, 36（1）：67-79.

林盼. 红与专的张力：1949—1965年工人内部提拔技术干部的实践与问题. 学海, 2015（3）：170-182.

林盼. 制度变迁、利益冲突与国营企业技术精英地位获得：1949—1965. 中国经济史研究, 2018（2）：82-96.

林宗弘, 吴晓刚. 中国的制度变迁、阶级结构转型和收入不平等：1978-2005. 社会,

2010，30（6）：1-40．

梁萌．加班：互联网企业的工作压力机制及变迁．北京：社会科学文献出版社，2019．

刘海洋，刘峥，吴龙．工会提高了员工福利和企业效率吗？：来自第一次全国经济普查的微观证据．产业经济研究，2013（5）：65-73．

刘建军．单位中国：社会调控体系重构中的个人、组织与国家．天津：天津人民出版社，2000．

刘精明．市场化与国家规制：转型期城镇劳动力市场中的收入分配．中国社会科学，2006（5）：110-124，207-208．

刘平，王汉生，张笑会．变动的单位制与体制内的分化：以限制介入性大型国有企业为例．社会学研究，2008（3）：56-78，243-244．

刘欣．协调机制、支配结构与收入分配：中国转型社会的阶层结构．社会学研究，2018，33（1）：89-115，244．

刘欣．英才之路：通往转型社会二元精英地位的双重路径．社会学研究，2021，36（4）：159-181，229．

刘亚娟．上海"阿飞"：滚动的话语逻辑与基层实践走向：1949—1965．中共党史研究，2018（5）：59-71．

刘亚娟．新中国成立后上海工人作家的身份辨识：1949—1965．中共党史研究，2019（12）：41-53．

刘渝琳，梅斌．行业垄断与职工工资收入研究：基于中国上市公司数据的分析．中国人口科学，2012（1）：51-59，111-112．

龙小宁，杨进．党组织、工人福利和企业绩效：来自中国民营企业的证据．经济学报，2014，1（2）：150-169．

路风．单位：一种特殊的社会组织形式．中国社会科学，1989（1）：71-88．

罗楚亮．垄断企业内部的工资收入分配．中国人口科学，2006（1）：69-77，96．

罗楚亮，李实．人力资本、行业特征与收入差距：基于第一次全国经济普查资料的经验研究．管理世界，2007（10）：19-30，171．

吕德文．"混合型"科层组织的运作机制：临时工现象的制度解释．开放时代，2019（6）：130-147，9．

吕芳．中国地方政府的"影子雇员"与"同心圆"结构：基于街道办事处的实证分析．管理世界，2015（10）：106-116．

吕鹏，范晓光．中国精英地位代际再生产的双轨路径：1978—2010．社会学研究，2016，31（5）：114-138，243-244．

马冬玲，周旅军．女领导的临界规模与组织性别歧视现象：基于第三期中国妇女社会地位调查数据的实证研究．社会，2014，34（5）：127-146．

马冬玲，周旅军. 组织中的"蜂后"：事实还是想象？：基于第三期中国妇女社会地位调查数据的实证研究. 社会学评论，2018，6（5）：39-48.

马连福，王元芳，沈小秀. 国有企业党组织治理、冗余雇员与高管薪酬契约. 管理世界，2013（5）：100-115，130.

马效恩. 事业单位编外人员薪酬激励问题及对策：以 M 市公立医院为例. 中国行政管理，2013（11）：75-78.

毛海强，姚莉萍. 服务行业中女性的工资歧视研究：对某高校后勤集团的调查. 中华女子学院学报，2006（1）：63-67.

倪志伟，欧索菲. 自下而上的变革：中国的市场化转型. 北京：北京大学出版社，2016.

聂海峰，岳希明. 行业垄断对收入不平等影响程度的估计. 中国工业经济，2016（2）：5-20.

潘胜文. 典型垄断行业职工收入状况分析及对策. 经济问题探索，2009（1）：105-112.

亓寿伟，刘智强."天花板效应"还是"地板效应"：探讨国有与非国有部门性别工资差异的分布与成因. 数量经济技术经济研究，2009，26（11）：63-77.

强舸."国有企业党委（党组）发挥领导作用"如何改变国有企业公司治理结构？：从"个人嵌入"到"组织嵌入". 经济社会体制比较，2019（6）：71-81.

任重，周云波. 垄断对我国行业收入差距的影响到底有多大？. 经济理论与经济管理，2009（4）：25-30.

石磊，李路路，赵忠. 内部晋升还是外部聘任？：组织规模与企业补缺路径的选择. 社会学研究，2019，34（3）：25-47，242-243.

孙萍. 技术、性别与身份认同：IT 女性程序员的性别边界协商. 社会学评论，2019，7（2）：71-83.

孙萍. 性别的技术政治：中印"程序媛"的数字劳动比较研究. 全球传媒学刊，2021，8（1）：93-107.

佟新. 企业工会：能动的行动者：以北京中外合资企业 B 有限公司工会实践为例. 江苏行政学院学报，2005（5）：63-68.

田毅鹏，漆思."单位社会"的终结：东北老工业基地典型单位制背景下的社区建设. 北京：社会科学文献出版社，2005.

田毅鹏，吕方. 单位社会的终结及其社会风险. 吉林大学社会科学学报，2009，49（6）：17-23.

王存同，余姣."玻璃天花板"效应：职业晋升中的性别差异. 妇女研究论丛，2013（6）：21-27.

汪力斌，宫君. 关注女工程师的生产力：女工程师职场歧视状况的案例研究. 生产力研究，2009（12）：76-79.

王天夫，王丰. 中国城市收入分配中的集团因素：1986—1995. 社会学研究，2005（3）：

156-181，245.

王天玉.超越"劳动二分法"：平台用工法律调整的基本立场.中国劳动关系学院学报，2020，34（4）：66-82.

王元芳，马连福.国有企业党组织能降低代理成本吗？：基于"内部人控制"的视角.管理评论，2014，26（10）：138-151.

魏姝.性别因素在公务员录用和晋升中的影响：代表性官僚制理论视角下的分析.妇女研究论丛，2011（2）：32-39.

魏下海，董志强，黄玖立.工会是否改善劳动收入份额？：理论分析与来自中国民营企业的经验证据.经济研究，2013，48（8）：16-28.

魏下海，董志强，金钊.工会改善了企业雇佣期限结构吗？：来自全国民营企业抽样调查的经验证据.管理世界，2015（5）：52-62.

武鹏.行业垄断对中国行业收入差距的影响.中国工业经济，2011（10）：76-86.

吴秋生，王少华.党组织治理参与程度对内部控制有效性的影响：基于国有企业的实证分析.中南财经政法大学学报，2018（5）：50-58，164.

吴晓刚."下海"：中国城乡劳动力市场转型中的自雇活动与社会分层：1978—1996.社会学研究，2006（6）：120-146，245.

夏冰青.依码为梦：中国互联网从业者生产实践调查.上海：上海社会科学院出版社，2021.

谢增毅.互联网平台用工劳动关系认定.中外法学，2018，30（6）：1546-1569.

徐卫国，黄英伟.人民公社时期农户劳动报酬实物化及其影响：以20世纪70年代河北某生产队为例.中国经济史研究，2014（4）：120-128，176.

徐细雄，严由亮.党组织嵌入、晋升激励与员工雇佣保障：基于全国私营企业抽样调查的实证检验.外国经济与管理，2021，43（3）：72-88.

严若森，吏林山.党组织参与公司治理对国企高管隐性腐败的影响.南开学报（哲学社会科学版），2019（1）：176-190.

颜士梅.企业人力资源开发中性别歧视维度及程度的实证分析.浙江大学学报（人文社会科学版），2008（6）：173-184.

颜士梅，颜士之，张曼.企业人力资源开发中性别歧视的表现形式：基于内容分析的访谈研究.管理世界，2008（11）：110-118.

杨继东，杨其静.工会、政治关联与工资决定：基于中国企业调查数据的分析.世界经济文汇，2013（2）：36-49.

杨云，彭敏志.中国酒店业员工岗位性别差异对薪酬的影响研究.中国人力资源开发，2016（2）：35-42.

杨云霞，黄亚利.公共部门临时工的身份冲突：对88份文本的实证分析.西南民族大学学报（人文社会科学版），2012，33（12）：104-107.

姚先国，李敏，韩军.工会在劳动关系中的作用：基于浙江省的实证分析.中国劳动关系学院学报，2009，23（1）：25-30.

叶静.地方软财政支出与基层治理：以编外人员扩张为例.社会学研究，2016，31（1）：146-167，245.

叶林祥，李实，罗楚亮.行业垄断、所有制与企业工资收入差距：基于第一次全国经济普查企业数据的实证研究.管理世界，2011（4）：26-36，187.

游正林.政绩驱动下的工会行动：对F厂工会主动介入生产管理过程的调查与思考.学海，2011（1）：138-145.

游正林.想象中的工会作用：评几篇定量研究中国工会作用的文献.东南大学学报（哲学社会科学版），2017，19（5）：60-66，147.

于良春，菅敏杰.行业垄断与居民收入分配差距的影响因素分析.产业经济研究，2013（2）：31-39.

余晓敏.国际玩具供应链中的企业社会责任：沃尔玛中国玩具供应厂的经验研究.开放时代，2008（5）：77-87.

张承耀.万向集团党组织建设模式及其评析.北京市经济管理干部学院学报，2009，24（1）：60-62.

张丹丹.市场化与性别工资差异研究.中国人口科学，2004（1）：32-41.

章高荣.组织同构与治理嵌入：党建何以促进私营企业发展：以D市J科技园企业党建为例.经济社会体制比较，2019（6）：53-61.

张乐天.告别理想：人民公社制度研究.上海：东方出版中心，1998.

张静.利益组织化单位：企业职代会案例研究.北京：中国社会科学出版社，2001.

张静.被单位吸纳的阶级.文化纵横，2012（3）：34-39.

张静.通道变迁：个体与公共组织的关联.学海，2015（1）：50-58.

张静.社会治理为何失效？.复旦政治学评论，2016，16（1）：229-255.

张静，董彦峰.组织分化、政治整合与新时代的社会治理.文化纵横，2018（4）：76-87.

张江华.工分制下的劳动激励与集体行动的效率.社会学研究，2007（5）：1-20，243.

张允美.中国职工代表大会制与职工参与模式的政治学分析.北京行政学院学报，2003（1）：27-33.

赵德余.工会组织在职工工资决定中的影响与作用：来自上海的经验.社会科学战线，2011（3）：46-53.

郑辉，李路路.中国城市的精英代际转化与阶层再生产.社会学研究，2009，24（6）：65-86，244.

周雪光.西方社会学关于中国组织与制度变迁研究状况述评.社会学研究，1999（4）：

28-45.

周雪光, 赵伟. 英文文献中的中国组织现象研究. 社会学研究, 2009, 24（6）: 145-186, 245-246.

朱斌. 稳定化与结构化：新制度主义视角下的中国劳动力市场变化（2006—2017）. 社会学研究, 2022, 37（2）: 1-22, 226.

朱斌, 苗大雷, 王修晓. 控制与合法化：中国私营企业建立党组织的机制分析. 社会学研究, 2021, 36（3）: 71-90, 227.

朱斌, 王修晓. 制度环境、工会建设与私营企业员工待遇. 经济社会体制比较, 2015（6）: 176-186.

朱斌, 徐良玉. 市场转型背景下性别收入差距的变迁. 青年研究, 2020（2）: 23-34, 94-95.

朱建利. 两种不同运营模式下的出租车司机权益保障研究. 现代商业, 2015（21）: 265-267.

朱晓阳, 陈佩华. 职工代表大会：职工利益的制度化表达渠道？. 开放时代, 2003（2）: 120-132.

朱妍. 组织忠诚的社会基础：劳动关系"嵌入性"及其作用条件. 社会学研究, 2017, 32（2）: 76-102, 243-244.

BARON J N. Organizational perspective on stratification. Annual review of sociology, 1984, 10: 37-69.

BARTLEY T. Transnational corporations and global governance. Annual review of sociology, 2018, 44: 145-165.

BIAN Y J. Work and inequality in urban China. Albany: State University of New York Press, 1994.

BIAN Y J, LOGAN J R. Market transition and the persistence of power: The changing stratification system in urban China. American sociological review, 1996, 61（5）: 739-758.

BJORKLUND E. The danwei: Socio-spatial characteristics of work units in China's urban society. Economic geography, 1986, 62（1）: 19-29.

BLECHER M, SHUE V. Tethered deer: Government and economy in a Chinese county. Stanford: Stanford University Press, 1996.

BLECHER M J, WHITE G. Micropolitics in contemporary China: A technical unit during and after the Cultural Revolution. London: Macmillan, 1979.

BRIDGES W P, NELSON R L. Markets in hierarchies: Organizational and market influences on gender inequality in a state pay system. American journal of sociology, 1989, 95（3）: 616-658.

CASTILLA E J. Bringing managers back in: Managerial influences on workplace inequality.

American sociological review, 2011, 76（5）: 667-694.

CAULEY J, SANDLER T. Agency theory and the Chinese enterprise under reform. China economic review, 1992, 3: 39-56.

CHANG E C, WONG S M L. Political control and performance in China's listed firms. Journal of comparative economics, 2004, 32（4）: 617-636.

CHEN M S, CHAN A. Employee and union inputs into occupational health and safety measures in Chinese factories. Social science and medicine, 2004, 58（7）: 1231-1245.

CLIFF T. Post-socialist aspirations in a neo-danwei. The China journal, 2015, 73: 132-157.

EGAN M L, MATVOS G, SERU A. When Harry fired Sally: The double standard in punishing misconduct. Journal of political economy, 2022, 130（5）: 1184-1248.

FARBER H S. The analysis of union behavior//ASHENFELTER O, LAYARD R. Handbook of labor economics. New York: North-Holland, 1986, 2: 1039-1089.

FRANCIS C B. Reproduction of danwei institutional features in the context of China's market economy: The case of Haidian District's hi-tech sector. The China quarterly, 1996, 147: 839-859.

FREEMANR B, MEDOFF J L. What do unions do. New York: Basic Books, 1984.

HENDERSON G E, COHEN M S. The Chinese hospital: A socialist work unit. New Haven & London: Yale University Press, 1984.

KHAN A R, RISKIN C. Inequality and poverty in China in the age of globalization. Oxford: Oxford University Press, 2001.

LIN N, BIAN Y J. Getting ahead in urban China. American journal of sociology, 1991, 97（3）: 657-688.

LIU P W, MENG X, ZHANG J. Sectoral gender wage differentials and discrimination in the transitional Chinese economy. Journal of population economics, 2000, 13: 331-352.

LU Y, TAO Z G, WANG Y J. Union effects on performance and employment relations: Evidence from China. China economic review, 2010, 21（1）: 202-210.

NAUGHTON B. Growing out of the plan: Chinese economic reform, 1978—1993. New York: Cambridge University Press, 1995.

NEE V. A theory of market transition: From redistribution to markets in state socialism. American sociological review, 1989, 54（5）: 663-681.

NEE V. The emergence of a market society: Changing mechanism of stratification in China. American journal of sociology, 1996, 101（4）: 908-949.

PEI M. From reform to revolution: The demise of communism in China and the Soviet Union. Cambridge: Harvard University Press, 1994.

PETERSEN T, SAPORTA I. The opportunity structure for discrimination. American journal of sociology, 2004, 109（4）: 852-901.

PETERSEN T, MORGAN L A. Separate and unequal: Occupation-establishment segregation and the gender wage gap. American journal of sociology, 1995, 101（2）: 329-365.

QI Y Q, LIANG T G. Regional segregation or industrial monopoly?: Dual labor market segmentation and income inequality in China. The journal of Chinese sociology, 2016, 3（1）: 1-20.

STAINBACK K, TOMASKOVIC-DEVEY D, SKAGGS S. Organizational approaches to inequality: Inertia, relative power, and environments. Annual review of sociology, 2010, 36（1）: 225-247.

STEWART M B. Union wage differentials, product market influences and the division of rents. The economic journal, 1990, 100（403）: 1122-1137.

SZELÉNYI I, KOSTELLO I E. The market transition debate: Toward a synthesis?. American journal of sociology, 1996, 101（4）: 1082-1096.

WALDER A G. Communist neo-traditionalism: Work and authority in Chinese industry. Berkeley and Los Angeles: University of California Press, 1986.

WALDER A G. Factory and manager in an era of reform. The China quarterly, 1989（118）: 242-264.

WALDER A G. Property rights and stratification in socialist redistributive economies. American sociological review, 1992, 57（4）: 524-539.

WALDER A G. Career mobility and the communist political order. American sociological review, 1995, 60（3）: 309-328.

WON J. What comes next after socialism in China?: Communist neo-traditionalism twenty-five years later. Harvard-Yenching Institute working paper series, 2012.

WRIGHT E O. Working-class power, capitalist-class interests, and class compromise. American journal of sociology, 2000, 105（4）: 957-1002.

YAN X, HUANG J. Navigating unknown waters: The Chinese Communist Party's new presence in the private sector. The China review, 2017, 17（2）: 37-63.

YAO Y, ZHONG N H. Unions and workers' welfare in Chinese firms. Journal of labor economics, 2013, 31（3）: 633-667.

ZHANG L T. Shaking things up: Disruptive events and inequality. American journal of sociology, 2021, 127（2）: 376-440.

ZHOU X G, TUMA N B, MOEN P. Stratification dynamics under state socialism: The case of urban China, 1949—1993. Social forces, 1996, 74（3）: 759-796.

第十二章 | 社会资本与中国社会分层

程 诚

（东南大学社会学系）

"社会资本"不仅是多学科共同使用的学术概念，也早已成为中国人的日常生活用语。这也导致了社会资本的内涵与外延的混乱。有些研究者从宏、中观意义上讨论"社会资本"，主要内容包括社会信任、公共参与、社群规范、社团组织等，也有研究者从微观个体角度阐释"社会资本"，最典型的就是人际关系网络的视角，具体包含网络结构论、关系强度论、网络资源论等。与此同时，可运用社会资本理论解释的现象也越来越多，比如2020年起全球大流行的新冠感染疫情及其防控（边燕杰等，2020）。有关社会资本的综述性论文也比较丰富（张文宏，2003、2007、2011；赵延东，2003）。相比众多已有的综述性研究，本章聚焦于微观视角的社会资本，讨论其在中国社会学中地位获得、分层流动以及不平等方面的学术进展。

在中国情境下讨论微观社会资本及其影响，就不可避免地要纳入与"关系"（guanxi）密切相关的论著。尽管微观视角的社会资本与关系都是对人际网络、社会互动的考察，都是从联系性视角来理解个体行动和社会运转，但严格地讲，这两个学术概念之间存在较大差异（边燕杰、杨洋，2019；翟学伟，2009）。两者的根本区别在于它们诞生在不同的社会文化情境中。社会资本概念来自国外，是针对物质资本、经济资本而提出的，目的在于揭示个体的地位获得和社会分层体系的形成与演化模式。"关系"是一个中国本土概念，且常与社会心理学、人类学紧密相关，包括关系文化、关系实践等内容。

仅就与地位获得有关的研究来说，两者也存在差异。在针对西方社会的研究中，社会资本理论虽强调人际网络中的资源及其经济价值，但主要指"弱关系"的力量，其影响机制是弥补劳动力市场中的信息不对称。"结构洞"社会资本的价值也在于"弱关系"所制造的信息优势和控制优势。尽管社会资本理论也强调封闭网络的功能，如促进青少年的学业成就，但多是中观层次上的研究，背后的机制往往是社会控制与规范。相对于西方社会，中国的关系社会资本有相对的三个要素，即强关系纽带的特殊性、功能复用性、频发义务性（边燕杰、张磊，2013）。而强关系之所以能够导致成功，是因为其背后依赖人情机制（Bian，1997），"庇护主义"（Walder，1988）、"非对称交易的社会交换网络"（Lin，2001）都与此相关。不过，林南的社会资本理论在一定程度上兼顾了西方社会资本理论与中国"关系"研究。比如，关系强度命题同时肯定了"弱关系"和"强关系"的功效，社会资源命题也基本等同于中国人日常所说的"人脉""关系"。正因如此，林南的社会资本理论在中国学界更受关注，对其进行了引述和应用的作品也更多[①]。

为了区别于西方研究文献中已有的一般化的"社会资本"概念（边燕杰、张磊，2013），有些研究者采用了"社会网络资本"（边燕杰、李煜，2000）、"关系社会资本"（边燕杰、张磊，2013）、"关系资本"（边燕杰，2004；彭庆恩，1996）的概念。本章在中国视角下回顾社会资本与分层流动的相关研究，因此也将"关系"研究纳入进来。作为一篇综述性质的文章，本章无意于纠缠这些概念间可能存在的细微差别，而是尽可能地涵盖相关重要研究。但为了方便叙述，本章将以"社会资本"概念为主，采纳了林南教授有关社会资本的定义，即行动者在目的性行动中获取和动员的、嵌入在个人网络结构中的社会资源（林南、张磊，2005）。本章的结构安排如下：首先，概述社会资本理论的早期研究；其次，介绍社会资本的来源、测量与影响机制；再次，综述社会资本对中国弱势群体和精英群体的功效，以及社会资本影响的变迁研究；又次，介绍社会资本与经济不平等的相关研究；最后，进行必要总结，并展望未来值得进一步探讨的一些议题。

---

① 伯特也强调封闭网络（closure）和开放网络（brokerage）都属于社会资本的内涵（Burt，2005）。

第一节 早期社会资本研究掠影

一、海外研究

一般认为，布尔迪厄、科尔曼、普特南等人对社会资本理论的形成和流行贡献最大，有关这几位研究者的介绍性成果已很多，在此不赘述。在本节，我们主要从劳动力市场的角度做一点概述。

尽管格兰诺维特极少使用"社会资本"这个概念，但其《弱关系的力量》却是社会资本与分层流动领域无法回避的论著。格兰诺维特认为网络中的"弱关系"能够起到信息桥梁的作用，为行动者提供非重复信息，帮助求职者获得更好的工作与收入（Granovetter，1973）。从个体的角度看，"弱关系"有助于目标的达成。林南的社会资源理论则将社会网络置于社会结构之中，揭示了"弱关系"的本质是能够动用优质的社会资源，从而为行动者带来更多的收入回报（Lin，1982）。伯特则认为，弱关系的力量在于行动者占据了"结构洞"，并由此获得信息优势和控制优势（Burt，1984）。边燕杰的"强关系"理论将社会网络与中国社会结构结合起来，认为再分配体制以及关系主义文化特征使得"强关系"也能成为网络桥梁，传递实质上的人情与帮助，为行动者带来经济回报（Bian，1997）。强弱关系之争，开启了关系强度和网络结构维度的对社会资本及其价值的研究。

林南的社会资本理论是对传统地位获得理论的修正（林南，2020），因其与劳动力市场的研究最为密切，因此受到众多中国社会分层研究者的关注。布劳、邓肯提出的地位获得模型构成了基础性的分析框架。在这种理论背景下，林南开始考虑：社会网络作为一种相对独立的社会因素，其与地位获得的关系是怎样的。林南关于社会资本的系统论述，汇集为《社会资本：关于社会结构与行动的理论》一书。虽然该书于 21 世纪初问世，但从 20 世纪 80 年代初始，林南便一直从事社会网络与地位获得的研究，并提出了"社会资源"理论。随着 20 世纪 90 年代社会资本概念的兴起，林南认为两者相互补充，"将关注点放在获取与动员的社会嵌入性资源的工具性效用上,从而促进了社会理论的发展……加强了社会资本概念的定义与可操作性"(林南、张磊,2005:79)。基于早期的社会资源观,林南认为,社会资本是"在市场中期望得到回报的社会关系投资",可以定义为:"在目的性行动(purposive action)中被获取的和被动员的、嵌入在社会结构中的资源"(林南、张磊,2005:28)。

林南的社会资本理论的核心构成包括四个命题:(1)社会资源命题。行动的成功与社会资本正相关。(2)地位强度命题。初始位置越好,行动者越可能获取和使用好的社会资本。(3)关系强度命题。强弱有别,各有优势,关系越强,所获取的社会资本越可能正向地影响表达性行动的成功;关系越弱,行动者在工具性行动中越可能获取好的社会资本。(4)网络位置命题。个体越靠近网络中的桥梁,他们在工具性行动中获取的社会资本越好。因此,林南强调要关注和检验社会资本的获取和动员这两个过程(林南、张磊,2005:80-81)。

二、国内研究

20世纪90年代中期,"社会资本"研究在中国社会学界开始兴起,并与社会转型议题紧密结合。李培林(1992)指出社会结构转型是资源配置过程中的"另一只看不见的手",而社会网络,尤其是基于人际网络的社会运转规则和个体行为规范,是影响资源配置的一个基本结构要素(李培林,1994)。张宛丽(1996)虽未使用"社会资本"一词[①],但她明确地将社会关系网络视为和市场与政府相并列的第三种资源配置手段(张宛丽,1996)。张宛丽概括了"权力泛化"的职业、"寻租"-钱权交换、"圈子"-准组织三个主要现象,提出作为非制度因素的社会关系网络在中国社会群体成员地位获得中具有独特功能。社会变迁预示着不确定性和缺乏安全感,而人际社会网络所具有的天然的亲和性则促使社会关系资源在转型期社会扮演着非常重要的角色(张宛丽,1996)。

就笔者所知,李路路是最早在严格意义上使用"社会资本"概念的国内研究者。在介绍了布尔迪厄和科尔曼等人的社会资本观后,李路路结合经验资料分析了私营企业家的社会资本对其发展的意义,敏锐地指出在市场经济尚不完

---

① 张宛丽指出了社会关系的资本增值特性,并采用了"社会关系资本"的概念表述。

善、再分配机制不断收缩的背景下,企业家的社会关系网络,尤其是亲朋的职业地位和权力地位,对于他们进入私营经济领域、获得资源和促进私营企业发展均有积极影响(李路路,1995)。彭庆恩(1996)虽采用了"关系资本"的概念,但鲜明地指出:该概念是在林南、弗莱普等人的"社会资源"理论的基础上提出的,而彼时林南还未打算将"社会资源"概念统合进"社会资本"中。通过对北京建筑行业农民工群体的观察,彭庆恩(1996)认为,从农民工到小包工头再到高级包工头的跃迁过程是地位获得的体现,而个人的社会资本是实现这一地位获得的主要机制。同时,包工头为了维持既得地位和进一步提高自己的地位,又会努力谋求社会资本的再生产。刘林平(2001)也认为社会资本(关系)是人们获取利益的一种手段,是一种资源的配置手段;关系的实质是利益交换;在竞争不充分、信息不完全、规则不完善的条件下,关系就会发生作用;人们动员社会资本的原则是理性选择。

第二节 社会资本的来源、测量与影响机制

一、社会资本的来源

既然社会资本是一种重要的资源,那么其分布的不平等也是分层流动研究者关注的议题。理解行动者社会资本的多寡有两个视角,我们先谈其中的个体"投资"视角。社会资本"投资"是林南的社会资本的三大组成部分之一(张文宏,2011)。社会资本投资的成本包括时间、精力、物质和经济成本。"时间投入"是社会资本形成的一类重要投资(傅仰止,2005);"面子经营术"虽然劳神,却是获取关系资本的重要手段;在中国社会,人们常需通过餐饮社交来维持、扩展、强化关系网络(边燕杰等,2004)。而且中国人更偏好于投资高密度的亲缘和地缘"强关系",而不重视"弱关系"的建构(张文宏,2008)。精英能人的社会资本同样来自自己的经营投资(罗家德等,2013)。与大多数理论家强调社会资本的生成是"理性行动"不一样的是,符平(2004)认为,非理性行动同样重要:曾经的情感交往、业务往来和共同经历往往会造就大量的社会

资本。

　　格拉泽（2003）系统论述了社会资本的投资。他认为当个人较长时间居住于某个社区时，他将愿意更多地进行社会资本投资。格拉泽认为那些社会流动性小的个体，在社会资本投资方面的风险也小，从而可以获得更加稳定的收益，因此这些人在他们当地的社会关系网络中投资的动机更强烈，这种投资动机导致了他们社会资本存量的差异。以农民工为例，他们所从事的工作最大的特点就是流动性强，并且这种"短工化"的趋势随着代际更新而加剧（清华大学社会学系课题组，2013）。他们在不同职业、行业之间流动，也频繁地往返于不同城市之间。作为理性的行动者，农民工会理性地减少对所在城市中的人际关系网络的投资，因为随着他们的迁移，这些新积累的社会资本会逐渐丧失，或者无法发挥经济功效（程诚、边燕杰，2014）。

　　与个体投资视角针锋相对的是结构与文化制约视角。除了个体投资外，林南也认为初始位置（如家庭背景）越好的社会行动者，越可能获取和使用更好的社会资本，即"地位强度命题"。而社会行动者距离关系网络中的桥梁越近，他们在目的性行动中所获取的社会资本也越好，即前文中的"位置强度命题"（林南、张磊，2005）。来自中国经验数据的研究也显示：居民的社会资本存量与其职业地位、收入和教育正相关（边燕杰等，2004）。与此同时，社会资本也是动态累积的，比如表现为随着年龄增长、代际流动而增加（边燕杰、李煜，2000；边燕杰、芦强，2017；王惠、姚远，2018）。受布尔迪厄资本转换的启示，李煜认为文化资本也是中国居民社会网络资本的重要来源。相关调查数据也显示：高层文化资本有助于与社会上层发生交往，从而增加行动者关系网络中嵌入的资源。但与欧美社会不同的是，文化多样性对提升网络资本并无太大贡献（李煜，2001）。

　　边燕杰为社会资本的来源提供了两种互补性解释（边燕杰等，2004）。一方面，个体阶级阶层地位影响着社会交往的模式和范围，从而决定了行动者的社会资本存量与质量。另一方面，人们所从事的职业交往活动是一种稳定的社交场域，是发展社会资本的源泉。2000年北京市民调查数据也显示：专业行政管理阶层的网络规模、网络异质性以及结构洞社会资本都高于工人阶层（张文宏，2005）。除地位与职业等结构性因素外，民族（李晓光，2020）、婚姻（芦强、边燕杰，2018）、交往意愿（郭小弦、李晓光，2022）、地理区位（Xiong et al., 2019）也影响着中国居民社会资本的形态。综合来看，社会资本的不平等可分为初始社会资本的不平等和个人发展中社会资本的不平等。第一种不平等源于家庭背景和个人阶级阶层地位；至于第二种不平等，主要与职业相关，包括同单位内部和市场部门的交往状况，以及职业流动性导致的投资动机差异。

社会资本不平等产生的结构性原因可以归结为一点：关系网络的同质性，即由于人们总是偏好同与自己相似的个体交往，而且社会结构也限定了人们多数情况下只能同与自己相似的个体交往，因此，处于不同位置的个体便自然形成了不同的关系网络，这些关系网中嵌入的资源自然亦不相同。处于较高位置的人们将占据更多的社会资本。从同质性角度来看，上述两种不平等可分别归因为先赋性同质性与累加性同质性（DiMaggio & Garip, 2012）。

除了个体所属的小气候会影响其社会资本外，人们所处的大环境同样重要，比如中国的城镇化、市场化进程。田丰和付宇（2020）发现，中国的城镇化对大专以下学历者的社会资本存量有正向影响，但对大专及以上学历群体的社会资本存量有负向影响。基于跨度为15年的三期"社会网络与职业经历"调查数据，研究者发现：中国城市居民社会资本总量随市场化进程呈现稳定上升趋势；围绕家庭场域的社会资本出现下降趋势，围绕工作场域的社会资本则明显上升；伴随着市场化进程，体制外就业人员的社会资本上升速度快于体制内就业人员，前者的社会资本存量反超后者（边燕杰等，2020）。而特定世代所经历的重大历史事件也会对其社会资本积累造成长期影响（Li & Guo, 2022）。除了作为存量的社会资本，社会转型也系统影响着人们对社会资本的动员和使用（Bian, 2018；Tian & Lin, 2016；边燕杰等，2012）。

二、社会资本的测量

有效测量社会资本是进行大样本量化实证研究的基础。对作为存量的社会资本的测量最典型的策略是"定名法"和"定位法"。定名法（name generator）要求被访者依据特定的情境提供自己关系网络中成员的姓名、社会特征以及成员间相互关系等信息。这种方法在个体中心网络的研究中得到了相当广泛的应用，已经形成一套成熟的指标体系和方法。因此，定名法也常被用来对个体社会资本进行测量，典型的测量器如"讨论网"等（Burt，1984）。基于讨论网的最早的中国调查资料来自1986年的天津市（阮丹青等，1990）。但讨论网测量的网络成员规模有限；能反映强关系而容易遗漏弱关系；受地理限制，无法展现个人网络资源的全貌（林南，2020）。在地位获得领域，更常见的测量社会资本的方案是"定位法"（position generator）（Lin & Dumin，1986）。这种测量方法假设社会资源按照社会地位高低呈金字塔形分布，每个网络成员所拥有的社会资源数量取决于其所处的社会结构性地位。因此，通过对被访者网络成员中出现的结构性地位的了解，可度量出其所拥有的社会资本。定位法测量所生成的常见指标包括：网络规模、网络差异性、网络顶端、网络广泛性、网络密度等。

边燕杰继承了定位法传统，并进行了本土化改造，也就是经常被国内研究者采用的"春节拜年网"。中国人的关系网络以亲属为核心，是熟、亲、信三位一体的义务和交换关系，具有这种特征的关系人在春节期间一般会相互拜年。基于这种认识，边燕杰和李煜提出了春节拜年网，并据此测量了中国居民或家庭的社会资本（边燕杰、李煜，2000）。与国外定位法测量不同的是，春节拜年网可构建出一些有助于理解中国社会经济体制的特色概念，如跨体制社会资本（边燕杰等，2012；王文彬等，2021）。

尉建文和赵延东（2011）改进了拜年网中对资源含量的测量，认为以往对资源含量的测量是基于"职业声望"的，但基于"职业权力"的测量更符合中国的文化及现实背景。拜年网是测量中国社会文化背景下社会资本的有效手段，其效度高于讨论网（王卫东，2009）。拜年网为社会资本研究提供了具有中国文化内涵的方法论基础，研究发现，基于拜年网测量的社会资本与在职者的职业地位、收入获得等客观福祉相关（边燕杰等，2004），也同中国居民的幸福感、精神健康、生活满意度等主观感受关系密切（赵延东，2008）。

除了定名法和定位法外，还有一些其他的社会资本测量方式，如"资源法"（Van Der Gaag、Snijders，2005）、"量表法"（Chen et al.，2009）、"日记法"（傅仰止，2005）以及基于整体网的测量（尉建文等，2021），但这些测量方式在国内社会分层与流动领域中得到的应用尚较少，这里不再展开。

对动员的社会资本的测量经常依赖于特定的"事件"，其中最主要的应用领域是劳动力市场的求职过程。研究者一般询问被访者在初职或/和现职的搜寻过程中,是否有人给予了帮助。这也就是我们常说的"求职网"。根据研究者学术兴趣的不同,测量的内容通常包括:与施助者的关系强度(强弱关系)(Granovetter,1973)、直接与间接关系(Bian,1997;杨张博、边燕杰,2016)、关系人地位(林南、张磊,2005)、人职匹配(郝明松,2020;肖阳、边燕杰,2019;张顺、李爱红,2016)、动员的网络资源类型(Bian et al.,2015;边燕杰、张文宏,2001)等。

除"求职"事件外,研究者也关注其他事件或场域中社会资本的动员及其功效。如"社交餐饮网"(边燕杰等,2004)、"日常网"(Fu,2005)、"红白喜事"(胡荣,2013)、"求医问药"(杨建科、王建,2017)、"创业过程"(Burt & Burzynska,2017;边燕杰、张磊,2013)、"疾病众筹"(程诚、任奕飞,2022)。

经过国内外研究者的共同努力,涉及社会资本的国内大规模调查数据已然非常可观,有兴趣的读者可以阅读张文宏(2011)的详细介绍,这里不再赘述。

三、社会资本的影响机制

基于社会网络的社会资本影响地位获得的机制主要包括信息机制和人情机制。信息资源主要以"弱关系"为载体,而人情资源更多地表现为"强关系"的影响。边燕杰和黄先碧曾梳理过信息资源与职业地位获得的内在机制(Bian & Huang,2015)。首先,关系网络可以弥补劳动力市场中雇主与求职者之间的信息不对称,使求职者接触到更多的可供比较的单位或雇主。因此,随着求职者掌握的信息资源越来越丰富,他们获得更高收入、更好工作的机会也随之增大。其次,基于人际网络的推荐方式(比如企业内推)提供了有关求职者资质的充裕信息,可以有效降低企业的招聘成本。雇主可将节省下来的成本用于提高工资收入,从而吸引有能力的求职者。再次,人际网络还可以传递企业内部的一些信息,比如某个岗位此前的薪资水平,这些内部信息增加了求职者与雇主进行薪水、福利等发展机会谈判的筹码。最后,人际网络所传播的企业内部信息,还有助于应聘者今后在工作部门的适应与融入,从而影响其工作机会和收入。因而,概言之,社会网络中嵌入的信息资源是劳动力市场中社会资本的一个来源，推动着求职者的地位获得。

人情及信任机制强调"强关系"在劳动力市场中同样具有重要的价值。首先，"强关系"可传递"深度信息"，这种信息更加丰富多彩、深入细致，也更加准确。其次，以"强关系"为基础的互惠关系，也意味着求职者与该单位雇主/雇员相互信任，这种信任关系有利于求职者的职业融入、升迁和加薪（张顺、郭小弦，2011；张顺、郝雨霏，2013）。最后，职务获得过程并非总是透明公正的，现实中充斥着"寻租""腐败"等不公正的情形。在中国社会情境中，强烈的关系主义文化背景的特点之一便是人情交换。如果招聘者只是组织/企业的代理人，而非拥有者时，这种人情影响还会更大（边燕杰，2010）。此外，在中国社会的转型过程中，大量的制度安排新旧更替，很多具体的规则不断地更改、变化，一套成熟完善的社会运行体系尚未完全确立，这就产生了大量的"体制洞"，为人情资源发挥影响提供了制度环境（Bian, 2002）。在这种文化与制度的双重背景下，在职业流动中，基于强关系的人情资源被频繁使用，且富有成效，被称为"强关系"假设。

除信息和人情机会直接影响个体的地位获得外，其他一些网络机制亦会发挥间接影响。比如网络的濡染机制，即在与地位高于自己的网络成员的互动过程中被不断濡染和同化，获得更具竞争力的人力资本或价值观念（Coleman, 1988；程诚，2012；程诚，2017；叶静怡等，2012）。再如"光环效应"（林南，2005：47），即关系网可为个人的社会信用提供证明，进而提高获取经济资源的能力；一些人的"后台"使得雇主/经理相信这些个体能够提供超越自身人力资本之外的额外资源，并对组织有用（林南、张磊，2005：19）。

第三节 社会资本的功效及其变化

一、弱势群体的社会资本

社会资本理论被广泛运用于劳动力市场研究，涉及各类劳动者/求职者，比如大学毕业生（郑洁，2004）、"凤凰男"（林易，2010），也包括对退出劳动力市场者工资福利的影响（张翼、李江英，2000）。社会资本还有助于开展创业活动（李颖晖，2020；张玉利等，2008）。但社会资本的功效更多地与弱势群体相关联。比如社会资本之于下岗职工（风笑天、赵延东，1998；赵延东，2001）、失地农民（李飞、钟涨宝，2010）的再就业、灾后重建（赵延东，2007）。最丰富的研究成果集中于流动人口群体，尤其是农民工。

社会资本对我国农民工群体在异地他乡获得工作及回报的研究屡见不鲜。农民工主要依靠亲朋好友等人际关系网络途径进入城市，进城后，农民工继续依靠社会网络寻求保护与发展（李培林，1996）。李强的研究发现，依靠社会资本找到工作的农民工比例为66%（李强，2001）。而蔡昉和费思兰（2011）的研究却显示，这个比例甚至超过了80%。2015年的一项调查中，该比例亦超过了80%（卓玛草、孔祥利，2016）。社会资本也显著影响了农民工尤其是青年农民工的职业选择（Zhang & Li，2003）。不过，大多数农民工只能依靠同质性网络找到工作，他们的异质性关系网络较少（李培林等，2000：195）。随着研究的深入，学界逐渐呈现出两种主张。一派认为，同质性、先赋性的社会资本（如同乡）更能提供社会支持，促进工资收入增长（魏万青，2016；张春泥、刘林平，2008；张春泥、谢宇，2013）。另一些研究则指出趋同性的社会关系网络可能不利于农民工的经济获得（李树茁等，2007），一些特定的同乡关系（雇主－工人）甚至阻碍了农民工基本权益的实现（魏万青、高伟，2019）；而异质性网络对农民工更重要（叶静怡等，2012；叶静怡、周晔馨，2010；悦中山等，2011；章元等，2012）。因为异质性关系网络是社会资本的一个重要维度，即网络多样性、网络开放性的程度，故农民工网络的异质性较低，反映出他们的社会资本存量较低。

虽然少数研究认为社会资本对农民工工资收入增加的影响较弱（冯璐等，2019；刘林平、张春泥，2007），但大多数研究表明，社会资本不仅有利于农民工的职业获得，还有利于农民工群体在相同工作内部获得更高的收入（程诚、边燕杰，2014；刘传江、周玲，2004；刘祖云、刘敏，2005）。比如，章元等人发现，社会资本既能够直接提高农民工在城市劳动力市场中的工资水平，也可以通过影响农民工的工作类型而间接影响他们的工资水平（章元等，2012；章元、陆铭，2009）。家庭层的社会资本可增强农民工的流动性，尤其是跨越物理距离的能力，更容易到达经济增长的"核心"地区，从而获得更高的工作收入

(章元等，2012）。叶静怡和周晔馨在解决了异方差和多重共线性等统计难题的基础上，发现异质性社会资本对农民工收入水平的影响更大（叶静怡、周晔馨，2010）。农民工的网络达高性越强，其习得的生产率也将越高，因此即使社会资本未被直接动员，也产生了积极影响（叶静怡等，2012）。借助工具变量，网络规模与农民工的工资收入间的正向因果关系也得到了确认（陈云松，2012）。虽然同质性网络的影响不及异质性网络，但"同乡聚集"同样正向影响了农民工的工资收入（张春泥、谢宇，2013）。也有研究区分了网络构成对农民工收入的影响。比如，当网络指标相互控制后，主要是网络中的资源含量，而非网络规模影响了农民工的收入（张新岭，2010）。总体而言，社会资本在中国社会转型期对农民工的职业获得和收入增加均有不可忽视的作用（李树茁等，2007）。

二、精英群体的社会资本

社会资本并不只是"穷人的资本"[①]，对于精英群体同样重要。在市场领域，虽有研究认为随着市场经济的完善，企业家社会资本对企业绩效的影响已然发生了变化（孙俊华、陈传明，2009），但多数研究承认了社会资本对各类经济精英的重要性。企业家的社会资本越高，其企业的人均产值越高（边燕杰、丘海雄，2000），企业高管的纵向和横向社会资本都显著提升了其薪酬水平（苏方国等，2016）。结构洞社会资本拥有者拿走了地方上特定行业利润的大头，如惠镇石灰行业的"提篮者"（符平，2011），乡村社区精英必须持续地积累、更新和扩张他们的社会资本以维持自己的精英地位（陈光金，2004）。

在公共部门中，周玉（2006）较早审视了社会资本对干部职业获得的重要性，这尤其体现为关系强度和关系人地位的影响（周玉，2006）。关系社会资本也有助于基层法官的职务晋升（边燕杰、王学旺，2019）。通过对东北某镇政府的长期田野研究，林亦府认为，基层政治精英，不论是进入官场还是职务晋升，社会资本均具有决定性作用。只有人力资本的劳动者大部分停留在较低层级，即使有时试图往上突破，也要付出更加艰辛的努力和不菲的成本；有社会

[①] "穷人的资本"概念来源于格鲁特尔特关于社会资本在发展中国家的研究。

资本但人力资本匮乏的劳动者,一般居于中间层级;如果社会资本和人力资本都很丰富,则会居于基层权力金字塔的顶端(林亦府,2013)。另一项有社会影响力的县域官场田野调查同样承认:社会资本(关系)在干部的仕途中相当重要,甚至发挥着根本性和基础性的作用(冯军旗,2010)。

与经济精英和政治精英的境遇不同,人们一般认为技术精英的地位获得遵循"普遍主义"原则,以社会资本为代表的"特殊主义"模式应是无效的,但事实并非如此。比如,社会资本在院士遴选过程中发挥着重要影响力。研究者注意到"同乡"关系在中国社会中的重要性,因而巧妙地根据院士候选者与其本部常任院士是否出生于同一地区建构了同乡纽带指标,并发现了晋升院士过程中的"同乡偏袒"(Fisman et al.,2018)。其他研究也有相似的发现(Cao,2004),但科学界的关系偏袒并非中国社会独有,师门关系的影响是普遍的(Xie,2017)。对于高校普通科研工作者,(同行)社会资本也有助于提高其科研绩效(曾明彬等,2022),尤其是相比政府认可和市场认可,更能获得学界认可(雷洋昆、陈晓宇,2021),体现出了特定社会资本的专属性影响。从开放性和闭合性网络视角,鲁晓(2014)考察了社会资本对科学家地位获得的影响:开放的国际化网络有助于海归科学家的职业提升,而本土科学家较多地利用闭合的强关系拓展发展空间,更容易得到行政职位的提升。

三、社会资本地位获得功效的变迁

从计划经济逐步向市场经济的转型是我国社会结构的重要特征。在此背景下,有关社会资本在资源分配过程重要性变化的讨论也成为学界的一个焦点话题。市场化假设认为,转型经济的大方向是不断向市场化迈进,其间资源配置越来越通过市场进行而非行政调拨(Nee,1989)。依此逻辑判断,信息资源的动员和使用将越来越重要,而人情资源的使用频率则不断下降。根据在上海等地进行的访谈,顾斯瑞认为市场化改革后中国的关系主义在持续下降(Guthrie,1998)。通过对20世纪90年代末中国城市青年人求职过程的访谈,汉泽发现:虽然很多求职者都通过人际网络来寻找工作,但"关系"并非决定地位获得的核心要素,且"关系"的作用也在不断减弱(Hanser,2002:137-138)。程诚和袁野(2023)也发现,被请托帮忙办事的现象在逐年降低,在高发展地区的发生比更低。

市场化改革过程中,"信息资源"的重要性将不断加强,人们对此似乎没有异议,但学界对于"强关系"或者说"人情资源"的影响存在巨大分歧。杨美惠认为,在政府主导的经济改革过程中,国家在经济、社会生活中依然扮演重要角色,"关系"的作用将会维续,甚至上升(Yang,1994)。边燕杰和罗根也认为中国经济体制改革始终是一个政府主导下的"自上而下"的变革过程,政治权力将持续发挥作用,而基于这种权力的人情资源自然也会维持其影响力(Bian & Huang,2015;Bian & Logan,1996)。"体制洞"的观点则认为,市场转型的过程是辞旧迎新的过程,但这一过程不会非常顺利地完成,反而会产生许多真空地带,体制上会出现"断裂"。在这个时期内,基于"人情资源"的社会资本的影响反而会上升(Bian,2002)。换言之,社会资本的作用并非单调递增或者递减。张顺和程诚(2012)证实了该判断:市场化改革使得人情资源的收入效应上升,但上升速度本身在下降。对机关人员职务晋升的研究也表明,关系社会资本的影响随着体制机制改革而有减弱的趋势(边燕杰、王学旺,2019)[①]。

一些经济学家则认为在市场化转型过程中,作为一种非市场力量,家庭社会资本(社会关系网络)减少贫困的作用总体上来说会减弱(张爽等,2007)。还有研究将社会资本对农民工收入的影响同市场化程度结合起来。他们发现,在体制内部门,随着市场化程度的提高,社会资本对农民工收入的影响在下降,但是在体制外部门,随着市场化程度的提高,社会资本对农民工收入的影响却在增强(郝君富、文学,2013)。在综合梳理后,边燕杰等人认为市场竞争程度、体制不确定性程度和关系拥挤程度是影响社会资本关系变迁的条件因素(边燕杰、张磊,2013;边燕杰等,2012)。

判断社会资本重要性的依据,除影响力外,还应该包括社会公众对于"关系"重要性的认知、态度和行为(Bian & Huang,2015)。比如通过"关系"谋职的人数比例的变化。从这个角度来看,存在着一个不争的事实:使用关系网络求职的比例越来越高(Bian,2018;Tian & Lin,2016;边燕杰、缪晓雷,2019;张文宏、张莉,2012)。

---

① 笔者认为,尽管未通过统计显著性检验,但由于总样本较少(257),该研究依然具有现实意义。

第四节 社会资本与不平等

社会资本虽有助于拥有者的地位获得，但也可能导致其他社会成员蒙受损失，这也是社会资本"阴暗面"的一个体现（Portes，1998）。郑杭生和奂平清（2003）较早讨论了关系社会资本所导致的不平等：寻租、腐败等机会主义行为都是对社会网络工具化利用的结果，它给少数人带来好处的同时，也排斥和限制了大多数人，对整个社会的信任、公正亦有极大破坏。实际上，早在1977年，洛里[①]就在《种族收入差别的动态理论》一文中将社会资本同种族间不平等联系了起来（Loury，1977）。洛里批判新古典经济学在对待种族间收入差距时太过个体主义，过分强调人力资本。他认为如果只重视人力资本的功效，那么种族间的收入不平等将永远不会消失。洛里强调社会资本的差异才是影响美国社会收入不平等的重要因素（Loury，1987）。

尽管如此，社会分层与流动领域中的社会资本研究，依然较多强调其地位获得的功效。尽管少数研究指出了社会资本可能的负效应，但总体上，学界多强调其对行动者的正功能，容易让读者误以为研究者在强调"人脉"的重要性（奂平清，2010）。在这种氛围下，另一些研究者开始考察"社会资本"与不平等的直接关系。他们将社会资本本身视为一种微观运行机制，借此解释社会不平等的形成、再生产与变化。

要厘清社会资本与不平等的关系，需区分不同群体的社会资本存量差异所造成的不平等，以及不同群体的社会资本回报差异所造成的不平等。资本存量的差异和回报的差异类似于林南所指的"资本欠缺"与"回报欠缺"（林南、张磊，2005：98-125）。一方面，制度、文化因素，以及社会交往趋同性，导致有些群体投资社会资本的能力、动机要弱于其他群体，进而形成社会资本的欠缺，最终导致不同群体间的地位不平等。另一方面，社会资本的回报率也会因群体而异，一些群体，尤其是处于弱势地位的群体，在对其他社会资源的占用和获

[①] 最早提出"社会资本"概念的经济学家。

取不足时，会更加依赖社会资本（程诚、张顺，2013）。不少研究观察到，农民工、下岗职工、城市中其他贫困人群更加需要通过社会网络获取工作。此外，弱势群体也常常依赖人际网络进行经济借贷或担保，从关系网络中寻求社会支持。这导致社会资本对于该群体的回报率可能高于其他群体，进而起到缩小不平等的功能（格鲁特尔特、贝斯特纳尔，2004：99）。但对社会资本是否更有利于弱势群体，学界是存在争议的。另外，投资社会资本动机的不同也会影响到社会资本回报率的群体差异（程诚等，2015）。

越来越多的研究者开始利用社会资本来解释中国社会的不平等。社会资本在户籍收入不平等的再生产中扮演着重要角色：户籍制度和交往同质性原则导致农民工（相比城市职工）在社会资本存量方面更加欠缺，难以从事高收入工作，且在收入上的讨价还价能力也有限（程诚、边燕杰，2014）；但农民工似乎没有遭遇"回报欠缺"，反而表现出一定的优势（程诚、张顺，2013）。而基于上海的数据虽然也表明强关系类的社会资本特别有助于农民工收入提升，但农民工群体面临着社会"资本欠缺"的困境，研究者还认为该群体也存在社会资本的"回报欠缺"（Lu et al., 2013）。社会资本对农民工随迁子女与城市居民间的收入差距也有一定的解释力（王毅杰、卢楠，2015）。社会资本同样有助于理解男女两性在劳动力市场中的收入差异（Lin，2000）。父权文化规范了男性和女性的社会交往模式，造成男性和女性在社会资本投资与动员上出现分化，进而形成了性别收入不平等的格局，女性不仅面临着"资本欠缺"，还面临着"回报欠缺"（程诚等，2015）。在科研工作者群体中，资本欠缺和回报欠缺同样导致了学术产出的性别不平等（朱依娜、何光喜，2016）。社会资本对性别收入不平等的影响可能与宏观市场化环境相关：对于女性而言，其拥有的网络资源所能带来的收入回报优势被市场化的推进所消减；对于男性而言，其拥有的阶层网络所能带来的收入回报优势被市场化的推进所提升（陈煜婷、张文宏，2015）。不过也有研究认为，在提高现职地位获得的可能性上，社会网络对女性的影响大于男性，不一定会表现出"回报欠缺"（张文宏、刘琳，2013）。在族群收入不平等方面，有研究认为，西北族群社会资本存量和流量均低于西部汉族，而社会资本差异是西北族群和西部汉族出现收入差距的重要原因（李黎明、李晓光，2016）。社会资本欠缺，尤其是网络异质性和与领导层纽带联系上的劣势也是农转非群体（相对城市原住居民）收入呈现相对劣势的重要原因（李颖晖，2020）。

除了组间收入不平等外，研究者也从整体上评估了社会资本对收入不平等的影响。基于中国西部地区调查数据的研究发现，家庭社会网络资本对于特困家庭的作用更小，是扩大收入不平等的因素（程诚、姚远，2014）。基于CHIPS2002数据的研究同样发现社会资本是一个拉大农户收入差距的因素：相比高收入农户家庭，低收入农户面临着社会资本的回报和资本的双重欠缺（周晔馨，2012）。社会网络资本对农户收入差距的扩大作用也在其他抽样调查数据中得到支持（李群峰，2013）。微观社会资本再生产甚至扩大不平等的效应并不仅仅体现在贫穷与富裕两大群体间，而是呈现梯度特征。比如，在贫弱群体依靠互联网筹集大病医疗资金时，条件稍好一点的群体筹到的善款往往也更多，而社会资本是上述"求助悖论"产生的重要原因（程诚、任奕飞，2022）。但社会资本对收入差距的影响可能与所动员的具体资源有关：信息资源对收入差距起收敛作用，而人情资源扩大了收入差距（李黎明、许珂，2017）。

第五节　小结与展望

本章介绍了中国社会分层与流动领域中的关系社会资本研究，主要包括：早期海内外研究者关于社会资本的中国研究；社会资本是如何产生的、有哪些测量手段、社会资本影响地位获得的机制；社会资本对于典型群体的功效。最后，本章还介绍了社会资本与群体间不平等、总体性收入不平等的关系与分析路径。事实上，社会资本的影响是广泛的，在非经济领域的分层研究中同样有非常多重要成果，也存在广泛争论。譬如，基于定位法的社会资本究竟是降低了还是增加了人们的抑郁程度（Song，2015、2015；赵延东，2008）？社会资本能否在健康分层中扮演中介机制（王甫勤、马瑜寅，2020）？网络资源与社会闭合如何影响青少年的教育成就（赵延东、洪岩璧，2012）？社会资本如何影响教育公平（吴愈晓，2020）？限于篇幅以及整本著作的总体性安排，本章的重心放在了经济领域的不平等，对上述议题几乎没有交待。事实上，收入分层与职业获得领域的社会资本研究有相当多成果，本章只是列举了其中的一部分，很多内容并未兼顾到，如社会资本的作用边界（黄先碧，2008），"关系"

的功效受制于文化还是制度等议题（纪莺莺，2012；彭玉生，2010）。

21世纪初以来，社会资本研究面临着内生性问题的挑战（Mouw，2003），而中国研究者在该议题上做出了许多的贡献，其中大多数与地位获得研究紧密相关（Chen & Völker，2016；Obukhova & Zhang，2017；陈云松，2012、2012；陈云松等，2013、2014；程诚，2017；冯璐等，2019；梁玉成，2010；梁玉成、陈金燕，2019；刘伟峰等，2016；吕涛，2019；王文彬等，2021；魏永峰，2017；吴愈晓，2011；叶静怡、武玲蔚，2014）。陈云松和范晓光也系统性地介绍了社会互动与社会资本因果效应的挑战和应对策略（陈云松、范晓光，2010、2011）。但限于篇幅，本篇悬置了该主题的研究成果。

有关社会资本与社会分层的未来研究，我认为如下几点值得探索。第一，研究视角上，该领域大多数研究中所谓的社会资本，强调的是关系社会资本，少数强调了信任等所谓的认知型社会资本。但是中观层次或者宏观层次的社会资本的研究还是相对较少的。目前来看，后者因为具有公共物品性质，往往发挥着缩小收入差距的功能（程诚、姚远，2014），被视为"穷人的资本"（格鲁特尔特、贝斯特纳尔，2004）。第二，测量手段上，我们往往依赖微观个体层次的数据，哪怕是宏观社会资本，也多依据个体数据汇总而来。未来在调查设计时，可进一步尝试对社区层、区县层乃至省市层相关的宏观数据的收集与匹配，而在小尺度上（如社区层），"整体网"数据采集亦是非常有益的（刘军，2006；罗家德、方震平，2014；尉建文等，2021）。第三，实证方法上，基于统计的因果推断总是存在一定的前提假定，在条件允许的情况下，应该有大规模随机对照实验的成果问世，自然实验和准实验等实验策略也值得尝试（程诚，2017、2021）。第四，分析对象上，绝大多数研究考察的是社会资本对求职者的影响，但少有分析社会资本的动员如何影响施助者（林南，2020）。第五，时代背景上，移动互联网已经全面影响了人们的生活与生产组织形式，大数据与关系社会资本（罗家德等，2021），线上线下网络的互动也需得到特别重视（边燕杰、缪晓雷，2019）。第六，在学术关怀上，除需关注社会资本有什么用外，我们还需要考察社会资本的形成。这里并非要强调"人脉"是如何运作而来的，而是探索人际网络的链接形式，以窥探社会是如何整合的。同时，除了从"理性""利益"的视角审视社会资本，我们也需要实证分析社会资本的"意义"，比如人们如何理解关系与公平（Tian，2020），如何评价社会资本的动员。

参考文献：

边燕杰．关系社会学及其学科地位．西安交通大学学报（社会科学版），2010，30（3）：1-6，48.

边燕杰，郭小弦，李晓光．市场化与社会资本的变迁：1999—2014．开放时代，2020（4）：140-157，9-10.

边燕杰，李煜．中国城市家庭的社会网络资本//清华大学社会学系．清华社会学评论：特辑2.厦门：鹭江出版社，2000.

边燕杰，刘翠霞，林聚任．中国城市中的关系资本与饮食社交：理论模型与经验分析．开放时代，2004（2）：93-107.

边燕杰，芦强．跨阶层代际流动是否增加人们的社会资本：基于中国综合社会调查的分析．求索，2017（12）：103-112.

边燕杰，马旭蕾，郭小弦，等．防疫社会资本的理论建构与行为意义．西安交通大学学报（社会科学版），2020，4（40）：1-11.

边燕杰，缪晓雷．论社会网络虚实转换的双重动力．社会，2019，39（6）：1-22.

边燕杰，缪晓雷．如何解释"关系"作用的上升趋势？．社会学评论，2020，8（1）：3-19.

边燕杰，丘海雄．企业的社会资本及其功效．中国社会科学，2000（2）：87-99，277.

边燕杰，王文彬，张磊，等．跨体制社会资本及其收入回报．中国社会科学，2012（2）：110-126，207.

边燕杰，王学旺．作为干部晋升机制的关系社会资本：对于基层法官的实证分析．西北师大学报（社会科学版），2019，56（6）：15-22.

边燕杰，杨洋．作为中国主体话语的关系社会学．人文杂志，2019（9）：23-34.

边燕杰，张磊．论关系文化与关系社会资本．人文杂志，2013（1）：107-113.

边燕杰，张文宏．经济体制、社会网络与职业流动．中国社会科学，2001（2）：77-89，206.

边燕杰，张文宏，程诚．求职过程的社会网络模型：检验关系效应假设．社会，2012，32（3）：24-37.

蔡昉，费思兰．中国流动人口状况概述//蔡昉．中国人口流动方式与途径．北京：社会科学文献出版社，2001：62-73.

陈光金．20世纪末农村社区精英的"资本"积累策略．江苏行政学院学报，2004（6）：54-60.

陈煜婷，张文宏．市场化背景下社会资本对性别收入差距的影响：基于2009 JSNet全国数据．社会，2015，35（6）：178-205.

陈云松．逻辑、想象和诠释：工具变量在社会科学因果推断中的应用．社会学研究，2012，27（6）：192-216，245-246.

陈云松.农民工收入与村庄网络:基于多重模型识别策略的因果效应分析.社会,2012,32(4):68-92.

陈云松,沃克尔,弗莱普."关系人"没用吗?:社会资本求职效应的论战与新证.社会学研究,2014,29(3):100-120,243.

陈云松,沃克尔,弗莱普."找关系"有用吗?:非自由市场经济下的多模型复制与拓展研究.社会学研究,2013,28(3):101-118,243.

陈云松,范晓光.社会学定量分析中的内生性问题:测估社会互动的因果效应研究综述.社会,2010,30(4):91-117.

陈云松,范晓光.社会资本的劳动力市场效应估算:关于内生性问题的文献回溯和研究策略.社会学研究,2011,25(1):167-195,245.

程诚.大学生社会网络、知识水平与地位获得:基于西部高校学生调查的实证分析.青年研究,2012(4):22-34,94-95.

程诚.求同还是存异?:同质性视角下的学业成就研究.社会学研究,2021,36(1):180-202,230.

程诚.同伴社会资本与学业成就:基于随机分配自然实验的案例分析.社会学研究,2017,32(6):141-164,245.

程诚,边燕杰.社会资本与不平等的再生产:以农民工与城市职工的收入差距为例.社会,2014,34(4):67-90.

程诚,任奕飞.求助悖论:疾病众筹的社会经济地位差异.社会,2022,42(1):124-156.

程诚,王奕轩,边燕杰.中国劳动力市场中的性别收入差异:一个社会资本的解释.人口研究,2015,39(2):3-16.

程诚,姚远.社会资本与西部农村地区的收入不平等分析.西北农林科技大学学报(社会科学版),2014,14(5):115-122.

程诚,袁野.潜在施助者的社会特征:基于CGSS(2010—2018)的实证研究.社会学研究,2023,38(3):112-134.

程诚,张顺.社会资本与工资收入的户籍差异:基于改进后的Oaxaca-Blinder分解.人口与经济,2013(6):79-85.

风笑天,赵延东.下岗职工的社会资本、人力资本与其再就业机会获得的关系.理论月刊,1998(8):24-28.

冯璐,杨仁琯,王瑞民.社会网络与农民工工资:数量的作用:基于6省12市微观数据的实证研究.人口与发展,2019,25(6):2-15.

冯军旗.中县干部.北京:北京大学,2010.

符平.次生庇护的交易模式、商业观与市场发展:惠镇石灰市场个案研究.社会学研究,2011,26(5):1-30,243.

符平.微观社会资本研究的反思.南京社会科学,2004(11):75-80.

傅仰止.社会资本的概念化与运作:论家人重叠网络中的"时间投资"机制.台湾社会学,2005.

格鲁特尔特,贝斯特纳尔.社会资本在发展中的作用.黄载曦,杜卓君,黄治康,译.成都:西南财经大学出版社,2004.

格拉泽.社会资本的投资及其收益.经济社会体制比较,2003(2):35-42.

郭小弦,李晓光.族际交往中的"石榴籽效应":个体特征、网络结构与社会效应.民族研究,2022(2):1-20.

郝君富,文学.市场化程度与社会网络的收入效应:基于农民工数据的实证研究.财经研究,2013,39(6):119-132,144.

郝明松."找关系"的作用及其边界:基于人职匹配过程的交叉检验研究.社会科学战线,2020(2):224-236.

奂平清."关系社会学"研究反思.科学社会主义,2010(1):107-110.

黄先碧.关系网效力的边界:来自新兴劳动力市场的实证分析.社会,2008(6):39-59,224.

胡荣.中国农村居民的红白喜事网及其影响因素研究.社会学评论,2013,1(3):49-58.

纪莺莺.文化、制度与结构:中国社会关系研究.社会学研究,2012,27(2):60-85,243.

雷洋昆,陈晓宇.科研论文合著网络资本如何影响科学家的科研绩效:来自我国高校科学家的微观证据.科技管理研究,2021,41(18):121-130.

李飞,钟涨宝.人力资本、社会资本与失地农民的职业获得:基于江苏省扬州市两个失地农民社区的调查.中国农村观察,2010(6):11-21.

李黎明,李晓光.族群、社会资本与收入差距:对西北族群和西部汉族的比较研究.中山大学学报(社会科学版),2016,56(5):161-171.

李黎明,许珂.人力资本、社会资本与收入差距:基于中国城市居民收入的分位回归模型分析.复旦教育论坛,2017,15(1):83-90.

李路路.社会资本与私营企业家:中国社会结构转型的特殊动力.社会学研究,1995(6):46-58.

李培林.另一只看不见的手:社会结构转型.中国社会科学,1992(5):3-17.

李培林.流动民工的社会网络和社会地位.社会学研究,1996(4):42-52.

李培林.再论"另一只看不见的手".社会学研究,1994(1):11-18.

李培林,张翼,赵延东.就业与制度变迁:两个特殊群体的求职过程.杭州:浙江人民出版社,2000.

李强.中国城市农民工劳动力市场研究.学海,2001(1):110-115,208.

李群峰.社会关系网络、市场化与收入差距:基于中国农户微观数据的分析.云南财经大学学报,2013,29(3):134-140.

李树茁,杨绪松,任义科,等.农民工的社会网络与职业阶层和收入:来自深圳调查的发现.当代经济科学,2007(1):25-33,124-125.

李晓光.跨族群交往的力量社会资本、收入水平与族群交融.社会发展研究,2020,7(2):196-216,246.

李颖晖.农转非群体收入优势的体制部门分异.城市问题,2020(5):53-61.

李煜.文化资本、文化多样性与社会网络资本.社会学研究,2001(4):52-63.

梁玉成.社会资本和社会网无用吗?.社会学研究,2010,25(5):50-82,243-244.

梁玉成,陈金燕.社会资本研究中的双向因果问题探索.社会发展研究,2019,6(3):1-21,242.

林南,张磊.社会资本:关于社会结构与行动的理论.上海:上海人民出版社,2005.

林南.从个人走向社会:一个社会资本的视角.社会科学战线,2020(2):213-223.

林亦府.社会资本亦或人力资本:东北内陆农村基层政治精英职业流动.公共行政评论,2013,6(6):52-81,170.

林易."凤凰男"能飞多高:中国农转非男性的晋升之路.社会,2010,30(1):88-108.

刘传江,周玲.社会资本与农民工的城市融合.人口研究,2004(5):12-18.

刘军.法村社会支持网络的整体结构研究块模型及其应用.社会,2006(3):69-80,206-207.

刘林平.外来人群体中的关系运用:以深圳"平江村"为个案.中国社会科学,2001(5):112-124,207.

刘林平,张春泥.农民工工资:人力资本、社会资本、企业制度还是社会环境?:珠江三角洲农民工工资的决定模型.社会学研究,2007(6):114-137,244.

刘伟峰,陈云松,边燕杰.中国人的职场交往与收入:基于差分方法的社会资本分析.社会学研究,2016,31(2):34-56,242.

刘祖云,刘敏.关于人力资本、社会资本与流动农民社会经济地位关系的研究述评.社会科学研究,2005(6):118-123.

芦强,边燕杰.跨城乡婚姻的社会资本后果.人文杂志,2018(4):114-121.

鲁晓.海归科学家的社会资本对职业晋升影响的实证研究.科学与社会,2014,4(2):49-62.

罗家德,方震平.社区社会资本的衡量:一个引入社会网观点的衡量方法.江苏社会科学,2014(1):114-124.

罗家德,高馨,周涛,等.大数据和结构化数据整合的方法论:以中国人脉圈研究为例.社会学研究,2021,36(2):69-91,227.

罗家德，孙瑜，谢朝霞，等．自组织运作过程中的能人现象．中国社会科学，2013（10）：86-101，206．

吕涛．关系何时有用？：社会资本的条件性来源与回报．兰州大学学报（社会科学版），2019，47（2）：15-23．

彭庆恩．关系资本和地位获得：以北京市建筑行业农民包工头的个案为例．社会学研究，1996（4）：53-63．

彭玉生．"洋八股"与社会科学规范．社会学研究，2010，25（2）：180-210，246．

清华大学社会学系课题组．"短工化"：农民工就业趋势研究∥沈原．清华社会学评论：第6辑，2013：1-45．

阮丹青，周路，布劳，等．天津城市居民社会网初析：兼与美国社会网比较．中国社会科学，1990（2）：157-176．

苏方国，李莲，卢宁．高管个人资本与薪酬关系研究．现代管理科学，2016（9）：42-44．

孙俊华，陈传明．企业家社会资本与公司绩效关系研究：基于中国制造业上市公司的实证研究．南开管理评论，2009，12（2）：28-36．

田丰，付宇．无友不如己者：城镇化如何影响个人社会资本．社会学评论，2020，8（5）：74-87．

王甫勤，马瑜寅．社会经济地位、社会资本与健康不平等．华中科技大学学报（社会科学版），2020，34（6）：59-66．

王惠，姚远．生命历程视角下个体社会资本的演化逻辑．财经问题研究，2018（11）：27-33．

王卫东．中国社会文化背景下社会网络资本的测量．社会，2009，29（3）：146-158，227．

王文彬，肖阳，边燕杰．自雇群体跨体制社会资本的收入效应与作用机制．社会学研究，2021，36（1）：137-159，229．

吴愈晓．社会分层视野下的中国教育公平：宏观趋势与微观机制．南京师大学报（社会科学版），2020（4）：18-35．

尉建文，陆凝峰，韩杨．差序格局、圈子现象与社群社会资本．社会学研究，2021，36（4）：182-200，229-230．

魏万青．自选择、职业发展与农民工同乡聚集的收入效应研究．社会学研究，2016，31（5）：164-188，244-245．

魏万青，高伟．同乡网络的另一幅脸孔：雇主-工人同乡关系对劳工个体权益的影响．社会，2019（2）：160-185．

魏永峰．社会网络与职业获得：因果效应再考察．浙江社会科学，2017（9）：81-88，158．

吴愈晓．社会关系、初职获得方式与职业流动．社会学研究，2011，26（5）：128-152，

244-245.

王毅杰，卢楠. 农民工随迁子女与城市居民收入差距研究：基于改进后的 Oaxaca—Blinder 分解. 河海大学学报（哲学社会科学版），2015，17（4）：35-41，90.

肖阳，边燕杰. 社会网络对人职匹配的双重影响：基于关系强度和内外匹配的视角. 社会科学辑刊，2019（4）：104-112.

杨建科，王建. "医疗服务圈"与城市居民的医疗满意度：基于八城市调查（JSNET2014）的实证分析. 社会科学战线，2017（5）：207-216.

杨张博，边燕杰. 找回间接关系：间接关系对关系资源和入职收入的影响研究. 社会科学战线，2016（12）：165-175.

叶静怡，薄诗雨，刘丛，等. 社会网络层次与农民工工资水平：基于身份定位模型的分析. 经济评论，2012（4）：31-42.

叶静怡，武玲蔚. 社会资本与进城务工人员工资水平：资源测量与因果识别. 经济学（季刊），2014，13（4）：1303-1322.

叶静怡，周晔馨. 社会资本转换与农民工收入：来自北京农民工调查的证据. 管理世界，2010（10）：34-46.

悦中山，李树茁，靳小怡，等. 从"先赋"到"后致"：农民工的社会网络与社会融合. 社会，2011，31（6）：130-152.

曾明彬，韩欣颖，张古鹏，等. 社会资本对科学家科研绩效的影响研究. 科学学研究，2022，40（2）：288-296.

翟学伟. 是"关系"，还是社会资本. 社会，2009，29（1）：109-121，226.

张春泥，刘林平. 网络的差异性和求职效果：农民工利用关系求职的效果研究. 社会学研究，2008（4）：138-162，244.

张春泥，谢宇. 同乡的力量：同乡聚集对农民工工资收入的影响. 社会，2013，33（1）：113-135.

张爽，陆铭，章元. 社会资本的作用随市场化进程减弱还是加强？：来自中国农村贫困的实证研究. 经济学（季刊），2007（2）：539-560.

张顺，程诚. 市场化改革与社会网络资本的收入效应. 社会学研究，2012，27（1）：130-151，244-245.

张顺，郭小弦. 社会网络资源及其收入效应研究：基于分位回归模型分析. 社会，2011，31（1）：94-111.

张顺，郝雨霏. 求职与收入获得的关系机制：理论模型与实证研究. 社会学研究，2013，28（5）：104-125，244.

张顺，李爱红. 高能低就规避：社会网络收入效应的中介机制研究. 西安交通大学学报（社会科学版），2016，36（6）：53-59.

张宛丽.非制度因素与地位获得:兼论现阶段中国社会分层结构.社会学研究,1996(1):64-73.

张文宏.城市居民社会网络资本的阶层差异.社会学研究,2005(4):64-81,244.

张文宏.社会转型过程中社会网络资本的变迁.社会,2008(3):73-80.

张文宏.社会资本:理论争辩与经验研究.社会学研究,2003(4):23-35.

张文宏.中国的社会资本研究:概念、操作化测量和经验研究.江苏社会科学,2007(3):142-149.

张文宏.中国社会网络与社会资本研究30年:下.江海学刊,2011(3):96-106.

张文宏,刘琳.职业流动的性别差异研究:一种社会网络的分析视角.社会学研究,2013,28(5):53-75,243.

张文宏,张莉.劳动力市场中的社会资本与市场化.社会学研究,2012,27(5):1-24,244.

张新岭.社会资本、人力资本与农民工工作搜寻和保留工资.人口与发展,2010,16(5):60-69.

张翼,李江英."强关系网"与退休老年人口的再就业.中国人口科学,2000(2):34-40.

张玉利,杨俊,任兵.社会资本、先前经验与创业机会:一个交互效应模型及其启示.管理世界,2008(7):91-102.

章元,MOUHOUD E M,范英.异质的社会网络与民工工资:来自中国的证据.南方经济,2012(2):3-14.

章元,陆铭.社会网络是否有助于提高农民工的工资水平?.管理世界,2009(3):45-54.

赵延东.社会网络与城乡居民的身心健康.社会,2008(5):1-19,224.

赵延东.社会资本与灾后恢复:一项自然灾害的社会学研究.社会学研究,2007(5):164-187,245.

赵延东.下岗职工的社会资本与再就业.北京:中国社会科学院大学,2001.

赵延东.社会资本理论的新进展.国外社会科学,2003(3):54-59.

赵延东,洪岩璧.社会资本与教育获得:网络资源与社会闭合的视角.社会学研究,2012,27(5):47-69,243-244.

郑杭生,奂平清.社会资本概念的意义及研究中存在的问题.学术界,2003(6):78-90.

郑洁.家庭社会经济地位与大学生就业:一个社会资本的视角.北京师范大学学报(社会科学版),2004(3):111-118.

周晔馨.社会资本是穷人的资本吗?:基于中国农户收入的经验证据.管理世界,2012(7):83-95.

周玉.社会网络资本与干部职业地位获得.社会,2006(1):83-97,207-208.

朱依娜,何光喜.学术产出的性别差异:一个社会网络分析的视角.社会,2016,36

（4）：76-102.

卓玛草，孔祥利. 农民工收入与社会关系网络：基于关系强度与资源的因果效应分析. 经济经纬，2016，33（6）：48-53.

BIAN Y J, HUANG X B, ZHANG L. Information and favoritism: The network effect on wage income in China. Social networks, 2015, 40.

BIAN Y J, HUANG X B. Beyond the strength of social ties. American behavioral scientist, 2015, 59（8）.

BIAN Y J, LOGAN J R. Market transition and the persistence of power: The changing stratification system in urban China. American sociological review, 1996, 61（5）.

BIAN Y J. Bringing strong ties back in: Indirect ties, network bridges, and job searches in China. American sociological review, 1997, 62（3）.

BIAN Y J. Institutional holes and job mobility processes: Guanxi mechanisms in China's emergent labor markets//GOLD T, GUTHRIE D, WANK D. Social connections in China: Institutions, culture, and the changing nature of guanxi. New York: Cambridge University Press, 2002.

BIAN Y J. The prevalence and the increasing significance of guanxi. The China quarterly, 2018, 235.

BURT R S, BURZYNSKA K. Chinese entrepreneurs, social networks, and guanxi. Management and organization review, 2017, 13（2）.

BURT R S. Network items and the general social survey. Social networks, 1984, 6（4）.

BURT R S. Structural holes: The social structure of competition. Cambridge: Harvard University Press, 1992.

CAO C. China's scientific elite. New York: Routledge, 2004.

CHEN X, STANTON B, GONG J, et al. Personal social capital scale: An instrument for health and behavioral research. Health education research, 2009, 24（2）.

CHEN Y S, VÖLKER B. Social capital and homophily both matter for labor market outcomes-evidence from replication and extension. Social networks, 2016, 45.

COLEMAN J S. Social capital in the creation of human capital. American journal of sociology, 1988, 94.

DIMAGGIO P, GARIP F. Network effects and social inequality. Annual review of sociology, 2012, 38.

FISMAN R, SHI J, WANG Y X, et al. Social ties and favoritism in chinese science. Journal of political economy, 2018, 126（3）.

FU Y C. Measuring personal networks with daily contacts: A single-item survey question and the contact diary. Social networks, 2005, 27（3）.

GRANOVETTER M S. The strength of weak ties. American journal of sociology, 1973, 78 (6).

GUTHRIE D. The declining significance of guanxi in China's economic transition. The China quarterly, 1998, 154.

HANSER A. Youth job searches in urban China: The use of social connections in a changing labor market//GOLD T, GUTHRIE D, WANK D. Social connections in China: Institutions, culture, and the changing nature of guanxi. New York: Cambridge University Press, 2002: 137-162.

LI X G, GUO X X. Dynamics of social capital in urban China, 1999 to 2014: An age-period-cohort analysis. Social networks, 2022, 68.

LIN N, DUMIN M. Access to occupations through social ties. Social networks, 1986, 8 (4).

LIN N. Guanxi: A conceptual analysis. Westport: Greenwood Publishing Group, 2001.

LIN N. Inequality in social capital. Contemporary sociology, 2000, 29 (6).

LIN N. Social resources and instrumental action. Thousand Oaks: Sage Publications Inc., 1982.

LOURY G C. Why should we care about group inequality?. Social philosophy and policy, 1987, 5 (1).

LOURY G C. A dynamic theory of racial income differences: Women, minorities, and employment discrimination. Lanham: Lexington books, 1977.

LU Y, RUAN D C, LAI G. Social capital and economic integration of migrants in urban china. Social networks, 2013, 35 (3).

MOUW T. Social capital and finding a job: Do contacts matter?. American sociological review, 2003, 68 (6).

NEE V. A theory of market transition: From redistribution to markets in state socialism. American sociological review, 1989, 54 (5).

OBUKHOVA E, ZHANG L T. Social capital and job search in urban China: The strength-of-strong-ties hypothesis revisited. Chinese sociological review, 2017, 49 (4).

PORTES A. Social capital: Its origins and applications in modern sociology. Annual review of sociology, 1998, 1 (24).

SONG L J. Does knowing people in authority protect or hurt?: Authoritative contacts and depression in urban China. American behavioral scientist, 2015, 59 (9).

SONG L J. Does who you know in the positional hierarchy protect or hurt?: Social capital, comparative reference group, and depression in two societies. Social science & medicine, 2015, 136-137.

TIAN F, LIN N. Weak ties, strong ties, and job mobility in urban China: 1978—2008.

Social networks, 2016, 44.

TIAN F. Is guanxi unfair?: Market reform and the public attitude toward guanxi in urban China. The journal of Chinese sociology, 2020, 7(1).

VAN DER GAAG M, SNIJDERS T A B. The resource generator: Social capital quantification with concrete items. Social networks, 2005, 27(1).

WALDER A G. Communist neo-traditionalism: Work and authority in Chinese industry. The journal of Asian studies, 1988, 47(1).

XIE Y. It's whom you know that counts. Science, 2017, 355(6329).

XIONG A L, SUN X H, LI H Y, et al. Determinants of social networks in rural China: Does transportation have a role to play?. Social science quarterly, 2019, 100(5).

YANG M H. Gifts, favors, and banquets: The art of social relationships in China. Ithaca: Cornell University Press, 1994.

ZHANG X B, LI G. Does guanxi matter to nonfarm employment?. Journal of comparative economics, 2003, 31(2).

第十三章　空间与不平等研究综述

梁海祥

（上海社会科学院社会学研究所）

第一节　导言：社会科学中的空间

近年来，随着社会空间研究的兴起，空间不平等议题逐渐受到了关注。但早期社会科学研究对待空间视角的做法和态度却被众多研究者批评，如约翰·厄里（2003）提出当代社会科学存在着一个相当大的缺憾，那就是忽视了时间和空间。另外，英国社会学家安东尼·吉登斯（1998）在《社会的构成》等著作中也强烈批评西方社会理论对时空问题的忽视。美国伊曼纽尔·沃勒斯坦在分析和批评19世纪社会科学范式的局限性时认为，空间就是局限性的一个重要方面。人们或许会认为空间研究应属于地理学范畴，然而从学科划分来看，地理学面临着固有的困境，即不太重视空间的社会意涵，不会切分和研究特定的社会关系。传统地理学把自己确立为"空间科学"，它研究的是空间规律、空间关系和空间过程。也正是因为地理学从属于自然科学，地理学主张一个纯空间的世界，里面有一些没有实质和内容的空间规律，并且有一些脱离社会环境的空间过程（梅西，2011：10）。因此，传统的地理学主要关注地理空间，排除其他的变量在一个真空的环境中开展研究，会降低其和人类生活的关联度。这就导致地理学研究结果缺乏解释力，研究只有时空的视角，却不知道要拿空间去解释什么，无法面对复杂的社会、人与人的互动等。

在社会学理论家的呼吁下，社会学的相关研究开始兴起，关注空间性的城市社会学逐渐发展起来。例如芝加哥大学的罗伯特·帕克，其城市分析的探索对象是"生态社群"。他的《空间不平等的社会学》一书指出社会学家对地理空间在社会不平等中所扮演的角色重视不够，现有的社会分层理论中心问题以及不平等问题所关注的核心是"谁得到了什么和为什么会得到"，但这一模式忽视了"哪里"这一因素，"哪里"也是资源分配的重要组成部分，地理空间可以塑造不同的机会结构，从而会作用于不平等的产生（Lobao et al., 2007）。每个地方所承载的社会都有着不同的历史和未来，在那里人们的生活和财富都会受到影响。因此，空间思维关于物品放在哪里或者它们发生了什么，它会影响到其他什么东西。

综上简单来说，在社会科学早期研究中，空间概念是被忽视的，随着研究的深入，空间与社会不平等的问题才得到了关注。社会学同样需要关注到空间研究的重要性，从其他学科看，发展经济学把空间不平等问题放在了重要地位，区域间的收入不平等通常伴随着个人收入分配的不平等。另外区域间的收入不平等有时会带来政治局面紧张、民族冲突，这会危害社会团结和政治稳定。鲍森和赫拉特（Pawson & Herath, 2015）认为"空间的不平等"所关注的问题可分为两类。一类是关注地理上的差异对于居民的影响，包括就业机会、公共服务获得机会以及资源获得机会等。近年来国内研究者也关注到了空间与社会生活的密切关联，空间差异将影响人口变化、经济发展以及制度安排等，也会作用于与我们生活相关的教育机会获得、收入分配等领域（龙莹、王哲慧，2015；唐远雄，2015）。另一类关注弱势群体在特定区域的聚集，例如芝加哥学派主要关注居住分离研究，涉及城市贫困、犯罪等议题，这一类则在本章的居住与空间不平等部分有所呈现。

本章不是把空间作为不平等的结果，而是将其作为不平等研究重要的分类与解释要素，即关注因地理空间差异带来的机会结构而产生的不平等。下文将回顾空间不平等的重要议题及发展，包括教育、居住、收入和健康的不平等，例如教育的空间不平等，关注教育获得和教育机会在空间上的差异和趋势。接下来，在文献整理的基础上，进一步对目前的空间不平等进行分类，并提出一些初步的想法和建议。套用社会分层核心问题"谁得到了什么和为什么会得到",空间研究关注的是"谁在哪得到了什么和为什么",因此需要从空间的视角关注分层研究的重要议题,包括教育、收入、居住和健康的不平等。概括来说,本章对空间与中国社会不平等的研究主要围绕社会不平等的以下几个核心领域展开:第一,教育的空间不平等。教育机会和教育回报是否存在着地区差异,在教育机会扩张后地区间的差异是否会减少?第二,收入的空间不平等。区域间的收入差距趋势如何,产生的原因是什么?第三,住房的空间不平等。住房财富方面,市场化和私有化改革后住房所代表的财富和区位属性是否存在空间差异?居住位置属性、居住隔离等是否会带来不平等?第四,健康的空间不平等。人们的健康是否存在空间上的差异?

第二节 空间与教育不平等

首先,教育是社会分层领域关注的重点议题,被认为是影响不平等再生产的核心机制。改革开放以来,我国的教育领域发生了巨大的变化。从教育机会的角度来看,在义务教育的全面化方面,我国在 2008 年就实现了全面免除义务教育学杂费,基本实现义务教育全覆盖;在高等教育的扩张化方面,高等教育的毛入学率从 1978 年时的 1.6% 上升到了 2020 年的 54.4%。研究表明,教育是阶层流动的重要渠道,教育获得不平等被视为导致社会阶层分化最重要和最关键的机制(李春玲,2003),因此需要同时考察教育机会和教育回报是否存在空间不平等。

一、教育机会的空间不平等

在这一方面,研究者多关注教育机会在高校扩招后的变化,探讨扩招后教育机会是否存在空间上的差异。本节综述中的研究所使用的数据涵盖了 1998 年到 2015 年,关注的议题集中在扩招后高等教育机会地区差异受什么因素影响,哪个地区获益更多等。

早期研究表明,在教育机会方面,区域间不平等的贡献率在增加。刘精明

（2007）使用1998—2006年的数据资料，通过构建高等教育毛录取率指标，分析和评价了扩招以来我国高等教育机会的省际差异与地区差异的变化过程。他发现省际总体性不平等明显下降，个别省份两极分化在加剧。中部地区、东部省份的毛录取率与全国平均水平基本持平，说明中部、东部省区代表着中国高等教育大众化发展的基本水平，直辖市及西部地区与全国平均水平相差较大。随着高等教育扩招的推进，区域间不平等的占比也在增大，1998—2006年区域间的高等教育机会不平等指数先下降后上升，区域间不平等对于总体不平等的贡献率上升。

随着高等教育进一步扩张，地区间的总体性不平等在缩小。杨江华（2014）对2006—2012年各地区高考报名录取率进行了研究，发现东部地区的高考报名录取率保持在90%以上，中西部地区的高考报名录取率也超过了70%，表明我国各地区考生获取上大学的机会不再困难，并且入学机会的增大主要来自中西部地区，地区间差距逐年缩小。研究者进一步发现，个别省份及西部地区间的差异在扩大。曹妍等人（2017）通过2007—2015年的数据发现，全国31个省级行政单位之间高等教育入学机会的差异正在逐渐缩小，东部地区享有较大的高等教育入学机会，尤其是教育大省京津沪地区占有绝对的优势，但是西部各地区的差异在扩大。曹妍（2020）在此基础上研究了城市等级对于教育机会的影响，发现京津沪地区阶层差距较小，说明不同阶层学生间在入学机会的获得上相对公平；中西部省份的阶层差距较大，阶层公平程度偏低，意味着优势阶层更获利。

综上可见，随着教育的扩张，我国各地区的高等教育入学机会总体上呈现逐年上升的趋势，地区差异逐年缩小，迈向公平化。目前区域间的差异是受到适龄人口数和高考报名人数的影响，西部各地区间差异则先缩小后扩大。东部地区拥有着更多的高等学校和更大的入学机会，但并不意味着经济发达地区高考更容易，京津沪地区阶层间入学差距较小，而中西部省份的阶层差距较大。

二、教育回报的空间不平等

1958年美国经济学家明瑟将个人收入、教育和工作经验结合，创制了明瑟收入函数，此后，众多研究者也开始估算世界各地的教育投资收益率。一篇由世界银行于1973年发表的名为《教育回报：一种国际比较》的文章受到广泛引用，研究者们利用不同数据估算中国居民的教育回报率，得出的结果不一。本节关注的议题是教育回报率的地区差异，即哪个地区在教育回报上获益最多。

在区域层面，早期研究发现西部等经济欠发达地区的教育回报率要高于东部经济发达地区（Li，2003），中西部地区也高于东部沿海地区。也有研究发现中部地区的教育收益在全国最高，例如魏新、邱黎强（1998）应用"明瑟法"估算了七个省市的教育平均个人收益率和各省的个人收益率，中部地区的个人收益率最高，东部和西部较为接近。而在对教育收益率地区间差异产生原因的探讨方面，王海港等人（2007）基于分层线性模型发现我国城镇居民教育收益率的地区差异很大，差异主要来源于省内各城市之间，与当地的劳动力市场化程度高度相关，例如收益率比例最高的是广东省佛山市。有研究者对职工个人教育收益率在地区间的差异进行了探讨，发现差异不是非常明显，但客观存在。李实、丁赛（2003）使用中国社会科学院经济研究所收入分配课题组1995年城镇住户抽样调查数据和城市贫困课题组1999年城镇住户抽样调查数据提供了论证，在1999年，中部地区职工的个人教育收益率是最低的，西部地区次之，东部地区最高。

在城市层面，城市的等级也会对教育回报率产生影响。杜两省、彭竞（2010）分析了教育回报率的城市差异，发现教育回报率在直辖市中最高，省会城市次之，其他城市最低。从流动人口的教育回报率看，东部城市回报率更高。邢春冰等人（2013）通过2005年人口抽样数据和2011年流动人口数据发现，农民工的教育回报率在沿海发达城市显著高于中西部地区。马银坡等人（2018）基于2013—2015年全国流动人口动态监测数据，也得到了类似的研究发现。

由此可见，除了最早的研究表明西部或者中部地区的教育回报率高，后期的研究均验证东部地区、发达地区的教育回报率高，甚至存在与城市的等级相关的差异，即直辖市、省会和其他城市有区别，东部城市与中西部城市有区别。

对于教育回报空间差异的产生原因，有研究者提出了"资本-技能互补"假说，还有研究者从宏观经济制度如全球化角度来解释。申广军等人（2015）利用CFPS2010数据提供了经验证据，提出了"资本-技能互补"假说，认为金融业发展水平高的地区通常资本较为充裕，与其互补的高教育水平劳动力的教育回报率也相应较高，金融发展指标每提高一个标准差，教育回报率提高

13%。马汴京等人（2021）基于 CFPS2010 数据，发现经济全球化对教育回报率有着显著的正向影响。以进出口总额与 GDP 之比计算，若一个地区的经济全球化参与程度每上升 1 个标准差，其教育回报率可望提高约 1 个百分点。经济全球化程度较高的地区有着更高的教育回报率，这也会吸引受教育程度较高的劳动力流向沿海开放地区。

第三节　空间与收入不平等

在 20 世纪 90 年代，区域间的收入不平等问题就已经成为区域经济学的重要研究领域，区域间的收入差距等议题一直得到广泛关注（杨伟民，1992）。早期的很多经济学家利用变动系数、变差系数等来描述区域间的收入差距情况（杨开忠，1994；吴爱芝等，2011），研究表明对于幅员辽阔的中国社会，区域间存在明显的收入差距并且被普遍认可。

有研究者提出了地区间差异趋于平均的说法，杨伟民（1992）使用 1978—1989 年人均 GNP 以及格伦茨曲线、基尼系数和变异系数衡量相对差距，发现收入在地区间、人口间趋于平均，以人均 GNP 衡量的全国各地区间收入的差距没有扩大，反而呈现缩小的趋势。探究其原因，则在于全国各地区收入差距的缩小主要在于东部和中部内部收入差距缩小，人口流动是缩小地区间收入差距的关键。但也有研究认为不能笼统说 1978 年后区际收入差距在不断缩小，魏后凯（1992）从 1952—1990 年的数据中发现，随着时间的推移，区域间收入差距发生了变动。从大的地域单元的角度来看，改革初期国家布局和政策优惠向沿海地区倾斜，使得我国东中西三大区域之间的收入差距急剧增大，到 1988 年后开始降低。从省份的角度来看，省际收入差距在改革开放后逐渐缩小，而这主要是诸如黑龙江、吉林、辽宁、天津等人均收入水平较高的老工业区的衰退引起的。

随着改革开放的进程加快，相关研究表明区域间的收入不平等程度随着社会的发展发生波动。龙莹和王哲慧（2015）利用夏普里值分解法对 CHNS（1989—2010 年）调查数据进行分析，发现 1999—2010 年居民收入差距仍有扩大的趋势，区域对于收入差距的贡献虽然下降，但依旧能够解释12.8%的收入差距。陆铭（2017）所做的时间跨度更长的研究则发现，区域间的收入差距在改革开放后呈现先下降、后上升、再下降的"∽"形趋势，而之所以出现波动，也是因为国家力量的不断干预。

可以看出，虽然区域间的收入差距一直存在着波动，但区域经济学的研究为我们较好地描绘出了不同区域之间居民收入的差异，也有研究者在关注波动的产生机制。在收入不平等研究中，区域经济学更多是把区域视为独立的分析单位，所以对于为什么会存在较大收入差距的解释主要是从宏观层面展开的，诸如全球化的推进、固定资产投资、国家政策干预等（金煜等，2006；陆铭，2019）。在社会学方面，有研究发现区域分割与其他的制度分割都是影响收入不平等的重要因素（齐亚强、梁童心，2016）。而区域之所以能成为一种重要的分割因素，是因为在再分配体制下，资源统归中央再由中央进行分配，而不同级别城市、不同区域往往会获得不同的资源，并且这种情况在改革后的很长一段时间内都存在（边燕杰等，2006；Walder，1992）。其中全球化和市场化也扮演着重要角色，全球化对于地区间收入差距有显著的正向影响，并随时间加强。资本是导致地区间差异的重要因素，以非国有化为特征的经济改革对地区间收入差距有显著作用。而市场化地区差异、行业差异，会产生双重劳动力市场。例如，城乡分割、部门分割、地区差异和行业差异等因素是导致当前中国收入分配不平等的重要结构性力量。由于不同地区在物质和人力资源禀赋、经济和社会发展水平等方面具有客观差异，以及受地方利益保护和各种制度性因素的限制，各地区的劳动力市场往往是相对分割的（张展新，2007）。

第四节　空间与住房不平等

国际上对于财富不平等的研究发现，财富不平等的程度远高于收入不平等（Keister & Moller，2000），并且财富的区域性（不同国家之间）差异更加明显（Zucman，2019）。早期针对中国的研究认为，在进入21世纪之前，虽然经历了市场化和私有化改革，但是居民间的财富差异较小（Davis & Wang，2009）。

但进入21世纪后，中国的财富不平等程度快速扩大，并且财富的不平等远高于收入的不平等（李实等，2005）。对住房财富的研究认为中国居民70%以上的财产都来源于住房（靳永爱、谢宇，2015）。因而住房不平等在一定程度上成了财富不平等的代理变量。尤其在社会分层的研究领域，对于财富的衡量多使用房产，具体包括住房套数、面积、价值等（吴开泽，2019）。住房不仅拥有居住属性，还具有财产属性，从空间视角关注住房不平等时，主要议题有市场化和私有化改革后住房所代表的财富和区位属性是否存在空间差异，什么地区的获益更多。

一、住房财富与空间不平等

中国财富不平等程度迅速提高的原因主要是市场经济的兴起和扩张使极少一部分人迅速积累了巨额财富，并认为住房不平等是财富不平等的主要贡献因素，而城乡差异和区域差异是造成我国财富不平等的重要原因。李实等人（2005）认为中国居民财富分布差距的明显扩大与城乡之间差距的急剧拉大是分不开的，他们利用中国社会科学院经济研究所收入分配课题组1995年和2002年的调查数据，发现中国居民的财富分布差距出现了快速而且明显扩大的趋势，这一扩大趋势主要来自城乡之间差距的急剧拉大。其中，城镇公有住房的私有化过程既造成了此间城镇财富差距的缩小，又扩大了城乡之间乃至全国财富的收入差距；而随着土地收益的下降，土地价值在农村居民财富总值中相对份额降低，造成其原本具有的缩小全国财富差距的作用减弱。

地理空间因素影响产权住房获得，对房产值也有影响，是导致住房不平等的重要因素。方长春和刘欣（2020）从住房不平等的角度指出，地理空间的差异不仅是不平等的表现，也是影响不平等的因素。他们通过对CFPS2016数据进行分析，发现住房财富存在显著的区域差异，根据国家统计局划分的四大经济区域，同时考虑到城乡差异，能产生八个地理空间类别，类别间在住房不平等上存在较大的差异。

另外，房产的商品化和市场化是家庭财富差距扩大的一个重要影响因素。1998年住房制度的改革使得住房在不同群体之间分配不均，而住房价格的上升使得我国居民财富差距急剧扩大，同时住房价格的地域不平衡也会加速这种扩大。吴开泽（2019）提出住房商品化不平等出现在住房制度改革初期，干部和国企职工可以按低价从工作单位买到住房，而私营企业主和普通百姓只能从市场上以高价购买住房，这就加剧了国有单位和私营部门家庭之间的财富差距。

住房分布不均以及近年来房地产的快速升值导致我国居民财富差距急剧扩大（李实等，2005；梁运文等，2010）。房价持续上涨使住房财富效应膨胀，收入分层与住房分层双重叠加形成的分化效应加剧了21世纪初中国城市的贫富分化。中国居民的财富差距出现了快速而且明显扩大的趋势，这一扩大趋势主要来自城乡之间差距的急剧拉大。

二、居住与空间不平等

以上研究主要关注地理上的差异对居民的影响，包括空间对各种机会以及资源获得的影响，而居住与空间不平等是"空间不平等"的另一种表现，即关注弱势群体在特定区域的聚集，聚集的一种表现是居住隔离。居住隔离也称"空间分异"，指在肤色、户籍、职业、教育水平、生活习惯、文化水准或财富差异等人口特征基础上被区分开的人群（Massey et al.，1988）。而在同一城市中，不同特性居民聚居在不同空间范围内会使整个城市形成一种居住分化甚至隔离的状况（陈艳，2008）。

1985年市场经济体制、土地制度、城镇住房制度改革等制度确立后，城市的居住空间和社会空间发生巨大转变。传统的单位制度和计划经济体制下的城市空间发生了变化，分异显现。因为这些改变，国内的居住隔离研究主要从20世纪80年代后半期开始，主要涉及社会阶层分化、居住隔离主张与控制、居住隔离的动力机制以及居住隔离的解决对策四方面（陆伟等，2012）。在社会学研究中，居住隔离是社会分层与流动的组成部分。中国城市化进程就是居住空间的再生产和居住空间权力的再分配过程（陈映芳，2008）。近年来住房视角的城市社会分层研究有很多研究者参与，从居住隔离视角研究不同人群在居住空间上的分异，认为这种现象是社会阶层固化、贫富差距拉大等多方面原因造成的（边燕杰、刘勇利，2005）。

早期的研究从城中村开始，关注外来人口聚集。城市的发展需要大量的劳动力人口，但是底层劳动力通常对于租金特别敏感，租住在城市的边缘地带。

城市的空间扩展与住房商品化、城镇化等都密切相关,逐渐形成了贫富分化和郊区化等。李培林(2004)发现了不同于城乡分割模式的本地与外来人口间社会分层,城中村是在很大程度上维持村委会体制的前农村社区,但被扩张中的城市所覆盖,已经没有或基本没有农业用地。城中村内通常聚集着大量外来人口,形成了以本地户籍(村籍)为基础的非常鲜明的本地/外来人口分割与分层,这也可以被视为一种"二元结构"。张展新、郭菲(2005)的城市流动人口聚集区社会分层研究拓宽了城中村分层研究的发现,认为城中村是村委会型社区的一个特例,城市化区域内的村委会型社区不是异常的、例外的现象,而是与外来流动人口聚集的居委会社区并列的城市社区的一种基本类型。流动人口聚集在城市边缘地带,城市的空间结构也发生了变化,城市化问题以及贫富差距等都将凸显。

进一步的研究则偏离城乡分割模式的思路,把城市外来人口社会保障缺失视为"本地-外来"分割的表现,张展新(2006)认为这种分割是城市社会保障地方分权的必然产物。陈映芳(2005)在坚持用城乡户籍分割或二元结构来解释城市农民工地位的同时,认为一些经济发达地区正在缩小本地人口的城乡户籍差别,城乡二元结构问题可能会演变为地区间/城市间不平衡。李春玲(2006)进一步指出,目前存在着的"城乡分离和地区隔离的分离体系"二元社会结构,导致了"具有本地户口的劳动力与非本地户口的劳动力之间的分割"。

近年来对于超大城市居住隔离的研究也得到了一系列成果,梁海祥(2015)使用第六次人口普查数据发现上海常住人口的居住分异与劳动力市场的空间分割相关,上海形成了户籍导致的环外环线的居住隔离,同时内城中心区也出现了"移民化"趋势。孙秀林等人(2017)研究了不同省份外来人口居住隔离模式,发现上海近郊区的外来人口比远郊区要更加密集,不同地区的外来人口也存在明显的聚居现象,如中原地区、东北地区、华南地区的外来人口更容易居住在一起。从群体的职业来看,依据上海实有人口数据可以发现居住隔离更多发生在蓝领移民与本地人之间,而白领移民与本地人之间并不存在明显的居住隔离(孙秀林,2021)。

此外,邻里研究、社区与生活的议题也逐渐受到了重视。吴晓刚(2022)提出社区研究2.0研究,即社区研究由之前的传统个案为主的1.0版本,转变为多个社区定量比较的2.0版本。国内城市研究需要借鉴西方的街区效应研究和理论解释。在这个方面的实践上,曾东林等人(2021)使用调查数据和人口数据考察了上海的移民聚集和社会距离,发现居住在同乡聚集区的移民更不愿与本地人交流,对融入当地城市不利。盛智明、周晴(2021)使用上海都市社区调查数据发现社区治理绩效与城市权力空间结构相关,权力空间结构会对公共资源的配置产生作用。这些研究都是在城市空间内部层面探讨空间与移民的融入或者社区的治理绩效等。也有研究关注居住隔离对于心理健康的影响,发现居住隔离对流动人口精神健康有负面影响,"城-城"流动人口相对剥夺感更强,精神健康更受损(卢楠、王毅杰,2019)。

第五节　空间与健康不平等

健康不平等并不是指所有的健康差异,而主要是指社会群体中系统性差异所导致的健康水平不同,例如弱势群体(如穷人、女性、少数族裔等)与其他群体相比可能遭遇更多的健康风险和患上疾病,是一种社会不平等现象(Braveman,2006)。健康不平等研究也是从医学开始,逐渐发展到社会科学领域,逐步关注非医学的因素,例如社会经济地位等社会因素对于健康不平等的影响,空间和地域也是其中的重要方面。中国幅员辽阔,健康不平等具有明显的地域特征,早期文献大多讨论区域上的健康结果差异。刘恒、巢健茜(2009)发现地区经济发展状况和收入分配公平情况是影响该地区与收入相关健康不平等程度的重要因素,辽宁省、山东省的健康不平等程度最高,湖北省最低。根据全国第六次人口普查河南省数据和河南省2011年统计年鉴,河南省居民的期望寿命存在着性别差异(黄洋洋等,2013)。西部地区孕产妇的死亡率要高于东部地区,而西部地区儿童的低体重率和生长迟缓率都要高于东部地区(邓曲恒,2010)。

在中国空间所展现出的健康差异中,城乡分异是其中的一个重要维度。有研究表明,城乡居民的各个年龄组中,农村居民的期望寿命低于城市居民。解垩(2009)使用中国健康与营养调查(CHNS)数据研究了与收入相关的医疗服务不平等和健康不平等,结果表明中国也存在亲富人的健康不平等,农村的不平等程度高于城市。在平均健康水平下降、收入导致的健康不平等增加的双重影响下，中国的卫生健康绩效逐年下降（倪秀艳、赵建梅，2014）。黄潇（2012）使用营养健康调查数据发现，收入不平等是导致健康不平等的重要原因，其研究也对健康不平等进行了测量和分解，发现城乡都存在亲富人的健康不平等，并且城乡差异程度不一致。

在城市研究中，社区对于健康的效应逐渐受到重视。社区被认为是城市社会和政治组织最小的单位，帕克强调情感、传统和历史在社区中是主流，确立了社区的物理维度和社会维度两个维度，将社区等同于"地域共同体"（王小章，2002）。社区能否形成真正的地域共同体，取决于两个维度的相互建构关系。同时，居住与生活在共同空间是否可以形成相对应的网络、认知和情感，另外这种网络是否可以将空间构成独特的意义空间，也得到了研究者的重视（方亚琴、夏建中，2014）。科尔曼在研究社区社会资本时强调社区的凝聚力、规范和动员能力等，作为社会资本的重要承载，社区扮演着重要角色。因此社区效应也是健康研究中的重要方面，社区的资源优劣等都会对健康产生影响。研究表明拥挤的住房、低劣的房屋质量、嘈杂、贫穷、交通不畅、邻里冲突、种族歧视和社会排斥等都会给孩子带来压力，对孩子的成长与发展都是不利的（派瑞欧、崔效辉，2008）。另外居住空间同样也是重要的健康资源。从老年人角度来看，更便利的社区医疗设施、社会支持都会显著促进老人健康；更多联系和社会支持会促进他们主观上健康感的提升（朱伟珏，2015）。有研究者运用中国的卫生服务总调查数据研究了收入相关健康不平等（胡琳琳，2005），运用卫生调查数据对农村健康不平等进行了分析（任小红等，2007），从社会流动方面考虑健康不平等，运用全国性截面数据对健康不平等进行了综合实证分析（王甫勤，2011）。

而在公共卫生事件发生时期，更加需要注重空间与疾病发生的关系。公共卫生业的发展也与健康的空间差异密切相关。1854年英国发生了严重的霍乱疫情，约翰·斯诺医生则用死者空间数据推测出水源与疾病相关联。国内的一些研究也发现健康的空间不平等与疾病传播路径密切相关，如有关饮用水的突发公共卫生事件（王强等，2010）、肺结核的空间聚集（山珂等，2014）等。而针对超大型城市的研究发现外来常住人口聚集区和社会风险暴露区高度重合，因此利用好空间视角，有助于预防和发现公共卫生事件的发生和传播（梁海祥，2020）。

第六节 空间不平等的尺度

从现有文献的分析可见，空间不平等研究的一个重要方面是研究尺度的变化，目前文献可分为三类：一类是城乡不平等，其中有中国户籍制度的作用，也有城乡空间发展带来的差异。第二类是区域不平等，包括区域（东中西等）和城市等级划分（省级、城市、直辖市）。第三类是城市内部的不平等，包括城中村和社区等。从学科偏好看，相关研究存在分析单位上宏观和微观的差异，经济地理学和人文地理学等学科更加关注区域作为分析单位彼此之间在政治、经济和社会上的不平等，社会学的研究则关注特定区域内部个体之间或不同区域间个体的差异（方长春、刘欣，2020）。

城乡不平等可以说是城乡空间结构与要素共同作用的结果，城乡差异既有户籍制度的影响，又包括空间差异的影响。另外，城乡社会之间的不平等已被看作社会分层或不平等关系的重要方面。教育不平等方面，京津沪地区占有绝对的优势，中西部地区的入学机会则处于劣势。在收入不平等方面，双重劳动力市场是决定性因素，例如城乡分割模式认为，在城市中，户籍性质（农业/非农业）决定的二元户籍身份，导致了不平等和农民工地位问题。在住房不平等方面，住房商品化改革使城乡土地价值的属性和价值发生变化，拉大了财富差距。林聚任、刘佳（2021）认为城乡融合与空间不平等密切关联，城乡关系是空间关系，城乡发展的不平等是种空间上的不平等，城乡融合是城乡空间结构的变化，并且遵循一定的空间原则。

中国在改革开放过程中，主要采取的是渐进式改革的策略，不同区域形成了不同的发展方式，有研究者也将此称为"区域差异改革"（郝大海、李路路，2006）。并且，国家对于不同区域的制度安排也不尽相同，如东部地区率先发展、中部崛起、西部大开发以及东北振兴等，而社会分层模式则是对社会基本制度安排和变化的集中反应（周雪光，2015：3）。另外，选取不同的地域单元、时间跨度和计算方法，可能会使对中国区域经济发展差异问题的研究得出不同的结论（吴爱芝等，2011）。杨开忠（1994）的研究也表明不同层次地区之间收入的相对差距变化具有不同趋势，如以省、大区和地带为分析单位，经济发展的趋势分别呈倒 U 形、S 形和 U 形变化。这一点在区域间教育和收入不平等方面也有体现，分析单位差异导致呈现出的趋势有所不同。

跟随着城市社会学研究的步伐，空间不平等研究关注到了城市内部的不平等，例如对于城中村和社会区的研究。而按照区域分割观点，区域分割已经取代城乡分割，成为人口和劳动力分割的一种主导机制，因此在城市（特别是大城市）中，本地/外来身份成为户籍不平等和分层的主要基点。刘小玄和曲玥（2008）的研究表明北京与江浙地区区域分割正在取代单一的城乡分割，成为劳动力市场分割的一种主导机制。另外随着普查数据的开放，研究者针对北上广等城市开展了众多的区域分析，集中关注城中村和外来人口居住隔离等方面。

空间研究尺度逐渐由制度性的变成客观存在的，即由讨论政策性的城乡分离到讨论城镇建成区的物理空间；由区域间研究到城市内部研究，研究尺度越发精细化，这得益于研究视角的创新、更多研究数据的收集和新研究工具的出现。另外，城镇化是目前拉动我国经济增长的重要动力。国家统计局数据显示，2021 年末我国城镇化率为 64.7%[1]，意味着超过六成的中国人生活在城镇中，而北京市、上海市等作为直辖市，这个比例超过了八成。因此可以判断的是，城市内部的空间研究将成为空间不平等近期的重点关注领域。

第七节　总结与展望

在文献梳理的过程中能够发现，区域或者空间差异变化都是与国家的政策变化密切关联的，社会结构并不是一个固化的状态，而是体现了资源和机会的再重组。中国社会近几十年的发展，呈现出教育、住房、财富和健康等资源的扩张，而这些资源在不同的空间结构中依照自身的逻辑进行分配。例如从教育来看，在义务教育普及化和高等教育由精英化到大众化的过程中，区域、城市

---

[1] 数据来源：中华人民共和国 2021 年国民经济和社会发展统计公报 http://tjj.shannan.gov.cn/xwzx/tjyw/202206/t20220602_106591.html。

等级等都对教育机会获得产生了影响。而在教育获得方面，市场结构和劳动力市场的分配等也影响了教育获得。同样，住房市场的改革使得单位制居住向商品房转变；医疗资源和医疗技术的普及等，也会使原本由空间带来的居住和健康差异发生改变。

空间与不平等研究是逐步被重视起来的，从理论上的空间演绎到现实层面的空间分配，最后将空间作为分配的重要维度。而居住、医疗等资源的重新分配，也使得原本的社会结构发生变化，为研究提供了历史背景。从对象上看，现有研究关注城乡间的不平等、城市间的不平等和城市内部的不平等。从研究维度上看，现有研究从空间角度关注了教育、收入、住房和健康等方面的不平等。另外，新科技和新式交通工具的发展，以及新的研究方法、分析工具的出现，会给空间理论研究带来新的挑战与机遇。社会学有空间研究的传统，在新时代的背景下，社会学的研究领域可以得到进一步扩展。

一、虚拟时代带来挑战

现代化交通工具的出现缩短了资源获取的时间，就如地理学家贾内尔提出的"时空收敛"概念，以不同地点之间移动需要的时间多少来表示距离的"收缩"（吉登斯，1998：266）。空间距离的极大缩短，使"地球村"的概念逐渐被人们接受，进而会出现芝加哥大学社会学系沙森教授在《世界城市》中所提到的现象。他论述了信息技术、资本流动对当代世界城市体系的影响，并以实证的方式对纽约、伦敦和东京进行了分析（周振华等，2004）。在一些商务人士看来，世界只是变成了在几个城市中穿梭，人们在交通工具的管道中流动，周边的其他事物都被忽略了（诺克斯等，2009：243）。

另外互联网的出现给实在的空间提出了挑战，网络使一个虚拟的空间逐渐建立起来了。卡斯特的《网络社会的崛起》中就论述了在网络社会里，在格外具有重要历史意义的移转里，这种线性、不可逆转、可以量度、可以预测的时间正遭遇挫折。"脱离时间"以及"文化逃离时钟"都受到了新信息技术决定性的推动，并且嵌入了网络社会的结构里（卡斯特，2006：574）。将来自不同时间的不同工作者的贡献重新整合在储存信息的网络里的技术能力，引致了实际工作运作时间的不断变动，破坏了工作时间对整个生涯的结构能力（卡斯特，

2006：583）。如何用空间理论研究虚拟空间将是一个挑战，更是一个机遇。若人们之间的交流借助的是邮件或者更快捷的网络技术，那么不需要在同一个实在的空间内就可以完成信息传递。另外，电子商务的发展使得购物可以在网络中进行，无须去实体店，这会导致一些商店的虚拟化。极端地说，如果人们生活的各个方面都被网络虚拟化了，那么如何去研究这样的"空间"，如何看待科技背后的风险问题，又将会是一个重要的研究领域。就如现在大家所探讨的"元宇宙"，借助科技，现实世界和虚拟世界发生交互，形成了新的数字空间，而在这个空间中物理的空间作用又会受到怎样的冲击？网络会使得物理空间距离导致的资源差异增强还是削弱？这些都是值得进一步探讨的问题。

二、新工具和技术带来机遇

新技术和新工具的发明，为空间分析的理论和实证研究提供了平台，并且将空间本身分为了现实空间和虚拟空间。现实空间中，笔记本电脑、智能手机和各种可以定位坐标的电子产品的出现，让收集人们的空间变动信息成为可能。通过多时段的数据收集，可以完整呈现一个人的运动轨迹。人文社会学研究者利用 ArcGIS 等数据可视化软件，可以清晰地看出人类活动在空间上的联系，例如台湾地区东吴大学社会学系的石计生就做了很多空间上的文化和犯罪研究（石计生、黄映翎，2010：154）。针对虚拟关系网，利用 Gephi 等网络分析工具，也可以分析在虚拟空间内的交流。在这样的背景下，空间理论的发展将对社会学的研究产生深刻的现实意义，对于研究者来说，即使在社会学理论研究中的某些尝试有所失败，也需要继续实践，直到发展出一个完整的空间理论体系。

在新技术的帮助下，人们的行为可以被以更低的成本记录、保存和分析。很多空间研究的方法也逐渐得到推广，例如孙秀林等人（2017）对各种居住隔离指数进行了梳理，得出了核心指标原理和计算方式，并以上海的数据为例开展研究，这些都为空间研究的进一步发展做出了贡献。

三、空间正义需要被关注

我们在关注空间上的教育、收入、财富和居住等不平等时，也要关注空间正义。研究不平等的目的是促进平等，建设"共建共治共享"的社会，上文中的教育不平等、收入不平等、住房不平等和健康不平等都是社会不平等的重要维度和机制，而在这些方面，中国社会都推出了相应的政策。列斐伏尔（2015）提出了"空间的生产"概念，认为空间生产具有社会属性，是以社会活动为元素的社会关系与秩序的空间化。而城市化就是一种空间生产现象，中国近些年快速的城市化过程中，有人获利，也有人利益受损，空间差异在其中扮演了重要的角色。空间正义的目的是建构合理的生活空间，在于减少阶级、种族、权力等带来的压迫和不平等。因此，我们需要关注空间生产和资源配置中的社会正义，对其的忽视会带来社会问题，因此任平（2006）认为空间正义是当代中国可持续城市化的基本走向。

地理上的差异对于居民的影响，包括各种机会以及资源获得的影响。就具体案例来说，孙秀林、施润华（2016）使用2014年上海大都市社区调查（SUNS）数据，发现城市发展、居住隔离以及环境政策限制了流动性，有限的邻里选择和工作机会的减少都使得特定群体不得不接受所处环境的暴露风险。在特大城市，外地人越多的社区面临更高的暴露风险，证明了环境不平等问题存在于城市内部，尤其在社区层面。空间正义和空间上的平等需要得到进一步关注，而空间导致社会不平等的机制也需要得到进一步关注。就如我们批评传统地理学的空间是纯粹的空间，我们也需要更多在解释方面做努力，空间背后所代表的是什么、导致不平等的机制是什么等问题都很重要。

参考文献：

边燕杰，李路路，李煜，等. 结构壁垒、体制转型与地位资源含量. 中国社会科学，2006（5）：100-109.

边燕杰，刘勇利. 社会分层、住房产权与居住质量：对中国"五普"数据的分析. 社会学研究，2005（3）：82-98.

曹妍. 京津沪高考最容易？：各地区大学入学机会的阶层异质性表现. 中国高教研究，2020（1）：42-48.

曹妍，张瑞娟. 我国高等教育入学机会及其地区差异：2007—2015年. 教育发展研究，2017，37（1）：25-35.

格利高里，厄里. 社会关系和空间结构. 谢礼圣，吕增奎，等译. 北京：北京师范大学出版社，2011.

梅西.空间的诸种新方向//格利高里,厄里.社会关系和空间结构.谢礼圣,吕增奎,等译.北京:北京师范大学出版社,2011.

陈艳.城市住宅居住隔离现象探讨.重庆科技学院学报(社会科学版),2008(9):71-72.

陈映芳.城市开发的正当性危机与合理性空间.社会学研究,2008(3):29-55.

陈映芳."农民工":制度安排与身份认同.社会学研究,2005(3):119-132.

邓曲恒.中国城镇地区的健康不平等及其分解.中国社会科学院研究生院学报,2010(5):62-68.

杜两省,彭竞.教育回报率的城市差异研究.中国人口科学,2010(5):85-94.

方亚琴,夏建中.社区、居住空间与社会资本:社会空间视角下对社区社会资本的考察.学习与实践,2014(11):83-91.

方长春,刘欣.地理空间与住房不平等:基于CFPS2016的经验分析.社会,2020,40(4):163-190.

郝大海,李路路.区域差异改革中的国家垄断与收入不平等:基于2003年全国综合社会调查资料.中国社会科学,2006(2):110-124.

何雪松.社会学理论的空间转向.社会,2006(2):34-48.

列斐伏尔.空间与政治.李春,译.上海:上海人民出版社,2015.

胡琳琳.我国与收入相关的健康不平等实证研究.卫生经济研究,2005(12):13-16.

黄潇.与收入相关的健康不平等扩大了吗.统计研究,2012,29(6):51-59.

黄洋洋,王曼,杨永利,等.河南省居民期望寿命及经济和卫生事业发展的关系.郑州大学学报(医学版),2013.

解垩.与收入相关的健康及医疗服务利用不平等研究.经济研究,2009,44(2):92-105.

吉登斯.社会的构成.北京:三联书店,1998.

金煜,陈钊,陆铭.中国的地区工业集聚:经济地理、新经济地理与经济政策.经济研究,2006(4):79-89.

靳永爱,谢宇.中国城市家庭财富水平的影响因素研究.劳动经济研究,2015,3(5):3-27.

李春玲.社会政治变迁与教育机会不平等:家庭背景及制度因素对教育获得的影响:1940—2001.中国社会科学,2003(3):86-98.

李春玲.流动人口地位获得的非制度途径:流动劳动力与非流动劳动力之比较.社会学研究,2006(5):85-106.

李培林.村落终结的社会逻辑:羊城村的故事.江苏社会科学,2004(1):1-10.

李实,丁赛.中国城镇教育收益率的长期变动趋势.中国社会科学,2003(6):58-72.

李实，魏众，丁赛.中国居民财产分布不均等及其原因的经验分析.经济研究，2005（6）：4-15.

梁海祥.双层劳动力市场下的居住隔离：以上海市居住分异实证研究为例.山东社会科学，2015（8）：79-86.

梁海祥.城镇化进程中公共治理的健康风险研究：基于空间视角.上海对外经贸大学学报，2020，27（3）：102-111.

梁运文，霍震，刘凯.中国城乡居民财产分布的实证研究.经济研究，2010，45（10）：33-47.

林聚任，刘佳.空间不平等与城乡融合发展：一个空间社会学分析框架.江海学刊，2021（2）：120-128.

刘恒，巢健茜.我国城镇居民与收入相关的健康不平等程度及影响因素分析.中国全科医学，2009，12（17）：1609-1610.

刘精明.扩招时期高等教育机会的地区差异研究.北京大学教育评论，2007（4）：142-155.

刘小玄，曲玥.中国工业企业的工资差异研究：检验市场分割对工资收入差距的影响效果.世界经济文汇，2008（5）：58-76.

龙莹，王哲慧.基于区域差异的收入不平等影响因素分解：1999—2010年.经济与管理，2015，29（4）：23-29.

卢楠，王毅杰.居住隔离与流动人口精神健康研究.社会发展研究，2019，6（2）：175-189.

陆铭.城市、区域和国家发展：空间政治经济学的现在与未来.经济学（季刊），2017，16（4）：1499-1532.

陆铭.中国经济的症结是空间错配.深圳大学学报（人文社会科学版），2019，36（1）：77-85.

陆伟，张万录，王雷.基于都市发展阶段论的城市居住隔离研究.城市建筑，2012（2）：110-112.

马汴京，陆雪琴，郭伟男.经济全球化与教育回报率的地区差异.北京大学教育评论，2021，19（2）：160-179.

诺克斯，平齐.城市社会地理学导论.北京：商务印书馆，2009.

派瑞欧，崔效辉.邻里关系对孩子成长及社区生活品质的影响.社会工作下半月（理论），2008（7）：4-6.

马银坡，陈体标，史清华.人口流动：就业与收入的区域差异.农业经济问题，2018（5）：80-91.

倪秀艳，赵建梅.教育投入与健康不平等：来自中国健康与营养调查数据的证据.农业技术经济，2014（3）：65-74.

卡斯特.网络社会的崛起.夏铸九，等译.北京：社会科学文献出版社，2006.

齐亚强，梁童心.地区差异还是行业差异？：双重劳动力市场分割与收入不平等.社会学研究，2016，31（1）：168-190.

任平.空间的正义：当代中国可持续城市化的基本走向.城市发展研究，2006（5）：1-4.

任小红，王小万，刘敬伟.湖南省三县农村居民健康不平等研究.中国现代医学杂志，2007（9）：1141-1143.

山珂，徐凌忠，盖若琰，等.中国2002—2011年肺结核流行状况GIS空间分析.中国公共卫生，2014，30（4）：388-391.

石计生，黄映翎.地理咨询科学：重新发现我们的酷社会.台湾：儒林图书公司，2010.

申广军，龚雅娴，姚洋.金融发展与教育回报率的地区差异.金融研究，2015（3）：131-145.

盛智明，周晴.权力空间与治理绩效：基于"上海都市社区调查"的分析.社会，2021，41（5）：1-30.

孙秀林.一个城市，两个世界：上海市外来人口居住隔离的社会分层.山东社会科学，2021（8）：75-82.

孙秀林，顾艳霞.中国大都市外来人口的居住隔离分析：以上海为例.东南大学学报（哲学社会科学版），2017，19（4）：120-129.

孙秀林，施润华.社区差异与环境正义：基于上海市社区调查的研究.国家行政学院学报，2016（6）：86-93.

孙秀林，施润华，顾艳霞.居住隔离指数回顾：方法、计算、示例.山东社会科学，2017（12）：98-105.

唐远雄.教育扩展、地区差异与入学队列：教育不平等的分布逻辑.教育与经济，2015（4）：8-14.

王甫勤.社会流动有助于降低健康不平等吗？.社会学研究，2011，25（2）：78-101.

王海港，李实，刘京军.城镇居民教育收益率的地区差异及其解释.经济研究，2007（8）：73-81.

王强，赵月朝，屈卫东，等.1996—2006年我国饮用水污染突发公共卫生事件分析.环境与健康杂志，2010，27（4）：328-331.

王小章.何谓社区与社区何为.浙江学刊，2002（2）：20-24.

魏后凯.论我国区际收入差异的变动格局.经济研究，1992（4）：61-65.

魏新，邱黎强.中国城镇居民家庭收入及教育支出负担率研究.教育与经济，1998（4）：1-10.

吴爱芝，杨开忠，李国平.中国区域经济差异变动的研究综述.经济地理，2011，31

（5）：705-711.

吴开泽．住房市场化与住房不平等：基于CHIP和CFPS数据的研究．社会学研究，2019，34（6）：89-114.

吴晓刚．社区研究2.0：定量社会科学研究如何做"深"．复旦公共行政评论，2022（26）．

邢春冰，贾淑艳，李实．教育回报率的地区差异及其对劳动力流动的影响．经济研究，2013，48（11）：114-126.

杨江华．我国高等教育入学机会的区域差异及其变迁．高等教育研究，2014，35（12）：27-34.

杨开忠．中国区域经济差异变动研究．经济研究，1994（12）：28-33.

杨伟民．地区间收入差距变动的实证分析．经济研究，1992（1）：70-74.

张展新．从城乡分割到区域分割：城市外来人口研究新视角．人口研究，2007（6）：16-24.

张展新．城镇社会保障的"本地-外来"分割与外来人口社会保障缺失．开放导报，2006（6）：51-56.

张展新，郭菲．城市社区格局重组与流动人口聚集地的社会分层：北京等五城市流动人口社区调查．开放导报，2005（6）：15-20.

周振华，陈向明，黄建富．世界城市：国际经验与上海发展．上海：上海社会科学出版社，2004.

周雪光．国家与生活机遇：中国城市中的再分配与分层1949—1994.郝大海，等译．北京：中国人民大学出版社，2015.

朱伟珏．社会资本与老龄健康：基于上海市社区综合调查数据的实证研究．社会科学，2015（5）：69-80.

曾东林，吴晓刚，陈伟．移民的空间聚集与群体社会距离：来自上海的证据．社会，2021，41（5）：56-79.

BRAVEMAN P. Health disparities and health equity：Concepts and measurement. Annual review of public health，2006，27.

DAVIS S D，WANG F. Creating wealth and poverty in postsocialist China. Stanford：Stanford University Press，2009.

KEISTER L A，MOLLER S. Wealth inequality in the united states. Annual review of sociology，2000，1（26）．

LI C，FAN Y. Housing wealth inequality in urban China：The transition from welfare allocation to market differentiation. The journal of Chinese sociology，2020，7（1）．

LI H Z. Economic transition and returns to education in China. Economics of education review，

2003, 22（3）.

LOBAO L M, HOOKS G, TICKAMYER A R. The sociology of spatial inequality. Albany: State University of New York Press, 2007.

MASSEY D S, DENTON N A. The dimensions of residential segregation. Social forces, 1988, 67（2）.

PAWSON H, HERATH S. Dissecting and tracking socio-spatial disadvantage in urban Australia. Cities, 2015, 44.

WALDER A G. Property rights and stratification in socialist redistributive economies. American sociological review, 1992, 57（4）.

ZUCMAN G. Global wealth inequality. Annual review of economics, 2019, 11（1）.

第十四章 | 中国性别不平等研究综述

许 琪

（南京大学社会学系）

第一节 引 言

性别不平等是社会分层和性别研究共同关注的重要研究议题。与其他形式的社会不平等相比，性别不平等涉及的内容极为广泛，既包括男女在工作、收入等劳动力市场领域的不平等，也包括在家务分工、家庭权力等私人关系领域的不平等。更为重要的是，性别不平等的不同面向还会相互产生影响。例如，很多研究指出，男女之间不平等的劳动力市场地位和收入回报是导致女性家庭地位低于男性且承担更多家务和照料责任的重要因素（孙晓冬，2018）。反过来，女性更加繁重的家庭责任和照料压力也加剧了她们在劳动力市场上的不利地位，导致了劳动力市场对女性的歧视和不平等（许琪，2021）。总而言之，性别不平等涉及的内容极为广泛，且相互关系异常复杂，这使得我们很难在一篇综述中面面俱到地呈现这种不平等的全部面貌。因此，在展开具体介绍之前，有必要先对本章的讨论范围加以限定，以使读者更好地了解这篇文章的内容及其局限性。

首先，本章重点关注的是国内外研究者对中国性别不平等问题的研究。虽然性别不平等是一个世界范围内的普遍现象，且得到了世界各国的普遍关注，但是为了更好地满足研究中国的需要，我们将把目光聚焦在中国。如果读者想要更好地了解性别不平等在其他国家的发展状况，可以参考国外研究者的相关论述，其中比较经典的有：Jacobs，1996；Ridgeway & Smith-Lovin，1999；Buchmann et al.，2008；England，2010；Charles，2011；Goldscheider et al.，2015。需要说明的一点是，虽然本章重点关注中国，但我们的目光并不局限于中国，我们将结合西方理论探讨中国的特殊性，并讨论这种特殊性中所蕴含的普遍意义以及它对推动性别不平等研究所具有的独到学术价值。

其次，本章重点关注的是劳动力市场和婚姻家庭两个领域的性别不平等。如下文所述，公私二元分割是国内外研究者研究性别不平等问题时使用最多的理论框架，因此，劳动力市场和婚姻家庭这两个领域的性别不平等也构成了当下国内外研究者的研究重点（Ji et al.，2017）。虽然男女两性在教育、健康、财富、政治参与等方面的性别不平等也很重要，且在近年来得到了不少研究者的关注，但为了使本研究的内容更加聚焦，我们将沿着既往的理论脉络，重点介绍中国男女两性在劳动力市场和婚姻家庭两个领域的性别不平等。具体来说，劳动力市场的不平等包括劳动参与、职业隔离、职位晋升和工资收入四个方面，而婚姻家庭领域的性别不平等包括代际关系和夫妻关系两个方面。

最后，本章将重点关注1978年改革开放以来中国在劳动力市场和婚姻家庭两个领域的性别不平等的最新发展趋势。为了帮助读者更好地理解中国社会的市场化转型对两性关系的影响，我们也将简要回顾1949年新中国成立以来至改革开放之前中国性别不平等的发展历史，新中国成立之前中国的性别不平等则不在本章的讨论范围之内。虽然很多研究认为，中国的父权制文化传统对当代性别不平等的发展有着极为深远的影响，但在我们看来，要理解当下中国的性别不平等，更应关注的是这种不平等在新中国成立以后的发展趋势以及中国政府在其中发挥的关键性作用。因此，本章将以新中国成立为界，并以改革开放为分割点进行综述。在本章接下来的部分，我们将首先介绍本章的理论框架与中国的社会背景，然后从公共领域和私人领域两个方面介绍当代中国性别不平等的发展趋势和影响因素，最后做出总结并对未来的研究进行展望。

第二节 理论框架与中国背景

一、公共领域和私人领域的分界与跨界

公共领域和私人领域的分割是国内外研究者研究性别不平等问题时的一个常用分析框架（England，2010；Ji et al.，2017；左际平、蒋永萍，2009）。根据计迎春和吴晓刚（Ji & Wu，2018）的考证，公共领域和私人领域的划分源于马克思对物质生产和社会再生产的讨论以及西方学界对哈贝马斯提出的资产阶级公共领域（bourgeois public sphere）概念的批评。但后来，这两个概念逐渐被性别研究者关注到，并用来分析男女两性在经济、政治、文化和私人生活等方面的不平等。在具体研究中，研究者们关注最多的公共领域的性别不平等是男女两性在就业和收入等劳动力市场表现上的不平等，而私人领域的性别不平等则主要指婚姻家庭中两性关系上的差异。西方研究者大多认为，公共领域和私人领域间存在明显的边界，且男女两性分处边界的两端，扮演着截然不同的社会角色：相比女性，男性在劳动力市场上拥有巨大的优势，是家庭的主要供养者；而女性更多地从事家务劳动和照料活动，在家中扮演照顾者的角色。对于这种两性分工或不平等的起源，研究者们给出了两种不同的理论解释。一是以贝克尔为代表的"新家庭经济学理论"。该理论认为，"男主外、女主内"的性别分工是夫妻双方根据自身的比较优势进行理性选择的结果（Becker，1981）。二是女性主义者提出的"性别意识理论"。该理论认为，社会关于男性角色和女性角色的主观建构才是导致性别不平等的真正根源（West & Zimmerman，1987）。

值得一提的是，虽然在以往的研究中，国内外研究者都非常强调公共领域和私人领域之间的差异，但这并不代表两个领域是截然分割或毫无关联的。研究者们大多认为，工作领域和家庭领域的边界具有可渗透性，不仅一个领域的压力会传递到另一个领域，进而引发工作角色和家庭角色间的冲突；而且一个领域的不平等也会加剧另一个领域的不平等，从而导致性别不平等的恶性循环。

例如，很多研究者分析了夫妻收入对家务分工的影响，发现妻子相对丈夫较低的劳动收入是导致她们承担更多家务的重要原因（Brines，1994；Greenstain，2000）；此外，也有很多研究者分析了家务和照护里的性别分工对男女就业和收入的影响，发现婚姻和生育对女性就业和收入往往有负面影响，但是对男性有显著的积极作用（Budig & England，2001；Killewald，2013）。这些研究表明，公共领域和私人领域的性别不平等具有相互强化的关系，与此同时，这也表明促进一个领域的性别平等对提升另一个领域的性别平等会产生显著的积极影响。

二、中国的公私关系及其变迁

国内外研究者对中国性别不平等问题的研究大都沿用了西方研究者提出的公共领域和私人领域的概念，但在很多研究者看来，中国的公私关系与西方社会不尽相同，而且二者的关系在改革开放之后出现了非常明显的转变。

在新中国成立到改革开放之前的近30年的历史时期内，中国虽然存在公共领域和私人领域的区分，但二者的关系在一定程度上表现出同构性。左际平和蒋永萍（2009）将这种特殊的公私关系称为"家国同构"。她们认为，在计划经济时期，中国政府的一系列制度安排和政治宣传很好地保证了国家利益和家庭利益的一致性。在这样的背景下，工作领域的生产劳动和家庭领域的家务劳动在终极目标上是一致的，即都是为社会主义建设服务。一方面，国家鼓励女性走出家庭，投身到社会主义建设之中，并且赋予女工崇高的政治地位；另一方面，国家也充分肯定女性在家务劳动中的贡献，认为女性操持家务有助于男性全身心投入生产，因而也能为社会主义建设服务（左际平、蒋永萍，2009）。虽然在这一时期，很多女性需要同时肩负工作和家庭的双重负担，但她们并未感受到强烈的工作家庭冲突（左际平，2005）。这主要有两个原因。一方面，国家通过制度安排分担了女性的家庭责任。例如，计划经济时期的工作单位大多会建设食堂、婴幼儿托育机构等服务设施，这在一定程度上缓解了女性的工作家庭冲突。另一方面，女性在被赋予工作权利之后产生了一种"被解放"的感觉，且国家在公共舆论方面也大力宣传男女平等，如"妇女能顶半边天"的政治口号在当时发挥了巨大的作用，这极大地激发了女性的工作热情，即便工作家庭双肩挑,她们也很少会感到两种角色之间的紧张与冲突(左际平,2005)。

与左际平和蒋永萍的观点类似,宋少鹏(2012)也认为,改革开放之前的中国社会在公私关系上具有同构性,即在计划经济时期,中国形成了一个以生产为中心的"公私相嵌"的关系结构。但是在宋少鹏看来,公私相嵌并不意味着公私对等,她将这种不对等的公私关系称为"私嵌于公"。宋少鹏(2012)指出,在计划经济时期,中国政府创造性地扩大了劳动的范畴,将过去由妇女承担的家务劳动也视为社会劳动的一部分,这赋予了广大妇女以社会主义建设者的政治身份。但是在当时的劳动体系中,生产劳动依然被赋予了更高的社会价值,女性的家务劳动因为能够让丈夫安心工作才得到国家的认可。而且,为了尽可能发挥女性家务劳动的工具性价值,国家在鼓励女性走出家门参加工作的同时,刻意保留了家务劳动方面的传统性别分工。但很显然,女工在工作与家庭两个方面很难兼顾。虽然由单位提供的家务帮扶和小孩照料可以在一定程度上缓解女性的工作家庭冲突,但在更大程度上,这种冲突被视为女性的一种"特殊困难",需要其自身通过顽强的革命意志予以克服(宋少鹏,2012)。

一些研究者认为,中国在计划经济时期形成的这种特殊的公私关系对提升当时社会的性别平等起到了促进作用(左际平、蒋永萍,2009;吴小英,2009;宋少鹏,2012;Ji et al.,2017)。首先,这一时期的政治宣传和制度安排有力地冲击了男尊女卑的父权制文化观念,男女平等的观念自此逐渐深入人心。其次,鼓励女性就业的一系列制度安排使得妇女得以走出家门投身社会,这对提升女性的经济独立性和社会地位起到了积极作用。最后,公私相嵌的社会结构也迫使单位不得不在一定程度上承担部分家务和照料责任,这种制度安排有效缓解了女性的工作家庭冲突,因而为女性平衡工作和家庭提供了一种可能路径。

但与此同时,我们也必须看到,计划经济时期的制度安排并未真正消除两性之间的不平等,而且这些残存的不平等对当下市场经济条件下的两性关系产生了极为深远的影响。首先,在工作领域,虽然国家在计划经济时期鼓励女性投身生产劳动,但男工和女工依然在很大程度上被区别对待。金一虹(2006)认为,城市女工实际上被视作劳动力的"蓄水池",即国家在生产扩大时期鼓励女性从事生产劳动,而在经济萎缩时期迫使女性回家操持家务。这种对女性劳动者的角色定位在很大程度上影响了改革开放以后女性劳动参与率的变化,特别是在国有企业改制时期,女工不可避免地成为"下岗"的主体。其次,在家庭领域，国家为了保证男性的劳动生产率，对家务分工方面的性别不平等采取了默许甚至鼓励的态度。这不仅加剧了计划经济时期女性劳动者的工作家庭冲突，而且为市场化改革之后，市场部门普遍将女性视为"劣等"劳动力埋下了伏笔（宋少鹏，2012）。吴小英（2009）指出，市场化改革之后，由国家主导的强调男女平等的话语模型开始转变为由市场主导的强调自由竞争的话语模型。市场话语在本质上是一种素质话语，女性因为要兼顾家庭责任而不得不在与男性的竞争中处于劣势。更为糟糕的是，市场化改革之后，单位制开始瓦解，国家也逐渐减少了家务和婴幼儿照料方面的福利供给，国家与家庭的关系逐渐从"同构"走向"分离"，当国家不再为女性提供保护时，女性在劳动力市场的处境则更加堪忧（左际平、蒋永萍，2009）。综上所述，市场化改革之后，中国在工作和家庭两个领域性别不平等的变化实际上与改革之前的制度安排有着千丝万缕的联系，因此，理解计划经济时期的国家政策和两性关系对于我们理解当下中国在工作和家庭两个领域的性别不平等具有极为深远的意义（Ji et al.，2017）。

第三节 公共领域的性别不平等

在这一部分，我们将从劳动参与、职业隔离、职位晋升和工资收入四个方面介绍国内外研究者对中国改革开放以后公共领域性别不平等问题的研究。

一、劳动参与

女性参加工作是提高自身经济地位和经济独立性的重要方式，也是影响女性家庭地位和家庭权力的重要因素之一。大量的研究发现，西方主要发达资本主义国家的女性劳动参与率在20世纪60年代以后维持着稳定的上升趋势。根据世界银行的最新统计数据，OECD国家2019年的女性劳动参与率约为53%[1]，虽

---

[1] 数据来源：世界银行数据库 https://data.worldbank.org/indicator/SL.TLF.CACT.FE.ZS?end=2019&locations=OE&start=1990。

然这一数值与男性相比仍有明显差距，但总体来说，男女在劳动参与方面的性别差距在随时间的推移不断缩小（England，2010）。与发达国家相比，中国女性的劳动参与率明显更高，但在20世纪90年代以后经历了非常明显的下降。吴愈晓（2010）使用第四次和第五次人口普查数据发现，中国20~54岁城镇女性的劳动参与率从1990年的85.25%下降至2000年的74.87%。姚先国和谭岚（2005）使用历年中国城调队入户调查数据发现，我国城镇女性的劳动参与率从1988年的91.37%下降至2002年的83.33%。杨菊华（2020）使用三期妇女地位调查数据发现，中国25~55岁女性的劳动参与率从1990年的90%下降至2010年的76%。许敏波和李实（2019）使用五期中国住户收入调查数据发现，中国16~60岁城镇女性的劳动参与率从1988年的85.9%下降至2013年的64.5%。需要说明的是，20世纪90年代以后，中国男性的劳动参与率也出现了下降（杨菊华，2020；许敏波、李实，2019）。但是与女性相比，男性劳动参与率的下降趋势明显较缓，这导致随着时间的推移，男女在劳动参与方面的差距逐渐拉大。

对于中国女性劳动参与率的大幅下降，很多研究者将之归因于经济的市场化转型以及由此导致的对劳动力市场的冲击（Summerfield，1994；潘锦棠，2002；蔡昉、王美艳，2004；姚先国、谭岚，2005）。在计划经济时期，我国女性的就业机会和就业权利在很大程度上得到了国家政策和意识形态的保护，这导致女性的劳动参与率大大高于企业对女性员工的实际需求。市场化转型之后，原本由国家掌控的劳动力配置权力逐渐让渡给了市场，效率优先的竞争原则也逐渐取代平均主义的意识形态，这导致女性在劳动力市场上的竞争劣势不断凸显，女性的劳动参与率开始大幅下降。值得一提的是，20世纪90年代中期以后，为了解决国有企业的经营困境，我国采取了激进的劳动力政策，2 000多万企业工人下岗。在这些下岗工人之中，女性的比例为70%（王汉生、陈智霞，1998），且下岗女工再就业的难度也大大高于男性（Du & Dong，2008）。

上述市场转型论能较好地解释市场化改革之初女性劳动参与率的下降，但是对近年来女性劳动参与率的最新变动趋势则解释力不足（Wu & Zhou，2015）。首先，根据这一理论，女性相对男性较低的劳动力市场素质是她们在与男性的竞争中败下阵来的主要原因，但近年来，随着中国教育的迅速扩张，女性的受教育程度已经逐渐赶上甚至超过男性，而女性的劳动参与率始终呈现出比男性更快的下降趋势，这显然无法由女性相对男性较低的劳动力市场素质来解释。一些新近的研究也发现，男女在人力资本和政治资本上的差异并不足以解释他们在劳动参与率上的差距，与之相比，婚姻、生育等家庭因素则对这种性别不平等有很强的解释力（Zhang et al., 2008）。这在一定程度上说明，近年来女性劳动参与率的进一步下降主要源于女性依然繁重的家务负担和照料压力（杨菊华，2014）。沿着这一思路，近年来有多项研究分析了祖辈对女性家务和育儿的支持对女性劳动参与决策的影响，研究发现，与年轻祖辈同住能显著提升女性的劳动参与率（宋月萍，2019；沈可等，2012），但是与年长的祖辈同住会产生相反的效果，这可能是因为年长的祖辈无法提供家务和育儿支持，而且需要子辈的照料，而照料责任通常落在女性肩膀上，这显然不利于女性参加工作（宋月萍，2019）。除此之外，还有研究比较了正规儿童照料和祖辈的育儿支持对女性劳动参与决策的影响，发现这两种育儿支持都对女性的劳动参与有积极影响，但祖辈育儿支持的影响更大，而且来自祖母的育儿支持对女性的劳动参与有更加显著的促进作用（杜凤莲等，2018）。

其次，市场转型论认为，女性劳动参与率的下降是一个优胜劣汰的过程，女性因为低下的劳动力素质被市场自然淘汰，这显然忽视了女性劳动者自愿退出劳动力市场的情形。吴愈晓（2010）认为，在再分配经济时期，出于国家经济发展的需要，劳动适龄人口参与劳动基本上是强制性的，但在市场化改革之后，就业成为一种双向选择的行为，雇佣过程趋于理性化，劳动者本身有权决定自己是否参与劳动，因此，不排除有些女性（特别是家庭经济状况较好的女性）可能因为家庭责任或其他原因自愿退出劳动力市场。他对2002年中国城镇居民收入调查数据的分析发现，除女性本人之外，其他家人的收入越高，女性越可能退出劳动力市场，因此与市场转型论的预期相反，相对富裕的家庭中的女性更可能选择不工作。此外，吴愈晓和周东洋（Wu & Zhou, 2015）还从2003—2010年CGSS数据中发现，家庭经济状况对女性劳动参与的负面影响随时间的推移呈明显的上升趋势。他们认为，在市场化改革早期，国家保护的退出和激烈的市场竞争导致很多低收入家庭的女性被迫退出劳动力市场，但是2003年以后，随着经济的高速增长，一些家庭已经积累了足够的物质财富，这使得富裕家庭的女性不用工作就能享有足够丰富的物质生活，但是对贫困家庭来说，女性必须要通过参加工作才能应对持续上涨的物价和生活开支。所以，在 2003 年以后，虽然女性的劳动参与率依然在下降，但导致这种趋势的内在逻辑已经发生了变化。

最后，上述市场转型论的另一个缺陷还在于它忽视了改革前后中国劳动力市场和国家政策的延续性。一方面，市场转型论者过于强调计划经济时期国家对女性劳动者的就业保护，而事实上，即便在这一时期，女性劳动者也没有被视作与男性具有同等价值的劳动力。金一虹（2006）认为，在计划经济时期，城市女工实际上被视作劳动力的"蓄水池"，因此，女性的劳动参与率在很大程度上会随着国家用工需求的变化而发生波动。这种劳动力蓄水池的定位导致在20 世纪 90 年代末的国有企业改制阶段，女性员工再次成为下岗的主体。另一方面，市场转型论也忽视了计划经济时期国家对家庭内部传统性别分工的刻意保留。宋少鹏（2012）认为，这种刻意保留使得女性劳动者始终肩负着工作与家庭的双重负担，因此，在市场化改革开启之后，她们也顺理成章地被视为劳动力素质较低的劣等劳动力。总而言之，这些研究表明，当我们讨论市场转型对女性劳动参与率的影响时，不仅要看到市场经济时期与计划经济时期的差异，也要看到这两个时期的内在关联和延续性（Ji et al., 2017）。

二、职业隔离

职业性别隔离指的是劳动者因性别不同而被分配到不同的职业类别，负责不同性质的工作（吴愈晓、吴晓刚，2008）。对西方国家的很多研究发现，这些国家的劳动力市场都存在明显的性别隔离现象，且女性大多集中在一些低收入、低声望的"女性化"职业之中（Goldin, 1990），这是导致男女收入不平等的一个重要原因（England, 2017）。除此之外，职业的性别隔离也对很多非经济报酬（如工作条件、生活方式等）具有重要影响（Charles & Grusky, 1995），因此，研究职业性别隔离的程度、变动趋势和形成原因已成为劳动力市场领域性别不平等研究的一个重要组成部分（吴愈晓、吴晓刚，2008）。

2000 年以后，国内外研究者也开始关注中国劳动力市场中的性别隔离现象。有研究发现，与西方国家相同，中国也存在明显的职业性别隔离，但性别隔离的程度比西方国家低（易定红、廖少宏，2005；Shu, 2005）。一些研究者分析了中国劳动力市场中的职业性别隔离随时间的变动趋势，但并未得到一致的结论。有研究发现，中国劳动力市场的性别隔离程度随时间不断上升（Shu，2005；蔡禾、吴小平，2002），也有研究认为性别隔离程度随时间呈下降趋势（李春玲，2009），还有研究认为性别隔离没有随时间发生明显变化（易定红、廖少宏，2005）。李汪洋和谢宇（2015）在总结前人研究后指出，关于中国职业性别隔离的早期研究存在两个严重缺陷，这导致不同研究者得到了不一致的研究结论。首先，早期研究使用的职业数量过少（数量从十几类到几十类不等），且不统一，这导致不同研究计算出来的结果差异很大。关于西方国家的研究经验表明，在测量职业性别隔离的时候，职业类别分得越细，计算结果越准确，通常来说，研究者需要使用数以百计的职业类别才能对劳动力市场中的职业性别隔离程度进行准确测算。其次，现有研究往往忽视了中国劳动力市场上的结构性变动对职业性别隔离程度的影响。随着中国快速的工业化、城市化和现代化转型，越来越多的劳动者从农业转移到工业和服务业之中，相比非农职业，中国的农业生产保留着家庭经营的特征，因而性别比相对平衡，当劳动力逐渐从性别构成比较均衡的农业转向非农职业的时候，职业性别隔离程度必然上升，但这种上升不是职业内部的性别隔离程度变化导致的，而是职业结构本身的变化导致的。因此，在研究中国职业性别隔离的变动趋势时，必须对职业结构本身的变化进行控制。为了克服早期研究的这两个缺陷，李汪洋和谢宇（2015）使用1982年、1990年、2000年和2010年四次人口普查数据，并以1990年中国职业标准分类为基础，将历次人口普查中的职业分为172个类别。他们发现，包括农业在内的全部职业的性别隔离程度自1982年至今持续上升，但非农职业的性别隔离却经历了一个先升后降的过程，从20世纪80年代开始提高，自1990年以来不断下降。他们对非农职业的研究结论与吴愈晓和吴晓刚（2008）的研究发现一致，即以1990年为界，中国非农职业的性别隔离程度呈先上升后下降的趋势。对于产生这一结果的原因，两项研究也给出了较为相似的解释。他们认为，计划经济时期国家统包统配的就业制度以及在就业过程中旨在消除性别差异的政治意识形态使得女性进入了许多传统由男性主导的重工业部门，这导致在市场化改革之前，中国城镇劳动力市场上的职业性别隔离处于一个较低的水平。但是在经济改革之后，国家逐渐将劳动力的配置权力让渡给市场，而市场对经济效率的追求会加剧劳动力市场上的性别分工，进而导致职业性别隔离程度的加深（吴愈晓、吴晓刚，2008；李汪洋、谢宇，2015）。

但是在 1990 年以后，影响中国非农职业性别隔离的因素变得更加复杂。一方面，中国市场化改革的深入和产业升级的过程会加重职业的性别隔离程度，越来越多的女性从制造业退出，进入更加女性化的第三产业之中（吴愈晓、吴晓刚，2008；李汪洋、谢宇，2015）。但另一方面，女性受教育程度相对男性的迅速提高以及西方性别平等观念的引入有助于消除劳动力市场上的性别隔离。李汪洋和谢宇（2015）发现，1990 年以后，女性在社会经济地位和职业声望较高的职业中所占的比重越来越高，而这些职业在过去都是由男性主导的男性化职业。李春玲（2009）也发现，1990 年以后，女性在专业技术人员和管理人员中的比例上升很快，这是导致这一时期中国的职业性别隔离出现下降的主要原因。显然，大量的女性进入专业技术岗位和管理职位与她们自身受教育程度的快速提升是分不开的。因此，很多研究认为，在 1990 年以后，女性受教育程度的提升是影响职业性别隔离的主要因素（吴愈晓、吴晓刚，2008；李汪洋、谢宇，2015）。但是在未来，中国的职业性别隔离水平往何处发展还有待进一步的研究。

除了中国职业性别隔离程度的变迁，还有不少研究分析了影响职业性别隔离的微观机制。一些研究者从新古典经济学理论出发，分析了男性和女性劳动者如何理性地选择合适的职业（张成刚、杨伟国，2013）。也有研究者从社会化和性别观念的角度出发，分析了青少年儿童职业期望上的性别差异，并讨论了职业期望的性别分化对职业性别隔离的影响（李汪洋、谢宇，2016）。还有研究者将经济学强调的人力资本因素和社会学强调的性别角色规范结合起来，研究二者如何对男女两性的职业选择产生复杂的交互影响。例如，贺光烨等人（2018）以及贺光烨和周穆之（He & Zhou，2018）的研究发现，随着高等教育的普及，男女两性在教育获得上的差距不断缩小，但他们在专业选择上依然存在重大差异，这种专业差异和性别角色规范一同对男大学生和女大学生的初职选择产生了十分微妙且深远的影响。最后，还有研究者从社会网络的角度分析了职业性别隔离的产生原因。例如，童梅（2012）发现，城市在职者的社会网络具有性别同质化倾向，女性和男性更多地与同性亲朋交往，使用强关系成功求职的女性往往进入性别隔离的女性职业，使用弱关系成功求职的女性能摆脱职业性别隔离趋向，进入中性职业或男性职业。这些研究都大大拓展了我们对职业性别隔离成因的理解。

三、职位晋升

上节讨论的职业隔离主要是指男女倾向于进入不同的职业，女性往往进入收入低、声望低的女性化职业，男性则相反，这在以往研究中被称作职业的水平隔离。除此之外，另一个值得关注的问题是，在相同职业中男性相比女性往往更容易获得晋升或取得管理职位，这在以往的研究中也被称作职业的垂直隔离（童梅、王宏波，2013）。关于职位晋升中的性别差异或职业的垂直隔离，国外研究提出了多个有影响力的理论概念。如"粘地板"理论认为，大多数女性员工会长年累月地从事低层次的工作，因而与男性相比，女性员工更可能聚集在职位的底层（Booth et al.，2003）。"玻璃天花板"理论认为，女性在晋升过程中会面临很多无形且难以突破的阻碍，且这种阻碍随着职位的提高变得越来越强，这导致女性几乎无法获得高层次的管理职位（Cotter et al.，2001）。"玻璃峭壁"理论是指女性领导者在冲破"玻璃天花板"并且获得领导职位之后，更容易被安排在一些充满危险和不确定的职位上（Ryan & Haslam，2005）。这些概念通过隐喻的方式表达出西方国家女性在职场上的晋升之艰难。

与西方国家相同，中国女性在职位晋升上相对男性也处于明显劣势。统计数据显示，2007年我国党政机关和事业单位中共有女干部1 500多万人，占全部干部比例的38%（吕芳，2020）。但是在县处级以上干部中，女性的百分比明显偏低，女性在政治精英的晋升之路上存在明显的"玻璃天花板"现象。中共中央组织部公布的一组统计数据显示，2009年我国县处级干部中，女性仅占16.6%，地厅级干部中女性占13.7%，省部级以上干部中女性占11%。而正职女干部在同级正职干部中的比例分别为县处级14.8%，地厅级10.4%，省部级以上7.3%（吕芳，2020）。佟新和刘爱玉（2014）使用2010年对全国1 870位科级及以上干部的调查数据分析了男女两性在政治精英地位获得上存在差异的原因。她们的研究发现，我国政治精英地位的获得存在明显的性别差异，男性通过提升人力资本和社会资本便能进入政治精英成长之路；而女性既要有高质量的人力资本和社会资本，还要依赖父母的社会经济地位、个人的性别平等观和平衡工作、家庭角色的能力。由此可见，女性沉重的家庭负担和依旧传统的性别角色观念是导致女性在政治精英地位的获得中始终处于劣势的两个主要原因。

除了政治地位，还有研究分析了我国职场中获得管理职位或在专业技术方面获得晋升的性别差异及其影响因素。这些研究发现，无论是获得管理职位还是专业技术职称，女性相对男性都处于明显劣势（卿石松，2011；李忠路，2011；童梅、王宏波，2013；王存同、余姣，2013；刘爱玉、田志鹏，2013；王毅杰、李娜，2017）。对此，研究者们提出了多种理论解释。一种观点认为，女性相对男性在人力资本和社会资本上的劣势是导致她们较难获得管理职位或专业技术职称的重要原因。很多研究者对上述观点进行了检验，研究发现，男女在人力资本和社会资本方面的差异确实可以解释一部分职位晋升中的性别差异，但即便在控制了人力资本和社会资本因素之后，男女在职位晋升上的差距依然存在。因此，中国的职位晋升中存在明显的性别歧视（卿石松，2011；李忠路，2011；童梅、王宏波，2013；王存同、余姣，2013）。对于这种歧视的来源，不同的研究给出了不同的解释。一些研究者认为，中国快速的市场化转型加剧了劳动力市场中的性别歧视，他们发现，相比在体制内工作的女性，在体制外工作的女性更难获得职位和职称上的晋升（童梅、王宏波，2013；王毅杰、李娜，2017）。有研究者从女性的工作家庭冲突出发，认为女性沉重的家庭负担是导致她们难以获得职位晋升的重要原因（李忠路，2011）。还有研究者分析了中国的劳动力市场制度对男女职位晋升的影响，例如，卿石松（2011）认为，女性的法定退休年龄比男性早会加剧职位晋升中的性别差异。最后，还有研究者研究了性别角色观念对女性职位晋升的影响，研究发现，平等的性别角色认知对女性的职位晋升有显著的促进作用（王毅杰、李娜，2017；刘爱玉、田志鹏，2013）。

四、工资收入

男女工资收入的不平等是研究劳动力市场中性别不平等的核心议题，国内外研究者对此进行了非常广泛的研究。对中国的研究发现，在改革开放之初，由于实行了男女平等的劳动力就业制度，城镇职工的性别工资差距很小，但随着改革开放的不断深入，性别工资差距呈明显的扩大趋势（Gustafsson & Li，2000；Hauser & Xie，2005；李实、马欣欣，2006；李春玲、李实，2008；李实等，2014）。李春玲和李实（2008）从1988年以来的三期中国城镇居民收入调查数据中发现，城镇女性工资占男性工资的百分比从1988年的84%下降至2002年的79%。同样使用该数据，李实、宋锦和刘小川（2014）发现，这一工资比率在2007年进一步下降至74%。不过，罗楚亮等人（2019）的最新研究显示，女性工资占男性工资的百分比在2007—2013年有所回升，从74%上升到了79%。

除了研究男女工资差距的变动趋势，很多研究者还分析了性别工资差距的产生原因。一个争论的焦点在于，性别工资差距是因为男女两性在劳动生产率上存在差异还是因为劳动力市场中存在性别歧视（李春玲、李实，2008）。大量的研究发现，男女两性在教育、工作年限、职业技能等人力资本特征上的差异确实对性别工资差距有显著影响，但它们的解释力很弱（Zhang et al.，2008；贺光烨等，2020）。大多数研究发现，人力资本变量对性别收入差距的解释力不足10%（程诚等，2015）。对于无法被人力资本因素解释的性别工资差距，研究者们通常有两种做法，一是将之简单归结为性别歧视，但这样做可能会将很多无法测量或未被纳入模型的人力资本和非人力资本因素导致的性别工资差距视作歧视，从而高估了劳动力市场性别歧视的程度。因此，很多研究者采取了第二种做法，即寻找其他可以解释性别工资差距的微观因素。例如，张俊森等人（Zhang et al.，2008）认为，未被观测到的能力因素对性别工资差距有较强的解释力。郑加梅和卿石松（2016）认为，男女在非认知技能和心理特征上的差异是导致性别工资差距的重要原因。刘琼等人（2020）认为，不同类型的工作任务会为男女带来不同程度的回报，进而导致了性别工资差距。程诚等人（2015）认为，男女两性在社会资本存量上的差异对性别工资差距有更强的解释力。毫无疑问，这些研究增进了我们对中国劳动力市场上性别工资差距的理解，但它们的缺陷在于仅关注到了对性别工资差距有影响的微观因素，因而在一定程度上忽视了劳动力市场结构对性别不平等的影响。

从劳动力市场结构的角度来说，国内外研究者共同关注的一个问题是职业的性别隔离对男女工资差距的影响。舒晓玲和边燕杰（Shu & Bian，2003）的研究发现，职业性别隔离对中国城镇劳动力市场上的性别工资差距有显著影响，且这种影响随时间的推移不断增强，从1988年的12%上升到1999年的19%。姚先国和黄志岭（2008）也发现，职业性别隔离可以解释2002年男女性别工资差距中的19.6%。这两项研究均表明，职业性别隔离确实会影响男女工资差距,但这两项研究对职业的划分过于粗糙,因此可能会低估职业性别隔离的程度及其对性别工资差距的影响。为了克服这一缺陷,吴愈晓和吴晓刚(2009)使用第五次人口普查数据计算出234种职业的性别比例,并将之纳入回归模型估计职业性别隔离对性别工资差距的影响,他们发现,职业性别隔离对国有部门性别工资差距的解释力很强,为46%,但是对非国有部门的解释力较弱,仅为6%。在2021年的一项研究中,杨一纯和谢宇(2021)使用类似的方法将职业分为193个类别,他们发现,职业特征可以解释2010年性别工资差距中的17%,且职业内部的男性比例和不同性别的职业技能是影响职业间性别收入差距的两个主要机制。

除此之外,中国劳动力市场还存在明显的行业性别分割和部门性别分割,因此,很多研究也分析了行业分割和部门分割对性别工资差距的影响,但这些研究均表明,行业分割和部门分割并不是影响性别工资差距的主要因素(邓峰、丁小浩,2012)。对行业分割的研究发现,行业性别分割大致能够解释性别工资差距中的7%~20%(王美艳,2005;葛玉好,2007)。部门分割的解释力则更小(Liu et al.,2000;邓峰、丁小浩,2012)。因此,大部分性别工资差异存在于同一个行业或同一个部门之内,而不是在行业或部门之间。实际上,上文所述的职业性别分割对性别收入差距的解释力也比较有限,由此可见,劳动力市场上的结构性因素也不是中国性别工资差距的主要成因。

由于劳动者的个人素质和劳动力市场分割都不能很好地解释中国的性别收入差距,近年来有不少研究者尝试跳出劳动力市场的分析框架,寻找导致中国性别工资差距的其他原因。卿石松(2019)认为,中国"男主外、女主内"的传统性别观念是性别收入差距的真正根源。一方面,传统性别观念造成了男女在人力资本、社会资本等劳动力素质上的差异化投资;另一方面,这种性别观念也是导致职业性别分割以及雇主对女性施加各种歧视的文化根源。除此之外,亦有不少研究者开始分析女性的家庭负担对性别工资差距的影响。这些研究发现,女性沉重的家务负担是导致她们的收入低于男性的重要原因(肖洁,2017;贺光烨等,2020);且结婚和生育对女性的工资收入有更大的惩罚效应(於嘉、谢宇,2014;Zhang et al.,2008;Yu & Xie,2018)。

最后,还有很多研究者批评现有从劳动力素质和劳动力市场分割的角度来分析性别工资差距的研究,因为这两个视角无法解释改革开放以来中国性别工资差距逐渐扩大的趋势。近半个世纪以来，中国男女教育的平等化趋势日趋明显（吴愈晓，2012；叶华、吴晓刚，2011）。因此，从劳动力素质的角度说，男女两性在人力资本上的差异正变得越来越小，这种趋势理应缩小性别工资差距，但事实与此相反。除此之外，职业性别隔离也无法解释性别工资差距的变动。因为如前所述，中国非农职业的性别隔离程度自1990年以后是逐步缩小的（李汪洋、谢宇，2015），但性别工资差距却在1990年以后呈明显的扩大趋势。对于男女在教育、职业性别隔离与工资差距上不一致的变动趋势，研究者们提出了多种解释。一些研究将之归因于市场化改革之后国家的再分配权力在女性保护方面被削弱。与国有部门相比，市场部门完全以利益为导向，强调效率优先，但较少兼顾公平，因而在用工和工资待遇方面更可能对女性施加歧视。随着时间的推移，中国的市场部门逐步扩大，在市场部门就业的女性逐渐增多，这导致性别工资差距随时间的推移不断扩大（王天夫等，2008；贺光烨、吴晓刚，2015）。除此之外，亦有不少研究认为，女性日益沉重的家庭负担和子女养育压力是导致她们的工资收入与男性的差距越来越大的主要原因。特别是在单位制改革之后，国家逐渐减少了家务服务和婴幼儿托育方面的福利供给，这迫使家务和子女照料的责任重新回归家庭，且在更大程度上落到女性的肩膀上，这极大地影响了女性在劳动力市场的表现。研究发现，单身女性和单身男性的工资差距并未随时间的推移不断扩大，但已婚女性和已婚男性、已育女性和已育男性之间的收入差距随时间不断扩大（Zhang & Hannum，2015），这在一定程度上说明，女性越发沉重的家庭负担是导致她们与男性的工资差距越拉越大的主要原因。除此之外，近年来也有很多研究发现，生育对女性的工资惩罚正随时间的推移变得越来越大，虽然生育对男性的工资溢价也随时间呈下降趋势，但下降的幅度远没有母职工资惩罚明显，这导致性别工资差距不断扩大（申超，2020；许琪，2021）。

第四节　私人领域的性别不平等

在这一部分，我们将从代际关系和夫妻关系两个方面介绍国内外研究者对中国在改革开放以后私人领域性别不平等问题的研究。

一、代际关系

很多研究认为，以父系父权为典型特征的代际关系是中国家庭有别于西方家庭的一个重要特征（费孝通，1999；Chu & Yu，2011）。在传统中国家庭，女性结婚后需要嫁入男方家庭，与男方父母同住，对公婆尽孝，而对自己的亲生父母则不再承担正式的赡养责任（Greenhalgh，1985；Chu et al.，2011）。除此之外，嫁出去的女儿也无法继承家庭财产，且无法拥有传宗接代或延续家族姓氏的权利（费孝通，1983；许琪，2021）。这种父系父权的家庭制度会产生更加广泛的性别不平等。很多研究发现，中国父母在生育时更偏好男孩，这种男孩偏好在过去往往是通过多生来实现的。但是在计划生育政策执行以后，中国政府对家庭的生育数量施加了严格的限制，一些家庭为了实现至少生一个男孩的目标不得不采用性别鉴定的方式流产女婴，这导致1990年以来中国的出生性别比持续攀升（韦艳等，2005）。除此之外，父母对男孩的偏好还会导致子女教育投资中的性别不平等（许琪，2015）。很多研究发现，中国父母在投资子女教育时更可能采用儿子优先的策略，这是导致女性的受教育程度长期低于男性的一个重要原因（Chu et al.，2007）。不过，在计划生育政策执行以后，家庭的生育数量逐渐减少，很多家庭只有女儿没有儿子，这在很大程度上削弱了父母在教育投资中对女儿的歧视，并客观上推动了男女教育的平等化趋势。叶华和吴晓刚（2011）的研究发现，中国生育率的大幅下降是导致男女教育日益平等的一个重要因素。许琪（2015）的研究发现，在当代中国社会，父母对女儿的教育歧视仅存在于少数经济资源有限且生育数量较多的农村家庭之中。

除了父母对子女的教育投资，很多研究发现，中国传统的父系父权制家庭在其他方面也发生了非常明显的变化。首先，就婚居模式来看，从夫居是传统中国家庭的一个普遍选择，但随着中国经济的快速增长、人口流动的大幅增加以及家庭观念的迅速变化，年轻子女在婚后选择从夫居的百分比不断下降，独立居住的百分比不断上升（郭志刚，2008）。这在以往的研究中常被称作中国家庭的核心化（王跃生，2015）。不过，在这股核心化趋势之后还存在一股相反的趋势，即年轻夫妇在婚后选择从妻居（与女方父母同住）的百分比随时间不断上升（巫锡炜、郭志刚，2010；Pimentel & Liu，2004）。一些研究者对夫妇选择从妻居的原因进行了分析，研究发现，生育率下降之后很多家庭没有儿子是导致从妻居不断上升的一个重要因素（许琪，2013；Chu et al.，2011）。在另一方面，人口流动的增加也对从妻居有推动作用。随着流动人口规模的快速扩大，本地女性与外地男性通婚的发生率越来越高，在这种情况下，从妻居就变成了一个自然而然的选择（许琪，2013）。除此之外，还有研究发现，从妻居较可能发生在女方经济地位较高的情况下，这在一定程度上表明，社会经济的发展赋予了女性更大的自主性和选择权，这使她们能够突破从夫居的习俗，增加与父母同住的机会（杨菊华，2008；Chu et al.，2011）。不过值得注意的是，虽然近年来夫妇选择从妻居的百分比不断上升，在局部地区甚至出现"两头婚""两头走"等新型婚居模式（高万芹，2018），但与从夫居相比，从妻居依然是少数。许琪（2013）的研究发现，在2010年，中国夫妇选择从妻居与从夫居之比约为1:7，这说明在当代中国，婚居模式中依然存在明显的性别不平等，所以，传统的父权制家庭观念依然对当代中国人的居住选择有很大影响。

就代际交往关系来看，很多研究发现，中国传统的父系父权制家庭确实发生了非常明显的变化，其中一个典型表现就是女儿养老功能的提升。根据中国的父系家庭传统，只有儿子需要承担正式的赡养责任，但近年来的多项研究显示，依靠女儿养老的现象已经变得越来越普遍。在某些方面，女儿的养老功能已经超过了儿子。谢宇和朱海燕（Xie & Zhu，2009）利用1999年在上海、武汉和西安三地进行的抽样调查数据发现，与已婚儿子相比，已婚女儿能够向父母提供更多的经济支持。唐灿等人（2009）对浙东农村的调查更是发现，依靠女儿养老的现象并非仅存在于现代化程度较高的城市地区，在相对闭塞的农村，女儿也已在赡养父母时发挥越来越重要的作用。最近的几项研究显示，儿子和女儿在经济支持、生活支持和情感支持中的养老功能存在明显差异，且这种差异在城市和农村有不同的表现。在农村，儿子在经济支持中的作用依然明显；但是在城市，女儿和儿子对父母的经济支持相差无几（Lei，2013）。还有研究发现，城市中女儿在经济支持方面比儿子的作用更加突出（许琪，2015）。相比经济支持，女儿在生活照料和情感支持方面的养老功能更加明显，且这种现象更可能出现在现代化水平较高的城市之中（Lei，2013；许琪，2015）。许琪（2015）认为，在研究儿子和女儿的养老功能时，需要区分性别的直接影响和性别通过居住方式产生的间接影响。在当代中国家庭，从夫居的百分比依然大大高于从妻居，这在很大程度上维持了以儿子为核心的传统赡养制度，如果将儿子和女儿在居住方式上的差异排除掉，女儿的养老功能将表现得更加突出（许琪，2015）。对于女儿养老功能提升的原因，国内外研究者从不同的角度给出了解释。很多研究认为，生育率下降之后很多家庭已经没有儿子或者儿子因为外出务工不在父母身边是导致女儿参与养老的主要原因（唐灿等，2009；许琪，2015；朱安新、高熔，2016）。还有研究认为，女性经济地位的提升提高了她们赡养父母的意愿和经济能力，因而对女儿养老产生了显著的积极影响（许琪，2015）。还有研究认为，女儿更多参与养老是因为他们与父母之间维持着更好的情感联系，这种由自然亲情出发的强烈情感使得女儿能为父母提供更高质量的赡养（Shi, 2009; Xie & Zhu, 2009）。最后，还有研究认为，女儿参与养老是因为老人的赡养偏好发生了变化，近年来的多项研究显示，老年人在被问及生病时由谁照料和有心事向谁诉说时对儿子和女儿没有明显的偏好（Hu & Chen, 2019; Cong & Silverstein, 2012）。

虽然近年来的多项研究发现，女儿在家庭养老中的作用日益提升，但这并不意味着代际关系正变得越来越平等。很多研究发现，女儿在向父母提供更多支持的同时并未从父母那里得到更多，因而，代际交往整体而言处于一种不平衡的状态。胡安宁（Hu, 2017）使用CFPS2010数据发现，女儿在经济支持和生活照料两个方面都在向父母提供更多支持，但她们与儿子相比很少得到父母的相应支持。虽然有研究发现，中国老人向女儿提供育儿支持的现象有所增加（Zhang et al., 2019），但陈绯念等人（Chen et al., 2011）的研究表明，隔代照料在中国依然在很大程度上沿着父系展开，6岁以下学龄前儿童平时与爷爷奶奶同住且主要由爷爷奶奶照料的百分比为35%，而与外公外婆同住且主要由外公外婆照料的百分比仅为10%。一些研究甚至发现，祖辈给孙子和孙女的零花钱和压岁钱也明显多于外孙和外孙女（Silverstein & Zhang, 2020）。由此可见，父母在给子女提供支持方面依然存在明显的儿子偏好，这导致双向代际支持中呈现出一种儿子"啃老"、女儿养老的不平衡状态。除了代际支持，代际关系中的性别不平等还体现在财产继承上。根据父系家庭制度，儿子享有继承家庭财产和传递家庭姓氏的权利，但也必须履行赡养父母的义务。根据这一权责对等原则，女儿在提供与儿子同样甚至更多赡养支持的情况下，理应平等地享有继承家庭财产和传递家庭姓氏的权利。但唐灿等人（2009）对浙东农村的研究却发现，老人在得到女儿更多支持的同时，依然在财产分配方面表现出明显的儿子偏好。许琪（2021）对姓氏变迁的研究发现，虽然近年来随母姓和使用新复姓的人群呈逐年上升之势，但这两种命名方式依然非常罕见，子随父姓依然是绝大多数中国人的普遍选择。综上所述，随着时间的推移，中国女性在代际交往关系中确实享受到了比以往更多的权利，但权利方面的增长速度远不及义务方面的增长。因此总体而言，当代中国家庭的代际关系存在明显的权责不对等的问题，女儿付出多，但得到少，这种不对等的代际关系将往何处发展是一个值得深入研究的重要问题。

二、夫妻关系

除了纵向的代际关系，性别不平等也体现在横向的夫妻关系之中。在这一方面，相关研究主要沿着家务分工和夫妻权利两个方面展开。

首先，就家务分工来说，很多研究发现，在中国，家务主要由女性承担，且这种状况并未随时间的推移有明显改善。佟新和刘爱玉（2015）使用三期中国妇女社会地位调查数据发现，从1990年到2010年，男女两性的家务劳动时间均有大幅减少，但家务主要由女性承担的局面并未发生改变。数据显示，1990年女性平均家务劳动时间是男性的1.8倍，2000年上升到2.4倍，2010年也为2.4倍。牛建林（2020）使用CHNS1989—2015数据发现，从1989年到2015年，丈夫参与家务的百分比不断上升，但丈夫相对妻子的家务劳动时间却并未随时间发生明显变化。因此，与很多西方国家的研究结果一致，在中国，家务分工当中的性别不平等长期处于"停滞"状态（England，2010）。

除了研究家务分工的性别不平等程度及其随时间的变动趋势，很多研究还分析了影响中国家庭家务分工的因果机制。参照西方研究者的主流理论，相关研究主要从男女双方的时间可及性、性别角色观念和相对资源三个角度展开。很多研究发现，男女双方的工作时间越长，家务时间越短，因此，在西方国家行之有效的时间可及性理论在中国得到了检验（周旅军，2013；杨菊华，2014；刘爱玉等，2015；贺光烨等，2018；Yu & Xie，2011）。此外，还有很多研究分析了性别角色观念对家务分工的影响，研究发现，夫妻双方的性别角色观念越现代，家务分工越平等，因此，在西方国家得到大量研究检验的性别意识理论也得到了中国数据的支持（Yu & Xie，2011；杨菊华，2014；刘爱玉等，2015）。不过，现有研究对夫妻双方的相对资源如何影响家务分工依然存在争议。争议的焦点在于，夫妻双方的相对资源对家务分工的影响是线性的还是非线性的。经典的相对资源理论认为，男女双方的相对收入越高，家务劳动时间越短，因为相对收入的增加会提升个体的议价能力，因而有助于个体摆脱繁重的家务负担（齐良书，2005）。但女性主义者却从性别意识理论出发对这一观点提出了批评，性别表演（gender display）理论认为，妻子相对丈夫收入的增加并不必然导致家务劳动分工的平等化，因为妻子的相对收入过高会威胁妻子的女性角色，在这种情况下，妻子会通过多做家务的方式来维护自身的女性形象，这种现象对男性来说也同样成立（Brines，1994；Greenstein，2000）。一些研究在中国的情境下对上述两个竞争性的理论进行了检验，但结论并不一致（刘爱玉等，2015、2015；孙晓冬，2018）。导致这种不一致的可能原因在于，相对资源对家务分工的影响具有异质性。这种异质性一方面表现在性别表演理论对具有不同性别观念的人群有不同的解释力。刘爱玉、佟新和付伟（2015）的研究发现，女性的性别角色观念越传统，在家务分工中越可能存在性别表演。於嘉（2014）的研究也发现，性别表演在观念比较传统的农村女性中表现得更加明显。在另一方面，性别表演理论的适用性也可能随家务劳动类型的不同而发生变化。简敏仪和贺光烨（Kan & He，2018）的研究发现，性别表演理论对洗衣做饭等日常性家务劳动有较强的解释力，但房屋维修等非日常性家务劳动则很难通过性别表演理论得到解释。在另一项研究中，贺光烨、简敏仪和吴晓刚（2018）还发现，性别表演理论对家务分工的解释力较弱，但是对照料分工的解释力很强。除此之外，他们还发现，家务分工中的性别表演主要表现在休息日，而非工作日，且主要表现在男性群体之中。

除使用中国数据对西方理论进行检验之外，近年来关于中国家庭家务分工的研究还在以下三个方面取得了比较大的进展。一是研究父母的家务支持对家务分工的影响。与西方国家的核心家庭模式不同，中国家庭有多代同住的传统，胡姝和穆征（Hu & Mu，2021）分析了这种居住安排对家务分工的影响。她们的研究发现，与父母同住会加剧而不是缩小家务分工中的性别不平等，这主要是因为与父母同住会在更大程度上减轻男性的家务负担，且这种情况在夫妇与女方父母同住时表现得更加明显。除此之外,她们还发现,与父母同住的影响还存在明显的阶层差异。受教育程度较高的夫妇更可能从多代同住中获益,而受教育程度较低的夫妇如果与父母同住则会显著增加家务负担(Hu & Mu,2018)。二是研究儿童家务时间的性别不平等。传统的家务分工研究主要关注已婚夫妇,而胡杨的一系列研究(Hu,2015、2018)将之拓展到了青少年儿童。他发现,家务劳动的女性化在儿童时期就已存在,父母的家务分工状况和母亲的就业状况对男孩和女孩的家务时间具有不同程度的影响,且这种影响存在明显的城乡差异。此外,男孩和女孩的家务时间也在不同程度上受到家庭结构的影响,父亲和母亲是否在家、家中是否有同住的祖父母和兄弟姐妹都对儿童的家务时间产生了显著但具有性别差异化的影响。三是从性别化家庭资源或情感表达的角度重新定义家务劳动。以往对家务劳动的研究往往将家务视作令人生厌的劳动,很少有研究探讨家务所能带来的正面价值。左继平和边燕杰(Zuo & Bian,2001)的研究提出了不同的看法,他们认为,"男主外、女主内"的传统性别观念导致丈夫和妻子对谁挣钱和谁做家务产生了不同的期待,这种性别化的角色期待使得做家务成为女性体现自身价值的一种性别化的家庭资源,进而导致很多女性认为只有多做家务才能实现自身的家庭价值。与之类似,杨菊华(2014)也认为,受父权制观念影响,中国女性会将家务作为一种资源,并将做家务视作维持婚姻稳定及家庭和谐的一种策略。除此之外,近年来的几项研究还从情感表达的角度重新定义了家务劳动对家庭和谐的意义及价值,这些研究发现,做家务是夫妻向对方传达爱意或情感的一种重要途径,且家务劳动的情感表达功能在男性群体中表现得更加明显(刘爱玉等,2015;佟新、刘爱玉,2015)。

其次,就夫妻权力来说,现有研究达成了两点共识。第一,中国夫妇无论在家庭日常事务还是重大事项的决策上都以平权为主;但相比之下,女性在家庭日常事务(如家庭日常开支等)决策上更有话语权,而男性在家庭重大事务(如购买大件商品、子女升学决策等)方面更有权力或更有实权(徐安琪,2005;李静雅,2013)。第二,虽然女性在参与家庭重大决策和拥有家庭实权方面不如男性,但随着时间的推移,女性在这两个方面的权力有所提升,家庭权力格局正在往夫妻平权的方向发展(第三期中国妇女社会地位调查课题组,2011)。

综上所述，现有关于中国夫妇权力分配状况和发展趋势的研究取得了一些共识，但这些研究在测量夫妻权力方面依然存在很多缺陷。徐安琪（2005）曾对此进行了深刻的反思和批评，她认为，现有对家庭权力的测量存在多维指标和一维指标两种方法，但这两种方法在信度和效度两个方面均不令人满意。她认为，未来关于家庭权力的测量应当综合考虑夫妻双方在家庭生活各方面的自主权和婚姻角色平等的主观满意度两个方面，基于此，她提出了一个包含女性家庭地位测量及影响因素的综合性框架。在新近的一项研究中，宋健和张晓倩（2021）也对当下家庭领域妇女地位的测量提出了批评，并提出了一个包含主观指标和客观指标在内的两维度、三层级的测量框架。但遗憾的是，上述两项研究均只在理论层面指出了测量女性家庭权力的方法，而没有开展相应的实证研究。在当前关于家庭权力的实证研究中，研究者们大多沿用了家庭日常事务决策和家庭重大事项决策的二分法来测量夫妻权力（李静雅，2013），或者只根据是否拥有家庭重大事项的决策权和家庭实权来测量夫妻权力分配中的性别不平等（马春华等，2011；陶涛，2012；李建新、郭牧琦，2015；Cheng，2019）。

除了研究夫妻权力的测量方法和性别差异，现有研究还分析了夫妻权力的影响因素。相对资源论和文化规范论是这些研究广泛采用的两个理论分析视角。相对资源论认为，夫妻双方拥有的资源越多，越可能在家庭重大事务的决策中拥有话语权。文化规范论认为，男主女从的传统性别观念是男性往往在家中更有实权或更可能主导家庭重大决策的主要原因。这两个理论均得到了很多实证研究的支持（马春华等，2011；陶涛，2012；李静雅，2013；吴帆，2014；韦艳、杨大为，2015；李建新、郭牧琦，2015）。除了这两个经典理论，现有研究还从中国现实出发提出了多个有特色的本土化理论。吴晓瑜和李力行（2011）从"母以子贵"的传统文化规范出发，分析了子女性别对女性家庭权力的影响。他们的研究发现，第一胎生育男孩可以显著提升农村妇女在购买家庭耐用消费品时的参与度和决策权。韦艳和杨大为（2015）的研究发现，以婚姻支付为代表的婚前资源对农村家庭的夫妻权力有显著影响，嫁妆相对于彩礼的水平越高，女性在婚后的权力越大。程诚（Cheng，2019）分析了多代同住对女性家庭重大事务决策权的影响。她发现，在夫妇独立居住的情况下，女性的受教育程度对提升她们的家庭权力有显著的积极影响，但是在与男方父母同住的情况下，受教育程度的积极影响会完全消失。左际平和边燕杰（Zuo & Bian，2005）认为，应当从权责一致的角度理解中国家庭决策权的分配。在传统性别角色规范的影响下，中国女性往往比男性更加操心家庭事务，这使得她们顺理成章地在各种家庭决策中拥有一定的话语权，特别是在日常家庭事务决策中，女性往往比男性拥有更大的权力。

第五节 未来研究展望

本章从公共领域和私人领域两个方面回顾了国内外研究者关于中国性别不平等程度、变动趋势和影响因素的研究。可以发现，现有研究已经就中国劳动力市场和婚姻家庭中的性别不平等问题取得了非常丰富的研究成果，但我们认为，在以下几个方面，未来的研究还有进一步拓展的空间。

首先，未来的研究需要更加关注男女教育的平等化趋势对公私两个领域性别不平等的影响。关于教育的性别平等化趋势，李忠路已在本书有关教育不平等的章节中做过详细介绍，本章不再重复。我们认为，男女教育的平等化将对劳动力市场和婚姻家庭领域的性别不平等产生重要影响。第一，就劳动力市场来说，根据人力资本理论，女性受教育程度的提高有助于提升她们在劳动力市场的地位和回报，但近年来的很多研究却发现，女性的劳动参与率呈下降趋势，性别工资差距也不断扩大。为何在男女两性的受教育程度日趋平等的今天，劳动力市场上的性别不平等依然在扩大？这是一个值得深入研究的理论和现实问题。第二，男女教育的平等化不仅会影响劳动力市场，也会深刻影响代际关系和夫妻关系中的性别不平等，国外研究者已经对此做过大量的研究（Van Bavel et al., 2018），但相关国内研究尚不多见，因此，这也是一个在未来值得深入研究的重要议题。

其次，未来的研究还需关注生育率下降和性别比失衡等人口结构的转型对性别不平等的影响。近年来的一些研究已经发现，生育率下降对家庭教育投资、居住方式、代际交往中的性别不平等有重要影响，总体来说，这些研究认为，生育率下降有助于女性的教育获得和提升女性的家庭地位，中国传统的父系家庭制度正在往双系并重的方向发展（叶华、吴晓刚，2011；许琪，2015）。

此外，亦有不少研究发现，性别比失衡提升了女性在婚姻市场的议价能力，并造成了对农村和社会经济地位较低的男性的婚姻挤压（李树茁，2013；于潇等，2018）。但是从中国人口发展的长期过程来说，生育率下降和性别比失衡对婚姻家庭领域性别不平等的影响才刚刚显现，因此，这一问题值得未来的研究进行长期关注。除此之外，目前还缺乏从生育率下降和性别比失衡的角度分析女性在劳动力市场地位的研究，未来的研究需要对这一问题给予更多关注。

再次，未来的研究不仅要关注性别不平等的程度、变动趋势和产生原因，也要关注性别不平等的后果，如性别不平等对生育率、地区经济发展和社会稳定的影响需要给予更多的关注。此外，根据交叉性（intersectionality）理论，性别对社会不平等的影响往往与其他因素交织在一起，但目前还很少有研究关注性别与阶层、城乡等其他因素对社会不平等的交互影响（苏熠慧，2016）。举例来说，目前关于职业、收入等公共领域性别不平等问题的研究主要关注城镇地区，但考虑到中国巨大的城乡差异，职业和收入方面的性别不平等很可能在城市和农村有不同的表现，这是一个值得进一步研究的问题。此外，关于家务分工、家庭权力等问题的研究也需要考虑城乡和阶层之间的巨大差异，只有这样才能更加细致地描述和解释中国的性别不平等问题。最后，目前关于私人领域性别不平等问题的研究需要更好地将代际关系融入现有的分析框架，考虑中国的扩大家庭制度对性别分工和夫妻家庭决策的影响。我们关注到，近年来的一些研究已经注意到了这一问题（许琪，2021；Yu & Xie，2018），但相关成果依然较少。

最后，未来的研究也需要同时关注客观层面的性别不平等水平与主观层面的性别不平等感知之间的关系。这在研究婚姻家庭领域的性别不平等问题时更加重要。目前关于代际关系中的性别不平等研究大多发现，女儿处于在家庭中付出多但获得少的状态（唐灿等，2009；Hu，2017），既然如此，那么这种不平衡的代际关系又是如何维持的？我们认为，回答这个问题可能需要研究儿子和女儿对这种代际关系的不平等感知。除此之外，在研究家务分工和夫妻权力方面的性别不平等时，丈夫和妻子对性别不平等的主观感知同样值得关注。正如以往对收入不平等问题的研究所揭示的，公平和平等是两个相关但也有重要区别的概念，在研究时需要区别对待。在研究性别不平等问题时，将性别不平等和不公平区分开来也代表着两种截然不同的价值追求，即我们是追求绝对意义上的性别平等还是两性之间的和谐共处。在笔者看来，一味追求两性平等特别是以消除两性差异为目标的绝对平等可能会对家庭和谐和社会发展造成负面影响。因此，以促进两性和谐共处为发展目标的性别平等才是未来的研究应当追寻的价值导向。

参考文献：

蔡昉，王美艳．中国城镇劳动参与率的变化及其政策含义．中国社会科学，2004（4）：68-79.

蔡禾，吴小平．社会变迁与职业的性别不平等．管理世界，2002（9）：71-77.

程诚，王奕轩，边燕杰．中国劳动力市场中的性别收入差异：一个社会资本的解释．人口研究，2015，39（2）：3-16.

邓峰，丁小浩．人力资本、劳动力市场分割与性别收入差距．社会学研究，2012，27（5）：24-46.

第三期中国妇女社会地位调查课题组．第三期中国妇女社会地位调查主要数据报告．妇女研究论丛，2011（6）：5-15.

杜凤莲，张胤钰，董晓媛．儿童照料方式对中国城镇女性劳动参与率的影响．世界经济文汇，2018（3）：1-19.

费孝通．家庭结构变动中的老年赡养问题：再论中国家庭结构的变动．北京大学学报（哲学社会科学版），1983（3）：7-16.

费孝通．生育制度．北京：商务印书馆，1999.

高万芹．双系并重下农村代际关系的演变与重构：基于农村"两头走"婚居习俗的调查．中国青年研究，2018（2）：11-17.

葛玉好．部门选择对工资性别差距的影响：1988—2001年．经济学（季刊），2007（2）：607-628.

郭志刚．关于中国家庭户变化的探讨与分析．中国人口科学，2008（3）：2-10.

贺光烨，计迎春，许苏琪．性别收入差异再探：基于2010年中国妇女地位调查数据．社会发展研究，2020，7（4）：181-200，241-242.

贺光烨，简敏仪，吴晓刚．城市地区家务劳动和家人照料时间性别差异研究．人口研究，2018，42（3）：79-90.

贺光烨，吴晓刚．市场化、经济发展与中国城市中的性别收入不平等．社会学研究，2015，30（1）：140-165，245.

金一虹．"铁姑娘"再思考：中国"文化大革命"期间的社会性别与劳动．社会学研究，2006（1）：169-193.

李春玲．中国职业性别隔离的现状及变化趋势．江苏社会科学，2009（3）：9-16.

李春玲,李实.市场竞争还是性别歧视:收入性别差异扩大趋势及其原因解释.社会学研究,2008(2):94-117.

李建新,郭牧琦.相对资源理论与夫妻权力关系的阶层差异分析:基于第三期中国妇女社会地位调查数据.妇女研究论丛,2015(6):17-23.

李静雅.夫妻权力的影响因素分析:以福建省妇女地位调查数据为例.妇女研究论丛,2013(5):19-26.

李实,马欣欣.中国城镇职工的性别工资差异与职业分割的经验分析.中国人口科学,2006(5):2-13.

李实,宋锦,刘小川.中国城镇职工性别工资差距的演变.管理世界,2014(3):53-65.

李树苗.性别失衡、男性婚姻挤压与婚姻策略.探索与争鸣,2013(5):22-23.

李汪洋,谢宇.中国职业性别隔离的趋势:1982—2010.社会,2015,6(35):153-177.

李汪洋,谢宇.中国儿童及青少年职业期望的性别差异.青年研究,2016(1):75-83.

李忠路.工作权威层的性别差距及影响因素 监管权威的视角.社会,2011,31(2):111-124.

刘爱玉,田志鹏.性别视角下专业人员晋升路径及因素分析.学海,2013(2):89-94.

刘爱玉,佟新,付伟.双薪家庭的家务性别分工:经济依赖、性别观念或情感表达.社会,2015,35(2):109-136.

刘爱玉,庄家炽,周扬.什么样的男人做家务:情感表达、经济依赖或平等性别观念?.妇女研究论丛,2015(3):20-28.

刘琼,乐君杰,姚先国.工作任务回报与性别工资差距.人口与经济,2020(4):98-111.

罗楚亮,滕阳川,李利英.行业结构、性别歧视与性别工资差距.管理世界,2019,35(8):58-68.

吕芳.中国女性领导干部的晋升障碍与发展路径:基于对地厅级以上女性领导干部晋升规律的分析.甘肃社会科学,2020(6):220-228.

马春华,石金群,李银河,等.中国城市家庭变迁的趋势和最新发现.社会学研究,2011,25(2):182-216.

牛建林.转型期中国家庭的家务分工特征及其在生命周期中的变化.劳动经济研究,2020,8(4):42-74.

潘锦棠.经济转轨中的中国女性就业与社会保障.管理世界,2002(7):59-68.

齐良书.议价能力变化对家务劳动时间配置的影响:来自中国双收入家庭的经验证据.经济研究,2005(9):78-90.

卿石松.职位晋升中的性别歧视.管理世界,2011(11):28-38.

卿石松.中国性别收入差距的社会文化根源:基于性别角色观念的经验分析.社会学研究,2019,34(1):106-131,244.

申超.扩大的不平等：母职惩罚的演变：1989—2015.社会，2020，40（6）：186-218.

沈可，章元，鄢萍.中国女性劳动参与率下降的新解释：家庭结构变迁的视角.人口研究，2012，36（5）：15-27.

宋健，张晓倩.家庭领域妇女地位的测量.山东女子学院学报，2021（1）：1-10.

宋少鹏.从彰显到消失：集体主义时期的家庭劳动：1949—1966.江苏社会科学，2012（1）：116-125.

宋月萍.照料责任的家庭内化和代际分担：父母同住对女性劳动参与的影响.人口研究，2019，43（3）：78-89.

苏熠慧."交叉性"流派的观点、方法及其对中国性别社会学的启发.社会学研究，2016，31（4）：218-241，246.

孙晓冬.收入如何影响中国夫妻的家务劳动分工？.社会，2018，38（5）：214-240.

唐灿，马春华，石金群.女儿赡养的伦理与公平：浙东农村家庭代际关系的性别考察.社会学研究，2009，24（6）：18-36，243.

陶涛.中国农村妇女家庭重大决策参与权的影响因素研究.妇女研究论丛，2012（5）：17-22，35.

佟新，刘爱玉.我国政治精英晋升的性别比较研究.江苏社会科学，2014（1）：105-113.

佟新，刘爱玉.城镇双职工家庭夫妻合作型家务劳动模式：基于2010年中国第三期妇女地位调查.中国社会科学，2015（6）：96-111.

童梅.社会网络与女性职业性别隔离.社会学研究，2012，27（4）：67-83.

童梅，王宏波.市场转型与职业性别垂直隔离.社会，2013，33（6）：122-138.

王存同，余姣."玻璃天花板"效应：职业晋升中的性别差异.妇女研究论丛，2013（6）：21-27.

王汉生，陈智霞.再就业政策与下岗职工再就业行为.社会学研究，1998（4）：15-32.

王美艳.中国城市劳动力市场上的性别工资差异.经济研究，2005（12）：35-44.

王天夫，赖扬恩，李博柏.城市性别收入差异及其演变：1995—2003.社会学研究，2008（2）：23-53.

王毅杰，李娜.体制内外、管理地位获得与性别差异.社会学评论，2017，5（5）：53-64.

王跃生.中国当代家庭核心化变动的区域比较：以2010年人口普查数据为基础.晋阳学刊，2015（1）：80-89.

韦艳，杨大为.婚姻支付对农村夫妻权力的影响：全国百村调查的发现.人口学刊，2015，37（5）：32-41.

韦艳，李树茁，费尔德曼.中国农村的男孩偏好与人工流产.中国人口科学，2005（2）：14-23.

巫锡炜，郭志刚．我国从妻居的时空分布：基于"五普"数据的研究．人口与经济，2010（2）：11-19．

吴帆．相对资源禀赋结构中的女性社会地位与家庭地位：基于第三期中国妇女地位调查数据的分析．学术研究，2014（1）：42-49．

吴小英．市场化背景下性别话语的转型．中国社会科学，2009（2）：163-176，207-208．

吴晓瑜，李力行．母以子贵：性别偏好与妇女的家庭地位：来自中国营养健康调查的证据．经济学（季刊），2011，10（3）：869-886．

吴愈晓．影响城镇女性就业的微观因素及其变化：1995年与2002年比较．社会，2010，30（6）：136-155．

吴愈晓．中国城乡居民教育获得的性别差异研究．社会，2012，32（4）：112-137．

吴愈晓，吴晓刚．1982—2000：我国非农职业的性别隔离研究．社会，2008（6）：128-152，226-227．

吴愈晓，吴晓刚．城镇的职业性别隔离与收入分层．社会学研究，2009，24（4）：88-111，244．

肖洁．家务劳动对性别收入差距的影响：基于第三期中国妇女社会地位调查数据的分析．妇女研究论丛，2017（6）：72-84．

徐安琪．夫妻权力和妇女家庭地位的评价指标：反思与检讨．社会学研究，2005（4）：134-152，245．

许敏波，李实．中国城镇劳动参与率的结构和趋势：基于家庭微观调查的证据．安徽师范大学学报（人文社会科学版），2019，47（1）：116-125．

许琪．探索从妻居：现代化、人口转变和现实需求的影响．人口与经济，2013（6）：47-55．

许琪．男女教育的平等化趋势及其在家庭间的异质性．青年研究，2015（5）：59-68．

许琪．从父职工资溢价到母职工资惩罚：生育对我国男女工资收入的影响及其变动趋势研究：1989—2015．社会学研究，2021，36（5）：1-24，226．

许琪．随父姓、随母姓还是新复姓：中国的姓氏变革与原因分析：1986—2005．妇女研究论丛，2021（3）：68-87．

许琪．性别公平理论在中国成立吗？：家务劳动分工、隔代养育与女性的生育行为．江苏社会科学，2021（4）：47-58．

许琪．儿子养老还是女儿养老？：基于家庭内部的比较分析．社会，2015，35（4）：199-219．

杨菊华．延续还是变迁？：社会经济发展与婚居模式关系研究．人口与发展，2008（5）：13-22，91．

杨菊华．传续与策略：1990—2010年中国家务分工的性别差异．学术研究，2014（2）：31-41．

杨菊华.市场化改革与劳动力市场参与的性别差异：20年变迁的视角.人口与经济，2020（5）：1-18.

杨一纯，谢宇.职业特征如何影响性别间的收入差距.社会，2021，41（3）：143-176.

姚先国，黄志岭.职业分割及其对性别工资差异的影响：基于2002年中国城镇调查队数据.重庆大学学报（社会科学版），2008（2）：53-58.

姚先国，谭岚.家庭收入与中国城镇已婚妇女劳动参与决策分析.经济研究，2005（7）：18-27.

叶华，吴晓刚.生育率下降与中国男女教育的平等化趋势.社会学研究，2011，26（5）：153-177，245.

易定红，廖步宏.中国产业职业性别隔离的检验与分析.中国人口科学，2005（4）：40-47，95.

于潇，祝颖润，梅丽.中国男性婚姻挤压趋势研究.中国人口科学，2018（2）：78-88.

於嘉.性别观念、现代化与女性的家务劳动时间.社会，2014，34（2）：166-192.

於嘉，谢宇.生育对我国女性工资率的影响.人口研究，2014，38（1）：18-29.

张成刚，杨伟国.中国职业性别隔离趋势与成因分析.中国人口科学，2013（2）：60-69.

郑加梅，卿石松.非认知技能、心理特征与性别工资差距.经济学动态，2016（7）：135-145.

周旅军.中国城镇在业夫妻家务劳动参与的影响因素分析：来自第三期中国妇女社会地位调查的发现.妇女研究论丛，2013（5）：90-101.

朱安新，高熔."养儿防老"还是"养女防老"？：中国老年人主观意愿分析.妇女研究论丛，2016（4）：36-44.

左际平.20世纪50年代的妇女解放和男女义务平等：中国城市夫妻的经历与感受.社会，2005（1）：182-209.

左际平，蒋永萍.社会转型中城镇妇女的工作和家庭.北京：当代中国出版社，2009.

BECKER G S. A treatise on the family. Cambridge：Harvard University Press，1981.

BOOTH A L，FRANCESCONI M，FRANK J. A sticky floors model of promotion，pay，and gender. European economic review，2003，47（2）.

BRINES J. Economic dependency，gender，and the division of labor at home. American journal of sociology，1994，100（3）.

BUDIG M J，ENGLAND P. The wage penalty for motherhood. American sociological review，2001，66（2）.

BUCHMANN C，DIPRETE T A，MCDANIEL A. Gender inequalities in education. Annual review of sociology，2008，34.

CHARLES M，GRUSKY D B. Models for describing the underlying structure of sex segregation. American journal of sociology, 1995, 100 (4).

CHARLES M. A world of difference: International trends in women's economic status. Annual review of sociology, 2011, 37 (1).

CHEN F N, LIU G Y, MAIR C A. Intergenerational ties in context: Grandparents caring for grandchildren in China. Social forces, 2011, 90 (2).

CHENG C. Women's education, intergenerational coresidence, and household decision-making in China. Journal of marriage and family, 2019, 81 (1).

CHU C Y C, XIE Y, YU R R. Coresidence with elderly parents: A comparative study of southeast China and Taiwan. Journal of marriage and family, 2011, 73 (1).

CHU C Y C, XIE Y, YU R R. Effects of sibship structure revisited: Evidence from intrafamily resource transfer in Taiwan. Sociology of education, 2007, 80 (2).

CHU C Y C, YU R R. Understanding Chinese families: A comparative study of Taiwan and southeast China. New York: Oxford University Press, 2011.

CONG Z, SILVERSTEIN M. Parents' preferred care-givers in rural China: Gender, migration and intergenerational exchanges. Ageing and society, 2012, 34 (5).

COTTER D A, HERMSEN J M, OVADIA S, et al. The glass ceiling effect. Social forces, 2001, 80 (2).

DU F, DONG X Y. Why do women have longer durations of unemployment than men in post-restructuring urban China?. Cambridge journal of economics, 2008, 33 (2).

ENGLAND P. Comparable worth: Theories and evidence. New York: Routledge, 2017.

ENGLAND P. The gender revolution: Uneven and stalled. Gender and society, 2010, 24 (2).

GOLDIN C. Understanding the gender gap: An economic history of american women. Oxford: Oxford University Press, 1990.

GOLDSCHEIDER F, BERNHARDT E, LAPPEGARD T. The gender revolution: A framework for understanding changing family and demographic behavior. Population and development review, 2015, 41 (2).

GREENHALGH S. Sexual stratification: The other side of growth with equity in east Asia. Population and development review, 1985, 11 (2).

GREENSTEIN T N. Economic dependence, gender, and the division of labor in the home: A replication and extension. Journal of marriage and family, 2000, 62 (2).

GUSTAFSSON B, LI S. Economic transformation and the gender earnings gap in urban China. Journal of population economics, 2000, 13 (2).

HAUSER S M, XIE Y. Temporal and regional variation in earnings inequality: Urban China in transition between 1988 and 1995. Social science research, 2005, 34 (1).

HE G Y, ZHOU M Z. Gender difference in early occupational attainment: The roles of study field, gender norms, and gender attitudes. Chinese sociological review, 2018, 50（3）.

HU A N, CHEN F N. Which child is parents' preferred caregiver/listener in China?. Research on aging, 2018, 41（4）.

HU A N. Providing more but receiving less: Daughters in intergenerational exchange in China's Mainland. Journal of marriage and family, 2017, 79（3）.

HU S, MU Z. Extended gender inequality?: Intergenerational coresidence and division of household labor. Social science research, 2021, 93.

HU Y. Gender and children's housework time in China: Examining behavior modeling in context. Journal of marriage and family, 2015, 77（5）.

HU Y. Patriarchal hierarchy?: Gender, children's housework time, and family structure in post-reform China. Chinese sociological review, 2018, 50（3）.

JACOBS J A. Gender inequality and higher education. Annual review of sociology, 1996, 22（1）.

JI Y C, WU X G, SUN S W, et al. Unequal care, unequal work: Toward a more comprehensive understanding of gender inequality in post-reform urban China. Sex roles, 2017, 77（11）.

JI Y C, WU X G. New gender dynamics in post-reform China: Family, education, and labor market. Chinese sociological review, 2018, 50（3）.

KAN M Y, HE G Y. Resource bargaining and gender display in housework and care work in modern China. Chinese sociological review, 2018, 50（2）.

KILLEWALD A. A reconsideration of the fatherhood premium: Marriage, coresidence, biology, and fathers' wages. American sociological review, 2013, 78（1）.

LEI L. Sons, daughters, and intergenerational support in China. Chinese sociological review, 2013, 45（3）.

LIU P W, MENG X, ZHANG J S. Sectoral gender wage differentials and discrimination in the transitional Chinese economy. Journal of population economics, 2000, 13（2）.

PIMENTEL E E, LIU J Y. Exploring nonnormative coresidence in urban China: Living with wives' parents. Journal of marriage and family, 2004, 66（3）.

RIDGEWAY C L, SMITH-LOVIN L. The gender system and interaction. Annual review of sociology, 1999, 25（1）.

RYAN M K, HASLAM S A. The glass cliff: Evidence that women are over - represented in precarious leadership positions. British journal of management, 2005, 16（2）.

SHI L H. Little quilted vests to warm parents' hearts: Redefining the gendered practice of filial piety in rural north-eastern China. The China quarterly, 2009, 198.

SHU X L, BIAN Y J. Market transition and gender gap in earnings in urban China. Social forces, 2003, 81(4).

SHU X L. Market transition and gender segregation in urban China. Social science quarterly, 2005, 86.

SILVERSTEIN M, ZHANG W C. Grandparents' financial contributions to grandchildren in rural China: The role of remittances, household structure, and patrilineal culture. The journals of gerontology series B: Psychological sciences and social sciences, 2020, 75(5).

SUMMERFIELF G. Economic reform and the employment of Chinese women. Journal of economic issues, 1994, 28(3).

VAN BAVEL J, SCHWARTZ C R, ESTEVE A. The reversal of the gender gap in education and its consequences for family life. Annual review of sociology, 2018, 44.

WEST C, ZIMMERMAN D H. Doing gender. Gender and society, 1987, 1(2).

WU Y X, ZHOU D Y. Women's labor force participation in urban China, 1990—2010. Chinese sociological review, 2015, 47(4).

XIE Y, ZHU H Y. Do sons or daughters give more money to parents in urban China?. Journal of marriage and the family, 2009, 71(1).

YU J, XIE Y. Motherhood penalties and living arrangements in China. Demographic research, 2018, 80(5).

YU J, XIE Y. The varying display of "gender display": A comparative study of Mainland China and Taiwan. Chinese sociological review, 2011, 44(2).

ZHANG C, FONG V L, YOSHIKAWA H, et al. The rise of maternal grandmother child care in urban Chinese families. Journal of marriage and family, 2019, 81(5).

ZHANG J S, HAN J, LIU P W, et al. Trends in the gender earnings differential in urban China, 1988—2004. Industrial and labor relations review, 2008, 61(2).

ZHANG Y P, HANNUM E, WANG M Y. Gender-based employment and income differences in urban China: Considering the contributions of marriage and parenthood. Social forces, 2008, 86(4).

ZHANG Y P, HANNUM E. Diverging fortunes: The evolution of gender wage gaps for singles, couples, and parents in China, 1989—2009. Chinese journal of sociology, 2015, 1(1).

ZUO J P, BIAN Y J. Beyond resources and patriarchy: Marital construction of family decision-making power in post-Mao urban China. Journal of comparative family studies, 2005, 36(4).

ZUO J P, BIAN Y J. Gendered resources, division of housework, and perceived fairness: A case in urban China. Journal of marriage and family, 2001, 63(4).

第十五章 ｜ 户籍与不平等

项 军
（上海大学社会学系）

第一节 引 言

美国著名社会学家、哈佛大学教授怀默霆在其著作《一个国家，两个社会：当代中国的城乡不平等》一书中，曾提出过几个富于启发性的问题：第一，改革开放前，中国在如此强调平均主义的情况下，为何会容许巨大的城乡差异呢？第二，改革开放后，当过去支撑计划经济体制的一系列制度基础和社会政策都在瓦解，且逐渐被强调个人绩效的市场体制所替代时，为何这一强调先赋性身份的户籍制度却仍被保留下来了呢？要回答上述问题，就需要了解户籍制度在改革开放前后发生了哪些变化，对国家发展战略的实施起到了什么作用，对民众的生活机会和社会结构又产生了怎样的影响，从而挖掘户籍制度及其改革背后的深层逻辑。本章通过追溯户籍制度在新中国成立后的产生、发展与变迁历程，重点阐述户籍制度对中国民众在收入、职业、教育、及社会保障等方面所引致的不平等。

第二节 改革开放前：户籍制度与城乡二元社会

中国的户籍制度源远流长，自古有之。在中国古代，这一制度主要被用在人口信息的统计登记、征收赋税、征集兵役等方面。鉴于其多方面的功能，古代各个朝代历来都重视户籍制度，因它不仅关系到国家的财政与经济，还在瓦解小农经济基础上的地方离心倾向、维护专制王权和政治社会稳定方面起着重要作用（王威海，2006）。有研究者指出，新中国成立后颁布的户籍制度，与国民党统治时期和抗日战争时期以及解放区的革命根据地实行的作为社会控制手段的户籍制度都存在一定关联。[①]也有研究指出，中国的户籍制度，连同越南的户籍制度（ho khau system），以及朝鲜的户籍制度（hoju system），都共同源自苏联的国内护照制度（the propiska），效法了作为世界上第一个社会主义国家的苏联（Chan，2009）。然而，在新中国成立后，户籍制度的产生和变迁更多受到中国在不同发展阶段战略选择的影响，深度卷入中国发展的特殊历史情境中，具有鲜明的中国特色，也对中国民众的生活机会和整个社会的不平等结构产生了巨大而持久的影响。

一、原因：顺应重工业优先的国家发展战略

1949 年新中国成立后，户籍制度于 1951 年在城市中率先实施，并从 1955 年开始推广至农村地区（Chan & Zhang，1999）。在 20 世纪 50 年代早期，户籍只是监督手段而非控制人口迁移的手段，人口在城乡间迁移是相对自由的（Cheng & Selden，1994）。但随后，国家确立了优先发展重工业的赶超战略。重工业是资本密集型产业，面对资本稀缺和工业基础薄弱的现状，不可能依靠市场机制配置资源推动重工业优先发展。于是，国家采取了粮食统购统销制

[①] 林恩·怀特曾记录了上海在日本占领时期实行的"良民证"和抗日战争后国民党在上海实行的"身份证"，以及在新中国成立初期，上海市政府推行过的以户为单位发行的居民证。

度，通过压低农产品价格并提高工业制品价格所形成的"剪刀差"，使农业贴补工业，农村支援城市（林毅夫等，1994）。在粮食供应、就业和社会福利等方面，国家全力保障城市居民，而农村居民却难以从国家再分配体系中得到保障（Chan & Zhang，1999）。

因此，当时大量农民试图进入城市工作，由于当时实行计划经济体制，需要国家通过"单位"负担城市居民的生产生活，随着迁往城市的农民规模不断扩大，他们逐渐成为城市管理的负担，中央为防止农村人口涌入，发布了多个指示制止农村人口盲目外流（"盲流"）。1958年1月全国人大常委会通过了《中华人民共和国户口登记条例》（后文简称《条例》），《条例》中明确规定："公民由农村迁往城市，必须持有城市劳动部门的录用证明，学校的录用证明，或者城市户口登记机关的准予迁入的证明，向常住地户口登记机关申请办理迁出手续。"也就是说，城乡之间的迁移需同时获得迁入地与迁出地的批准，行政手续异常严格烦琐，标志着国家限制农民进城的二元户籍管理制度以立法的形式确立下来。但由于1958年开始推行"大跃进"运动，城市工厂需要大量工人，这些限制性政策只能暂时搁浅。城市工厂开始从农村招收大量农民进城务工，据计算，仅1958年，国有部门雇佣人数就超过2 100万人，比1957年增长67.5%；1957—1960年，城市居民从9 900万人增加至1.3亿人，其中，城市雇佣工人增长了1 900万人（Cheng & Selden，1994）。这无疑给当时资源本就稀缺的城市地区带来了沉重负担。这一运动最终以失败告终，城市中大量人口失业，国家无力负担他们的生活，后来更遭遇三年困难时期。

二、功能：限制人口流动与调节资源分配

在"大跃进"运动失败后，1958年颁布的《条例》在限制农村人口迁移方面的作用进一步得到强化，且将那些在"大跃进"运动期间被引入城市的大批农村人口遣返农村，大约有超过两千万人被遣送回农村，造成了"逆城市化"现象（Cheng & Selden，1994）。与此同时，户籍制度还起到了调节城乡资源分配的功能，由国家通过单位体制来负责城市人口的就业、收入、子女教育、养老等一系列社会公共资源的供给。而农村人口则不在国家财政体制的覆盖范围之内，主要是通过早期的农村合作社到后期的人民公社来组织生产和社会管理

（张乐天，1998）。因此，户籍制度通过与农村的人民公社制度、城市的单位制度及粮油供应制度等相结合，构成了改革前社会治理的基础性制度安排，并深刻影响了中国民众的生活机会（Parish & Whyte，1978；Bian，1994）。户籍制度也由起初的重建社会秩序的功能演变为限制人口迁移和城乡资源分配的双重功能（陆益龙，2002）。

然而，在农村资源相对匮乏的时期，国家虽然不能提供给农村居民与城市居民同等的社会保障和福利，却推行了一系列基于自助原则的制度，如推广高产农作物的种植、农村医疗卫生体系（俗称"赤脚医生"）、免费提供中小学基础教育，这些制度的实施也为当时农村公共品的供给起到了积极的推动作用。然而，在改革开放后，随着计划经济向市场经济体制的转型，这些制度都相继被取消了（Whyte，2010）。

三、后果：城乡二元分割与流动机会受阻

（一）总体性社会下的城乡二元分割

户籍作为一种社会制度，不仅在国家战略的实施方面发挥着重要功能，也对于社会结构的形成发挥了关键的作用。改革开放前，国家几乎垄断了所有就业和职业流动的机会，国家与社会高度合一，这种结构形态被称为"总体性社会"（孙立平等，1994）。户籍可被视为国家赋予个体自出生起就具有的一种先赋性社会身份，具有社会排斥的功能（Wang，2005）。[①] 在总体性社会模式下，国家垄断了几乎所有的经济、政治和社会资源与社会流动机会（孙立平等，1994）。中央政府对户籍身份的定义和资源分配具有决定权，地方政府只负责执行。在此体系中，户籍的"城－乡类别"身份起到主导性作用，即城市非农户籍人口享有国家财政供给的相对优质的公共资源与社会福利，而农村中的农业户籍人口被排斥在国家财政的保障体系之外（Chan，1994；Solinger，1999）。也就是说，人们的户籍是农业还是非农业，直接决定了其所能获得的经济、政治、社会和文化资源的多寡。由于城乡内部不同地区间差异较小，身份

[①] 户籍身份在后天仍有机会改变，将在后文论述"农转非"时对此进行详述。

的排斥结构集中表现为城乡的二元排斥结构，户籍所在地的身份价值并不突出（Parish，1984；Whyte，2010）。①

户籍制度的身份属性不仅会形成对于外在社会资源的排斥结构，还会塑造人们的内心，形成一种深层的身份价值观念。约翰逊（Johnson et al.，2006）认为，身份是一种合法性建构，是长期稳定施行外在制度后，其在人们心中被内化并广为接受的一种观念和规范。户籍是个体被国家赋予的一种制度性身份，在制度长期自上而下的施行中，个体也会逐渐将其内化成为一种身份价值观念（杨菊华等，2014）。这些身份观念形成了个体及群体的身份认同，并为不同群体划分边界（如城市人或农村人、本地人或外地人），当群体间产生不同的利益诉求时，如若这些诉求发生矛盾，则可能会演化为群体间冲突（Salisbury et al.，1987；常健、刘明秋，2020）。

在改革前的二元社会体系中，由于城乡相对隔绝，城乡身份群体各自的身份认同和两者间的利益矛盾尚未凸显。但在改革开放后，随着人口迁移的大量增加，城乡身份所导致的排斥和群体间利益矛盾日渐凸显（周春霞，2004；秦洁，2013）。当户籍身份与社会资源分配挂钩时，就会产生边界清晰的既得利益与相对剥夺群体，从而导致歧视甚至矛盾和冲突，对社会融合及和谐社会的建立构成威胁。同时，本地人与外地人的身份认同区隔对于外来流动人口的社会融入和城乡融合也产生了消极作用（王春光，2010；刘传江，2010；杨菊华，2010）。农村迁移人口市民化的困难，不仅减少了其向上流动的机会，也削弱了他们的长期居留预期，从而降低其消费意愿，不利于中国经济的持续健康发展。这些内化的身份观念可能比外在的制度、资源和环境更难以改变，如果在人们心中长期沉淀，甚至会影响几代人的社会心理，届时改革的难度会更大，因而也凸显了当下改革的迫切性。概括来说，改革开放前，在总体性社会模式下，户籍制度通过资源分配的排斥结构和身份观念的内化导致了严重的城乡分割，致使城乡二元社会逐渐形成（Chan，1994；Chan & Zhang，1999）。

（二）向上流动受阻与"农转非"高选择性

户籍制度不仅导致了城乡二元社会结构的形成，也为民众的社会流动机会

---

① 户籍有两种属性：户籍类别，分为农业与非农业；户籍所在地，指户籍注册的地区（Chan & Zhang，1999；Chan & Buckingham，2008）。

带来了一系列后果。首先，农业部门的代际封闭性增强，表现为父代为农民子代也为农民的比例非常高（Zhou & Xie，2019；吴晓刚，2007）。其次，由于户籍制度对人口迁移的限制极为严格，已有文献还发现改革前甚至改革初期仍存在相当比例的代际部门向下流动。即使父亲通过招工、招干等途径到城镇工作，只要他们子女的农业户籍无法通过正规途径转为非农户籍，就仍须"回乡务农"（吴晓刚，2007）。①再次，在非农部门内部，代际流动水平高，但代内流动水平低。②一方面，改革前国家实行公有制、计划经济和再分配体制，消灭剥削阶级，实行差异较小的级别工资制，这大大削弱了家庭背景在代际传递中的作用（Parish，1984；陆学艺，2004）。同时，国家还在升学、就业、职业分配和精英吸纳等社会流动的各个过程中给予处于劣势的工农阶层子女额外的政策倾斜（Parkin，1971；Deng & Treiman，1997；李煜，2009）。这都导致非农部门表现出更高的代际相对流动性（Parish，1981、1984；Blau & Ruan，1990）。③然而，另一方面，由于当时劳动力市场尚不健全（Knight & Song，2005），职业流动需要严格的组织和行政审批，因此，农村人口被限定在人民公社或集体企业，而城镇人口被分配在国有单位中。无论是农村还是城镇户籍人口，除少量组织调动外，劳动力的自由流动受到极大限制，职业的代内流动比例极低（Zhou et al.，1997；周雪光，2015）。

除了农业与非农业的部门间流动、代内与代际的职业与阶层流动外，改革开放前还有一种社会经济地位的流动模式，即户籍身份的流动：从农业户籍跨越为非农户籍，实现户籍地位的向上流动，通常被称作"农转非"。户籍身份的流动在当时往往是从农村迁入城市，这是实现职业跨部门向上流动的先决

---

① 这里曾有过一个争论。利用1988年的六省市数据，Cheng & Dai（1995）同样发现了这批父代从事非农职业、子代从事农业的人群的代际向下流动，但他们将这种向下流动归因于知识青年"上山下乡"运动。然而，吴晓刚（2007）利用1996年相关数据所做的分析否定了这一解释。吴晓刚认为新中国成立初期"上山下乡"的知识青年在20世纪80年代后期，也就是Cheng & Dai（1995）收集数据时（1988年），都已经返回城市从事非农职业了。因此，代际部门的向下流动是户籍制度的壁垒作用所致，而非"上山下乡"运动。
② 代际流动通常指父代社会经济地位对子代社会经济地位获得的影响，影响越大，表明代际传递性越强，社会流动性越小；反之，父代对子代地位影响越小，则社会流动性越大（Ganzeboom, et al.，1991）。代内流动则指个人在职业生涯中社会经济地位的变动，如职业或阶层流动等。
③ 代际相对流动是指排除了代际由于职业或阶层结构的变迁而产生的结构性流动后，父代与子代间社会经济地位（职业或阶层）的关系，两者相关性越强，代表相对流动性越弱，反之亦然（Ganzeboom, et al.，1991）。

条件。然而，改革前城市人口社会福利需求的满足依赖于国家财政，由于财政资源的限制，以及推动重工业发展的需要，每年乡－城户籍迁移配额仅有约1.5‰～2.0‰，实现"农转非"异常困难，直至20世纪90年代中期仍然如此（陆益龙，2003：144-146）。因此，在再分配体制和城乡二元社会背景下，"农转非"具有高度的选择性，主要是为社会主义工业化输送人才。此外，为了缓解城市就业压力，国家还发动了规模空前的城镇知识青年"上山下乡"运动，导致了第二波"逆城市化"的人口和职业流动（Zhou & Hou，1999；Liang & White，1996）。如果对改革开放前城乡二元体制下的各种社会流动模式进行概括，可以采用图15-1。

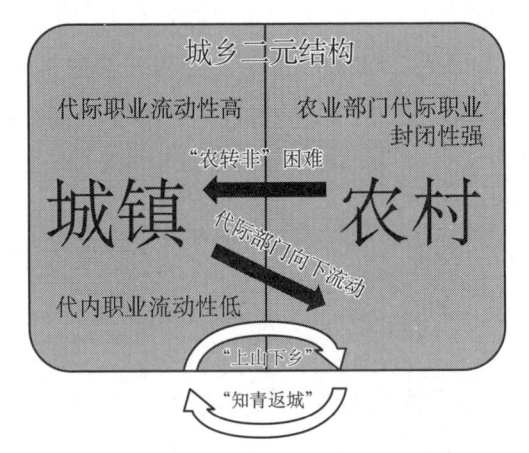

图 15-1 改革开放前城乡代际、代内社会流动模式示意图

第三节 改革开放后：户籍制度变迁与不平等

一、户籍制度改革与人口迁移

1978年，再分配体制开始向以市场经济为导向的制度转型，首先，农村废除了人民公社与粮油供应制度（Dong & Fuller，2007），实行"家庭联产承包责任制"，极大地提高了农业生产率，使大量农村剩余劳动力从土地中被解放出

来，进入工业部门（Lin, 1988）。20 世纪 80 年代至 20 世纪 90 年代初，乡镇企业异军突起，大量农村剩余劳动力进入乡镇企业，成为产业工人（Oi, 1992; Walder, 1995）。然而，自 1994 年分税制改革后，乡镇企业发展逐渐式微，农村劳动力开始向城市迁移（周飞舟，2007；Liang, 2001）。1992 年邓小平视察南方谈话后，社会主义市场经济体制得以进一步确立，国家开始调整发展战略。东部沿海地区大力发展劳动力密集型的外向型出口加工业，需要大量廉价劳动力。那么，制度转型和国家发展战略的调整促使户籍制度发生了哪些变化？这些变化又对人口迁移与社会不平等结构产生了怎样的影响呢？

为满足沿海出口加工业对劳动力不断上涨的需求，国家开始放松户籍对人口迁移的限制，相继出台了一系列户籍改革措施，如暂住证制度、统一身份证、自理口粮户口、蓝印户口及对小城镇户籍放开等（参见，Chan & Zhang, 1999；赵军洁、范毅，2019）。20 世纪 80 年代以来，户籍限制农村人口迁移的功能逐渐弱化，农村剩余劳动力开始大量进入东部沿海城镇地区，形成了庞大的"农民工"群体（Liang, 2001; Liang & Ma, 2004）。2014 年 3 月国务院发布的《国家新型城镇化规划（2014—2020 年）》，要求到 2020 年努力实现 1 亿左右农业转移人口和其他常住人口在城镇落户。同年 7 月份，国务院发布《关于进一步推进户籍制度改革的意见》，更是要求统一城乡户籍登记制度，取消农业户籍与非农业户籍性质区分和由此衍生的蓝印户口等，统一登记为居民户口，体现户籍制度的人口登记管理功能，并建立与统一城乡户籍登记制度相适应的教育、就业服务、基本养老、基本医疗卫生、住房保障等制度，使城镇基本公共服务覆盖城镇全部常住人口。[①] 常住人口城市化率从 2000 年的 36.2% 增长到 2010 年六普时的 49.7%，到 2019 年更是首次超过 60%。[②] 自 1978 起，到 2010 年六普前，有超过 2.6 亿人离开他们的户籍所在地，其中有 2.2 亿人是农村迁移人口（Peng, 2011；张占斌，2013）。让研究者们"出乎意料"甚至"震惊"的是，2020 年第七次人口普查数据公布我国的流动人口总数为 3.76 亿人，也就是全国 4 个人中就有 1 个是流动人口，这一数据较 2010 年六普增加了 69.73%，比国家统计局发布的 2019 年流动人口总数 2.36 亿人增加了 59.32%（王谦，2021）。近些

---

① 关于改革开放后户籍制度改革历程的详细描述，请参考赵军洁、范毅，2019；赵军洁、张晓旭，2021。

② 数据来源：国家统计局 https://data.stats.gov.cn/easyquery.htm?cn=A01。

年,我国人口流动也呈现出一些新特点。七普数据显示,在全国3.76亿流动人口中,从乡村向城镇流动的人口为2.49亿人,占流动人口的66.3%。与2000年(52.2%)、2010年(63.2%)相比,乡城人口流动增长幅度大幅下降,由9个百分点下降到3.1个百分点。另一方面,2020年跨省流动人口为1.25亿人,比2010年增加3 896万人,增长45.37%。而省内流动人口为2.51亿人,比2010年增加1.16亿人,增长85.70%。很明显,省内流动比跨省流动更活跃(赵晨野,2021)。

二、户籍制度与不平等

改革开放后,尽管户籍制度限制农村人口迁移的功能逐渐弱化,但其在经济与社会资源分配上却依旧发挥着重要作用,导致城乡户籍居民在一系列经济与社会资源的获得方面产生了不平等,例如,在收入(Fan, 2002; Meng & Zhang, 2001; Wang et al., 2002; 吴晓刚、张卓妮, 2014)、职业获得(李骏、顾燕峰, 2011; Zhang & Treiman, 2013)、教育机会(Wu, 2011; Wu & Treiman, 2004; Treiman, 2012)及社会保障等方面。下文将从劳动力市场中的收入与职业、子女教育机会和社会保障三个方面来系统揭示城乡户籍制度所导致的不平等状况。

(一)收入不平等:劳动力市场分割与职业隔离

改革开放以来,在经济快速增长的同时,我国收入差距也在迅速扩大。根据2019年国家统计局公布的数据,2003年中国的基尼系数就已经达到0.479,2008年更是达到0.491,远超过0.4的国际警戒线,之后一直保持高位运行(国家统计局, 2019; Xie & Zhou, 2014; 罗楚亮等, 2021)。[①] 随着收入不平等程度的加剧,有越来越多的文献尝试从不同的角度来研究城乡收入差距问题,并把影响因素分解为教育、性别、年龄、社会关系网络及偏向性政策等(Ravallion & Chen, 2007)。然而,在所有因素中,户籍制度无疑是最为重要的因素之一,它对全国收入差距的解释,从20世纪80年代的30%,增长到21世

---

① 根据国家统计局的数据,2003年以后,中国基尼系数基本维持在0.46~0.49之间,但基于样本抽样调查得到的数据要比国家统计局的数据更高,往往超过0.5(Xie & Zhou, 2014; 罗楚亮等, 2021)。

纪初的 50% 以上（Sicular et al., 2007）。城乡户籍差异与区域间差异构成了解释我国收入差距的主要因素，与美国主要为种族和家庭结构因素形成了鲜明对比（Xie & Zhou, 2014）。

改革初期，农村迁移人口在城市从事的大多是城市居民所不愿做的收入低、社会地位低且工作环境差的职业，外来农民工受到城镇劳动力市场的歧视与隔离，形成了基于城乡户籍的二元劳动力市场（Fan, 2002；Meng & Zhang, 2001；Wang et al., 2002）。多项研究显示，农民工与城市本地居民在职业获得和收入上存在显著差异，且大部分差异是无法用与生产力相关的差异来解释的，这意味着农民工遭受了城镇劳动力市场的歧视（Meng & Zhang, 2001）。利用五城市的劳动力调查数据，王美艳（2005）对农民工与城市本地劳动力的收入差异进行分解，发现 59% 是由就业岗位间的工资差异引起的，41% 是由就业岗位内的工资差异引起的，且工资差异的 43% 是由歧视等不可解释的因素造成的。章莉等人（2014）与张成（2020）分别利用 2007 年与 2017 年的全国抽样调查数据证实，农民工在城镇劳动力中的工资收入仍遭遇户籍歧视，有超过 30% 的工资差异仍无法用禀赋差异解释，城镇劳动力拥有更高的教育回报率。

随着研究的深入，研究者们开始考察城乡户籍居民的收入差异究竟是由部门间的职业隔离还是由同工不同酬造成的。田丰（2010）利用 2008 年社会状况综合调查数据，发现单位之间的收入差异是总体收入差距的主要组成部分，而入职户籍门槛是阻碍农民工进入公有制单位获得较高收入的重要因素。而在同一所有制单位内部，城市工人与农民工同工不同酬在总体收入差距影响因素中占比不大。基于中国 2005 年 1% 人口抽样调查大样本数据，吴晓刚、张卓妮（2014）也发现人们通常观察到的农民工收入低于城镇工人的现象主要归因于以户籍为基础的职业隔离，而非同工不同酬的直接歧视。

然而，也有研究提出了不同看法。德默格等人（Démurger et al., 2009）利用 2002 年的 CHIP 数据，发现尽管部门间差异明显，很少有农民工在公共部门工作，很少有城镇居民从事个体经营，但这对收入差异的解释并不稳定，人口结构效应仍然很强，甚至比工资或工作时间效应都强。这意味着城乡户籍群体之间差异的主要成因是进入劳动力市场前的教育机会的差异，而非劳动力市场上的报酬差异。这一发现其实与吴晓刚、张卓妮（2014）存在相通之处，都强调了城乡地区间不平衡的机会结构，特别是教育机会的巨大差异，是导致城乡群体收入差异的重要因素，只是在中间机制的解释上存在一定分歧。

概括来说，大量研究表明，基于户籍制度的城乡收入差异是导致全国收入差异的重要因素之一，甚至在一定时期内能解释整体收入差距的50%以上。而导致城乡居民间存在收入差异的主要原因是基于户籍身份的国有与非国有部门间存在职业隔离，而非同工不同酬，其背后深层次的原因则是城乡户籍居民在进入劳动力市场前已存在教育机会不平等。

（二）教育不平等：城乡差异、留守儿童与随迁子女

教育既是社会流动的渠道，又是社会再生产的工具，在现代社会的分层体系中扮演了关键角色（吴晓刚，2009）。教育不平等研究的核心问题是家庭背景对教育获得的影响，影响越大，教育机会越不平等。在改革开放前，出于意识形态的考虑，中国政府采取了一系列强有力的促进平等化的手段，且在教育机会的分配中向工农阶层家庭出身的人倾斜，有效切断了家庭背景与教育获得之间的联系，并在"文革"时期达到顶峰（Deng & Treiman, 1997）。改革开放后，中国教育改革政策不断调整，特别是1986年的普及九年制义务教育政策和肇始于1999年的高等教育扩招，使得教育机会总量显著提升。根据教育部历年《全国教育事业发展统计公报》数据，大学毛入学率从2003年的17%猛增到2019年的51.6%，2019年高等教育在校生人数达到4 002万人，已进入高等教育大众化阶段。但教育机会的扩张是否能使教育机会分配，尤其是城乡户籍群体间的教育机会分配更为公平呢？

1. 教育机会的城乡差异

改革开放后，教育的主要功能不再是消除阶级差异，而是为经济增长筛选和培育人才。教育改革经历了两大转变。一是从大众化教育模式向精英化教育模式转变，这一转变对于农村和贫困地区家庭、城市贫困家庭和父母文化水平较低家庭的子女产生了不利影响，他们往往成为被淘汰的对象，辍学率上升。二是由计划体制向市场体制转变，即教育的市场化。教育的市场化导致了地区之间和不同家庭经济背景的学生间教育机会分配不平等（李春玲，2003）。吴晓刚（2009）利用1990年和2000年人口普查的样本数据，发现尽管在此期间教育机会有极大增加，但农村户籍子女的状况相比于城镇户籍同龄人来说变得越加不利，父亲的社会经济地位对于入学状况的影响作用增大了。尽管作为九年

义务教育全国普及的结果，农村户籍孩子获得初中教育的机会相对增加了，高中教育升学机会的城乡差距却在扩大。基于2006年、2008年和2011年全国抽样调查数据，李春玲（2014）系统考察了1940—2010年各教育阶段城乡教育机会不平等的变化趋势。这一研究同样发现小学教育的城乡机会不平等在下降，初中升入高中阶段的城乡教育机会不平等持续扩大，而这是农村子弟上大学相对机会下降的源头。李春玲（2014）进一步解释，导致上述结果的原因是部分农村家庭及其子女在初中毕业后（少部分在初中学习期间）放弃继续升学的机会，进入劳动力市场；而绝大多数城市家庭及其子女会选择继续读高中，争取考入大学，大学生就业难和大学学费上涨等因素不会动摇他们上大学的决心。吴晓刚（Wu, 2011）也发现，即使排除了教育在户籍分配方面的选择性效应，结果仍然证实了户籍身份与受教育程度之间的因果关系。

早期基于小规模调查的局部数据还显示，大学扩招缩小了高等教育机会分配的城乡差距和性别差距（徐平，2006），但另一些研究得出了相反的结论，发现大学扩招后阶层差距有所扩大（杨东平，2006）。利用2005年1%人口抽样调查数据，李春玲（2010）发现，大学扩招并没有缩少阶层、民族和性别之间的教育机会差距，反而导致城乡之间的教育不平等程度加深。已有研究在探讨城乡高等教育机会不平等时，主要有三种理论解释。一是在"城市偏向型"政策的影响下（Yang, 1999；陆铭、陈钊，2004），城市学生比农村学生享有更高质量的学校，从而使他们在教育获得上更有优势（Hannum, 1999；Knight & Song, 2005）。二是家庭财力资源差异，当地方政府只能提供有限的教育财政资源时，家庭财富对于子女受教育的影响显著上升，即经济资本转化为文化资本（李煜，2006）。城乡家庭对学费的负担能力不同，导致城乡教育水平存在差异（李春玲，2010；Liu et al., 2011；Wang et al., 2011）。三是结构性排斥理论，强调城市地区具有丰富的职业教育资源，有效地解释了城乡高等教育入学率差距的扩大（Tam & Jiang, 2015），或者是强调城市地区内部基于户籍身份的严重的学校隔离，流动人口子女大多就读低水平的学校，致使流动人口与本地人之间产生相当大的教育成就差距（Xu & Wu, 2022）。

2. 留守儿童与随迁子女

上文重点考察城乡户籍群体在教育机会获得上的不平等状况，但由于农村迁移人口的大量增加，农村户籍儿童在教育获得上也出现了留守儿童与随迁子女的分化,一个关键因素是他们是否与父母共同生活,是留在农村接受教育,还是与父母一同迁往城市。那么,他们的受教育状况如何?失去父母的陪伴会对其学业带来怎样的影响?

由于在城市中的生活成本高、父母工作繁忙无暇照料,且迁入地往往未给予农民工子女同等的受教育机会,有大量农民工选择将子女留在农村老家,于是出现了大量留守儿童(段成荣等,2017)。农民工的数量庞大,留守儿童数量也惊人。据第六次全国人口普查数据,我国留守儿童数量达到约6 973万,且其中近90%为农村留守(段成荣等,2013)。留守儿童不能与父母共同生活,在农村往往由老人照顾,不能得到父母面对面的关爱和养育,这造成他们与父母的关系疏离,还可能在农村缺乏关爱和管教的环境下过早辍学,或者同一些社会青年在一起,习得许多不良习气,成为"小镇青年",造成未来的社会问题。国内大量研究考察了父母外出对农村留守儿童的学业成绩、认知与非认知能力及教育机会的影响,但结论不一。有研究发现,父母外出对孩子成绩有消极影响(胡枫、李善同,2009;丁继红、徐宁吟,2018;姚嘉等,2016;赵玉菡等,2017),有的则发现只有母亲外出才会对留守儿童的学业成绩产生负效应,主要是因为母亲在中国农村家庭中扮演了比父亲更重要的育儿角色(吴映雄、杜康力,2014;许琪,2018;秦敏、朱晓,2019)。而且,这种负效应存在性别差异,有的研究发现留守女孩受影响更大(胡枫、李善同,2009),有的则发现是男孩(陶然、周敏慧,2012)。秦敏、朱晓(2019)指出性别差异主要体现在留守男生的身心健康状况和认知水平优于留守女生,但留守女生的成绩和综合发展能力更好。

与此相对,也有研究指出留守儿童与非留守儿童在考学行为、辍学行为和升学意愿上并不存在显著差别(隋海梅、宋映泉,2014),甚至有研究发现父母外出对儿童学术成绩非但没有消极影响,反而若父母双方同时外出或长期外出,则有积极影响(侯玉娜,2015;吕利丹、王非,2017)。之所以会出现相悖的结果,有研究者指出是父母外出打工对留守子女学业成绩影响存在"收入效应"和"教养缺失效应"的双重作用,打工带来的家庭经济收入增长在很大程度上降低了父母教养角色缺失所导致的社会化过程不完整的不利影响(吴映雄、杜康力,2014)。秦敏、朱晓(2019)则指出,良好的家庭经济状况和氛围、家庭及个人的自致性因素都显著正向地影响农村留守儿童的综合发展;学校和朋辈群体环境中阻碍因素的影响大于支持因素；农村留守儿童与非留守儿童的主要差异在于身心健康。

留守儿童的最大缺憾是父母的陪伴与教养，而有一部分农村儿童跟随父母迁往城镇生活，构成了相当规模的随迁子女，随迁经历势必会影响他们的教育过程和学习质量（陈国华，2017）。[①]科尔曼在社会资本理论中提出家长教育参与的概念，一方面父母通过关注子女的成长过程，与子女进行有效的亲子互动和交流，从而建立良好的亲子关系；另一方面父母参与子女的家庭教育，进行家庭教育投入，提出一定的教育期望（Coleman，1988）。这一系列家庭内部的教育活动可以有效地将父辈的社会资本传递给子代，促进子代人力资本的转化，有助于子女教育结果的改善（李佳丽，2017）。而如果父母缺席子女的成长或忽视对子女的教育，则会阻碍社会资本的代际传递，从而影响子女的教育结果（黄超，2018）。有研究表明，父母的家庭教育参与有助于提升中学生的非认知能力（韩仁生、王晓琳，2009），同时会缩小家庭资本、学生自身学习基础差异所导致的学业成就方面的差距（李波，2018）。随迁增加了农民工家庭中父母参与子女家庭教育过程的可能性，有利于农民工子女心理健康的发展，进而有助于农民工子女非认知能力的改善和提高（于爱华等，2020）。

尽管如此，由于农民工子女没有城市本地户籍，往往只能就读于农民工小学。这些小学在早期由于缺少地方政府的支持，师资力量薄弱、学习条件较差，且需要农民工家庭支付比本地人更多的学费。这势必会带来农民工子女与本地居民子女在教育机会上的不平等。在多个外来人口众多且教育资源丰富的大城市中，非本地户籍居民子女即使刻苦学习，成绩优异，也无法在当地参加高考，不能享受到与本地同龄人同等的升学机会。

总结来说，改革开放后，随着教育的精英化和市场化改革，尽管教育机会在不断增加，九年义务教育得到一定的普及，小学阶段教育的城乡差异确实在缩小，农村户籍孩子获得初中教育的机会相对增加了（李春玲，2014），但初中升高中阶段，以及高等教育阶段城乡户籍群体间教育机会的不平等程度反而在加深，这也进一步导致双方在职业和收入获得上的差距持续存在。与此同时，

---

① 段成荣等人（2013）根据《2010 年第六次全国人口普查主要数据公报》测算出我国农民工随迁子女数量达到 2 877 万。

尽管留守与随迁经历对学业的影响存在一定的异质性，但农村留守儿童和与随迁流动儿童的教育公平问题仍未能得到充分保障，仍难以与城市户籍居民子女享有同等的教育机会。

（三）社会保障的不平等：地方政府公共资源分配

前文着重论述了城乡户籍群体在劳动力市场中的收入与职业及教育机会的不平等，下文将侧重从地方政府公共资源分配的视角来论述城乡户籍群体的不平等状况。改革开放前后，中国的社会保障体系发生了重要变迁。改革前的计划经济体制形成了"总体性社会"，几乎所有的经济与社会资源都统一由国家进行再分配，对资源进行分配的权力归国家所有（孙立平等，1994）。在物质产品匮乏和政府财政薄弱的状况下，国家通过制定政策和编制计划来保障城乡居民的生活，福利供应在城市中主要由企事业单位负责，农村中则主要由集体经济组织负责（关信平，2019）。[1]但在改革后，农村地区实行家庭联产承包责任制，集体经济组织大幅减小，开始允许民营经济的发展。在城市地区，随着市场经济体制的引入，国有企业增大自主权和激发企业活力的改革也严重冲击了企业的劳动保险制度。同时，国家推行放权让利的改革，政府治理体制演变为"行政发包制"，地方政府对于本地经济社会发展拥有更高的剩余索取权和自由裁量权（周黎安，2017）。户籍身份的定义权与资源分配权也下放给地方政府，除中央政府进行一定程度的转移支付外，地方政府在很大程度上决定了本地的教育、医疗和社会保障等公共资源的分配。[2]

---

[1] 当时实行了一系列保障城乡居民生活的社会政策，包括城市的充分就业制度和农村的集体劳动制度，城市的公共医疗卫生服务体系和农村集体的合作医疗制度，城市和农村的公共基础教育服务体系，国有企业的劳动保险（含退休、医疗及工伤等方面的待遇）和职工福利（含福利性分房、职工食堂、托幼服务等），以及城市和农村的社会救济制度，包括城市中针对"三无人员"的社会救济和农村依托集体经济的五保供养制度（关信平，2019）。

[2] 应当指出，城市中的的公共福利资源并非都是竞争性和排斥性的。有研究者将城市福利分为非户籍福利和户籍福利。前者具有非竞争性、正外部性特点，包括城市的基础设施、就业机会、收入水平、营商环境、文化氛围、社会秩序和治安等，它们的数量和品质并不会随人的增加而急剧下降，人们可以享受到同样的福利。户籍福利却具有竞争性、按人头计费的特点，如城市的医疗、教育、住房、社会保障等，这些资源由于数量相对固定，人口增加会给原有市民享受此福利带来压力，产生竞争。因此，户籍通过在这些竞争性福利上设置准入条件来保护既得群体，如公立学校就读资格、高考资格、购房、购车资格、医保报销比例等（李沛霖，2021）。此处主要探讨的是竞争性和排斥性的户籍福利。

1. 教育资源

教育是政府为城乡居民提供的社会性公共服务，是所有地方公共服务中最具代表性且居于核心地位的一项，这是因为其事关城乡居民生存与发展的基本需要，也对城乡居民的身心健康、就业收入、文化水平起着重要作用。教育是所有基本公共服务中最能体现机会平等的一项，且具有较强的地方性公共品特征。分税制改革以来，历年地方教育支出责任占比达85%，教育公共服务提供的主体责任在地方。改善教育等民生领域的公共服务供给水平是一种长期化与非显性化的公共行政行为，需要地方政府投入大量财政资金。因此，这一领域更有可能因为财政支出的结构性偏向而成为众多地方公共服务中的"短板"（徐鹏庆等，2016）。

城乡发展差距集中反映为城乡教育资源在存量和流量方面的严重非均衡现实。存量方面表现为农村学校办学水平低、教师学历与职称低、教学设施质差量少等。而流量方面表现为：对农村学校财政拨款严重不足，生均公用经费、办学经费低；教师招聘难，培训机会少；优质生源、社会捐助少等（范国睿，2010）。农村教育资源不仅存量与流量供给低于城市，而且面临着严重的"水土流失"。特别在城市化、工业化的今天，农业规模不断缩减，农村人口不断流失，农民收入相对下降，农村教育要素和教育资源正经历着不断流失的严酷现实，包括农村教师、农村优质生源不断外流，农村学校减少等。借助城市化的强大推力，城镇学校不断做大做强，并且对农村教育资源形成了巨大吸力。一方面，城市学校所获的财政拨款、人财物投入、有利政策支持连年增大，使得其校舍和办学设备升级，师资队伍、生均公用经费逐年增加；另一方面，城市学校又不断地从农村学校"抽血"，包括优秀教师调入、优质生源引入等，使得城市学校不断地"锦上添花"，做大做强自然不言而喻（黄家骅、蔡宗珍，2017）。

与此同时，大城市教育公共服务的提供具有比较明显的户籍歧视特征。教育公共服务的享有具有一定的竞争性，并且排他成本较低。在教育资源约束趋紧的情况下，人口流入地往往将享受公共服务的权益同户籍身份挂钩，这使得流动人口子女在一些大城市获得教育公共服务变得异常困难。由于无法均等地享有城市教育公共服务，大量流动人口子女被迫留守故土，或者在学龄前随迁，到达学龄后又返回家乡，从而形成了数量非常庞大的留守儿童群体。家庭成员留守故土又迫使劳动力在流入地与流出地之间不停往返，呈现出"候鸟式"的迁移形态（孙红玲，2011；李尧，2020）。有研究发现，市民化进程的相对滞后会抑制地方政府的教育投入，而利用户籍制度改革推动市民化不但能增加地方政府的教育支出总额，还将提高人均和生均教育投入水平（陈昊等，2021）。城市户籍意味着更优质的公共教育资源和更多升学机会，且对家庭教育支出具有挤出效应，总体而言，城市户籍使家庭教育支出减少近38.9%（蔡宏波、李昕宇，2019）。因此，教育公共资源分配上的"城市偏向"，致使城乡户籍群体在教育资源的软硬件方面都产生了明显差异，这也是导致城乡户籍群体收入差异的关键因素（陈斌开等，2010；吴晓刚，张卓妮，2014）。

2. 医疗保险

我国自1998年推出《国务院关于建立城镇职工基本医疗保险制度的决定》以来，经过20多年的发展和完善，基本建立起了覆盖全民的城镇职工基本医疗保险、新型农村合作医疗和城镇居民基本医疗保险三大基本医疗保险制度。截至2018年底，参保人数为13.5亿人，占总人口的96.5%，在保障群众及时就医、提高其抵御疾病风险的经济能力等方面发挥了巨大作用。然而，由于城乡二元经济体制以及医疗资源倒"金字塔"配置格局，城乡居民在医疗服务公平性和可及性方面的不平衡现象日益加剧。有研究显示，城乡居民存在着严重的医疗服务利用不平等，农村居民明显处于不利地位（熊跃根、黄静，2016）。制度上的城乡二元分治影响了参保的公平，并且固化了城乡差别，地区、城乡之间差异化的筹资水平和政府补助能力影响了待遇享受的公平（He & Wu，2017），医疗服务质量和经办管理的城乡差别影响了医疗服务可及性的公平（郑功成，2013），最终导致不同地区人群之间结构性的不公平。

我国城镇职工社会保险采取属地参保原则，而居民社会保险采取户籍所在地参保原则，这必然会导致一批从农村流入城镇就业生活的劳动者及其家庭面临或重复参保、或参保后因资源获取的障碍而损失保障待遇的问题。汤兆云（2021）发现两代农民工的首选都是在户籍所在地参加城乡居民类医保（即"新农合"），未参保的比例都超过了10%，且都存在重复参保的行为。因此，城乡居民基本医疗保险的现行参保原则不能适应人口流动及城镇化的需求，容易导致人口跨地区流动中的福利损失，应改革户籍所在地参保为工作居住所在地参保，突破参保范围和对象的户籍限制（王平、王佳，2020）。

3. 养老保险

新中国养老保险法制建设70余载，历经三个阶段，从完善劳动保险过渡到改革职工基本养老保险，再到推进全社会养老保险统筹。改革开放前，养老保障制度属于社会主义制度的有机组成部分，国家和单位共同扮演养老保险人角色，受《中华人民共和国劳动保险条例》约束；改革开放后，"国家－社会"保障模式日益彰显，开始走上社会保险的道路（杨复卫，2020）。然而，中国的养老保障制度建设一直是与身份制紧密相关的。在最初设计时，是按照身份（户籍、职业居住乃至政治身份）差异进行制度构建的，身份制度是改革开放前社会运转的基础，养老保险等制度亦围绕其建立。干部、工人和农民作为社会管理体系中的三种身份，在养老保障制度中体现为机关事业单位职工养老保险、企业职工养老保险和农村居民养老保险。不同群体间有着明显的身份差异，其就业特征、收入水平也不同，享受到的养老保险也存在明显差异（陈映芳，2013），造成了养老保险群体间的"干企差别"和"城乡差别"（郑秉文，2009）。

长期以来，我国社会养老保障制度将农村居民和部分无固定职业的城镇居民排除在外，这既有损于城乡居民合法的养老保障权益，也有悖于养老保障制度的公平性。2009年以来，我国相继推行了覆盖农村居民的新型农村社会养老保险制度（以下简称"新农保"）和覆盖城镇非从业居民的城镇居民基本养老保险制度（以下简称"城居保"）。新农保基金由个人缴费、集体补助、政府补贴构成，参保人自主选择档次缴费，支付待遇由基础养老金和个人账户养老金组成。与"老农保"相比，"新农保"强调了政府责任，明确规定了各级政府所需承担基础养老金的最低额度；同时通过提供非缴费型、全覆盖的基础养老金提高了保障水平。2014年，"新农保"和"城居保"制度并轨为统一的城乡居民基本养老保险制度，这标志着我国覆盖全民的基本养老保险制度确立。尽管如此，有研究发现，城乡居民基本养老保险的制度待遇不但在绝对数值上与城镇低保标准存在较大差距，而且在年增长率指标上存在差距。更为重要的是，该制度与城镇职工基本养老保险的待遇差距（如替代率[①]）更大。这说明，作为城乡居民老年基本生活保障的基础性制度不但不能起到缩小城乡收入差距的作用，

[①] 替代率是衡量老年退休生活经济保障程度的关键性指标，是指劳动者或居民退休时的养老金占退休前某一时期（工资）收入的比例，反映基本养老保险的给付水平。我国2013—2019年的城乡居保平均养老金替代率均不超过7%，农村居民的城乡居保平均养老金替代率超过10%，城镇居民的城乡居保平均养老金替代率更低，不足4.5%。而与此相对，城镇职工基本养老保险制度的替代率为50%~70%，机关事业单位养老保险制度的替代率为80%，可见，我国的城乡居保制度的替代率明显偏低（张开云等，2021）。

反而由于制度差异而固化了城乡不同参保群体的制度身份，难以发挥社会保障制度在推动社会团结和社会融合方面的社会性功能，影响居民参保积极性和主动性，从而使得制度的可持续、高质量发展面临不确定性风险（海龙，2021）。[1]

（四）不平等结构变迁：由"单二属性"向"双二属性"转变

这一部分尝试从户籍的"属性"分析户籍制度对社会结构影响的变化。户籍有两类属性：户籍类别（农业与非农业）与户籍所在地（Chan & Zhang，1999；Chan & Buckingham，2008）。改革开放前，除了"上山下乡"运动导致的城镇户籍人口去农村接受"再教育"，户籍的两类属性基本是合一的，体现为非农户籍人口必须生活在城镇，而农业户籍人口生活在农村（Wu & Treiman，2004）。通过单位制度（Bian，1994；李路路、李汉林，1999），国家向城市非农业户籍居民提供了一系列社会福利，而占全国绝大多数人口的农民及其子女却只享有非常有限的社会福利（Chan，1994；Solinger，1999）。同时，在农业或非农业人口内部，由于改革前不同地区之间发展差距较小[2]，不同户籍所在地居民在地位获得和社会保障水平上同样差距较小（Parish，1984；Deng & Treiman，1997）。我们将改革前这种"城-乡类别"差距主导，所在地差距小的状况称为户籍的"单二属性"（杨菊华，2017）。

然而，在改革后，随着人口迁移限制的逐渐放开，户籍属性的作用机制发生了改变，尽管户籍城乡类别依然发挥着作用，但户籍所在地的影响在逐渐增强（Chan & Buckingham，2008；李骏、顾燕峰，2011；Chan，2014）。这体现为多个侧面。一方面，户籍的排斥效应从改革前城-乡主导的"单二属性"转变为改革后兼具"城-乡"（城市人与农村人）与"内-外"（本地人与外地人）的"双二属性"（杨菊华，2017）。户籍不仅带来了城市与农村的断裂，市民与农民的鸿沟，还带来了本地与外来的隔离（Chan & Buckingham，2008；李骏、

---

[1] 除此之外，城乡户籍居民在城市中的就业服务、职业技能培训、创业培训补贴和住房保障方面均存在一定的差异。限于篇幅，此处不再赘述。
[2] 改革开放前，在农村和城镇地区内部，不同地区发展差距较小主要有两个原因。一是改革前中国仍是农业社会，1978年时农村人口占全国总人口的82.1%。与现代工业和服务业资本要素核心作用不同，在以农业为主的社会中，土地是最主要的生产要素，地理区位的重要性相对较弱，地区间差距不大。二是国家在计划经济时期为再分配体制，各地并非按市场效率配置资源，而是平均主义取向，存在预算软约束。特别是在城镇地区，中央政府会从经济效益好、资源多的地区转移资源支持落后地区。

顾燕峰，2011）。因此存在四种有差别的身份群体，分别是本地城镇户籍人口、本地农村户籍人口、城-城流动人口与乡-城流动人口（见图15-2）。从地位优势来看，本地城镇户籍人口是当地公共资源和社会服务的最直接和最大受益者，优势最大。本地农村户籍人口虽然仍然面对城乡差距，但他们逐渐被纳入所在市的公共管理和社会保障体制之内，或因为城市的扩张和发展而受益，如获得征地赔偿金或房产补偿。城-城流动人口情况则较为复杂，一方面，他们往往在缺少公共资源分配的情况下，相较于本地户籍人口处于劣势地位，但相对较高的人力资本和市场能力，也使他们能够获得较高收入，或通过积分制等方式落户。因此，在不同维度上，本地农村户籍人口与城-城流动人口之间的相对地位是存在差异的。而在"双二属性"排斥结构的约束下，乡-城流动人口既属于地理空间上的外来人口，也属于制度安排上的农村人口，同时由于自身人力资本的缺失（这也与户籍有关），乡-城流动人口居于四类群体的最底端，同时受到"农村人"和"外地人"的"双重排斥"的影响。他们也因此是在收入和社会保障方面被排斥和剥夺最为严重的群体（杨菊华，2017）。

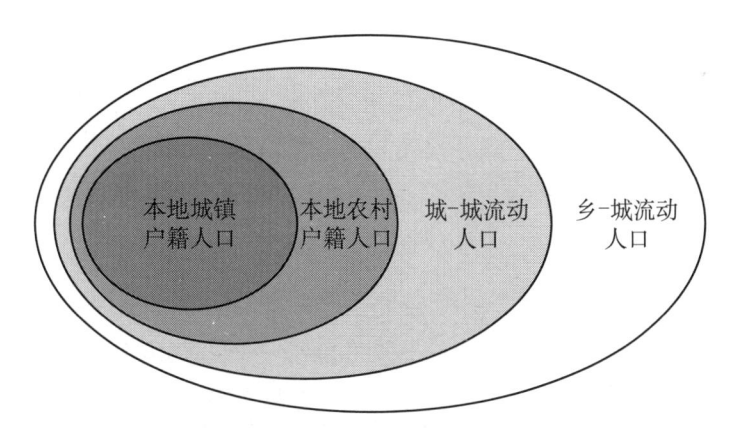

图 15-2 户籍制度的"双二属性"与人群等级划分
资料来源：杨菊华（2017：121）

（五）跨越户籍藩篱："农转非"选择性的变迁

随着宏观体制和经济增长模式的转型，特别是在20世纪90年代中期以后，"农转非"的选择性开始有所减弱。这主要体现在两个方面：一是随着中小城市对外来人口户籍的逐步放开，外来人口更易于获得本地城镇户籍；二是城市的土地扩张与"就地城镇化"导致"农转非"对个体能力的选择性下降。20世纪90年代末，乡镇企业已逐渐衰落，伴随着住房的商品化改革，地方政府开始积极推进以土地财政为典型特征的城市建设。城市不断扩张，通过给予城市户籍或住房置换土地，将城市周边的农业用地转变为城市建设用地，导致更多政策性"农转非"的出现（郑冰岛、吴晓刚，2013；Zhang & Treiman，2013）。

图15-3展示了CGSS2010—2015数据中，随着"农转非"时间不同，"农转非"群体内部不同转换方式所占比例的变化趋势。在户籍制度正式确立之前（1958年以前），选择性"农转非"与政策性"农转非"所占比例均接近50%。但随着户籍制度的确立和强化，在1959—1978年，"农转非"的选择性迅速增强，选择性"农转非"所占比例达到了75%。改革开放之后，政策性"农转非"的比例逐渐上升。而在2000年以后，伴随户籍制度逐渐放宽，政策性"农转非"的比例也开始超过选择性"农转非"，成为"农转非"的主要群体。

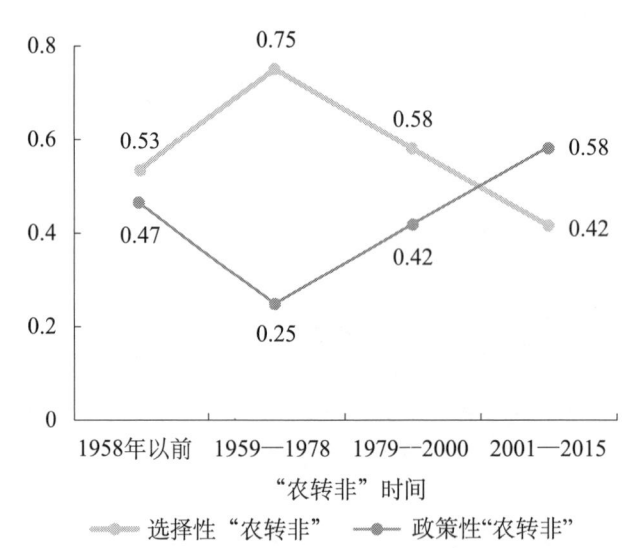

图15-3 选择性"农转非"与政策性"农转非"比例变化

注：选择性"农转非"包括升学、参军、工作、转干与购房等方式，政策性"农转非"包括征地、家属随转与户口改革等方式。四个时期的"农转非"样本人数分别为1 100、1 229、3 714、1 999。

政策性"农转非"不同于选择性"农转非"，它对个体的选择能力要求较低，在职业与收入的回报率上也相应较低，但在财富的回报率上较高（魏万青，2012；郑冰岛、吴晓刚，2013；谢桂华，2014；郭未、鲁佳莹，2018）。改革开放后，高回报虽仍体现在选择性"农转非"群体中（郑冰岛、吴晓刚，2013；

谢桂华，2014），但其回报背后的体制机制发生了本质改变，从再分配体制的回报转为市场经济体制的回报。

第四节 户籍制度研究：回顾与展望

户籍制度是半个多世纪以来影响中国民众生活机会、社会资源分配和塑造社会不平等结构最重要的社会制度之一。本章系统回顾了改革开放前后户籍制度如何影响城乡户籍群体的收入、教育和社会保障等资源的不平等状况。回应本章开头时提出的问题。在改革开放前，国家强调消灭剥削和两极分化，建立一个平均主义导向的平等社会。但由于当时采取了重工业优先的赶超战略，在资源匮乏的条件下，选择用农业贴补工业，农村支援城市。为此，户籍制度发挥了限制人口流动和调节资源分配的功能，致使城乡二元社会的形成，并导致社会流动机会受阻。在改革后，随着发展战略的调整和市场经济的引入，户籍制度限制人口迁移的功能逐渐弱化，但在经济社会资源分配方面却依然发挥显著作用，导致城乡户籍居民在收入和职业、教育机会及社会保障等方面产生了多种不平等状况。这一制度的延续有诸多原因，既有原有制度的路径依赖，也有现实的考量。例如，随着计划经济时期再分配体制的解体，社会保障体系面临重建；同时，改革初期以经济建设为中心的指导方针促使地方政府在财政资源有限的条件下，更多将农村转移人口视作廉价劳动力，而忽视了民生保障方面的支出，仅将有限的资源给予本地城镇户籍居民。

那么，为何现今地方政府财政资源远比改革初期更为丰富，却仍未能全然消除户籍制度导致的各种社会不平等状况呢？尤其是在大城市，为何户籍改革仍步履维艰，难以使外来流动人口享有同等的公共资源呢？而且，当前通过深化户籍改革来激活经济社会的发展比以往更为迫切。近几年，中国经济下行压力不断增大，叠加疫情的冲击，失业与收入下降风险陡增，切实有效地畅通向上流动渠道，扩大中等收入群体规模，促进经济平稳健康发展，是摆在我们面前的一项艰巨任务。社会流动既包括劳动力在城乡间、地区间和行业间的横向流动，也包括在代际及代内的职业、收入、教育和社会身份等方面的纵向流动，而这些显然都与户籍制度息息相关。

有研究者认为，户籍改革难以有效推进是地方政府的高落户成本导致的，因为户籍制度与教育、医疗、住房、社会保障等诸多福利挂钩，放开户籍限制将使地方政府面临巨大的财政压力（陶然等，2011）。这一说法本身虽没有错，但"落户"不仅是成本，更是收益。而且，考虑到各城市落户成本和门槛的差异，这一说法也无法解释为什么人们宁愿去特大城市做非户籍居民，也不愿去中小城市或小城镇落户。[①]为解释这一现象，需要区分城市内部的户籍福利和非户籍福利，它们可分别被视为排他性公共品与非排他性公共品（邹一南，2015）。[②]当人们在大城市享受到更多非户籍利益，甚至超过中小城市能获得的户籍与非户籍利益之和时，农村转移人口宁愿去到大城市做非户籍居民，也不愿去中小城市做户籍居民。因此，大城市中很多以利益扩散（如积分落户）和利益剥离机制为特征的户籍改革（如居住证制度）反而会持续吸引外来人口的流入，形成户籍管制的自增强机制（邹一南，2017）。基于此，户籍改革的着眼点应从关注城市内部农民工与市民间的不均衡，转变为关注不同城市之间在收入消费、基础设施、就业机会、文化氛围、公共服务等非户籍福利上的均衡。应当先缩小不同规模城市之间的非户籍利益的均等化，再推动户籍利益均等化，从而改变人口向大城市过度集中的态势，使中小城市成为吸纳农业转移人口落户的中坚力量（邹一南，2018、2020）。

在大城市间"人才大战"如火如荼，构建新发展格局，建立国内统一大市场的背景下，户籍制度改革仍在持续，如何使其更有效地服务于人才自由流动，畅通向上流动渠道，扩大中等收入群体，促进公共资源更公平有效分配，在高

[①] 从我国历次城镇化政策中不难看出，大多城市按城市人口规模实行差别化的落户政策，城市规模越大，落户门槛越高。事实上，从近年的户籍政策实践来看，中小城市和小城镇的落户条件已经基本放开，绝大多数大城市的落户门槛已明显降低。如2014年推出的《国家新型城镇化规划（2014—2020）》，提出要"全面放开建制镇和小城市落户限制，有序放开区人口50万—100万的城市落户限制，合理放开区人口100万—300万的大城市落户限制，合理确定城区人口300万—500万的大城市落户条件，严格控制城区人口500万以上的特大城市人口规模。"而人口500万以上的特大城市，作为外来人口主要流入地，其户籍管制程度却并未实质性放松，甚至还有所增强，特大城市中非户籍常住人口的数量近年来基本保持着持续增加的态势，新增非户籍人口数量多于落户人数（邹一南，2017）。

[②] 前者包括教育、医疗、社会保障和住房保障等民生福利，后者则包括城市的基础设施、就业机会、收入水平、营商环境、文化氛围、社会秩序和治安等。已有的户籍改革政策或农民工市民化研究中大多专注于户籍福利，而较为忽视非户籍福利。

质量发展中实现共同富裕,是中央与各级地方政府需要进一步解决的重要问题。大型城市群(京津冀、长三角、粤港澳、长江中游和成渝等)是中国未来经济增长的重要引擎,也是外来迁移人口的聚集地。因此,需要加强国内城市群内部区域一体化进程,实现城市群间人才与资源的互联互通。从户籍制度来说,加强城市群内部及城市群间教育、医疗、养老和社会保障体系等异地互认的程度,在社会保障层面减少人口区域流动的阻力是当务之急。通过财政转移支付和引导公共资源在区域间合理布局,在城市群内部和城市群间实现资源供给的均等化,也会减轻人口过度集中给特大城市带来的压力。

本章所回顾的研究成果为我们理解户籍制度相关的社会不平等结构奠定了坚实基础,但仍存在几个有待进一步深化和拓展的方面。首先,尽管既有研究从多个侧面展示了户籍制度在不同时期对各种社会资源分配的影响,但对其效应的考察往往只关注某一侧面,例如户籍对人口迁移的限制、城乡户籍群体的差异、不同户籍所在地的效应,以及户籍的身份认同等,尚缺乏一个分析户籍制度影响的整体性分析框架。其次,对于与户籍制度相关的不平等结构的新变化关注不足。例如,上文提到,不同层级城市间差异日益凸显,应有更多研究分析不同层级城市在地位获得、社会分层和流动机会,以及公共资源分配上的差异,并且,户籍制度对其形成产生了怎样的影响。再次,户籍制度的各个维度和侧面对于民众社会心态有怎样的影响,以及经济危机、疫情冲击等因素对于不同户籍身份群体的影响具有怎样的差异。又次,户籍制度与土地制度、住房资源供应之间如何相互作用,共同塑造不平等结构。最后,如果将人口在空间中的流动、户籍流动(包括户籍城乡身份与户籍所在地的转换)和社会经济地位的流动结合起来,该如何有效地厘清它们对人们收入、职业、健康和社会心态各自的影响,仍是未来重要的研究议题。

参考文献:

蔡宏波,李昕宇.户籍身份对家庭教育支出的影响研究.中国人口科学,2019(1):76-87.
常健,刘明秋.群体性事件中的身份利益群体研究.行政管理改革,2020(3):48-56.
陈斌开,张鹏飞,杨汝岱.政府教育投入、人力资本投资与中国城乡收入差距.管理世界,2010(1):36-43.
陈国华.农民工随迁子女的教育融入:起点、过程与结果.中国青年研究,2017(6):101-106.

陈昊，陈海英，王柏皓.市民化能提高地方政府教育投入吗？：以户籍制度改革为例.财经研究，2021，47（12）：79-92.

陈映芳.社会保障视野下国民身份制度及社会公平.重庆社会科学，2013（3）：11-18.

丁继红，徐宁吟.父母外出务工对留守儿童健康与教育的影响.人口研究，2018，42（1）：76-89.

段成荣，赖妙华，秦敏.21世纪以来我国农村留守儿童变动趋势研究.中国青年研究，2017（6）：52-60.

段成荣，袁艳，郭静.我国流动人口的最新状况.西北人口，2013，34（6）：1-7.

范国睿，何颖.中国教育政策观察：2009.教育政策观察，2010：3-48.

关信平.改革开放40年我国社会政策的探索与发展.人民论坛·学术前沿，2019（22）：70-78.

国家统计局住户调查办公室.中国住户调查年鉴2019.北京：中国统计出版社，2019：451.

郭未，鲁佳莹.性别视角下的"农转非"路径及其收入回报：基于CGSS2008—2013数据的实证研究.社会，2018，38（3）：105-135.

海龙.城乡居民基本养老保险财政补贴政策的缘起、发展与走向.中州学刊，2021（4）：71-77.

韩仁生，王晓琳.家长参与与小学生学习自我效能的关系研究.心理科学，2009，32（2）：430-432.

侯玉娜.父母外出务工对农村留守儿童发展的影响：基于倾向得分匹配方法的实证分析.教育与经济，2015（1）：59-65.

胡枫，李善同.父母外出务工对农村留守儿童教育的影响：基于5城市农民工调查的实证分析.管理世界，2009（2）：67-74.

黄超.家长教养方式的阶层差异及其对子女非认知能力的影响.社会，2018，38（6）：216-240.

黄家骅，蔡宗珍.城乡教育资源配置现状及实践思考.教育评论，2017（5）：28-31.

李波.父母参与对子女发展的影响：基于学业成绩和非认知能力的视角.教育与经济，2018（3）：54-64.

李春玲.社会政治变迁与教育机会不平等：家庭背景及制度因素对教育获得的影响：1940—2001（英文）.Social sciences in China，2003（4）：62-79.

李春玲.高等教育扩张与教育机会不平等：高校扩招的平等化效应考查.社会学研究，2010，25（3）：82-113.

李春玲.教育不平等的年代变化趋势：1940—2010：对城乡教育机会不平等的再考察.社会学研究，2014，29（2）：65-89.

李佳丽.家长参与和代际闭合对初中生认知能力的影响：基于科尔曼社会资本理论的分

析．教育发展研究，2017，37（Z2）：6-14.

李骏，顾燕峰．中国城市劳动力市场中的户籍分层．社会学研究，2011，25（2）：48-77.

李路路，李汉林．单位组织中的资源获得．中国社会科学，1999（6）：90-105.

李尧．教育公共服务、户籍歧视与流动人口居留意愿．财政研究，2020（6）：92-104.

李煜．代际流动的模式：理论理想型与中国现实．社会，2009，29（6）：60-84.

李煜．制度变迁与教育不平等的产生机制：中国城市子女的教育获得：1966—2003. 中国社会科学，2006（4）：97-109.

李沛霖．户籍制度改革区域差异对人口流动影响研究．人口与发展，2021，27（6）：36-50.

林毅夫，蔡昉，李周．中国的奇迹：发展战略与经济奇迹．上海：三联书店，1994.

刘传江．新生代农民工的特点、挑战与市民化．人口研究，2010，34（2）：34-39.

陆铭，陈钊．城市化、城市倾向的经济政策与城乡收入差距．经济研究，2004（6）：50-58.

陆学艺．当代中国社会流动．北京：社会科学文献出版社，2004.

陆益龙．1949年后的中国户籍制度：结构与变迁．北京大学学报（哲学社会科学版），2002（2）：123-130.

陆益龙．户籍制度：控制与社会差别．北京：商务印书馆，2003.

罗楚亮，李实，岳希明．中国居民收入差距变动分析：2013—2018. 中国社会科学，2021（1）：33-54.

吕利丹，王非．人口流动与儿童教育：基本事实与解释．人口研究，2017，41（6）：45-57.

秦洁．"忍"与农民工身份认同研究：基于对重庆"棒棒"城市生活心态的深度访谈．开放时代，2013（3）：153-167.

秦敏，朱晓．父母外出对农村留守儿童的影响研究．人口学刊，2019，41（3）：38-51.

隋海梅，宋映泉．留守经历影响中职学生的考学行为、辍学行为和升学意愿吗：基于浙江、陕西两省的跟踪数据．北京大学教育评论，2014，12（3）：63-79.

孙红玲．候鸟型农民工问题的财政体制求解．中国工业经济，2011（1）：15-26.

孙立平，王汉生，王思斌，等．改革以来中国社会结构的变迁．中国社会科学，1994（2）：47-62.

汤兆云．代际视角下农民工参加社会医疗保险的行为选择．社会科学家，2021（1）：90-97.

陶然，史晨，汪晖，等．"刘易斯转折点悖论"与中国户籍、土地、财政制度联动改革．国际经济评论，2011（3）：120-147.

陶然，周敏慧．父母外出务工与农村留守儿童学习成绩：基于安徽、江西两省调查实证分析的新发现与政策含义．管理世界，2012（8）：68-77.

田丰．城市工人与农民工的收入差距研究．社会学研究，2010，25（2）：87-105.

王春光．新生代农民工城市融入进程及问题的社会学分析．青年探索，2010（3）：5-15.

王美艳．城市劳动力市场上的就业机会与工资差异：外来劳动力就业与报酬研究．中国社会科学，2005（5）：36-46.

王平，王佳. 城乡居民医保制度整合的逻辑、效果和优化建议. 财经问题研究，2020（11）：138-145.

王谦. 七普"意料之外"的数据对做好流动人口调查的启示. 人口研究，2021，45（5）：22-25.

王威海. 中国户籍制度：历史与政治的分析. 上海：上海文化出版社，2006.

魏万青. 户籍制度改革对流动人口收入的影响研究. 社会学研究，2012，27（1）：152-173.

吴晓刚. 中国的户籍制度与代际职业流动. 社会学研究，2007（6）：38-65.

吴晓刚. 1990—2000年中国的经济转型、学校扩招和教育不平等. 社会，2009，29（5）：88-113.

吴晓刚，张卓妮. 户口、职业隔离与中国城镇的收入不平等. 中国社会科学，2014（6）：118-140.

吴映雄，杜康力. 父母外出打工对留守儿童的学业成绩的影响：基于性别差异的视角. 特区经济，2014（4）：186-189.

谢桂华. "农转非"之后的社会经济地位获得研究. 社会学研究，2014，29（1）：40-56.

熊跃根，黄静. 我国城乡医疗服务利用的不平等研究：一项于CHARLS数据的实证分析. 人口学刊，2016，38（6）：62-76.

徐平. 不同高校类型中农民阶层子女高等教育入学机会差异分析. 高教探索，2006（5）：22-23.

徐鹏庆，杨晓雯，郑延冰. 政治激励下地方政府职能异化研究：以基础教育的供给为例. 财政研究，2016（5）：39-53.

许琪. "混合型"主观阶层认同：关于中国民众阶层认同的新解释. 社会学研究，2018，33（6）：102-129.

杨复卫. 新中国养老保险法治建设70年：变革、成就与启示. 现代经济探讨，2020（2）：93-103.

杨东平. 中国教育公平的理想与现实. 北京：北京大学出版社，2006.

杨菊华. 城乡差分与内外之别：流动人口经济融入水平研究. 江苏社会科学，2010（3）：99-107.

杨菊华. 新型城镇化背景下户籍制度的"双二属性"与流动人口的社会融合. 中国人民大学学报，2017，31（4）：119-128.

杨菊华，王毅杰，王刘飞，等. 流动人口社会融合："双重户籍墙"情景下何以可为？. 人口与发展，2014，20（3）：2-17.

姚嘉，张海峰，姚先国. 父母照料缺失对留守儿童教育发展影响的实证分析. 教育发展研究，2016，36（8）：51-58.

于爱华, 王琳, 刘华. 随迁对农民工子女非认知能力的影响: 基于家校教育过程的中介效应分析. 中国农村观察, 2020 (6): 122-141.

张成. 中国劳动力市场工资收入的户籍歧视. 现代商贸工业, 2020, 41 (27): 92-93.

张开云, 徐强, 马颖颖. 城乡居民基本养老保险制度: 运行风险与消解路径. 贵州社会科学, 2021 (2): 61-69.

张乐天. 告别理想: 人民公社制度研究. 上海: 东方出版社, 1998.

张占斌. 新型城镇化的战略意义和改革难题. 国家行政学院学报, 2013 (1): 48-54.

章莉, 李实, DARITY W A, Jr, 等. 中国劳动力市场上工资收入的户籍歧视. 管理世界, 2014 (11): 35-46.

赵晨野. 中国省内人口流动的趋势、成因及影响. (2021-11-19) [2023-11-23]. https://ipp.scut.edu.cn/2021/1119/c35510a508765/page.htm.

赵军洁, 范毅. 改革开放以来户籍制度改革的历史考察和现实观照. 经济学家, 2019 (3): 71-80.

赵军洁, 张晓旭. 中国户籍制度改革: 历程回顾、改革估价和趋势判断. 宏观经济研究, 2021 (9): 125-132.

赵玉菡, 孙良媛, 田璞玉. 农村留守儿童学校教育问题研究: 基于与非留守儿童的比照. 农村经济, 2017 (8): 115-121.

郑冰岛, 吴晓刚. 户口、"农转非"与中国城市居民中的收入不平等. 社会学研究, 2013, 28 (1): 160-181.

郑秉文. 中国社保"碎片化制度"危害与"碎片化冲动"探源. 甘肃社会科学, 2009 (3): 50-58.

郑功成. 从整合城乡制度入手建设公平普惠的全民医保. 中国医疗保险, 2013 (2): 8-10.

周春霞. 农民工与市民冲突的经济社会分析. 南京社会科学, 2004 (3): 53-58.

周飞舟. 生财有道: 土地开发和转让中的政府和农民. 社会学研究, 2007 (1): 49-82.

周黎安. 转型中的地方政府: 官员激励与治理. 2版. 上海: 格致出版社, 2017.

周雪光. 国家与生活机遇: 中国城市中的再分配与分层 1949—1994. 北京: 中国人民大学出版社, 2015.

邹一南. 破户籍改革难题: 均等化非户籍福利. 决策探索 (下半月), 2015 (1): 44-45.

邹一南. 特大城市户籍管制的自增强机制研究. 人口与经济, 2017 (2): 55-65.

邹一南. 户籍改革的路径误区与政策选择. 经济学家, 2018 (9): 88-97.

邹一南. 农民工市民化困境与新一轮户籍制度改革反思. 江淮论坛, 2020 (4): 54-61.

BIAN Y J. Work & inequality in urban China. Albany: State University of New York Press, 1994.

BLAU P M, RUAN D C. Inequality of opportunity in urban China & America. Research in social stratification & mobility, 1990.

CHAN K W, BUCKINGHAM W. Is China abolishing the hukou system?. The China quarterly, 2008, 195.

CHAN K W, ZHANG L. The hukou system & rural-urban migration in China: Processes & changes. The China quarterly, 1999, 160.

CHAN K W. China's urbanization 2020: A new blueprint and direction. Eurasian geography and economics, 2014, 55（1）.

CHAN K W. Cities with invisible walls: Reinterpreting urbanization in post-1949 China. Hong Kong: Oxford University Press, 1994.

CHAN K W. The Chinese hukou system at 50. Eurasian geography and economics, 2009, 50（2）.

CHENG T J, SELDEN M. The origins & social consequences of China's hukou system. The China quarterly, 1994, 139.

CHENG Y, DAI J Z. Intergenerational mobility in modern China. European sociological review, 1995, 11（1）.

COLEMAN J S. Social capital in the creation of human capital. American journal of sociology, 1988, 94.

DÉMURGER S, GURGAND M, LI S, et al. Migrants as second-class workers in urban China?: A decomposition analysis. Journal of comparative economics, 2009, 37（4）.

DENG Z, TREIMAN D J. The impact of the Cultural Revolution on trends in educational attainment in the People's Republic of China. American journal of sociology, 1997, 103（2）.

DONG F X, FULLER F H. Changing diets in China's cities: Empirical fact or urban legend?. Development, 2007.

FAN C C. The elite, the natives & the outsiders: Migration & labor market segmentation in urban China. Annals of the association of American geographers, 2002, 92（1）.

GANZEBOOM H B G, TREIMAN D J, ULTEE W C. Comparative intergenerational stratification research: Three generations and beyond. Annual review of sociology, 1991, 17（1）.

HANNUM E. Political change and the urban-rural gap in basic education in China, 1949—1990. Comparative education review, 1999, 43（2）.

HE J W, WU S L. Towards universal health coverage via social health insurance in China: Systemic fragmentation, reform imperatives, and policy alternatives. Applied health economics and health policy, 2017, 15（6）.

JOHNSON C, DOWD T J, RIDGEWAY C L. Legitimacy as a social process. Annual review of sociology, 2006, 32（1）.

KNIGHT J, SONG L. Towards a labour market in China. Oxford: Oxford University Press, 2005.

LIANG Z, WHITE M J. Internal migration in China, 1950—1988. Demography, 1996, 33（3）.

LIANG Z, MA Z D. China's floating population: New evidence from the 2000 census. Population and development review, 2004, 30（3）.

LIANG Z. The age of migration in China. Population and development review, 2001, 27（3）.

LIN Y F. The household responsibility system in China's agricultural reform: A theoretical and empirical study. Economic development and cultural change, 1988, 36（3）.

LIU C F, ZHANG L X, LUO R F, et al. Early commitment on financial aid and college decision making of poor students: Evidence from a randomized evaluation in rural China. Economics of education review, 2011, 30（4）.

MENG X, ZHANG J S. The two-tier labor market in urban China: Occupational segregation & wage differentials between urban residents & rural migrants in Shanghai. Journal of comparative economics, 2001, 29（3）.

OI J C. Fiscal reform and the economic foundations of local state corporatism in China. World politics, 1992, 45（1）.

PARISH W L, WHYTE M K. Village & family in contemporary China. Chicago: University of Chicago Press, 1978.

PARISH W L. Destratification in China//WATSON J. Class & social stratification in post-revolution China. New York: Cambridge University Press, 1984, 84-120.

PARISH W L. Egalitarianism in Chinese society. Problems of communism, 1981, 30.

PARKIN F. Class inequality & political order: Social stratification in capitalist & communist societies. New York: Praeger, 1971.

PENG X Z. China's demographic history & future challenges. Science, 2011, 333（6042）.

RAVALLIAN M, CHEN S H. China's（uneven）progress against poverty. Journal of development economics, 2007, 82（1）.

SALISBURY R H, HEINZ J P, LAUMANN E O, et al. Who works with whom?: Interest group alliances and opposition. American political science review, 1987, 81（4）.

SICULAR T, YUE X M, GUSTAFSSON B, et al. The urban-rural income gap and inequality in China. Review of income and wealth, 2007, 53（1）.

SOLINGER D J. Careers in Shanghai: The social guidance of personal energies in a developing Chinese city, 1949—1966. American political science review, 1979, 73（3）.

SOLINGER D J. Contesting citizenship in urban China: Peasant migrants, the state & the logic of market. Berkeley: University of California Press, 1999.

TAM T, JIANG J. Divergent urban-rural trends in college attendance. Sociology of education, 2015, 88（2）.

TREIMAN D J. The 'difference between heaven & earth': Urban-rural disparities in well-being in China. Research in social stratification & mobility, 2012, 30（1）.

WALDER A G. Local governments as industrial firms: An organizational analysis of China's transitional economy. American journal of sociology, 1995, 101（2）.

WANG F L. Organizing through division and exclusion: China's hukou system, 2005.

WANG F, ZUO X J, RUAN D C. Rural migrants in Shanghai: Living under the shadow of socialism. International migration review, 2002, 36（2）.

WANG X B, LIU C F, ZHANG L X, et al. College education and the poor in China: Documenting the hurdles to educational attainment and college matriculation. Asia Pacific education review, 2011, 12（4）.

WHYTE M K. Myth of the social volcano: Perceptions of inequality and distributive injustice in contemporary China, 2010.

WHYTE M K. One country, two societies: Rural-urban inequality in contemporary China. Cambridge: Harvard University Press, 2010.

WU X G, TREIMAN D J. The household registration system & social stratification in China: 1955—1996. Demography, 2004, 41（2）.

WU X G. The household registration system & rural-urban educational inequality in contemporary China. Chinese sociological review, 2011, 44（2）.

XIE Y, ZHOU X. Income inequality in today's China. Proceedings of the national academy of sciences of the United States of America, 2014, 111（19）.

XU D D, WU X G. Separate and unequal: Hukou, school segregation, and educational inequality in urban China. Chinese sociological review, 2022.

YANG D. Urban-biased policies and rising income inequality in China. The American economic review, 1999, 89（2）.

ZHANG Z N, TREIMAN D J. Social origins, hukou conversion, and the wellbeing of urban residents in contemporary China. Social science research, 2013, 42（1）.

ZHOU X, XIE Y. Market transition, industrialization & social mobility trends in postrevolution China. American journal of sociology, 2019, 124（6）.

ZHOU X G, HOU L R. Children of the Cultural Revolution: The state & the life course in the People's Republic of China. American sociological review, 1999, 64.

ZHOU X G, TUMA N B, MOEN P. Institutional change and job-shift patterns in urban China, 1949 to 1994. American sociological review, 1997, 62（3）.

ZWEIG D. The rural-urban divide: Economic disparities and interactions in China. The journal of Asian studies, 2001, 60（1）.

第十六章 健康不平等

洪岩璧

（东南大学人文学院社会学系、医疗健康社会学研究所）

随着我国社会经济发展以及扶贫和健康卫生工作的不断推进，健康日益成为公众和国家关注的议题。《健康中国行动（2019—2030年）》指出，"人民健康是民族昌盛和国家富强的重要标志"。健康不仅是社会分层的结果，也是社会分层与流动的重要动力因素。家庭背景（父母的社会经济地位变量）与子代的结果变量之间存在多个影响路径，以往分层研究侧重教育的中介作用，相对忽视了父代社会经济地位影响子代健康，进而影响子代成年后的社会经济地位这一路径（Currie，2009）。因此，不同社会阶层的健康状况差异，以及健康状况对个体社会经济地位获得与社会流动的影响逐渐成为学界和公众关注的议题。

本章首先介绍健康不平等和健康分层领域的主要理论视角，然后梳理国内健康不平等的相关经验研究。我们主要从下述四方面因素与健康的关系来回顾国内已有研究：教育、生活方式、社会资本和社会政策。本章梳理的文献主要聚焦于社会学领域，对其他学科的研究仅略有涉及。我们主要关注阶层与社会经济地位不平等，同时兼顾城乡和两性之间的健康不平等。

第一节 导论：健康不平等的分析视角

健康社会学研究的目的是在将健康问题纳入医学领域和医疗体系之前，探讨塑造健康问题的社会机制和进程（德吕勒，2009：9）。根据与健康的因果距离，社会因素被划分成近端、中端、远端三个层次。近端因素包括与健康相关的生活方式及行为，如吸烟、饮酒、饮食和运动等；中端因素包括个体的社会和家庭关系，以及社会支持网络；远端因素包括个体的生活和工作条件，如社会结构与社会分层因素（Lahelma，2010：78）。健康不平等研究主要关注远端结构性因素对健康的影响，而中端和近端因素则作为结构性因素影响健康的途径和中介机制。

已有的健康不平等研究主要围绕社会因果论（social causation）和健康选择论（health selection）展开。社会因果论强调社会结构因素，认为个体在社会结构中的位置决定其健康水平；而健康选择论认为健康水平影响人们的社会经济地位获得，健康不平等是健康水平筛选的结果（Haas，2006）。社会因果论与健康选择论并未完全对立，毋宁说是相辅相成，共同解释了健康在社会分层与流动过程中的作用。

一、社会因果论与根本原因理论

社会因果论中最重要的一个理论视角是根本原因理论。马默特（2008）提出健康领域存在"地位综合征"现象，即个体的社会经济地位越高，其健康水平就越高。根本原因理论认为社会经济地位是健康差异和健康不平等的决定性因素（Link & Phelan，1995），高社会经济地位者占有大量资源，可用于降低患病和死亡的可能性，因此资源越多，健康状况就越好（Phelan & Link，2013：108）。根本原因理论和"地位综合征"都认为存在一个与社会经济地位梯度相对应的健康梯度，甚至死亡率也存在阶层金字塔结构（德吕勒，2009：51）。

社会因果论和根本原因理论对我国的健康不平等状况颇具解释力。早期研究主要以地域性调查或特定群体研究为主。2001年在北京市开展的一项非概率抽样调查发现，文化水平、收入高低会影响个体感受到的压力程度和消极情绪水平，从而影响身体健康状况（王召平、李汉林，2002）。2000年上海的一项概率抽样调查也显示，受教育程度与心理健康呈正相关，高收入者身体更健康、抑郁症状较少（徐安琪，2004）。景军（2006）发现，中国艾滋病流行的实际风险和风险认知都带有深深的社会阶层烙印：社会地位越低下者受伤害风险越大，而且其风险意识中的错误知识和恐惧成分越多。较低的社会经济地位会提高夫妻间婚内暴力发生率，从而对受害者，特别是女性的健康产生显著负效应，包括易情绪沮丧、疲劳和动怒、身体不好及感觉生活不愉快等（王天夫，2006）。社会经济地位通过食物获取、体育锻炼、娱乐活动和生活幸福感对老年人健康产生影响（刘昌平、汪连杰，2017）。无论城乡，社会经济地位越高，老年人跌倒的概率越低（袁亚运、李红芳，2020）。

在社会因果论视角的指引下，研究者考察了弱势群体的身心健康状况，包括流动人口、失独群体（徐晓军、张楠楠，2020）等，发现结构性排斥会对其心理健康产生不利影响。上海城乡迁移群体中25%的男性和6%的女性精神健康状况堪忧（何雪松等，2010）。2010年对长三角和珠三角的调查显示，14.7%的外来工是精神疾病的高危群体，虽与普通群体（如学生、护士、普通市民等）相比，精神健康问题并不特别突出，但超时加班、工作环境有危害和强迫劳动都会显著恶化外来工的精神健康（刘林平等，2011）。郭慧玲（2016）指出，个体身体的健康程度在某种程度上是社会阶层在个体身上印刻的结果，这一印刻过程通过阶层认同、群际伤害、习得性无助和情感支持等心理机制达成。弱势群体和较低阶层的成员往往承受更多的负面情绪和心理压力，因此更易导致身体内部紧张、生理及免疫系统下降，从而更易罹患疾病。对CLDS2012数据的分析表明[①]，不同职业群体在自评健康、工伤、职业病等方面均存在显著差异，低职业地位群体自评健康状况更差，更易发生工伤，其中加班劳动、工作环境、职业危害、工作要求和控制、工作获得感等工作状况因素能解释职业地位影响健康总效应的一半左右（梁童心等，2019）。青少年群体的相关研究也进一步验证了家庭背景对健康的影响。家庭社会经济地位会显著影响其子女早期健康保障的获得（李升、苏润原，2020），而家庭贫困会降低亲子沟通频率，破坏父母间关系，削弱父母对孩子未来的信心，进而增加中学生的负面情绪，对其心理健康产生不利影响（贺光烨、李博雅，2020）。自然灾害期间的健康不平等研究也揭示了类似的阶层差异模式。2008年汶川地震灾后调查显示，相比于其他阶层，城市经理阶层能显著改善其心理健康状况（尉建文、韩杨，2017）。

[①] 健康不平等研究使用的调查数据主要包括中国健康与养老追踪调查（CHARLS）、中国健康与营养调查（CHNS）、中国综合社会调查（CGSS）、中国家庭追踪调查（CFPS）、中国劳动力动态调查（CLDS）等。对这些常用调查数据，本章用缩写代替。

2020年武汉新冠感染疫情期间，个体的社会经济地位越低，抑郁程度越高，而养育压力对女性心理健康的负面冲击也主要集中在较低社会阶层（李晓光、吴晓刚，2021）。

然而，另一些研究也发现健康状况的分布并不完全遵循社会经济地位梯度。对CFPS2008（上海）数据的分析显示，虽然教育、收入、职业地位、社会地位与心理健康正相关，但失业者心理状态较好，而青年技术人员心理健康状况较差（袁浩，2011）。汶川地震灾后重建过程中，农村经济富裕阶层的心理健康状况显著劣于其他农村群体，尉建文、韩杨（2017）认为这背后是"相对剥夺"机制在发挥作用。影响农民工群体精神健康的并非低收入和低教育水平，而是他们与当地人对比后产生的差距感（胡荣、陈斯诗，2012）。此外，职业病的发生在不同职业群体中也不存在明显的地位梯度，较高职业地位群体的职业病风险同样突出，甚至高职业地位群体倾向于报告更多的职业病困扰。梁童心等人（2019）认为，这是由于不同职业群体都可能有健康损耗，只不过不同工作性质下劳动所面临的风险类型存在差异。由此可见，社会因果论确实能解释观察到的健康不平等现象，但要全面深入理解健康的群体差异，尚需纳入其他理论视角。

二、健康选择论

健康选择论强调健康状况差异对教育和社会经济地位获得的影响（Haas, 2006）。早年不幸经历、早期营养摄入和健康状况对成年期的教育获得、社会经济地位获得和健康状况都有显著影响（石智雷、吴志明，2018；洪岩璧、刘精明，2019）。在1959—1961年三年经济困难时期出生的孩子文盲率较高、就业率低，男性结婚更晚，女性则更可能嫁给教育水平低的配偶，这是因为大饥荒导致怀孕母亲压力增大，更可能营养不良（Almond et al., 2010）。因此，即使在控制基因的情况下，不平等在出生之前就已经存在，而出生时的健康状况又会形塑未来的发展。梁海祥（2021）从生活方式、家庭居住空间、同辈群体社会网络和社区邻里效应四个方面探讨了青少年健康不平等产生的机制，发现更好的早期健康状况可以增强认知能力（考试成绩与认知测试得分）和非认知能力（自我效能感和社会交往能力）。

有研究者比较了社会因果论与健康选择论对我国健康不平等的解释力。吴菲（2021）发现男性社会经济地位越高，越可能肥胖，社会因果论和健康选择论都具有解释力；而女性社会经济地位越高，肥胖可能性越低，这主要源自身材筛选的健康选择论过程。王甫勤（2011）则从社会流动角度比较了社会因果论和健康选择论的解释力，发现只有长距离社会流动才会显著提升或抑制健康水平，因为社会流动导致社会地位改变，生活机会发生了较大变化。故而王甫勤（2011）认为总体上社会因果论的解释力强于健康选择论。可见，在不同阶段，对不同群体，社会因果论与健康选择论的解释力各有差等，因此要想更好理解社会因果论与健康选择论的关系及其解释力，必须把健康置于个体的整个生命历程中进行考察。

三、生命历程视角与累积优势/劣势理论

埃尔德（2002）在其名著《大萧条的孩子们》中提出生命历程视角，指出儿童时期的经济受损对成年后的健康存在显著影响。前一时点的健康会影响其后生命历程中不同时点的健康状况。儿童青少年时期的状况会影响成年后罹患疾病的风险，其间至少存在三种途径。一是潜伏期模式，即在某个关键时期发生的事对随后生活中的疾病风险有长期影响；二是累积模式，人的一生中都存在优势或劣势的逐渐累积；三是路径模式，起点影响终点，而到达何处又会影响个体的健康（马默特，2008：177）。谢弗和权（Schafer & Kwon，2012）通过对CHNS1989—2006数据的分析指出，根本原因理论的很多传统研究并未认真考察年龄和世代的影响，本质上模糊假定了影响健康分化过程中人口社会特征上的同一性。但其实不同世代间存在较大差异，比如我国更晚近的世代就更易受西方饮食和休闲方式的影响，这种生活方式更易使人发胖。基于生命历程视角，研究者开始关注随着年龄增加，社会经济地位对健康的影响效应是否会发生变化。

社会经济地位针对健康的效应的年龄差异模式，存在"收敛效应"和"发散效应"两种观点（Lowry & Xie，2009；李建新、夏翠翠，2014）。收敛效应（the convergence effect）认为不同社会经济地位群体的健康分化先是随年龄增长不断扩大，但在高龄老年期这种分化会变小甚至消失。如焦开山（2018）针对

老年群体的研究发现，不同社会经济地位老人在总预期寿命和健康预期寿命上的不平等随着年龄增长而不断缩减，但这一差距并不会消失，即使到了95岁以上的超高龄阶段，社会经济地位差异也依然存在。

发散效应（the divergence effect）则认为社会经济地位对人们健康的影响随年龄的增长而不断加大。利用CHARLS2011年基线调查数据，焦开山（2014）发现，随着年龄的增加，不同社会经济地位群体在身体功能上的差异不断扩大，但在抑郁症状上的差异无显著变化。其中，随着年龄的增加，最低社会经济地位群体的身体功能状况下降的速度要大于中高等社会经济地位群体；但在自评健康上，最低和中等社会经济地位群体之间的差异随着年龄增加逐渐缩小（焦开山，2014）。劳里和谢（Lowry & Xie，2009）也发现，初中教育程度的保护作用在老年人群体中尤其明显，中等收入与健康的关联在老年人中也最为密切，因此他们也倾向于支持发散效应。发散效应的形成机制在于优势/劣势累积。徐洁、李树茁（2014）指出女性老年人的生理和心理健康都显著劣于男性，女性老年人早期生命历程中的劣势累积直接制约其老年时期的健康状况，其早期生命历程中诸多的劣势累积是社会情境下社会结构、文化、家庭、个人互动的结果。石智雷、吴志明（2018）则提出了双重累积劣势理论来解释早年不幸经历对健康不平等的影响机制。早年不幸经历种类数越多或持续时间越长，对健康的负效应就越大；早年不幸经历导致生命历程中教育、就业机会和经济地位下降，以及健康风险和消极情绪上升，进而间接影响成年期的健康状况。

健康的收敛与发散效应也可能因群体而异，郑莉、曾旭晖（2016）发现，女性之间因为教育和收入导致的健康不平等随年龄增长而缩小，男性之间的健康不平等程度并不随年龄增长改变，因此他们不支持健康不平等"累积优势/劣势假说"，而在女性群体中支持"年龄中和效应理论"，也即收敛效应。

鉴于健康的累积效应，儿童青少年的早期健康日益成为关注点。我国部分农村地区的幼儿早期营养和健康状况面临严峻挑战。如2013年对陕西南部几个贫困县351个村庄的1 808名婴儿的调查显示，48.8%的婴儿存在贫血问题，20%认知发展滞后，32.3%存在精神性运动滞后问题（Luo et al.，2015）。从鸡蛋、鱼、肉类、奶制品等营养摄入和医疗资源的获取上来看，城镇儿童远优于流动儿童、农村儿童和留守儿童，而流动儿童又优于农村儿童和留守儿童（韩嘉玲等，2014）。这些早期健康问题不仅会影响儿童的学业成绩和教育获得（Wang et al., 2016），也会对他们成年后的社会经济地位产生长期影响（Almond et al., 2010；洪岩璧、刘精明，2019）。对CFPS2012数据的分析显示，相较于其他农村儿童，双亲外出的留守儿童患病和体重超标风险更大，身高显著偏矮（赵晓航，2017）。2013年的一项全国六省市农民工调查显示，儿童青少年时期的长期留守经历会显著影响其未来的精神健康状况，恶化其抑郁程度，进而影响其在城市地区的社会融入水平（郑晓冬等，2022）。即使这些留守儿童获得向上流动，成为大学生，也会因为低质量的亲子关系而产生较低的家庭归属感，导致心理健康危机（刘成斌、王舒厅，2014）。即使到了老年期，早期社会心理风险因素（身体暴力、童年迁移、母亲精神健康和父亲身体健康）都会对老年人生命质量产生重要影响（高明华，2020）。

引入生命历程视角，整合社会因果论与健康选择论解释，可以把已有研究结果置入个体生命历程的不同阶段，更好地理解健康在社会分层与流动过程中的作用。因此，健康中国战略（《健康中国行动（2019—2030年）》）指出，为积极应对当前的健康问题，必须关口前移，采取有效干预措施，提高生活质量和延长健康寿命。

第二节　健康与教育

社会因果论和健康选择论之间的分歧集中体现在教育与健康关系中。大量研究表明教育和健康相关，但两者间的因果关系难以厘定、莫衷一是（Grossman, 2008）。已有经验研究中主要有三种观点：第一，教育影响健康，受教育程度提升会改善健康状况；第二，反向因果观点认为因果关系应该是健康影响教育；第三，两者是虚假相关，是第三个变量共同影响了教育和健康，如社会和基因禀赋，或个体对未来的愿景（Montez & Friedman, 2015）。如果从生命历程视角出发，把健康纳入阶层再生产和流动过程中，两者之间的分歧并非不可调和。健康既是社会分层的"果"，也是社会分层的"因"。教育影响健康，但早期健康可能同时影响教育获得和未来健康。本节首先介绍教育影响健康的习得有效性理论，然后回顾早期健康影响教育获得的相关研究。

一、教育对健康的影响：习得有效性理论

社会经济地位的三个常用指标中，不少研究者认为最重要的是教育，其次才是收入和职业（Winkleby et al.，1992；Mirowsky & Ross，2003）。国内研究也发现，相比于收入和职业，教育对健康的影响最大（黄洁萍、尹秋菊，2013）。经济状况和受教育程度对老年人的自评健康和心理健康均有显著的正效应，但职业特征的影响不显著（薛新东、葛凯啸，2017）。赵广川（2017）发现1991—2006年，收入对健康不平等的影响远小于教育和职业。[1] 为什么教育如此重要？罗斯和米洛夫斯基（Ross & Mirowsky，2010）归纳了两种解释教育与健康关系的理论视角，一是习得有效性理论（theories of learned effectiveness），二是商品理论（commodity theory）。习得有效性理论强调教育作为人力资本在改进健康过程中的非经济性作用，关注创造性工作、自我控制感和健康生活方式的中介作用。而商品理论强调收入和所能负担商品的影响，如购买健康保险、住房条件等。他们更倾向于习得有效性理论的解释，认为健康并不是可以简单地拿钱购买。

中国相关经验研究对教育的健康效应仍存在分歧。一方面，大量研究确证了教育对健康的积极效应，并印证了习得有效性理论的解释机制。有关老年人和妇女的调查都表明教育对健康存在积极效应（程令国等，2014；聂伟、风笑天，2015）。对双胞胎追踪数据的分析显示，高受教育程度与超重/肥胖负相关，与健康促进行为正相关，主要机制是教育提供了更多的健康知识（Rosenzweig & Zhang，2019）。受教育程度较低者往往更能感受到高压力，进而更可能造成身体的功能性失调和器质性病变（王召平、李汉林，2002）。徐安琪（2004）认为受教育程度与心理健康呈正相关，是因为受教育程度较高者不仅生存压力较小，而且往往更具有成就感、更自信，生活质量也较高，尽管他们生活节奏更快、

---

[1] 教育与收入健康效应的大小尚存在分歧，如孙其昂、李向健（2013）对CGSS2008数据的分析发现，受教育程度对自评健康的解释力不及个体收入分层与家庭收入分层。一项对2011年CHNS数据的分析显示，收入与健康存在着一定的倒U形关系，而教育与健康则是线性相关（高兴民、许金红，2015）。由于探讨收入与健康关系的文献多为经济学研究，限于篇幅，本章不讨论这一主题。

工作劳累，但可享受更多的健康资源，如购买绿色食品、高消费的健身、医疗服务、按时体检等，从而有利于身心健康。另一方面，也有研究认为教育对健康无显著效应。研究者同样利用双胞胎数据，发现教育年限对成人健康状况和健康相关行为的影响甚微：教育年限与抽烟饮酒等健康行为显著相关，但与健康结果（一般健康、心理健康、超重和慢性病）无显著关系（Behrman et al.，2015）。研究者利用工具变量（《中华人民共和国义务教育法》通过时间、禁止使用童工法令通过时间和配偶的教育）估计教育对健康的影响，也都发现教育对女性自评健康和健康行为无因果效应（Xie & Mo，2014）。[1]

上述结果分歧表明教育与健康的关系存在两面性。受教育程度较高的群体一方面能够获得更多的社会、经济、心理资源，生活方式更为健康，这与习得有效性理论一致；但另一方面，他们承担了更多的工作压力，形成社会紧张，部分削弱了其因教育带来的健康优势（王甫勤，2011）。换言之，教育对健康同时存在积极和消极效应。这也反映在教育对健康影响的阈限效应中。如女性教育水平与精神健康呈倒U形关系（聂伟、风笑天，2015），教育年限长的人更容易超重（叶华、石爽，2014）。这表明习得有效性理论还有待进一步修正与完善。

在健康不平等研究中，研究者还非常关注教育与其他结构性因素的交互效应，并提出了资源替代理论和优势强化理论来解释教育健康效应的群体差异（Ross & Mirowsky，2006）。资源替代理论认为教育对健康的正效应在弱势群体中更强，因为当资源可以互相替代时，拥有一种资源就可以弥补其他资源缺失所可能造成的损害。因此，弱势群体中的教育健康效应要大于其他优势群体。与之相对的优势强化理论（也被称作资源强化理论）认为优势群体所掌握的资源能带来更多好处，优势群体的教育健康回报要大于弱势群体。因为优势群体掌握的多种资源相互影响，会产生叠加作用，放大其中某种资源的效应。胡安宁（2014）发现，义务教育阶段的健康回报城市高于农村，而在高中教育阶段是农村高于城市。正是这种差异使得资源替代理论与优势强化理论都得到了一定程度的支持。因此，胡安宁（2014）认为资源替代理论更能解释中国社会的健康不平等，但劣势群体的教育要想发挥作用，需要达到一定的质量与数量。

---

[1] 但该研究所使用的这三个工具变量都值得商榷，另一问题在于其用OLS回归来估计分类因变量。

对男性而言，教育能带来一定的自评健康回报，但对女性而言，教育基本没有自评健康回报（郑莉、曾旭晖，2016）。洪岩璧、陈云松（2017）对2005—2012年五期全国调查数据的分析发现，在受教育程度较低人群中，男性比同等教育水平女性的健康状况更好，但在受教育程度较高者中，两性的教育健康回报无显著差异，甚至受过高等教育女性的自评健康高于男性。城乡差别也存在类似模式，即在受教育程度较低人群中，城镇居民比农村居民健康状况更好，但在受教育程度较高群体中，城乡无显著差异。这一劣势叠加现象表明资源替代理论更具有解释力，而非优势强化理论。换言之，资源替代理论的阴暗面在于，如果弱势群体受教育程度很低，又未掌握其他可替代资源时，劣势就会相互叠加产生更严重的健康后果。

此外，多数研究都把教育操作化为教育获得，但这并不能全面解释教育对健康的影响，相关的影响变量还包括教育质量（如班级规模、课程类型和学校资源等）、教育区隔和移民完成教育的地点等要素（Walsemann et al., 2013）。教育质量还包括其他非学业性的学校环境特征，如参加剧团、视觉艺术和音乐表演的机会，参加体育运动情况，成为学生社团干部等，这些都可能会增强学生的知识、自信心和技术，从而影响学业成绩与健康。扩展教育变量的内涵有助于我们更好地理解教育影响健康的逻辑和机制。

二、早期健康对教育获得的影响

在社会分层研究中，教育被认为是实现分层和流动的关键因素，而父代社会经济地位影响子代健康进而影响子代社会经济地位获得这一路径未受到足够重视（Currie，2009）。石智雷、吴志明（2018）指出，抑郁情绪上升是早年不幸经历影响成人健康的最重要中介因素，此外也会导致较低的教育获得。洪岩璧、刘精明（2019）以身高为代理变量，也发现早期健康水平与教育获得显著正相关，且早期营养卫生和早期健康在阶层再生产中的作用约等于传统教育途径的二分之一。沈纪（2019）对2012年清华大学"中国城镇化与儿童发展调查"数据的分析发现，在语文认知能力上，虽然农村儿童的健康认知回报显著大于城市儿童，但无论城乡，健康对儿童语文认知能力的作用都可以被其他家庭资源所替代；在数学认知能力上，健康认知回报在两组儿童中差异不显著，但在农村儿童组中，其他家庭资源无法替代健康对认知的作用，城市儿童则可以被替代。这一研究也支持了资源替代理论，即健康对教育的影响可以被其他家庭资源所替代。

总体而言，国内社会学研究仍较多关注阶层背景对健康结果的影响（如王甫勤，2011、2012；焦开山，2014），对于早期健康状况分化如何影响社会分层和流动的机制关注仍显不足，因此健康影响教育进而作用于社会经济地位获得的再生产路径值得我们进一步探究。

第三节　生活方式与健康

健康研究中，生活方式被定义为健康相关行为的一种集体模式，这些行为乃人们根据其生活机会所做出的可能选择（Cockerham，2010：159）。这一定义彰显了结构和个体能动性之间的张力。[①]社会经济地位不但直接影响健康，也通过生活方式间接影响健康，如吸烟、饮酒和体育锻炼等。受20世纪70年代以来新自由主义风潮的影响，个体被认为是自己身体健康的主要责任者（宋庆宇，2018）。生活方式对健康的重要影响也被误读成自由的个体应对自身健康问题负完全责任（德吕勒，2009：3）。因此，生活方式在健康研究中的作用日渐凸显。

随着我国社会经济发展和人民生活水平的提高，慢性病逐渐成为中国人的死亡主因。《柳叶刀》发布的1990—2017年中国人十大主要死因变化显示，脑卒中、缺血性心脏病、慢性阻塞性肺病和癌症（主要肺癌和肝癌）等慢性非传染性疾病已经取代传染性疾病成为中国人的主要死因。[②]高血压、吸烟、高钠/盐饮食、空气污染、高血糖、高胆固醇、肥胖和饮酒是2017年中国死亡的主要风险因素（Zhou et al.，2019）。2001年北京的一项调查显示，不良生活和

[①] 埃布尔（Abel，1991：901）的定义与此类似：健康生活方式由一群个体所采纳的健康行为、观念和态度模式组成，反映了他们的社会、文化和经济环境。健康研究中的"生活方式"是指"健康相关的生活方式"（health lifestyles）或健康行为。

[②] 数据来源：柳叶刀 https://www.thelancet.com/infographics/china-gbd-2017。

行为方式与人们身体的各种器质性病变高度相关（王召平、李汉林，2002）。我国城市居民正在经历第五次疾病转型，虽然预防医学和治疗技术的进步减少了吸烟、高血压和血脂异常等危险因素对人们健康和寿命的影响，但超重及肥胖率的增加、运动量减少，增加了高血压、糖尿病、心血管疾病和某些癌症的发病风险（石智雷等，2020）。

西方研究发现，不良健康生活方式往往更频繁地出现在较低阶层中，包括抽烟、饮酒、不良饮食习惯和疏于锻炼（Cockerham，2010）。然而中国的经验研究却揭示了一副颇异于西方的图景。一方面，与西方雷同，我国高阶层群体更倾向于积极参加体育锻炼，超重率也更低（王甫勤，2012；黄洁萍、尹秋菊，2013；石智雷等，2020）。另一方面，我国社会经济地位越高的群体，吸烟饮酒倾向越严重，身体体态越不健康，但其自评健康反而越好（黄洁萍、尹秋菊，2013；Kim et al.，2004；Chen et al.，2010）。吸烟饮酒等健康风险行为主要集中于高社会经济地位群体中的管理人员，而非专业人员群体，专业人员的抽烟饮酒比例低于一般民众（和红、陈超，2009；洪岩璧等，2022）。对1993年CHNS数据的分析显示，收入对是否饮酒、饮酒频次和吸烟量都具有显著正效应；而教育对吸烟、吸烟量都具有显著负效应，但对饮酒具有显著正效应（Li & Zhu，2006）。通过对CGSS2010进行潜类分析，王甫勤（2017）把健康相关生活方式划分为健康型、混合型和风险型三类，发现高社会经济地位者的生活方式呈现出健康型和风险型两端分化特征，而低社会经济地位者的生活方式更倾向于混合型。CHNS数据显示，吸烟仅对女性健康显著有害，饮酒则显著有利于男性健康，但不利于女性健康（尹庆双等，2011）。上述结果不仅迥异于西方，也与根本原因理论明显不符。

针对我国高阶层群体更多实践吸烟喝酒等健康风险行为的现象，已有研究从理论和方法层面提出了四种解释，包括生活方式转型理论（lifestyle transition theory）、与健康选择理论相关的自选择、强调烟酒消费社交功能的解释和侧重方法层面的虚假相关与因变量测量缺失问题。

生活方式转型理论认为，中国社会在转型过程中，社会上层和城市人口最先受到不良生活方式的影响（Kim et al.，2004）。该理论假定社会经济地位与健康生活方式之间的关系取决于社会的发展水平。在发展中国家，高社会经济地位者更多地消费加工食品而非自然食品，更易受高成本和不健康的新奇西方生活方式影响（Kim et al., 2004；王甫勤，2017）。该理论不仅提供了动态性的解释，也说明这一现象并非"中国特色"。由于较晚近的同期群受益于改革开放和经济发展，不健康的生活方式在较高阶层中更为流行，导致晚近同期群中社会经济地位对健康的效应下降（Chen et al., 2010）。2008年中国亚健康调查表明，我国肥胖问题主要集中于城市男性和农村女性，中等收入者肥胖风险最高，高收入者比低收入者具有更高的肥胖风险；教育与肥胖在男性中呈正相关，但在女性中呈负相关（孔国书、齐亚强，2017）。改革开放以来，我国城市居民的超重率逐年上升。石智雷等人（2020）分析了跨越22年的九期调查数据，发现城镇居民中高阶层群体的超重率先是高于低阶层群体，随后发生逆转，低于低阶层群体。这表明生活方式与阶层地位之间的关系并非简单对应，而是处于不断变迁中。虽然生活方式是特定社会经济群体的特征，个体的选择受地位条件的限制，但一些生活方式仍然可以穿越阶级藩篱传播，在更大的社会范围内产生影响（考克汉姆，2012：80）。随着中国社会经济的发展，生活方式与社会经济地位之间的关系日渐复杂。弱势群体在摆脱营养不良问题后，可能迅速进入肥胖等慢性病高发阶段，导致健康风险叠加，进而加剧健康不平等。

第二种解释是与健康选择论相关的自选择问题。健康选择论认为健康状况佳者更可能获得高社会经济地位。而自选择偏误是指，即使大家都了解抽烟饮酒对健康的危害，但自评健康较好的人更可能抽烟饮酒，而自评健康较低者更可能放弃抽烟饮酒。这两个机制相结合可能导致我们观察到高社会经济地位者更倾向于抽烟饮酒。通过比较横截面和追踪数据结果，齐良书和王诚炜（2010）指出，健康习惯的差别主要源于个人选择，而非不同社会经济地位群体之间的系统性差别。但即使利用准实验控制这种自选择之后，管理人员的饮酒倾向仍显著高于其他群体（洪岩璧等，2022）。

第三种解释强调烟酒消费的社交功能。请客吃饭（饮食社交）是中国人拓展和维持关系网络最为重要的一种形式（边燕杰，2004）。在此类社交场合，抽烟喝酒是最常见的互动形式之一。饭桌上，通过敬酒和其他席间互动，陌生人逐渐变成熟人，有助于把公务转化为私事，从而按照人情的逻辑处理公务（严霞、王宁，2013）。因此饮酒频率会对收入产生显著正影响（尹志超、甘犁，2010）。然而，即使是正式制度严厉禁止、频繁严打，许多官员自己也不情愿，官场酒风似乎仍有顽强的生命力，因为饮酒行为能发挥构建信任和提供激励的作用，从而缓解当前中国地方治理中存在的金字塔层级结构导致的信息不足、治理任务非制度化和组织激励不足三大问题（强舸，2019）。这表明个体把其他非健康目标置于优先地位，相比于由此导致的健康损害，更看重通过烟酒消费带来的社会地位和经济收益（Link & Phelan，2010：7）。由此可见，并非简单的社会经济地位高低影响饮酒倾向，而是特定社会群体所处的结构位置和具体情境影响其饮酒行为（洪岩璧等，2022）。

第四种解释是方法层面的虚假相关与因变量测量缺失问题。虚假相关问题是指由于对社会经济地位的测量不够完全，抽烟喝酒频率可能代表了教育和收入以外的社会经济地位维度（如营养摄入、医疗设施的使用、压力和社会支持等），因此其对健康的正效应反映了社会经济地位中未测量部分的效应（Chen et al.，2010）。这本质上是缺失变量问题。二是因变量测量缺失。吸烟饮酒可能会带来生理危害，但也可使人得到心理满足（黄洁萍、尹秋菊，2013）。酒是人类创造出来用来进行情感能量转移和宣泄的"合法"途径，在社会生活中扮演了唤起和解脱的功能。但是，倘若假定烟酒消费是缓解压力的重要途径，那么烟酒消费应该随着社会经济地位升高而减少，因为"地位综合征"认为控制生活中各种压力的权力遵循一定的社会等级，处于社会底层意味着自控能力很弱（马默特，2008：83）。未来研究仍需对这四种解释进行深入阐释和比较分析。

此外，生活方式的代际传递是健康水平代际传递的重要机制，但也并非遵循简单的阶层梯度。调查发现父母受教育程度越高、职业属于精英者，孩子近视的可能性越大（权小娟、张钦，2020）。子代虽然不会模仿父辈的积极健康行为，但父辈较强的健康信念能促进子代养成积极健康行为；而风险健康行为则存在代际模仿，但高阶层家庭和父辈强健康信念能显著降低子代继承父辈风险健康行为的可能性（洪岩璧、华杰，2020）。

虽然很多研究者都赞同《身体经济学》一书作者的看法，认为人们所关心的东西都是自己和家人的健康（斯图克勒、巴苏，2015：XVIII），但生活方式与健康相关研究表明，个体可能把其他非健康目标置于优先地位，而不关注风险健康行为导致的健康损害。由此可见，生活方式、健康行为与家庭社会经济地位之间的关系尚待更多深入研究。

第四节　社会资本与健康

健康研究中，社会支持反映的是个人通过自己所处的社会环境/结构所获取的资源，而个人的社会网络则是对这种社会环境和结构的描述。传统的社会支持视角是功能论研究进路，而社会网络分析是结构论的研究进路（赵延东，2008）。在健康不平等研究中，社会支持与社会网络视角虽有所区别，但存在诸多重合，因此我们把社会支持和社会网络都纳入社会资本与健康关系主题之下，侧重探讨社会支持、社会网络对健康的影响与效应。已有研究主要集中于探讨社会支持、社会网络对精神健康及健康行为的影响。

社会支持包含四个层面，即社会支持是人与人之间的一种社会互动关系，帮助行为同时能产生社会支持，社会支持通过社会关系、个体与他人或群体间所互换的社会资源形成，涉及行为、认知、情绪、精神等方面的系统心理活动（陶裕春、申昱，2014）。按照功能划分，社会支持可以区分为工具性支持（如金钱、生病照料等）和情感性支持（如倾听、抚慰等）；按照来源划分，则包括正式支持和非正式支持；也可以按照关系划分，如亲属关系和邻里关系（孙薇薇、石丹妮，2020）。其中，正式社会支持主体是各级政府、机构、企业、社区等正式组织，提供诸如社会保障制度、医疗保障制度、助老敬老政策等支持形式；非正式社会支持的主体是家庭成员、邻里、朋友、同龄群体等，提供情感、行为和信息支持等（陶裕春、申昱，2014）。

社会支持是个体健康尤其是精神健康的重要保护性因素。来自家人、朋友、同事等的社会支持会显著提高流动人口的精神健康（何雪松等，2010），以及老年人的身心健康和自评健康（刘晓婷，2014；孙薇薇、石丹妮，2020）。社会支持主要通过两个机制影响心理健康。一是"压力源-社会支持-心理健康"模式，社会支持通过缓冲压力事件的消极影响有利于心理健康。二是主效应模式，无论个体是否面临压力，社会支持均有益于心理健康（孙薇薇、石丹妮，2020）。赵延东（2008）认为，强关系多、密度高、同质性高和分散性低的网络更有利于人们保持精神健康。基于九省农村老年人抽样调查数据，孙薇薇、石丹妮（2020）指出，亲密关系中的配偶和成年子女是所有支持类型的重要提供者和最核心支持者，较高质量的友邻支持与社区活动参与也都有益于老年人心理健康。农村留守妇女由于社会支持网络规模偏小、强关系成员占多数、异质性较低、趋同性较高等特征，其心理健康水平显著偏低（刘巍，2012）。社会参与还能提升个体的"特殊信任"，包括机构信任，对同学、同事以及同乡的信任，进而显著提高个体的精神健康水平（胡安宁，2014）。新冠感染疫情期间，社会资本通过提高感染知情程度、扩大公众的困难解决途径、协助调整心态，从而有助于人们保持身体健康、维持常态生活、平稳度过疫情，尤其是以关系互动紧密性为特征的内聚社会资本具有直接、积极、稳健的防疫作用（边燕杰等，2021）。

凡事有利皆有弊，社会支持源既能提供社会支持、促进心理健康，也可能成为压力源，损害心理健康。有关流动人口和农民工的研究显示，家人、同事或朋友等人际关系紧张是精神健康风险因素（何雪松等，2010），同一生产线上有较多老乡也会损害精神健康（刘林平等，2011）。对农民工而言，网络密度等社会资本对精神健康有积极效应，但与本地人交往频繁则不利于精神健康（胡荣、陈斯诗，2012）。原因可能有二，一是社会资本主要通过促进社会融合来提升流动人口的健康状况（王培刚、陈心广，2015）。因此，当社会网络不利于流动人口在流入地的融合时，曾经的社会支持源就可能成为压力源。二是社会资本也会因社会网络相对地位产生"相对剥夺"，从而影响心理健康（尉建文、韩杨，2017）。此外，社会网络的健康效应也因社会经济地位而异。如低学历青年主要依赖餐饮网的文化传播机制来增强健康安全感，而高学历青年能直接从文化价值观中得到健康安全感，同时避免餐饮网络的负面影响（鞠牛，2020）。高社会经济地位群体通过与朋友高频率社会交往来增进健康优势，而低社会经济地位群体则通过社会信任来缓解其因低地位导致的健康劣势（王甫勤、马瑜寅，2020）。

除了提供社会支持，社会网络也可以通过提供信息来促进健康行为，提升健康水平（赵延东，2008；余慧等，2008）。紧密度高、异质性低、强关系多的"核心网络"有利于精神健康，而相反特征的松散网络则对身体健康更有利（赵延东，2008）。在社会网络影响母乳喂养的研究中，赵延东、胡乔宪（2013）一方面发现，新生儿母亲社会网络中强关系比例越高，越可能在新生儿成长的早期为母亲提供实际帮助和支持，提升母亲母乳喂养的可能性；另一方面，母亲社会网络中若有医务人员，则能更有效传递相关知识和信息，也会提高母乳喂养的可能性。新冠感染疫情期间，以资讯来源异质性为特征的外联社会资本也具有补充性作用，虽然其作用主要是间接效应，且不稳健（边燕杰等，2021）。可见，提供健康知识及相关信息是松散网络有利于健康的一个重要机制。

社会资本对青少年心理健康的影响是另一个研究热点。总体而言，社会资本对青少年心理健康至关重要。基于CEPS2014数据，姚远、张顺（2016）利用系数集束化方法，发现人际网络（同校好朋友比例、父母与孩子互动频率、父母关系、父母与孩子社交圈的联系）对青少年心理健康的影响效应要大于家庭地位的效应，约为后者的2.5倍。但不可忽视的是，社会资本乃家庭社会经济地位是影响学生心理健康的中介机制。来自较高社会经济地位家庭的学生有更多资源投入社会关系网络中，能吸引更多同学与之互动；同时丰富的社会资本会降低个体孤独感和疏离感，减少生活事件的负面影响，增加处理事务的安全感、自尊感和自信心，从而提升精神健康水平（焦开山等，2018）。姚远、程诚（2021）提出，社会支持、社会濡染和社会比较是同伴网络影响青少年心理健康的三种主要机制。核心同伴网络的社会支持有助于提升青少年的心理健康水平，但影响程度呈现边际递减趋势。核心同伴网络的社会濡染对青少年的心理健康既有积极影响，也有消极影响。而基于相对家庭社会经济地位的社会比较则主要对青少年的心理健康产生消极影响。

随着互联网和信息技术的迅猛发展，依托移动互联网的疾病众筹平台改变了传统的疾病救助体系，但互联网技术的健康效应并不能完全突破社会经济地位的限制。家庭社会经济地位越高的病患，其众筹项目越可能被转发、捐赠、所筹善款总额和目标完成度也更高，线下人际关系网络（关系网络规模、网络多样性、网络中蕴含的资源）在这一过程中扮演了重要的中介角色（程诚、任奕飞，2022）。因此，在疾病众筹领域，移动互联网技术在某种程度上主要扮演了强化不平等的角色。

已有多数研究主要从个体层面的社会资本考察了社会网络对健康的影响，但我们也不能忽略社区层面的集体性社会资本对个体心理健康的影响。上海市的一项调查显示，社区成员互动的闭合水平对心理健康存在消极效应，但社区信任水平对心理健康有积极影响，而且集体性社会资本对心理健康的影响独立于个体性社会资本（余慧等，2008）。毕向阳、马缨（2012）比较了汶川地震后集中安置点和普通社区灾民的心理健康，发现集中安置点强化了疗治性社区的氛围，抑制消极因素的同时放大了某些支持性因素的作用，从而使安置点灾民心理健康水平不劣于普通社区。集体性社会资本相关研究为"健康中国"战略的相关政策措施提供了重要的理论研究基础。

第五节 社会政策与健康

虽然新自由主义思潮强调个体是自身健康的主要责任者，但大量社会科学研究表明，公共健康政策对人口健康及健康不平等的影响至关重要。在现代风险社会中，所谓"健康自主"乃是一种"身体物化"过程，健康的获得不可能仅依靠个体，也需要国家和社会的支持（黄嘉文，2010）。

研究显示医疗服务可及性和医疗保障都能显著改善民众的健康状况。基于多期CLHLS数据，郭爱妹、顾大男（2020）发现，医疗服务可及性与老年健康显著相关，医疗服务不可及会显著增加老年人工具性日常活动能力（IADL）障碍、日常活动能力（ADL）障碍、认知功能障碍和死亡风险。地区的不平等程度也会通过地方政府对公共医疗资源的投入而影响居民的健康水平。新唯物主义解释认为越是不平等的地区，政府在公共产品供给方面越是投资不足，从而使公共医疗、教育和社会保障发展落后，进而影响该地区居民的健康水平。但周彬、齐亚强（2012）发现县级收入不平等对个体自评健康的显著负效应部分来自社会心理机制（社会剥夺感和社会关系紧密度），而不支持新唯物主义解释。但他们也承认相关测量指标仍存在诸多不足，有待未来研究进一步检验。洪岩璧、赵延东（2019）利用汶川地震灾后重建多期调查数据，发现在应急救灾阶段政府再分配能力骤增，提升了弱势阶层的医疗资源可及性，降低了健康不平等，但该模式的可持续性存在问题，一旦外部资源减少，健康不平等又会回到社会常态水平。

公共医疗服务的健康效应存在群体差异化。如医疗服务可及性对女性的影响大于男性老人，相比于城镇老人，医疗服务可及性对农村老人健康结果的影响更大（郭爱妹、顾大男，2020）。近年来，我国新型农村合作医疗（"新农合"）的普及率和保障水平不断提高，基本实现了农村居民"病有所医"。新农合是由政府组织、引导、支持，农民自愿参加，个人、集体和政府多方筹资，以大病统筹为主的农民医疗互助共济制度。但新农合对农村老人的健康效应仍不如城镇职工基本医疗保险和城镇居民基本医疗保险（刘晓婷，2014；王甫勤，2015），因为后者的保障范围广、补偿比率高。新农合改善了农村居民的身体健康，但很难说能全面增进农村居民健康。患病重、年龄大和收入较低的人群受益稍大，对患病轻和年龄较小者，新农合仅有助于其增加医疗服务的利用（章丹等，2019）。

除了公共医疗方面的投资，增加社区社会资本、提供多元化社会支持也有助于提升社区居民的健康水平。一项涉及九个省份的农村老年心理干预研究显示，"基层干部引领、友邻同伴互助、家庭养老存续"的干预路径全面增强了老年人的社会支持，进而提升农村老年心理健康与晚年生活质量（孙薇薇、景军，2020）。但总体而言，社会学对社会政策的健康效应研究的广度和深度都存在明显不足。

第六节　评议与展望

梁海祥（2021：31-35）指出，国内针对健康不平等的社会学研究存在四方面不足。一是分层视角的健康不平等研究相对欠缺，二是对中国特色社会结构和制度变迁如何影响健康不平等的关注不足，三是内生性问题亟待解决，四是健康的测量指标仍比较粗糙。内生性问题是所有社会科学定量研究的软肋，并非健康社会学研究所特有的弊病。而且随着追踪数据的累积，研究者可以在一定程度上解决这一问题。因此，除了内生性问题之外的其他三个问题，可谓切中肯綮，指出了健康不平等研究亟待完善之处。

首先，相比于健康经济学，社会学的健康不平等研究仍然数量偏少。虽然近年来不少研究者开始关注健康不平等问题，但选题相对集中，研究存在不少重复性。对医保相关政策、收入等要素的健康效应研究明显不足。恰如泽利泽和维维安娜（2021）所言，收入和金钱对不同社会阶层成员的意义相差甚远。社会研究者完全可以从不同于经济学和管理学的角度探讨收入对健康的影响，譬如考察不同阶层、社会群体的医保报销行为与实践。

其次，国内的健康不平等研究仍主要遵循西方的理论视角和分析路径，对于"中国特色"及其普遍性的探讨略显不足。虽然已经有研究者开始关注中西差异，并提出相应解释，但把差异提升到理论或命题的层面尚需时日。因此，今后需加大国际比较研究的力度，只有通过对不同国家健康不平等模式和机制的比较分析，才能更好地理解中国社会的与众不同之处，也有利于从"中国特色"走向一般化的理论。

最后，健康的测量问题。在健康不平等研究中，对健康状况的测量主要有两种方法。一是客观测量法，采用个体生理或机能健康状况的测量指标，主要包括身高、体重、体质指数（BMI）、疾病史、日常活动能力、心理量表等。二是主观测量法，即个体对自己健康状况的评估，一般是四点或五点测量的自评健康。其中，自评健康由于其测量的简便性，在社会科学研究中被广泛使用。自评健康是被访者对自己总体健康状况的评价，其对个体生理健康状况的测量具有较好的信度和效度（Mossey & Shapiro，1982；齐亚强，2014）。但自评健康也易受到被访者当时情绪和外界因素的影响，可能难以很好地反映被访者的健康水平（谢东虹、朱志胜，2020）。[①] 在实际研究中，研究者通常把自评健康处理为连续变量（郑莉、曾旭晖，2016）。已有研究中，自评健康、心理健康量表等的使用尤为广泛，但缺乏血压、慢性病等客观健康指标。在当下慢性病主导的时代，未来亟须与公共卫生和医学研究相交叉，借鉴和使用其数据，以更好地理解当代社会的健康不平等现状及机制。

此外，国内已有的健康研究侧重关注老年人群体的健康影响因素，以及青少年群体的心理健康问题，而对身处劳动力市场的中青年群体关注颇显不足，呈现年龄分布两端的健康研究较多、中间相对较少的局面。中间年龄段的相关研究也多关注其中的特定群体，如农村妇女或流动人口等。如果我们需要基于生命历程视角，把健康放置到社会分层和流动的全过程中进行考察，身处劳动力市场的中青年群体的健康形塑机制研究就不可或缺。概言之，国内健康社会学与健康不平等的研究起步不久，尚大有可为。

[①] 齐亚强（2014）也指出自评健康虽可以有效反映被访者个人感知的身体和精神状况，但不能囊括健康的所有维度，如对个体不易察觉的机体变化（如血压、肺活量等）就不能很好反映。此外，自评健康还存在复杂的回答偏误，受不同年龄、社会经济地位群体有关健康评价标准、期望与认知差异的影响，因此回答结果在不同群体间的可比性值得商榷。

参考文献：

埃尔德.大萧条的孩子们.田禾，马春华，译.南京：译林出版社，2002.

毕向阳，马缨.重大自然灾害后社区情境对心理健康的调节效应：基于汶川地震过渡期两种安置模式的比较分析.中国社会科学，2012（6）：151-169，208-209.

边燕杰，刘翠霞，林聚任.中国城市中的关系资本与饮食社交：理论模型与经验分析.开放时代，2004（2）：93-107.

边燕杰，缪晓雷，鲁肖麟，等.社会资本与疫情风险的应对.武汉大学学报（哲学社会科学版），2021，74（5）：156-168.

程诚，任奕飞.求助悖论：疾病众筹的社会经济地位差异.社会，2022，42（1）：124-156.

程令国，张晔，沈可.教育如何影响了人们的健康？：来自中国老年人的证据.经济学（季刊），2015，14（1）：305-330.

德吕勒.健康与社会：健康问题的社会塑造.王鲲，译.南京：译林出版社，2009.

高明华.早期社会心理风险对健康的影响效应：基于中国健康与养老追踪调查数据.中国社会科学，2020（9）：93-116，206.

高兴民，许金红.社会经济地位与健康不平等的因果关系研究.深圳大学学报（人文社会科学版），2015，32（6）：45-53.

郭爱妹，顾大男.健康不平等视角下医疗服务可及性对老年健康的影响：基于CLHLS数据的实证分析.人口与发展，2020，26（2）：60-69.

郭慧玲.由心至身：阶层影响身体的社会心理机制.社会，2016，36（2）：146-166.

韩嘉玲，高勇，张妍，等.城乡的延伸：不同儿童群体城乡的再生产.青年研究，2014（1）：40-52，95.

贺光烨，李博雅.家庭贫困对中学生心理健康的影响：亲子沟通、父母关系与父母信心的中介作用.青年研究，2020（2）：49-58，95.

和红，陈超.中年高级知识分子体质指数与健康状况研究.人口研究，2009，33（4）：84-91.

何雪松，黄富强，曾守锤.城乡迁移与精神健康：基于上海的实证研究.社会学研究，2010，25（1）：111-129，244-245.

洪岩璧，陈云松.教育影响健康的群体差异：2005—2012：资源替代与劣势叠加.社会发展研究，2017，4（1）：1-18，242.

洪岩璧，刘精明.早期健康与阶层再生产.社会学研究，2019，34（1）：156-182，245.

洪岩璧，赵延东.灾后重建中的资源再分配与健康不平等：基于三期汶川地震重建调查.社会，2019，39（6）：214-237.

洪岩璧，华杰.健康行为代际传递模式的社会经济地位差异：基于CHNS2015的实证研究.华中科技大学学报(社会科学版),2020,34(6):39-48.

洪岩璧,曾迪洋,沈纪.自选择还是情境分层?——一项健康不平等的准实验研究.社会学研究,2022,37(2):92-113,228.

胡安宁.教育能否让我们更健康:基于2010年中国综合社会调查的城乡比较分析.中国社会科学,2014(5):116-130,206.

胡安宁.社会参与、信任类型与精神健康:基于CGSS2005的考察.社会科学,2014(4):64-72.

胡荣,陈斯诗.影响农民工精神健康的社会因素分析.社会,2012,32(6):135-157.

黄嘉文.白领女性"健康自主"行为的实践与反思:一项基于日常饮食生活的个案研究.妇女研究论丛,2010(5):42-47.

黄洁萍,尹秋菊.社会经济地位对人口健康的影响:以生活方式为中介机制.人口与经济,2013(3):26-34.

焦开山.健康不平等影响因素研究.社会学研究,2014,29(5):24-46,241-242.

焦开山.中国老年人健康预期寿命的不平等问题研究.社会学研究,2018,33(1):116-141,244-245.

焦开山,于小寒,靳苗.大学生精神健康差异形成的途径和机制.青年研究,2018(6):21-30,91-92.

景军.泰坦尼克定律:中国艾滋病风险分析.社会学研究,2006(5):123-150,244-245.

鞠牛.我国青年人群的社交餐饮网与健康安全感:基于文化心理视角的分析.中国青年研究,2020(6):29-36,12.

考克汉姆.医学社会学.高永平,杨渤彦,译.北京:中国人民大学出版社,2012.

孔国书,齐亚强.影响居民肥胖的社会经济因素:性别与城乡差异.社会学评论,2017,5(5):79-96.

李建新,夏翠翠.社会经济地位对健康的影响:"收敛"还是"发散":基于CFPS2012年调查数据.人口与经济,2014(5):42-50.

李升,苏润原.流动人口子女早期健康保障获得研究.青年研究,2020(1):24-36,94-95.

李晓光,吴晓刚.同城异郁:新冠疫情下的性别、阶层与心理健康差异.人口与发展,2021,27(6):95-105.

梁海祥.青少年健康不平等:生成机制及结果.北京:社会科学文献出版社,2021.

梁童心,齐亚强,叶华.职业是如何影响健康的?:基于2012年中国劳动力动态调查的实证研究.社会学研究,2019,34(4):193-217,246.

刘昌平,汪连杰.社会经济地位对老年人健康状况的影响研究.中国人口科学,2017(5):40-50,127.

刘成斌，王舒厅．留守经历与农二代大学生的心理健康．青年研究，2014（5）：23-32，94-95．

刘林平，郑广怀，孙中伟．劳动权益与精神健康：基于对长三角和珠三角外来工的问卷调查．社会学研究，2011，26（4）：164-184，245-246．

刘巍．西北农村留守妇女社会支持网络对其心理健康的影响：来自甘肃省的调查发现．妇女研究论丛，2012（5）：28-35．

刘晓婷．社会医疗保险对老年人健康水平的影响基于浙江省的实证研究．社会，2014，34（2）：193-214．

马默特．地位决定你的健康．冯星林，王曲，译．北京：中国人民大学出版社，2008．

聂伟，风笑天．教育有助于改善身心健康吗？：基于江苏省的数据分析．人口与发展，2015，21（1）：50-58．

齐良书，王诚炜．健康状况与社会经济地位：基于多种指标的研究．中国卫生经济，2010，29（8）：47-50．

齐亚强．自评一般健康的信度和效度分析．社会，2014，34（6）：196-215．

强舸．制度环境与治理需要如何塑造中国官场的酒文化：基于县域官员饮酒行为的实证研究．社会学研究，2019，34（4）：170-192，245-246．

权小娟，张钦．家庭结构与健康风险：基于青少年近视的实证分析．中国青年研究，2020（5）：53-60．

沈纪．健康对儿童认知能力的影响：基于一项全国性调查的家庭和城乡比较分析．青年研究，2019（2）：14-26，94．

石智雷，顾嘉欣，傅强．社会变迁与健康不平等：对第五次疾病转型的年龄—时期—队列分析．社会学研究，2020，35（6）：160-185，245．

石智雷，吴志明．早年不幸对健康不平等的长远影响：生命历程与双重累积劣势．社会学研究，2018，33（3）：166-192，245-246．

斯图克勒，巴苏．身体经济学：是什么真正影响我们的健康．陈令君，译．北京：机械工业出版社，2015．

宋庆宇．现代社会跑步运动研究综述：多维度的解释．青年研究，2018（2）：85-93，96．

孙其昂，李向健．中国城乡居民自感健康与社会分层：基于CGSS2008年的一项实证研究．统计与信息论坛，2013，28（12）：78-83．

孙薇薇，景军．乡村共同体重构与老年心理健康：农村老年心理干预的中国方案．社会学研究，2020，35（5）：1-24，242．

孙薇薇，石丹妮．社会支持的影响机制与农村老年心理健康．社会学评论，2020，8（4）：77-87．

陶裕春，申昱．社会支持对农村老年人身心健康的影响．人口与经济，2014（3）：3-14．

王甫勤.社会流动有助于降低健康不平等吗?.社会学研究,2011,25(2):78-101,244.

王甫勤.社会经济地位,生活方式与健康不平等.社会,2012,32(2):125-143.

王甫勤.谁应对健康负责:制度保障,家庭支持还是个体选择?.社会科学,2015(12):76-89.

王甫勤.地位束缚与生活方式转型:中国各社会阶层健康生活方式潜在类别研究.社会学研究,2017,32(6):117-140,244-245.

王甫勤,马瑜寅.社会经济地位,社会资本与健康不平等.华中科技大学学报(社会科学版),2020,34(6):59-66.

王培刚,陈心广.社会资本,社会融合与健康获得:以城市流动人口为例.华中科技大学学报(社会科学版),2015,29(3):81-88.

王召平,李汉林.行为取向,行为方式与疾病:一项医学社会学的调查.社会学研究,2002(4):66-76.

王天夫.城市夫妻间的婚内暴力冲突及其对健康的影响.社会,2006(1):36-60,206-207.

尉建文,韩杨.社会资本对灾区民众心理健康的影响:基于汶川地震灾区的追踪数据研究.青年研究,2017(2):66-74,96.

吴菲.社会决定抑或身材筛选?:社会经济地位与肥胖的性别化因果关系.社会,2021,41(2):218-242.

谢东虹,朱志胜.健康的代际传递.青年研究,2020(6):1-12,91.

徐安琪.健康素质及其影响因素:来自上海的报告.社会,2004(3):16-21.

徐洁,李树茁.生命历程视角下女性老年人健康劣势及累积机制分析.西安交通大学学报(社会科学版),2014,34(4):47-53,68.

徐晓军,张楠楠.社会边缘化的"心理-结构"路径:基于当代中国失独人群的经验研究.社会学研究,2020,35(3):145-168,245.

薛新东,葛凯啸.社会经济地位对我国老年人健康状况的影响:基于中国老年健康影响因素调查的实证分析.人口与发展,2017,23(2):61-69.

严霞,王宁."公款吃喝"的隐性制度化:一个中国县级政府的个案研究.社会学研究,2013,28(5):1-25,242.

姚远,程诚.同伴网络与青少年心理健康.青年研究,2021(5):24-34,95.

姚远,张顺.家庭地位,人际网络与青少年的心理健康.青年研究,2016(5):29-37,95.

叶华,石爽.转型期劳动力的教育差异与健康后果.中山大学学报(社会科学版),2014,54(4):149-159.

尹庆双,王薇,王鹏.我国农村居民的收入与健康状况循环效应分析:基于CHNS数据的实证分析.经济学家,2011(11):43-51.

尹志超，甘犁. 香烟，美酒和收入. 经济研究，2010，45（10）：90-100，160.

余慧，黄荣贵，桂勇. 社会资本对城市居民心理健康的影响：一项多层线性模型分析. 世界经济文汇，2008（6）：40-52.

袁浩. 经济社会地位，年龄与心理健康：一项基于上海的实证研究（英文）. 社会，2011，31（1）：159-182.

袁亚运，李红芳. 健康中国背景下中国老年人跌倒的不平等：基于CHARLS三期数据的实证分析. 人口与发展，2020，26（4）：72-85.

泽利泽，维维安娜. 金钱的社会意义：私房钱，工资，救济金等货币. 姚泽麟，等译. 上海：华东师范大学出版社，2021.

章丹，徐志刚，陈品. 新农合"病有所医"有无增进农村居民健康？：对住院患者医疗服务利用，健康和收入影响的再审视. 社会，2019，39（2）：58-84.

赵广川. 国民健康不平等及其内在影响机制，演变过程. 世界经济文汇，2017（5）：55-74.

赵如婧，周皓. 儿童健康发展的比较研究. 青年研究，2018（1）：34-45，95.

赵晓航. 父母外出务工对农村留守儿童健康的影响：基于CFPS2012数据的实证分析. 社会发展研究，2017，4（1）：19-41，242.

赵延东. 社会网络与城乡居民的身心健康. 社会，2008（5）：1-19，224.

赵延东，胡乔宪. 社会网络对健康行为的影响以西部地区新生儿母乳喂养为例. 社会，2013，33（5）：144-158.

郑莉，曾旭晖. 社会分层与健康不平等的性别差异：基于生命历程的纵向分析. 社会，2016，36（6）：209-237.

郑晓冬，刘剑波，沈政，等. 儿童期留守经历对新生代农民工城市融入的影响. 社会学评论，2022，10（2）：165-185.

周彬，齐亚强. 收入不平等与个体健康：基于2005年中国综合社会调查的实证分析. 社会，2012，32（5）：130-150.

ABEL T. Measuring health lifestyles in acomparative analysis: Theoretical issues and empirical findings. Socialscience & medicine，1991，32（8）：899-908.

ALMOND D, EDLUND H, LI H, et al. Long-term effects of early-life development: Evidence from the 1959 to 1961 China famine//ITO T, ROSE A. The economic consequences of demographic change in east Asia, nber-ease volume 19. Chicago: University of Chicago Press，2010：321-345.

BEHRMAN J R, XIONG Y Y, ZHANG J S. Cross-sectional schooling-health associations misrepresented causal schooling effects on adult health and health-related behaviors: Evidence from the Chinese Adults Twins Survey. Social science & medicine，2015，127：190-197.

CHEN F, YANG Y, LIU G. Social change and socioeconomic disparities in health over the life course in China: A cohort analysis. American sociological review, 2010, 75 (1): 126-150.

COCKERHAM W C. Health lifestyles: Bringing structure back//The new blackwell companion to medical sociology. West Sussex: Wiley-Blackwell, 2010: 159-183.

CURRIE J. Healthy, wealthy, and wise: Socioeconomic status, poor health in childhood, and human capital development. Journal of economic literature, 2009, 47 (1): 87-122.

GÖRAN D, WHITEHEAD M. Policies and strategies to promote social equity in health. Stockholm: Institute of Future Studies, 1991.

GROSSMAN M. The relationship between health and schooling. Eastern economic journal, 2008, 34 (3): 281-292.

HAN C. Health implications of socioeconomic characteristics, subjective social status, and perceptions of inequality: An empirical study of China. Social indicators research, 2014, 119: 495-514.

HANNUM E, ZHANG Y. Poverty and proximate barriers to learning: Vision deficiencies, vision correction, and educational outcomes in rural northwest China. World development, 2012, 40 (9): 1921-1931.

HAAS S A. Health selection and the process of social stratification: The effect of childhood health on socioeconomic attainment. Journal of health and social behavior, 2006, 47 (4): 339-354.

KIM S, SYMONS M, POPKIN B M. Contrasting socioeconomic profiles related to healthier lifestyles in China and the United States. American journal of epidemiology, 2004, 159 (2): 184-191.

LAHELMA E. Health and social stratification//COCKERHAM W C. The new blackwell companion to medical sociology. West Sussex: Wiley-Blackwell, 2010: 71-96.

LI H, ZHU Y. Income, income inequality, and health: Evidence from China. Journal of comparative economics, 2006, 34 (4): 668-693.

LINK B G, PHELAN J. Social conditions as fundamental causes of disease. Journal of health and social behavior, 1995, 35 (Extra): 80-94.

LINK B G, PHELAN J. Social conditions as fundamental causes of health inequalities//BIRD C E, CONRAD P, FREMONT A M, et al. Handbook of medical sociology. 6th eds. Nashville: Vanderbilt University Press, 2010: 3-17.

LOWRY D, XIE Y. Socioeconomic status and health differentials in China: Convergence or divergence at older ages?. Research report, 2009. http://www.psc.isr.umich.edu/pubs/pdf/rr09-690.pdf.

LUO R, SHI Y, ZHOU H, et al. Micronutrient deficiencies and developmental delays among infants: Evidence from a cross-sectional survey in rural China. BMJ Open, 2015, 5: e008400.

MIROWSKY J, ROSS C E. Education, social status, and health. New York: Aldine de Gruyter, 2003.

MONTEZ J K, FRIEDMAN E M. Educational attainment and adult health: Under what conditions is the association causal?. Socialscience & medicine, 2015, 127: 1-7.

MOSSEY J M, SHAPIRO E. Self-rated health: A predictor of mortality among the elderly. American journal of public health, 1982, 72(8): 800-808.

PHELAN J C, LINK B G. Fundamental cause theory//COCKERHAM W C. Medical sociology on the move: New directions in theory. London: Springer, 2013: 105-125.

ROSENZWEIG M R, ZHANG J. The effects of schooling on costless health maintenance: Overweight adolescents and children in rural China. NBER Working Paper No. 26089, 2019.

ROSS C E, MIROWSKY J. Sex differences in the effect of education on depression: Resource multiplication or resource substitution?. Social science & medicine, 2006, 63(5): 1400-1413.

ROSS C E, MIROWSKY J. Why education is the key to socioeconomic differentials in health//BIRD C E, CONRAD P, FREMONT A M, et al. Handbook of medical sociology. 6th eds. Nashville: Vanderbilt University Press, 2010: 33-51.

ROSS C E, MIROWSKY J. Gender and the health benefits of education. The sociological quarterly, 2010, 51(1): 1-19.

SCHAFER M H, KWON S Y. Cohorts and emerging health disparities: Biomorphic trajectories in China, 1989 to 2006. Journal of health and social behavior, 2012, 53(4): 515-532.

WALSEMANN K M, GEE G C, RO A. Educational attainment in the context of social inequality: New directions for research on education and health. American behavioral scientist, 2013, 57(8): 1082-1104.

WANG A, MEDINA A, LUO R, et al. To board or not to board: Evidence from nutrition, health and education outcomes of students in rural China. China & world economy, 2016, 24(3): 52-66.

WINKLEBY M A, JATULIS D E, FRANK E, et al. Socioeconomic status and health: How education, income, and occupation contribute to risk factors for cardiovascular disease. Am j public health, 1992, 82(6): 816-820.

XIE S, MO T. The impact of education on health in China. China economic review, 2014, 29: 1-18.

ZHOU M, WANG H, ZENG X, et al. Mortality, morbidity, and risk factors in China and its provinces, 1990—2017: A systematic analysis for the global burden of disease study 2017. The lancet, 2019, 394(10204): 1145-1158.

第十七章 消费、生活方式与不平等

朱 迪

（中国社会科学院社会学研究所）

第一节 导言：生活方式与消费在不平等研究中的位置

消费与社会不平等联系紧密，消费和生活方式中暗含了不平等的逻辑，并且在当代社会，消费和生活方式越来越成为重要的社会分层指标。凡勃伦（Veblen，2001）认为阶级是理解品味的关键，炫耀性、浪费性的消费标志着社会地位和声望，上层阶级追求昂贵和精致的物品，以显示他们的闲暇和财富，"炫耀性浪费的原则"指导着习惯的形成和行为的规范，影响着"义务感、美感、效用感、奉献或者惯例的适当感以及真相的科学感"。布尔迪厄（Bourdieu，2010）强调消费与社会分层的同源性，拥有高雅文化品味的人通常来自社会上层，而拥有大众文化品味的人通常来自社会中下层或下层；这种对于合法性品味的审美能力，通常为无意图（或说无目的）习得，由家庭或者学校获得的合法性文化形成了一种处置方式，使得这种习得成为可能，从而使得这种欣赏高雅文化和艺术作品的能力在各个阶级中的分配是不平等的。

当代社会，特别是涉及法国和欧洲以外的社会及时代变迁时，研究者对于布尔迪厄的文化统治理论提出了一些不同看法，比如皮特森与克恩（Peterson & Kern, 1996）提出"杂食品味"，瓦德（Warde, 2007）认为布尔迪厄所谓的合法性文化正在减弱，霍尔特（Holt, 1998）、迪马乔与穆赫塔尔（DiMaggio & Mukhtar, 2004）和拉蒙特等人（Lamont et al., 1996）基于美国社会的研究提出了不同的文化区分机制。无论如何，这些后布尔迪厄时代的研究并没有推翻消费、品味与社会区分的关系，而是以一种当代的、新的形式塑造消费和生活方式的社会边界。瓦德（Warde, 2008）试图重建品味和社会区分的关系，提出由品味的分布、对品味的判断和对品味的辩护构成的一种新的理论框架。

在社会分层理论中，马克思和韦伯的阶级模型是最有影响的理论，强调经济关系和经济财富是社会分层的根本原因，布尔迪厄则强调"惯习"（habitus）对社会区分的作用，"阶层不应只用生产关系中所处的位置来定义，还要有阶级惯习，它'通常'（统计概率较高）和一个人在社会中所处的位置有关"（Bourdieu, 2010）。作为"组织社会结构的结构"，惯习组织消费和生活方式，品味是惯习这个机制的主观实现，通过品味，"客观划分"得以和"主观划分"一致，从而使社会的和文化的秩序变得"自然化"（Sassatelli, 2007）。

有关中国社会的消费与不平等，研究者们也围绕着消费在社会分层中是否重要、消费不平等的特征和趋势、品味如何塑造了阶级区隔、消费如何帮助实现社会再生产等议题，进行了理论的和实证的、定量的和定性的诸多研究探索。基于已有文献，本章将考察针对中国社会的消费与不平等的研究。首先将探讨消费和生活方式在社会分层中的作用，从早期研究中的反对消费作为社会分层的指标，到当代研究越来越强调消费和生活方式在社会区分和社会再生产中的作用。其次将从阶层、代际和性别维度讨论消费不平等，考察现有研究如何揭示不同社会经济群体的生活水平和生活质量的差异，以及既有社会制度如何反映和强化了不平等。最后将讨论品味与中产阶层消费，是现有相关研究的重要一部分，主要关注如何通过品味建构形成阶级区隔，中产阶层的品味和消费是该议题的研究重点，其中从子女消费关系到中产阶层的社会再生产，交织着多重期待与焦虑。

第二节　生活方式、消费与社会分层

经典社会学研究大多倾向使用能够体现劳动力市场中所处地位的职业指标，或者建立在职业基础上的综合教育和收入的指标来测量社会阶层。进入21世纪以来，越来越多的研究强调将消费作为社会分层标准之一。

李培林和张翼（2000）认为，消费分层作为一个与社会地位密切相连的替代指标更能真实地反映社会分层的实际状况，消费指标的有用性还在于它能够区别家庭的代际社会阶层差异，研究使用恩格尔系数将全社会划分为低消费阶层、中等消费阶层和高消费阶层。朱迪（2020）从社会发展阶段的角度，认为当前"白领社会"的主要消费特征为消费升级，而在未来的"自由职业社会"，消费和生活方式将在社会经济地位的生成机制中发挥越来越重要的作用，主要消费特征为"消费分层"。经济学研究者也从福利差距和经济增长的角度，强调消费对于区分不同社会经济群体的重要意义。相对于收入不平等，消费不平等更直接地反映了不同社会经济群体之间的福利差异。保险、借贷、储蓄等金融工具以及家族、社会保障等社会支持机制能够平滑消费差距，但这些金融工具和社会支持机制本身暗含了高度的不平等性，消费不平等可能比收入不平等所反映出的真实福利差距更加严重（邹红等，2013；孙豪等，2017）。

具体来讲，已有研究使用消费支出、品味、耐用品拥有、住房消费等作为社会分层的指标。卡拉斯使用"消费阶层"（the consumer class）的概念，将每人每天支出10美元至100美元（购买力平价指标）之间的家庭称为中产阶层，认为在当代社会，中产阶层通过消费为全球的经济增长做出了重要贡献，特别是亚洲的中产阶层将快速增长并壮大，从而取代美国成为驱动全球经济增长的主要力量（Kharas，2010）。张文宏（2018）强调，内在于生活方式和消费方式中的品味作为一种文化资本，成为区隔社会成员分层地位的一个重要指标。李春玲（2003）采用一个包括收入、职业、消费水平和主观认同的指标来定义中产阶层，将家庭耐用品分为四大类来计算耐用消费品指数，得分在6分以上的人为消费中产。林晓珊（2020）构建了一套包含消费结构、消费能力、消费质量和消费方式四个维度的九指标新消费分层指标体系，利用CFPS2016数据和潜在类别模型，识别出了富奢型、新兴型、负重型和边缘型四个消费阶层，强调家庭消费分层视角有助于更加深刻地认识中国社会不平等的多维面向和阶层分化的结构形态与形成机制。

在讨论消费作为社会分层指标的文献中，还有一类关于住房分层的研究，较为一致地认为在当前经济发展和住房制度改革的背景下，住房作为对城市居民来说最重要的财富指标，已成为社会阶层分化和社会不平等研究的重要议题（李路路、马睿泽，2020；张海东、杨城晨，2017；吴开泽，2019；魏万青、高伟，2020；张广利等，2020；李培林、张翼，2000）。比如，张海东、杨城晨（2017）的实证研究指出，以住房为代表的基于财富的阶层认同正在逐步形成。吴开泽（2019）提出收入分层与住房分层双重叠加形成的分化效应加剧了21世纪初中国城市的贫富分化。魏万青、高伟（2020）反对将住房不平等看作职业不平等的结果，指出在中国经济模式下，住房不仅代表着独立于职业之外的生活机会，而且已经成为影响城市居民财富、社会地位的主要因素；从资源获得来看，基于住房获得的财富已经超过了职业收入；就主观认知而言，住房产权也成为城市居民社会地位获得与向上流动的基础。张广利等人（2020）同样强调中国社会变迁的背景，认为伴随从生产型工业社会向投资型消费社会的变迁，职业在社会分层中从"前台"退居"幕后"，而住房的分层效力逐渐显化、加强，它揭示了改革开放以来的中国社会分层是在市场机制和再分配机制的双重作用下发生的。[①]

当然，关于消费和生活方式作为社会分层的标准，也有研究者提出不同意见或者指出局限性。王建平（2005）强调这种测量指标可能会低估中产阶层的规模并导致一种所谓"中产阶层生活方式"的幻象，因为在当代社会，消费变得越来越个体化而不是整体化（王建平，2007；姚建平，2005）。李培林、张翼（2000）虽然支持消费指标上的社会分层，但也指出其局限性，比如不同收入阶层的消费边际曲线是不同的，消费观念也对消费分层具有重要影响。

---

① 本书有专章讨论住房不平等，此处不做深入分析。

第三节 消费不平等的机制

我国社会发展背景下，城乡、地区和阶层之间的消费不平等比较突出，社会学和经济学相关研究指出，家庭消费不平等不仅对居民生活福利有负面影响，也对扩大内需、社会流动和社会融合产生不利影响。已有研究揭示了我国消费不平等的现状和趋势。比如，赵达等人（2017）指出我国城镇地区的消费不平等在 1993—2007 年经历了快速上升，分析发现高收入群体与其他群体间的差异是消费不平等上升的重要推动力量；孙豪、毛中根（2017）发现 2002—2012 年十年间我国的消费不平等程度处于较高水平，主要是由城乡之间的消费不平等引起的，但城镇内部的消费不平等也在快速上升；朱迪（2021）发现 2006—2019 年，收入差距在 2008 年达到顶点之后呈逐渐缩小的趋势，而消费差距基本在逐年扩大，城乡之间和阶层之间在消费总支出、耐用品消费、文化娱乐消费和住房消费等方面具有显著差异。在消费不平等趋势之外，社会学研究更多关注消费不平等的机制，本节将从阶层、代际和性别三个维度考察消费不平等的现状和机制。

一、阶层与消费不平等

大多数经济学研究强调收入对消费的影响，认为收入差距和收入分配结构是消费不平等的主要成因。而社会学研究大多强调收入以外的因素，包括职业、受教育程度、家庭特征以及其他制度化和结构化的因素，或者强调收入因素也在制度和结构的框架下，近些年部分经济学研究还开始关注收入以外的因素。李培林（2010）强调收入分配结构对消费差距的影响，家庭消费率随家庭收入水平的提高而递减，收入越高、消费率越低，提出要想扩大国内居民消费，应当使新增长的收入更多地转向中低收入阶层。张翼、林晓珊（2015）认为消费不平等不应仅考虑个体因素，更应看重结构化因素，提出从消费资源、消费机会和消费能力三个维度来理解消费不平等。其中，消费能力的强弱是一种个体化因素，受制于个体的经济资本和文化资本；消费资源的配置是一种结构化因素，取决于市场规则的完善程度和公共服务体系的健全情况；而消费机会的多寡则是个体在结构化情境中获取资源的概率大小，是结构化因素和个体化因素交互作用的综合体现。农民和农民工面临的消费不平等，既有制度因素，也有阶层因素。赵卫华（2015）认为，新生代农民工的消费需求已经形成，但是限于收入水平和反哺压力，他们的消费需求并没有完全得到满足，生活面临更大的压力，也有很强的消费潜力。张品、林晓珊（2014）关注农民工回乡建房的现象，城市中的再分配机制与市场机制形成了推力，将农民工排斥于城市住房市场之外，同时农村的宅基地制度与其他一些惠农制度形成了拉力，农村住房消费是传统城市化路径困境下的产物。梁晨（2012）研究了农转非居民的消费模式和闲暇模式，其实证分析指向经济地位和社会地位才是影响城市生活方式的因素，因此要完成农民市民化的转变，仅仅改变居住地和身份是不够的，需要提高其经济地位和社会地位。

　　消费的阶层差异和阶层不平等是社会学研究的重要议题，这部分研究不仅揭示了消费不平等的现状，也探讨了造成消费不平等的机制，很多研究还关注消费不平等带来的后果以及解决路径，包括整体内需不足、社会冲突、消费主义盛行等问题。李培林、张翼（2000）的实证分析发现，低消费阶层由于收入过低而空有消费的欲望，庞大的中等消费阶层可能具有消费能力却没有消费欲望，高消费阶层的实际消费弹性很低，部分解释了市场消费疲软的原因，研究进一步发现，消费阶层与职业和收入关系不显著，而与受教育程度关系显著，反映了教育在促进社会流动、整合社会阶层方面的明显作用。王宁和林晓珊特别关注刺激消费和消费升级背景下的消费不平等。王宁（2006）关注收入分配制度和社会保障制度的改革所带来的问题，认为对于中低收入阶层来说，以住房、教育和医疗为标志的消费领域上的"消费者去权"现象严重，中国的城市社会从"消费分层"转向了"消费断层"，比如住房价格有如一座突兀而起的大山，挡住了中低收入阶层在消费梯级上的向上升级。王宁（2012）进一步指出，国家所沿用的低成本发展模式导致了消费领域的双轨化：一边是高收入阶层和政府的消费主义，另一方面是广大低收入阶层的消费欲与消费力的失衡。于是，普通居民的内在张力（欲望与能力脱节）转变成外在张力，包括阶层之间的张力（如仇富）和干群之间的张力（如仇官）。林晓珊（2017）探讨了消费升级的另一个走向，即从消费升级到消费分层的系统性因素（收入差距和结构失衡）和两极化、结构化与扩散化趋势，居民消费升级的同时，阶层之间的消费不平等也被扩大了，致使消费升级的普遍性被削弱，进而让人们更清楚地看到不平等是如何"在增长的过程中通过增长又重新出现了"。

消费的阶层差异也体现在子女消费中，从而影响社会再生产。大城市居民不仅注重自身的文化消费，也重视子女在文化和知识方面的消费。调查显示，上海的中等收入家庭更愿意为子女的文化娱乐和科普活动花钱（上海研究院社会调查和数据中心课题组，2016）。有定量研究发现（朱迪，2012），父母资助情况、婚姻状态和年龄是影响985高校毕业生拥有住房的最重要因素，有房毕业生的父母家庭背景较好、生活质量更高，体现了社会分化。研究揭示（王康、周君君，2017；周晓春等，2019），来自农村、中低收入家庭的大学生和青年遭遇非法借贷的风险更高。周晓春等人（2019）使用多案例研究的方法，发现家庭经济处于中下水平的青年更可能遭遇金融风险，社会金融化和数字化相互促进，加剧了青年的金融风险。基于全国大学生调查数据，朱迪（2019）指出家庭背景较优越的大学生更频繁参与信贷消费和超前消费，但是面临更高"校园贷"风险的却是家庭背景或高等教育背景较弱势的大学生。通过使用实证分析将大学生的消费文化与家庭背景建立联系，已有研究也强调了"消费文化不平等"问题。孟蕾（2014）分析了大学生文化消费的社会分化，大学生对本土文化和西洋文化的偏好差异背后，实质是城乡身份、家庭背景的差别，文化资本在中国大学生群体内部分布不均，继而指向文化和社会阶层的再生产。

还有一批研究关注到消费对环境的影响也存在不平等，已有研究试图揭示这种阶层不平等，并试图理解生活方式的动态机制及其如何影响环境可持续性。赵卫华（2015）研究发现，家庭收入水平对用水量没有显著影响，对家庭支出水平则有非常显著的影响，即消费水平越高，用水量越大，研究强调长期形成的生活方式对用水量的影响具有决定性作用。针对西方社会认为的中国中产阶层持续扩张将带来肉类消费无限增长的看法，朱迪等人（2020）深入考察了中国中产阶层与肉类消费之间的动态关系，发现日常生活的动态——包含了以家庭、社交和健康为核心的社会文化习俗——如何同时推动和约束中国背景下的饮食习惯变迁，在中产阶层采用新形式的自我修养和关注健康的背景下，减少吃肉正在渐渐取得合法性。

二、代际、性别与消费不平等

相对于阶层维度，代际和性别维度上的消费不平等更加隐晦。代际维度上，已有研究主要关注老年人在消费能力、消费资源、消费机会等方面的弱势地位，尤其在当代互联网社会。性别维度上，已有研究主要致力于挖掘消费主义掩盖下的性别不平等。

老年家庭较低的消费水平和消费能力是现有文献的重要关注点。林晓珊（2018）指出，相对于年轻家庭和混合家庭而言，老年家庭的恩格尔系数最高，消费水平最低，且在医疗保健和居住支出这两块的负担最为沉重；在发展性消费方面，老年家庭消费水平远低于年轻家庭和混合家庭，尤其是老年家庭的交通通信、文教娱乐和衣着支出这三项在总体消费中所占的比例都是最低的。李培林、张翼（2000）发现越是年轻型的家庭（如夫妻加未婚子女家庭或年轻无子女家庭），其所处的消费阶层越高；而越是负担老年系数比较高的家庭（如三代同堂家庭和夫妻同父母同居家庭等），其所处的消费阶层越低。高文珺等人（2019）从行动愿景、信息能力和社会需要三个维度来分析信息化时代背景下老年人的互联网生活，发现超过四成的老年人认为有需要去学习和使用更多的互联网功能，但又有超过半数的老年人对智能手机存在"科技恐惧"，很多老年人表示缺乏学习使用互联网功能的渠道或是子女不支持。

林晓珊特别关注性别维度上的消费不平等。林晓珊（2009）通过对女性香烟消费的研究，解释了性别表演背后的社会机制：男性主义文化霸权和消费主义意识形态对女性性别认同的双重束缚。林晓珊（2008）发现在家庭汽车消费中，作为妻子和母亲的女性，不管是在汽车使用的支配权还是在汽车的使用目的和用途上，相对更缺乏流动的自主能力和条件；一方面，汽车的性别隐喻和文化编码是建构男性成为驾驶者、女性成为乘客的重要文化因素；另一方面，公共空间与私人空间的性别界分是造成大多数男性开车为了工作、女性开车为了家务的重要社会因素。林晓珊（2018）的研究发现，妻子的家庭权力状况并不能显著改变丈夫承担家庭日常采购的概率，但是丈夫的家庭实权与情感投入的交互影响显著减少了其自身的劳动负担，研究旨在从消费的浪漫伦理之中找回劳动的价值差异，对购物文化背后的性别不平等进行深刻反思。

第四节 品味、区隔与中产阶层消费

经典社会学理论指出品味是阶级惯习的体现,也以更为"自然化"的方式塑造社会不平等。布尔迪厄的合法性品味理论指出,有三种与社会阶层大体对应的品味,即合法性品味、中端品味与大众品味,它们分别对应阶级位置的上中下(Bourdieu,2010)。国内已有研究也试图从品味、消费偏好入手考察中国社会的品味与社会区分的关系,而中产阶层通常被认为是消费文化的主要驱动力,因而也是构建某种品味使之获得合法性的主导力量;在讨论品味如何塑造阶级区隔的问题上,中产阶层的品味与消费是一个绕不开的话题。本节将首先讨论有关中产阶层消费特征的研究,然后探讨已有研究中有关品味区隔的争论。

一、中产阶层的消费

中产阶层被广泛认为对当代消费文化的兴起具有显著的影响。有大量研究关注中产阶层的消费,试图从经济发展、社会结构、消费文化、社会再生产等不同角度理解中产阶层及其消费模式(周晓虹,2005;王建平,2006、2007;李春玲,2011、2016;张翼,2016;朱迪,2013、2020;刘毅,2008;林晓珊,2018;朱迪、陈蒙,2021;田丰、梁丹妮,2019)。

周晓虹(2005)调查发现,对于"超前消费是很有必要的"的观点,43%的中产阶层被访者认为符合或者较符合,而只有29%的非中产阶层被访者持同样态度,研究认为这和中产阶层较为稳定的工作和收入有关;另外,对于"与其勤俭节约,不如能挣会花"的观点,61%的中产阶层被访者认为符合或者较符合,而只有44%的非中产阶层被访者持同样态度。王建平(2006)关注中产阶层的消费张力,认为这些张力塑造了我国社会转型阶段的独特消费模式,这些张力包括:(1)节俭与奢侈;(2)激情与理性;(3)主动与被动;(4)雅与俗;(5)个性化与阶层化。同时,研究强调中国的中产阶层虽然没有一致的对高雅文化的追捧,但非常在意与地位不如自己的阶层的区别,这点与西方中产阶层一样。

更多实证研究揭示了中产阶层区别于其他阶层的独特消费模式。李春玲（2011）从家庭消费水平、消费结构、家用电器拥有状况、消费行为模式、住房及汽车消费等方面进行阶级/阶层比较，发现中产阶层展现出了与其他阶层不同的消费特征，消费分层现象十分明显，中产阶级的消费文化正在形成。张翼（2016）使用CSS2013数据，发现农民阶层、工人阶层和老中产阶层的生存性边际消费倾向较高，而新中产阶层的发展性边际消费倾向较高，但是目前其产能供给与新中产的消费品味存在差距。张林江、赵卫华（2016）认为中产阶层对商品和服务的要求更加个性化、品质化、差异化、精细化，对生活品质的要求更高，更强调、重视服务的良好体验。在新兴的绿色消费领域，中产阶层也呈现出独特性。朱迪（2017）发现，都市中间阶层在不同领域的可持续消费倾向并不一致，他们偏好绿色食品消费，更高比例进行垃圾分类，但是对于新能源汽车的积极性相对较低；中间阶层更可能经常食用绿色食品，这与中间阶层购买力较强以及"反向隔离"的能力较强有关。

中产焦虑是中产消费研究经常涉及的课题，已有研究认为中产焦虑既是个经济问题，也是个制度问题。朱迪（2017、2018）的实证分析发现，一方面，中产家庭的生活质量更高，对于文化娱乐和耐用品消费的欲望也较高，消费升级的趋势最先出现在中产阶层，逐渐向中低阶层扩散；另一方面，较高的住房和医疗等支出压力很大程度上制约了中产家庭的消费和福利，研究提出应扩大中产阶层和中等收入群体，加强"中高端"消费市场供给，满足消费升级需要以及围绕改善民生扩大消费。李春玲（2016）认为中产阶层的压力和焦虑最主要来源于购房、子女教育、医疗和养老四个方面，这些压力表面看来是一种经济压力，但实质上与相关社保制度和公共服务不完善有关。上海研究院社会调查和数据中心课题组（2016）提出，要更好地发挥中等收入群体启动消费的作用，一方面要改善客观福利，包括增加收入、完善社会保障体系等，解决后顾之忧；另一方面也需要提高主观福利，包括阶层认同、归属感、生活满意度、未来预期等，提高他们的生活信心。

子女消费是中产消费研究中的另外一个重要议题，该领域有大量研究，因为子女消费不仅涉及中产生活方式，更涉及中产阶层的社会再生产问题。戴维斯（Davis，2000）主编的《中国城市的消费革命》是一本关于中国当代城市消费研究的重要著作，也特别关注到了子女消费问题。除了整个社会收入增长，年轻人生活较富裕的另一个重要原因是父母对于独生子女的巨大投资。即使一个家庭处于工人阶级，父母也会尽最大可能满足独生子女的各种需要，避免让他们的孩子比中产阶层家庭的孩子低人一等。这个发现表明"惊人的经济发展速度以及独生子女政策的成功普及使得社会各阶层的父母和子女被卷进了一场消费革命"（Davis & Sensenbrenner，2000：57）。这个研究体现了中产和非中产家庭类似的迫切为子女提供富裕的生活环境的欲望，和很多研究（例如，王建平，2007）相呼应。Fan（2000）根据"奢侈品"的拥有情况，认为青少年（18～28岁）是"中国最富裕的消费者"，分析青少年奢侈消费的原因主要有两个：第一，父母或者祖父母经常鼓励年轻一代消费，更多是为了向潜在的婚姻对象显示家庭的经济地位；第二，由于改革开放，一些已经工作了的年轻人的收入非常高，处于收入分布的顶端。

20世纪90年代末以来，我国教育市场化程度不断加深，父母为子女的教育消费尤其深刻反映着社会不平等和社会再生产。很多研究关注课业教育消费如何影响教育结果[①]（胡咏梅等，2015；薛海平，2017；文军、李珊珊，2018）。近些年，也有研究开始关注学业技能以外的兴趣和品味培养等消费对于文化资本传递的重要性。吴莹、张艳宁（2016）关注儿童"玩耍"活动中的游戏、玩具、兴趣班等，探讨了教育理念的阶层差异；城市中产父母对于儿童的玩耍和嬉戏往往表现出清晰的教育价值观，将之视为有目的的、系统化的、凸显特定养育理念的教育内容。田丰、梁丹妮（2019）使用CEPS数据发现，课外班成为家庭和学校教育以外的第三重文化资本再生产渠道，而兼顾课业优势与品味的"杂食性"课外学习成为优势阶层家庭文化资本培养策略的重要特征。田丰和杨张韫宇（2019）则以钢琴学习为例，指出中产阶层家庭的艺术学习并非文化品味培养，而是一种教育竞争策略，体现出人力资本逻辑。林晓珊（2018）使用CEPS数据发现，儿童校外教育消费的阶层差异十分明显，中产阶层家庭对子女教育有更高的期待和投入，在校外辅导班或兴趣班的选择上具有显著的阶层化偏好，研究解释，父母把对孩子的投资看作促进孩子在教育方面获得成功的一种手段，并最终获得家庭社会阶层地位的提升。朱迪、陈蒙（2021）通过考察中产父母对子女兴趣和品味的培养，提出中国中产阶层的文化资本再生

---

① 本书有专章讨论教育不平等，这里不做展开。

产包含"传递""重建""超越"三种机制，在中产阶层自身的"杂食"品味和子女品味选择的广泛性的遮掩下，以一种更加自然的方式传递阶层意识、驱动社会再生产，基于文化品味和文化资本的阶层区隔也随之得以重建，从而实现文化资本的"传递"和"超越"；研究同时强调，父母在养育中并不仅仅是通过有形、可见的方式向子女传递文化资本，还会传递态度、品味和价值观，正是这一相对无形的代际传递机制确保有能力向上流动的个体具备了其目标阶层所强调的秉性和气质，强化了阶层区隔。

二、品味与阶级区隔

有关中产阶层与中低阶层消费差异的研究很多，对于这种差异是否塑造了中国社会的阶级区隔，抑或是反映了中国社会品味与社会区分的独特模式，也已有相关研究致力于探讨这些问题。

一类研究认为中国社会的品味与生活方式还没有形成阶层化的趋势，即品味的阶级区隔还未形成。王建平（2008）认为在中国城市中，由于消费分化所致的社会区隔还称不上是品味性区隔，原因在于：消费所致的社会区隔并非布尔迪厄所说的长期积累的"惯习"，品味或者生活方式并不能成为阶层区别的标识，"品味"还没有经历与西方同样的话语问题（或说合法性问题）。李路路等人通过实证分析认为生活方式阶层化问题应该具体到生活方式、阶层来讨论。刘精明、李路路（2005）使用CGSS2003的数据，发现生活方式维度上阶层化的趋势比较模糊，在高品位消费方面，职业、收入或教育处于较高位置的人有明显差异，但是高雅休闲只与较高教育水平相关联，与职业、收入等的关联则比较模糊。李路路、李升（2007）关注到中产阶级的内部差异，区分了两类中产阶级，一类是内源中产阶级，主要指更多延续再分配体制特征的中产阶级，另一类是外生中产阶级，主要指在更加市场化的体制中产生发展的中产阶级；实证分析发现，两类中产阶级在消费行为上的表现具有很大的不同，内源中产阶级比外生中产阶级更加传统一些，这在一定程度上平滑了生活方式阶层化的差异。李路路、王宇（2009）的实证分析"确认"在居住模式和生活方式两个方面，中间阶层并未显现出特定的阶层特征，但是居住分异的特征值得关注，或许生活方式阶层化的过程已经开始，社会下层已经形成了具有阶层特征的生活方式。

另一类研究则强调中国社会已经出现了品味的阶层区隔，并产生了一定的社会后果。王甫勤、章超（2018）使用CGSS2003、2013两次截面数据，发现社会阶层与消费偏好之间的关系在两个年份间持续而稳定：专业技术/管理人员、常规非体力人员的消费偏好明显优于工头/技术人员、个体户/小业主、非技术体力工人等阶层，形成了明显的边界或区隔；研究认为，在中国的社会转型中，社会分层仍然具有显著的解释力，而消费偏好的区隔可能进一步固化了社会阶层之间的差异。中国中产阶层热衷炫耀消费的"品味"受到了全世界和社会各界的关注，也有研究通过田野调查对此进行了分析。朱迪（2013）基于北京的田野调查，提出中产阶层消费模式中暗含了一种追求个体乐趣与舒适的自我导向型消费倾向，这种消费动机在当代社会拥有合法性地位，反映了社会变迁和中产阶层的社会经济地位；研究发现挑战了对于中国"新富"群体的刻板印象，认为对其消费倾向趋于或者炫耀或者节俭的单向度的认识需要调整。张（Zhang，2018）认为中国的中上阶层显示出"炫耀性节俭"的特征，他们不希望仅被看作有钱，也希望被认为有文化，强调节俭等美德实质是强调文化资本，是强化其社会地位的必要方式。

这类研究中，很多也关注鲜花、葡萄酒、精酿啤酒、旅游等中产典型消费品味的建构。张志敏、陈希（2021）认为，精酿啤酒的消费趣味体现了城市中产阶层文化资本占优势的群体属性，无论是知识型消费者，还是品质型消费者，甚至炫耀型消费者，都以各种形式把精酿啤酒中的文化意涵作为重点来突出。当代中国中产阶层采取各种策略旨在获得安全和健康的食品，追求健康、减肥、美容的消费动机构成了中产阶层生活方式的重要特征（弗伦奇、格莱博，2012）。张慧（2018）以城市中产阶层迁移到大理居住的现象为例，讨论了中产阶层的逆城镇化问题，认为这种现象反映了中产阶层对生活价值有更高的追求，不满足于物质的拥有，更崇尚对精神和生活质量的追求。林晓珊、朱益青（2019）研究了城市中产女性的鲜花消费和插花艺术学习，提出雅致生活的阶层化不仅来自物质基础的差异，更来自文化品味的区隔，后者作为阶层化的另一个重要维度，已经形成一种独立于生产领域的消费逻辑（以品味区隔为依据），也成为一种阶层地位再生产的重要机制。

此外，也有研究绕开品味是否存在阶层化的争议，提出中国社会的品味与社会区分的关系可能遵循独特的规则和机制。朱迪（2017）的实证分析发现，我国特大城市居民中合法性文化总体不显著，而杂食文化（既欣赏高雅文化也欣赏大众文化）更为显著，无论是音乐、阅读单领域，还是音乐-阅读跨领域，在文化消费中，收入越高、受教育程度为大专及以上、职业阶层为管理精英或专业精英的人更可能偏好杂食品味；无论是音乐还是阅读，越年轻的人越偏好大众品味。研究解释，显著的杂食文化倾向一方面反映了当代文化的个体化和商业化，另一方面也与我国独特的社会历史背景有关，人们对高雅文化的认知尚未重建，又遇到个体化、商业化甚至后现代的文化潮流，这使得人们对高雅文化的认知非常模糊，而年轻一代更多受当代流行文化的影响，未得到充分的高雅文化相关的培养和熏陶。方军（2018）发现在中国的语境中，阶级属性不是预测中产家庭艺术消费的有效指标，在高雅艺术消费方面，符号边界更大程度上可能受职业地位群体划分的影响，差异更明显地体现在文化资本较高与较低的职业地位群体的两极，而中间群体则不显著；中国新兴中产家庭内部正在成为一个高雅艺术与流行艺术、文化杂食与文化独食的竞争场域。

在合法性品味塑造的机制研究中，大多数研究关注中产阶层、高收入群体的作用，但也有研究强调"文化中介者"（cultural intermediaries）的作用。Maguire & Zhang（2016）基于上海的田野调查，发现文化中介者（比如葡萄酒广告、软文写手、侍酒师、培训师、高端葡萄酒代理商等）通过信誉、教育策略、与消费者的互动以及个人的消费实践，为红酒赋予了知识和品味（而不是金钱、面子），他们自己则是这种品味的裁判，研究强调文化中介者在塑造合法性品味的过程中作为专家和模范消费者的作用。陈丽慧、张敦福（2020）讨论了《孤独星球》这一文化中介者如何构建区别于单纯的冒险家和穷游者的"驴友"品味，建立诱导性认同的框架，认为使普通读者成为一名合格的"驴友"的过程也就是《孤独星球》的合法性权威得到不断强化的过程。

第五节 评论：未来与展望

不平等是社会学的经典议题，而消费与不平等由于涉及消费问题，也受到经济学的广泛关注，不同学科从各自独特的研究范式和研究方法出发，积累了丰富的研究成果。已有成果大多强调中国独特的经济社会背景，根据不同发展阶段，比如改革开放初期、大众消费时期、消费升级时期，以及伴随住房市场化改革和教育市场化改革的深入，研究总体和各类消费的不平等状况，考察居民生活水平和生活质量的分化，社会学研究特别从文化区分、品味塑造阶级区隔的独特视角，深刻分析有形和无形的不平等及其社会后果。

尽管如此，现有研究仍存在一些不足。一是大多借用西方理论框架，而未能建构出具有本土性的理论或话语体系，难以真正形成理论对话。二是涉及的不平等结构较单一，经济学研究主要考察收入不平等对消费不平等的影响，社会学研究主要考察阶层对消费不平等的影响，而对代际、性别以及其他结构带来的消费不平等讨论较少。三是忽视"购买"以外环节的消费不平等研究，比如生产-消费过程中的需求捕获、营销引导，再到获取方式、使用方式和处置方式，可能都存在阶层、代际、性别、城乡等方面的不平等。四是社会学相关研究中的定量研究较少，当然这跟大型综合社会调查中缺少消费行为和消费观念等变量有关，一定程度上导致在消费不平等问题的研究上，社会学的话语权弱于经济学。

未来，本章建议可从以下几方面入手，加强消费、生活方式与不平等的研究。首先，加强重点领域的理论建构。本章将提出的三个研究方向，既是比较新兴的研究，同时也是对中国社会具有现实意义的课题。一是可持续消费研究方向，它是国际学界——包括经济学、管理学、社会学、心理学等在内——非常关注的议题，认为既要关注社会后果，也要关注环境后果，不同发展阶段的国家、不同阶层、不同生活方式的社会群体在消费的环境后果上存在一定程度不平等。二是青年（Z世代）消费研究方向，关注文化认同（或区分）建构消费文化的力量，其是否产生了文化区分的新规则、新机制，引入文化社会学的视角或可为消费理论研究带来新的突破。三是数字化时代的消费不平等研究方向，典型的是"数字鸿沟"问题，当整个社会为元宇宙、人工智能等数字技术发展欢呼时，弱势群体的识别及其面临的困境很容易被"遮掩"，甚至缺少合法性，这种消费不平等的复杂性需要将学术研究以及学术成果转化为实践路径。

其次，从不平等结构、不平等规则和消费环节等不同层面，深化对消费不平等的研究。虽然收入和阶层可能是比较根本性的不平等结构，但城乡、代际、性别、文化资本等结构上的消费不平等也应得到充分重视，而且也更能够体现我国独特的制度性和社会文化因素，同时着眼生产、分配、获取、使用、处置等不同环节的不平等问题，拓展对消费不平等的理解，这些都有助于建构关于我国消费不平等的规则和机制的相关理论。当前欧洲和美国的研究者都试图发展消费不平等相关理论，比如提出当代社会的文化区分规则在改变（Peterson & Kern，1996；Lamont et al.，1996），德国研究者基于全球化的背景进一步提出了跨国文化资本（transnational cultural capital）的概念（Gerhards et al.，2017；Carlson et al.，2016）。

最后，加强消费不平等的量化研究，提高研究的代表性和可靠性。在当前消费调查数据比较缺乏的情况下，可关注碳消费数据。不同学科都关注减碳减排问题，收集了家庭饮食起居、家用电器拥有和使用、出行和旅行等相关数据，可持续消费和绿色低碳消费或可提供消费不平等的一种量化研究路径。此外，借助平台大数据，也是消费不平等量化研究的思路之一。

参考文献：

边燕杰，刘勇利．社会分层，住房产权与居住质量：对中国"五普"数据的分析．社会学研究，2005（3）：82-98，243．

陈丽慧，张敦福．文化中介者与"驴友"旅游品味的建构：基于《孤独星球》的内容分析．中国青年研究，2020（3）：55-62．

戴慧思，卢汉龙．消费文化与消费革命．社会学研究，2001（5）：117-125．

方军．中国新兴中产家庭中的视觉艺术：职业地位群体，抽象艺术与自我呈现．社会学研究，2018，33（5）：66-92，243-244．

弗伦奇，格莱博．富态：腰围改变中国．贾蓓妮，关永强，译．杭州：浙江大学出版社，2012．

高文珺，何祎金，朱迪，等．中老年社会心态与互联网生活．北京：社会科学文献出版社，2019．

胡咏梅，范文凤，丁维莉．影子教育是否扩大教育结果的不均等：基于PISA2012上海数据的经验研究．北京大学教育评论，2015，13（3）：29-46，188．

李春玲．中国当代中产阶层的构成及比例．中国人口科学，2003（6）：29-36．

李春玲．当代中国社会的消费分层．中山大学学报（社会科学版），2007（4）：8-13，124．

李春玲．中国中产阶层成长中的烦恼与压力．人民论坛，2016（27）：64-67．

李春玲.中产阶级的消费水平和消费方式.广东社会科学,2011(4):210-218.

李路路,李升."殊途异类":当代中国城镇中产阶级的类型化分析.社会学研究,2007(6):15-37,242.

李路路,马睿泽.住房分层与中国城市居民的公平感:基于CGSS2003,CGSS2013数据的分析.中央民族大学学报(哲学社会科学版),2020,47(6):56-65.

李路路,王宇.当代中国中间阶层的社会存在:社会生活状况.江苏社会科学,2009(1):34-40.

李培林.大众消费阶段与社会改革.东岳论丛,2010,31(10):22-26.

李培林,张翼.消费分层:启动经济的一个重要视点.中国社会科学,2000(1):52-61,205.

梁晨.生活方式市民化:对农转非居民消费模式与闲暇模式的探讨.青年研究,2012(5):86-93,96.

林晓珊.谁人爱读书:一项文化消费的阶级比较研究.山东社会科学,2017(10):24-34.

林晓珊.家庭老龄化,消费结构与消费分层:基于CFPS2012的数据分析.东南大学学报(哲学社会科学版),2018,20(2):112-121,148.

林晓珊.情感,权力与消费劳动中的性别不平等:以家庭日常采购为例.青年研究,2018(5):69-81,96.

林晓珊.身体流动与性别不平等:社会性别视角下的城市家庭汽车消费.浙江学刊,2008(6):198-203.

林晓珊.城市青年职业女性香烟消费的情境与实践.青年研究,2009(5):47-59,95.

林晓珊.中国家庭消费分层的结构形态:基于CFPS2016的潜在类别模型分析.山东社会科学,2020(3):48-58.

林晓珊."购买希望":城镇家庭中的儿童教育消费.社会学研究,2018,33(4):163-190,245.

林晓珊.增长中的不平等:从消费升级到消费分层.浙江学刊,2017(3):112-120.

林晓珊,陈佘世佳.营造品味之"家":一项城市家庭住房装修消费的质性研究.山东社会科学,2019(9):102-110,123.

林晓珊,朱益青.雅致生活:城市女性日常生活中的鲜花消费.妇女研究论丛,2019(4):65-76.

刘精明,李路路.阶层化:居住空间,生活方式,社会交往与阶层认同:我国城镇社会阶层化问题的实证研究.社会学研究,2005(3):52-81,243.

刘毅.中产阶层消费结构变迁及特征:基于珠江三角洲城镇住户调查的分析.经济学家,2008(3):86-91.

孟蕾.中国大学生文化消费的社会分化.兰州大学学报（社会科学版），2014，42（6）：59-68.

上海研究院社会调查和数据中心课题组，李培林，朱迪.扩大中等收入群体，促进消费拉动经济：上海中等收入群体研究报告.江苏社会科学，2016（5）：77-88.

孙豪，胡志军，陈建东.中国消费基尼系数估算及社会福利分析.数量经济技术经济研究，2017，34（12）：41-57.

孙豪，毛中根.中国居民消费不平等的多维分解及成因分析.山西财经大学学报，2017，39（11）：1-14.

田丰，梁丹妮.中国城市家庭文化资本培养策略及阶层差异.青年研究，2019（5）：1-11，94.

田丰，杨张锟宇.钢琴无用：上海中产阶层家长的文化资本培养策略.中国研究，2019（2）：95-112，228-229.

王甫勤，章超.中国城镇居民的阶层地位与消费偏好：2003—2013.社会科学，2018（4）：65-76.

王建平.中国城市中间阶层消费行为.北京：中国大百科全书出版社，2007.

王建平.中产阶级：概念的界定及其边界.学术论坛，2005（1）：146-150.

王建平.分化与区隔：中国城市中产阶层消费特征及其社会效应.湖南师范大学社会科学学报，2008（1）：69-72.

王建平.存在与困惑：中国城市中产阶级的消费张力.学术交流，2006（10）：140-144.

王建平."品味阶层"：现实抑或表象？.学术论坛，2007（1）：134-138.

王宁.消费者增权还是消费者去权：中国城市宏观消费模式转型的重新审视.中山大学学报（社会科学版），2006（6）：100-106，124-125.

王宁.消费欲的"符号刺激"与消费力的"结构抑制"：中国城市普通居民消费张力的根源与后果.广东社会科学，2012（3）：196-208.

王康，周君君.我国"校园贷"问题的现状及对策：基于上海、河南两地的实证分析.青少年犯罪问题，2017（6）：40-48.

魏万青，高伟.经济发展特征，住房不平等与生活机会.社会学研究，2020，35（4）：81-103，243.

文军，李珊珊.文化资本代际传递的阶层差异及其影响：基于上海市中产阶层和工人阶层家庭的比较研究.华东师范大学学报（哲学社会科学版），2018，50（4）：101-113，175.

吴开泽.住房市场化与住房不平等：基于CHIP和CFPS数据的研究.社会学研究，2019，34（6）：89-114，244.

吴莹，张艳宁."玩耍"中的阶层区隔：城市不同阶层父母的家庭教育观念.民族教育研究，2016，27（5）：61-68.

薛海平.家庭资本与教育获得：影子教育的视角.教育科学研究，2017（2）：31-41，48.

姚建平.从阶级到自我：西方消费方式研究的理论发展.南京社会科学，2005（3）：47-53.

张广利，濮敏雅，赵云亭.从职业到住房：社会分层载体的具象化.浙江社会科学，2020（3）：73-79，158-159.

张海东，杨城晨.住房与城市居民的阶层认同：基于北京，上海，广州的研究.社会学研究，2017，32（5）：39-63，243.

张慧.中产阶层逆城镇化生活方式研究：以大理现象为例.湖南师范大学社会科学学报，2018，47（2）：92-101.

张林江，赵卫华.中产阶层壮大，扩大内需与经济转型.中国党政干部论坛，2016（9）：67-71.

张品，林晓珊.制度与观念：城镇化与农民工家庭的住房消费选择.青年研究，2014（2）：62-72，95-96.

张文宏.改革开放四十年中国社会分层机制的变迁.浙江学刊，2018（6）：4-8.

张翼.当前中国社会各阶层的消费倾向：从生存性消费到发展性消费.社会学研究，2016，31（4）：74-97，243-244.

张翼，林晓珊.消费不平等：资源支配逻辑和机会结构重塑.甘肃社会科学，2015（4）：1-7.

张志敏，陈希."精酿啤酒"与都市青年的消费趣味.青年研究，2021（2）：51-60，95-96.

赵达，谭之博，张军.中国城镇地区消费不平等演变趋势：新视角与新证据.财贸经济，2017，38（6）：115-129.

赵卫华.居民家庭用水量影响因素的实证分析：基于北京市居民用水行为的调查数据考察.干旱区资源与环境，2015，29（4）：137-142.

赵卫华.独特化还是市民化：新生代农民工消费模式分析.北京社会科学，2015（3）：39-46.

周晓春，邹宇春，黄进.青年的金融风险，金融能力和社会工作干预.青年研究，2019（3）：69-81，96.

周晓虹.中国中产阶层调查.北京：社会科学文献出版社，2005.

朱迪.经济资本还是文化资本更重要？：家庭背景对大学生消费文化的影响.黑龙江社会科学，2015（1）：111-119.

朱迪.品味与物质欲望：当代中产阶层的消费模式.北京：社会科学文献出版社，2013.

朱迪.从强调"教育"到强调"供给"：都市中间阶层可持续消费的研究框架及实证分析.江海学刊，2017（4）：99-106.

朱迪.中等收入群体的消费趋势：2006—2015.河北学刊，2017，37（2）：172-176.

朱迪.高雅品味还是杂食？：特大城市居民文化区分实证研究.山东社会科学，2017（10）：35-43.

朱迪.消费中的社会平等与公正：我国家庭消费不平等和消费差距的实证分析.社会发展研究，2021，8（1）：127-142，244.

朱迪.白领，中产与消费：当代中产阶层的职业结构与生活状况.北京工业大学学报（社会科学版），2018，18（3）：1-11.

朱迪."80后"青年的住房拥有状况研究：以985高校毕业生为例.江苏社会科学，2012（3）：63-68.

朱迪.当代大学生的信贷消费与"校园贷"风险.青年研究，2019（6）：49-59，92.

朱迪.新中产与新消费：互联网发展背景下的阶层结构转型与生活方式变迁.北京：社会科学文献出版社，2020.

朱迪，BROWNE A，MYLAN J.供给系统，社会习俗与生活方式：中产阶层日常生活中的饮食消费变迁.山东社会科学，2020（3）：35-47.

朱迪，陈蒙.城市中产家庭的子女品味培养与文化资本再生产.社会科学，2021（4）：72-84.

邹红，李奥蕾，喻开志.消费不平等的度量，出生组分解和形成机制：兼与收入不平等比较.经济学（季刊），2013，12（4）：1231-1254.

BOURDIEU P. Distinction：A social critique of the judgement of taste. London and New York：Routledge，2010.

CARLSON S，GERHARDS J，HANS S. Educating children in times of globalisation：Class-specific child-rearing practices and the acquisition of transnational cultural capital. Sociology，2016，51（4）：749-765.

DAVIS D S. The consumer revolution in urban China. Berkeley，Los Angeles and London：University of California Press，2000.

DAVIS D S，SENSENBRENER J S. Commercialising childhood：Parental purchases for Shanghai's only child//DAVIS D S. The consumer revolution in urban China. California and London：University of California Press，2000.

DIMAGGIO P，MUKHTAR T. Arts participation as cultural capital in the United States，1982–2002：Signs of decline?.Poetics，2004，32（2）：169-194.

FAN C S. Economic development and the changing patterns of consumption in urban China//CHUA B H. Consumption in Asia：Lifestyles and identities. London and New York：Routledge，2000：82-97.

GERHARDS J，HANS S，CARLSON S. Socialclass and transnational human capital：How middle and upper class parents prepare their children for globalisation. London and New York：

Routledge, 2017.

HOLT D B. Does cultural capital structure American consumption?. Journal of consumer research, 25(1): 1-25.

KHARAS H. The emerging middle class in developing countries. OECD Development Centre Working Paper No. 285, 2010.

LAMONT M, SCHMALZBAUER J, WALLER M, et al. Cultural and moral boundaries in the United States: Structural position, geographic location, and lifestyle explanations. Poetics, 1996, 24: 31-56.

MAGUIRE J S, ZHANG D. Shifting the focus from consumers to cultural intermediaries: An example from the emerging Chinese fine wine market. Consumer culture theory, 2016, 1-27.

PETERSON R A, KERN R M. Changing highbrow taste: From snob to omnivore. American sociological review, 1996, 61(5): 900-907.

SASSATELLI R. Consumer culture: History, theory, politics. London: Sage Publications, 2007.

VEBLEN T. The theory of the leisure class. New York: The Modern Library, 2001.

WARDE A. Doestaste still serve power?: The fate of distinction in Britain. Sociologica, 2007(3): 10-2383.

WARDE A. Dimensions of a social theory of taste. Journal of cultural economy, 2008, 1(3): 321-336.

ZHANG W. Consumption, taste, and the economic transition in modern China. Consumption markets & culture, 2018, 23: 1-20.

第十八章 ｜ 社会分层与主观不平等[*]

范晓光

(浙江大学公共管理学院)

第一节 导 言

新中国成立后，尤其是改革开放以来，中国的社会结构发生了巨大的变迁。以经济改革为主导的制度转型，带来了总体社会利益关系的变动与利益结构的调整。长期以来的城乡二元分割，随着农村经济体制改革、工业化、城市化、户籍制度等的系列变革，发生了深刻变化；以单位制、干部身份制等为基础的体制分割，随着国有企业改制、市场活力释放、劳动力市场发育等制度改革也有所变化，"后单位"时代来临，阶级阶层边界逐渐清晰；计划经济时期存在"两阶级一阶层"(陆学艺，2003)的阶层结构，但随着市场转型、教育扩招、经济结构调整和技术革新，中产阶层持续扩容，新的社会阶层增长，收入、住房和财富等资源占有以及教育机会获得等不平等扩大。

面对中国社会所经历的实践巨变，国内外社会学家对此做出了积极的回应。

---

[*] 本章是在《镜中之我——中国社会结构的主观不平等》(商务印书馆，2024)第一章和第十章的基础上修改而成。感谢黄超、高文珺及编委会对初稿提出的批评和建议，感谢杨璐琳细致的文字编校工作。文责自负。

如果说20世纪八九十年代到21世纪初相关讨论主要围绕着"得到了什么",那么2010年以来则转向了对"得到了又怎么样"的探讨。相较于多数研究集中于从社会结构、代际流动、地位获得、贫富分化等客观维度探讨社会不平等,对社会不平等的主观感知和评价的讨论尽管在过去的30多年日益受到重视,但是总体来说还是略少。与客观不平等相比,主观不平等擅长捕捉到人们在心理层面所感受的不平等。

毋庸置疑,主观不平等是社会分层与流动研究的最重要议题之一。一方面,宏观的主观不平等是反映总体社会的社会结构变迁、潜在公共安全风险、社会景气程度的主观性指标,对全面理解客观不平等具有不可替代的作用。民众的客观经济地位并不一定能代表他们对社会不平等的主观态度(怀默霆,2009)。不论是在整个社会结构趋于稳态的后工业时期,还是在社会结构发生重大变化的转型时期,社会的不平等到底严重与否,归根结底取决于公众的价值评判。另一方面,主观不平等与民众的社会行为态度有着极为关键的联结,对预测和研判集体行动演化、自评健康、幸福感等社会后果尤为重要,而这些很大程度上关系到整个社会的合法性。按照马克思经典的"地位－意识－行动"的框架,微观的主观不平等是个体的地位和行为之间的桥梁。尤其是在一个"认同政治"的时代,人们对自身位置和社会公平的感知,与其政治态度(如政治极化)和行为等的关系日益紧密。

本章首先对主观不平等的内涵和外延进行简要梳理。其次,从研究范围、理论框架和研究设计三个方面对主观不平等研究的演化做了概览,归纳了不同发展阶段的基本特征,并指明存在的主要缺陷。然后,着重围绕主观社会分层和公平感,就概念界定、操作化测量、实证发现和形成机制展开评述。最后,从理论和方法两个维度对既有研究提出批评,并就趋势和可能的发展方向做研判。[1]

---

[1] 我们以中英文的"(阶层/阶级)地位认同""主观社会地位""(分配/不)公平感""不平等(感知、态度、认知)"为关键词,对在标题、摘要和关键词中出现了以上任一关键词的论文、专著章节进行初步筛选,然后结合论文质量和主题相关度做进一步筛选,最终获得147个文本(包括142篇论文,5本专著)。

第二节　主观不平等的内涵与外延

主观不平等（subjective inequality）的内容较为宽泛，缺乏明确统一的界定。它既包括人们对阶层结构的认同、阶级意识和阶层关系的认知，也包括对当前不平等程度、社会分配公平、如何实现进一步的公平的看法，还包括如何看待政府在增进公平和平等的过程中应扮演的角色、对向上流动及能被公平对待的机会是否乐观、群体间的对立与冲突意识等（怀默霆，2009；李路路等，2012）。在相关的跨国比较研究中，主观不平等主要包括民众对合理（fair）不平等的信念（belief）、对现存不平等的感知（perception）以及针对不平等程度和资源分配治理原则的判断（judgement）等维度（Janmaat，2013）。综合可知，主观不平等是指人们对包括阶层、收入、财富等资源占有情况和教育、社会流动、成就归因等机遇享有的差异程度、变化过程及其形成原因的信念、感知和判断。

虽然笼统来说主观不平等是对社会不平等的主观反映，但是它至少可以分为原则理念和事实判断/感知等两个层次。不同层次之间相互密切关联，并且层层递进。如果说原则理念是一种对不平等正当性的"应然"回答，那么事实判断属于对"实然"的回应。

原则理念主要是指民众对公平、平等、均等、公正、阶级等基础性概念的理解。譬如，"均等并不见得就公正""平等不同于公平""社会分层是否公正""福利分配基本原则""分配正义与分配公平感"等（Wu，2009；李强，2012；张静，2008；田芊、刘欣，2019）。事实判断/感知主要是指人们对外在的社会不平等程度及对与此相关的个体在社会结构中位置的主观判断。前者包括阶层结构（刘欣，2002）、贫富差距（怀默霆，2009）、收入分配（刘欣、田芊，2017）等，后者涵盖主观社会地位（Chen & Williams，2018）、阶层地位认同（范晓光、陈云松，2015）、分配公平感（马磊、刘欣，2010；刘欣、胡安宁，2016）、主观社会流动（陈云松、范晓光，2016）等。应该说，个体的相关原则理念和所经历的社会环境共同形塑了以上主观判断，两者缺一不可。

第三节 主观不平等研究的演化

一、研究范围的拓展

第一，从资源型取向为主转向资源型和机会型取向并存。如前所述，主观不平等可以包括资源型和机遇型，前者主要包括收入、住房和财富等有价物及以职业为基础的阶层。市场转型对中国社会的冲击是全方位的，最首要也最基础性的是带来了整个社会利益分化和利益结构的重大调整。在20世纪90年代，有研究者开始从民众的实际观念出发去考察中国社会结构变迁。譬如，1991年上海的一项调查显示，虽然社会上存在着不同程度显著的社会差别，但中国市民的社会地位认同意识较差，并没有形成固定的社会地位观念（卢汉龙，1996）。在同时期，还有研究基于1996年武汉调查数据发现在改革中相对剥夺感较强的群体更可能认为社会是分层的（刘欣，2002）。

到了21世纪初，中国社会科学院"当代中国社会结构变迁""当代中国人民内部矛盾研究"等课题组发表的系列成果，囊括了"社会分层想象""社会不公平""收入差距""主观阶层认同"等议题（李春玲，2005；陆学艺，2003；李培林等，2005；李培林、张翼，2008）。而后，越来越多的研究开始聚焦分配公平感（孙明，2009；马磊、刘欣，2010；李骏、吴晓刚，2012；刘欣、胡安宁，2016；黄健、邓燕华，2021；Han & Whyte，2009；Whyte，2010；Wu，2009）、阶层地位认同（范晓光、陈云松，2015；范晓光、吕鹏，2018；何晓斌、董寅茜，2021；李骏，2021；Zhou，2021）。到了最近的十年，对教育和社会流动等机会型主观不平等的研究趋多（陈云松、范晓光，2016；孟天广，2012；陈济冬、罗楚亮，2017）。

第二，从聚焦总体社会转向关注特定社会群体。通过比较可以发现，2005年前的相关研究多以整个社会为分析对象，虽然在具体讨论的时候也会从职业、行业、地区、消费水平等变量入手开展群体内和群体间比较；而后越来越多的研究开始关注特定群体的主观不平等，并与整体社会进行类比。总体来说主要包括三大类：

（1）青年群体。有研究考察了不同出身队列青年的公平感（田丰，2009），还有的关注阶层认同（聂晨、方伟，2017）和社会不平等认知（秦广强，2014）。另外，亦有研究对青年群体做了细分，如大学毕业生群体（廉思、张琳娜，2011）以及大学青年教师群体（廉思，2012）。

（2）流动人口。该类研究对象以"农民工"群体为主（陆益龙，2010；胡荣、陈斯诗，2010；龙书芹、风笑天，2015；赵晔琴、梁翠玲，2014；李升，2015；张卫国等，2017；徐延辉、刘彦，2018），注重不同类型流动人口群体主观不平等形成的群际比较（Wang，2016；Zhang et al.，2018）。

（3）职业群体。主要涉及私营企业主（范晓光、吕鹏，2018）、专业技术人员（袁玉芝、白紫薇，2021；赵迪，2021；付连峰，2019；赵延东等，2018）、劳工群体（尹海洁、侯博文，2017；侯博文、尹海洁，2019；卢福营、张兆曙，2006）和新社会阶层（王晓楠，2017；傅晓莲，2017）等。

第三，从宏观的结构性判断到中微观的过程式体验。文献梳理显示，在主观不平等研究的早期阶段，即20世纪90年代到21世纪初，相关研究更多聚焦个体对国家或所处地区社会不平等、收入分配、社会冲突等的事实性判断，侧重分析跨地区或国家的异同（横向比较）或历时性的变化（纵向比较）。譬如，对中国社会是否存在分层、社会结构样态、不平等程度认知等的讨论相对较多（刘欣，2001、2002；李培林，2005；李春玲，2006；怀默霆，2009；李路路等，2012），这些研究能够帮助研究者们更全面和深入地理解社会不平等。

2000年以来，贫富差距在中国经济长期高速增长的进程中不断扩大，中国已经从一个绝对平均的社会转向分层的社会，多数民众也意识到这是个不争的社会事实。也正是在这个大背景下，相关研究对宏观结构性判断的讨论在过去的十余年间明显减少，而个体在不平等社会结构中如何定位自己越来越成为焦点。相较而言，该部分的研究不再停留在个体对中国社会的总体性判断，而是主要围绕个体对自身资源占有（阶层、收入、财富）的感知，这种感知既有横截面的，也有过程性的。其中，过程式体验更多将个体微观的社会生活和生命历程相结合去解读主观不平等。相关议题除包括一贯以来的阶层地位认同（张海东、杨城晨，2017）之外，还包括地位认同偏差（范晓光、陈云松，2015；韩钰、仇立平，2015）、地位认同变迁（陈云松、范晓光，2016；范晓光、吕鹏，2018；魏钦恭等，2014；田丰，2018；许琪等，2020；Chen et al.，2019；Zhou，2021）等。

二、理论解释框架的调适

既有研究除利用多来源资料勾勒主观不平等的现状和特点外，还对其形成的原因、机制和变化做了大量讨论，后者涉及采用什么理论解释框架。总体而言，在分析层次上，主要发生了从微观逐渐向中观和宏观延展的变化，家庭、社区、地域和市场化等先后进入了理论框架；在理论解释上，地位结构观的绝对主导位置保持不变，其中以客观结构决定论为核心，以参照群体理论、相对剥夺论及局部比较论等视角下的相对结构位置解释为补充。此外，最近网络结构观也开始被用来弥补既有框架的不足。

一方面，囿于主观不平等的分析单位多为个体，相关研究在探究其形成原因时也多以个体属性为起点。借用地位获得模型的类型学，我们将个体属性分为先赋性因素和获致性因素两大类。前者涉及性别（敖杏林，2015；郭秋菊，2016；许琪、熊略宏，2016；王敏，2021）、年龄/队列（周亚平，2012；田丰，2018）、户籍（吴琼，2014；陆益龙，2010；宁晶、严洁，2018；王元腾，2019；Wang，2016；Zhang et al.，2018；Whyte & Im，2014）、家庭（黄超，2020；许琪，2018）、民族（王军、陈可，2016；田志鹏，2020）等；后者主要包括阶层地位（范晓光、陈云松，2015；刘欣、胡安宁，2016；李煜、朱妍，2017）、教育（李骏、吴晓刚，2012；李颖晖，2015；孙薇薇、朱晓宇，2018；李黎明、廖丽，2019）、文化资本（肖日葵、仇立平，2016）、收入（魏钦恭等，2014；孟天广，2012；黄永亮、崔岩，2018；王甫勤，2016）、住房（李骏，2017，2021；张海东、杨城晨，2017；李路路、马睿泽，2020；赵晔琴、梁翠玲，2014；Chen et al.，2019）、社会流动（胡建国，2012；张顺等，2019；张顺、梁芳，2021；张顺、祝毅，2021）、工作权威（李强，2017；何晓斌、董寅茜，2021）等。

由于个体的日常生活不仅嵌在工作部门中，离不开社会的基本单元格社区，还受到城市和区域等宏观要素的影响，仅仅局限于微观层面解释主观不平等的形成是不够的。文献回溯显示，既有研究更偏向与制度相关的结构变量。代表性的解释变量包括社区（黄超，2020）、单位体制（高勇，2013；张海东、袁博，2020；杨城晨等，2020）、市场化（许琪等，2020）、收入不平等（陈云松、范晓光，2016；李骏，2021）、社会福利供给（郭婕等，2021；黄健、邓燕华，2021）、媒介传播（卢春天等，2017；朱斌等，2018）、城镇化（黄晓星、戴玥，2017；王军，2021）。但该类研究还较为缺乏，对联结宏观和微观的机制的讨论仍不够深入。

另一方面，地位结构观主要根据个体的属性特征界定社会位置。这种特征除了直接影响人们的社会地位外，还与生产关系、科层体系等相结合，决定着人们占有和支配资源的能力。在主观不平等的理论解释中，不论是结构地位论还是相对剥夺论的解释，都是以地位（包括阶层、收入和财富等）为核心变量的。在市场转型过程中，原有再分配体制的基本要素并没有随着市场制度的兴起而迅速消亡，这些因素对主观不平等的形塑是既有研究特别关心的，尤其是城乡户籍、阶层地位、收入等。2000年以来，由于金融、证券和住房等领域的全方位改革，我国居民家庭的财富分化程度日趋扩大，住房在家庭财富中的比重最高，由此对住房与主观不平等的讨论也越来越多。

和地位结构观不同，网络结构观从个体和他人的关系的性质、强度、连通性、密度等特征来识别个体在社会结构中的位置，它更强调个人通过社会网络对资源的动员和摄取能力（accessibility）。相关研究将个体的关联性纳入分析框架，以弥补地位结构观对个体独立假设的违背对理论解释的可能冲击。譬如，有研究者从网络结构（张顺、陈芳，2012）、网络资源（张顺、梁芳，2017）和社会交往（张顺等，2019；李黎明等，2019）等视角分析阶层地位认同的形成。相对而言，社会网络的结构、内容和形态都在数字社会发生着巨大变化，此类研究的发展明显滞后。

三、研究设计的改进

除了以上理论层次的演化，既有文献在研究设计上也呈现逐步推进的过程。下面主要从方法论、数据资料和统计方法角度对既有文献进行梳理，具体如下：

第一，从思辨的哲学分析转向以实证主义分析为主。在20世纪八九十年代，有关公平感、阶层地位认同的研究较少，其中多为思辨而非实证性分析

（林登平，1997；翁定军，1999）。然而，2000年后伴随多个大型社会调查项目（以"4C"为代表，即CGSS、CSS、CLDS、CFPS等）的实施及其数据库的公开，定量取向的实证研究成了绝对主导。同时，也不乏若干采用个案访谈、文本分析等方法的定性研究（黄晓星、戴玥，2017；张慧，2014）。

第二，分析资料从单一来源转向多来源。基于单期截面数据的研究在21世纪的前十年占主导地位，而后对多期数据（范晓光、陈云松，2015；许琪等，2020；田丰，2018；李炜，2019；Zhou，2021；Chen et al.，2019）及调查数据与行政数据（李骏、吴晓刚，2021；赵晓航，2015）的结合使用越来越普遍。此外，国内调查数据和国际调查数据（如WVS、ISSP等）的同时引入，为跨国比较提供了可能（陈云松、范晓光，2016；方长春，2017；李路路等，2012；李丁，2014）。

第三，操作化测量从单一指标转向更为科学的多指标体系。通过比较不难发现，早期的研究主要以总体的自评不平等为基础，缺乏多维度和明确的参照组，近年来国际通行的情境锚定法（anchoring vignettes）已经被多个调查采用，并且已经得到相应的开发（宋庆宇、乔天宇，2017；杨城晨等，2020；吴琼，2014；Wang，2016）。

第四，以线性回归（如OLS）为主转向更为复杂的统计方法。如前所述，主观不平等研究的解释变量不再拘泥于个体特征，这也自然对统计方法提出了新需求。譬如，多层次分析（范晓光、陈云松，2015；许琪等，2020）、联立分析（李骏，2017）、结构方程（张顺、祝毅，2021）、APC/HAPC模型（田丰，2018；李骏，2021）、多层次增长模型（Zhou，2021）、Oacxaca-Blinder分解法（许琪等，2020）等开始出现在相关的研究中。

第四节 主观不平等的核心发现与理论观点

一、地位认同

地位认同是指民众在所处社会阶层结构中如何定位自身所占据的位置，一般包括主观社会地位（subjective social status）和阶层地位认同（class identity）。前者将地位作为衡量社会资源占有多寡的阶梯性模型，而后者更强调采用由社会关系界定的阶层地位的关系性模型。通过与客观实在的社会地位、家庭背景、住房资产等的经验性关联，社会地位认同有助于更深入地理解一个社会的不平等程度。

总体而言，中国市场化改革的背景下，民众的地位认同总体上呈现"向下偏移"的趋势。一方面，在横向的跨国比较中，刘欣（2001）将武汉调查结果和其他国家相比较，最早发现中国城市居民中间层认同的比例偏低（47.3%），而认同中等偏下层的人明显偏高。该观点先后得到了系列研究的支持（中国社会科学院"当代中国人民内部矛盾研究"课题组，2004；赵延东，2005；李培林，2005），这些研究也发现中国城市民众的中间层认同占比明显较低（46.9%）。亦有研究发现2003—2013年中国民众的"低位"认同比例超过50%，且明显高于大多数国家，总体呈现"保龄球瓶"形（陈云松、范晓光，2016）。

另一方面，在纵向的历时性比较中，既有研究也发现了中国社会呈现"下移"的变化趋势（冯仕政，2011；高勇，2013；Chen & Williams，2018）。以上发现主要是使用1991—2015年调查资料得出的实证发现。最近，Zhou（2021）对CFPS2010—2018的分析显示，中国民众的中间阶层认同占比从2010年的53.03%降至47.09%，同时中上层和上层认同增长，中下层和下层认同下降。值得注意的是，这种"下移"特征不仅存在于总体社会，在农民工（田丰，2018）、私营企业主（范晓光、吕鹏，2018；吕鹏等，2018）等职业群体中也同样存在。当然，地位认同水平呈现以上基本特征的同时，中间阶层认同在总体中的占比是最高的（即趋中认同），这与各个国家与社会的发现类似；社会地位认同的平均分随时间推移呈现波动向上趋势[①]（陆益龙，2011；刁鹏飞，2012；高文珺，2017；Chen & Williams，2018；Zhou，2021），并且结构化的社会经济等级体系正在人们的头脑中构建起来（李春玲，2006）。接下来，我们将对核心的影响因素进行梳理。

（1）社会地位与地位认同。职业、教育、收入和财富等都是影响地位认同的多元要素。多数研究都发现客观地位与地位认同具有正向关联，虽然影响

[①] 李骏（2021）基于上海的调查数据发现主观社会地位的平均水平在1991—2013年呈现下降趋势。

力的大小存在一定的差异，该结论与国外研究的发现是一致的。譬如，阶层地位[①]较高的个体所认同的社会地位会更高，管理人员和专业技术人员的地位认同水平与其客观地位的对应性较强；工作权威和工作自主性对地位认同有正向效应；受过高等教育和具有较高收入水平者的主观阶层认同水平偏高（刘精明、李路路，2005；李培林，2005；李培林、张翼，2008；张文宏、刘琳，2013；陈云松、范晓光，2016；何晓斌、董寅茜，2021；李飞，2013；高文珺，2017；Zhou，2021）。同时，以上客观地位也对地位认同偏差有实质性影响（范晓光、陈云松，2015；韩钰、仇立平，2015；许琪，2018）。此外，在市场化和金融化的过程中，住房等资产对主观地位的影响日益凸显。住房产权、人均住房面积/支出、社区类型、物业管理额等与城市居民阶层认同存在显著相关（张海东、杨城晨，2017；赵卫华、汤溥泓，2019；赵晔琴、梁翠玲，2014；李骏，2021；高文珺，2017；Chen et al.，2019）。与个体的客观地位类似，原生家庭也和地位认同有显著的关联性（中国社会科学院"当代中国人民内部矛盾研究"课题组，2004；尹海洁、侯博文，2017）。

（2）社会人口特征与地位认同。除了以上客观地位因素，性别和年龄也在既有文献中受到关注。高勇（2013）比较了 2001 年和 2005 年两期横截面数据，发现性别的地位认同效应从原来的负效应（女性高于男性）变为不显著。不过，也有研究发现男性和城市居民的评价标准较高；在考虑评价标准差异后，男性主观社会地位高于女性（吴琼，2014）。此外，阶层地位主要受自身社会地位的影响，而已婚女性主要受丈夫的影响（许琪、熊略宏，2016；郭秋菊，2016）；住房对提高女性主观地位作用更大（王敏，2021）。年龄与主观社会地位之间存在着 U 形的关系，即随着年龄的增长，农民工群体的认同水平经历了先下降再上升的变化，并且"70 后"认同水平最高，"80 后"最低（田丰，2018）。

（3）制度安排与地位认同。除从社会人口特征去理解地位认同外，探讨中国独特的制度安排与地位认同的内在关系始终是研究的热点。其中，有关单位和户籍作用的讨论是绕不过去的议题。一方面，虽然市场化改革逐渐打破了各种结构壁垒，但即便在后单位时代，劳动力市场分割也并没有完全消失，它对地位认同的影响不可小觑。市场化初期（1991 年上海调查）的单位对个体的主

[①] 阶层地位一般包括阶梯型和关系型两种理论取向，它们多以职业来测量。

观社会地位有重要的直接影响（卢汉龙、边燕杰，2004），市场机制的挑战初见端倪；到了21世纪（基于2015年及2017年调查），新社会阶层的地位认同高于体制内中产阶层，市场因素的解释力要强于权力地位因素（杨城晨等，2020；王晓楠，2017）。有研究发现，党政群团机构和国有事业单位从业者与私营个体企业主在地位认同上的差异在缩小，前者的相对优势在下降（高勇，2013）。值得注意的是，基于职业稳定性、收入与福利保障水平和职业发展前景而形成的二元劳动力市场分割，对体制内外的城市居民阶层认同均有不同程度的影响（张海东、袁博，2020）。另一方面，市场化还体现在户籍制度的变化，城乡二元结构的打破使得大量的农村劳动力进入城市。农村户籍群体认定自身地位的基准不再是"老乡"，而是越来越多地基于"市场化处境"的冲击（高勇，2013；Wang，2016；Zhang et al.，2018）。此外，城镇化、社会保障等制度安排也是形塑主观地位的结构性变量。譬如，王军（2021）指出自致性路径、先赋性路径和政策性路径均显著提升了民众的主观社会地位。

（4）社会流动与地位认同。社会流动作为生命历程的基础性维度，能够部分决定人们的基本认知和价值观。有研究指出，教育、收入和职业等客观地位对阶层地位认同的净效应偏小，主观的社会流动感知对地位认同具有更强的拉动作用（陈云松、范晓光，2016）。然而，也有批评指出对自变量和因变量同时进行主观测量可能存在内生性问题，故应从客观代际流动入手探讨社会流动与地位认同的关联。其结果表明，"认同惯性"机制使代际向上流动者的地位认同下偏，向下流动者地位认同上偏（张顺等，2019）。

（5）社会网络与地位认同。针对快速社会变迁背景下的客观地位对地位认同影响的复杂性和变动性，相关研究以网络结构观探究城市居民地位认同的形成。基于"社会资本－社会经济地位－地位认同"的理论框架，有研究发现不论是横向社会资本还是纵向社会资本，所拥有的资本量越丰富，地位认同水平越高（张顺、陈芳，2012），社会资本对农民工群体的阶层认同有显著效应（徐延辉、袁兰，2019）；社会网络中的精英关系人及其符号性社会资本均有利于居民阶层地位认同的提升，而且精英关联强度和符号性社会资本的丰富程度都具有正效应（张顺、梁芳，2017）。此外，有研究将社会网络的解释拓展到了地位认同偏移（张顺等，2019）。结果表明，当社会网络的平均阶层地位低于自身，即多与低于自身阶层地位的居民交往，人们的阶层认同感会被削弱，导致阶层认同向下偏移。

除了以上的经验发现，既有研究还发展了一系列理论解释。主要包括结构地位论、社会比较论、地位结构－地位过程论和历史文化论等。[①]

第一，结构地位论。它强调的是个体的客观社会经济地位是对其主观地位认同的形塑，这是其对稳态社会的核心解释。前文梳理的有关职业、教育、收入和财富等的作用力均属于该解释范畴。

第二，社会比较论。主要包括相对剥夺论（刘欣，2001、2002）、生存焦虑论（陈光金，2013）、参照系变动论（高勇，2013）等命题。相对剥夺论认为人们在社会转型期生活机遇的变化、社会经济地位的相对变化比其客观地位更能解释阶层认知的差异（刘欣，2001）；生存焦虑论指出生活压力感、社会不公平感、恩格尔系数等对地位认同的解释力在不断增强，已经构成对相对剥夺论的有益补充（陈光金，2013）；参照系变动论则提出地位层级的主要认同基础已经由对具体社会单元（如工作单位、城乡户籍）的归属转变为对收入等市场要素的占有（高勇，2013）。

第三，地位结构－地位过程论。该理论指明人们在社会结构中的地位（教育、收入和职业声望等）和地位变动的过程（社会流动感知）共同决定了其地位认同偏差（范晓光、陈云松，2015）。它不仅整合了结构地位论和社会比较论，同时也充分考虑到城乡二元的制度安排"遗产"。

第四，历史文化论。它认为历史文化和生活经历是影响阶层认同的重要因素（李飞，2013），消费实践、"阶级经历"、品味、生活方式等都对维持地位认同都发挥着作用。然而，在具体解释的时候，它又离不开社会比较论中的"相对剥夺感""参照群体"等解释机制。

二、公平感

市场化改革打破了计划经济的平均主义，城乡居民的收入和生活水平取

[①] 冯仕政（2009）提出阶层认同影响因素的四种观点：结构地位论、历史文化论、国家中心论和精英策动论。国家中心论强调国家的意识形态、组织制度和社会政策等，这些"国家"要素很大程度上可以从制度安排中体现出来，并且有的维度的相关实证研究鲜见。由此，笔者将该理论解释并入结构地位论。此外，囿于数据限制，既有研究还缺乏对精英策动论的相应论证。

得了显著的提高,同时社会不平等程度在不断加剧。公平感(perception of justice)是人们对资源分配或占有状况的主观判断和评价。按照层次主要分为对整体社会资源分配结构的宏观公平感和对个体资源占有的微观公平感,按照内容可以分为机会公平感和结果公平感。其内在结构包括政治公平、保障公平和经济公平等三个维度(李炜,2019)。既有文献以对微观公平感和结果公平感的讨论为主,尤其是分配公平感,这与社会转型的背景密切相关。总体而言,形成了以下三个核心论断:

第一,主要社会群体普遍存在不同程度的不公平感。基于不同来源数据的分析均表明,收入不公平感是不同职业的从业者所共有的感受(李路路等,2012;刘欣、田芊,2017;高文珺,2019;张衍,2021),还出现了客观上收入差距不断扩大与主观上收入不公平感逐渐降低的"双重印象"(魏钦恭等,2014;Whyte & Im,2014)。人们在城乡受教育程度、收入、职业、社会保险享有、互联网使用等方面已经形成了公平感差异,其变迁呈现出总体提升且趋同的趋势(李炜,2019)。最近,有研究比较分析了2005—2015年的公平感变迁,表明结果公平感有所提升,机会公平感有所下降(许琪等,2020)。

第二,局部比较效应要强于结构地位效应。多数研究同时考察了客观地位和社会比较对公平感的影响,结果多支持后者(马磊、刘欣,2010;许琪等,2020;高文珺,2020),尤其是针对特定群体的比较分析(王元腾,2019;龙书芹、风笑天,2015;Zhang et al.,2018)。中国地区经济社会发展不平衡,所处地区实际不平等程度越高则民众对不平等的接受度越低(李骏、吴晓刚,2012)。

第三,公众对分配公平感容忍度较高。虽然收入分配的公平性认知与社会冲突意识两者之间有紧密的关联——不公平感越强群体的社会冲突意识越强(李路路等,2012),但诸多研究发现中国实际的不平等程度与民众主观的公平感之间存在明显不一致,对不平等的容忍度较高(李丁,2014;怀默霆,2009;魏钦恭等,2014;方长春,2017;Han & Whyte,2009;Whyte,2010;Wu,2009)。这很大程度上受到"传统的政治意识形态"和"官方的宣传及发展经历"的长期影响,人们可能接受个人努力或绩效基础上的不平等有了正当性的观点,而且还认可社会不均是经济发展不可避免的代价(谢宇,2010;Xie et al.,2012)。

1. 社会地位与公平感

和地位认同类似，收入、职业、教育和财富等客观地位也是公平感的主要影响因素。人们的收入水平决定着结果公平感（孟天广，2012；刘欣、田芊，2017；高文珺，2019；张衍，2021）。收入效应在收入不平等程度不同的地区存在显著差异，在贫富差距较小的社会结构中，高收入群体能够感知到更多的社会公平，但在贫富差距较大的地区，收入增长对居民社会公平感呈负向影响；且随着贫富差距的扩大，高收入群体的社会公平感水平显著降低（凌巍、刘超，2018）。阶层地位越高的居民对公平感的评价更为积极（张海东，2004；孙明，2009；李路路等，2012；高文珺，2019；李培林，2020）；相较而言，人们在局部范围内和他人或自己过去状况的比较对公平感的影响更大（马磊、刘欣，2010；王甫勤，2016；许琪等，2020；高文珺，2020）。然而，也有研究持有不同的论点。譬如，不论是客观的社会经济地位还是社会比较都无法解释农民工群体的公平感，生活体验维度下的社会距离和生活压力才是主要原因（王毅杰、冯显杰，2013）。

教育对公平感的影响存在"双重效应"。一方面，受教育程度较高的居民对社会不平等的评价更积极（张海东，2004；张衍，2021），其机会公平感更强（孟天广，2012），而且教育的筛选功能的效应显著为正（李黎明、廖丽，2019）。另一方面，教育可能使人们超越利己主义，对不平等持更加批判的态度，公平感反而更低（魏钦恭等，2014；李骏、吴晓刚，2012；许琪等，2020；方长春，2017；孙薇薇、朱晓宇，2018；高文珺，2015；李培林，2020），教育投入带来的实际收入与期待收入的差距的扩大会消解教育对分配公平感的正效应（李颖晖，2015）。值得注意的是，客观地位效应可能存在代际差异。譬如，教育水平、主观地位对新生代农民工公平感的影响更明显，而收入水平对传统农民工公平感的影响更大（王甫勤，2016）。

此外，住房对公平感的影响越加凸显。住房主要被作为单位福利，可以消解城市居民的不平等感知（张海东，2004；高文珺，2019）。李骏（2017）基于上海调查数据的分析表明，只有产权净值较高和以补贴产权获得住房的城市居民，才同时有更高的幸福感和公平感，而那些名义获益者虽有更高的幸福感却没有更高的公平感。同时，城市居民住房资源分配结果分化的解释力要强于住房获得机会差异，从高住房阶层到低住房阶层，社会公平感逐渐降低（李路路、马睿泽，2020；李骏，2021）。

最后，除了客观地位，主观社会地位也对民众公平感具有显著影响（冯仕政，2009；周亚平，2012；栗治强、王毅杰，2014；王甫勤，2016；徐延辉、许磊，2018）。主观阶层地位越高，公平感也越强（高文珺，2019；李培林，2020；张衍，2021），而且主观地位不同所造成的社会公平感差异要强于客观地位（高文珺，2019）。

2. 社会人口特征与公平感

年龄是影响公平感的关键社会人口特征。青年群体的社会态度更倾向于认为社会不公平和更强调个人权利与责任（田丰，2009；廉思，2012）；大学毕业生低收入聚居群体受过高等教育后，对成功的信心和现实之间的反差使得其社会不公平感较强（廉思、张琳娜，2011）。社会凝聚和社会包容维度对不同学历层次青年的社会公平感都有显著影响，社会赋权维度则仅对高学历青年的社会公平感有影响（董海军、杨静，2021）。对年长者而言，他们认可的不平等程度要更低，这与年长世代经历过平均主义的计划经济时期有关（李骏、吴晓刚，2012；周亚平，2012；李培林，2020）。此外，少数研究还发现男性的公平感要强于女性（李培林，2020）。

3. 制度安排与公平感

首先，劳动力部门的分割影响民众的公平感。一方面，孙明（2009）发现，市场分配制度的建立使人们树立了应得原则的分配公平观，而平均原则的分配公平观得到了社会底层的支持。渐进式的改革使得计划经济时期所形成的平均主义价值观在国有部门仍然存在，故国有部门员工认可的不平等程度比市场部门要低（李骏、吴晓刚，2012）；市场部门员工（外资和私营单位）比国有部门员工更具机会公平感，城市中下层就业者对结果和机会分配均持负面评价（孟天广，2012）。

其次，社会福利体系影响民众的公平感。社会保障制度的构建引导居民关于分配正义的价值取向进一步偏向了平等与需求原则，民众对政府社会保障职能越满意，越有可能认可当前社会的收入分配是公平的（李培林、李炜，2010；李升，2015；李炜，2019；黄健、邓燕华，2021；董海军、杨静，2021）。地方政府基本公共服务供给水平越高，个体的社会公平感越高；政府在教育医疗卫生和社会保障等基本公共服务方面的投入提高了中等以上收入群体的社会公平感（李秀玫等，2018）。享有社会养老保障的民众公平感更强，社会医疗保障作用为负（栗治强、王毅杰，2014），而有研究发现参加基本医疗保险可以显著提升民众公平感（郭婕等，2021）。

最后，城乡户籍对公平感具有持续的影响，这与户籍对大量公共资源和机会的调节功能相关。总体而言，城市户籍居民对社会公平的评价低于农村户籍居民（方学梅，2017；张衍，2021；高文珺，2015）。一个重要的原因在于虽然城镇居民经历了20世纪90年代的下岗后，生活水平的提高使得他们并没有对体制有过多的抱怨，而农村居民相对建国初期能够自由流动，就业多样化，他们对不平等的乐观态度会更强（Whyte & Im，2014）。具体而言，"农村－城市"移民比城市本地居民更可能认可他们的收入水平和社会公平，两个群体之间对自身收入公平性的感知差异因收入水平而异；农村居民和"农村－城市"移民在微观公平感和宏观公平感方面持有相似的判断（李培林、李炜，2007；Zhang et al.，2018）。户籍转变对公平感具有负向影响，选择性农转非者的公平感与农村居民不存在差异，政策性农转非者的公平感低于农村居民（宁晶、严洁，2018）。新生代农民工社会层次上的不公平感较强，其中的中高收入者不公平感最为强烈，这和在追求平等享有城市资源和服务的过程中所产生的相对剥夺有关（龙书芹、风笑天，2015）。事实上，城市移民在报告分配公平感时，户籍是选择参照对象的制度性基础，拥有城市户籍者成为户籍移民的参照对象，而流动人口的参照更为开放和多元，倾向于和所有都市常住居民进行比较（王元腾，2019）。

4.社会流动与公平感

不论是客观社会流动（包括代际流动和代内流动）还是主观社会流动，都会影响公平感的水平。王甫勤（2010）较早对该议题做了系统研究，指出不同维度的社会流动（职业、教育、户籍）对人们的分配公平感在影响机制和结果方面均存在较大差异，其中职业流动和教育流动对人们分配公平感的影响机制和结果比较接近，但是户籍流动呈现相反的结果。以上发现得到了其他研究的支持（胡建国，2012）。有别于归因解释（王甫勤，2010），有研究提出代际流动以资源获得机会与代际资源占有数量为中介影响人们的分配公平感（张顺、祝毅，2021）。即代际向上流动与上层稳定的城市居民，更可能主观向上流动，代际资源占有较多，分配不公平感较低，而代际向下流动则会增强分配不公平感。除了以上客观维度的社会流动，个体感知到的主观上向流动有助于提高公平感（张衍，2021）。此外，高考扩招是否让受益群体实现了向上的阶层流动，是影响其和社会公平关系的关键机制（龚锋等，2021）。如果因扩招而上学的个体对阶层流动的公平感明显降低，该群体对社会总体是公平的的认同度就会显著降低。

5. 社会网络与公平感

社会网络具有直接或间接的资源动员特性，故也对公平感具有形塑作用。个体与职场上级交往越频繁，其收入分配公平感越强，原因是社会网络可以通过资源获取机制和信息传递机制影响分配公平感；由于体制内外资源分配机制和社会网络的作用空间存在差异，体制内的职场上级互动更有助于个体获得分配公平感（李黎明等，2019）。社会信任中对陌生人的信任、对不同职业群体的信任和对组织机构的信任对农民工公平感具有积极影响，互惠行为、参与单位组织活动和社团组织活动对公平感均有积极作用，而熟人信任对公平感具有消极作用（徐延辉、刘彦，2018）。

6. 媒介传播与公平感

信息技术的突飞猛进，使得研究者们也开始关注媒介尤其是互联网对人们公平感的影响。与不同性质的媒介的接触频率对公众社会公平感的影响存在着强度和方向上的差异，新媒介在一定程度上对"社会不公平"的塑造有催化作用（卢春天等，2017；苏振华，2018；许琪等，2020；Wang，2007），网络媒介使用者通过向下比较反而降低了相对剥夺感，从而提升了个人公平感（朱斌等，2018）。经常关注时事新闻的城镇居民和使用多种媒介的农村居民对不平等的批判式归因倾向更强，他们的分配公平感也更弱（赵晓航，2015）。

在经验观察的基础上，既有研究也在理论层面做了提炼，形成了一些核心的理论解释。

第一，结构地位决定论。该理论强调客观地位属性影响个体公平感，背后的理论支撑是自利原则和平等原则。前者认为个体分配观念取决于其所处地位及利益，在社会分层体系中居高位者，往往将成就归因于个体能力，倾向于认为资源分配是公平的，现有分配秩序是合理的；后者认为低地位群体更倾向于平均主义，强调再分配制度对维护公平的作用（孙明，2009；马磊、刘欣，2010）。该框架被广泛运用于"客观地位与公平感"的系列研究中。虽然内部还存在这样那样的不同,而且多数研究指明该框架解释力不够,但并没有充分理由完全否定它。

第二,社会比较论。该理论认为人们在社会比较中形成了对分配状况公平与否的判断,公平感是群体参照比较(包括纵向和横向)的结果,其内部结构与地位认同的相应理论基本一致。"个体相对剥夺"而不是"群体相对剥夺"对分配公平感有决定性影响,结果公平感只受横向剥夺影响,而机会公平感则主要受纵向剥夺影响(孟天广,2012);人们通过双重比较过程形成自己的微观公平感判断,即一是将自己与同职业的其他从业者进行比较形成个体利益受损与否的判断,二是将本职业群体与其他职业群体进行比较形成群体利益受损与否的判断,进而整合为个体的微观公平感认知(李煜、朱妍,2017)。

第三,社会共识论。它指明公平感的产生是社会规范和社会准则在个体身上的内化,社会成员的分配公平感取决于个体的自我期望与其作为共识的社会评价的一致性。当阶层地位低于社会评价的职业声望地位时,个体倾向于所得社会资源是不公平的;而阶层地位达到或高于职业声望者更倾向于认为收入是公平的(刘欣、胡安宁,2016)。

第四,归因论。人们在形成公平感时,不仅要考虑针对分配结果的"得到了什么"(实然)和"应该得到什么"(应然),还会考量分配过程中的"为什么能够得到"(归因)。如果人们将成就归因于运气、特权、制度、家庭背景等外部先赋性因素,而不是个人努力、勤奋等个人获致性因素,那么更可能对社会公平持有负向的评价(孙薇薇、朱晓宇,2018;赵晓航,2015;Wang,2011)。

第五节　总结与讨论

主观不平等是中国社会分层与流动研究的核心议题之一。针对中国社会结构的巨大变迁,既有研究就主观不平等的现状、变迁与形成机制进行了探讨,在研究范围拓展、理论解释框架建构和研究设计改良上取得了十分明显的进展。尤其是在近年来的研究中,一些研究者从制度安排、社会网络、社会流动等方面入手,更多维和全面地勾勒了中国民众的主观不平等。

然而，现有研究所涉及的诸多议题仍有待进一步深化，在一些基础命题上的深层次探讨还不够，在方法的运用上还较单一。下面我们就围绕理论和方法两个层面加以讨论：

第一，社会学对中国主观不平等的内涵和外延讨论明显不够。尤其是多数研究承袭欧美政治哲学的诸多论著，以概念"移植"为主，而且对一些核心概念的区分还有待明晰。譬如，国际学界在讨论主观不平等时，诸如平等、公平等基础概念的历史可以追溯到柏拉图和亚里士多德的相关论述。近几十年较具影响力的是罗尔斯的分配公正论、洛兹克与德沃金的权利正义论和森的能力平等论等（孙明，2009）。然而，中国文化传统中亦有一种独特的社会正义观，虽与近代以来源自西方的平等思想在表面上有相似之处，但在实质内容、前提条件、实现途径等方面都截然不同（何蓉，2014）。与成果十分丰富的实证研究相比，对以上基础理论的讨论是相对滞后的，是研究者值得用力的一个方向。

第二，现有研究重视在制度变迁背景下探讨主观不平等的形成和变化，但新信息技术革命对人类社会组织方式和行为模式根本性变革的影响还未引起研究者重视。在中国所经历的社会转型中，除了市场化、现代化、城市化等背景外，数字技术对社会生活的渗透在急剧强化。主观不平等很大程度上被客观地位所形塑，而数字化正在重新定义社会位置和群体界限（吴晓刚，2021）。已经有研究在讨论新媒体使用与主观不平等的关联，但是对由数字技术引起的社会交往、工作模式、组织构型等社会连接对主观不平等的直接和间接影响几无讨论。这些新的议题是根植于中国走在世界前列的数字社会样态的，如果能够有所突破，将可能成为知识生产新的增长点。

第三，演绎是既有研究的主导范式，而采用归纳范式的研究鲜见。上一节的评述表明，研究者们在现状呈现和机制分析上都存在诸多分歧。除了数据代表性、操作化测量和模型设定是可能的原因外，也不排除是方法论上不约而同的演绎取向所致。多数研究的理论起点基于从欧美社会观察中提炼出的理论和命题，并没有充分探讨中国传统文化中的义利观、家庭观、地方性知识等对既有理论框架的影响。对这些议题的讨论需要借助归纳范式，甚至需要借助基于归纳和演绎双轮驱动的计算社会学去实现知识发现（范晓光、刘金龙，2022）。由此，社会网络分析、基于主体建模（agent-based modeling）等计算科学和数据科学的方法将不可再缺席。

参考文献：

敖杏林.影响农村妇女阶层认同的诸因素分析.社会发展研究，2015，2（4）：166-182，241.

陈光金.不仅有"相对剥夺"，还有"生存焦虑"：中国主观认同阶层分布十年变迁的实证分析：2001—2011.黑龙江社会科学，2013（5）：76-88.

陈济冬，罗楚亮.城镇居民教育公平感的经验分析.教育经济评论，2017，2（5）：72-91.

陈云松，范晓光.阶层自我定位，收入不平等和主观流动感知：2003—2013.中国社会科学，2016（12）：109-126，206-207.

刁鹏飞.城乡居民的公平意识与阶层认同：基于中国社会状况综合调查数据的初步报告.江苏社会科学，2012（4）：107-113.

董海军，杨静.社会质量对青年社会公平感的影响.青年研究，2021（4）：24-33，94-95.

范晓光，陈云松.中国城乡居民的阶层地位认同偏差.社会学研究，2015，30（4）：143-168，244-245.

范晓光，刘金龙.计算社会学的基础问题及未来挑战.西安交通大学学报（社会科学版），2022，42（1）：38-45.

范晓光，吕鹏.中国私营企业主的"盖茨比悖论"：地位认同的变迁及其形成.社会学研究，2018，33（6）：62-82，243.

方学梅.不平等归因，社会比较对社会公平感的影响.华东理工大学学报（社会科学版），2017，32（2）：72-78，90.

方长春.收入不平等的公众感知与态度：国际比较视野下的中国.吉林大学社会科学学报，2017，57（1）：137-149，206-207.

冯仕政.中国社会转型期的阶级和分层认同//郑杭生.中国人民大学中国社会发展研究报告2009：走向更有共识的社会：社会认同的挑战及其应对.北京：中国人民大学出版社，2009：163-185.

冯仕政.中国社会转型期的阶级认同与社会稳定：基于中国综合调查的实证研究.黑龙江社会科学，2011（3）：127-133.

付连峰.市场化，体制庇护与科学建制：科技人员阶层认同问题研究.科学学研究，2019，37（12）：2130-2140.

傅晓莲.新社会阶层的主观阶层认同//张海东等.中国新社会阶层：基于北京，上海和广州的实证分析.北京：社会科学文献出版社，2017：265-310.

高文珺.社会公平感的特点及社会心理效应//王俊秀.中国社会心态研究报告（2015）.

北京：社会科学文献出版社，2015：72-90.

高文珺.城市居民主观社会阶层特点分析//王俊秀.中国社会心态研究报告（2017）.北京：社会科学文献出版社，2017：24-45.

高文珺.个体和社会维度的社会公平感研究//王俊秀.中国社会心态研究报告（2019）.北京：社会科学文献出版社，2019：186-208.

高文珺.社会公平感现状及影响因素研究.广西师范大学学报（哲学社会科学版），2020，56（5）：28-44.

高勇.地位层级认同为何下移兼论地位层级认同基础的转变.社会，2013，33（4）：83-102.

龚锋，李博峰，雷欣.大学扩招提升了社会公平感吗：基于主观公平感的断点回归分析.财贸经济，2021，42（3）：111-127.

郭婕，吴玉锋，吴倩倩.基本医疗保险促进了居民健康与公平感吗.社会保障研究，2021（3）：59-69.

郭秋菊.性别视角下已婚者的阶层认同.青年研究，2016（4）：66-75，96.

韩钰，仇立平.中国城市居民阶层地位认同偏移研究.社会发展研究，2015，2（1）：1-17，243.

何蓉.中国历史上的"均"与社会正义观.社会学研究，2014，29（5）：140-164，243.

何晓斌，董寅茜.工作权威，工作自主性与主观阶层认同形成：基于创业者劳动过程的实证研究.社会学研究，2021，36（5）：180-202，230.

侯博文，尹海洁.整体向好与异质性分化：基于CGSS2013的当代中国工人群体阶层认同特征研究.南京社会科学，2019（3）：74-80.

胡建国.社会流动对收入分配公平感的影响：中国公众收入分配公平感的再探讨.人文杂志，2012（6）：148-154.

胡荣，陈斯诗.农民工的城市融入与公平感.厦门大学学报（哲学社会科学版），2010（4）：97-105.

怀默霆.中国民众如何看待当前的社会不平等.社会学研究，2009，24（1）：96-120，244.

黄超.收入，资产与当代城乡居民的地位认同.社会学研究，2020，35（2）：195-218，245-246.

黄健，邓燕华.制度的力量：中国社会保障制度建设与收入分配公平感的演化.中国社会科学，2021（11）：54-73，205.

黄晓星，戴玥.中国农民分配公平感的制度安排逻辑：基于改革开放三十多年农民的深度访谈.南京农业大学学报（社会科学版），2017，17（6）：38-47，163.

黄永亮，崔岩.社会歧视对不同收入群体社会公平感评价的影响.华中科技大学学报（社会科学版），2018，32（6）：23-32.

李春玲．断裂与碎片：当代中国社会阶层分化实证分析．北京：社会科学文献出版社，2005.

李春玲．当前中国人的社会分层想象//李友梅，孙立平，沈原．当代中国社会分层：理论与实证．北京：社会科学文献出版社，2006：89-113.

李丁．中国民众收入分配认知的共识、分歧与变迁．人大国发院系列报告：专题研究报告，2014，12（37）．

李飞．客观分层与主观建构：城镇居民阶层认同的影响因素分析：对既往相关研究的梳理与验证．青年研究，2013（4）：69-83，95-96.

李骏．城市住房阶层的幸福感与公平感差异．华中科技大学学报（社会科学版），2017，31（1）：46-57.

李骏．从收入到资产：中国城市居民的阶层认同及其变迁：以1991—2013年的上海为例．社会学研究，2021，36（3）：114-136，228.

李骏，吴晓刚．收入不平等与公平分配：对转型时期中国城镇居民公平观的一项实证分析．中国社会科学，2012（3）：114-128，207.

李黎明，廖丽．教育如何影响分配公平感？：基于人力资本理论与筛选理论的比较分析．复旦教育论坛，2019，17（2）：78-84.

李黎明，许珂，李晓光．社会网络，体制分割与收入分配公平感：基于职场上级交往的视角．现代财经（天津财经大学学报），2019，39（5）：90-99.

李路路，马睿泽．住房分层与中国城市居民的公平感：基于CGSS2003，CGSS2013数据的分析．中央民族大学学报（哲学社会科学版），2020，47（6）：56-65.

李路路，唐丽娜，秦广强．"患不均，更患不公"：转型期的"公平感"与"冲突感"．中国人民大学学报，2012，26（4）：80-90.

李培林．社会冲突与阶级意识当代中国社会矛盾研究．社会，2005（1）：7-27.

李培林．我国改革开放以来社会平等与公正的变化．东岳论丛，2020，41（9）：5-14，191.

李培林，李炜．农民工在中国转型中的经济地位和社会态度．社会学研究，2007（3）：1-17，242.

李培林，李炜．近年来农民工的经济状况和社会态度．中国社会科学，2010（1）：119-131.

李培林，张翼．中国中产阶级的规模、认同和社会态度．社会，2008（2）：1-19，220.

李培林，张翼，赵延东，等．城市公众的阶层认同及其影响因素//社会冲突与阶级意识．北京：社会科学文献出版社，2005：55-88.

李强．社会分层与社会空间领域的公平、公正．中国人民大学学报，2012，26（1）：2-9.

李强.职业特征、生活感知与城乡居民阶层认同:基于2012年世界价值观调查数据的分析.调研世界,2017(1):18-22.

李升.受雇农民工的城市劳动关系状况与公平感研究.青年研究,2015(4):85-93,96.

李炜.社会公平感:结构与变动趋势:2006—2017年.华中科技大学学报(社会科学版),2019,33(6):110-121.

李秀玫,桂勇,黄荣贵.政府基本公共服务供给与社会公平感:基于CGSS 2010的研究.社会科学,2018(7):89-97.

李颖晖.教育程度与分配公平感:结构地位与相对剥夺视角下的双重考察.社会,2015,35(1):143-160.

李煜,朱妍.微观公平感的形成机制:基于职业群体的双重比较理论.华中科技大学学报(社会科学版),2017,31(1):37-45.

栗治强,王毅杰.转型期中国民众公平感的影响因素分析.学术论坛,2014,37(8):99-105.

廉思.我国高校青年教师社会不公平感研究.中国青年研究,2012(9):18-23,100.

廉思,张琳娜.转型期"蚁族"社会不公平感研究.中国青年研究,2011(6):15-20.

林登平.浅析当前社会的不公平感.福州大学学报(社会科学版),1997(2):6-7,38.

凌巍,刘超.收入不平等对居民社会公平感的影响及其机制研究:基于CGSS2013微观调查数据的实证分析.统计与管理,2018(6):109-113.

刘精明,李路路.阶层化:居住空间、生活方式、社会交往与阶层认同:我国城镇社会阶层化问题的实证研究.社会学研究,2005(3):52-81,243.

刘欣.转型期中国大陆城市居民的阶层意识.社会学研究,2001(3):8-17.

刘欣.相对剥夺地位与阶层认知.社会学研究,2002(1):81-90.

刘欣,胡安宁.中国公众的收入公平感:一种新制度主义社会学的解释.社会,2016,36(4):133-156.

刘欣,田芊.中国公众能容忍的职业间收入差距有多大?.江苏社会科学,2017(3):55-62.

龙书芹,风笑天.社会结构、参照群体与新生代农民工的不公平感.青年研究,2015(1):39-46,95.

卢春天,赵云泽,张志坚.论教育程度和媒介涵化对社会公平感的塑造.现代传播(中国传媒大学学报),2017,39(12):149-155.

卢福营,张兆曙.客观地位分层与主观地位认同.中国人口科学,2006(3):38-43,95.

卢汉龙.城市居民社会地位认同研究//中国社会科学院社会学研究所.社会学年鉴:1992.7—1995.6.北京:中国大百科全书出版社,1996:119-127.

卢汉龙,边燕杰.从市民地位观看改革与社会经济不平等//李培林,李强,孙立平,等.

中国社会分层.北京：社会科学文献出版社，2004：160-177.

陆学艺.当代中国社会结构.北京：社会科学文献出版社，2010.

陆学艺.当代中国社会阶层的分化与流动.江苏社会科学，2003（4）：1-9.

陆益龙.乡村居民的阶级意识和阶层认同：结构抑或建构：基于2006CGSS的实证分析.江苏社会科学，2010（1）：114-124.

陆益龙.态度，认同与社会分层的主观建构：基于2008CGSS的描述性分析.湖南社会科学，2011（5）：53-57.

吕鹏，范晓光，孙明.当代中国私营企业主与个体工商户：结构，态度与行动//当代中国阶级阶层变动：1978—2018.北京：社会科学文献出版社，2018.

马磊，刘欣.中国城市居民的分配公平感研究.社会学研究，2010，25（5）：31-49，243.

孟天广.转型期中国公众的分配公平感：结果公平与机会公平.社会，2012，32（6）：108-134.

聂晨，方伟.住房自有会撕裂青年群体吗：青年住房自有与阶层认同的研究.中国青年研究，2017（8）：64-70.

宁晶，严洁.城市化下的户口转变与农民工公平感.兰州学刊，2018（3）：185-196.

秦广强.当代青年的社会不平等认知与社会冲突意识：基于历年"中国综合社会调查"数据分析.中国青年研究，2014（6）：62-66.

宋庆宇，乔天宇.中国民众主观社会地位的地域差异基于对CFPS2012成人问卷数据的"虚拟情境锚定法"分析.社会，2017，37（6）：216-242.

苏振华.理解社会公平感：媒体建构与公众感知.新闻与传播研究，2018，25（1）：21-40，126.

孙明.市场转型与民众的分配公平观.社会学研究，2009，24（3）：78-88，244.

孙薇薇，朱晓宇.地位、相对剥夺与归因：教育年限对分配公平感的影响机制.社会学评论，2018，6（3）：65-75.

田丰.改革开放的孩子们：中国"70后"和"80后"青年的公平感和民主意识研究.青年研究，2009（6）：1-10，92.

田丰.当代中国农民工社会经济地位变化//当代中国阶级阶层变动：1978~2018.北京：社会科学文献出版社，2018.

田芊，刘欣.分配公平感及其背后的正义原则.南京社会科学，2019（7）：61-67.

田志鹏.少数民族教育获得与就业公平感的分析：基于2017年和2019年中国社会状况综合调查数据.民族教育研究，2020，31（5）：70-79.

王甫勤.社会流动与分配公平感研究.上海：复旦大学，2010.

王甫勤.新生代与传统农民工社会公平感的影响因素研究.中国人口科学，2016（5）：

110-119，128.

王军．中国多元城镇化路径对主观阶层认同的影响．中山大学学报（社会科学版），2021，61（3）：199-206.

王军，陈可．社会经济地位、社会流动与民族间的阶层认同差异．南方人口，2016，31（4）：18-28.

王敏．社会阶层认同的性别差异研究：基于住房视角的实证分析．社会学评论，2021，9（6）：215-232.

王晓楠．新社会阶层的主观阶层认同//张海东，等．中国新社会阶层：基于北京，上海和广州的实证分析．北京：社会科学文献出版社，2017：99-134.

王毅杰，冯显杰．农民工分配公平感的影响因素分析．社会科学研究，2013（2）：98-104.

王元腾．参照群体、相对位置与微观分配公平感都市户籍移民与流动人口的比较分析．社会，2019，39（5）：203-240.

魏钦恭，张彦，李汉林．发展进程中的"双重印象"：中国城市居民的收入不公平感研究．社会发展研究，2014（3）：1-32，240.

翁定军．公平与公平感的社会心理分析．上海大学学报（社会科学版），1999（2）：49-53.

吴琼．主观社会地位评价标准的群体差异．人口与发展，2014，20（6）：63-70.

吴晓刚．数字化赋予社会结构变迁新动力．（2021-08-20）[2023-12-20]．http://www.cssn.cn/zx/202108/t20210820_5354673.shtml.

肖日葵，仇立平．"文化资本"与阶层认同．国家行政学院学报，2016（6）：59-64，127.

谢宇．认识中国的不平等．社会，2010，30（3）：1-20.

徐延辉，袁兰．资本积累与农民工群体的阶层认同．社会建设，2019，6（1）：3-15.

徐延辉，刘彦．社会资本与农民工的社会公平感．社会科学战线，2018（11）：228-237.

徐延辉，许磊．当代农民工社会公平感：一个经济社会学分析框架．上海大学学报（社会科学版），2018，35（6）：13-22.

许琪．"混合型"主观阶层认同：关于中国民众阶层认同的新解释．社会学研究，2018，33（6）：102-129，244.

许琪，贺光烨，胡洁．市场化与中国民众社会公平感的变迁：2005—2015．社会，2020，40（3）：88-116.

许琪，熊略宏．本人还是配偶？：谁决定中国已婚女性的阶层认同．中国青年研究，2016（12）：12-20.

杨城晨，郁姣娇，张海东．新社会阶层与体制内中产的地位认同差异：基于情境锚定法的一项研究．社会学评论，2020，8（1）：103-117.

尹海洁,侯博文.当代中国工人群体社会阶层认同影响因素研究:基于CGSS2013数据的实证分析.南京社会科学,2017(10):45-52.

袁玉芝,白紫薇.我国中学教师主观社会地位状况及其影响因素研究.清华大学教育研究,2021,42(2):84-91.

张海东.城市居民对社会不平等现象的态度研究:以长春市调查为例.社会学研究,2004(6):11-22.

张海东,杨城晨.住房与城市居民的阶层认同:基于北京、上海、广州的研究.社会学研究,2017,32(5):39-63,243.

张海东,袁博.双重二元劳动力市场与城市居民的阶层认同:来自中国特大城市的证据.福建师范大学学报(哲学社会科学版),2020(1):25-37,171.

张慧.嫉妒与"感知的不平等":对"红眼病"和"仇富心态"官方话语的研究.学海,2014(5):143-151.

张静.转型中国:社会公正观研究.北京:中国人民大学出版社,2008.

张顺,陈芳.社会资本与城市居民社会经济地位认同.西安交通大学学报(社会科学版),2012,32(3):95-100.

张顺,梁芳.城市居民网络精英关联度与主观阶层地位认同:基于JSNET2014八城市数据的实证分析.吉林大学社会科学学报,2017,57(5):45-53,203.

张顺,梁芳.社会流动、网络位置与阶层认同偏移.西安交通大学学报(社会科学版),2021,41(2):78-87.

张顺,梁芳,李姚军.城市居民阶层地位认同偏移:流动观与网络观的双重视角.山东社会科学,2019(5):65-75.

张顺,祝毅.代际流动轨迹与分配公平感:影响机制与实证分析.社会学评论,2021,9(3):199-218.

张卫国,杨雨蓉,谢鹏,等.城镇化进程中农民工阶层认同及影响因素研究:基于2013CGSS的数据实证.西南大学学报(自然科学版),2017,39(11):1-9.

张文宏,刘琳.住房问题与阶层认同研究.江海学刊,2013(4):91-100.

张衍.主客观地位与流动感知对公平感的影响与变化:2019—2020年//王俊秀.中国社会心态研究报告(2021).北京:社会科学文献出版社,2021:41-64.

赵迪.社会工作者主观社会地位认同的影响因素.华东理工大学学报(社会科学版),2021,36(3):30-45.

赵卫华,汤溥泓.消费对中国城镇居民阶层认同的影响研究:基于CSS2013年数据分析.哈尔滨工业大学学报(社会科学版),2019,21(5):63-69.

赵晓航.转型期中国民众的分配公平感与不平等归因:基于"中国综合社会调查(CGSS)2010"的实证分析.甘肃行政学院学报,2015(5):101-111,128.

赵延东."中间阶层认同"缺乏的成因及后果.浙江社会科学,2005(2):86-92.

赵延东,李睿婕,何光喜.当代中国专业技术人员的规模和心态//李培林.当代中国阶级阶层变动.北京:社会科学文献出版社,2018:120-163.

赵晔琴,梁翠玲.融入与区隔:农民工的住房消费与阶层认同:基于CGSS 2010的数据分析.人口与发展,2014,20(2):23-32.

中国社会科学院"当代中国人民内部矛盾研究"课题组.城市人口的阶层认同现状及影响因素.中国人口科学,2004(5):21-27,81.

周亚平.对中国社会经济改革进程中收入不平等的认知:一个同期群组的分析.兰州大学学报(社会科学版),2012,40(4):92-99.

朱斌,苗大雷,李路路.网络媒介与主观公平感:悖论及解释.中国人民大学学报,2018,32(6):78-89.

CHEN Y,WILLIAM S M. Subjective social status in transitioning China: Trends and determinants. Social science quarterly, 2018, 99(1): 406-422.

CHEN W, WU X G, MIAO J. Housing and subjective class identification in urban China. Chinese sociological review, 2019, 51(3): 221-250.

HAN C, WHYTE M K. The social contours of distributive injustice feelings in contemporary China//DAVIS D S, WANG F. Creating wealth and poverty in post-socialist China. California: Stanford University Press, 2009: 193-212.

JANMAAT J G. Subjective inequality: A review of international comparative studies on people's views about inequality. European journal of sociology, 2013, 54(3): 357-389.

WANG F. Boundaries of inequality: Perceptions of distributive justice among urbanities, migrants, and peasants. (2007-10-16)[2023-12-23]. https://escholarship.org/content/qt1v62q8pw/qt1v62q8pw.pdf.

WANG F. Perceptions of distributive justice of the residents in contemporary China's large cities: An empirical study based on the survey in Shanghai. Chinese journal of sociology, 2011, 31(3): 155-183.

WANG J. Rural-to-urban migration and rising evaluation standards for subjective social status in contemporary China. Social indicators research, 2016, 134(3): 1113-1134.

WHYTE M K. Myth of the social volcano: Perception of inequality and distributive injustice in contemporary China. California: Stanford University Press, 2010.

WHYTE M K, IM D K. Is the social volcano still dormant?: Trends in Chinese attitudes toward inequality. Social science research, 2014, 48: 62-76.

WU X G. Income inequality and distributive justice: A comparative analysis of Mainland China and Hong Kong. The China quarterly, 2009, 200: 1033-1052.

XIE Y, THORNTON A, WANG G Z, et al. Societal projection: Beliefs concerning the relationship between development and inequality in China. Social science research, 2012, 41（5）: 1069-1084.

ZHANG Z N, YEUNG J W K, KIM T Y. Rural to urban migration and distributive justice in contemporary China. Asian and Pacific migration journal, 2018, 27（1）: 80-100.

ZHOU Y. The trajectory of subjective social status and its multiple determinants in contemporary China. Chinese journal of sociology, 2021, 7（4）: 557-574.

第十九章 | 不平等与社会态度

李双龙
(华东政法大学社会发展学院)

第一节 社会态度的内涵、外延与总体性变迁

在心理学中,态度是一种心理结构,是一个人所固有的或表征一个人的心理和情感实体(Perloff, 2020),是"一种通过以某种程度的支持或不支持评估特定实体来表达的心理倾向"(Eagly & Chaiken, 1998)。虽然它是社会科学特别是社会心理学研究的核心领域,但学界对态度应该如何定义和进行测量也是众说纷纭。

对作为"社会晴雨表"和"社会变迁的现实结果和社会表征"的社会态度开展系统研究,对于"认识社会发展、指导社会运行具有重要意义"(李路路、王元超,2020)。在关于社会态度的解释上,有两种主要的理论视角。一是文化论,强调整体文化价值观对社会态度的影响,且认为这种影响是全面性、同时性的;二是结构论,强调社会结构力量的形塑作用,且认为这种影响是差异化、结构性的。但基于 CGSS2005 与 CGSS2015 两期数据的分析结果表明我国不同社会群体在总体态度倾向性指标上的组间差距有明显的变迁,总体态度倾向性的变迁是差异化的,不是全面性、同时性的,这意味着结构论而非文化论更能有效解释我国社会态度倾向性在 2005—2015 年的变迁(李路路、王元超,

2020）。此外，在 2005—2015 年，国人幸福感提升明显，而且群体间差异在缩小，这说明我国居民的幸福感处于积极的发展势头中。此外，社会公德感、政府满意度、政治参与和行为开放性也有所提升。因此，总体而言，社会态度的极化现象并未在我国显现（李路路、王鹏，2018）。

本章所选取的文献主要来自 2007—2022 年发表在《中国社会科学》《社会学研究》《社会》等国内代表性刊物以及境外优秀期刊上的学术论文。本章将主要围绕不平等与社会态度的三种主要表现形式（幸福感、社会信任和社会歧视、社会参与意向）之间的关系进行系统回顾与反思。

第二节 不平等与幸福感

一、幸福感的定义与测量

幸福感（subjective well-being，SWB 或 happiness）是人类奋斗的终极目标，是个体对实际生活状态与理想生活状态进行比较而得出的主观评价（Diener，2000），是个体对生活的积极性评价（Veenhoven，1991）。幸福感主要有三大特征，即主观性、积极性和综合性（Diener，2000）；同时，它具有较高的生活满意度、频繁的积极感受和较少的消极感受三种主要表现方式（Diener，1984）。自 20 世纪中叶以来，关于幸福感的研究吸引了多学科的关注，如心理学、经济学、健康学还有社会学。不同学科的理论范式和学科视角大相径庭，而社会学则主要从社会经济地位不平等的角度来解释幸福感的差异，也就是探讨幸福感的阶层化。

虽然幸福感这一概念非常重要，但准确测量幸福感却是极具挑战性的工作。一是由于幸福感是综合的、多维的；二是由于作为一种主观情绪，幸福感会随着被访者的情绪、情境和时间的变化而变化，难以精准捕捉。

问卷调查中一般有三种方法对幸福感进行测量：一是设计一组多维问题，之后对每个被访者在各个问题上的得分进行加总，进而获得对幸福感的测量，但这种方法的调查成本太高，推广性不足（Kahneman & Krueger，2006）。另外一种是从幸福感的反面入手，比如测量"幸福感"的对立面，如痛苦、困扰、焦虑等（Blore et al., 2011）。最后一种是只设置单个问题（single-item measures of SWB），这种方法也被称为自陈量表法（self-reported life satisfaction or happiness），这种测量一般采用三点、四点、五点或十点法，因具有较高的便利性和准确性而被广泛采用。例如，在世界价值观调查中，81个国家/地区的被访者被问及："综合考虑，你对这些天的整体生活满意度如何？"美国综合社会调查（GSS）问被访者："综合起来，你会说现在的情况如何？你会说你很幸福，幸福，还是不太幸福？"而CGSS2017的调查问卷则问被访者："总的来说，您觉得您的生活是否幸福？"给被访者的回答选项有"非常不幸福、比较不幸福、说不上幸福不幸福、比较幸福、非常幸福"，CGSS属于典型的五点测量，GSS则属于典型的三点测量。那么用简单的单一指标来测量一个具有多维含义的概念有没有可靠性和有效性？既有研究证明了其信度和效度均可得到保障，在社区调查和跨文化比较中，用这一方法衡量幸福感是可靠、有效和可行的（Abdel-Khalek, 2006; Kahneman & Krueger, 2006）。此外研究者们注意到一个人的幸福感、生活满意度的总体水平只会随着时间的推移非常缓慢地变化，这是由于生活满意度的大多数已知相关因素（年龄、收入、婚姻状况和就业状态）的变化较为缓慢（Krueger & Schkade, 2008）。

从总体趋势来看，2005—2015年，我国居民个人幸福感有明显提升，（李路路、王元超，2020）。影响幸福感的因素有很多，下面将讨论工作地位、收入、住房与户籍等因素对幸福感的影响。

二、工作地位与幸福感

首先，幸福感与就业状态密切相关，有工作的人的幸福感显著高于无业者（边燕杰、肖阳，2014）。如果将城镇女性分为体制内就业、体制外就业和不就业三种，与体制内就业和不就业的女性相比，体制外就业女性的幸福感显著更低，这主要是因为选择不就业的女性通常已婚或者家庭经济条件更好（家庭庇护机制）；体制内的女性每周比体制外的女性平均工作时长显著更短（体制庇护机制）。由此可见，超长的工作时间尤其是加班可能会带来严重的工作家庭冲突，进而损害体制外女性的幸福感（工作家庭冲突机制），且就业不必然会带来幸福感的提升，我们在研究就业与幸福感之间的关系时，需要考虑到就业类型（体制内/外）、劳动力市场结构和宏观制度环境的差别（吴愈晓等，2015）。

其次，幸福感或生活满意度的分布是阶层化的，作为中产阶级上层的新中产阶级的个人生活满意度指数得分最高，老中产阶级和边缘中产阶级得分居中，而工人阶级的生活满意度显著低于其余所有中产阶级群体；就社会生活满意度在阶层间的分布来看，新中产阶级的社会生活满意度指数得分明显超过边缘中产阶级和工人阶级（李春玲，2011）。

三、收入与幸福感

关于收入与幸福感之间的关系，最为著名的当属由第一位研究幸福感的经济学家宾夕法尼亚大学的理查德·伊斯特林教授在1974年对1946—1970年包括美国在内的19个国家的数据进行分析后所提出的"幸福感悖论"（easterlin paradox）。幸福感悖论指出，在某个时间点，国家之间和国家内部的收入与国民平均幸福感显著正相关，但随着收入的持续增长，幸福感并不会随着时间的推移而上升，而是维持不变。换句话说，在短期内的某一时间点上和长期内的时间序列之间的发现是矛盾的、相悖的（Easterlin，1974）。

对幸福感悖论最有影响力的解释来自相对收入理论。该理论认为在一些经济正处于发展期的欠发达地区，由于个体的平均收入与过去相比出现大幅提升，幸福感就会随着收入的增加而显著提升；但是在经济已经非常发达的地区，人们的收入水平已经达到了一定高度，因此平均收入在很长一段时期内很可能处于停滞甚至下滑状态，加之人们对生活形成的过高期待也会抵消收入增长对幸福感的正向效应，因此从个体层面来看，人们的幸福感并未出现显著提升（Easterlin，1974、1995、2003；Clark et al.，2008）。

为了回应这一悖论，研究中国的国内外研究者积极进行了学术对话，但研究结果莫衷一是。有的研究对伊斯特林幸福感悖论提出了挑战，如刘军强（2012）利用CGSS2003—2010数据分析发现，随着国内经济的持续增长，个人的收入与幸福感持续攀升，因此这一悖论在中国并未出现；也有研究发现这一悖论确实适用于中国，即经济增长并未给国人带来幸福感的提升（吴菲，2016；Wu & Li，2017；鲁元平、张克中，2010；邢占军，2011），甚至随着经济的发展中国人的幸福感有所下降（Easterlin et al., 2012）。

那么经济的不断发展为何未能带来幸福感的持续提升，反而导致了下降？相对剥夺论试图对此做出理论解释，该理论认为大多数民众的心态是"不患寡而患不均"，改革开放以来，尽管经济飞速发展，但与此相伴随的社会不平等程度被不断拉大，导致人们的相对剥夺感增强，助长了"嫉妒羡慕恨"的情绪，加之失业问题的恶化和社保体系的不完善，生活满意度出现严重下滑（Brockmann et al., 2009; Easterlin, 2009），经济发展带来的幸福感提升效应被不断恶化的社会不平等所引发的相对剥夺效应所消除（李路路、石磊，2017）。

与相对剥夺论不同，隧道效应论声称收入不平等程度越高，个人微观层次的幸福感也会越高；人们对幸福感的主观评价不仅仅取决于对当前境况的认知，也取决于人们对未来的预期。收入分化程度高给人一种对未来发展的积极预期，好比一个人在隧道中遭遇堵车，当看到前方车辆启动时此人会很开心，因为这给了他可以快速行驶的积极预期（Knight & Gunatilaka, 2010; Jiang et al., 2012）。

值得注意的是，伊斯特林幸福感悖论所探讨的幸福感其实是在宏观的、国家的层次上的，而关于幸福感在不同社会群体之间分布的研究对我们了解特定社会群体幸福感的现状和成因也非常重要。有研究发现，宏观收入差距越大，居民生活满意度越低（Appleton & Song, 2008；黄嘉文，2016；Wu & Li, 2017）。除这种线性关系之外，也有研究报告收入差距与中国居民的主观幸福感存在倒 U 形的关系，而这个 U 形的临界点出现在基尼系数 0.4 左右，这说明当基尼系数低于 0.4 时，收入差距越大，居民幸福感越强；但当基尼系数超过 0.4 时，收入差距的扩大将导致幸福感下降（王鹏，2011）。在将个人收入纳为控制变量之后，参照群体的平均收入越高，个体的幸福感越低（官皓，2010；罗楚亮，2009；任海燕、傅红春，2011）；如果个体的收入低于平均水平，幸福感就会显著降低（Knight et al., 2009）。除客观的收入差距之外，居民对自身收入合理性的主观评判会显著影响幸福感，有研究发现，与认为自身收入合理的居民相比，认为自身收入不合理的居民主观幸福感显著更低（Smyth & Qian, 2008；王鹏，2011）。

笔者认为，收入与幸福感之间的关系在不同研究中的结论之所以不一致，主要原因就在于对幸福感的测量不一致，这不只体现在不同数据对幸福感本身的测量题器设置上的不一致，更体现在不同被访者做出幸福感自我测评的潜在参照群体是不一致的：有的人可能以过去的自己作为参照对象，有的人可能与同一时期的"关键他人"做对比；有的人以自己在自己所属的阶层内部的相对状态进行对比进而做出选择，有的人则与其他阶层（比自己更高或比自己更低的阶层）进行比较进而做出回答。未来研究需要在一国或者多国的研究中设置同样的问题，并对被访者回答其幸福感时选取的参照群体做出明确区分，这样才能形成更多有意义的研究结论。

四、住房与幸福感

自1998年国务院发布《国务院关于进一步深化城镇住房制度改革加快住房建设的通知》伊始，以往的实物福利分房制度宣告终结，代之以经济适用房为主、廉租房和商品房为辅的住房供应体系。自此之后我国开始快速步入商品房时代。近些年来，住房不平等俨然已成为社会不平等研究中的显学之一，同时住房不平等也不可避免地成为影响居民幸福感的核心因素。从既有文献来看，住房不平等对幸福感的作用机制主要体现在三个方面：一是住房产权不平等，二是住房套数和面积不平等，三是住房价格不平等。

首先，就住房产权不平等而言，拥有大产权住房的数量与居民幸福感显著正相关，而小产权住房的数量对居民幸福感不具有显著影响（李涛等，2011）。其次，就住房套数和面积而言，毋庸置疑，有房者比无房者和租房者的幸福感更强，有多套房者比一套房者的幸福感显著更强（林江等，2012；李涛等，2011；孙伟增、郑思奇，2013）；同时，住房面积越大，幸福感越强（高红莉等，2014；欧阳一漪、张骥，2018），但也有研究发现二者的关系不一定是单调递增的，而是倒U形的，即住房面积对幸福感的影响呈现先上升后下降的趋势（刘米娜、杜俊荣，2013）。最后，就住房价格不平等来说，房产增值越大，自有住房者的幸福感越强；房价越高，有房者的固定资产越多，幸福感也越强（易成栋等，2020），但租房者的幸福感却会由于较高的房价导致房租上升而下降（孙伟增、郑思齐，2013）。就具体的作用机制而言，住房资源通过影响主观社会地位进而影响幸福感，占据住房资源优势者其主观社会地位更高，幸福感也更强；而缺乏住房资源的劣势者，其主观社会地位更低，幸福感自然也更弱

（易成栋等，2020）。

笔者认为，就住房不平等与幸福感的关系而言，先行研究通过住房产权、住房套数、住房面积以及住房价格来定义幸福感强弱不足以全面解释住房对于幸福感的作用机制，我们必须认识到房屋的区位优势，如房屋在购物、交通、医疗特别是教育方面的便利度对居民幸福感的影响。通勤时间越短，周边购物、医疗和教育资源配套越好，居民幸福感会越强，也会提升房屋的市场价值并进而提升业主的幸福感，但可能会带来租房者和买房者幸福感的下降，后续研究应收集相关数据并开展系统深入的实证研究。

五、户籍与幸福感

在中国现代化和城市化的进程中，涌现了大批"离土不离乡"的在本地乡镇企业工作以及"离土又离乡"的从农村到城市打工的农民工群体。基于 2006 年在国内 28 个省市区所收集的数据的分析，李培林和李炜（2007）的研究发现，尽管与城市工人相较，农民工群体的收入水平更低、工作时间更长、社会保障覆盖水平更低，但农民工群体却表现出更加积极而非消极的社会态度，包括更高的社会安全感、公平感、满意度和信任度。究其原因，首先源于农民工群体对于自身境遇的归因机制，即认为自己的境遇是后致性因素如自身素质和能力（受教育程度和劳动技能水平）而非先赋性、社会性、结构性因素造成的，而经验证据也佐证了这一观点，且发现户籍身份所产生的报酬差异并不明显；其次，农民工对自我境遇和社会地位做出主观评价时，主要的参照群体是家乡的农民和过去的自己，而不是城市工人。因此他们对自身目前的境况普遍表示满意且往往对未来抱有积极乐观的预期。这种客观社会经济地位与幸福感的自我评价之间的不一致，也被后续一些研究所证实（怀默霆，2009；Knight & Gunatilaka，2010；李培林、李炜，2010；Whyte，2010）。

对此，既有研究从参照群体选取的角度做出了理论解释。一是同质性参照群体，社会底层更倾向于选择与其地位相当的其他人作为参照群体，而不会选择与社会上层相比；二是未来向上流动的预期，即国内经济的持续发展提升了社会上的大多数人对于未来的信心和预期，使得他们认为前途光明，目前较低的社会地位只是暂时的，这个时候底层的参照群体就是比自己更高的群体。而吴菲和王俊秀（2017）的研究结论最后支持了同质性参照群体理论，向上流动期望理论并未得到数据支持。通过对已有的18项实证研究进行元分析，张军华（2010）发现城镇人口比农村人口更为幸福，先行文献之所以研究结论不一致，主要是由于调查工具（如自编的初次使用的、已修订好的有一定信效度指标的以及信效度指标题器设计）不同。

第三节 不平等与社会信任和社会歧视

一、社会分层与社会信任

与特殊信任或作为信任的特殊类型的政治信任不同，社会信任指的是人们对社会上大多数人的信任，这是一种普遍信任。研究发现，年龄越大的人社会信任水平越高，有稳定住所和工作的人社会信任水平更高（李涛等，2008）。而作为地位不平等的核心机制之一的教育对社会信任具有显著影响。研究发现，接受高等教育的人社会信任水平更高，这其中主要的作用机制是高等教育的经济效应，即教育通过提高个人的经济社会地位进而提高其社会信任水平（黄健、邓燕华，2012）。根据人力资本理论，受教育程度越高的人其日后获得的经济社会地位相对也较高，而行动者甲是否信任乙取决于两个因素，一是甲对乙是否会失信这一可能性的主观判断；二是甲的"相对易损性"（relative vulnerability）等于甲的潜在损失的绝对值除以甲所拥有的资源总量，一个人占有的资源总量越大，相对易损性越低，就越有可能信任陌生人，一个人占有的资源总量越小，相对易损性越高，就越不可能信任陌生人（王绍光、刘欣，2002）。此外，收入和社会地位越高的人对陌生人的信任度更高（李涛等，2008）。

二、社会分层、社会流动与社会歧视

秦广强（2011）利用对角线参照模型对CGSS2005年的数据进行分析，试图剖析城市居民对外来人口的歧视现象的诱因,他将歧视进一步区分为工作、社区居住、邻里居住、交往歧视、子女婚恋五个维度。研究发现:(1)所居住的城市越大,行政级别越高,歧视程度越高;(2)城市中的精英阶层(管理者和专业技术人员)对外来人口的歧视态度低于城市中的工人、服务人员和办事人员阶层,这是由于他们普遍具有更高的文化素质,看待外来人口更加理性和客观,且外来人口的涌入难以对其利益造成威胁;(3)处于社会下层的自雇佣者对城市外来人口态度温和,大多有"同是天涯沦落人"的惺惺相惜之感;(4)与经历了向上流动的人相比,经历了向下流动的人对外来人口的歧视更严重。

另外,利用两层混合效应多元线性模型对CGSS2011年的数据进行分析后,柳建坤和许弘智(2019)提出了进城农民工被本地市民歧视的"替罪羊"假说:自身生活境遇较差的市民,排斥进城农民工的概率更大;与在过去五年经历了向上流动的市民相比,经历了向下流动的市民对进城农民工的排斥更强烈;对未来五年社会地位的变化持有"悲观预期"的比对此持有"乐观预期"的市民更可能排斥进城农民工;过去的经历和对未来的预期比当下的生活经历更能够影响市民的排斥态度,这侧面表明市民的这种排斥或者歧视具有现实性和非现实性混杂的特征,且非现时的利益威胁占据主导地位,这预示着农民工歧视被当作"替罪羊",用来发泄市民对政府在应对社会不平等问题上的不足和低效。

此外,上述两项研究均报告了城市女性比男性更倾向于排斥农民工,但究竟是何原因作者并无过多解释(秦广强,2011;柳建坤、许弘智,2019)。令人欣喜的是,作者发现社区融入程度对市民的排斥态度有一定的削弱作用,市民与邻里的互动质量越好,越有可能接纳进城农民工(柳建坤、许弘智,2019),这也给了我们一定的政策和实践启示。此外,也有研究测量了单一城市如上海居民对移民的态度(李煜,2017),以及进行了跨城如沪港两地的跨地区比较(李骏等,2021)。李煜(2017)将上海居民细分为三类:具有上海户籍且以上海话为母语的"老上海人"、具有上海户籍但母语不是上海话的"新上海人"和没有上海户籍的外地人,并对这三种身份群体的移民态度及其影响因素进行分析,研究发现社会经济地位对"老上海人"的移民接纳态度具有正向提升作用,但其并不影响其余两大群体的移民接纳态度。李骏等人(2021)的研究发现,对移民态度的世代效应在两城是相反的,上海的年轻人对移民更为友好,而香港地区的年轻人对移民更为排斥,进而指出对于世代效应的解释要跟年轻人当下所处的经济社会情境相关联。

如前文所述，外来人口遭受的社会歧视程度越高，其对城市身份的认同度和融入度就越低（褚荣伟等，2014）。因此研究者们也呼吁国家和社会要共同努力，进一步消除歧视，营造一个公正公平的社会氛围和平等的机会结构，助推流动人口更积极有效地融入城市生活，进而提升我国城镇化和现代化的水平和质量。

第四节 不平等与社会参与意向

一、社会分层与公民参与

公民参与主要分为政治参与和社会参与，前者指的是参与投票、选举、表决和抗争等政治性事务，后者主要指参与社会公益慈善、志愿服务和加入各种社会组织（王新松、张秀兰，2016）。我国长期以来是一个"身份政治"的社会，其中最重要的当属户籍，户籍与社会福利、公共服务的获取能力和权利紧密衔接，农村户籍会对在城市常住但无城市户籍的"非市民"的政治参与产生制度性抑制作用，如在居委会和业委会的选举中，农村户籍人口因不具备选民资格而无投票资格。有研究发现户籍身份对"非市民"的公共意识具有负面效应，如较少参加社区活动；且户籍身份与受教育程度的交互项以及户籍身份与收入的交互项均不显著，意味着户籍对"非市民"的公共意识的负面效应不会随其教育和收入水平的提高而有所改善（陈钊等，2014）。这些"非市民"中绝大部分都是农民工，很多研究者围绕其社会认同开展了系统研究（张文宏、雷开春，2009；崔岩，2012；褚荣伟等，2014）。基于上海的研究发现，在文化态度方面，对流入地当地文化价值观的接受度能显著提升农民工的城市认同感，流入地方言讲得越流利，城市认同的概率越高。这可能是因为一来流利的方言有助于获得更好的工作机会，二来便于与本地人更好地交流；在社会交往方面，参加单位活动可以显著提升城市认同感，与流入地当地友人聚会越多，城市认同感越强；从经济地位来看，若农民工与一起外出打工的人相比地位越高，城市认同感越强，而无论是其与其他群体收入比较的相对结果还是自身的绝对收入水平与其城市认同感皆无显著相关；遭受的社会歧视越多，认同感越弱，特别是居住在独立租赁房屋内的农民工，其与社会主流越接近，被歧视的概率越高，也越不认同其城市身份（褚荣伟等，2014）。

二、社会分层与环保行为

作为一种非常重要的社会行为，环保行为历来都是环境社会学的核心议题。而环保意识是环保行为的先导，二者紧密相关。既有文献主要从经济、社会结构和文化因素对环保行为和意识的影响展开讨论。

基于 CGSS2013 的数据，刘森林、尹永江（2018）发现环保意识的代际差异化特征明显：以出生在改革开放前后为界，在改革开放之后出生的年轻世代比在改革开放之前出生的年长世代的环保意识更强。究其成因，首先，从经济因素来看，家庭人均年收入对年轻世代有显著的负面影响，而其对老年世代环保意识并无显著影响；社会福利水平越高，年轻人的环保意识就越强，但其对年长者并无显著影响。其次，从社会结构因素特别是政治面貌来看，无论年轻人还是年长者，与非党员相比，党员具有更高水平的环保意识。最后，对年长者而言，受过高等教育的比没受过高等教育的人环保意识更强；但受教育程度的高低对年轻人环保意识强弱的影响并不显著；传统媒介使用频率越高，年轻人的环保意识越强，但其对年长者的影响不显著；此外，新媒介的使用对两代人的环保意识具有显著的提升作用。通过回归分析计算 Shapley 值的方法，他们发现社会结构因素对于年轻人环保意识的解释力最大，相比之下，文化因素对年长者的环保意识解释力最大。但由于此文使用的是横截面数据，文章中的解释变量与因变量的关系只能是相关而非因果关系，因此，对此研究结论需进行更为深入细致的考证。

从环保意识的性别差异来看，较早的研究发现男性比女性更为关心环境，但是性别并非独立发生作用的，而是通过影响环境知识这一中介变量进而影响环保意识，环保知识越丰富的人对环境越关心；由于女性对环境知识的掌握低于男性，因此其环境关系水平也比男性更低（洪大用、肖晨阳，2007）。而与环境关心不同，新近研究发现女性比男性具有更高的环境行为水平（龚文娟，

2008；时立荣等，2016），此处我们要充分意识到环境关心其实是环保行为的先导性因素，即环境关心程度越高，环保行为就越多（卢春天等，2020），尽管高度相关，但二者并非是可以等价的概念。

从环保意识的阶层差异来看，基于对CGSS2005数据的分析，研究发现从阶层间对比来看，与个体户和劳动阶层相比，统治精英、旧中间阶层和新社会阶层更具环保意识；而从较高社会阶层内部来看，新社会阶层比旧中间阶层更具环保意识。此外，越热衷于参加社会公益活动的阶层，其环境态度也更为积极友好（邢朝国、时立荣，2012）。从职业阶层地位差异来看，与从事非技术、非管理工作的人相比，从事技术或管理工作的人环保意识更强，对环境更为关心，这主要是由于前者环境方面的知识储备更多（洪大用、肖晨阳，2007）。除职业阶层地位以外，教育水平和经济收入水平均可以显著提升居民环境行为水平（时立荣等，2016），居住在经济更发达地区的居民，环境行为水平更高（龚文娟，2008）。

从环保意识的社会网络资源和社会资本不平等角度来看，个人可动员的社会网络越多，可摄取的网络资源越丰富，环保行为就越多（卢少云，2017）；社会网络规模越大，上下疏通能力越强，参与环境抗争的概率越大（冯仕政，2007）。

第五节　评论：未来与展望

社会态度是多维度、多指标、复杂多变的主观性评价，对其开展系统研究对于我们深刻认识当下社会人们的普遍心态和行为倾向具有重要的理论价值和实践指导意义。然而，当前的研究囿于以下短板，在一定程度上影响了研究结论的可靠性、对比性和可推广性。

第一，不平等领域的研究者主要关注社会不平等与社会开放性等社会结构的客观层面，从整体来看依旧缺乏对社会态度、社会评价、社会心理等主观层面的考察（秦广强，2011）。正如谢宇教授在近期一次公开学术讲座中所言，"主观的综合就是客观"，主观和客观是相互转化的，看似非常主观的指标，如果我们将相关的指标集聚到宏观层次,那就是社会事实,就是客观的。社会分层与流动领域的研究者应该开展更多的有关社会态度的学术研究,增进对我们所处的这个世代的现状与过去的解释和审视能力以及对未来世界的预测能力,社会学学科在舆情监测和对其进行因势利导方面应该占据前沿阵地。

第二,概念界定、变量测量、观测时点的不一致导致了不平等与社会态度研究领域实证结果的不一致。以变量测量口径为例,不只是不同调查项目对于社会态度的测量口径不一致,即使是同一调查项目如各期 CGSS 数据对于幸福感的测量口径也存在一定差异。未来研究可选择目前较为公认的社会态度核心概念的学术定义和变量测量方法,尽量增强不同研究间的可对比性和可对话空间。

第三,数据代表性不足。国外研究者针对中国以及跨国比较的社会态度大多使用世界价值观调查(World Value Survey,WVS),但每期的 WVS 关于中国的样本量仅仅约 1 000 个,如此小的样本,它的代表性、研究结论是否可以推论到全中国确实令人存疑(洪岩璧,2017)。后续这一领域的研究应尽量使用更具代表性的一国或者多国数据开展实证研究。

第四,因果识别不足。已有的研究大多基于单一横截面数据(cross-sectional data)或者混合横截面数据(pooled cross-sectional data)探索影响社会态度的诸因素,类似数据很难解决其中的内生性问题,研究者们普遍较少使用面板数据(panel data)进行因果识别。亟待后续研究能积极利用面板数据更好地发现因果关系,除此之外,研究者要积极利用工具变量(instrumental variables,IV)、随机试验(random control trial,RCT)、双重差分(difference-differences,DID)、断点回归(regression discontinuity,RD)和匹配控制(matching)等方法更好地识别不平等与社会态度研究领域的复杂因果机制。

第五,对焦虑感研究不足,除极少数的研究从不平等的视角去解释当代国人焦虑感的成因,发现社会阶层地位越低的人或在生活中遭遇过不公正对待的人其焦虑感更高外(华红琴、翁定军,2013),既有文献对困扰当代中国人的焦虑问题的研究非常匮乏。焦虑感是需要实证社会科学研究正面回应的时代研究议题,期待社会不平等领域的研究者在此领域取得更多成果。

第六,跨地区、跨文化、跨社会的对比研究屈指可数。对于社会态度的研究,如果没有与其他国家的对比,我们就很难定位我们自己在全球化背景下相应的位置,如当下很多人对安全感问题很是关注,包括食品安全感、隐私和个人信息安全感、医疗安全感等,那么国人的安全感水平在全球究竟处在一个什么样的位置?其影响机制和其他国家有何异同?这些都值得我们开展更多的跨国对比研究。

第七,对相同研究主题的元分析不足。建议后续研究对既有的一些研究结果中的矛盾开展元分析,如此方可在一定程度上解决研究结果之间的不一致性,并修正既往研究的估计值,从而得出更全面可靠的研究结论(董奇,2004:447-483;黄希庭、张志杰,2005)。

参考文献:

边燕杰,肖阳.中英居民主观幸福感比较研究.社会学研究,2014,29(2):22-42,242.

陈钊,陆铭,徐轶青.移民的呼声:户籍如何影响了公共意识与公共参与.社会,2014,34(5):68-87.

褚荣伟,熊易寒,邹怡.农民工社会认同的决定因素研究:基于上海的实证分析.社会,2014,34(4):25-48.

崔岩.流动人口心理层面的社会融入和身份认同问题研究.社会学研究,2012,27(5):141-160,244.

董奇.心理与教育研究方法.北京:北京师范大学出版社,2004.

冯仕政.沉默的大多数:差序格局与环境抗争.中国人民大学学报,2007(1):122-132.

高红莉,张东,许传新.住房与城市居民主观幸福感实证研究.调研世界,2014(11):18-24.

龚文娟.中国城市居民环境友好行为之性别差异分析.妇女研究论丛,2008(6):11-17.

官皓.收入对幸福感的影响研究:绝对水平和相对地位.南开经济研究,2010(5):56-70.

洪大用,肖晨阳.环境关心的性别差异分析.社会学研究,2007(2):111-135,244.

华红琴,翁定军.社会地位、生活境遇与焦虑.社会,2013,33(1):136-160.

怀默霆.中国民众如何看待当前的社会不平等.社会学研究,2009,24(1):96-120,244.

洪岩璧.再分配与幸福感阶层差异的变迁:2005—2013.社会,2017,37(2):106-132.

黄健,邓燕华.高等教育与社会信任:基于中英调查数据的研究.中国社会科学,2012(11):98-111,205-206.

黄希庭,张志杰.心理学研究方法.北京:高等教育出版社,2005.

黄嘉文.收入不平等对中国居民幸福感的影响及其机制研究.社会,2016,36(2):123-145.

李春玲.寻求变革还是安于现状:中产阶级社会政治态度测量.社会,2011,31(2):125-152.

李路路,石磊.经济增长与幸福感:解析伊斯特林悖论的形成机制.社会学研究,2017,32(3):95-120,244.

李路路,王鹏.转型中国的社会态度变迁:2005—2015.中国社会科学,2018(3):83-101,207.

李路路,王元超.中国的社会态度变迁:总体倾向和影响机制:2005—2015.开放时代,2020(6):129-146,9.

李骏,徐美丽,张卓妮,等.年轻人对移民更友好吗?:对香港和上海的"世代-双城"比较.社会,2021,41(5):31-55.

李培林,李炜.农民工在中国转型中的经济地位和社会态度.社会学研究,2007(3):1-17,242.

李培林,李炜.近年来农民工的经济状况和社会态度.中国社会科学,2010(1):119-131.

李涛,黄纯纯,何兴强,等.什么影响了居民的社会信任水平?:来自广东省的经验证据.经济研究,2008(1):137-152.

李涛,史宇鹏,陈斌开.住房与幸福:幸福经济学视角下的中国城镇居民住房问题.经济研究,2011,46(9):69-82,160.

李煜.利益威胁,文化排斥与受挫怨恨:新"土客"关系下的移民排斥.学海,2017(2):83-92.

柳建坤,许弘智.利益威胁、政府工作满意度与市民对进城农民的接纳意愿:基于CSS2011数据的实证分析.社会,2019,39(2):133-159.

林江,周少君,魏万青.城市房价、住房产权与主观幸福感.财贸经济,2012(5):114-120.

刘军强,熊谋林,苏阳.经济增长时期的国民幸福感:基于CGSS数据的追踪研究.中国社会科学,2012(12):82-102,207-208.

刘米娜,杜俊荣.住房不平等与中国城市居民的主观幸福感:立足于多层次线性模型的分析.经济经纬,2013(5):117-121.

刘森林,尹永江.我国公众环境意识的代际差异及其影响因素.北京工业大学学报(社会科学版),2018,18(3):12-21.

卢春天,王欣,刘馥榕.中美公众公域环保行为影响因素的比较研究:基于第六次世界价值观调查的数据分析.东南大学学报(哲学社会科学版),2020,22(2):110-122,146.

卢少云.公民自愿主义、大众传媒与公共环保行为:基于中国 CGSS2013 数据的实证分析.公共行政评论,2017,10(5):69-85,217.

鲁元平,张克中.经济增长、亲贫式支出与国民幸福:基于中国幸福数据的实证研究.经济学家,2010(11):5-14.

罗楚亮.绝对收入、相对收入与主观幸福感:来自中国城乡住户调查数据的经验分析.财经研究,2009,35(11):79-91.

秦广强.代际流动与外群体歧视:基于2005年全国综合社会调查数据的实证分析.社会,2011,31(4):116-136.

欧阳一漪,张骥.房价对居民主观幸福感的影响.消费经济,2018,34(5):84-90.

任海燕,傅红春.收入与居民幸福感关系的中国验证:基于绝对收入与相对收入的分析.南京社会科学,2011(12):15-21.

时立荣,常亮,闫昊.对环境行为的阶层差异分析:基于2010年中国综合社会调查的实证分析.上海行政学院学报,2016,17(6):78-89.

孙伟增,郑思齐.住房与幸福感:从住房价值、产权类型和入市时间视角的分析.经济问题探索,2013(3):1-9.

王鹏.收入差距对中国居民主观幸福感的影响分析:基于中国综合社会调查数据的实证研究.中国人口科学,2011(3):93-101,112.

王绍光,刘欣.信任的基础:一种理性的解释.社会学研究,2002(3):23-39.

王新松,张秀兰.中国中产阶层的公民参与:基于城市社区调查的实证研究.经济社会体制比较,2016(1):193-204.

吴菲.更富裕是否意味着更幸福?:基于横截面时间序列数据的分析:2003—2013.社会,2016,36(4):157-185.

吴菲,王俊秀.相对收入与主观幸福感:检验农民工的多重参照群体.社会,2017,37(2):74-105.

吴愈晓,王鹏,黄超.家庭庇护、体制庇护与工作家庭冲突:中国城镇女性的就业状态与主观幸福感.社会学研究,2015,30(6):122-144,244-245.

邢朝国,时立荣.环境态度的阶层差异:基于2005年中国综合社会调查的实证分析.西北师大学报(社会科学版),2012,49(6):6-13.

易成栋,任建宇,高璇.房价、住房不平等与居民幸福感:基于中国综合社会调查2005,2015年数据的实证研究.中央财经大学学报,2020(6):105-117.

邢占军.我国居民收入与幸福感关系的研究.社会学研究,2011,25(1):196-219,245-246.

张军华.幸福感城乡差异的元分析.社会,2010,30(2):144-155.

张文宏,雷开春.城市新移民社会认同的结构模型.社会学研究,2009,24(4):61-

87, 243-244.

ABDEL-KHALEKA M. Measuring happiness with asingle-item scale. Social behavior & personality: An international journal, 2006, 34（2）: 139-150.

APPLETON S, SONG L N. Lifesatisfaction in urban China: Components and determinants. World development, 2008, 36（11）: 2325-2340.

BLORE J D, STOKES M A, MELLOR D, et al. Comparing multiple discrepancies theory to affective models of subjective well-being. Social indicators research, 2011, 100（1）: 1-16.

BROCKMANN H, DELHEY J, WELZEL C, et al. The China puzzle: Falling happiness in a rising economy. Journal of happiness studies, 2009, 10（4）: 387-405.

CLARK A E, FRIJTERS P, SHIELDS M A. Relativeincome, happiness, and utility: An explanation for the Easterlin Paradox and other puzzles. Journal of economic literature, 2008, 46（1）: 95-144.

DIENER E. Subjective well-being. Psychological bulletin, 1984, 95（3）: 542-575.

DIENER E. Subjective well-being: The science of happiness and aproposal for anational index. American psychologist, 2000, 55（1）: 34-43.

EAGLY A H, CHAIKEN S. Attitude, structure and function//GILBERT D T, FISK S T, LINDSEY G. Handbook of social psychology, New York: McGowan-Hill, 1998.

EASTERLIN R A. Does economic growth improve the human lot?: Some empirical evidence. Nations & households in economic growth, 1974: 89-125.

EASTERLIN R A. Will raising the incomes of all increase the happiness of all?. Journal of economic behavior & organization, 1995, 27（1）: 35-47.

EASTERLIN R A. Explaining happiness. Proceedings of the national academy of sciences of the United States of America, 2003, 100（19）: 11176-11183.

EASTERLIN R A. Lost in transition: Life satisfaction on the road to capitalism. Journal of economic behavior & organization, 2009, 71（2）: 130-145.

EASTERLIN R A, MORGAN R, SWITEK M, et al. China's life satisfaction, 1990—2010. Proceedings of the national academy of sciences, 2012, 109（25）: 9775-9780.

JIANG S Q, LU M, SATO H. Identity, inequality, and happiness: Evidence from urban China. World development, 2012, 40（6）: 1190-1200.

KAHNEMAN D, KRUEGER A B. Developments in the measurement of subjective well-being. Journal of economic perspectives, 2006, 20（1）: 3-24.

KNIGHT J, GUNATILAKA R. The rural-urban divide in China: Income but not happiness?. The journal of development studies, 2010, 46（3）: 506-534.

KNIGHT J, GUNATILAKA R. Great expectations?: The subjective well-being of rural-urban migrants in China. World development, 2010, 38（1）: 113-124.

KNIGHT J, SONG L N, GUNATILAKA R. Subjective well-being and its determinants in rural China. China economic review, 2009, 20（4）: 635-649.

KRUEGER A B, SCHKADE D A. The reliability of subjective well-being measures. Journal of public economics, 2008, 92（8-9）: 1833-1845.

PERLOFF R M. The dynamics of persuasion: Communication and attitudes in the twenty-first century. New York: Routledge, 2020.

SMYTH R, QIAN X L. Inequality and happiness in urban China. Economics bulletin, 2008, 4（24）: 1-10.

VEENHOVEN R. Is happiness relative?. Social indicators research, 1991, 24（1）: 1-34.

WHYTE M K. Myth of the social volcano: Perceptions of inequality and distributive injustice in contemporary China. California: Stanford University Press, 2010.

WU X G, LI J. Income inequality, economic growth, and subjective well-being: Evidence from China. Research in social stratification and mobility, 2017, 52: 49-58.

第四编

社会变迁与社会不平等

第二十章 | 中国社会分层与社会流动

边燕杰
(明尼苏达大学、西安交通大学)

第一节 导 言

中国社会分层和社会流动是发展迅速而又含义深远的一个社会学研究领域。这是因为,1978年以来的经济改革,带来了大规模的社会分化和社会变迁,为本来就对分化和变迁有职业兴趣的社会学研究者提供了不同寻常的理论探索和实证研究的机会。为完成这篇评述,我涉猎和阅读了1980年以来发表的400多篇相关的英文论文和著作,而同类的中文研究文献应当更多。同时,这一研究领域之所以让研究者兴趣不衰,不仅因为中国进入了经济全球化的过程(Solinger, 2001),而且因为,中国研究所产生的社会学知识,帮助中国问题专家、比较社会学家、通识社会学家们检验了一系列有着本原意义的社会理论问题。

可以这么说,海外社会学界掀起了一股中国研究热。从两个方面可以看出来:一是社会学核心期刊上关于中国研究的论文成倍增加,二是越来越多的具有理论创新能力的社会学研究者参与到中国研究的行列中来。有两篇评述文章对此做了总结,也对中国研究热起了不小的推动作用。一篇是关于中国社会变迁的评论,回顾了截至20世纪80年代中期的海外中国研究,包括社会分层与流动的研究（Walder，1989）。另一篇是关于"市场转型争论"的评述，总结和剖析了这场争论中的研究发现和理论意义，而中国一直是分析的焦点（Nee & Matthews，1996）。基于此种情况，我将我的评述任务定位在总结1980年以降，关于中国分化及其变迁的三个方面的研究成果：社会分层、社会经济不平等、社会流动。本章回顾的研究成果，主要是海外社会学研究者以及其他社会科学研究者所发表的英文文献，有些地方也包括了对海外中国研究颇具影响的中文文献。

第二节　社会分层

一、总体趋势

1978年以来，中国社会发生了重大变化。毛时代的社会主义再分配经济导致了相对僵硬的身份等级制度。这套制度产生于1952—1958年，农业集体化和城市经济国有化铲除了生产资料私有制，瓦解了以私有制为基础的原有的社会分层体系（Whyte，1975；Kraus，1981）。1978年后，中国新一代领导人邓小平所主导的经济改革，使农村和城市经济经历了一场商品化过程。这一历史性的、令人瞩目的改革，侵蚀了改革前的身份等级制度的基础。从那时起，一个开放的阶级分层体系渐渐地诞生了（Davis，1995）。

二、改革前的身份等级制度

毛时代的身份等级制度有四大维度，由此将人口划分为性质不同的身份地位群体：（1）城乡之间，通过户籍制度划分的"农村人"和"城市人"的身份等级；（2）城乡内部，通过二元经济制度划分的"国有工人"和"集体工人"的身份等级；（3）职业管理系统中，通过劳动人事制度划分的"工人"和"干部"的身份等级；（4）政治层面，通过政治考核和审查制度划分的"革命"和"反革命"的身份等级。下面分别叙述。

农村-城市分割的关键机制是严格的户籍制度。它将绝大部分中国人的一生限制在他们的出生地（Cheng & Seldon，1994；Solinger，1999）。农民们被集体农业所束缚，无法享受许多城市居民的再分配优惠（包括义务教育、高质量的学校、卫生医疗保健、公共住房、食物的多有性），而且大多数人生活在贫困中（Parish，1975；Parish & Whyte，1978；Unger，1984；Chan et al.，1992）。仅仅小部分生于农村的人有机会通过参军、婚姻、高等教育、职业分配搬到城市或城镇生活（Kirkby，1985：114）。1958—1977年（更多的是在1966年后）城市青年被有组织地迁往农村，或称"上山下乡"运动，受波及的家庭感到严重的焦虑不安（Bernstein，1977），即使这些年轻人后来回到城市，这一经历对于他们的人生轨迹亦有长远的影响（Zhou & Hou，1999）。

国有-集体的二元经济结构是毛时代的特色。它的分层意义是重大的，在有特权的国有部门劳动者和相对贫苦的集体部门劳动者之间造成了身份地位的区别，两个部门形成了分割的劳动力市场（Hodson & Kaufman，1982）。农民被限制在农业集体部门中，而城镇劳动者被分配到国有或集体部门的某个单位工作。至1978年，占城市劳动力78%（SSB，1989：101）的国有工人拥有伴随终生的工作职位，成为"铁饭碗"，各种保险及福利也是令集体企业工人望尘莫及的（Walder，1986：44-45）。这种区隔具有一定的毁坏性，因为它导致了劳动力"单位所有制"的出现（Davis，1990）：只有一半的工人可以在一生中换工作（Walder，1992：526），或每年1%~2%的工人有这个机会（Davis，1992）；单位之间的劳动力流动，85%是在同一经济部门中进行的（Bian，1994：116）。这种劳动力控制制度加强了国有-集体的部门分割（Lin & Bian，1991），造成了具有中国特色的分层制度特征："组织化的依赖性"（Walder，1986）、"工作单位地位"（Bian，1994）、"单位办社会"（Butterfield，1982；Lu & Perry，1997）。

"干部"和"工人"是官方认可的两大职业类别，也可以理解为"脑力劳动者"和"体力劳动者"，但实际上它们是两个身份地位群体。干部，或国家干部，指的是一小部分人——大概占总劳动力的5%或城市劳动力的20%，这些人所从事的是有特权的管理性或专业性的工作。他们得到高于平均的薪资（Walder，1995），其中约2%经过训练和考察有可能进入党和政府的领导岗位（Zhou，2001）。在这样的情况下，毛时代的管理者和专业技术人员，从根本上说是依附性的（Davis，2000）。绝大多数工人不会成为干部，而是终生留在工人身份地位群体中。实证研究表明，被提升到干部位置的工人只是凤毛麟角（Bian，1994：140-141）。从国家角度看，政府工薪人员被认为是国家干部，而村干部尽管没有工薪，也接受党的政治审核，并对普通农民有政治及管理权威（Oi，1989；Chan et al.，1992）。

最后，所有个人及家庭都在政治上被贴上了革命的"红"色和反革命的"黑"色的阶级标签（Unger，1982）。红色阶级是列宁式政党的专政力量，而黑色阶级是社会主义制度的"阶级敌人"。但这些标签不是固定不变的，贴上去还可以拿下来，标准是随着政治运动的发展而变化的。首先，在1948—1950年的土地改革前，决定性的标准是一个人的家庭阶级出身。一个无产阶级出身的人本质上就是红的，而一个资产阶级出身的人会被归入少数几种黑色阶级的分类中（Whyte & Parish，1984）。此外，一个人在党所领导的政治运动和活动中的表现，可以成为改变已经贴上去的阶级标签的依据，从而使这个人获得不同的政治待遇（Walder，1986）。每一次党领导的运动都是重新标签、重新分类、重新定义的新时刻，是政治命运攸关的时刻。许多人需要通过政治参与来得到他们是"红"或是"黑"的重新认可，每一次运动往往都会产生新的阶级敌人（Kraus，1981）。这种政治标签文化，在1966—1976年的"文化大革命"中达到了顶峰。回头望去，"文化大革命"是去政治化、以发展为中心的中国现代化的新时代的前夜。

三、农村社会的阶级分化

1978年是后毛时代农村改革的开端（Wang & Zhou，1994）。家庭联产承包责任制承认农民家庭为生产、分配、消费的基本单位，使权力从人民公社回归个体家庭（Oi，1989；Nee，1991；Chan et al.，1992）。至1983年，集体农业已成为历史（陆学义，2002）。农民家庭作为自主生产者，拥有他们剩余农作物的所有权，并且拥有工作选择权，或从事农业工作，或从事非农工作，以得到更高的收入（Nee，1989；Unger，1994）。20世纪80年代以来，特别是1992年以后，"农业专业户"和"农民工"都显著增多（Parish et al.，1995）。农民工大量涌入城市和城镇（Ma，2001）。至1995年，约有800万农民工在城市中工作与生活（陆学义，2002：20）。曾经身份单一的"农民地位群体"分化了

(Parish，1975；Chan et al.，1992）。

在农民分化的研究中，得到密切关注的是农村干部。Nee 和 Lian（1994）首先提出，农村和城市干部会逐渐将兴趣转向市场机会。他们建立了一个称为"机会模型"的理论框架，试图阐述改革的过程，即人们逐渐追求经济回报的过程。很多农村研究表明，实际情况可能相对复杂得多，有代表性的包括在陈村（Chan et al.，1992）、大邱庄（Lin，1995；Lin & Chen，1999）、邹平县（Cook，1998）开展的实地调查。这些调查发现，成为农村干部需向上级领导表示政治忠诚，而干部地位使他们有权控制集体企业的管理和收入，影响非农工作机会的分配，通过控制和转播经济信息影响家庭工业的运作，甚至为了获取集体财产而悄悄地进行"内部私有化"（Parish，1985；Nee，1989、1991；Nee & Su，1998；Knight & Song，1993；Rozelle，1994；Lyons，1997；Oi，2000）。综合发表的文献，So（2001：6）认为，后毛时代的农村分化产生了富农阶级和贫农阶级，而富农阶级靠的就是剩余劳动力的资本化过程。

30多年来，中国的社会学家也致力于农村阶级的研究，其中比较有影响的是陆学艺团队（陆学艺，1989、2002）。他们的研究不局限于某一现有理论，而是融入了新马克思主义的所有权概念、韦伯主义的权威概念以及布尔迪厄的技能概念，定义了八种形成中的农民阶层。截至1999年，他们的大型调查显示这些阶层以及在农民人口中的比例如下：（1）农村干部，是控制集体经济的政治中坚分子，占7%；（2）私有企业主阶层，不足1%；（3）乡镇企业的管理人员，是新兴的管理阶层，占1.5%；（4）家庭企业主和个体户，是小资产者，占6%~7%；（5）专业技术人员，是新的中产阶层，占2.5%；（6）乡镇企业的受雇者、户籍在家乡而人在城镇的"打工族"，是所谓的"农民工"，占16%~18%；（7）私营企业的工薪劳动力，是新的产业工人阶层，占16%~17%；（8）继续依附于农业生产和收入的农民，占48%~50%。尽管这个分类的基础是多重标准的，但它具有一定的概括性。必须指出，定义标准和农村阶层的分布一直都在改变中。

四、城市社会的阶级分化

城市改革起步于农村改革之后，而改革进程受农村改革的成果和国家政策的极大影响（Wang，1996）。首先，农村剩余劳动力进入城市谋生，出乎意料地推动了城市个体户的增加，促进了城市生活品市场的发展（Gold，1990；Davis，1999）。与此同时，国有企业和财政体制都出笼了"分权让利"的各种内部改革举措，给地方政府、工厂管理者、工人群众以经济激励（Naughton，1995）。但是，以再分配为中心的宏观经济体制，加上父权制工厂文化的长期积淀，对最初的改革产生了抵制作用（Walder，1987、1989；Shirk，1993）。1992年后，劳动力市场的形成、资本市场的出现，开始将城市经济置于以市场为主导的资源配置体系中。1998年左右的"抓大放小"政策，促使国有企业集团在关键经济领域占据垄断地位，同时也将中小国有公司推向市场，形成与非国有企业竞争的格局（林毅夫等，1998：203-208）。大量的裁员，有组织地转移国有企业"下岗"职工，农民工潮水般地涌入城市，是20世纪90年代末以来城市劳动力市场的重要趋势（Solinger，1999）。毛时代受保护的国有企业工人，以及所代表的中国产业工人阶级，被分化了，其制度过程被称为"去权利化"（Whyte，1999）。在这一过程中，国家官员和国企管理者获得了国企控制权、收入分配权，并逐渐将国有企业进行市场化改造（So，2001）。私人企业主在发展中的市场经济里呈上升状态，但缺乏政治兴趣及政治自主性（Pearson，1997）。知识分子阶层的地位保持着模棱两可的状态。研究者发现了如下几个趋势性的变化。

工人阶级的分化与去权利化。毛时代的工人阶级被政治性地赋予领导阶级的地位。1978年后的市场改革将工人阶级分化为几个部分：私有经济中的工薪劳动力（至1998年为120万）、国有企业中不受保护的劳动力（7 000万）、寻找职业的下岗工人（3 000万）、贫穷的农民工（6 000万）。此外，还有很大一部分的集体企业劳动力、已退休的劳动力。工人阶级的去权利化已经得到公众关注，并且很多这方面的故事得到了当地报纸的报道。例如，有人认为私有企业中的工薪劳动力处于工作无日夜、劳动无合同、医疗无保险的"三无"世界（陆学义，1989：418-419）。下岗职工与退休劳动力形成了新的城市贫困阶层，工人的种种抗争，成为国家与社会关系中最敏感的问题之一（Chan，1996）。

部分行政与管理干部的资产阶级化。Nee & Lian（1994）的机会模型指出了这种资产阶级化过程的必然性。So（2001）主张，如果社会稳定是中国改革的核心问题，那么干部必须始终处于经济发展中的历史性和战略性的地位。因此，改革的第一个十年，地方政府直接办企业，个别地方政府官员借助其地位之便，或搞"内部资本化"（Goodman，1996），或搞"网络资本主义"（Boisot & Child，1996），导致"地方政府法团主义"崛起（Oi，1992）。在改革的第二个十年，新的变化层出不穷，包括部分国有资产的"非正式私有化""组织化增值""国际化"，以及"一个经理，两家生意"等非正式制度，个别干部悄悄地将国有资产转移到自己的手中（Nee，1992；Nee & Su，1998；Ding，2000；Duckett，2001）。

民营企业家的政治保护。对民营资本家的政治保护是改革开放政策的逻辑结论（So，2001），其表现是多方面的；而国家官员和企业家之间建立的主－雇关系，是厦门（Wank，1999）和许多其他地区的研究所反映的最重要的新的社会关系类型。从全国来讲，1997年，注册私人企业主超过200万，共雇佣2 000万员工（SSB，1998：49）。由于国家的政治保护作用，不难理解，这些"经济精英"的政治战斗力较弱：他们对政治没有兴趣，也没有独立的自由意识（Pearson，1997）。江泽民总书记在2001年7月1日的讲话中提到，要从包括民营企业家在内的各种社会成分中发展党员。这样一来，主－雇关系将成为稳定的政治合作关系。

知识分子阶层模棱两可的地位。"知识分子"——专业人士、文化精英、技术官僚——的阶级地位在革命后的历史中一直处于模棱两可的状态（Kraus，1981）。在20世纪50年代初期，当受限于党和国家的组织工作和生活时，知识分子失去了他们的自主性（Davis，2000）。1979年，邓小平赋予知识分子"工人阶级"的身份，因为这一身份表明，知识分子终于在改革时代成了革命阶级（黄平，1993）。与此同时我们必须注意，知识分子的受教育程度使其成了有较高社会声望的专业精英，但是他们仍须通过政治审核才能得到政治权力和相应的物质利益（Walder，1995）。黄平根据"体制内外"的流行概念，将知识分子划分为"体制内"和"体制外"两类，发现体制外的知识分子往往是自由文化人，他们的独立性或自主性正在增长。

新生的和正在成长的中产阶层。由于拥有终身合同和优厚福利，国有产业工人曾被认为是毛时代的中产阶级（李强，2001）。但是，这一受到政治和经济保护的工人阶级群体，在改革时代被分化了（Whyte，1999）。按社会学一般意义而言，毛时代的中产阶级——管理人员和专业技术人员——从20世纪50年代初期以来就在共产党组织下一体化了（Davis，2000）。到了改革时代，这两个群体连同民营企业主一起，是城乡市场经济发展的核心力量（秦言，1999：29-48）。与发达资本主义社会比，中国的中产阶层还没有稳定的生活方式、主流的价值观、活跃的政治参与（Wright，1993：23-26）。

五、展望未来

以往的研究对中国城乡出现的社会阶级问题的关注是不足的。现今已有的阶级分析，其学术价值有待斟酌，因为中国社会各阶级正在成长中，许多有关材料不清楚，客观情况也在变化中。未来的研究者需要可靠的数据资料，更需要较高、较深入的分析洞察力。一个很重要的前提是，对复杂而模糊的产权体制应有一个清晰的了解。产权体制的信息对阶级分析是必要的（Wright，1997），但在中国，得到它并不容易。Walder 和 Oi（1999）提出了本土化的研究方法，并制定了相关的研究策略。下一步的研究重点或许是生产系统中的劳动力－管理－资本关系。Lee（1995、1998、2000）关于中国性别和女性的研究就是一个例子。这一研究是从 Burawoy（1985）对于俄罗斯和东欧的社会主义工人阶级的分析框架衍生而来的。这些原创性研究的启动，将引发关于阶级分化、阶级运动、阶级政治等问题的理论综合。这方面的努力，事实上已经开始了（Chan，1995；So，2001）。

第三节　社会经济不平等

一、总体趋势

毛时代的平均主义意识形态降低了社会经济结果的不平等（Parish，1981、1984），将中国变成当时发展中国家里最平等的一个国家（Whyte & Parish，1984：44）。但是，人们之间在货币收入和实物收入方面的差异是存在的，并被再分配制度所保护、加强，所以是一种具有再分配制度特征的不平等：城乡身份地位的不平等、工作单位归属造成的不平等、工作类别和级别的不平等、政治身份地位的不平等。在后毛时代，引入市场机制后，产品、劳动力、资本市场的兴起改变了这些再分配制度的不平等特征，创造了新的不平等的市场制度来源。结果上看，社会经济不平等是个混合的体系，旧制度的维系和侵蚀在新的秩序中同时存在。这可以在几个研究方向中表现出来：职业声望、收入分配、住房与消费、性别不平等。

二、职业声望

在毛泽东思想的阶级理论中，职业声望是被忽略或否定的概念。这一阶级理论认为，所有职业在社会主义体制下都具有平等地位（Kraus，1981）。事实当然并非如此。上海的数据显示，尽管受到很强的意识形态影响，相比于体力劳动工作，高三学生对于非体力劳动工作有着很强的偏好（Lan & Chang，1982）。不管在首都北京（Lin & Xie，1988），还是工业城市天津（Bian，1996），人们都倾向于把工作名称与声望联系起来并做相应的排行，哪怕职业间的收入差异很小。当收入差异在20世纪90年代显著增长时，抽样调查再次呈现出了相同的测量结果（折晓叶、陈婴婴，1995）。总体来说，职业的职业声望差异，更多地归结于在职者受教育程度的差异，收入的差异是第二位的。这一发现在更工业化、更全球化的资本主义制度下的中国台湾地区也得到了证实（Tsai & Chiu，1991）。

从这些研究中得出的声望测量结果，为检验中国的职业分层提供了极有帮助的测量工具。与美国比较（Blau & Ruan，1990），或与国际比较（Treiman，1977），测量结果似乎肯定了现代化理论中的社会趋同论假设（Treiman，1970；Treiman & Yip，1989）。但是，这样的解释可能忽略了一个重要的中国特色：国家资源分配而不是职业的声望地位的差异导致的工作单位之间的不平等是最具有再分配体制特征的不平等（Lin & Bian，1991）。这是因为，声望测量在全国范围内稳定而持久，不会因共产主义信念和相应的制度变迁而发生大的改变（Walder，1985），也不会因短期的国家政策的改变而改变（Whyte & Parish，1984；Zhou et al.，1996、1997）。为此，职业声望测量和职业类别排列只是中国社会分层与流动研究的一个方面。研究者仍需注意与制度变革联系更紧密的其他方面,如收入分配。

三、收入分配

从 1978 年到 2000 年,中国经济不断发展,人均国民生产总值增加了 5.2 倍,农村人均收入增加了 4.7 倍,城市人均收入增加了 3.6 倍(SSB,2000:56)。这一增长很多都发生在沿海城市,因为那里有优先发展的中央新政策,在维持国内储蓄的同时吸引了外资进入。这一现象的结果是沿海和内陆地区的收入差别的增长(Wang & Hu,1999)。新富们在沿海地区不断增长,而内陆地区仍存在贫困问题(Lyons,1997)。总体来说,收入不平等相当显著地增长了(Hauser & Xie,2001)。

收入分配体系的变化引发了学术研究的兴起。社会学研究者对分化和变迁本来就有职业兴趣,而自 Djilas(1957)和 Szelényi(1978)以来,社会主义国家中的政治权力和社会分层的变迁问题已成了新的研究领域。Nee(1989、1991、1992、1996)对于这一变迁的变化方向有坚定的见解,提出了"市场转型论",刺激了相关的理论讨论和实证研究。在 Nee 和 Matthews(1996)的述评中,以及其他地方(Szelényi & Kostello,1996;Nee & Cao,1999),读者能够获得有关这一讨论的介绍和分析。主要的理论分歧在于如何看待经济转型的本质特征及其社会分层结果。经济转型的本质特征是从资源的国家再分配到市场分配,从而引起政治权力的贬值、人力资本和企业家能力的升值吗(Nee,1989)?或者,经济转型的本质特征是经济与政治相互影响的双重变迁,从而引发政治权力和人力资本的竞相升值趋势吗(Bian & Logan,1996;Parish & Michelson,1996;Zhou,2000)?抑或是,经济转型的本质特征归根结底是对产权的重组,从而引发按所有权关系进行收入分配吗(Walder,1994、1996;Walder & Oi,1999)?

大量研究表明,城市和农村的人力资本和企业家的收入回报都有增长(Nee & Cao,1999;Cao & Nee,2000),尽管增长幅度与发达资本主义社会相比是微不足道的(Parish & Michelson,1996)。Zhou(2000)发现,解释人力资本的收入回报的决定性因素是否应为市场力量是一个困境。他认为,市场对人力资本有激励作用,而实证研究表明,中国政府在改革时代一直不断努力为政府官员和专业技术人员提升报酬。

关于政治资本的回报问题,有着更具争议性的结果(Cao & Nee, 2000)。政治资本被定义为以下三点:(1)党员身份;(2)干部地位;(3)再分配权力。相关的概念是"再分配者"。受研究可行性和样本大小所限,研究者们未能把"再分配者"分为国家领导干部、行政人员、国有企业管理者,使得对再分配者的相对收入回报程度变化的测量变得十分困难。由于旧式的再分配者越来越与时代脱节,这样的实证分析开始变得不重要了。总体来说,农村和城市干部的收入回报率在改革初期下降了(Nee, 1989; Walder, 1989)。但是,在地方企业占主导地位的社区(Oi, 1992),农村干部从盈利的乡镇工业受益颇丰(Peng, 1992; Lin, 1995; Cook, 1998; Lin & Chen, 1999)。而在20世纪80年代中期的城市,干部和党员继续受益,而不是受损(Walder, 1992; Bian & Logan, 1996; Zhou, 2000)。这表明政治权力在持续和升值,而不是衰落和贬值。这些关于政治权力回报的实证发现,加上持续增长的教育回报,不但在老年研究中被证实(Raymo & Xie, 2000),也在两个全国抽样调查——1998年和1995年的CHIP——的数据分析中被反复验证(Griffin & Zhao, 1992; Khan et al., 1992; Zhao, 1993; Khan & Riskin, 1998; Parish & Michelson, 1996; Xie & Hannum, 1996; Tang & Parish, 2000; Hauser & Xie, 2001)。

四、住房与消费

虽然农村住房和消费情况并未引起学界的太多注意,城市住房却一直是研究社会不平等的焦点问题(Szelényi, 1983)。毛时代的廉租房(租金占家庭收入的1%~2%)对几乎所有的城市人口开放,而在20世纪90年代中期的住房商品化之前,单位建造并分配的公共住房主宰着城市住房市场(Whyte & Parish, 1984: 77-79; Logan & Bian, 1993; Bian et al., 1997)。在效益好的单位工作,可以较为容易地得到舒适宽敞的住房;在效益不好的单位工作,仍需留在近乎贫民窟的居住环境中(Lee, 1988)。单位提供住房的能力,根据单位的所有制性质和行政级别而有所不同(Walder, 1986、1992; Bian, 1994)。尽管理论上说工作单位分配住房的原则是满足需求(人口多和多代同居的家庭优先分配并可获得较多的住房空间),宽敞、高质量的住房是工作单位的重要资源，也是为政治和管理权威人士、资深员工、专家、人际关系运用得当的人提供的奖励（Logan et al.，1999；Tang & Parish，2000：89；Zhou & Suhomlinova，2001）。此外，津沪调查发现，干部、专家、高级官员的社区多临近重点公立学校和街心公园，大多提供天然气和其他配套设施（Logan & Bian，1993；Logan，2001）。

　　Tang 和 Parish（2000：37）的近著有力地说明，再分配体制有许多出人意料的影响。自 1988 年掀起的几波改革浪潮提高了房租，将住房的建造和分配从工作单位中分离出来，最终将住房商品化和私有化（Bian et al.，1997；Davis，2000）。虽然中央和地方政府继续担任主要的投资者和建设者的角色，但 1998 年国务院住房制度改革政策要求所有新住房以市场价格销售和购买，终止了 50 余年来的集体福利住房分配制度（Jiang，2000）。虽然买房对新富裕起来的人们来说不成问题，但对于人口的大多数是另一回事。在 2000 年，在北京或上海购买一套 100 平方米公寓楼房需花费 60 万元～80 万元人民币，这是一个普通家庭 30 年～40 年的平均收入的总和。住房价格上涨的趋势一直居高不下，成为 21 世纪第一个十年电视广播的热点话题。在上海这样的全球化城市，建设豪华住宅已经成为一个趋势，这可从房地产广告中观察到（Fraser，2000）。城郊、小城市和欠发达的内陆城市的住房相对便宜（Logan，2001）。

　　没有现金购买能力的买方，可以通过从指定的国家银行申请抵押贷款来购入一套新房，但前提是，他们的工作单位或雇主把一定比例的雇员收入存入银行作为房屋公积金来为自己的员工担保。虽然政府机关和非营利组织（含 10% 的国有单位）可以在国家预算内保障这笔资金，但其他国有企业（含 90% 的国有单位）必须自行筹集住房公积金，具有讽刺意味的是，很多国有企业不能负担这笔资金。国有企业在越来越因为私人企业和外资而失去竞争优势的经济环境中，挣扎着维持企业的生存，并维持工资系统的运行（Solinger，1999）。许多私营企业和几乎所有的家庭企业可能并不投资这些资金，要么是因为他们不愿意这样做，要么是由于他们的职工生活在一个职业双重性的家庭（配偶一方为了高收入在私营部门工作，而另一方继续他/她的国有企业工作以保障家庭住房和医疗福利）（Davis，1999）。意料之中的是，大量的家庭在 1988 年住房制度改革前可能仍然住在老房子里并享受着旧的住房再分配体系，尽管这个估计是不容易得到的。

改革之前的城市消费研究的兴趣点主要集中于消费经济平均主义（Parish，1981、1984）、工人们对国家提供的消费品和服务的依赖（Walder，1986）以及因工作单位不同而产生的社会阶层和政治权力的变化（Bian，1994）。许多研究者研究了改革是如何摧毁再分配模式的（Tang & Parish，2000），其中关于消费革命的研究兴趣则另辟蹊径（Davis，2000）。Davis（Table，1.1）的著作记录了十年来上升的消费主义和物质文化给成人和儿童以极大的消费自由度。尽管偏好不同，不平等仍然主要源自收入和社会阶层的不平等（Yan，2000）。一些企业家的财富被用于追求豪华的休闲生活，例如在深圳的夜总会打保龄球（Wang，2000）。

五、性别不平等

20世纪80年代以来，性别不平等方面的研究越来越多，但其结果仍非定论（Entwisle & Henderson，2000）。研究者注意到，在毛时代，城乡女性就业和收入水平特别是基础教育，都得到了显著的改善（Whyte，1984；Hannum & Xie，1994）。与此同时，研究者还发现，由于管理能力有限、政策的多变、根深蒂固的男权文化，性别平等并未完全实现（Croll，1984；Stacy，1983；Wolf，1985）。在评价1978年后性别不平等的状况时，这些研究者观察到了不同的结果，也就得出了关于改革方向的不同结论。

有三种不同的观察结果。第一种观察是，市场经济的发展为外来农村女性创造了就业机会，缩小了性别差异在家庭收入中的影响，相对男性而言，女性在家庭中的地位得到了提高（Entwisle et al.，1995；Matthews & Nee，2000；Michelson & Parish，2000）。第二种观察是，来自城市的调查表明，女性会在雇佣、裁员、就业和工资水平等方面遭受歧视，从而降低了女性相对于男性的经济地位（Honig & Hershatter，1988）。私营企业的制度使中国南方地区女性的工作条件恶化，她们长时间从事繁重的劳动（Lee，1995）。在中国农村，此类压制女性发展的故事也会出现。男人领导家族企业的扩张，而女人留在家中从事农业劳动（Entwisle et al.，1995）。第三种观察是，城市地区的性别差异从20世纪50年代到90年代在收入和职业地位上一直保持稳定状态（Bian et al.，2000）。城市劳动力市场中由性别不平等引起的变化很大程度上与市场化无关

(Shu & Bian, 2001)。

Whyte（2000）提出了两个方面的观点以解释相互矛盾的研究结果。他认为，复杂的政治、社会和历史发展过程中所呈现出的冲突与矛盾的力量可以同时存在，因而产生出矛盾的观测结果。在方法上，矛盾的结果反映了从早期到近期研究所应用的各种最新研究设计、数据收集方法、测量及指标。然而最严重的问题可能是缺乏可靠的数据，因为数据通常是横切面数据并且只来自有限的区域，从而影响了全国范围的结论的可靠性。Whyte 的建议是非常有建设性的：评估改革对性别不平等的影响的学术研究，必须仔细确定一个研究范围，必须使用一个明确的研究指标，必须依靠相互可比的系统性数据。

除通过"客观"分析来探索女性主观世界以外，女性是如何思考她们的性别角色与她们相对于男性在工作场所和家庭的地位呢？回顾毛时代"铁娘子"模范人物，Hershatter（2000）和 Honig（2000）发现，她们的故事比党和国家所描述的打破女性在工作上的社会性别界限更为复杂。实际上，传统的性别角色已被许多女性所接受。其他访谈资料表明，传统的性别角色可能会在改革时期重新出现，一些女性在幻想逃离职场并把家庭作为女性的首选（Parish & Busse, 2000: 212; Lee, 1998: 34-35）。北京的一些已婚夫妇觉得家庭工作和雇佣工作都有助于家庭整合，在这两个领域之间的交换是一个公平的交易，即使配偶中的一方不得不从事其中一个领域（Zuo & Bian, 2001）。

六、展望未来

职业声望对于制度变迁并不敏感，但它仍是工业社会社会分层比较研究的一个学术工具。针对中国日益繁荣和不断增长的消费主义，住房和消费在社会不平等方面显得日益重要。然而，关于住房和消费的准确、系统的数据是缺乏的。正如 Whyte（2000）所指出的，性别不平等的研究领域困境重重。所有这些研究领域——住房、消费和性别不平等——均要求使用理论分析架构来指导今后的研究。

关于收入分配机制的研究是严格而卓有成效的，使中国社会分层成为美国以至世界社会学论坛最重要而活跃的主题之一。然而，这个研究遇到了极大障碍：收入这一关键的因变量，在问卷调查中容易受到严重的、很可能是系统性的测量误差的影响。因为相互矛盾的规章制度在经济转型的背景下，使农村和城市工薪阶层看似不经意地隐藏了许多不包含在工资单上的收入，更不用说新富们极想隐瞒自己那些令人难以置信的"灰色"和"黑色"的高收入（Lin, 2000）。实物收入仍是相关的，即使三个主要的实物收入——医疗保险、养老金、劳动保险——还没有得到足够的研究。

同样有问题的还有如何思考再分配体制相关的一些问题。例如，干部的权力基础及其社会分层含义的问题；需首先测量清楚干部的行政权力、干部地位认同、干部所在机构的权威、干部的工作职责、干部的党派所属等，才能开展有效的分析研究。现有研究中，这些测量工具和结果是有问题的，因为快速变迁的经济使得"社会再分配者"与时代脱节。一个有趣的分析是，地方党政机关对改变企业决策结构起着越来越少的决定性作用（Opper et al., 2001）。在个体层面上，有洞察力的研究应该注重改变政治、经济、专业精英以及非精英社会团体的权力来源。

第四节　社会流动

一、总体趋势

在毛时代的身份等级制度下，由于僵化的制度壁垒——城乡鸿沟、工作单位界限、干部-工人二分法、政治身份分层——人们很少有机会改变个人的社会身份地位。1978年后的市场经济改革和不断增长的劳动力市场，减少或消除了这些制度化的分界和刚性，并使社会流动成为几乎每个人的生活经历。成千上万的农民工进入城镇（Keister & Nee, 2000），与此同时，许多人返乡参与农村工业化（Ma, 2001）。出生在城镇的人们也找机会迁移到经济繁荣的沿海发达地区（Solinger, 1999）。企业内部和部门间的流动在改革前是非常困难的（Walder, 1986; Davis, 1990），但现在却很常见；工作变动要么是自愿的职业发展机遇，要么是由于大量的强制性裁员，要么是有组织的转移（Solinger, 2000）。这些演变趋势需要进一步的研究，较为严格的学术探索已在三个社会流动的研究领域展开了：地位获得模型、职业生涯模型、求职过程的社会网络模型。

二、地位获得模型

标准的地位获得模型将个人获得社会地位归结为两个根本原因：继承和成就。在资本主义社会，地位获得源自有偿工作，地位继承参照父母的教育和职业，而个人成就通常由教育来测量。这些模型被运用于中国时，需根据再分配体系的特性进行三个重大改动。第一，1949年新中国成立将地位继承赋予了政治的含义，家庭阶级背景成为除父母教育和职业之外的另一个考量因素（Parish，1981、1984；Whyte & Parish，1984）。第二，在"原则性特殊主义"社会结构下（Walder，1986），个人成就在政治上由党和政府来评估；党员身份和对党的忠诚与教育相比是性质不同的成就标志（Walder，1985、1995）。第三，在中央计划经济体制下，国家通过地位等级制度和集体组织对资源有差别地进行分配（Walder，1992），因而工作单位的身份标志，较之职业而言，成了判断社会地位的一个更为重要的标准（Lin & Bian，1991；Bian，1994）。

地位获得模型的分析和检验要求大型数据，即使在今天的中国，也是极难获得的。Parish（1981、1984）和Whyte & Parish（1984）的早期研究，基于一个"社区家庭样本"（包括581个家庭和2865个家庭成员），采访了来到香港地区的133个内地移民。这个样本发现教育获得有很强的地位继承性——当父亲有高等教育经历或高收入工作，孩子也易获得高等教育。家庭阶级背景极大地影响了职业获得，得到高收入工作的人，他/她的父亲在1949年之前更有可能是资本家、商人或是职员，而不是工人或农民。最后，高教育水平可以带来一份高收入的工作，但是女性在教育和职业获得上是相对弱势的。然而所有的这些影响，在"文化大革命"（1966—1976年）中化为乌有，这是由于在这十年中去分层化的政策（Parish，1984）。Davis（1992）基于对上海和武汉200个家庭中1000多个职业经历的研究发现，"文化大革命"导致了中产阶级的衰落，是1949年以后大趋势的继续（Davis & Friedmann，1985）。

1985年后，研究者开始在中国城市进行大规模的代表性的抽样调查，丰富了我们关于中国地位获得过程的理解。1986年的天津调查表明，在"文化大革命"的十年之后，父亲的教育和职业状况均不对孩子的工作状态产生影响，而职业获得则是一个人受教育程度的结果，暗示了一个地位继承被消灭的机会结构（Blau & Ruan, 1990）。1985 年在对同一个城市进行的调查中，当工作单位被作为地位获得的指标时，Lin 和 Bian（1991）发现了父子之间在工作单位上的显著联系和职务在代际上的显著联系。这引发了对工作分配制度的注意，Bian 通过 1988 年天津调查进行了详细分析（1994）：从学校毕业后，年轻人的工作分配经历了两个阶段，即由劳动局分配到工作单位，然后由单位分配具体的工作。两次分配的过程表明，单位地位是工作分配制度最重要的结果之一。这三次天津调查均表明，受教育程度和党员身份提高了一个人被分配到国有部门工作的机会，并且女性较之男性，更有可能被分配到薪水少、保障低的集体单位工作。

多城市样本（Zhou et al., 1996、1997）拓宽了研究的地域范围。Zhou 等人的事件史分析表明，"被怀疑的"家庭成分在 1993 年之前，降低了一个人得到国有部门工作的机会。高教育水平在各个时期均可以提高一个人获得这样工作的机会，但大学教育背景在 1978 年改革后的第一个十年中，使人们有更多机会加入共产党。Zhou 等人的模型显示，社会分层与流动的体制一直受国家政策调整的影响。这再次印证了 Davis（1992、1992）的早期研究结果。

三、职业生涯模型

受教育程度和党员身份均影响地位获得的调查结果，影响了另一个很有学术价值的研究领域，即职业生涯研究（Walder, 1995）。该研究的侧重点是政治和专业精英的地位及其获得的机制。这方面的理论兴趣源于早期苏联和东欧国家关于政治忠诚度和受教育程度之间关系的研究，其中一个有长期影响的观点是，共产党政权持续越长，学历主义越将取代政治标准，知识分子将成为重要的阶级力量，获得政治权力和物质实惠（Konrad & Szelényi, 1979）。用中国语境来说，这是一个从美德主义向贤能主义改变的过程，而很多人寄希望于中国的市场经济改革（Shirk, 1984; Lee, 1991）。

为论证共产党党籍和受教育程度是两种不同性质的流动途径，Walder（1995）提出和修正了"二元路径模型"，并用两个抽样调查来检验它。1986 年的天津调查显示,受过高等教育的个人通常从事社会声望很高的专业工作,而既有良好教育背景又有党籍的个人,则通常从事有社会声望、有行政权威、有物质特权的行政工作(Walder,1995)。此后,1996年的全国抽样调查从分析历史事件的角度提供了更有力的结果。这说明,专业和行政是两个相互区别的职业生涯。事实上,专业和行政职业生涯自毛时代起一直是分开的。党籍从来都不是一个获得专业职位的评判标准。与此同时,大学教育直到后毛时代,才成为得到行政职务的标准(Walder et al.,2000)。党组织优先赞助年轻党员获得成人教育,进而晋升他们进入领导岗位(Li & Walder,2001)。

其他的调查研究为这条思路提供了有价值的实证分析。Zang(2001)利用分散的资源汇编了一份独特的个人档案,其中包括了757(1988年)和906(1994年)位中央和地方政府官员。他的模型表明,在这两个年份中,大学教育背景对干部在党和国家机关中的晋升起到了促进作用,而一个人的在党内的资历,而不是行政经历,推动该人进入党政的官僚系统。Bian 等人(2001)认为,党员忠诚是任何共产党组织中必要的生存策略。他们的天津和上海调查数据表明,1949—1993年,政治审核在获得党籍的过程中,甚至以后的干部提升中,一直是存在的。Zhou等人(1996,1997)认为,由国家政策变化导致的政治动态变化,造成了官僚职业模式随着时间的推移而变化,这一点在1994年的多城市调查中得到了证明。Cao(2001)关于上海和广州的比较分析显示,在市场化程度较低的上海,人力资本对职业流动性的影响在以营利为目的的企业和非营利组织之间是稳定的。而在市场竞争日益增长的广州,分析结果显示,在营利企业中,较之非营利组织,人力资本对于职业生涯是一个更强有力的决定性因素。

四、求职过程的社会网络模型

地位获得模型和职业生涯模型假定,人们的社会流动机会是他们的人力资本和政治资本的差异所决定的,人际交往关系的作用是随机分布的,或说是无关紧要的。社会网络观点则截然不同,它认为社会流动首先是一种机遇,关于这一机遇的信息往往嵌在个人的社会网络之中,而获得和把握这一信息的能力不是随机分布的,而是由人们的社会网络和社会资本的质量决定(Granovetter,

1973；Lin，1982）。

这种基于西方社会的网络观点，与中国文化中的"关系主义"有本质上的联系与区别。传统中国社会中，"关系"指的是相互作用、恩惠交换、义利交融的人际联系（梁漱溟，1987；Fei，1992；King，1985）。在毛时代和后毛时代，"关系"的社会含义发展了，是一种"新的"的庇护主义机制（Walder，1986），是摆脱制度刚性、获得国家再分配资源的必要手段（Gold，1985；Yang，1994），是获取工作及其他市场机遇的有效途径（Bian，1997）。总而言之，"关系"变成了"特殊主义的工具性关系"（Walder，1986）；工具性的凸显，使中国人的关系网络的构成、运用、行为结果区别于西方的人际关系网络。

研究发现，毛时代和后毛时代，关系网络在求职过程的三个环节中发挥作用：进入工作单位、单位内部调配、被解雇之后的再就业。在进入工作单位方面，两次天津调查的数据显示，关系网络的使用从20世纪六七十年代的40%增长至80年代的55%（Bian，1994：102），当20世纪90年代劳动力市场最终出现的时候，这一指标已增长至75%（Bian & Zhang，2002）。在单位内部调配方面，天津调查的结果显示了一种相似但又更明显的趋势：在1988年之前只有一半的雇员曾经换过工作，其中一半的人利用了关系网络；1999年前后，大约80%的雇员曾经换过工作，而其中只有小部分人没有利用关系网络（边燕杰、张文宏，2001）。下岗再就业研究显示，天津纺织工人大部分通过亲朋好友和同事关系取得了跨行业的再就业机会（Johnson，2001）；而在武汉，当下岗职工有更广泛和丰富的社交网络时，他们更容易再次被雇佣，并找到收入更高的工作（赵延东，2001：68）。

所有这些研究结果表明，使用关系的对象主要是劳动者的亲戚和亲密朋友，但当关系使用人与关系联系人之间的关系是熟人或者远距离的朋友时，他们之间的联系是通过一个双方均接触密切的中介达成的（Bian，1997）。而在西方国家，偶尔来往以及低亲密度的弱关系，比起强关系更常被使用。这与在中国国内的调查结果形成了鲜明的对比（参见，Granovetter，1995；Lin，1999）。边燕杰（2002）认为，这种跨国家的差异是网络中流动的不同资源造成的；西方国家的弱关系是用来了解关于职位空缺的信息的，然而强关系在中国，其目的则是获取来自当权者的人情暗助。在正在兴起的劳动力市场中，关系纽带是获取信息和人情的双料手段，而不是非此即彼，有助于一个人成功地找到工作。

这一假设有待实证检验。

五、展望未来

地位获得模型、职业生涯模型、求职过程的社会网络模型，这三个学术研究领域都遵循比较社会流动理论的思路，将促进我们对共产党领导的社会主义国家的政治经济社会过程的理解。这三个领域的研究有一个共有现象，那就是研究假设源于现有理论，而这些理论常常基于给定的学术思考。中国是一个在许多方面有着巨大变化的国家。从农村到城市，从一个经济领域到另一个经济领域，大规模的移民和流动正在层出不穷地发生着，但这种流动的制度特征未必在已有的理论传统中被涉及。比如，大规模的裁员和有组织的转移国有部门工作人员，是制度变迁的社会实验和产业结构调整的表现，提供了独特的关于向上和向下流动的数据，其比较社会含义有待发掘。必须肯定的是，走向经济繁荣的通道和脱离社会贫困的路径，在日益分化和体制不确定的中国社会并不总是以一种可预测的模式呈现，为此，进一步的研究只有进行深入的观察，具备创造性的思维，才能达到一个新的水平。

第五节　最新理论进展

进入 21 世纪以来，海外社会学研究者关于中国社会分层和社会流动的研究有了新的理论进展。在这一部分，笔者择其主要，概述这些新的理论观点和研究发现。

一、双向变迁论

Nee & Cao（2002）的文章《后社会主义的不平等：其连续性和非连续性的原因》，虽是对市场转型论的修补，但明确地承认社会分层中有连续性的要素。他们指出，社会秩序变迁存在连续性和非连续性，而市场的作用往往是从很小的范围开始生长。市场转型的早期，对于其影响很难做清晰的实证研究和分析；相反，长期存在的正式或非正式制度结构中往往内含持续的均衡状况，这时的连续性反而更容易被观察到。对于一个不连续的转变而言，直到一个临界点来临，分层秩序是不会出现决定性变迁的。连续性和非连续性的相互纠缠构成了社会分层秩序变迁的路径依赖。这就是为什么在同样的数据中，既有证据支持连续性变迁，也有证据支持非连续性变迁。他们认为，理论研究者的任务是厘清复杂的因果过程，指出是什么保证了连续性，什么导致了非连续性。他们为此倡导研究职业获得的机制，而不是只看重收入分配。根据 1995 年全国收入调查，他们认为，中国城市职业获得的过程有着明显的连续性，其重要依据是党员身份仍是获得高职位的重要条件。市场转型引发的非连续性变化没有明确的数据支持，但他们认为，这并不能说明非连续性因素不起作用，只是因为变化尚未到达临界点。

二、政治经济同步演化论

Zhou（2000）在其论文《中国城市的经济转型和收入不平等：来自时间序列数据的证据》，以及他随后回应 Nee & Cao 的评论的短文中指出，市场转型论及其早期反对者的观点在理论框架上存在严重缺陷。他认为，社会主义的转型包括了多个不同层面，市场扩张只是其中非常重要的一个。这些转型不可避免地造成了许多不囿于单一理论逻辑的变迁模式。鉴于此，周雪光提出了一个概念模型，强调政治和市场的共同演化进程。具体观点是，市场扩张不是一个自生过程，相反，政治和市场相互影响并制约和改变着对方。一方面，新兴市场中的经济活动是被政治塑造的。私营企业被伪装成"集体"企业；各种经济代理人培植与政府官员的关系；即使经济交易通过价格系统来运作，也常常是由政府作为中介。另一方面，非国有部门对国家税收的贡献不断增长，形成积极的反馈，促使国家制定政策鼓励市场扩张；政府逐渐从再分配者转变成管理者。这种政治和市场共同演化过程的社会分层后果是什么呢？周雪光指出，概念模型的实证预测有很大的不确定性；只有通过实质性的对因果互动过程的制度分析，才能发现政治和市场的共同演化如何在特定的制度环境下发挥作用，从而降低模型的不确定性，增强理论的解释力。周雪光的实证分析基于中国 20 个城市 5 000 个居民样本的生活史，采用时间序列数据分析方法，在核心理论变量的操作化上更加细致，其分析发现支持他的理论假设。

三、市场 – 国家互动论

Bian & Zhang（2002）围绕"市场化"的概念并结合中国经验指出，市场化不仅是经济机制、经济产权的变化，也会引起国家职能和经济管理方式的转变，市场和国家的互动是理解社会分层和收入分配的关键。他们为此考察了商品、劳动力、资本的市场化进程，以及伴随着这些进程，政府经济职能从行政命令向宏观调节的转变。对于中国，这一转变的一个重要的事实是，伴随市场化程度的上升，国家企业在战略性行业形成了垄断。他们的实证分析着眼于市场 – 国家的互动过程如何影响收入分配的格局，并从劳动力市场、资本市场、经济组织分化三个角度提出了一系列有关收入分配的研究假设。他们运用1988年和1995年的中国城市家庭收入调查数据，分析了1988—1995年市场化程度对个人收入的影响效应，发现城市市场化程度的提高导致人力资本和政治资本增值，经济部门分割对收入分配的影响也会随之加大。另外，干部的权力基础往往来自对国有组织的控制，他们的收入多寡在很大程度上取决于所控制组织的性质、地位以及盈利能力。这些发现表明，对经济转型而言，收入分配是一个复杂的现象，其内在逻辑是市场制度的不断发展与国家经济职能演变的相互影响和制约。

四、经济扩展论

Walder（2002）指出，关于市场一般效应的争论集中在计划向市场转变过程中权力和机会的变化，而另一个不同的过程是，经济增长与结构变化也会改变权力与机会。具体地说，从农业社会转变为工业社会的过程，会促进结构性的职业流动，增加工薪劳动力的机会，增加对人力资本的回报。区分市场转型的影响与经济增长的影响至关重要。干部收益的地区差异到底是由市场化还是由经济扩展引起的？Wakder认为，即使没有经济自由化和市场化，经济扩展也可能借由增加整体人口的薪酬而使干部收益相对降低，因为经济扩展增加了大量的高薪职位，而干部及其家庭成员不可能全数垄断这些职位。Walder 对 1996 年的"当代中国的生活史与社会变迁"调查中农村样本的研究显示，在市场改革和经济发展的早期阶段，企业经营活动对收入的影响是巨大的。在这样的社区中，对企业家的净回报远远超过对政治职位的回报。然而，农村工业中雇佣劳动的增加减少了对企业家的相对回报，但并没有减少干部家庭的收入。除非私营企业家和工薪劳动力的相对增长速率同步，否则私营企业家不会再像市场转型早期那样独享其惠。换言之，对干部和企业家回报的相对水平，依赖工薪劳动和企业家经营活动在地方经济中的相对重要性。

五、精英机会论

关于市场转型和社会分层的讨论，大都集中在一国内部的体制变迁如何改变本国精英的命运。Walder（2003）《转型经济中的精英机会》一文，跳出对中国的实证研究，在世界范围内考察了 30 多个转型国家，提出了一个社会分层研究的综合比较框架，认为再分配精英在转型经济中的命运因不同的政治进程而不同。所谓的政治进程，首先是指体制变迁的程度，即单一政党的层级体制是否随着指令性经济一起瓦解；其次是指公共资产的占有性质，即公有生产资料是否被迅速地转移到个人所有者手中，体制在多大程度上允许在位精英取得对转移中的公有资产的所有权或管理控制权。Walder 认为，这些政治进程在市场改革中为再分配时代的精英创造了一系列的机会，市场改革并不意味着再分配精英机会的减少，而取决于体制转变的程度和对精英化公为私的限制程度。据此，Walder 划分了四种类型的转型经济，并一一论述再分配精英的命运。四种理想类型中，对再分配精英最为不利的是第一类，因为他们既失去了原有的特权职位，又在挪用资产方面受到严格的限制。对再分配精英来说最有利的是第四类转型经济，因为他们一方面可以选择维持原位，在市场经济扩展的过程中利用手中的各种权力捞取收入；另一方面，他们可以选择放弃权力职位，通过攫取公共资产变成私营企业家。在这两个极端之间的第二和第三类型中，精英的机会都相对很大，只是机会的形式相当不同。比如就中国（属于第二类型）而言，体制内的精英有两个选择：一是留在原位且试图从中攫取更高的收入，或部分人利用职权贪污腐败，或利用职权影响力为家庭成员经商大开方便之门；

另一个选择是离开原职进入私有部门，或得到高薪职位，或变成私营企业家。Walder认为，中国的情况是第一种选择占据了主导地位。

六、资本转型论

Eyal等人（2004）在《不靠资本家而创造资本主义》中，提出了以文化资本为中心概念的转型理论。他们认为，按照布尔迪厄的观点，任何社会形态都有一种与之相适应的占统治地位的资本形式，资本主义社会强调经济资本（产权），社会主义社会注重政治资本（权力），而从社会主义向资本主义的转型，就是政治资本向经济资本的转化。问题是，将过去的政治资本转化成今日的私人财富并不是自然而然的过程，只有在社会行动者掌握适当的资本转化手段并以此操控转型时，才能完成转化。这种转化手段就是文化资本。为什么？因为文化资本所包含的知识、技能、经验、价值观等能够帮助站在社会阶层顶端的人们进行"轨道调整"，从而继续留在顶峰。相反地，缺乏文化资本的特权者，只会依赖旧体制的政治资本，无法将之转变为有经济价值的资本形式，面临向下流动的命运。在东欧的转型过程中，市场制度的迅速发展远远超过了资本家的发育成长。资产阶级实力脆弱的状态，使得不同派系的知识分子精英有机会组成一个权力集团，并有实力维持其霸权地位。转型社会的权力集团既非新兴阶级，也不是旧的阶级，而是由阶级地位不明朗的知识分子组成的。随着市场经济和资本主义的发展，如果资产阶级成熟强大起来，这种类似于管理主义的统治模式能否继续，这个知识分子权力集团是否有机会再生产其自身以维护社会与经济秩序，是很难预测的。

七、结构不平等扩张论

上述各种理论注重精英和非精英的比较，着眼于个人层面的分层机制。Wang（2008）的"结构不平等扩张论"将研究视线引向宏观层面。他的研究问题是，改革开放和市场化过程究竟减少还是增加了结构性的不平等？所谓结构性不平等，指的是人们在地区之间、行业之间、工作单位之间的收入差距。根据国家统计局1986—2000年的住户追踪调查数据，Wang的分析表明，15年间中国城市居民的收入差距增加了一倍,而惊人的是,收入差距的增加主要是城市之间、单位之间的收入差距扩大的结果。为什么?有解释说,主要问题在于改革开放以来,随着城市和单位的经济主导性越来越大,它们的分配权力也越来越大,内部均等和外部差异两种力量使城市之间、单位之间的收入差距越拉越大。Wang 对收入分析的理论框架,对财富分配、市场机会及其不平等分布的分析,有很强的指导作用。

八、庇护性流动论

Walder(1995)提出的"二元路径理论"将教育视为政治渠道之外的另一类流动机制,而"庇护流动"的概念突破了这一观点。Li & Walder(2001)认为,在中国,由于党组织的作用,党员身份与教育文凭为职业流动模糊了政治忠诚和能力原则之间的界限,因此对个人特征(政治资本或人力资本)回报的解释也变得非常复杂,既不能说党员身份起作用就体现了政治忠诚的原则,也不能说教育文凭起作用就是能力至上原则的体现。庇护流动模型着重分析入党时间对个人生活机会的影响。他们的这一想法受到美国社会学家 Ralf Turner 对英国精英流动研究的启发。Turner 研究英国的精英流动时发现,精英集团的选拔在早期的教育阶段就开始了,选拔的标准同时参考先赋和个人行为表现,那些被选中的孩子受到特殊的关照,包括给予特定的教育和职业升迁机会。据此,Li & Walder 假设,虽然人们入党年龄有大小,而那些年轻时就入党的人,能享有更多的机会和好处。于是,党员身份事实上就成为是否被入选成为培养对象的标志。通过对 1996 年全国抽样调查资料的分析,Li & Walder 证实了他们所提出的政治庇护假设:党员的选拔集中在那些刚开始工作的年轻人群中,入党的可能性随后持续下降,直到职业生涯中期才相对稳定。入党早的人主要来自出身好的家庭,而受过高等教育的人直到职业生涯后期才会被吸收入党。那些入党早的人是否更有机会被提拔到管理精英的位置上呢?在改革以前的确如此,但在改革早期却不是,而在改革后期这一模式又出现了。这一庇护模式部分是通过保送高中学历的党员接受成人高等教育得以实现的。在各个历史时期,党员都比非党员有更多的机会重返高校继续深造。而且,那些以成人教育获得大学学历的人比正规大学毕业的人更容易被提拔到行政领导岗位上去。

九、政治忠诚筛选论

Walder 的"二元路径理论"将党员资格视为政治忠诚筛选的结果,但他没有分析政治忠诚筛选过程的历史变迁及对职位流动的作用。换言之,在吸收党员和选拔精英的过程中,政治忠诚和教育水平两个内涵不同的标准是如何随着时间演变的? Bian 等人(2001)深入探讨了这一问题。他们考察了个人加入共产党组织的过程及其历史变迁,并进一步检验了政治忠诚和教育水平在精英选拔中的作用。Bian 等人认为,任何政党都必然依赖其成员的政治忠诚,因为没有成员的政治忠诚,党组织就成了受短期利益驱使的乌合之众。中国共产党党员的政治忠诚一直是党的生命线。同时,中国共产党又是一个善于自我调节的政党,其成员政治忠诚的具体标准会根据党在不同时期的纲领和目标改变。革命时期,考察入党申请人政治忠诚的主要标准是其阶级出身和政治态度。进入建设时期,这些标准没有变化,但由于党的工作重心转向城市,知识和专业技能受到重视,越来越多的知识分子和知识青年被发展成为党员。"文革"期间,政治压倒一切,知识和专业技能受到贬斥,阶级出身和政治表现被强化了,与支部书记的关系成了所谓政治表现好坏的过滤器。改革开放时期,党的首要纲领是发展经济,阶级出身作为政治忠诚的标准逐步淡出政治审查(或政审)过程,对改革的政治态度和在改革中的政治表现,成为衡量入党申请人政治忠诚的实际标准。政治忠诚的具体标准随历史时期变化,但政审一直是发展党员的必要过程,保持至今。边燕杰等人用事件史模型分析了上海和天津的问卷调查数据,得到了下列关于政审持续性的实证发现。第一,在吸收党员和提拔国家干部的过程中,政审一直都是不可或缺的重要环节。第二,18 岁以前通过党的预备组织共青团的政审的团员,在各个时期都保持比非团员更高的入党概率。第三,改革开放以来,党员身份仍是个人成为政治和管理精英的重要前提。

十、选择性流动论

Wu & Xie(2003)认为,在中国转型经济中,社会行动者不是结构制约下的静止概念,而是体系开放和再造的参与者,有极大的选择性。他们的"选择性流动论"的切入点是，教育的回报在市场部门比国有部门高。这一结果被自然而然地解释为市场机制所致，从而被认定支持了市场转型论。他们强调，尽管制度结构在决定社会分层方面极端重要，但是不同部门对教育的经济回报的差异，也许是由于不同部门对劳动力的归类机制（sorting mechanism）不同，而不是部门的制度性质本身所决定的。他们提出了一个基于劳动力职业经历的分类法，建立了一个劳动力从国有部门流向市场部门的选择性流动模型。基于1996年的调查数据，他们发现，早期进入市场的劳动力和留在国有部门的劳动力之间在教育回报上没有差异；市场部门的相对优势，仅仅适用于晚期进入市场的劳动力。人们尚未观察到的差别是劳动力进入市场部门的过程，事实上早期和晚期进入市场的是特征相异的两类劳动力群体。因此，从再分配经济到市场经济的转型是一个复杂的社会过程，我们不应该以对人力资本相对回报变化的简单刻画来推论某种制度逻辑的影响。

第六节　研究展望与挑战

中国的社会分层和社会流动在今后的几十年中仍是最有趣的社会学研究方向之一。中国是一个很不寻常的关于社会分层、社会经济不平等、社会流动问题的社会学实验场。大量原创性的研究加深了我们对1978年改革开放之前对地位群体的理解，也提出了颇有意义的社会学理论。由于社会阶级阶层还在变动之中，从而具有高度的复杂性和模糊性，政治和经济制度仍然不断创造着不确定性和不可预知性。这要求我们在社会分层体系和社会流动系统中迎接挑战，发现和应用有助于我们理解和解释核心问题的新的理论视角。作为本章的结束语，我将讨论几个相关的方面，供未来研究者参考。

一、比较分析

与其他转型国家的比较，能帮助我们从他国经验的角度把握和提炼关于中国变化的更广泛的理论意义，推动国际间的学术对话。当然，实证分析要求国与国的可比数据,这并不容易获得。但是一国之内的不同地区、不同制度环境、不同机会结构之间的比较也是必要的和可行的。特别是中国幅员辽阔,地区间差别大,通过比较分析才能找出现有理论的局限,从异同对比中探索新的解释。例如,党员和干部进入新兴市场的机会,在城市比一般群众低,而在农村与一般群众相当。局限于城市或农村,对于市场转型论而言,这些事实表明了权力的贬值和转移。但从城乡比较的视角思考,这个结论值得商榷:城市的市场化水平低于农村,为什么城市的权力贬值和转移比农村走得更远呢?城乡市场化程度的比较令我们怀疑市场转型论,转而寻找其他的理论解释。Wu & Xie(2003)认为上述结果是城乡之间机会结构的差异所致,与市场转型论所坚持的体制无直接关系。对于这个新的结论的深入探讨,又可在城乡内部引入制度变量,如 Walder(2003)提出的体制转变程度和财产转移的监控效度两个变量,在此基础上进行制度比较分析,进一步检验关于干部、党员、群众相对市场机会及物质回报的理论假设。通过比较分析,对理论假设进行证伪、修正、重建,从而提升对问题的理论认识。

二、制度分析

作为经济制度,"再分配"和"市场"不是抽象的符号,而是体现于各种具体的制度安排之中。中国自1949年以来建立的社会主义再分配经济,就是依赖于一系列独特的制度安排来实现的:户籍登记制度所造成的城乡分割,城市单位制度造成的个人对单位的全面依赖,就业身份制度的地位等级效应(如干部-工人-农民的区别,全民-集体-个体的区别),都是理解改革前社会分层与流动的关键所在。改革以来这些制度的变化如何引发社会分层秩序的变动,应是理论和实证分析的重点。另一方面,市场经济也是建立在不同的产权激励制度和交易关系之上的。Walder(1996)指出,个人的机会和物质回报取决于特定的制度环境,而非市场的一般特性。例如,同等背景的劳动力分别受雇于国有、私营、个体部门,其劳动所得和流动机会之间的区别,似与这些部门不同的产权激励制度相关。制度分析的核心是产权制度,但在当今中国,产权制度具有相当的复杂性,是分析难点之所在。例如,既有一些"假集体、真私有"的案例,也不乏深嵌于地方政府权力关系中的"私有"部门,更有一些国有企业和乡镇企业发生了"内部私有化"。如何为产权关系划分一个理想类型，而不是简单地使用公有－私有的两分法，是一项具有挑战性的研究任务。此外，与社会分层和流动密切相关的制度研究还包括，高等教育的地区配额和入学审查制度及对受教育机会的影响，非正式制度机制（如人情网络）在劳动力市场中的作用，资本市场（如股票、证券、房地产）的运行为财富分配带来的后果，这些问题也有待深入实际的实证研究。

三、阶级分析

从现代社会学占主导地位的三个理论来看，新马克思主义的阶级观在划分阶级时注重测量产权和劳动关系所反映的剥削与被剥削的程度。如前所述，在转型经济条件下确定和测量产权关系绝非易事。个人经济身份的分类，如雇主、雇员、自雇，在多大程度上有助于阶级分析？这既是理论问题又是实证问题。新韦伯主义的阶级观强调劳动过程中的权威关系，即劳动力的控制和被控制的程度。中国转型经济条件下，权威关系涉及如何区分管理权的性质，因为党、政、经、社等管理权具有不同的权力来源和基础，对社会分层和流动研究有特别的理论意义。最后，法国学者布尔迪厄（Bourdieu, 1986）的阶级观则强调，人们的文化品位和生活惯习也是阶级分野的重要基础。美国学者莱特（Wright, 1997）将工作技能作为品位和惯习的指标纳入阶级分析。这个指标在中国是否适用？适用于中国的阶级划分标准和指标还有哪些？此外，无论如何定义阶级，中国的阶级阶层结构正在发生哪些变化？新的阶层的出现及社会政治角色、干部经商和管理层的产权化、依托农村工业和城市私营经济的雇佣工人的无保障状态、城乡贫民阶层的持续存在等，都是有意义的研究课题。各社会群体的阶级阶层意识如何，各阶级阶层之间的矛盾和潜在的冲突如何，也是需要研究的。

四、政治资本

有关市场转型的文献中，政治资本作用的变化是理论争论的一个焦点，但研究者们对这一概念的含义及测量指标并没有达成共识。政治资本是指党和政权所提供的身份、权力、资源以及由此而来的威慑力、影响力，所以研究中涉及的指标包括党员、干部职位、前干部身份。在未来的实证研究中，想要厘清政治资本的理论解释，需要考虑以下几个问题。首先是政治资本与个人能力的关系。戈伯（Gerber，2002）的研究表明，前苏共党员在苏共倒台后的俄罗斯仍存优势，将其解释为"政治资本"的作用显得勉强。这提醒我们关注党员的个人素质，以及入党过程对个人能力和政治忠诚的考察。其次是政治资本与社会资本的关系。Szelényi 等人认为，社会主义再分配体制下，政治资本是社会资本的一种特殊形式。但是，在体制转型中，政治资本是如何实现向一般的社会资本的转换的？再次是政治资本与再分配权力的关系。Rona-Tas（1994）发现，1989 年之后的匈牙利，前干部更有可能成为私营企业家，从而继续保持经济上的优势，权力的形式发生了转换。在中国也有类似的发现。但是，如何区分前干部曾经拥有的再分配权力、他们的个人能力、他们的社会关系所起的作用，是实证分析和假设检验的难点。最后，政治资本和再分配权力的含义将伴随时代的变迁而发生变化。在改革过程中，政府对经济的管理方式也在不断调整，政府的公共权力未必就是昔日的再分配权力。同时，党组织吸收党员和选拔干部的标准也发生着变化。这些变化意味着，在分析党员与非党员、干部与非干部之间的社会经济不平等时，我们必须将研究结论置于特定的政治和历史情境之中。

五、人力资本

一系列实证发现表明，在改革以来的中国城乡，对人力资本的收入回报都在上升（Nee & Cao，1999），虽然与发达的资本主义社会相比，回报水平仍是较低的（Parish & Michelson，1996）。Zhou（2000）指出了解释上的困境：由于国有和非国有部门都存在激励机制，而两个部门对教育的收入回报又有相似的趋势，所以不能断言市场力量是人力资本回报上升的唯一原因。走出这一困境，需要研究者鉴别各经济部门的激励机制的性质：是基于行政命令还是市场刺激？解释困境还来自人力资本指标的多重含义。例如，虽然教育水平一直被作为人力资本的指标，但有时也被解释为市场符号、文化资本和社会资本。作为人力资本，主流经济学强调教育水平包含了知识含量，认为这些知识是有生产和增值功能的，而教育水平的收入回报，自然被解释为劳动力对其产出的"多劳多得"。问题是，劳动力的生产能力不一定与其教育水平相关，无关的例子比比皆是。按信息经济学的观点，教育水平是受教育者聪明程度和学习态度的符号，而非生产能力，雇主以此过滤初始劳动力，而实际生产率是进入生产过程以后的事。为此，初始工资水平是对学位级别、学校声望等符号的认可，与"人力资本"无关。社会学将学校视为接受主导意识形态和发展人际关系的场所，前者习得文化资本，后者积累社会资本；学校级别越高，在校时间越长，文化资本和社会资本就越丰实，越强化，越有效。从这个角度看，国家机构回报教育水平是不难理解的。因为教育水平的多重含义对收入分配、社会分层、社会流动的理论意义是不同的，所以只有用不同的教育指标设计研究模型，才能分辨和检验这些含义。人力资本的其他指标，如专业证书、工作经验、在职培训，也有多重含义的问题。提高人力资本指标含义和解释的确定性方面也值得进一步的探索。

六、社会资本

除了政治资本和人力资本，社会资本是另一个重要的因果关系机制。社会资本是行动者通过人际关系获得资源和机会的能力及效果。社会网络理论认为，资源和机会深嵌于社会网络之中（Granovetter，1973；Lin，1982）。这种网络观与中国的关系文化相吻合；在中国，建立在情感和互惠原则之上的人际关系支配和协调社会交换，其功利性的强化在改革前由权力对资源的垄断引发了施恩回报规则的蔓延（Walder，1986），改革后，由于正式制度缺位或无效，"体制洞"依然存在，使工具性关系网络成为极其活跃的资源动员机制（边燕杰、张文宏，2001）。本书收录的论文虽未直接涉及这个问题，但研究者一直注重社会资本在转型经济、社会分层、职业流动中的作用。倪志伟（Nee，1992）认为混合产权组织的发展靠的是横向联系，预言社会关系网络的重要性将上升；而乡镇企业对亲属和朋友网络的依赖，使许多研究者视其为"网络资本主义"（Boisot & Child，1996）。当然，也有的研究者断言转型经济将使人际关系的作用下降，因为他们看到在硬预算约束下，企业管理的理性在上升。如何估价社会资本在转型经济中的作用？与改革前相比，其作用是上升还是下降？为什么？在关系文化盛行的中国，如何测量社会资本？人际关系中的情感因素和功利因素对社会资本而言意味着什么？在理性主义上升的国有和非国有部门，社会资本与收入水平是否相关？如果雇主受经济理性支配，那么社会资本对劳动力的初职获得、组织内部升迁、跨单位流动、下岗再就业的作用如何？职业流动研究揭示，与西方社会形成鲜明对比的是，中国求职者往往使用接触或交往密切的强关系，而不是弱关系。社会网络理论指出，强关系的作用在于获得当权者的影响力，而弱关系的价值在于获得非重复性的信息（Granovetter，1973；Bian，1997）。天津的一项研究发现，在职业流动过程中，通过强关系求职者既能获取信息又能获得当权者的影响力（边燕杰、张文宏，2001）。如何从理论上解释这一事实呢？当关系纽带同时提供两种不同的资源时，是否意味着使用关系纽带的人能成功地达到目的呢？这些问题还有待实证检验。

七、不平等的合法性

发展市场经济之后，社会经济的不平等程度加深了，并有持续深化的可能。社会各阶层认同什么性质的不平等？接受多大程度的不平等？这些不平等的合法性问题，成为 Whyte（2009）近著的核心分析问题。用通俗的话说，即平等与公平的关系问题。社会资源分配的平等与不平等，可以用一个客观的指标去度量，如住户财富水平、在业者的收入水平、退职者的福利水平等。而分配的公平与否，则在相当程度上取决于主观认知和价值判断。中国自改革以来迅速扩大的收入差距引起了广泛的关注，政府也担心其会导致社会不满和政治不稳定。这取决于两个因素。一是人们的价值评判体系。如果决定收入的机制符合人们的价值观，即便是较高程度的不平等，人们也会接受，就像香港地区一样。也就是说，不平等具有相当程度的合法性。二是人们对社会不平等的认知程度。一个中国西部省份的农民，较难想象东部沿海大城市的高级白领的生活，也很少对二者之间的巨大差距做出心理上的反应。相反，他们对社会不平等的感知和反应来自日常接触的世界，比较的对象是邻户、邻村、同地、同职。也就是说，不平等的合法性问题是地方性的，与参考群体的概念相关。CGSS2005 年的调查曾选择了七项职业，询问被访者对这些职业收入水平的认知值和期望值。这项数据显示，人们对从工程师到农民工收入水平的认知值和期望值接近，表明这些职业之间的收入不平等，无论实际状况如何，有很高的合法性。但是，人们对政府官员收入水平的认知值和期望值相差巨大，约 50%，即人们认知的官员收入高于人们期望官员应得收入的 50%。这说明干群不平等的合法性在中国较低。如何解释这一发现呢？它的理论意义和政策意义是什么？包括这项数据在内，不平等的合法性问题有待更多的经验研究和实证分析。

八、机会平等

不平等的合法性与机会分布是否均衡密切相关。市场经济的发展扩大了收入、财富、地位的不平等，家庭之间、人与人之间的社会经济距离拉开了，即结果不平等的程度上升了。从个人和家庭的角度看，缩小距离、赶超别人是否可能呢？这是机会平等问题。如可能，则人们将接受较高程度的结果不平等；如不可能，则人们多采取不接受的态度，认为结果不平等是不公平的。社会主义再分配体制曾实行平均主义，造成了普遍的贫穷。发达市场经济的社会分层理念是，结果不平等是不可避免的，但机会平等是必须的，是理想社会的目标。在中国，什么是影响机会平等的社会障碍呢？有四个方面值得思考。第一，结构壁垒越多，机会分布越不均衡。结构壁垒是指社会团体、机构、制度对特定属性的人的限制、封锁、排斥，如雇主对女性的工资封顶，单位对劳动力流动的限制，户籍制度对外来人口在居住、就学、就业等方面的排斥。第二，资源垄断程度越高，机会分布越不平等。如果经济和社会资源由政府垄断，那么，权力在位者及其社会关系将把持获取资源的机会，而人口的大多数与机会无缘。如果市场资源由财团垄断，那么满足财团利益的群体会得到机会，与财团利益相矛盾的群体则被排斥在机会之外。第三，人际网络对社会经济的渗透越强，则机会分布越不均衡。人际网络的特征是对内团结、对外排斥。因此，如果资源按人际网络的标准来分配，那么有关系的人得到机会，无关系的人束手无策。第四，初始地位的效应越大，机会分布越不平等。如果承认结果不平等是不可避免的，那么人们的初始地位——如出生地、家庭背景、居住社区——必然是不平等的。缩小初始地位的作用范围和作用强度，是实现机会平等社会目标的长期挑战；而发现和分析影响机会平等的种种社会障碍，是研究者的任务。

九、数据资料

推进社会分层和流动的研究要求数据资料的共享。理论导向的实证分析是基于数据资料的,没有数据资料,就无从检验理论假设,也就不能推进对问题的认识。但是,如果研究者单独占有收集的数据资料,以此各说各话,则有碍于真正意义上的学术交流,科学研究所提倡的给定时空条件下的反复求证也就难以实现了。所以,数据资料的共享势在必行。共享数据要求透明度较高的收集手段,也要求收集者对样本、问卷、变量的测量等给予明确的说明,使二手分析者可以恰当地使用之,也就是说共享数据须保证质量。在世界范围内,发达国家和地区已开展了多项学术性调查,是一种共享数据,其中 GSS 是由社会学者收集和管理的共享数据。香港科技大学和中国人民大学合作主持的中国 GSS 始于 2003 年,其年度调查是共享数据,向研究者和学生开放,填补了 GSS 中的空白。2003 年的中国 GSS 数据涉及社会分层、社会流动、社会关系网络等方面,第一批分析成果已在《中国社会科学》和《社会学研究》等刊物上陆续发表。2004—2008 的年度调查课题包括老年生活、城乡流动、社区治理、心理卫生、阶级分化、社会态度、家庭组织、职业历程、对全球化的社会态度等。数据在经过整理后已陆续公开。

注:本章第一至四部分的内容,译自 Chinese social stratification and social mobility. Annual review of sociology,2002(28):91-116。陈心怡、詹一翻译,张磊校,作者修改;第五、六部分是作者为本章增写的。

参考文献:

边燕杰.美国社会学界的中国社会分层研究 // 边燕杰,卢汉龙,孙立平.市场转型与社会分层.北京:三联书店,2002:1-40.

边燕杰,张文宏.经济体制、社会网络与职业流动.中国社会科学,2001(2):77-89,206.

黄平.知识分子:在漂泊中求归宿.中国社会科学季刊,1993:113-121.

李强.市场转型与中间阶层的代际更替 // 边燕杰,涂肇庆,苏耀昌.华人社会的调查研究.香港:牛津大学出版社,2001:141-164.

梁漱溟.中国文化要义.上海:学林出版社,1987.

林毅夫,蔡昉,李周.中国的奇迹:发展战略与经济改革.上海:上海人民出版社,1998.

陆学艺.重新认识农民问题:十年来中国农民的变化.社会学研究,1989(6):1-14.

陆学艺.当代中国社会阶层研究报告.北京:社会科学文献出版社,2002.

秦言. 中国中产阶级. 北京：中国计划出版社，1999.

张宛丽. 中国社会阶级阶层研究二十年. 社会学研究，2000（1）：24-39.

赵延东. 社会资本与下岗工人的再就业. 北京：中国社会科学院社会学研究所，2001.

折晓叶，陈婴婴. 中国农村"职业—身份"声望研究. 中国社会科学，1995（6）：83-95.

BERNSTEIN T F. Up to the mountains and down to the village：The transfer of youth from urban to rural China. New Haven：Yale University Press，1977.

BIAN Y J. Work and inequality in urban China. Albany：SUNY Press，1994.

BIAN Y J. Chinese occupational prestige：A comparative analysis. International sociology，1996，11（2）：161-186.

BIAN Y J. Bringing strong ties back in：Indirect ties, network bridges, and job searches in China. American sociological review，1997，63：266-285.

BIAN Y J. Chinese social stratification and social mobility. Annual review of sociology，2002，28：91-116.

BIAN Y J, LOGAN J R. Market transition and the persistence of power：The changing stratification system in China. American sociological review，1996，61（5）：739-758.

BIAN Y J, LOGAN J R, LU H, et al. Work units and housing reform in two Chinese cities//LU X, PERRY E. Danwei：The Chinese workunit in historical and comparative perspective. New York：M. E. Sharpe，1997：223-250.

BIAN Y J, LOGAN J R, SHU X. Wage and job inequalities in the working careers of men and women in Tianjin//ENTWISLE B, HENDERSON G. Re-drawing boundaries. Berkeley：University of California Press，2000：111-133.

BIAN Y J, SHU X, LOGAN J R. Communist party membership and regime dynamics in China. Social forces，2001，79（3）：805-842.

BIAN Y J, ZHANG Z. Marketization and income distribution in urban China：1988 and 1995. Research on social stratification and mobility，2002，19：377-415.

BLAU P M, RUAN D. Inequality of opportunity in urban China and America. Research in social stratification and mobility，1990，9：3-32.

BOISOT M, CHILD J. From fiefs to clans and network capitalism：Explaining China's emerging economic order. Administrative science quarterly，1996，41（4）：600-628.

BURAWOY M. The politics of production：Factory regimes under capitalism and socialism. London：Verso，1985.

BOURDIEU P. The forms of capital//RICHARDSON J. Handbook of theory and research for the sociology of education. Westport：Greenwood，1986：241-258.

BUTTERFIELD F. China: Alive in the Bitter Sea. New York: Bantam Books, 1982.

CAO Y. Careers inside organizations: A comparative study of promotion determination in reforming China. Social forces, 2001, 80 (2): 1-29.

CAO Y, NEE V. Comment: Controversies and evidence in the market transition debate. American journal of sociology, 2000, 105 (4): 1175-1188.

CHAN A. The emerging patterns of industrial relations in China and the rise of two new labour movements. China information, 1995, 9: 36-59.

CHAN A. Political opposition in China//RODAN G. Political oppositions in industrialising Asia. London: Routledge, 1996: 163-187.

CHAN A, MADSEN R, UNGER J. Chen village under Mao and Deng. Berkeley: University of California Press, 1992.

CHENG T, SELDEN M. The origins and social consequences of China's hukou system. The China quarterly, 1994, 139: 644-668.

COOK S. Work, wealth, and power in agriculture//WALDER A. Zouping in transition. Cambridge: Harvard University Press, 1998: 157-183.

CROLL E. Chinese women since Mao. New York: Zed Books Ltd., 1984.

DAVIS D S. Urban job mobility//DAVIS D S, VOGEL E F. Chinese society on the eve of Tiananmen. Cambridge: Harvard University Press, 1990: 85-108.

DAVIS D S. Job mobility in post-Mao cities: Increases on the margins. The China quarterly, 1992, 48: 1062-1085.

DAVIS D S. Skidding: Downward mobility among children of the Maoist middle class. Modern China, 1992, 18 (4): 410-437.

DAVIS D S. Inequalities and stratification in the nineties. The China review (Chinese University of Hong Kong Press), 1995, 19: 1-25.

DAVIS D S. Self-employment in Shanghai: A research note. The China quarterly, 1999, 157: 22-43.

DAVIS D S. Social class transformation in urban China: Training, hiring, and promoting urban professionals and managers after 1949. Modern China, 2000, 26 (3): 251-275.

DAVIS D S. The consumer revolution in urban China. Berkeley: University of California Press, 2000.

DAVIS D S, FRIEDMANN D. Intergenerational inequalities and the Chinese revolution. Modern China, 1985, 11 (2): 177-201.

DING X L. Systematic irregularity and spontaneous property transformation in the Chinese financial system. The China quarterly, 2000, 163: 655-676.

DING X L. The illicit asset stripping of Chinese state firms. The China journal, 2000, 43: 1-28.

DJILAS M. The new class: An analysis of the communist system of power. New York: Praeger, 1957.

DUCKETT J. Bureaucrats in business, Chinese style. World development, 2001, 29: 23-37.

ENTWISLE B, HENERSON G E. Re-drawing boundaries: Work, household, and gender in China. Berkeley: University of California Press, 2000.

ENTWISLE B, HENERSON G E, SHORT S E, et al. Gender and family businesses in rural China. American sociological review, 1995, 60: 36-57.

EYAL G, SZELÉNYI I, TOWNSLEY E. Marking capitalism without capitalists//GRUSKY D B. Social stratification in sociological perspective. Boulder: Westview, 2004: 852-858.

FEI X. From the soil, the foundations of Chinese society: A translation of Fei Xiaotong's Xiangtu Zhongguo. Berkeley: University of California Press, 1992.

FRASER D. Inventing oasis: Luxury housing advertisements and reconfiguring domestic space in Shanghai//DAVIS D S. The consumer revolution in urban China. Berkeley: University of California Press, 2000: 25-53.

GERBERT P. Structural change and post-socialist stratification: Labor market transitions incontemporary Russia. American sociological review, 2002, 67 (5): 629-659.

GOLD T B. After comradeship: Personal relations in China since the Cultural Revolution. The China quarterly, 1985, 104: 657-675.

GOLD T B. Urban private business and social change//DAVIS D S, VOGEL E F. Chinese society on the eve of Tiananman. Cambridge: Harvard University Press, 1990: 157-180.

GOODMAN D S G. The People's Republic of China: The party-state, capitalist revolution and new entrepreneurs//ROBISON R, GOODMAN D S G. The new rich in Asia. London: Routledge, 1996: 225-242.

GRANOVETTER M. The strength of weak ties. American journal of sociology, 1973, 78: 1360-1380.

GRANOVETTER M. Afterward//Getting a job. Chicago: University of Chicago Press, 1995: 139-182.

GRIFFIN K, ZHAO R. Chinese household income project, 1988 (MRDF). New York: Hunter College Academic Computing Services, 1992.

HANNUM E, XIE Y. Trends in educational gender inequality in China: 1949—1985. Research in social stratification & mobility, 1994, 13: 73-98.

HAUSER S M, XIE Y. Temporal and regional variation in earnings inequality: Urban China in transition between 1988 and 1995. Berkeley: RC28 Conference on Social Stratification and Mobility, 2001.

HERSHATTER G. Local meanings of gender and work in rural Shaanxi in the 1950s//ENTWISLE B, HENDERSON G. Re-drawing boudnaries. Berkeley: University of California Press, 2000: 79-96.

HODSON R, KAUFMAN R. Economic dualism: A review. American sociological review, 1982, 47 (6): 727-739.

HONIG E. Irongirls revisited//ENTWISLE B, HENDERSON G. Re-drawing boudnaries. Berkeley: University of California Press, 2000: 97-110.

HONIG E, HERSHATTER G. Personal voices. Stanford: Stanford University Press, 1988.

JIANG W R. China's housing construction and housing reform: 1998—1999//RU X, et al. 1999: Analyses and forecasts about social situations in China. Beijing: Social Science Documents Press, 2000: 192-203.

JOHNSON M. Putting the "social" back into social networks: Incorporating macro-sociological insights into network research. Unpublished manuscript. Los Angeles: UCLA, 2001.

KEISTER L, NEE V. The rational peasant in China: Flexible adaptation, risk diversification and opportunity. Rationality & society, 2000, 13 (1): 33-69.

KHAN A R, GRIFFIN K, RISKIN C, et al. Household income and its distribution in China. The China quarterly, 1992, 132: 1029-1061.

KHAN A R, RISKIN C. Income inequality an its distribution and growth of household income, 1988 to 1995. The China quarterly, 1998, 154: 221-253.

KING A Y C. The individual and group in Confucianism: A relational perspective//MUNROD J. Individualism and Holism: Studies in Confucian and Taoist values. Ann Arbor: Center for Chinese Studies, The University of Mich, 1985: 57-70.

KIRKBY R J R. Urbanization in China. New York: Columbia University Press, 1985.

KNIGHT J, SONG L. Why urban wages differ in China?//GRIFFIN K, ZHAO R. The distribution of income in China. New York: St. Martin's Press, 1993: 216-284.

KONRAD G, SZELÉNYI I. The Intellectuals on the road to class power: A sociological study of the role of the intelligentsia in socialism. New York: Harcourt Brace Jovanovich, 1979.

KRAUS R C. Class and class conflict in contemporary China. New York: Columbia University Press, 1981.

LAN C, CHANG Z. The aspirations of graduating students in senior high school.Society, 1982 (5): 22-25.

LEE C K. Engendering the worlds of labor: Women workers, labor markets, and production politics in the South China economic miracle. American sociological review, 1995, 60（3）: 378-397.

LEE C K. Gender and the South China miracle. Berkeley: University of California Press, 1998.

LEE C K. Pathways of labor insurgency//PERRY E, SELDEN M. Chinese societies: Change, conflict, and resistance. London and New York: Routledge, 2000: 41-61.

LEE H Y. From revolutionary cadres to party technocrats in socialist China. Oakland: University of California Press, 1991.

LEE Y F. The urban housing problem in China. The China quarterly, 1988, 115: 387-407.

LI B, WALDER A G. Career advancement as party patronage: Sponsored mobility into the Chinese administrative elite, 1949—1996. American journal of sociology, 2001, 106（5）: 1371-1408.

LIN N. Social resources and instrumental action//LIN M N. Social structure and network analysis. Beverly Hills: Sage Publications Inc., 1982: 131-147.

LIN N. Local market socialism: Local corporatism in action in rural China. Theory & society, 1995, 24: 301-354.

LIN N. Social networks and status attainment. Annualreview of sociology, 1999, 25: 467-87.

LIN N, BIAN Y J. Getting ahead in urban China. American journal of sociology, 1991, 97: 657-88.

LIN N, CHEN J C. Local elites as officials and owners: Shareholding and property rights transformation in Daqiuzhuang industry//OI J, WALDER A. Property rights and economic reform in China. Stanford: Stanford University Press, 1999: 145-70.

LIN N, XIE W. Occupational prestige in urban China. American journal of sociology, 1988, 93（4）: 793-832.

LIN Y. Pitfalls of modernization: Economic and social problems in contemporary China. Contemporary sociology, 2000, 29: 608-13.

LIN Y, ZHANG Z. Backyard profit centers: The private assets of public agencies//OI J, WALDER A. Property rights and economic reform in China. Stanford: Stanford University Press, 1999: 203-25.

LOGAN J R. Market reform and neighborhood inequality in urban China//Managing housing and social change. Hong Kong: City University of Hong Kong, 2001.

LOGAN J R, BIAN Y J. Inequalities in access to community resources in a Chinese city. Social forces, 1993, 72: 555-576.

LOGAN J R, BIAN Y, BIAN F. Housing inequality in urban China in the 1990s: Market and nonmarket mechanisms. International journal of urban and regional research, 1999, 23（3）: 7-25.

LU X, PERRY E. Danwei: The Chinese workunit in historical and comparative perspective. New York: M. E. Sharpe, 1997.

LYONS T P. Intraprovincial disparities in post-Mao China: A multidimensional analysis of Fujian province. Journal of developing areas, 1997, 32: 1-28.

MA Z. Urban labor-force experience as a determinant of rural occupation change: Evidence from recent urban-rural return migration in China. Environment and planning, 2001, 33: 237-255.

MATTHEWS R, NEE V. Gender inequality and economic growth in rural China. Social science research, 2000, 29: 606-632.

MICHELSON E, PARISH W. Gender differentials in economic success: Rural China in 1991//ENTWISLE B, HENDERSON G. Re-drawing boundaries. Berkeley: University of California Press, 2000: 134-156.

NAUGHTON B. Growing out of the plan: Chinese economic reform, 1978—1993. New York: Cambridge University Press, 1995.

NEE V. A theory of market transition: From redistribution to markets in state socialism. American sociological review, 1989, 54: 663-681.

NEE V. Social inequalities in reforming state socialism: Between redistribution and markets in China. American sociological review, 1991, 56（3）: 267-282.

NEE V. Organizational dynamics of market transition: Hybrid forms, property rights, and mixed economy in China. Administrative science quarterly, 1992, 37（1）: 1-27.

NEE V. The emergence of a market society: Changing mechanisms of stratification in China. American journal of sociology, 1996, 101（4）: 908-49.

NEE V, LIAN P. Sleeping with the enemy: A dynamic model of declining political commitment in state socialism. Theory & society, 1994, 23（2）: 253-296.

NEE V, CAO Y. Path dependent societal transformation: Stratification in hybrid mixed economy. Theory & society, 1999, 28（6）: 799-834.

NEE V, MATTHEWS R. Market transition and societal transformation in reforming state socialism. Annual review of sociology, 1996, 22: 401-35.

NEE V, SU S. Institutional foundations of robust economic performance: Public-sector industrial growth in China//HENDERSON J. Industrial transformation in Eastern Europe in the light of East Asian experience. New York: St. Martin's Press, 1998: 167-187.

NEE V, CAO Y. Postsocialist in equalities: The causes of continuity and discontinuity. Research on social stratification and mobility, 2002, 19: 3-39.

OI J. State and peasant in contemporary China. Berkeley and Los Angeles: University of California Press, 1989.

OI J. Fiscal reform and the economic foundations of local state corporatism in China. World politics, 1992, 45（1）: 99-126.

OI J. Rural China takes off: Incentives for industrialization. Berkeley: University of California Press, 2000.

OPPER S, WONG S M L, HU R. Local party power in China's listed companies: Evidence on CCP persistence. Unpublished manuscript. Tubingen: Tubingen University, 2001.

PARISH W L. Socialism and the Chinese peasant family. The journal of Asian studies, 1975, 34（3）: 613-630.

PARISH W L. Egalitarianism in Chinese society. Problems of communism, 1981, 29: 37-53.

PARISH W L. Destratification in China//WATSON J. Class and social stratification in post-revolution China. New York: Cambridge University Press, 1984: 84-120.

PARISH W L. Chinese rural development: The great transformation. Armonk: M. E. Sharpe, 1985.

PARISH W L, WHYTE M K. Village and family in contemporary China. Chicago: University of Chicago Press, 1978.

PARISH W L, MICHELSON E. Politics and markets: Dual transformations. American journal of sociology, 1996, 101（4）: 1042-1059.

PARISH W L, BUSSE S. Gender and family//TANG W, PARISH W L. Chinese urban life under reform. Cambridge: Cambridge University Press, 2000: 209-231.

PARISH W L, ZHE X, LI F. Nonfarm work and marketization of the Chinese countryside. The China quarterly, 1995, 143: 1-29.

PEARSON M. China's new business elite: The political consequences of economic reform. Berkeley: University of California Press, 1997.

PENG Y. Wage determination in rural and urban China: A comparison of public and private industrial sectors. American sociological review, 1992, 57（2）: 198-213.

RAYMO J M, XIE Y. Income of the urban elderly in postreform China: Political capital, human capital, and the state. Social science research, 2000, 29: 1-24.

RONA-TAS A. The first shall be last？: Entrepreneurship and communist cadres in the transition from socialism. American journal of sociology, 1994, 100（1）: 40-69.

ROZELLE S. Rural industrialization and increasing inequality: Emerging patterns in China's reforming economy. Journal of comparative economics, 1994, 19: 362-391.

SHIRK S L. The evolution of Chinese education: Stratification and meritocracy in the 1980s//GINSBURG N, LALOR B. China: The 80s era. Boulder: Westview Press, 1984: 245-272.

SHIRK S L. The political logic of economic reform. Berkeley: University of California Press, 1993.

SHU X, BIAN Y. Intercity variation in gender inequalities in China: Analysis of a 1995 national survey. Anaheim: Annual Meeting of American Sociological Association, 2001.

SO A Y. The state, economic development, and the changing patterns of classes and class conflict in China. Taipei: The International Conference on Money, Growth, and Distribution, Academia Sinica, 2001.

SOLINGER D J. Demolishing partitions: Back to beginnings in the cities?. The China quarterly, 1999, 159: 629-639.

SOLINGER D J. Sudden sackings and the mirage of the market: Unemployment, reemployment, and survival in Wuhan, summer 1999. Unpublished Manuscript. New York: Columbia University, 2000.

SOLINGER D J. Globalization and the paradox of participation: The Chinese case. Global governance, 2001, 7 (2): 173-196.

SSB (State Statistical Bureau of China). Statistical yearbook. Beijing: SSB Press, 1989.

SSB (State Statistical Bureau of China). Statistical yearbook. Beijing: SSB Press, 1998.

SSB (State Statistical Bureau of China). Statistical yearbook. Beijing: SSB Press, 2000.

STACY J. Patriarchy and socialist revolution in China. Berkerly: University of California Press, 1983.

SZELÉNYI I. Social inequalities in state socialist redistributive economies. International journal of comparative sociology, 1978, 19: 63-87.

SZELÉNYI I. Urban inequality under state socialism. Oxford: Oxford University Press, 1983.

SZELÉNYI I, KOSTELLO E. The market transition debate: Toward a synthesis. American journal of sociology, 1996, 101 (4): 1082-1096.

TANG W, PARISH W L. Chinese urban life under reform: The changing social contract. New York: Cambridge University Press, 2000.

TSAI S L, CHIU H Y. Occupational hierarchies in Taiwan: Construction of scales//ALTHAURSER R, WALLACE M. Research in social stratification and mobility. Greenwich: JAI Press, 1991: 229-253.

TREIMAN D J. Industrialization and social stratification//LAUMANNE O. Social stratification: Research and theory for the 1970s. Indianapolis: Bobbs-Merrill, 1970: 207-234.

TREIMAN D J. Occupational prestige in comparative perspective. New York: Academic Press, 1977.

TREIMAN D J, YIP K B. Educational and occupational attainment in 21 countries//KHNK L. Cross national research in sociology. Newbury Park: Sage, 1989: 373-394.

UNGER J. Education under Mao: Class and competition in Canton Schools, 1960—1980. New York: Columbia University Press, 1982.

UNGER J. The class system in rural China: A case study//WATSON J. Class and social stratification in post-revolution China. New York: Cambridge University Press, 1984: 121-141.

UNGER J. 'Rich man, poor man': The making of new classes in the Chinese countryside//GOODMAN D, HOOPER B. China's quiet revolution. Melbourne: St. Martin's Press, 1994: 43-63.

WALDER A G. The political dimension of social mobility in communist states: China and Soviet Union. Research in political sociology, 1985, 1: 101-117.

WALDER A G. Communist neo-traditionalism: Work and authority in Chinese industry. Berkeley: University of California Press, 1986.

WALDER A G. Wage reform and the web of factory interests. The China quarterly, 1987, 109: 22-41.

WALDER A G. China social change in post-revolution China. Annual review of sociology, 1989, 15: 405-424.

WALDER A G. Factory and manger in an era of reform. The China quarterly, 1989, 118: 242-264.

WALDER A G. Economic reform and income distribution in Tianjin, 1976—1986//DAVIS D, VOGELE F. Chinese society on the eve of Tiananmen. Cambridge: Harvard University Press, 1990: 135-156.

WALDER A G. Property rights and stratification in socialist redistributive economies. American sociological review, 1992, 57 (4): 524-539.

WALDER A G. Evolving property rights and their political consequences//GOODMAN D S G, HOOPER B. China's quiet revolution: New interactions between state and society. New York: St. Martin's Press, 1994: 3-18.

WALDER A G. Career mobility and the communist political order. American sociological review, 1995, 60: 309-328.

WALDER A G. Markets and inequality in transitional economies: Toward testable theories. American journal of sociology, 1996, 101: 1060-1073.

WALDER A G. Markets, economic growth, and inequality in rural China in the 1990s.

American sociological review, 2002, 67: 231-253.

WALDER A G. Elite opportunity in transitional economies. American sociological review, 2003, 68 (6): 899-916.

WALDER A G, OI J. Property rights in the Chinese economy: Contours of the process of China//OI J, WALDER A G. Property rights and economic reform in China. Stanford: Stanford University Press, 1999: 1-24.

WALDER A G, LI B, TREIMAN D J. Politics and life chances in a state socialist regime: Dual career paths into the urban Chinese elite, 1949—1996. American sociological review, 2000, 65: 191-209.

WANG F. Boundaries and categories: Rising inequality in post-socialist urban China. Stanford: Stanford University Press, 2008.

WANG G. Cultivating friendship through bowling in Shenzhen//DAVIS D S. The consumer revolution in urban China. Berkeley: University of California Press, 2000: 250-267.

WANG X. Step on stones to cross the river: China's reform pathways. Hong Kong: Oxford University Press, 1996.

WANG S, HU A. The political economy of uneven development: The case of China. Armonk: M. E. Sharpe, 1999.

WANG X Q, ZHOU Q R. The household responsibility system and the road to a commodity economy in rural China//ZHOU Q R. Rural change and China's development 1978—1989. Hong Kong: Oxford University Press, 1994: 2-31.

WANK D L. Commodifying communism: Business, trust, and politics in a Chinese city. New York: Cambridge University Press, 1999.

WHYTE M K. Inequality and stratification in China. The China quarterly, 1975, 65: 684-711.

WHYTE M K. Sexual inequality under socialism: The Chinese case in perspective//WATSON J. Class and social stratification in post-revolution China. New York: Cambridge University Press, 1984: 198-238.

WHYTE M K. The changing role of workers//GOLDMAN M, MACFARQUHAR R. The paradox of China's post-Mao reforms. Cambridge: Harvard University Press, 1999: 173-196.

WHYTE M K. The perils of assessing trends in gender inequality in China//ENTWISLE B, HENDERSON G. Re-drawing boundaries: Gender, households, and work in China. Berkeley: University of California Press, 2000: 157-167.

WHYTE M K. Math of the social volcano: Perceptions of inequality and istributive injustice in contemporary China. Stanford: Stanford University Press, 2009.

WHYTE M K, PARISH W L. Urban life in contemporary China. Chicago: University of Chicago Press, 1984.

WOLF M. Revolution postponed: Women in contemporary China. Stanford: Stanford University Press, 1985.

WRIGHT E O. Class counts: Comparative studies in class analysis. New York: Cambridge University Press, 1997.

WU X G, XIE Y. Does the market pay off?: Earnings returns to education in urban China. American sociological review, 2003, 68(3): 425-442.

XIE Y, HANNUM E. Regional variation in earnings inequality in reform-era urban China. American journal of sociology, 1996, 101: 950-992.

YAN Y. Of hamburger and social space: Consuming McDonald's in Beijing//DAVIS D. The consumer revolution in urban China. Berkeley: University of California Press, 2000: 201-225.

YANG M M H. Gifts, favors, and banquets: The art of social relationship in China. Ithaca: Cornell University Press, 1994.

ZANG X W. University education, party seniority, and elite recruitment in China. Social science research, 2001, 30: 62-75.

ZHAO R. Three features of the distribution of income during the transition to reform//GRIFFIN K, ZHAO R. Chinese household income project, 1988(MRDF). New York: Hunter College Academic Computing Services, 1993: 74-92.

ZHOU X. Economic transformation and income inequality in urban China: Evidence from a panel data. American journal of sociology, 2000, 105(4): 1135-1174.

ZHOU X. Political dynamics and bureaucratic career patterns in the People's Republic of China 1949—1994. Comparative political studies, 2001, 34(9): 1036-1062.

ZHOU X, TUMA N B, MOEN P. Stratification dynamics under state socialism. Social forces, 1996, 28: 440-468.

ZHOU X, TUMA N B, MOEN P. Institutional change and job-shift patterns in urban China. American sociological review, 1997, 62(3): 339-365.

ZHOU X, HOU L. Children of the Cultural Revolution: The state and the life course in the PRC. American sociological review, 1999, 64: 12-36.

ZHOU X, SUHOMLINOVA O. Redistribution under state socialism: A USSR and PRC comparison. Research in social stratification and mobility, 2001, 18: 163-204.

ZUO J, BIAN Y. Gendered resources, division of housework, and perceived fairness: A case in urban China. Journal of marriage and the family, 2001, 63(4): 1122-1133.

第二十一章 ｜ 中国社会的不平等与社会分层[*]

上海纽约大学　吴晓刚

第一节　引　言

过去40年是社会学研究中国的蓬勃发展期。关于不平等和社会流动性变化模式的文献积累尤盛。除20世纪70年代的一篇有关中国的综述研究（Whyte et al.，1977）和80年代的一篇综述性文章（Walder，1989）外，总体来看，已发表的作品很少专门以社会学研究为重点，对社会不平等与分层的经验研究由于数量太少而很难专门写出一篇评述文章来。随后文献的涌现部分可以归因于20世纪90年代中期以来中国社会不平等的迅速加剧（Li et al.，2013；李实，2017；WIL，2018；Xie & Zhou，2014），部分可以归因于社会科学家对再分配经济体制向市场经济体制转变如何重塑社会分层秩序的基本研究兴趣。后者引发了一场激烈且至今尚未得到解决的争论（Bian & Logan，1996；Heyns，2005；Nee，1989；Rona-Tas，1994；Szelényi & Kostello，1996；Walder，1996；Xie & Hannum，1996）。

---

[*] 本章根据吴晓刚教授2019年发表在《社会学年鉴》（Annual Review of Sociology）第45卷（第363-382页）上的文章"Inequality and Social Stratification in Postsocialist China"编译而成，由张柏杨翻译成中文。作者对译者表示诚挚的感谢。

有两篇评论文章与本章涉及的主题高度相关：第一篇评述了在市场转型争论中得出的有争议性的结论，并试图调和相互对立的理论（Nee & Matthews, 1996）；第二篇更全面地回顾了1980年以后关于中国阶级分层、社会经济不平等和社会流动的相关研究，并以毛泽东时代为参照点，重点关注了改革时期（早期）不平等的结构变化（Bian, 2002）。在这些工作的基础上，笔者对2000年以来关于中国不平等与社会分层研究领域中超越市场转型争论的各种理论视角和经验分析进行了系统评述，着重关注向市场经济的制度转型过程中关于不平等模式如何转变的定量社会学研究。

评述主要分为三个部分：（1）新的理论和视角；（2）新的数据集和分析方法；（3）新的研究主题。最后，本章通过比较中国不平等和社会分层领域得出的经验发现和研究结论来确定其研究的更广泛意义，并对该领域的未来发展方向提出一些建议。

第二节　超越市场转型争论：新的理论和视角

早期关于改革时代中国社会的不平等和社会分层的研究主要集中在对市场转型的争论上。市场转型理论认为：新兴的市场经济会削弱社会主义再分配制度，导致对政治权力回报下降和对人力资本与私人企业家回报上升（Cao & Nee, 2000；Nee, 1989、1991；Nee & Matthews, 1996）。而另外的理论则强调再分配权力的持续作用（Bian & Logan, 1996）或政治权力如何转化为经济利益（Rona-Tas, 1994）。

这一争论的根源在于在市场与国家二元对立的分析框架下对经验发现的解释上的分歧。最初参与争论的研究者主要基于对收入不平等的确认性研究（confirmatory studies），尤其是通过研究政治权力和人力资本回报率的升降来推断社会分层机制是如何变化的。随后，一些研究者认为这种二分法可能是不恰当的（Zhou, 2000、2000），指出市场的崛起并不一定伴随着国家影响力的下降。延续这一未解决的争论，研究者们提出了各种新的理论和视角，以解释后社会主义的不平等，特别是中国的分层现象，具体可以归纳为以下几条脉络。

一、宏观结构修正主义

随着现有文献积累了太多不一致和相互矛盾的结果，研究者们开始在再分配与市场的两分概念框架内进行了一些妥协。即便市场转型理论家也承认权力资本向经济资本的转化较有优势（Nee，1991；Nee & Cao，2002），而且在转型过程中这些优势的流失也是非常有限的。但是，他们认为这主要是因为改革的不彻底，当改革达到某一临界点时，他们预测的质变就可能发生（Nee & Cao，2002）。另一方面，权力维续论的支持者也发现，对地位权力和人力资本的收入回报不仅从1988年到1995年均有上升，而且对人力资本的回报在劳动力和资本市场发展得更好的城市上升得更多。然而，没有迹象表明市场影响力的进一步扩大会导致地位权力的下降（Bian & Zhang，2002）。在政治与市场共同演化的概念模型中，周雪光（Zhou，2000）认为，国家发起的改革和市场的出现本质上是相互联系的，如果没有对一方有完全和实质性的理解，就无法真正理解另一方。有研究者发现，政治和市场因素对家庭的经济状况都有显著影响（Jin & Xie，2017）。中国社会分层的不连续性和连续性是通过不同的资源分配机制共同作用形成的，这些机制以复杂的模式相互结合和相互影响。

此外，中国的制度变迁涉及多方面的过程，而市场化只是其中之一。不平等的变化可能是由经济增长和结构变化而不是市场化推动的。魏昂德（Walder，2002）发现，在中国农村，干部和私营企业家的收入回报取决于工资和私营经济在当地经济中的相对重要性。在乡镇企业发挥重要作用的一些地区，农村干部及其家庭成员能够保持收入优势，而雇员工资增长可能会降低私营企业家的相对经济优势。

因此，在市场转型中谁"赢"和谁"输"这个问题是复杂的，在很大程度上取决于市场与国家之间的具体制度安排（Szelényi & Kostello，1996；Walder，1996）。这种制度安排不断变化发展，产生了一个不断变化的机会结构。那些能够利用新机会的人将成为赢家。此外，进一步的市场化为公共资产注入了新的价值，也可能为在位的精英将其政治特权转化为经济优势创造机会。然而，这一过程取决于制度变迁的广度和一些法律障碍，这些障碍因不同国家和不同的改革阶段而异（Walder，2003）。在中国，20世纪90年代后期的改革带来了公司产权的根本变化，并出现了私营企业家这样一个新的精英阶层，而他们中的许多人以前都是国有企业的管理者和干部（Kung & Lin，2007；Li & Rozelle，2003；Walder，2011；Walder et al.，2013）。他们能够利用这些机会的程度取决于当地（省级）的私有化进程如何被组织和管理（Xu & Wu，2018）。

总之，从再分配经济到市场经济的这一宏观层面的制度转型，并没有对过去的旧精英在后社会主义中国[①]所享有的优势产生直接影响。研究者随后超越了市场转型争论的框架，更加关注具体制度安排和中间过程在塑造中国社会不平等过程中所起的作用，呼吁进行实质性的制度分析（Zhou，2000）。城市的工作单位和户籍制度也因此受到特别关注（Wu，2002；Wu & Treiman，2004）。

二、实质性的制度分析：户籍、单位和中国社会分层

户籍和单位是20世纪50年代中国制定的两种具体制度安排，以便国家再分配公民的资源和生活机会。户籍制度要求所有中国家庭在他们居住的地方注册登记，并分为农业或非农业（农村或城市）两类户籍。这一制度将中国分割成了两个社会（Chan，2009；Chan & Zhang，1999），大多数人口被限制在农村，并且很少享有社会主义国家赋予城市居民的权益，从而不仅导致了农村和城市之间的空间分层，也产生了两类不平等的公民（Solinger，1999；Wu & Treiman，2004）。在城市地区，单位是个人与国家联系的纽带。单位根据工人在再分配等级中的结构地位，赋予其不平等的社会经济地位和生活机会（Bian，1994；Walder，1992；Whyte & Parish，1984）。有研究记录了中国城市居民个人进入单位的过程及与之相关联的社会经济利益（Bian，1994；Lin & Bian，1991）。

因为户籍和单位是中国再分配经济中的重要制度，所以它们是研究市场经济体制转型如何影响不平等变化的核心。自20世纪80年代中期以来的经济改革已经改变了单位在城市社会分层中的作用。国有企业被推入市场竞争，即

---

① 指苏联解体和东欧剧变后的中国。

便在国有企业中，得到额外收入和奖励的员工的能力与其他员工的差异也进一步增大，而且并不常常与他们在再分配等级中的结构地位相一致（Naughton，1997；Xie & Wu，2008）。与市场转型理论的预测相反，教育回报率并没有一直增加，这主要是因为至少直到20世纪90年代初，虽然单位变得更加市场化，奖金占员工薪酬的比重更大，但是其分配却更加平均（Wu，2002；Xie & Hannum，1996）。

20世纪90年代后期的私有经济发展，从根本上重组了中国城市的单位体系，并创造了一个流动性更强的劳动力市场。因此，单位部门/所有权（通常分为政府和事业单位、国有企业、集体企业和私营企业四大类）在社会分层中的重要性似乎在下降（Jansen & Wu，2012；Lin & Wu，2010）。谢宇和吴晓刚（Xie & Wu，2008）发现，虽然单位的部门仅仅能解释劳动者总体收入差异中的一小部分，但单位的财务状况（以盈利能力衡量）仍然是仅次于地区或城市的收入决定因素。因此，单位仍然与分层相关，但因为在单位中资源分配的渠道发生了变化，所以制造不平等的机制可能已经发生了微妙的转变（Li，2015；Wu，2002）。进一步的分析表明，不平等主要存在于政府机构/事业单位和企业之间。即便考虑个人选择，组织收入的差异（结构效应）依然存在（Wu，2013）。

与单位相比，即使在改革后期，户籍在社会分层中依然发挥了极为突出的作用。研究发现，在考虑到居住地后，农村户籍显著降低了一个人的受教育程度和加入中国共产党的机会（Wu，2011；Wu & Treiman，2004），甚至在今天，农村和城市户籍的拥有者在学校教育和收入上的差距仍然很大（Hao et al.，2014；Liu，2005）。虽然出生时的户籍状态可以被认为主要是先赋的属性，但是农村居民还是可以通过一些有限的渠道获得城市户籍，例如接受职业/高等教育或入党、服兵役（Zhang，2015）。然而，这些资源的获得反过来又受到家庭背景的限制，包括户籍出身（Wu & Treiman，2004）。虽然将一个人的户籍从农村转变为城市是向上社会流动的核心途径，但在中国社会，选择性过程塑造了代际职业流动模式（Wu & Treiman，2007）。因此，在现有城市人口中，父母与子女的职业地位间的关联较弱（Blau & Ruan，1990；Lin & Bian，1991；Whyte & Parish，1984），这主要是城乡分割以及城市中对农村出身人口的选择的结果，而不是国家平等主义政策所导致的。

经济改革放松了通过户籍制度使农村人口向城市迁移的行政控制，而在改革时期，移民进入城市，户籍遇到单位，原有的社会边界变得更加明显。许多城市的地方政府将继续明确以户籍作为提供补贴、福利和公共服务的依据，并歧视没有当地户籍的移民。这种制度性的歧视在政府和公共机构中比在公有企业中更为严重。通过不同就业部门的比较，我们发现：随着再分配制度逐渐被侵蚀，并让位于具有竞争性的劳动力市场，户籍在中国社会分层中的作用可能正在逐渐式微。事实上，农民工已在城市私营部门享受到了些微的优势（Wu & Song, 2014; Zhang & Wu, 2017）。除了城乡户籍的分割外，本地户籍和非本地户籍在决定劳动者进入不同的部门、职业成就和收入方面也起着重要的作用（Li et al., 2015）。在城市化高速发展的过程中，许多农村被直接纳入城市，其居民获得了城市户籍身份。随着城市户籍选择性的下降，其社会经济意义发生了相应的变化。今天，城市户口的收益主要存在于那些通过自身努力获得户籍的人群中（Wu & Zheng, 2018）。

三、机会：流动性视角和微观层次的分类过程

鉴于宏观层面制度转型与个人收入不平等之间存在的理论鸿沟，一批新的研究更进一步迈向了微观视角，将这一变迁过程更明确地表叙为转型如何改变劳动力市场中的机会结构以及个体如何通过跨越不同的位置来应对不断变化的机遇。一个显著的例子是劳动者从公有部门（国家和集体所有）到私有部门的流动。1990—2016 年，在城市公有部门就业的劳动者比例从 81.5% 下降到 16.0%（中华人民共和国国家统计局，2017; Li, 2013）。劳动者进入私有部门主要通过两种性质不同的机制——通过裁员将他们非自愿地推向市场和通过他们的自我选择自愿进入市场（Lee, 2000; Wu, 2010）。这两个群体可能具有不同的特征。劳动者的市场表现取决于他们何时以及如何进入市场。虽然后来进入市场者的收益确实增加了并能得到更高的回报，但是那些早期进入者与那些留在公有部门的人相比既没有获得更高的收入也没有获得更高的教育回报（Wu & Xie, 2003）。更具体地说，在晚期进入者中，只有自愿进入者比那些留在公有部门的人享有更多的收入优势，而且进入市场对收入的因果效应与进行这种转型的倾向性呈负相关（Wu, 2010; Xie & Wu, 2005）。

可以肯定的是，这种差异化的分类过程取决于宏观层面的制度变迁，并与

劳动力市场中机会结构的变化相互作用。虽然自雇佣为那些在国家社会主义条件下被剥夺社会经济机会的人提供了一个主要的流动途径，城市劳动力市场于是逐渐形成了一个二元机会结构，私营部门为社会流动提供了一种可替代的且越来越有吸引力的职业道路（Davis，1999）。因此，数据分析表明，教育和干部身份都阻碍了城市非农村人口进入自雇佣业。但是，随着时间的推移，城市干部越来越有可能成为自雇佣者，而只有那些在中国城市改革后期成为自雇者的人，才能享受到比工薪者更高的收入（Wu，2006）。

劳动力市场中个体劳动者的差别分类过程及其所致的合成后果导致了结构的变化，具体反映在劳动力构成和收入不平等上。1996—2010年收入不平等增长的近一半是由于教育回报的增加；另一半可归因于劳动力构成的变化，特别是公有部门的收缩和农村向城市移民的激增（WIL，2018；Zhou，2014）。

第三节　新的数据搜集、研究设计和方法

对中国社会不平等与社会分层的早期研究主要基于农村或城市地区的某个地点的横截面调查数据，使得经验结果既不能比较，一般也不能综合。2000年以来研究的大部分进展都得益于越来越多的具有全国代表性的住户调查数据的可获得性，以及新的研究设计和方法。

一、新数据的搜集

当代中国的生活史和社会变迁（LHSCC）调查完成于1996年，是当代中国社会调查中里程碑式的项目。虽然之前的一些研究已尝试从多个地点搜集调查数据（例如，Xie & Hannum，1996；Zhou，2000），但直到LHSCC调查问世，才出现了覆盖全国的概率样本数据，且该调查特别关注社会分层。该调查是一个多阶段、分层的全国概率样本调查，被访者为6 090名成年人，年龄为20~69岁，且来自除西藏外的中国各个地区。此外，该调查区分了农村和城市地区样本，共完成3 003个农村样本和3 087个城市样本，它们以恰当

的权重构成了一个全国样本（Treiman & Walder，1996）。[①] 该调查问卷收集了有关被访者生活史和其家庭成员特征的广泛信息，为研究中国社会的不平等和流动性提供了一个综合性的数据库。20 世纪 90 年代在中国进行的所有调查中，它是在样本设计、质量控制和技术文件的提供等方面都达到最高专业标准的调查。

CGSS 于 2003 年启动，以 GSS 为蓝本，对除西藏以外所有省级地区的全国代表性样本进行年度或两年一度的截面数据调查，但 2003 年的调查仅包括城市样本。类似于 LHSCC、CGSS 采用按地区和教育分层、包含农村和城市人口信息的多阶段随机抽样，最终从每个抽样住户中随机抽取一名 18 岁或以上的居民作为调查对象（Bian & Li，2012）。此外，每一轮调查的样本量不同，在不同年份大约有 6 000~12 000 个样本。虽然 CGSS 项目主要包括一般性的主题，也具有开放性，但是分层和流动是其首要主题。尤其在 2003 年和 2008 年的 CGSS 数据中，包含着有关教育和工作经历的详细回顾性信息。研究者们可以分析这些信息，以解释改革前和改革期间有关教育分层和职业流动的各种问题。自 2003 年以来积累的 CGSS 调查提供了一个不断更新的全国性的数据集，用于跟踪长期的社会变化。[②] 该数据也可以和以往的调查（例如 LHSCC）相比较，以评估经济发展和私有化关键时期中国社会不平等模式的变化。

虽然重复性的横截面数据对于研究宏观层面随时间而变的社会变迁有用，但它们在解决个体变迁和因果关系方面问题的作用有限（Firebaugh，2008）。2010 年启动的 CFPS 反映了人们对于在中国搜集面板数据的强烈愿景。CFPS 旨在从一个近乎具有全国代表性的样本（覆盖全国 94% 的人口的 25 个省级地区）库中搜集社区、家庭和个人层面多个领域的综合信息。它采用多阶段、潜在分层和以人口规模等比例抽样的方法，并采用城乡一体化的抽样框架，将被调查地区划分为六个代表性层级（上海、辽宁、河南、甘肃、广东和其他）。它收集了有关抽样住户和所有个体家庭成员的详细信息：基准调查采访了来自 14 960 个家庭的 3 360 名成人和 8 990 名儿童，直到 2020 年，访问员每两

---

① 数据来源：www.library.ucla.edu/social-science-data-archives/life-histories-social-change-china。
② 数据来源：http://cgss.ruc.edu.cn。

年就会对其进行一次跟踪回访（Xie & Hu，2014）。[①]CFPS 为研究者提供了涵盖多个领域和多个层次的不平等的高质量综合性数据。随着更多期面板数据的积累，研究者可以分析个体在家庭和社区环境及他们过去的经历影响下随时间变化所形成的个体发展的因果路径（例如，Xie et al.，2015；Zhang et al.，2014）。

除 CGSS 和 CFPS 之外，还有中国家庭收入调查（CHIP1988、1995、2002、2007、2013）。2002 年以后 CHIP 还增加了一个针对移民的特殊样本，为经济学家和社会学家追踪中国收入分配的动态变化提供了重要的数据来源（Griffin & Zhao，1993；Gustafsson et al.，2008；Li et al.，2013；Riskin et al.，2001）。最后，中国的人口普查也提供了有价值的数据。其中，2000 年和 2010 年的人口普查收集了 10% 的家庭的长表数据。2005 年还有 1% 的人口抽样调查（又称"小普查"），它是在两次人口普查之间进行的，收集的信息包括被访者的工作收入、单位部门、工作时间、附加福利和就业状况，以及其他人口统计数据。这些人口普查是社会科学家追踪大规模社会变化和社会经济不平等趋势的不可或缺的数据来源（例如，Treiman，2013；Wu & He，2015）。

二、研究设计和方法

以往关于中国社会的知识主要与区域研究紧密联系在一起，区域研究通常依赖于质量不好的数据和描述性工具，因此在社会科学学科中只占据了边缘的地位。自 20 世纪 80 年代后期以来，对中国社会不平等的研究已经变得更具有学科化和理论导向：最初以关于市场转型的争论为例，其后，这种转变通过深思熟虑的研究设计和严谨的实证分析方法得到了进一步巩固。

以对市场化这个概念的操作化为例。一种直接的方法是利用时间的推移，将时间的变化归结为市场化的影响（例如，Bian & Logan，1996；Hauser & Xie，2005；Nee，1989；Shu & Bian，2003）。然而，市场化的影响可能与以其他不同方式影响分层的社会经济趋势（例如经济增长）相混淆（He & Wu，2018；Walder，2002）。另一种方法是比较单位不同部门之间的不平等模式，特

---

① 数据来源：http://www.isss.pku.edu.cn/cfps/en/index.htm。

别是国有和市场部门（Zhao & Zhou，2002）或更精细分类的部门（例如，Wu，2002；Wu & Song，2014；Zhou，2000），以测量市场影响力的单调增加。这种方法虽然易于操作，但可能会忽视劳动者被筛分到不同部门的过程与市场化之间的内生性关系（Wu & Xie，2003）。最后一种方法是通过划分区域类型（按地区分组）或使用特定的区域或城市统计数据来估算当地的市场化程度（例如，Bian & Zhang，2002；Cohen & Wang，2009；He & Wu，2017；Xie & Hannum，1996）。

上述设计不仅可以通过搜集大样本量的调查数据，还可以通过应用高级统计方法来实现。为显示与特定结构因素（例如职业、就业部门）相关的收入不平等的来源，研究者们使用计量经济学中的布朗（Brown et al.，1980）分解方法，发现农村移民的收入劣势主要应该归因于基于户籍状况的职业隔离，而不是同工不同酬的歧视，而政府和事业单位的隔离效应比企业更为突出（Zhang & Wu，2017）；新疆维吾尔族与汉族之间的收入不平等主要来自部门内部的差异，而汉族移民与汉族当地人之间的收入差异主要缘于部门隔离（Wu & Song，2014）。

在某些情况下，研究者们有时可能有兴趣评估不同因素在特定时间点或一段时间内导致收入不平等的相对作用。使用偏R^2作为度量，即包含所有其他自变量后由决定因素解释的方差的净比例，在1999年的一项研究中，研究者发现城市和单位的盈利能力是影响中国城市收入不平等的最重要的因素（Xie & Wu，2008）。区域和城乡居住类型依然是解释2010年全国收入不平等的两个主要因素，其次是教育（Xie & Zhou，2014）。通过使用重复横截面数据分析收入不平等的趋势，研究者提出了新的方法，同时模拟群体均值和方差，并将总体的收入不平等归因于不同收入来源的变化（Jansen & Wu，2012；Zhou，2014）。

由于可以获得回顾性生命史数据，研究者可以应用事件史分析解决个体生命历程中的依赖关系和时间变化等问题。将入党和改变工作岗位的相对时间纳入分析模型，可以使研究者更准确地检验党员身份是否有助于职业获得或者晋升是否会导致个体入党（Walder et al.，2000）。入党和接受大学教育之间的关系可以用类似的方法进行分析（Li & Walder，2001）。事件史分析也可以用来研究依赖关系在不同的历史时期如何变化，例如农村出生人口中的户籍转换率（Wu & Treiman，2004），中国农村和城市干部如何随着时间的推移进入自雇职业（Wu，2006），或者研究不同改革时期的职业变化（Li，2013；Zhou et al.，1997）。

20世纪90年代的分层研究越来越多地采用多层次的分析设计和方法（Treiman & Ganzeboom，2000），研究中国分层的研究者也与时俱进。鉴于区域发展不平衡是中国经济和社会最突出的特点之一，研究者们经常采用与地区统计相关的全国性大样本数据，运用多层次模型来研究不平等模式如何随当地环境而变化（Hauser & Xie，2005；He & Wu，2017；Xie & Hannum，1996）。

内生性一直是社会科学研究中的一大关注点（Morgan & Winship，2014）。追踪数据模型用于考察重要但潜在的个体属性，以检验中国城市收入决定因素的变化（Zhou，2000）。随着如CFPS等项目的多轮家庭调查数据的积累，追踪数据分析模型被更频繁地用于研究中国不平等的动态变化（例如，Xie & Jin，2015）。另一方面，由于追踪数据并非总是可用的，其他有望用观测数据评估因果效应的统计方法也越来越受欢迎。例如，倾向值得分匹配分析方法可以帮助研究者总结实验组和对照组之间的所有差异，并根据二元logit模型估算倾向得分（Guo & Fraser，2009）。它已被用于研究公有和私有部门工人之间（Wu，2010；Xie & Wu，2005）、不同类型的单位中（Wu，2013）、移民与本地工人之间（Zhang & Wu，2017）以及通过不同机制将户籍从农村转为城市的人之间的不平等（Wu & Zheng，2018）。尽管研究者越来越清楚地意识到因果推断可能存在的一些问题，但其他先进的统计模型，如工具变量法、双重差分法和赫克曼选择模型，在中国社会分层问题研究上的应用也有待加强。

第四节 不平等和分层研究中的新主题

阶级、性别和种族/民族是社会学研究不平等的三个重要维度。随着对高质量数据的搜集和对高级统计方法的应用，研究中国社会分层的研究者除了关注中国制度变迁的背景下人力资本和政治权力对收入的影响（教育、财富和住房）导致的不平等和其他不同的结果，也开始探索有关不平等（阶级、性别和种族）的更广泛的维度。

一、将阶级带回来

自20世纪90年代中期以来，私有产权的大幅增长导致了社会贫富之间的两极分化。这种变化重新唤起了学界对社会阶级研究的学术兴趣（Goodman，2014）。中国的新兴中产阶级成长于私有部门，通过市场竞争不断壮大。他们不仅对自己的公民权和财产权更有意识，而且还具有更多的可用于维权的文化和经济资源，这使得他们的政治态度和社会价值成为学界关注的焦点（Cai，2005；Goodman，2014；Wu & Cheng，2013）。与此同时，主要由私有部门的农村移民组成的新工人阶级的出现，也为研究中国的劳动争议和集体行动提供了重要视角（Chan & Selden，2016；Pun，2005）。

我们应该如何在中国背景下定义社会阶级？在比较社会分层研究中，一种方便的选择是埃里克森－戈德索普－波托卡雷罗（EGP）的阶级分类法，该分类法将所有职业分为六类：专业人员/管理人员、常规非手工业者、小型业主、工头和熟练的体力劳动者、半熟练和非技术工人以及农民（Erikson et al.，1979）。然而，吴晓刚和唐启明（Wu & Treiman，2007）的研究已经显示，根据中国经验数据估计的EGP阶级计划的尺度指标并不遵循西方国家的梯度顺序，他们认为该分类忽略了中国的户籍制度和城乡之间的分割。基于职业分化以及对组织资源、经济资源和文化资源的占有，中国社会科学院的研究者将中国分为十个社会阶层，包括国家行政人员、经理、私营企业主、专业人士、常规非手工业者、自营职业者、服务业工人、制造业工人、农民和失业/半失业者（陆学艺，2002）。

从新马克思主义的理论出发（Wright，1997），林宗弘和吴晓刚（Lin & Wu，2010）基于国家的特殊制度，如户籍、单位、干部和工人之间的地位区别（Bian，2002），以及新兴私有制，提出了一套中国的阶级分类法。每个阶级分别与生产性资产的不同形式相关联，即劳动力、组织、权威、技能和资本。与EGP阶层划分或社科院阶层划分相比，笔者认为该分类法可以更好地反映出中国主要维度的社会经济差异。正在进行的制度变迁对不平等结构的影响体现在阶级结构的转型和以不同生产资料进行定义的阶级回报率的变迁上。实证分析表明，中国的经济改革削弱了户籍系统和与单位相关的组织资产的影响，但是权威、技能和经济资本在产生不平等方面的作用得到了加强。

二、性别分层的动力学

尽管中国女性的受教育程度已赶上男性（Laverly et al., 1990；Wu & Zhang, 2010），但自20世纪90年代中期以来，中国女性似乎在市场化进程中表现得更糟（Gustafsson & Li, 2000；Song et al., 2017）。早期的研究表明，1988—1995年，中国城市中的性别收入不平等发生了一定程度的变化（Shu & Bian, 2003），但女性劳动力参与率从1990年的89.4%下降到2005年的63.5%（Wu & Zhou, 2015），女性的平均收入与男性相比也有所下降，从1988年的86.3%下降到2004年的76.2%（Zhang et al., 2008），以及2007年的70.6%（Song et al., 2017）。尽管经济发展在劳动力市场中给予了女性更多的机会，但这种下降在很大程度上要归因于市场化的影响（He & Wu, 2018）。总而言之，市场化是塑造性别收入不平等的主导力量（参见，Cohen & Wang, 2009）。

市场化如何使得女性在劳动力市场中处于越来越不利的地位？一个论点指出：雇主歧视女性的情况越来越严重，而在社会主义制度下这是被明令禁止的，且有悖于城市单位制度下同工同酬的分配原则（Honig & Hershatter, 1988）。在改革时代，特别是自20世纪90年代中期以来，对利润、生产率和效率的强调超过了对社会公平的强调，促使包括国有企业在内的公司在招聘和工作分配中表现出对女性的统计歧视（He & Wu, 2018）。另一个论点则强调了职业性别隔离发生变化的影响，意味着男性倾向于填补薪水更高的工作，而女性倾向于流入薪酬较低的职业（李汪洋、谢宇，2015；Shu, 2005）。市场化导致了更高水平的职业性别隔离，并扩大了中国城市性别收入的不平等（He & Wu, 2017）。

无论是直接歧视还是职业隔离都存在于市场（公共领域）中，但家庭内部的性别关系也发生了同样深刻的变化。公私两领域之间的相互作用提供了一个分析的视角，以加深对中国女性在劳动力市场上日益恶化的状况的理解（Ji et al., 2017）。在大规模的市场化之后，单位所承担的社会责任被剥夺，例如育儿和社会服务。这些服务被转移回私人家庭，通过市场或通过女性在家的未获酬劳的工作形式来解决。这种变化促进了公共与私人领域之间的分离，在工作与家庭之间产生了较以往更大的冲突，特别是对于已婚女性来说（Ji et al., 2017；Zuo & Bian, 2001）。对女性就业和收入的统计歧视可能与她们在家庭中的角色有关，因为她们通常被认为会将较少的精力投入工作，而更可能辞职回归家庭（Cao & Hu, 2007）。女性，特别是那些有小孩的女性，可能不得不花更多的额外时间在家务上（Zhang et al., 2008），并选择退出有偿劳动（Maurer-Fazio et al., 2011；Wu & Zhou, 2015）。女性的生育状况也会影响女性的职业发展，而这一影响往往在改革后期越加明显（He & Wu, 2021）。

三、中国经济转型中民族平等的探索与努力

在2008—2009年之前，中国社会分层的海量文献中有关民族层面的不平等议题曾被长期忽视。现有研究表明少数民族在经济方面落后于汉族（Gustafsson & Li, 2003；Wu & Song, 2014）。然而，在特定的区域背景下对少数民族与汉族的二元关系进行的系统分析，结果未显示出清晰的相关性。因为少数民族之间存在着较大的异质性，其中，一些少数民族与汉族人口的融合程度较高的地区，其经济地位要显著高于其他少数民族地区（Wu & He, 2016）。

20世纪50年代初，中国颁布了一系列旨在促进民族平等的政策，包括民族区域自治制度和一系列有利于少数民族的优惠政策。虽然有证据表明，少数民族受益于优惠政策（Hannum & Xie, 1998；Tang et al., 2016），但政策依然未能全面改变少数民族的社会经济弱势地位，还需要更多研究者投入政策和民族议题研究，以完善政策制定与实施。另一方面，民族区域自治却增强了少数民族对其民族的认同（Wu & He, 2018）。

在市场化进程中，如何促进少数民族地区的经济发展？在改革初期，民族教育差异似乎有所增加，可能对少数民族在劳动力市场中的表现产生重要影响（Hannum, 2002）。例如，在新疆，在控制教育和其他特征的情况下，相较于当地汉族或移民，维吾尔族更有可能在政府机构中工作，而当地汉族或移民更有可能成为自雇者。在政府和事业单位中，汉族和维吾尔族的收入差距可以忽略不计，但在自雇部门中收入差距最大，其次是私营企业和公有企业中的员工。经济部门的汉族移民享有特别的收入优势，而且除在政府和事业单位外，他们的户籍身份对收入几乎没有影响（Wu & Song, 2014）。部门差异被视为国家保

护的减少和市场力量影响力的增强的结果,维吾尔族在中国的市场化进程中表现较差,而汉族农民工获得了更多的经济机会。

四、教育不平等与社会流动

中国40余年的经济改革使得人们的受教育机会急剧增加。1980年至20世纪80年代末中国政府制定了普及初等教育的目标,到20世纪90年代又制定了九年义务教育目标(Treiman,2013;Tsui,1997)。随着教育投入的增加,这些目标已经基本实现。到20世纪90年代中期,6~15岁儿童入学率已达到98%。完成小学后,初中的入学率在经历了20世纪80年代中期的最初下降后,到1995年也已达到90%,2008年更达到99.5%。相比之下,直到2005年,超过义务教育范围的高中教育的扩张仍然相当缓慢(参见,Wu & Zhang,2010:表1)。

社会分层研究者关注的一个关键问题是:学校扩张是否为来自弱势家庭背景的儿童提供了更多机会?不平等最大限度维持论(MMI)(Raftery & Hout,1993)认为,许多国家的教育扩张并未给弱势家庭孩子的升学提供更好的机会,因此,家庭背景与受教育程度之间的相关性并没有改变(Shavit & Blossfeld,1993)。中国的经验为MMI理论提供了支持。教育机会的扩大,伴随着20世纪90年代快速的市场化和不平等的加剧(Hannum,2005)。康奈利和郑真真(Connelly & Zheng,2007)的分析显示,由于城市地区的发展优于农村地区,因此高中或职业学校就读机会的城乡差距不断扩大。吴晓刚(Wu,2010)的多元分析发现,在1990—2000年,城乡间(户籍)初中升入高中的可能性的差距扩大,即使在考虑到经济发展不平衡的地区差异之后,父亲的社会经济地位对升学的影响也在显著增加。这些研究结果表明:在教育扩张过程中,家庭背景对教育的影响得到了加强,教育负担能力已成为公众最关注的问题之一。因此,对家庭社会经济资源如何影响孩子的教育机会的分析具有重要的意义(Wu,2010)。

在义务教育之外,自1999年以来,中国的高等教育规模也出现了前所未有的扩张。与西方国家的经验不同,中国的教育扩张是在中等教育完全发展之前突然的政策转向(Wang,2014;Wu & Zhang,2010)。自20世纪90年代末以来，高等教育机会的持续扩张使得女性和来自城市地区的学生，特别是大城市的学生受益（Tam & Jiang，2015；Wu & Zhang，2010）。管理者和专业人士的孩子现在较之以往更有可能进入大学（Yeung，2013）。除了影响进入大学的机会外，家庭背景继续在将学生分入不同的学校（Wu，2017）和不同的学习领域（Hu & Wu，2019）中发挥重要作用。进入重点高中可以帮助学生在高考中取得更高的分数，从而获得进入更优质大学的机会（Ye，2015）。旨在招收具有除考试成绩以外的才能的学生的特殊招生政策基本上对家庭背景优渥的考生更加有利（Liu et al.，2014；Wu et al.，2018）。证据还表明，进入精英大学的学生在劳动力市场上的回报比平均薪酬高出 10.7%，对于有受过良好教育的父亲的学生来说甚至更高（Li et al.，2012）。

这些研究发现对代际社会流动和中国社会结构的变迁有何影响？尽管有很多人抱怨社会流动性下降和社会阶层僵化，但很少有研究者专门研究代际社会流动的趋势，尤其忽视了教育在其中的作用。周翔和谢宇（Zhou & Xie，2017）证实，尽管经济发展和工业化导致大量从农业向非农业的社会流动，但 1996—2012 年，非农职业的社会流动性下降。虽然这些发现在一定程度上支持了在俄罗斯发现的市场化增强地位的代际传递这一主张（Gerber & Hout，2004），但教育如何影响流动出身与目的地之间联系的强度仍有待后续研究。

五、财富和住房不平等

财富分配的不平等及其社会和政治后果越来越被看作 21 世纪不平等主题的一个重要方面（Piketty，2014）。数十年来特别是自 21 世纪以来，中国经济的快速发展导致了大量私人财富的积累。虽然 1988 年搜集的数据显示中国农村的财富不平等程度相对较轻，但随着经济市场化和私有化的快速发展，财富不平等随着时间的推移而不断加重（Davis & Wang，2009；Li & Zhao，2008；Zhao & Ding，2008）。根据谢宇和靳永爱的研究（Xie & Jin，2015：203），2012 年中国家庭的平均财富为 422 000 元，与 2010 年相比增长 18.4%。此外，中国的家庭财富不平等比收入不平等严重得多。财富的基尼系数估计为 0.73，而收入的官方统计基尼系数仅为0.474。①财富拥有量占比前10%的家庭所拥有的财富，是后10%家庭所拥有财富的33倍，相应的收入不平等数字仅为13.1倍。住房资产占全国家庭财富的73.9%，其中，中国城市占78.7%（Xie & Jin，2015：212）。

住房作为一种稀缺的公共资源，曾经在城市社会分层中发挥了关键作用。由于工资低且分配相对平等，以名义成本获得公有住房是一项重要的非货币政策，并且分配公寓的规模和质量在很大程度上视单位和个人职业情况而定（Logan et al.，2009；Walder，1992）。1998—2003年，住房商品化改革开始实施（Sato，2006）。占有住房的租户可以购买也可以转售由单位分配给他们的住房。商业银行开始提供抵押贷款，人们开始寻找新的和更好的房源（Wang et al.，2005）。

随着住房所有权率迅速上升（Li & Wang，2012；Zhu et al.，2014），出现了一种新的造富机制。虽然在国有部门工作的城市居民获得商品化住房的机会相对平等，但住房商品化后不久，干部和专业人员以房屋净值的形式拥有的财富远远超过其他人，这主要是因为他们之前的公寓更新更优质（Song & Xie，2014；Walder & He，2014）。没有当地户籍的农民工被排除在城市福利系统之外，因此在获得住房方面一直处于不利地位（Logan et al.，2009）。结果是：以成熟市场经济的标准来衡量，2002年住房商品化所导致的私人财富差距很小（Walder & He，2014）；然而，自2003年以来，蓬勃发展的房地产市场和飙升的房价，特别在某些大城市，使得现有住房拥有者的优势进一步增强，贫富差距扩大，尤其是在拥有房产和无房产的个体之间。基于CFPS数据的新近研究发现，政治资本对房产的财富积累影响较大，而市场因素对于非房产的财富积累影响更大（Jin & Xie，2017）。

尽管住房是公众讨论的热门话题，但针对住房不平等的模式和趋势的严格的实证分析却少之又少，研究住房所有权的社会政治后果的文献更少。於嘉和谢宇（Yu & Xie，2015）发现，中国改革后期，当地的城市住房价格显著地改变了教育对初婚时间的影响。李骏和王洪波（Li & Wang，2012）研究了住房产

---

① 后者可能被低估，大多数研究者认为中国2010年收入的真实基尼系数在0.51至0.53之间（Xie & Zhou，2014）。

权对城市居民参与居民委员会选举和地方人大选举的影响,发现拥有住房的居民比租户更有可能对两者投票,尽管这种影响似乎只存在于主要由纯商品房组成的社区中,而不是实行商品化改革的公有住房中。住房可以成为城市中产阶级形成的基础(Tang,2017;Tomba,2016)、财产代际传递和健康以及主观幸福感的社会经济差异的主要来源。在其他后社会主义国家,住房也会影响家庭形态、政治取向和行动(Zavisca & Gerber,2016)。因此,该问题值得未来在中国情境下进行更系统的研究。

第五节 总结和结论

自 30 多年前倪志伟(Nee,1989)关于市场转型理论的开创性工作以来,有关中国社会的不平等和社会分层的研究成果远远超出了传统的区域研究,成为最活跃的研究领域之一。研究的繁荣,特别是自 20 世纪 90 年代中期以来的快速发展,得益于强调具体制度在塑造不平等模式中的作用、提高数据分析和解释的严谨性以及关于不平等和分层的研究新主题。以实证为导向的中国研究不仅提供了社会和结构变化的全面图景,而且为社会分层与流动的比较研究提供了坚实的基础。

为了进一步推进这一领域的研究,未来的研究可能会充分考虑以下几个方面。首先,我们需要新的理论来解释后社会主义中国不平等的变化。现在已积累了大量的实证分析和证据,而新证据的理论化应该提上议程。20 世纪 90 年代中期以来中国的私有化以及近年来国家力量的回转,已促使社会科学研究者更深入地思考政治和经济因素在塑造不平等模式时是如何与其他社会和人口变量相互作用的。2010 年后的这一段时期,中国收入不平等的基尼系数从 2008 年的 0.491 下降到 2015 年的 0.465(中华人民共和国国家统计局,2017;Xie & Zhou,2014),这一下降并非偶然。下降背后的驱动力需要社会科学研究者继续对国家政策在社会不平等方面起到的作用进行理论反思(Kanbur et al.,2017)。

其次,虽然一些重要的观点和概念(例如生命历程视角、职业隔离)已经被从西方社会学界引入，但应该更多地致力于直接比较中国的证据与来自其他社会的证据。CGSS 由国际社会调查和东亚社会调查组成，其中包括一些国际和区域比较研究的问题。[①] 将中国与国际的比较作为重点可能是一个有前景的领域。与此同时，基于中国省/县层面的地方分析具有广阔的范围和高度的区域异质性，对于界定现有理论和检验新理论都具有重要意义。

再次，中国的社会和经济转型不会停歇，同样也绝不是单维的。虽然中间制度是理解后社会主义中国不平等的连续性和变迁的关键，但这些制度也在经历着巨大的转变。因此，需要重新分析并谨慎解释制度形塑分层的方式。例如，与城市户籍状况相关的福利可能取决于在施行不同政策的城市中获得户籍的不同选择（Wu & Zheng, 2018）。这些制度可能会影响个人的职业决策和收入。例如，取消单位育儿服务对于已婚女性而言，可能会使其家庭和工作之间的关系更加紧张，并会对其在工作场所的劳动力参与、职业发展和性别不平等产生负面影响（He & Wu, 2021；Ji et al., 2017）。

对"不平等是如何产生的"的更好理解，可以通过在具体情境中、在单一城市或多个城市中的更加地方化的研究来实现。例如，一项新的综合数据的搜集，即"上海都市社区调查"，搜集了中国最大都市的社区、家庭和个人的纵向信息（Miao et al., 2019）。自 20 世纪 90 年代中期以来，随着城市化进程的加快，移民人口越来越多地前往几个拥有大量经济机会的大都会地区（Liang, 2016）。人口的空间集中对基础设施建设和公共服务提出了很高的要求，也使中国城市成为社会研究的巨大实验室（例如移民、住房、城市贫困和不平等、社区/邻里街区）。城市不平等及其相关后果将成为一个重要议题。西方社会已经对居住隔离和社区在产生社会不平等中的作用进行了深入分析，同样，该议题在中国城市不同制度环境中的不同表现值得研究者投入更多关注（Ren, 2018）。

最后，不平等和社会流动的下降一直是许多国家政府近年来试图解决的具有严重后果的急迫问题。研究者对于未来中国社会不平等和社会分层的研究应该更多地涉及有关国家社会和经济政策的讨论（例如，Gustafsson et al., 2008；李实，2017）。研究社会分层与流动的研究者也应该分享他们的研究结果，与更

[①] 更多信息请访问：http://www.issp.org 和 http://www.eassda.org。

广泛的民众一起，更好地为公共政策的制定和解决当前的不平等与贫困问题做出贡献。

参考文献：

李实. 中国收入分配格局的最新变化：中国居民收入分配研究. 北京：中国财政经济出版社, 2017.

李汪洋, 谢宇. 中国职业性别隔离的趋势：1982—2010. 社会, 2015, 35（6）：153-177.

陆学艺. 当代中国社会阶层研究报告. 北京：社会科学文献出版社, 2002.

中华人民共和国国家统计局. 中国统计年鉴2017. 北京：中国统计出版社, 2017.

BIAN Y J, LOGAN J R. Market transition and the persistence of power：The changing stratification system in urban China. American sociological review, 1996, 61（5）：739-758.

BIAN Y J, ZHANG Z X. Marketization and income distribution in urban China, 1988 and 1995. Research in social stratification and mobility, 2002, 19：377-415.

BIAN Y J, LI L L. The Chinese general social survey（2003-8）sample designs and data evaluation. Chinese sociological review, 2012, 45（1）：70-97.

BIAN Y J. Work and inequality in urban China. Albany：Suny Press, 1994.

BIAN Y J. Chinese social stratification and social mobility. Annual review of sociology, 2002, 28（1）：91-116.

BLAU P M, RUAN D. Inequality of opportunity in urban China and America. Research in social stratification and mobility, 1990, 9（3-32）.

BROWN R S, MOON M, ZOLOTH B S. Incorporating occupational attainment in studies of male-female earnings differentials. Journal of human resources, 1980, 15（1）：3-28.

CAI Y S. Home owners' resistance in urban China：The case of a moderate middle class. Asian survey, 2005, 5：777-799.

CAO Y, HU C Y. Gender and job mobility in postsocialist China：A longitudinal study of job changes in six coastal cities. Social forces, 2007, 85（4）：1535-1560.

CAO Y, NEE V G. Comment：Controversies and evidence in the market transition debate. American journal of sociology, 2000, 105（4）：1175-1189.

CHAN J, SELDEN M. China's rural migrant workers and labour politics. Handbook on class and social stratification in China, 2016：362.

CHAN K W, ZHANG L. The hukou system and rural-urban migration in China：Processes and changes. The China quarterly, 1999, 160：818-855.

CHAN K W. The Chinese hukou system at 50. Eurasian geography and economics, 2009, 50（2）：197-221.

COHEN P N, WANG F. Market and gender pay equity: Have Chinese reforms narrowed the gap. Creating wealth and poverty in postsocialist China, 2009: 37-53.

CONNELLY R, ZHENG Z Z. Enrollment and graduation patterns as China's reforms deepen, 1990—2000. Education and reform in China, 2007: 81-92.

DAVIS D S, WANG F. Creating wealth and poverty in postsocialist China. Redwood City: Stanford University Press, 2009.

DAVIS D S. Self-employment in Shanghai: A research note. The China quarterly, 1999, 157: 22-43.

ERIKSON R, GOLDTHORPE J H, PORTOCARERO L. Intergenerational class mobility in three Western European societies: England, France and Sweden. The British journal of sociology, 1979, 30 (4): 415-441.

FIREBAUGH G. Seven rules for social research. Woodstock: Princeton University Press, 2008.

GERBER T P, HOUT M. Tightening up: Declining class mobility during Russia's market transition. American sociological review, 2004, 69 (5): 677-703.

GOODMAN D S G. Class in contemporary China. Oak Brook: John Wiley & Sons, 2014.

GRIFFIN K, ZHAO R W. Introduction//The distribution of income in China. New York: St. Martin's Press, 1993.

GUO S Y, FRASER M W. Propensity score analysis: Statistical methods and applications. London: SAGE publications, 2009.

GUSTAFSSON B, LI S. Economic transformation and the gender earnings gap in urban China. Journal of population economics, 2000, 13: 305-329.

GUSTAFSSON B, LI S. The ethnic minority-majority income gap in rural China during transition. Cultural change, 2003, 51: 805-822.

GUSTAFSSON B, SHI L. The ethnic minority-majority income gap in rural China during transition. Economic development and cultural change, 2003, 51 (4): 805-822.

GUSTAFSSON B A, LI S, TERRY S. Inequality and public policy in China. Cambridge: Cambridge University Press, 2008.

HANNUM E, XIE Y. Ethnic stratification in northwest China: Occupational differences between Han Chinese and national minorities in Xinjiang, 1982—1990. Demography, 1998, 35 (3): 323-333.

HANNUM E. Educational stratification by ethnicity in China: Enrollment and attainment in the early reform years. Demography, 2002, 39 (1): 95-117.

HANNUM E. Market transition, educational disparities, and family strategies in rural China:

New evidence on gender stratification and development. Demography, 2005, 42: 275-299.

HAO L X, HU A, LO J. Two aspects of the rural-urban divide and educational stratification in China: A trajectory analysis. Comparative education review, 2014, 58 (3): 509-536.

HAUSER S M, XIE Y. Temporal and regional variation in earnings inequality: Urban China in transition between 1988 and 1995. Social science research, 2005, 34 (1): 44-79.

HE G, WU X G. Marketization, occupational segregation, and gender earnings inequality in urban China. Social science research, 2017, 65: 96-111.

HE G Y, WU X G. Dynamics of the gender earnings inequality in reform-era urban China. Work, employment and society, 2018, 32 (4): 726-746.

HE G Y, WU X G. Family status and women's career mobility during urban China's economic transition. Demographic research, 2021, 44: 189-224.

HEYNS B. Emerging inequalities in central and Eastern Europe. Annual review of sociology, 2005, 31: 163-197.

HONIG E, HERSHATTER G. Personal voices: Chinese women in the 1980's. Redwood City: Stanford University Press, 1988.

HU A, WU X G. Science or liberal arts?: Cultural capital and college major choice in China. The British journal of sociology, 2019, 70 (1): 190-213.

JANSEN W, WU X G. Income inequality in urban China, 1978—2006. Chinese sociological review. 2012, 45 (1): 3-27.

JI Y C, WU X G, SUN S W, et al. Unequal care, unequal work: Toward a more comprehensive understanding of gender inequality in post-reform urban China. Sex roles, 2017, 77 (11-12): 765-778.

JIN Y A, XIE Y. Social determinants of household wealth and income in urban China. Chinese journal of sociology, 2017, 3 (2). https://doi.org/10.1177/2057150X17695689.

KANBUR R, WANG Y, ZHANG X. The great Chinese inequality turnaround. Journal of comparative economics, 2017, 49 (2): 467-482.

KUNG J K, LIN Y M. The decline of township-and-village enterprises in China's economic transition. World development, 2007, 35 (4): 569-584.

LAVERLY W, XIAO Z Y, BOHUA L, et al. The rise in female education in China: National and regional patterns. The China quarterly, 1990, 121: 61-93.

LEE H Y. Xiagang, the Chinese style of laying off workers. Asian survey, 2000, 40 (6): 914-937.

LI B, WALDER A G. Career advancement as party patronage: Sponsored mobility into the Chinese administrative elite, 1949—1996. American journal of sociology, 2001, 106 (5):

1371-1408.

LI H, ROZELLE S. Privatizing rural China: Insider privatization, innovative contracts and the performance of township enterprises. The China quarterly, 2003, 176: 981-1005.

LI H B, MENG L S, SHI X Z, et al. Does having a cadre parent pay?: Evidence from the first job offers of Chinese college graduates. Journal of development economics, 2012, 99 (2): 513-520.

LI J, WANG H B. Home ownership and political participation in urban China. Chinese sociological review, 2012, 44 (4): 58-81.

LI J, GU Y F, ZHANG C C. Hukou-based stratification in urban China's segmented economy. Chinese sociological review, 2015, 47 (2): 154-176.

LI J. Job mobility in postreform urban China. Chinese sociological review, 2013, 45 (4): 81-109.

LI J. Organization size and economic stratification in urban China: 1996—2006. The journal of Chinese sociology, 2015, 2 (1): 17.

LI S, HIROSHI S, TERRY S. Rising inequality in China: Challenges to a harmonious society. Cambridge: Cambridge University Press, 2015.

LI S, ZHAO R W. Changes in the distribution of wealth in China, 1995—2002//DAVIES J B. Personal wealth from a global perspective. New York: Oxford University Press, 2008.

LIANG Z. China's great migration and the prospects of a more integrated society. Annual review of sociology, 2016, 42: 451-471.

LIN N, BIAN Y J. Getting ahead in urban China. American journal of sociology, 1991, 97 (3): 657-688.

LIN T, WU X G. The transformation of the Chinese class structure, 1978—2005//Social stratification in Chinese societies. Leiden: Brill, 2010: 81-112.

LIU L M, WAGNER W, SONNENBERG B, et al. Independent freshman admission and educational inequality in the access to elite higher education: Evidence from Peking University. Chinese sociological review, 2014, 46 (4): 41-67.

LIU Z Q. Institution and inequality: The hukou system in China. Journal of comparative economics, 2005, 33 (1): 133-157.

LOGAN J R, FANG Y P, ZHANG Z X. Access to housing in urban China. International journal of urban and regional research, 2009, 33 (4): 914-935.

MAURER-FAZIO M, CONNELLY R, CHEN L, et al. Childcare, eldercare, and labor force participation of married women in urban China, 1982—2000. Journal of human resources, 2011, 46 (2): 261-294.

MIAO J, WU X G, SUN X L. Neighborhood, social cohesion, and the elderly's depression in Shanghai. Social science & medicine, 2019, 229: 134-143.

MORGAN S L, WINSHIP C. Counterfactuals and causal inference. Cambridge: Cambridge University Press, 2014.

NAUGHTON B J. Danwei: The economic foundations of a unique institution//LÜ X B, PERRY E J. Danwei: The changing Chinese workplace in historical and comparative perspective. Armonk: Sharpe, 1997.

NEE V, MATTHEWS R. Market transition and societal transformation in reforming state socialism. Annual review of sociology, 1996, 22 (1): 401-435.

NEE V, CAO Y. Postsocialist inequalities: The causes of continuity and discontinuity. Research in social stratification and mobility, 2002, 19: 3-39.

NEE V. A theory of market transition: From redistribution to markets in state socialism. American sociological review, 1989, 54 (5): 663-681.

NEE V. Social inequalities in reforming state socialism: Between redistribution and markets in China. American sociological review, 1991, 56 (3): 267-282.

NGAI P. Made in China: Women factory workers in a global workplace. Durham: Duke University Press, 2005.

PIKETTY T. Capital in the twenty-first century. Cambridge: Harvard University Press, 2014.

PUN N. Made in China: Women factory workers in a global workplace. Durham: Duke University Press, 2005.

RAFTERY A E, HOUT M. Maximally maintained inequality: Expansion, reform, and opportunity in Irish education, 1921-75. Sociology of education, 1993, 66 (1): 41-62.

REN X F. From Chicago to China and India: Studying the city in the twenty-first century. Annual review of sociology, 2018, 44: 497-513.

RISKIN C, ZHAO R W, LI S. China's retreat from equality: Income distribution and economic transition. Armonk: M.E. sharpe, 2001.

RONA-TAS A. The first shall be last?: Entrepreneurship and communist cadres in the transition from socialism. American journal of sociology, 1994, 100 (1): 40-69.

HIROSHI S. Housing inequality and housing poverty in urban China in the late 1990s. China economic review, 2006, 17 (1): 37-50.

SATO H. Housing inequality and housing poverty in urban China in the late 1990s. China economic review, 2006, 17: 37-50.

SHAVIT Y, BLOSSFELD H P. Persistent inequality: Changing educational attainment in thirteen countries. Boulder: Westview Press, 1993.

SHU X L, BIAN Y J. Market transition and gender gap in earnings in urban China. Social forces, 2003, 81 (4): 1107-1145.

SHU X L. Market transition and gender segregation in urban China. Social science quarterly, 2005, 86: 1299-1323.

SOLINGER D J. Contesting citizenship in urban China: Peasant migrants, the state, and the logic of the market. Oakland: University of California Press, 1999.

SONG J, SICULAR T, GUSTAFSSON B A. China's urban gender wage gap: A new direction?. CHCP Working Paper, 2017.

SONG X, XIE Y. Market transition theory revisited: Changing regimes of housing inequality in China, 1988—2002. Sociological science, 2014, 1: 277-291.

SZELÉNYI I, KOSTELLO E. The market transition debate: Toward a synthesis?. American journal of sociology, 1996, 101 (4): 1082-1096.

TAM T, JIANG J. Divergent urban-rural trends in college attendance: State policy bias and structural exclusion in China. Sociology of education, 2015, 88 (2): 160-180.

TANG B B. China's housing middle class: Changing urban life in gated communities. New York: Routledge, 2017.

TANG W F, HU Y, JIN S, et al. Affirmative inaction: Education, language proficiency, and socioeconomic attainment among China's Uyghur minority. Chinese sociological review, 2016, 48 (4): 346-366.

TOMBA L. Housing China's inequality//GUO Y. Handbook on class and social stratification in China. Cheltenham: Edward Elgar, 2016: 197-212.

TREIMAN D J. Trends in educational attainment in China. Chinese sociological review, 2013, 45 (3): 3-25.

TREIMAN D J, GANZEBOOM H B G. The fourth generation of comparative stratification research. The international handbook of sociology, 2000: 122-150.

TREIMAN D J, WALDER A G. Life histories and social change in contemporary China, 1996. https://hdl. handle, net/1902. 1/M889V1.

TSUI K. Economic reform and attainment in basic education in China. The China quarterly, 1997, 149: 104-127.

KAI-YUEN T. Economic reform and attainment in basic education in China. The China quarterly, 1997, 149: 104-127.

WALDER A G. Social change in post-revolution China. Annual review of sociology, 1989, 15: 405-424.

WALDER A G. Property rights and stratification in socialist redistributive economies. American sociological review, 1992, 57（4）: 524-539.

WALDER A G. Markets and inequality in transitional economies: Toward testable theories. American journal of sociology, 1996, 101（4）: 1060-1073.

WALDER A G. Markets and income inequality in rural China: Political advantage in an expanding economy. American sociological review, 2002: 231-253.

WALDER A G. Elite opportunity in transitional economies. American sociological review, 2003, 68（6）: 899-916.

WALDER A G. From control to ownership: China's managerial revolution. Management and organization review, 2011, 7（1）: 19-38.

WALDER A G, HE X B. Public housing into private assets: Wealth creation in urban China. Social science research, 2014, 46: 85-99.

WALDER A G, LI B B, TREIMAN D J. Politics and life chances in a state socialist regime: Dual career paths into the urban Chinese elite, 1949 to 1996. American sociological review, 2000: 191-209.

WALDER A G, LUO T J, WANG D. Social stratification in transitional economies: Property rights and the structure of markets. Theory and society, 2013, 42: 561-588.

WANG Q H. Crisis management, regime survival and "guerrilla-style" policy-making: The June 1999 decision to radically expand higher education in China. The China journal, 2014, 71: 132-152.

WANG Y P, WANG Y L, BRAMLEY G. Chinese housing reform in state-owned enterprises and its impacts on different social groups. Urban studies, 2005, 42（10）: 1859-1878.

WHYTE M K, PARISH W L. Urban life in contemporary China. Chicago: University of Chicago Press, 1984.

WHYTE M K, VOGEL E F, PARISH W L, Jr. Social structure of world regions: Mainland China. Annual review of sociology, 1977, 3: 179-207.

WIL（World Inequal Lab）. World inequality report 2018. Paris school of economics, 2018. http://wir2018.wid.world/.

WRIGHT E O. Class counts: Comparative studies in class analysis. Cambridge: Cambridge University Press, 1997.

WU X G, TREIMAN D J. The household registration system and social stratification in China: 1955—1996. Demography, 2004, 41（2）: 363-384.

WU X G, TREIMAN D J. Inequality and equality under Chinese socialism: The hukou system and intergenerational occupational mobility. American journal of sociology, 2007, 113（2）: 415-445.

WU X G, CHENG J H. The emerging new middle class and the rule of law in China. China review, 2013, 13（1）: 43-70.

WU X G, XIE Y. Does the market pay off?: Earnings returns to education in urban China. American sociological review, 2003, 68（3）: 425-442.

WU X G, ZHANG Z N. Changes in educational inequality in China, 1990—2005: Evidence from the population census data. Research in social stratification and mobility, 2010, 17: 123-152.

WU X G. Work units and income inequality: The effect of market transition in urban China. Social forces, 2002, 80（3）: 1069-1099.

WU X G. Communist cadres and market opportunities: Entry into self-employment in China, 1978—1996. Social forces, 2006, 85（1）: 389-411.

WU X G. Economic transition, school expansion and educational inequality in China, 1990—2000. Research in social stratification and mobility, 2010, 28（1）: 91-108.

WU X G. Voluntary and involuntary job mobility and earnings inequality in urban China, 1993—2000. Social science research, 2010, 39（3）: 382-395.

WU X G. The household registration system and rural-urban educational inequality in contemporary China. Chinese sociological review, 2011, 44（2）: 31-51.

WU X G. Redrawing the boundaries: Work units and social stratification in urban China. Chinese sociological review, 2013, 45（4）: 6-28.

WU X G. Higher education, elite formation and social stratification in contemporary China: Preliminary findings from the Beijing College Students Panel Survey. Chinese journal of sociology, 2017, 3（1）: 3-31.

WU X G, ZHENG B D. Household registration, urban status attainment, and social stratification in China. Research in social stratification and mobility, 2018, 53: 40-49.

WU X G, HE G Y. The evolution of population census undertakings in China, 1953—2010. China review, 2015, 15（1）: 171-206.

WU X G, HE G Y. Changing ethnic stratification in contemporary China. Journal of contemporary China, 2016, 25（102）: 938-954.

WU X G, HE G Y. Ethnic autonomy and ethnic inequality: An empirical assessment of ethnic policy in urban China. China review, 2018, 18（2）: 185-216.

WU X G, SONG X. Ethnic stratification amid China's economic transition: Evidence from the Xinjiang Uyghur Autonomous Region. Social science research, 2014, 44: 158-172.

WU X G, LI Z L, WANG N. Independent freshman admission program（IFAP）in China's higher education: Evidence from three national elite universities in Beijing. Chinese sociological review, 2018, 51（1）: 1-28.

WU Y X, ZHOU D Y. Women's labor force participation in urban China, 1990—2010. Chinese sociological review, 2015, 47（4）: 314-342.

XIE Y, HANNUM E. Regional variation in earnings inequality in reform-era urban China. American journal of sociology, 1996, 101（4）: 950-992.

XIE Y, HU J W. An introduction to the China family panel studies（CFPS）. Chinese sociological review, 2014, 47（1）: 3-29.

XIE Y, ZHOU X. Income inequality in today's China. Proceedings of the national academy of sciences, 2014, 111（19）: 6928-6933.

XIE Y, WU X G. Reply to Jann: Market premium, social process, and statisticism. American sociological review, 2005, 70（5）: 865-870.

XIE Y, WU X G. Danwei profitability and earnings inequality in urban China. The China quarterly, 2008, 195: 558-581.

XIE Y, JIN Y. Household wealth in China. Chinese sociological review, 2015, 47（3）: 203-229.

XIE Y, ZHANG X B, XU Q, et al. Short-term trends in China's income inequality and poverty: Evidence from a longitudinal household survey. China economic journal, 2015, 8（3）: 235-251.

XU D D, WU X G. From political power to personal wealth: Privatization, elite opportunity, and social stratification in post-reform China. Princeton: Princeton University, 2018. https://ccc.princeton.edu/node/2976.

YE H. Key-point schools and entry into tertiary education in China. Chinese sociological review, 2015, 47（2）: 128-153.

YEUNG W J J. Higher education expansion and social stratification in China. Chinese sociological review, 2013, 45（4）: 54-80.

YU J, XIE Y. Changes in the determinants of marriage entry in post-reform urban China. Demography, 2015, 52（6）: 1869-1892.

ZAVISCA J R, GERBER T P. The socioeconomic, demographic, and political effects of housing in comparative perspective. Annual review of sociology, 2016, 42: 347-367.

ZHANG C N, XU Q, ZHOU X, et al. Are poverty rates underestimated in China?: New evidence from four recent surveys. China economic review, 2014, 31: 410-425.

ZHANG C N. Military service and life chances in contemporary China. Chinese sociological review, 2015, 47（3）: 230-254.

ZHANG J, HAN J, LIU P W, et al. Trends in the gender earnings differential in urban

China, 1988—2004. ILR review, 2008, 61（2）: 224-243.

ZHANG Y P, HANNUM E, WANG M Y. Gender-based employment and income differences in urban China: Considering the contributions of marriage and parenthood. Social forces, 2008, 86（4）: 1529-1560.

ZHANG Z N, WU X G. Occupational segregation and earnings inequality: Rural migrants and local workers in urban China. Social science research, 2017, 61: 57-74.

ZHAO R W, DING S. The distribution of wealth in China//Inequality and public policy in China. Cambridge: Cambridge University Press, 2008.

ZHAO W, ZHOU X G. Institutional transformation and returns to education in urban China: An empirical assessment. Research in social stratification and mobility, 2002, 19: 339-375.

ZHOU X G, XIE Y. Market transition, industrialization, and social mobility trends in postrevolution China. American journal of sociology, 2019, 124（6）: 1810-1847.

ZHOU X G. Increasing returns to education, changing labor force structure, and the rise of earnings inequality in urban China, 1996—2010. Social forces, 2014, 93（2）: 429-455.

ZHOU X G, TUMA N B, MOEN P. Institutional change and job-shift patterns in urban China, 1949 to 1994. American sociological review, 1997, 62（3）: 339-365.

ZHOU X G. Economic transformation and income inequality in urban China: Evidence from panel data. American journal of sociology, 2000, 105（4）: 1135-1174.

ZHOU X G. Reply: Beyond the debate and toward substantive institutional analysis. American journal of sociology, 2000, 105（4）: 1190-1195.

ZHU Y S, FU Q, REN Q. Cross-city variations in housing outcomes in postreform China: An analysis of 2005 microcensus data. Chinese sociological review, 2014, 46（3）: 26-54.

ZUO J P, BIAN Y J. Gendered resources, division of housework, and perceived fairness: A case in urban China. Journal of marriage and family, 2001, 63（4）: 1122-1133.

第二十二章 经济全球化与当代中国的收入不平等

李雪、王冰
（复旦大学社会学系）

经济全球化意味着跨国经济活动变得越来越重要，货物和资本的跨国流动比国内流动的频率更快，规模更大（Tilly，1995）。经济资源的全球布局给全世界不同国家和地区带来了就业机会和风险，通过影响要素价格、技术扩散、产业结构等，导致收入和财富的重新分配。与此同时，经济全球化还改变了社会关系和国家治理方式，这同样重塑了社会不平等。

具体到经济全球化对当代中国收入不平等的影响，现有研究多从经济学视角出发，假定其作为市场过程影响劳动分工和生产率，最终对有技能和无技能的劳动者产生不同的分配后果；鲜有研究讨论经济全球化如何通过重塑社会关系和国家治理方式影响收入不平等。本章首先回顾经济全球化的概念和过程；之后分别讨论作为市场过程的经济全球化，以及经济全球化如何通过影响国家政策和社会保障体制重塑当代中国收入不平等的结构；最后讨论未来的研究方向。

第一节 经济全球化

经济全球化并非新鲜事物，它是个始于 19 世纪、不断加速的过程，常常表现为类似钟摆的或波状的扩张-收缩循环①（高柏，2008）。若以对外贸易占GDP的百分比衡量经济全球化水平，1850—1880年、1905—1914年以及1945年至今便是经济全球化的三个主要扩张过程，其他时候则表现为调整和收缩（Chase-Dunn et al.，2000）。冷战结束后，美国成为唯一超级大国，一度积极推行市场化、自由化、私有化等新自由主义理念；但近年来，伴随着英国脱欧、美国退出一系列国际组织与协定并针对中国和其他一些国家发起贸易战等标志性事件，本轮全球化过程也遭遇了新的波折和挑战（盛斌、黎峰，2020）。

贸易和投资是最常见也最重要的经济活动，经济全球化则意味着贸易和投资越来越多地跨越国境进行，不同国家和地区的个人和组织之间发生经济活动的规模越来越大（Haggard & Kaufman，2008；Huber & Stephens，2001；Kaufman & Segura-Ubiergo，2001；Lim & Tsutsui，2012；Mosley & Uno，2007）。换言之，对外贸易和对外投资成为经济全球化时代最主要的经济活动类型。对外贸易包括进口和出口，高额对外贸易意味着对国际市场的高度依赖。对外投资则涉及一国对外投资和该国吸收的国外投资。目前，中国已成为世界第一大对外贸易国、第一大吸引外资国以及第二大对外投资国。②中国的改革开放以善于充分利用经济全球化带来的资源和机会为重要特征，通过鼓励发展对外贸易和吸收国外投资实现自身的经济发展。

对外贸易亦称"国外贸易"或"进出口贸易"，是指一个国家（地区）与另一个国家（地区）之间的商品和劳务的交换。这种贸易由进口和出口两个部分组成。2001年加入世界贸易组织（WTO）以来，中国的对外贸易迅速增长，对制造业产生了深刻的影响。一方面，为履行成员国责任，我国大幅度降低了进口产品关税、取消进口许可证制度、降低非关税贸易壁垒，导致进口大量增加。特别是许多贸易壁垒针对的都是美国和欧盟对中国有比较优势的产品，如汽车、机电等，这对我国的相关行业造成了严重冲击，造成企业倒闭、工人下岗失业（杨帆，2001；海闻，2001）。失业率的上升会导致在岗员工薪酬水平下降。另

---

① 亦有研究者将经济全球化追溯至15世纪、16世纪的西班牙、葡萄牙殖民时代，认为从那时起全球经济就已连为一体。但那时的世界经济无论是规模还是特征都与今日相去甚远。所以本章遵从大部分研究，将经济全球化视为近现代以来的世界经济特征。
② 数据来源：联合国贸易和发展会议《世界投资报告2015》（*World Investment Report 2015*）。需要指出的是，2015年以来，中国吸引外资量一直紧随美国之后，稳居世界第2位。

一方面,由于我国以"发展中国家"身份加入世贸组织,出口产品可以享受无条件的最惠国待遇,这有利于扩大出口,而我国有比较优势的产品多是劳动密集型的加工产品。

国外投资即外商直接投资(FDI),指为获得某经济体的一个企业(而非投资者的企业)的长期利益而进行的投资。投资者的目的是在该企业管理中具有有效的发言权。OECD 国家和美国商务部将外国投资者的股份超过 10% 作为界定 FDI 的标准。在中国,FDI 的标准更高,即当外国资产股份占到 25% 以上时,外国资产资本的流入才被记为 FDI。这一较高的阈值有助于我们考察 FDI 这一概念的核心,即本国企业对外国资本的依赖程度(黄亚生,2005)。2000 年以来每年流入中国的 FDI 占 GDP 的 1%~4%。中国对 FDI 的高度依赖是中国的市场化改革与东亚其他经济体的一个显著区别,外资的引进促进了经济发展,带来了先进的技术和管理经验。

每一时期的经济全球化都有与之相匹配的国际贸易、金融秩序做支撑。由于跨国经济活动的参与者使用不同的货币,因此汇率和国际货币体系构成了国际经济秩序的基本内容。二战结束以来的本轮全球化建立在布雷顿森林体系和关税贸易总协定[①]的基础之上。布雷顿森林体系实行美元本位制和黄金本位制,即各国货币与美元挂钩,美元与黄金挂钩。这意味着固定汇率制,即金融风险由该国的央行承担,对各企业来说,其资产不会在短时期内随汇率的变动而发生巨变(高柏,2005)。关税和贸易总协定旨在削减关税和贸易壁垒,促进贸易自由化。由于布雷顿森林体系具有难以调和的内部矛盾[②],1971 年美国宣布美元不再与黄金挂钩,接着各主要资本主义国家开始采用浮动汇率制。布雷顿森林体系瓦解后,国际金融体系以美元本位制和浮动汇率制为特征,构成了当前全球经济的制度基础。

[①] 关税和贸易总协定(General Agreement on Tariffs and Trade,GATT)于二战结束后的 1948 年生效。中国是 GATT 的创始会员国,1950 年台湾当局宣布退出,1986 年我国重启入关谈判。1996 年后,GATT 被世界贸易组织正式取代。2001 年我国正式加入 WTO。

[②] 由于美元是国际货币,各国为了获取外汇而刺激出口,使得美国积累了大量外贸逆差。美国作为国际货币国,为维持各国对美元的信心,无法通过调整汇率来减少外贸逆差;如果下令美元贬值刺激出口,其他国家则会通过进一步贬值本币的方式抵消这一措施。最终,大量的逆差动摇了各国对美元的信心,纷纷抛售美元购进黄金,大量黄金从美国流出,最后导致美元无力再与黄金挂钩,布雷顿森林体系必然瓦解(高柏,2005)。

20世纪70年代以来国际金融秩序的美元本位制和浮动汇率制产生了两大重要后果：一是制造业的全球布局；二是金融自由化潮流。以往在布雷顿森林体系下，各国需要将制造业保留在国内，因为依靠制造业向海外出口是平衡经常账户、控制外贸逆差的基础。而在美元本位制下，各国必须持有美元，美国经济必然负债运行。美国依靠发展各种金融工具向海外融资以填补其经常账户赤字，这样就没有必要把美国制造业企业留在境内了。加之当时随着日本经济的崛起，美国已经逐渐失去了制造业的比较优势。因此，美元本位制成为20世纪70年代以来制造业从发达国家移向发展中国家并发展出制造业的全球分工体系（geographically division of labor）的巨大动力（高柏，2009；Wallerstein，2011）。

浮动汇率制则是金融自由化的重要推手。金融自由化主要是指一个国家或地区由金融封闭状态向金融开放状态转变的过程，包括资本账户开放、股票市场开放、国家基金发行、放松信贷管制、利率市场化等内容。以往在固定汇率之下，各企业不直接面对金融风险，因为固定汇率使得其资产在一定时间内保持稳定；而浮动汇率制要求各企业要在第一时间内对金融市场的变动做出反应，将其资产在不同货币间及时兑换，以免遭遇资产价格大跳水。进一步而言，各银行和金融资本在这一制度背景下有了牟利空间。他们纷纷利用各国金融政策的缝隙和汇率变动空间进行短期的投机牟利，金融资本逐渐成为国际市场的一支独立力量。1997—1998年亚洲金融危机中，金融大鳄索罗斯赚得盆满钵满就是对金融资本的生动注解。不但金融业在经济活动中变得日益重要，金融业迅速获利的能力也吸引其他行业和个人投身金融活动，这被称为经济"金融化"（Lin & Tomaskovic-Devey，2013）。

综上，我国对国际市场和资本的高度依赖、与国际贸易和金融体系的紧密联系意味着我国经济会受到全球化的重要影响。经济全球化的后果是学界关注的重要议题，除了全球化与经济发展、技术扩散的关系，其对社会不平等的影响也广受关注。特别是中国对外开放的过程与经济转型过程中收入差距扩大的过程相伴随，两者之间是否存在因果关系，也成为探讨的焦点。

有关全球化与中国社会不平等的研究主要在2001年中国加入世贸组织后兴起。对外开放的测量主要通过对外贸易额或外商直接投资占国家或地区生产总值的比例进行，对收入不平等的测量则主要通过基尼系数或泰尔指数进行。虽然相关研究在概念操作化的手段上较为一致，但在具体的测量对象上有较大分歧：有些研究关注整体收入差距，有些则聚焦于各种不同类型的组间差距，如地区、城乡、行业、不同技能的劳动力群体等，且测量的时期也各不相同（郑新业等，2018）。这进一步加剧了相关实证研究结论的争议。

第二节 经济全球化作为市场过程

经济学关于全球化对收入分配后果的研究主要围绕赫克歇尔-俄林（H-O）理论和斯托尔帕-萨缪尔森（S-S）定理展开。按照这一视角，全球化对不平等的影响取决于不同国家的要素禀赋（Fischer，2001；赵莹，2003）。生产要素被认为是自由流动的，全球市场得以在更大范围内实施分工、配置资源，充分利用各国的比较优势，一方面生产出比以往任何时候都更多的产品，另一方面使得各国之间的要素价格趋向均等化，即通过国际贸易，使得本国丰裕要素持有者的收入增加，稀有要素持有者的收入减少。中国的情况是劳动力充裕而资本和技术相对稀缺。因此，中国的比较优势在于生产和出口劳动力密集型的产品，进口更多的资本或技术密集型产品。因此，在完美的竞争市场中，经济全球化会降低中国这样的发展中国家的收入差距。部分研究者通过理论和实证研究，支持了这一结论（例如，徐水安，2003；文娟、孙楚仁，2008；赵晓霞、李金昌，2009；张小溪、刘同山，2020）。

外商直接投资同样体现了这一特征，其与对外贸易之间具有相互替代性（张军、郭为，2004；黄勇明、杜兴鹏，2014）。无论外商采用订单的方式（对外贸易）还是投资的方式（外商直接投资），其对象都是中国的劳动密集型产业，特别是加工型的制造业。即使出口产品中机电产品的比例越来越高，其中相当一大部分也是针对零件的加工装配组装，而非具有自主知识产权的原创机电产品（郭克莎，2000；胡超，2008；陆长平、聂爱云，2012；袁欣，2010）。另外，新流入的国际资本会增加资本供给，从而降低资本的边际报酬；同时增加劳动力需求，导致普通劳动者的工资水平上升，使得资本所有者与劳动所有者之间的收入差距逐渐缩小。

还有研究者从对外开放促进产业结构和就业结构升级的角度解释其缩小收入分配差距的机制：出口导向的国际贸易和外商直接投资能够促进劳动密集型产业的发展，加速城市化、工业化的进程，从整体上提高就业率，并促进农村劳动力在非农部门就业，从而通过提升农民及底层劳动者的收入缩小收入差距（尹希果等，2009；刘渝琳等，2010；王跃生、吴国锋，2019）。

但经典理论假设要素市场是完全竞争的市场，这与现实情况不符。对外贸易和FDI的分布是不均衡的，劳动力市场也存在流动障碍；对外开放带来的产业结构升级、技术进步等也可能提升高技能劳动者的收入。因此，也有许多研究者主张对外开放会扩大收入差距，在实证研究中，持这一观点者甚至更多（Han et al.，2012；Mah，2013；王少瑾，2007；胡昭玲，2004；万广华等，2005）。

一方面，我国的对外开放水平在城乡、行业、地域之间差异巨大，无论是对外贸易还是外商直接投资，往往集中分布在东部沿海地区、城市、第二三产业，在中西部地区、农村、第一产业则较少，存在严重的非均衡性。在劳动力招募过程中，相关企业也倾向于选择相对熟练、具有一定技术水平的劳动者。因此，对外开放带来的收入增长可能通过扩大城乡、地区、行业之间，以及不同技能水平之间劳动者的收入差距，加深整体的收入不平等程度（彭文慧，2013；黄雯等，2017）。如徐涛、王璇（2018）就发现，FDI在使得山东省各区域内部收入分配更均等的同时，区域之间的收入差距则有扩大之势。

另一方面，对外开放带来的产业结构升级和技术进步同样可能扩大收入差距。对外开放会促进产业结构调整，但不仅是向本国具有比较优势的产业集聚；与此同时，外来的先进技术和管理经验也会促使产业结构向高级化方向转变，增加对高技能劳动者的需求；在"就业数量扩大"效应缩小收入差距的同时，"就业质量偏向"效应却会扩大收入差距，且后者影响可能更大（魏浩、赵春明，2012）。在这个意义上，对外开放通过产业升级扩大了收入差距（王海军、李愿宏，2011；陈怡等，2013）；外资还会把高工资作为吸引人才的重要手段，改革开放以来、特别是近年来新兴行业的大型民营企业得到发展之前，我国工资最高的群体之一就是外企的雇员（赵莹，2003），这进一步加剧了不平等。

对外开放还会导致偏向高技术工人的技术进步。所谓技术进步的偏向性指偏向某一生产要素演进，快速的技术进步导致技术密集型产业扩大、高技术工人相对规模上升，加大了对高技能劳动力的需求；与此同时生产工艺和设备的改进还可能降低对低技能劳动力的需求,从而改变了就业中的技能结构。由此,对外开放带来的技术变化提高了高技能劳动者的生产率,具有技能偏向性,从而扩大了收入差距(Acemoglu,2003)。还有研究者认为即便是发生在劳动密集型行业的中性的技术进步也会扩大收入差距(赵莹,2003)。

此外,部分认为全球化会扩大收入差距的研究者会通过新马克思主义世界体系/依附的观点(Wallerstein,2011)质疑现代西方经济学的视角。他们强调一个国家在世界体系中的相对位置(中心或边缘)会影响经济发展和收入分配:由于中心国家占据绝对优势地位,把持着国际贸易的规则和秩序,在国际贸易关系中,其与外围国家的差距会拉大(何枫、徐桂林,2009;沈颖郁、张二震,2011)。而在边缘国家内部,依附理论认为对外开放会导致利益分化,国际贸易和外商直接投资相关经济部门的从业者会形成新的社会阶层,享受着高于其他部门的工资和福利,且这些融入世界经济当中的精英会想方设法维持自己的既得利益,甚至不惜与当权者形成经济政治联盟,压制本土企业(方芳,2007)。另外,从我国卷入全球经济的方式着眼,有研究者认为,由于我国在国际纵向分工体系中长期处于价值链低端,利润微薄[①],这阻碍了我国企业实现产业升级、技术革新和拓展本地化的分工网络的可能,只得锁定于低端加工行业。外资的流入固然带来了 GDP 的上升,但也伴随着本国居民的福利恶化,即"贫困化增长"(immiserizing growth)(黄平、索瓦罗,2003;刘青海、王忠,2010)。

还有部分研究者认为对外开放与城乡居民收入差距呈倒 U 形关系。对外贸易和外商直接投资首先发生在地理位置优越、基础设施和人力资源完善的地区,并首先惠及熟练的技术工人,促进这部分居民收入的增加,导致收入差距扩大;伴随着劳动力流动和整体素质提升、产业向其他地区的转移和扩散等过程,对外开放带来的增长效应会惠及前期未能发展的地区,并带动先前尚未发展的低端产业,而先前快速发展的发达地区和产业增长放缓,收入差距逐渐稳定直至缩小(Todaro,1969)。这一思想可以追溯到库兹涅兹关于经济增长和收入差距呈倒 U 形关系的一般假设,认为对外开放对收入差距的影响具有明显的阶段性

[①] 以苹果手机为例。生产一部苹果手机,负责加工装配的下游企业富士康仅得 4 美元,负责设计和技术支持的上游的苹果公司则拿到 200 美元以上。

特征。有研究者将前一个阶段收入扩大的过程概括为"极化效应",将后续收入差距趋于稳定直至缩小的过程概括为"涓流效应"(景守武、陈红蕾,2017)。

总体上,这一观点认为全球化带来的收入差距扩大是对外开放不完全导致的,在不均衡开放的情况下,一些地区和居民被排斥在开放的利益外;而随着中国市场进一步开放,不平等程度会逐渐减轻(胡昭玲,2004;胡超,2008;张安驰、姜德波,2015),亦即市场化会自动消除地区、人群间的结构性壁垒。也有许多实证研究支持这一观点,且进一步指出不同地区的开放阶段有差异:大体上,改革开放初期我国整体处于收入差异倒U形曲线的左段,而近年来发达地区有进入曲线右段的趋势(何枫、徐桂林,2009;陈岑等,2022)。但我们也不应该把这一趋势理想化。还有的研究者认为,从改革开放初期到20世纪90年代初期,对外开放提供了大量工作机会,促进了农村劳动力向非农产业的转移,这一阶段所有社会阶层都是获益者,只是一些阶层获益更多;而随着我国全面融入世界经济参与国际竞争,某些社会群体成了纯粹的受损者(王绍光,2001)。换言之,对外开放与不平等的曲线并非呈倒U形而是正U形,即开放初期缩小收入差距,开放到一定程度后反而扩大收入差距(何璋、覃东海,2003;范爱军、卞学宇,2013)。

此外,以往研究更多关注"引进来"的过程,但随着我国产业升级和技术进步,特别是近年来一带一路倡议的实施,"走出去"也变得越来越重要。我国对外直接投资对母国和东道国收入分配的影响已经开始引起关注(严婷,2020),这些议题对我国未来的国内发展和外交关系等都具有重要意义。

在生产与投资的全球化之外,金融资本主义已经构成本轮经济全球化的重要特征,对收入分配差距也具有显著影响(杨典、欧阳璇宇,2018;张汉林、袁佳,2011)。金融开放主要指金融的自由化过程,理想情况下,金融开放能够在宏观上促进经济增长,对个体而言也能提升信贷可得性、增加投资机会;提升金融系统的包容性,改变不同收入群体获取信贷资金与金融服务的渠道,提供缩小收入差距的机会。但现实中,金融开放追求效率和经济利益,也可能降低劳动报酬在分配中所占的份额、加剧资本流动与收益的不确定性,穷人往往面临更多信贷约束、缺乏金融中介服务,能获得的资金支持也更少;在监管缺失的情况下,资本和金融服务往往更加向社会精英倾斜,难以惠及穷人(雷欣等,2014),故存在扩大收入差距的可能性。特别是优势群体享有更高的资产回报率和更快的财富积累速度，更可能恶化居民财富不平等状况（黄平、李奇泽，2020）。此外，金融开放后的汇率变动会通过城乡可贸易品的比重和劳动生产率等因素影响城乡收入差距，并在不同地区表现出差异化的后果（李小林等，2017）。

除了以上常态化的传导机制，金融业在国际经济中的重要地位也蕴含着巨大风险。首先，当前的国际金融秩序从根本上鼓励创新各种金融工具进行融资，而监管滞后的特征必然导致信用泡沫和金融危机反复出现。取消了黄金本位制，美国得以通过各种金融工具来融资以抵消其收支逆差。监管必然是事后的和滞后的，缺少管制的金融业往往周期性地制造出大规模的金融危机，例如2008年美国金融危机即是由金融杠杆过高引发的次贷危机。其次，由于各国必须持有美元这一国际货币，他们往往用美元购置美国国债，当这些国债到期换成本币进入本国银行系统时，大量货币的进入往往会引发资产泡沫。银行疯狂扩大信贷，股票和房地产价格飙升，少数资产者获得暴利，大部分人的收入被泡沫吸纳，直到出现大规模的资不抵债、流动性危机为止（高柏，2008）。学界关于金融危机对不平等的影响的观点同样存在争议，以2008年金融危机为例，有的研究认为低收入群体受到的冲击相对较小（何勤，2010），有的研究则认为这场危机明显提高了总体收入分配的不平等（王杰，2012）。

总之，经济全球化影响收入分配的传导机制非常复杂（张广胜、周娟，2009；赵晓霞，2012），实证结论的争议很大。在解释对外开放如何导致不平等这一问题上，经济视角的研究者们也大多认可结构性因素的重要性，即结构性因素使得经济全球化的成果未能在社会成员中得到合理分配。然而，已有的研究缺乏对本轮经济全球化特征的考量，同时也忽视了中国参与全球经济过程中国家权力的主导地位。首先，这些研究多关注我国参与制造业的国际分工及其后果，却未能考虑为制造业提供制度支撑的国际金融秩序。其次，我国参与全球经济是国家主导的市场转型的一部分，来自境外的产品和资本不会自动地对国内经济产生影响，而是要经过国家这一中介。国家对全球经济的判断，形塑了其规制市场的方式。因而，既有的地区、城乡、行业等结构性壁垒并不会随着市场化的加深而消除，它们本身就是国家掌控市场转型、制定市场规则的方式，也许具体形式会发生变化，但它们总会以某种形式存在。所以，必须充分重视国家形塑市场的方式及其后果。

第三节　经济全球化与国家政策

经济学家也意识到，中国经济正处在制度转型时期，收入差距的动态变化受到既有的制度分割、产业政策与发展战略的重要影响（赵莹，2003），我国劳动力市场也存在二元分割与大规模城乡劳动力流动等重要特征（卢晶亮、冯帅章，2015）。但总体上，经济学研究者主要从个人的市场能力出发，对收入分配模式作为社会制度安排，其形成过程中国家、市场、利益群体等多种力量共同作用的过程的探讨尚不充分（刘精明，2006）。

我国融入全球经济的过程中，国家一直在市场转型中居于主导地位。尽管市场在资源配置中起着日益重要的作用（Nee，1989、1991、1996），国家形塑市场的努力一直不曾消退，并在不同时期体现为不同形式（Bian & Logan，1996；Rona-Tas，1994）。这些议题在社会分层与流动领域已经有许多探讨，但针对其在全球化背景下的特征和表现的研究较少。

在渐进式的体制改革中，市场机制的引入和发育程度一直因地域、所有制和行业等的不同而呈现显著差异，这些制度壁垒塑造了社会分层和流动的约束条件，并与全球化过程互相作用。从区域来看，由于长期与国际社会隔离，改革开放伊始的20世纪70年代末期我国对当时国际经济的特征及对外开放有可能带来的后果都缺乏足够认识。面对这一不确定性，当时的改革带有实验性质，市场机制首先在五个经济特区和沿海地区引入，中西部内陆地区则稍晚。从城乡来看，具有城市偏向的政府相关政策有利于城市地区率先引进和利用国外的资金和先进技术等，加剧了城乡发展不平衡的状况（陆铭、陈钊，2004）。从所有制部门来看，随着市场力量的成长和非国有经济力量的壮大，国家开始通过"双轨制"——既保护体制内的经济成分，又允许体制外新兴市场力量的发展——这一分割式经济体制推进经济发展（渠敬东等，2009）。1992年邓小平同志南方谈话后，我国开始建立一体化的社会主义市场经济体制。面对非公有制经济成分的冲击，国家启动了一系列针对国有企业的改革，推动国有资本更多集中在关系国家安全和国民经济命脉的重要行业和关键领域，以继续维持国家对市场转型的控制力。那么，具体到劳动力的收入分配上，如果市场意味着对人力资本的回报增加，那么权力影响力的持续则表明结构性因素仍是收入分配的重要机制。这对应了劳动力市场上各种分割结构的形成——地区分割、城乡分割、所有制分割和行业分割。随着市场化的不断推进，21世纪以来，垄断-竞争的行业分割已成为影响收入分配的最重要的结构性因素之一（晋利珍，2008；李路路等，2016；吴愈晓，2011；郝大海、李路路，2006；罗楚亮、李实，2007；齐亚强、梁童心，2016；王天夫、崔晓雄，2010；岳希明等，2010；张展新，2004、2007；Xie & Hannum，1996）。总之，中国市场转型中因城乡、地区、所有制等而产生的分割结构体现了权力在面临全球市场的挑战和机遇时做出的反应。以往，经济学研究者大多通过因变量的选择来直接分析这些议题，例如直接探讨全球化对中国的城乡、地区、行业等收入差距的影响，但这些制度分割因素的理论意涵也因此没有得到充分探讨。

除以上宏观的制度壁垒外，国家形塑市场的一个重要表现是制定市场规则，其中全球市场的特征是制定规则时的重要考量。2001年我国加入世贸组织意味着中国经济以空前的规模和开放程度拥抱全球市场，因而全球市场的特征得以更深刻、更广泛地影响国家权力形塑市场的方式。例如，吸引外资一度成为考察地方官员政绩的重要指标（Gallagher，2005；叶静、耿曙，2013），而我国的劳动密集型产品利润较低，还要面对来自其他低劳动成本的发展中国家的竞争（如墨西哥、柬埔寨、泰国、印度尼西亚等），这使控制成本变得尤为重要，从而对员工收入有抑制作用。"入世"以来，中国开始在更大范围内和更深程度上参与国际竞争，这同样会对行业平均收入产生抑制作用。郑新业等人（2018）发现地方政府为促进产业发展、吸引外资等，会在劳工标准、环保标准等方面与其他国家或地区进行"逐底竞争"。因而，FDI的进入通过影响地方政府行为，扩大了中国的收入分配差距，且这一影响有近一半是通过劳工标准和环保标准这两个渠道间接实现的。

全球化也会深刻影响针对不同行业的政策。行业分割体制作为一项有关市场成果如何分享的制度安排，固然体现了国家利益，同时也必然体现了全球市场的某些特征。国家利益的内涵不是稳定明确、不随时间转移的固定内容，相反，当今全球市场的特征界定并影响了国家利益的内容，从而影响了国家为金融业和制造业制定的行业政策。制造业继续维持开放态势，利用比较优势参与国际分工；金融业则强化其垄断地位，并利用国家之力帮助其提高效率和管理水平，以便防范金融风险。我国的市场转型就是从引进外资、发展出口导向型的制造业开始的。利用劳动力低廉的比较优势，发展以加工贸易为特色的制造业并积极参与国际竞争一直以来都是我国经济参与全球经济的主要方式。与此同时，进出口贸易和外商投资带来的金融业的高风险则使其成为国家特别优待的一个行业。可见，促进制造业参与全球竞争以及强化金融业在垄断行业中的优越地位均是国家利益的必然要求。这与计划经济时代的国家利益有着显著分别：那时候金融业只是个普通行业，而制造业特别是重工业一直受到国家的特别扶持。

从这一点出发，李雪（2018）以国家面对全球化挑战的不同应对方式来解释制造业和金融业之间的行业收入差距。在由国家主导的对外开放进程中，国家对全球化带来的机遇和挑战做出及时应对，并体现为国家形塑市场的各种政策、法规等（如行业政策），进而对不同行业的收入产生影响。首先，在面临全球市场的冲击时，国家为保护某些重点行业设置了行业垄断，但对外开放扩大了竞争范围，这依然对垄断行业收入水平产生了一定的抑制。其次，我国的制造业积极参与国际竞争，发展对外贸易并引进外商投资。出口产品利润微薄、竞争激烈，进口产品对我国同类产品造成严重冲击、导致企业倒闭工人失业。外资进入将我国"锁定"在产业链底端，在"挤出"本地资本的同时降低了工人在工资谈判中的地位。所有这些都降低了制造业的收入水平。最后，进出口贸易和外商投资产生的巨大金融风险要求国家在强化金融业垄断地位的同时，直接以国家之力帮助金融业提高效率、促进革新、降低风险，这一系列优惠政策促使金融业产生了最高的行业收入水平。换言之，在国家培育、规制市场的过程中，全球市场的挑战和机遇重新界定、改变了"国家利益"的含义，影响了国家与市场的关系，从而对行业收入产生特定影响。

第四节　经济全球化与福利体制

经济全球化还可以通过影响国家的福利体制间接影响社会不平等程度。国家的福利体制包括国家对社会保障及医疗、教育等相关社会福利制度的建立和管理。我国的社会福利制度在经济全球化和市场转型的背景下建立和完善,随着原有计划经济体制下单位制的瓦解和市场经济体制的建立,以往由工作单位全部承担的职工医疗、养老等保障功能转型为政府、单位、个人按一定比例分担的新型社会福利制度。福利体制作为国家再分配制度的有机组成部分,在市场分配之余重塑了中国的收入不平等结构。由于国家的福利资金主要依赖税收,而经济全球化带来的全球竞争会为企业经营带来更大的竞争压力、风险和不确定性,故国家的福利资金来源面临波动和减收的压力,从而影响福利支出的水平和覆盖范围,并最终影响国家重塑市场不平等的能力。

既有研究可分为两类,其中数目较多的一类研究讨论了经济全球化与政府福利支出水平的关系,另一类研究主要关注福利支出对个人收入的分配效果。大量研究发现,经济全球化缩小了发展中国家的政府社会福利支出规模,因为这些国家为了争取更多外资和提高本国产品的国际竞争力,尽可能降低了企业的税收负担,从而缩小了财政收入规模以及社会福利支出规模(Kaufman & Segura-Ubiergo, 2001)。

经济全球化通过对外贸易和外商直接投资两个维度影响福利支出水平。一国经济对外贸的依赖意味着经济运行越来越受到国境之外的、难以预料且不可控制因素的影响,从而也带来了更大的风险和不确定性,导致更多的失业、下岗事件和更大规模的困难群体。同时,对外贸易使得市场竞争扩展到全球层面,全球竞争迫使企业以更大的力度控制生产成本,以便以较低的价格在全球竞争中占得先机。

对外贸易的这两个特征对社会福利支出产生了显著影响,研究者分别将其称为"补贴效应"(compensation effect)和"竞争效应"(competition effect)(Hicks, 1999)。根据补贴效应,面对经济全球化带来的高风险和市场剧烈波动,政府会增加社会福利开支,以补偿市场竞争中的失败者和缺乏市场能力的人,如发放食品券(food stamps)和各种最低生活救济(如最低生活保障金),以便换取这些人继续支持国家开放市场的政策(Rodrik, 1998)。研究显示,那些高度依赖对外贸易的欧洲发达国家,社会福利水平往往很高。那些西北欧的小国,如比利时、奥地利和瑞典等,其社会福利支出占 GDP 的比例在发达国家中居于前列(Katzenstein, 1985)。这些国家国内市场狭小,因而对国际市场依赖很深,面对国际市场的不景气、不确定、高风险时首当其冲，企业破产、工人失业的情形日益常见。市场竞争的失败者和困难人群通过民主政治途径要求政府提高社会福利水平，这也是其外向型经济得以持续发展的内在要求。社会福利支出的上升不仅缓解了全球化的负面效果，从长远看，政府在教育、医疗等方面的公共开支还有利于培养和维持一支高质量的劳动力队伍，有助于推进产业升级和提高国际竞争力（吕建德，2002）。

与之形成对照的是，研究者对拉丁美洲发展中国家的研究则发现了社会福利支出随全球化程度加深而递减的效应，即竞争效应（Kaufman & Segura-Ubiergo，2001）。发展中国家的产品多以低附加值、低技术含量、劳动力密集型的加工生产为特征，这类生产形态利润微薄，因而对成本非常敏感。为了在国际竞争中占据有利地位，厂商拼命压低劳动力成本和税收责任，政府出于发展经济的考虑，也往往满足企业诉求，尽可能降低企业税负。由于税收是政府财政收入的重要来源，在税收规模有限的情况下，政府的社会福利支出也随之受到消极影响。

可见，由于发达国家与发展中国家在全球经济分工中所处的位置不同，国内的制度设置不同，对外贸易对其社会福利支出的影响也不同。

外商直接投资同样会对福利支出产生显著影响。世界体系理论认为，FDI会加剧边缘国家（the periphery）对核心国家（the core）的依赖，因此边缘国家制定的政策只可能对核心国家有利，而对本国的劳动者不利。在这个意义上，FDI同样会降低发展中国家的社会福利支出。FDI的大量流入会不断蚕食侵占发展中国家的自主性，加强外国资本对国内政策制定的控制力。和本国资本相比，外国资本并不愿意为公共财政做贡献，也不太可能将所获利润回馈给该国或进行再投资。外国资本还有可能破坏本国较为脆弱的工业体系（Firebaugh 1992）。外国资本进入本国经济的规模越大，越可能影响本国的政策制定过程，越可能促使本国政府制定对外资友好（foreign capital friendly）的政策，如低税收、低关税政策（Dixon & Boswell，1996；Kentor & Boswell，2003）。

新自由主义理论家同样认为FDI会降低社会福利支出，但他们认为这一结果会惠及各方。各国为争夺外资的竞争会促使外资流向生产成本（包括税收）最低、最具比较优势的国家，从而使资本的使用更有效率。这一过程尽管可能导致国家财政支出和福利支出减少，但它提高了市场效率，会使资本和劳工同时受益，因而是个"双赢"的过程。

也有研究者认为FDI会导致社会福利支出增加。对外投资只有当其在流入国的收益大于在流出国收益时才会发生（Lim & Tsutsui，2012）。这对流入国的政府管理水平提出了更高的要求，如法治、高质量的劳动力等，这些都需要大量的政府公共投入（Hube et al.，2008）。因而，FDI会促进流入国政府在公共服务方面包括社会福利上增加投资。

总之，在经济全球化与社会福利支出的关系这一问题上，研究者们观点不一，这也意味着经济全球化的效应取决于具体国家的制度环境。针对发达国家的经验研究多显示，经济全球化对社会福利支出的水平并无显著一致的影响（Brady et al.，2005）；而针对发展中国家的研究则表明，经济全球化导致了全球范围内发展中国家社会福利支出下降（Rudra，2004）。发展中国家由于经济实力较弱、国家治理水平较低，抵御国际市场风险的能力较差，更容易受到跨国资本和企业的左右。它们多涉足于劳动密集型、技术含量低的产业，这对当地的劳动力质量、营商环境等方面的要求也较低。各种因素导致发展中国家在面临全球化挑战时，其政府公共性开支包括社会福利支出发生缩减。

具体到经济全球化对中国福利制度的影响，多数研究从理论上肯定了经济全球化的显著作用（Guan，2001、2005）。但有研究者对于经济全球化的作用方向有着不同意见。针对2000年以来中国的社会福利水平显著上升、覆盖面显著扩大的特征，有研究者认为这是对外开放的必然要求，即对外开放的高度风险客观上要求社会保障制度的匹配以维持社会生产的稳定持续运行。换言之，有研究者认为中国的福利发展模式更符合"补贴效应"。还有研究基于对经验数据的统计分析发现了更复杂的作用模式：一方面，由于我国的福利支出多由地方政府负责，故不同地区受经济全球化影响的模式不同。一项针对长三角和珠三角社会保障支出的比较分析表明，经济全球化显著抑制了珠三角的社会保障支出，但在长三角其效应并不显著（李雪，2019）。另一方面，经济全球化对不同类型的福利支出的作用方式也不同。经济全球化对长三角地区的教育和医疗支出仍可能发挥了抑制作用（李雪，2018）。总之，量化分析更为支持"竞争效应"假说。

关于福利支出对收入不平等的影响，有分析发现随着福利支出水平的提高，城乡间的收入不平等有所减弱（Gao et al.，2019）。具体到城市和农村内部，城市人群间的收入差距在缩小,而农村人群间的收入差距在扩大(Gao,2010、2013)。

可见,关于经济全球化如何通过影响社会福利制度间接影响收入不平等,还有待进一步的深入研究来发掘其机制和变化。

第五节 评价与展望

回到社会分层研究的基本问题"谁得到什么?为何得到?",可以发现在经济全球化这个议题上,社会学研究者的讨论才刚刚兴起。从本章回顾的研究可见,现有研究以经济学研究为主,侧重计量方法的精细化,对不同方法导致的结论差异缺乏理论上的探讨。相关研究仍以 H-O 理论和 S-S 定理为代表的新古典贸易理论为基础,结合现实结构性约束后,全球化在机制上既可能扩大不平等,也可能缩小不平等,最终的结论更多依赖实证研究的结果,而实证结果却莫衷一是。考虑到收入分配模式作为一种社会制度安排,现有研究对国家权力的主导地位及其变迁考察不够充分。另外,现有研究大多从贸易和投资角度切入,对国际金融秩序的探讨较少;主要关注职业收入的分配问题,本章的回顾也以此为主,但全球化对财富不平等、代际流动等方面的影响也值得进一步关注。

社会学相关研究主要涉及国家的产业政策、分割结构和社会福利支出等,但对于全球化如何影响微观个人收入整体上仍可谓付之阙如。社会分层自然涉及有价资源的分配问题,核心如权力、教育、声望等,对于全球化如何影响这些资源的分配,还有待更细致的讨论。笔者认为,社会学各分支学科的理论视角,例如社会分层领域对较为细致的劳动力市场分割的关注,政治社会学和组织社会学对政府和企业行为的分析等,可以为这一问题做出新的贡献。与此同时,全球化下的社会福利体制的扩张如何对不同人群产生影响,也有待更深入的探讨。

最后,由于我国经济社会发展在时间维度上高度压缩,为相关实证结论的适用性带来了更多挑战。近年来随着自贸区设立、进博会举办、一带一路倡议推进等，我国的对外开放水平不断提高。在产业结构上，我国必然不甘心处于价值链的底端，坚持创新驱动发展、塑造发展新优势、发展现代化产业体系，加之教育扩张、人口结构变化等因素，我国在国际贸易中的比较优势也逐渐远离劳动密集的理想类型，而具有越来越多的技术密集型和资本密集型特征。另外，国内全面深化改革、推动乡村振兴和区域协调发展、注重生态环境保护等政策的实施，意味着制度环境、产业政策、福利体制等也在不断优化、完善。显然，在全球化大潮中，社会现实本身也在不断变化，更加需要相关研究者敏锐把握、缜密分析。

参考文献：

陈岑，张彩云，沈扬扬．FDI技术溢出的收入分配效应检验研究：基于内外资企业间工资差距的视角．经济评论，2022（4）：76-93．

陈怡，王洪亮，姜德波．贸易自由化，劳动要素流动与贫困．国际贸易问题，2013（4）：27-39．

范爱军，卞学宇．服务贸易与货物贸易对我国收入差距扩大的影响及比较．国际贸易问题，2013（6）：98-105．

方芳．外商直接投资对我国收入差距影响的实证分析．上海：同济大学，2007．

高柏．全球化与中国经济发展模式的结构性风险．社会学研究，2005（4）：172-188，245-246．

高柏．中国经济发展模式转型与经济社会学制度学派．社会学研究，2008（4）：1-31，242．

高柏．金融秩序与国内经济社会．社会学研究，2009，24（2）：2-16，243．

郭克莎．外商直接投资对我国产业结构的影响研究．管理世界，2000（2）：34-45，63．

海闻．加入WTO对中国经济的影响．领导决策信息，2001（20）：20．

郝大海，李路路．区域差异改革中的国家垄断与收入不平等：基于2003年全国综合社会调查资料．中国社会科学，2006（2）：110-124，207．

何枫，徐桂林．FDI与我国城乡居民收入差距之间是否存在倒U形关系．国际贸易问题，2009（11）：89-96．

何勤．国际金融危机对各类人群收入分配影响．生产力研究，2010（8）：57-59．

何璋，覃东海．开放程度与收入分配不平等问题：以中国为例．世界经济研究，2003（2）：38-43，19．

胡超．对外贸易与收入不平等：基于我国的经验研究．国际贸易问题，2008（3）：22-27．

胡昭玲.经济全球化与收入不平等.经济学家,2004(4):60-66.

黄平,李奇泽.经济全球化,金融资源占有与居民财富不平等.国外社会科学,2020(3):44-59.

黄平,索瓦罗.FDI流向部门结构对我国贸易条件的影响:理论与实证分析.云南财贸学院学报(社会科学版),2003(3):5-6.

黄雯,冯梦洋,雷宏振,等.FDI对城乡居民收入差距影响的实证检验.统计与决策,2017(9):104-106.

黄亚生.改革时期的外国直接投资.钱勇,王润亮,译.北京:新星出版社,2005.

黄勇明,杜兴鹏.对外贸易与FDI关系探究.商场现代化,2014(7):75-76.

晋利珍.改革开放以来中国劳动力市场分割的制度变迁研究.经济与管理研究,2008(8):64-68.

景守武,陈红蕾.FDI、产业结构升级对我国城乡居民收入差距的影响:基于省际面板数据分析.世界经济研究,2017(10):55-64.

雷欣,陈继勇,覃思.开放,创新与收入不平等:基于中国的实证研究.经济管理,2014,36(5):1-12.

李路路,朱斌,王煜.市场转型,劳动力市场分割与工作组织流动.中国社会科学,2016(9):126-145,208.

李小林,司登奎,江春.人民币汇率与城乡收入差距.财经研究,2017,43(11):4-16.

李雪.全球市场下的垄断:竞争行业分割与收入不平等:以金融业和制造业为例.社会学研究,2018,33(5):191-215,246.

李雪.经济全球化、劳资关系与社会福利支出:基于长江三角洲地区16市2000—2014年面板数据的分析.东南大学学报(哲学社会科学版),2018,20(2):122-132,148.

李雪.全球竞争下社会保障支出的地区差异:基于长三角和珠三角的比较.社会保障评论,2019,3(2):25-49.

刘精明.市场化与国家规制:转型期城镇劳动力市场中的收入分配.中国社会科学,2006(5):110-124,207-208.

刘青海,王忠.FDI规模、政府行为与贫困化增长的防范.当代财经,2010(3):102-108.

刘渝琳,滕洋洋,李后建.FDI的流入必然会扩大城乡收入差距吗?.世界经济研究,2010(8):63-68,89.

卢晶亮,冯帅章.贸易开放、劳动力流动与城镇劳动者性别工资差距:来自1992—2009年中国省际面板数据的经验证据.财经研究,2015,41(12):15-25.

陆长平,聂爱云.制度环境、FDI与产业结构调整:基于ESCP框架的分析.江西财经大学学报,2012(4):5-12.

陆铭，陈钊.城市化，城市倾向的经济政策与城乡收入差距.经济研究，2004（6）：50-58.

罗楚亮，李实.人力资本，行业特征与收入差距：基于第一次全国经济普查资料的经验研究.管理世界，2007（10）：19-30，171.

吕建德.全球化与社会不平等//郑功成，郑宇硕.全球化下的劳工与社会保障.北京：中国劳动保障出版社，2002.

彭文慧.外商直接投资影响我国城乡收入差距的实证研究.中央财经大学学报，2013（1）：53-57.

齐亚强，梁童心.地区差异还是行业差异？：双重劳动力市场分割与收入不平等.社会学研究，2016，31（1）：168-190，245-246.

渠敬东，周飞舟，应星.从总体支配到技术治理：基于中国30年改革经验的社会学分析.中国社会科学，2009（6）：104-127，207.

沈颖郁，张二震.对外贸易、FDI与中国城乡收入差距.世界经济与政治论坛，2011（6）：136-147.

盛斌，黎峰.逆全球化：思潮，原因与反思.中国经济问题，2020（2）：3-15.

万广华，陆铭，陈钊.全球化与地区间收入差距：来自中国的证据.中国社会科学，2005（3）：17-26，205.

王海军，李愿宏.FDI对中国城乡收入不均等的影响：基于理论与实证角度的研究.软科学，2011，25（1）：14-18.

王杰.金融危机对收入不平等影响分析：基于微观调查数据.外国经济学说与中国研究报告，2012：294-299.

王绍光.开放与不平等：中国能否补偿加入WTO的受损者.管理世界，2001（6）：14-25，43.

王少瑾.对外开放与我国的收入不平等：基于面板数据的实证研究.世界经济研究，2007（4）：16-20，9，87.

王天夫，崔晓雄.行业是如何影响收入的：基于多层线性模型的分析.中国社会科学，2010（5）：165-180，223.

王跃生，吴国锋.贸易自由化与中国的城乡收入差距：基于地级城市面板数据的实证研究.国际贸易问题，2019（4）：64-75.

魏浩，赵春明.对外贸易对我国城乡收入差距影响的实证分析.财贸经济，2012（1）：78-86.

文娟，孙楚仁.国际贸易对我国收入分配的影响：基于基尼系数的实证分析.国际贸易问题，2008（11）：15-23.

吴愈晓.劳动力市场分割，职业流动与城市劳动者经济地位获得的二元路径模式.中国社会科学, 2011（1）：119-137, 222-223.

徐涛, 王璇. 境外直接投资对居民收入分配的影响：基于山东省的数据研究. 山东社会科学, 2018（9）：154-160.

徐水安. 贸易自由化与中国收入分配的演变. 世界经济文汇, 2003（4）：44-54.

严婷. 中国对外直接投资对母国收入分配差距的影响研究：基于行业和区位选择的实证分析. 上海：上海社会科学院, 2020.

杨典, 欧阳璇宇. 金融资本主义的崛起及其影响：对资本主义新形态的社会学分析, 中国社会科学, 2018（12）：110-133, 201-202.

杨帆. 加入WTO对中国经济的影响. 开放时代, 2001（8）：63-75.

叶静, 耿曙. 全球竞争下的"竞趋谷底"？：发展路径、政商关系与地方社保体制. 中国社会科学（内部文稿）, 2013（1）：133-151.

尹希果, 印国樱, 李后建. 国际贸易对就业影响研究评述. 经济学动态, 2009（8）：135-139.

袁欣. 中国对外贸易结构与产业结构："镜像"与"原像"的背离. 经济学家, 2010（6）：67-73.

岳希明, 李实, 史泰丽. 垄断行业高收入问题探讨. 中国社会科学, 2010（3）：77-93, 221-222.

张安驰, 姜德波. FDI会影响城乡收入差距吗：以江苏省为例. 上海财经大学学报, 2015, 17（3）：89-96.

张广胜, 周娟. FDI对城乡收入不均等影响的实证研究：基于省际面板数据的GMM分析. 财经科学, 2009（2）：88-95.

张汉林, 袁佳. 开放经济条件下中国收入分配状况分析：对中国入世10周年的总结与反思. 财贸经济, 2011（11）：14-22, 136.

张展新. 劳动力市场的产业分割与劳动人口流动. 中国人口科学, 2004（2）：47-54.

张展新. 从城乡分割到区域分割：城市外来人口研究新视角. 人口研究, 2007（6）：16-24.

张军, 郭为. 外商为什么不以订单而以FDI的方式进入中国. 财贸经济, 2004（1）：33-38, 88.

张小溪, 刘同山. 经济开放对城乡收入差距的影响研究：基于省级面板数据的实证分析. 重庆社会科学, 2020（11）：64-73.

赵晓霞. 对外贸易、FDI与中国城乡居民收入变化. 北京：经济科学出版社, 2012.

赵晓霞, 李金昌. 对外贸易、FDI与城乡居民收入及差距：基于省际面板数据的协整研究. 中国人口科学, 2009（2）：55-65, 112.

赵莹. 中国的对外开放和收入差距. 世界经济文汇, 2003（4）：55-70.

郑新业，张阳阳，马本，等. 全球化与收入不平等：新机制与新证据. 经济研究，2018，53（8）：132-146.

ACEMOGLU D. Patterns of skill premia. The review of economic studies, 2003, 70（2）: 199-230.

BIAN Y J, LOGAN J R. Market transition and the persistence of power: The changing stratification system in urban China. American sociological review, 1996: 739-758.

BRADY D, BECKFIELD J, SEELEIB-KAISER M. Economic globalization and the welfare state in affluent democracies, 1975—2001. American sociological review, 2005, 70（6）: 921-948.

CHASE-DUNN C, KAWANO Y, BREWER B D. Trade globalization since 1795: Waves of integration in the world-system. American sociological review, 2000, 65（1）: 77-95.

DIXON W J, BOSWELL T. Dependency, disarticulation, and denominator effects: Another look at foreign capital penetration. American journal of sociology, 1996, 102: 543-562.

FIREBAUGH G. Growth effects of foreign and domestic investment. American journal of sociology, 1992, 98: 105-130.

FISCHER R D. The evolution of inequality after trade liberalization. Journal of development economics, 2001, 66（2）: 555-579.

GALLAGHER M E. Contagious capitalism: Globalization and the politics of labor in China. Princeton: Princeton University Press, 2005.

GAO Q. Redistributive nature of the Chinese social benefit system: Progressive or regressive?. The China quarterly, 2010, 201: 1-19.

GAO Q. Public assistance and poverty reduction: The case of Shanghai. Global social policy, 2013, 13: 193-215.

GAO Q, SUI Y, ZHAI F H. Social policy and income inequality during the Hu-Wen era: A progressive legacy?. The China quarterly, 2019, 237: 82-107.

GUAN X P. China's social policy: Reform and development in the context of marketization and globalization//Transforming the developmental welfare state in East Asia. London: Palgrave Macmillan, 2005: 231-256.

GUAN X P. Globalization, inequality and social policy: China on the threshold of entry into the World Trade Organization. Social policy & administration, 2001, 35: 242-257.

HAGGARD S, KAUFMAN R R. Development, democracy, and welfare state//Development, democracy, and welfare states. Princeton: Princeton University Press, 2008.

HAN J, LIU R J, ZHANG J C. Globalization and wage inequality: Evidence from urban China. Journal of international economics, 2012, 87: 288-297.

HUI S S. The myth of Chinese exceptionalism: The case of welfare transition in a globalized economy. Journal of Chinese political science, 2013 (18): 163-186.

HICKS A. Social democracy & welfare capitalism: A century of income security politics. Ithaca: Cornell University Press, 1999.

HUBER E, STEPHENS J D. Development and crisis of the welfare state: Parties and policies in global markets. Chicago: University of Chicago press, 2001.

HUBER E, MUSTILLO T, STEPHENS J D. Politics and social spending in Latin America. The journal of politics, 2008, 70: 420-436.

KATZENSTEIN P J. Small states in world markets: Industrial policy in Europe. Ithaca: Cornell University Press, 1985.

KAUFMAN R R, SEGURA-UBIERGO A. Globalization, domestic politics, and social spending in Latin America: A time-series cross-section analysis, 1973-97. World politics, 2001, 53: 553-587.

KENTOR J, BOSWELL T. Foreign capital dependence and development: A new direction. American sociological review, 2003: 301-313.

LIM A, TSUTSUI K. Globalization and commitment in corporate social responsibility: Cross-national analyses of institutional and political-economy effects. American sociological review, 2012, 77: 69-98.

LIN K H, TOMASKOVIC-DEVEY D. Financialization and US income inequality, 1970—2008. American journal of sociology, 2013, 118: 1284-1329.

MAH J S. Globalization, decentralization and income inequality: The case of China. Economic modeling, 2013, 31: 653-658.

MOSLEY L, UNO S. Racing to the bottom or climbing to the top?: Economic globalization and collective labor rights. Comparative political studies, 2007, 40: 923-948.

NEE V. A theory of market transition: From redistribution to markets in state socialism. American sociological review, 1989: 663-681.

NEE V. Social inequalities in reforming state socialism: Between redistribution and markets in China. American sociological review, 1991: 267-282.

NEE V. The emergence of a market society: Changing mechanisms of stratification in China. American journal of sociology, 1996, 101: 908-949.

RODRIK D. Has globalization gone too far?. Challenge, 1998, 41: 81-94.

RONA-TAS A. The first shall be last?: Entrepreneurship and communist cadres in the transition from socialism. American journal of sociology, 1994, 100: 40-69.

RUDRA N. Openness, welfare spending, and inequality in the developing world.

International studies quarterly, 2004, 48: 683-709.

TILLY C. Globalization threatens labor's rights. International labor and working-class history, 1995, 47: 1-23.

TODARO M P. A model of labor migration and urban unemployment in less developed countries. The American economic review, 1969, 59: 138-148.

WALLERSTEIN I. The modern world-system I: Capitalist agriculture and the origins of the European world-economy in the sixteenth century. Oakland: University of California Press, 2011.

XIE Y, HANNUM E. Regional variation in earnings inequality in reform-era urban China. American journal of sociology, 1996, 101: 950-992.

第二十三章 ｜ 金融化与不平等：一个研究综述

庄家炽、陆美贺

第一节　金融化与中国的金融化研究

金融化是对资本主义国家从 20 世纪 80 年代开始的一系列经济结构变迁的统称。不同的研究者对金融化的定义也不尽相同。美国社会学家克里普纳（Krippner，2005）对金融化的研究影响力比较广，她将金融化定义为：利润主要通过金融渠道而不是贸易和商品生产积累的一种积累模式。她发现，20 世纪 70 年代以来，美国公司越来越多地从金融活动中获取利润。不仅金融业在 GDP 中所占的份额有所增加，而且非金融企业的利息、股息和资本利得的利润也超过了生产性投资的利润。克鲁瑟斯和金姆（Carruthers & Kim，2011）认为金融化源于全球化和新自由主义导致的金融行业去中介化（disintermediation），即银行在金融市场上的中介地位下降，越来越多的主体直接在金融市场上进行融资或者放贷。爱泼斯坦（Epstein，2005）等人将金融化总结为金融力量、金融市场、金融从业者和金融机构在经济发展中的作用日益增强。有研究者认为金融化是金融相关的行为体、市场、实践、度量和叙事方式在不同程度上日益占据支配地位所导致的经济、企业（包括金融公司）、国家和家庭的结构转型（Lagoarde-Segot，2017）。因此金融化包括两个方面，首先是金融部门在经济、社会和政治方面的重要性日益增加；其次是非金融公司对金融化的参与日益加深（Tomaskovic-Devey & Lin，2011）。这两个方面枝叶相持，金融部门重要性的增加，金融资产收益率的上升，吸引了大量非金融企业对金融市场的参与，而非金融公司对金融市场的参与反过来又增强了金融部门的影响力。追溯这个脉络可以发现，人们对金融化的认识逐渐从实践层面上个人、家庭、企业和国家对金融活动参与程度的加深，上升到理论层面上金融化成为现代资本主义社会的一种结构转型。金融化意味着金融政治化了，金融化过程不是一个中立的分配资本的过程，而是一种新的控制机制，一个阶层的话语体系。

对于金融化产生的背景，不同研究者从信息化和全球化（Milberg，2008）、政府的去管制化（Krippner，2005）等角度提出了不同的解释。杨典和欧阳璇宇（2018）对此做了梳理，他们认为金融化的产生是以下几方面因素共同作用的结果：首先，金融经济学和有效市场假说的提出，为金融市场的大发展提供了学术和理念上的合法性基础。其次，20世纪80年代以来里根、撒切尔夫人上台后新自由主义的兴起，为放松金融部门管制扫除了制度上的障碍。再次，机构投资者的兴起和新金融工具的出现，成为金融化的主要操刀手和实现手段。机构投资者是金融市场大发展和金融全球化的最主要行动者和倡导者，他们重塑了金融市场的结构，改变了上市公司的行为导向。新金融工具（比如垃圾债券、金融衍生品）则是机构投资者重塑金融市场的重型武器，为大规模的并购整合和大宗金融交易提供了金融手段。最后是信息革命的出现，为金融市场的大发展和全球化提供了技术基础。国内研究者对金融化概念的界定基本是这个脉络的一个延伸。比如，有研究者认为金融化指的是金融产品数量和种类的扩张，金融市场取代银行系统主导全球经济活动，并跨越民族国家边界，导致政府、企业、家庭和个人活动日益金融化，从而推动政治、经济、文化等整体性、全方面的社会结构大转型，即"金融资本主义"（杨典、欧阳璇宇，2018）。还有研究者提出，金融化是指在国际和国内范围内，在宏观、中观和微观经济层面，金融资本、金融机构以及金融业精英的支配力量越来越强大，获取的收益越来越高，金融深刻冲击和决定国家经济、政治及社会生活的各个方面与层面（陈波，2018）。

张成思（2019）对金融化做了一个较为系统的梳理，他认为"金融化"既不局限于宏观层面金融的发展与泛金融业的膨胀，也不只是微观层面非金融企业的金融化，或者中观层面发达经济体的期货市场上大宗商品的证券化；"金融化"既涵盖以上层次，又包含普通商品的金融化。具体而言金融化可以分为泛金融业的扩张、非金融企业的金融化和日常生活的金融化三个方面。泛金融业（传统金融、保险和地产[①]）的扩张主要表现为金融部门相对于生产部门的日益扩张，即金融部门在国民经济部门中的产出占比、利润占比以及吸纳就业占比等指标的提升。以美国为例，美国泛金融行业对美国GDP的贡献率从20世纪80年代开始不断上升，在2008年金融危机前一度超过20%。同期制造业对GDP的贡献率则日益下降，从1980年的20%左右下降到2007年的10%左右（张成思，2019）。非金融企业的金融化，指的是非金融企业金融投资占比和金融渠道获利占比日益提高（Krippner，2005；张成思，2019），非金融企业的金融化使得非金融企业的利润来源日益依赖金融渠道，金融投资和金融资产不断增长。日常生活的金融化包括两个维度：商品的金融化和人的金融化。商品的金融化指的是商品的交易机制中金融属性逐渐增强，以至于商品的价格越来越偏离实体层面的供给和需求因素，而越来越多地取决于进入该市场资金量的大小，商品价格的波动性与金融产品的价格波动性更为接近（张成思，2019）。人的金融化不仅指个人和家庭的金融资产占比不断上升，更指个人像企业一样也越来越具有金融思维，整个社会开始形成一种"金融和投资文化"（Davis，2009），投资理念成为理解个人社会处境的主流方法（杨典、欧阳璇宇，2018）。

随着国际金融化的不断深入和国际金融资本的不断积累，中国也逐步卷入了金融化进程，特别是国际金融危机之后，中国实体经济的发展面临困难，为此不断强化货币和金融政策刺激，中国经济金融化的倾向开始显现（陈享光、郭祎，2016）。国内也有许多研究者开始研究金融化问题，关注的问题包括：金融化的测量（张慕濒、诸葛恒中，2013；赵峰、田佳禾，2015）、实体经济的金融化（杨典，2018；张成思、张步昙，2016；张成思、郑宁，2019、2020；周弘等，2018）、金融化与政府治理（刘长喜等，2020；向静林、艾云，2020）等。金融化研究除了关注金融化进程及形式，还应该关注企业、家庭、个人等中、微观行动主体如何被金融化以及金融化的政治、经济、社会、文化影响，金融化导致的不平等就是其中的一个重要维度。

---

① 根据几个部门英文单词的首字母，泛金融行业又被称为FIRE。

第二节 泛金融业的扩张与不平等

中国也存在着泛金融业不断扩张的现象，甚至比美国等一部分西方国家更加突出。张成思（2019）基于中国上市公司（A股）及非上市公司计算了2004—2018年中国泛金融业净利润占所有公司净利润总额的比重，发现泛金融业的利润占比自2004年以来一直呈现上升趋势，而以制造业为主的第二产业和除金融以外的服务业的利润占比总体上表现出下降趋势。从具体数字来看，泛金融业的利润占比从2004年的15%左右一路上升至2018年的60%左右。此外，泛金融业在生产和就业结构中的地位也不断提升。泛金融业的GDP贡献率在过去20年从9%上升到15%左右，而吸纳就业比例从1994年的2.2%上升到2018年的6%左右。

对于泛金融业的扩张与不平等之间的关系，目前主要有两个理论解释范式：金融发展范式和马克思主义政治经济学范式。金融发展范式的核心观点强调金融部门扩张对经济发展的正向作用，在收入不平等这个问题上，金融发展范式认为金融化和收入分配的关系呈现倒U形，即金融化在初期既会促进经济增长也会扩大收入差距，随着收入的增长，金融化又将逐步缩小收入差距（Greenwood & Jovanovic, 1989）。这是金融发展的门槛效应导致的，享受金融服务需要一定的门槛（支付一定的费用），在金融发展初期，收入低的人群由于没有能力支付这一费用而被排斥在金融服务之外，而收入高的人群能够支付享受金融服务的成本，从而能够从金融发展中获得更大收益。穷人和富人财富数量不同，投资收益率不同，收入差距因而越来越大。但是随着金融化的进一步提升，尤其是微型金融、小额信贷的发展，那些原本被排斥于传统金融服务之外的低收入人群被纳入金融服务范围，这使他们也能够享受到金融发展所带来的福利，收入差距又会逐步缩小。

马克思主义政治经济学范式则认为金融化背后反映的是经济重心向金融部门转移、金融对经济活动的话语权不断上升、经济结构相应调整的过程。这个过程会导致一系列政治、经济和社会的联动反应，收入不平等程度的增加就是经济金融化的一个严重后果。利用美国行业层面的时间序列数据，研究者发现非金融企业对金融收入的依赖程度越高，劳动收入占比越低，高管薪酬占比越高，员工之间的收入差距越大（Lin & Tomaskovic-Devey，2013）。在法国的研究也发现，在控制了技术变革、全球化和去工会化之后，增加对金融利润的依赖会降低非金融企业工人的工资份额（Alvarez，2015）。对17个OECD国家1980—2007年面板数据的分析发现，金融部门的扩张有助于超级富豪的崛起，富裕家庭能够不成比例地从金融部门的扩张中受益，因为这些部门的主要功能是增加食利阶层的收入，从而在"创造财富"的过程中不断深化不平等（Roberts & Kwon，2017）。

国内对金融化和不平等的研究在2000年初就开始了，章奇等人（2003）首次对金融发展水平和城乡收入差距之间的关系进行了实证分析。早期对这个问题的研究主要集中在金融学、财政学领域，因此更多地也是从金融发展范式出发讨论中国金融发展与中国地域、城乡、行业、性别间不平等之间的关系（章奇等，2003；王修华、邱兆祥，2011；李雪，2018；姚耀军，2005；余玲铮、魏下海，2012；张宏彦等，2013；张立军、湛泳，2006）。但有意思的是，他们的研究结论大多与金融发展范式的预判相左，即金融化程度和不平等在中国呈现出线性关系，而不是倒U形关系。余玲铮和魏下海（2012）对中国1996—2009年的省级层面面板数据的研究发现，中国金融发展非但没有缓解收入差距，反而显著加剧了收入不平等，并且二者呈现出非线性关系：金融发展的影响虽然表现出明显的门槛特征，但是这种门槛特征是指当地区金融和经济发展水平跨越相应的门槛值时，金融发展拉大收入不平等的效应更强。张宏彦等人（2013）基于中国1983—2009年的统计年鉴数据发现，中国农村金融发展与城乡收入差距存在一种长期均衡关系，并且中国农村金融发展是城乡收入差距拉大的原因。我国农村金融发展扩大了城乡居民收入差距，其原因在于农村资金外流和非正规金融发展力度不够。王年咏和张甜迪（2013）从劳动收入份额的角度讨论了金融化和收入不平等之间的关系，不同程度的金融化均会造成功能性收入分配中的劳动力收入份额下降，但当金融化达到门限值后，负面影响会逐渐减弱，可能的原因是这些地区的劳动力收入份额已经降至极限。金融化和全球化对劳动收入的影响存在行业差异，制造业的收入明显下降，金融业的收入显著提升（李雪，2018），行业间的收入差距拉大。金融发展和性别不平等之间也存在相关关系，不论是在传统的金融部门（如银行），还是在新兴的互联网金融部门，女性均处于一个相对弱势的地位。基于CEPS的农户借贷行为研究发现，当户主为女性时，其在正规金融机构获得贷款的可能性较低，并且被提供的借款金额较少（胡枫、陈玉宇，2012）。对人人贷等 P2P 平台数据的研究也发现，尽管女性的借款违约概率相比男性更低，但是女性借款者借款成功的可能性依然更低，说明女性借款人在中国 P2P 网贷市场中受到了较为严重的非理性偏好歧视，且女性的学历背景也无助于提高女性的借款成功率（窦新华等，2018；陈霄、叶德珠，2016），在金融危机爆发时，男性和女性承受的风险、受到的冲击也存在差异（姜南，2012；石智雷、杨云彦，2009）。

虽然有诸多研究讨论了中国金融发展与中国地域、城乡、行业、性别间的不平等，但是这种不平等关系是既有的不平等关系在金融市场的体现，比如农村地区和农村居民受到的金融排斥，还是金融市场的发展重新建构了一种新的不平等关系，比如互联网金融对女性的非理性歧视，我们还不是特别清楚。

当然，也有一些研究者发现了中国的金融化程度和不平等之间的倒 U 形关系（乔海曙、陈力，2009）。出现这种差异的原因可能在于作者所选取的数据与指标不同，比如对收入不平等的测量，有研究者采用基尼系数，有研究者则用城市居民可支配收入与农村居民纯收入的比重。对金融化程度的测量亦存在较大差异，有研究者选用信贷规模占 GDP 的比重，有研究者选取金融机构存贷款总额占 GDP 的比重。

与金融发展范式不同，马克思主义政治经济学范式的批判性更强，他们认为金融化意味着金融资本扩张、掠夺和剥削程度的加深，这势必导致金融部门的膨胀和食利阶层的崛起，从而扩大贫富差距。经济金融化、虚拟化进程中会产生一种"马太效应"，一个群体或个人在某一方面（财富、收入）获得优势，就会形成一种优势积累，从而获得更大的成功，保持更大的优势（俞使超，2020）。有研究者从理论上分析了金融化对收入影响的三种分配机制：工人内部分裂机制、食利者金融投机机制和工人消费信贷机制（黄泽清，2017）。

第三节 非金融企业的金融化与不平等

泛金融业扩张、金融部门膨胀的影响不仅限于金融部门，其带来的是食利阶层财富和权力的进一步强化。这种强化既体现为经济层面上机构投资者的不断壮大，持有的资产和企业数量的增多，也体现为意识形态层面上股东价值革命的兴起。这是因为食利阶层虽然拥有企业，但是对经营企业不感兴趣，他们主要依靠生息金融资产获得收入。那么如何控制一个自己不实际经营的企业？这就是著名的委托代理问题。在这个问题的讨论中，股东成了企业唯一合法的所有者，政府、社会和劳动者都被剥离了出去（何柔宛、翟宇航，2018）。相应地，股东价值革命／股东价值最大化也成了食利阶层控制企业、约束管理层的有力武器，传统的企业决策理论在一定程度上被颠覆。以往，公司治理追求的首要目标是市场的优势地位，生产和经营性增长是公司治理的根本目的。而股东价值革命的兴起改变了公司治理的理念，将公司治理权的重心从企业核心管理层转到股权持有者手中，经营的目标也成了公司股票价格的上涨（张成思，2019）。宏观层面上的金融化趋势在微观企业的层面上找到了落脚点和发力点，推动了微观企业的金融化进程。正是在这个意义上，金融化不仅仅是一个经济现象，而且是一个政治、经济和社会的过程。

中国的非金融企业也经历了金融化的过程，以中国 A 股上市公司为例，中国非金融企业从金融渠道获得利润的占比逐年升高，从 7% 的最低点上升到接近 40% 左右的最高点（2016 年）。近年来，在中央"三去一改"的背景下，非金融企业的金融化程度得到了一定程度的遏制。

非金融企业的金融化产生了一系列的后果，包括抑制实业投资、阻碍企业创新等。研究发现经济金融化显著降低了企业的实业投资率，并弱化了货币政策提振实体经济的效果；同时，金融资产的风险收益错配也抑制了实业投资，且这种抑制效应随着金融化程度的提升而增强（张成思、张步昙，2016）。制造业过度金融化将加剧"去工业化"和资产泡沫化，削弱制造业发展基础，抑制企业技术创新（王红建等，2017；谢家智等，2014）。

不平等问题也是非金融企业金融化的一个严重后果，尤其是收入不平等问题。股东价值最大化的背景下，公司高管的薪酬制度也进行了相应改革。通过授予股票、股票期权等方式，公司高管的薪酬与公司股票挂钩，激励公司高管推升公司股票价格（Dobbin & Zorn, 2005），公司高管的薪酬水平火箭式上升。2004 年，中国 A 股上市公司高管的平均年薪为 20 万元，2008 年上涨为 38 万元，到了 2019 年，中国 A 股上市公司高管的平均薪酬跃升至 318 万元（李维安等，

2010；吴育辉、吴世农，2010；余俊萱，2021）。但是企业的股东价值导向对企业普通员工并不友好。研究发现，企业治理过程中的股东价值导向对劳动者就业和收入都存在显著影响。上市公司治理过程中，股东价值导向越强，公司发生裁员的风险越大；股东价值导向越强，公司对员工的投入也越低（庄家炽，2021）。孙平的研究也发现，股东价值导向对企业劳动雇佣存在"挤出效应"，上市公司单位股东价值导向程度的提升会显著地减少1.87%的劳动就业；金融化对于劳动收入份额也有负向影响，而且劳动收入份额的减少效应主要被施加在普通劳动者身上，企业高管可以规避这种负向影响（孙平，2019）。一边是公司高管盆满钵满，一边是普通劳动者收入下降、就业不稳定性提升，企业内部的收入不平等问题不言而喻。

虽然企业的金融化对收入平等存在负面影响，但可以在一定程度上推动性别平等。女性一般很难进入企业的高层，也就是人们常说的"玻璃天花板"。但是随着企业金融化程度的提升，企业对金融市场参与的加深，研究者发现细致、风险厌恶等女性特质能有效提升公司在金融市场的表现。例如，2008年金融危机爆发之后，法国当时的财政部部长克里斯蒂娜·拉加德声称，如果雷曼兄弟是雷曼姐妹，财务经理可能会表现出更大的责任感和实用主义。国内相关的实证研究发现，董事的性别多元化与公司经营活动或预期未来现金流具有正向关系，女性独立董事的监督效率也更高（谢志华等，2011）；女性董事能够显著降低公司过度投资的概率，不仅如此，通过抑制过度投资降低公司的风险偏好，女性董事能够显著减少公司业绩的波动（孙亮、周琳，2016）。女性CEO可以有效降低股价崩盘风险，起到稳定资本市场的作用。女性CEO作用的发挥依赖于其在企业中权力的大小、外部市场态势和风险规避程度（李小荣、刘行，2012）。这都有利于女性进入公司董事会与管理层，促进女性地位的提升。

第四节 日常生活的金融化与不平等

商品的金融化指普通商品的交易机制中金融特性的逐渐渗透会带来普通商

品价格决定机制的微妙变化。真实的供给和需求状况只是部分价格决定因素，金融资本的逐渐渗透使得普通商品的买卖蒙上了厚厚的金融沙土，交易的过程更像商品所有权的转让，普通商品逐渐演化为一种类金融资产（商品则成为该金融资产对应的标的），交易者购买商品的目的是通过转售所有权获利而并非使用商品本身（张成思，2019）。商品的金融化问题最早指的是大宗商品的金融化问题，特指金融投资者加速进入商品期货市场的现象（张翔等，2017）。商品期货市场本身的金融属性比较强，进入门槛比较高，因此，普通人的参与程度比较有限。但是随着金融资本对日常生活的不断侵蚀，商品的金融化进程开始从传统的大宗商品期货转向一些人们日常购买、使用的商品，大到房地产，小到生姜、大豆，从有形的商品如运动鞋、汉服等，到无形的商品或服务，如虚拟货币、教育，都有金融资本炒作的身影，许多民众也加入了"倒买倒卖"的过程。

商品的金融化对宏观经济波动、人们日常生活都有影响。粮食的金融化会推动粮食价格剧烈波动和高位运行，也可能会使经济结构单一的国家和地区陷入饥荒（温铁军等，2014），还可能会导致社会底层的工薪阶层、低收入人群、贫困农村居民的生活成本大幅度提升，扩大贫富差距（李新功等，2011）。炒鞋、炒盲盒等日常商品的"全民热炒"潮资本炒作行为最终都有金融资本在背后运作、推动，旨在吸引青年学生、老年群体进入，成为最终的"接盘侠"，被资本割韭菜（吕鹏等，2020）。中国住房金融化的动力基础是地方政府推动城镇化发展的土地金融模式，这个过程中房地产企业通过金融工具进行融资以推动房地产开发并获取更多的利润，居民通过金融杠杆获得不同档次的住房进而实现阶层跃迁。住房成了居民最重要的资产，并且逐渐从消费品转变为投资品，进而演变为金融品（张支南等，2021；吴开泽，2019）。除了居住需求外，住房不仅与教育、医疗等公共资源绑定，还包含了其他复合性需求，如人际交往、公共服务和身份认同等，使得初次分配领域的社会不平等延伸到再分配领域，并再生产出新的不平等。房价持续高速增长带来的增长预期，导致了"炒房热"的出现并滋生了炒房食利者群体。出租或出售住房成为居民获得财产性收入的重要手段，有房群体和无房群体的贫富差距进一步扩大，并且由于住房具有可继承性，能够成为家庭财富代际传递的工具，加剧了阶层固化（张支南等，2021；吴卫星等，2018；张传勇，2018）。但是目前还是少有研究者直接研究商品金融化与不平等之间的关系，商品金融化和不平等之间的具体机制还不甚清晰。

日常生活金融化的第二个维度是人的金融化，包含两个方面：个人和家庭的金融资产占比不断上升，以及个人思维的金融化。随着经济金融化程度的不断提升，中国金融资产占家庭总财富的比例由 2000 年的 44.7% 上升到 2015 年的 52.1%（杨典、欧阳璇宇，2018），如果将房产计算在内，这个占比将会更高。个人思维的金融化是指社会开始出现一种金融文化，人们开始以金融投资的逻辑与思维来认识社会现象，教育被视为一种人力资本投资，甚至连养育子女、传统的贞节文化也被理解为一种跨期价值投资。教育金融化（资本化）的后果之一就是"影子教育"对学校教育体制的冲击，随着金融资本向教育领域的进军，中国出现了民办教育机构迅速增长、在线教育市场规模不断扩大、教育广告和教育营销费用不断攀升以及新自由主义教育理念思潮席卷等现象（马健生、刘云华，2021）。诸多调查研究发现，与中等和低收入家庭相比，高收入家庭支付得起数量更多、质量更高的课外辅导。比如，基于中国教育财政家庭调查的研究发现，收入水平最低的一组子女教育支出平均为 3 380 元，而收入水平最高的一组为 23 784 元，是最低组的七倍（魏易，2020）。由于教育投资可能带来更高的、终身的收益，因此当"影子教育"仅受市场力量作用时，它就可能成为维持和加剧社会不平等的机制（洪岩璧、赵延东，2014；贝磊、廖青，2012；魏易，2020）。

个人思维的金融化是指金融逻辑被植入个体的日常生活之中，个体不仅积极参与金融市场并购买金融产品与服务，而且日益采用金融思维方式。金融化的哲学研究者将金融化作为一个广泛的文化和社会现象进行考察，用来自金融世界的一套话语、隐喻和程序性资源，解释和再生产日常生活以及人们所处的资本主义总体（Haiven，2014）。个人的金融化同样可能导致不平等，日常生活金融化的实质是金融领域的资本日益广泛地渗透到非物质生产领域，将家庭和个体作为榨取利润的目标。劳动力再生产的金融化为金融榨取个体收入打开了大门，进一步恶化了收入分配状况（李连波，2019）。但是日常生活金融化的研究目前更多集中在哲学和马克思主义政治经济学领域，且以理论批判为主，对于日常生活金融化的具体过程以及产生的结果，还缺少相关的实证研究。

第五节 总结与讨论

本章在讨论金融化概念的基础上，以金融化的三个层次为基础梳理了国内关于金融化与不平等的研究。总体而言，金融化与不平等的研究更多关注宏观层面上的金融化与不平等之间的关系，研究的落脚点也更多在收入不平等问题上，主要讨论地域、城乡、行业和性别之间的收入不平等问题。研究的主要发现是泛金融业的发展和收入不平等之间存在正相关关系，即泛金融业的发展规模越大、速度越快，收入的不平等程度越高，但是对于其他的不平等问题讨论较少，比如健康问题、主观分层问题和政治态度问题等，对金融化和不平等之间的具体作用机制也分析较少。马克思主义政治经济学从理论出发分析了金融化导致不平等的具体过程与机制，但是相关的实证研究依然比较欠缺。非金融企业的金融化研究则更关注企业金融化背后的驱动因素及其对企业经营活动的影响，对非金融企业金融化与不平等之间关系的研究还比较有限。既有的一部分研究发现非金融企业的金融化导致企业管理层与员工之间收入差距扩大，但也可能会在一定程度上抑制企业内部的性别不平等问题。日常生活的金融化一方面表现为金融资本对人们日常生活和生产活动的入侵，如住房的金融化、粮食的金融化以及一部分日常生活用品的金融化，另一方面表现为个人思维的金融化。但是对日常生活金融化的研究本身相对较少，对日常生活金融化和不平等的研究更是匮乏。既有的一部分研究认为日常生活金融化同样能够导致不平等问题，但是具体的机制尚不十分清晰，受限于数据问题，相关的实证研究也较难展开。

由于金融本身的抽象性以及一定程度的专业门槛，目前对金融化的相关研究更多集中在金融学和经济学领域，但是随着金融化进程的加深以及金融部门和金融资产对日常生活和生产逻辑的重构与改造，受金融化影响的人群越来越广，人们对金融化的认识越来越深，对金融化的研究也会逐渐扩展至其他学科领域，目前社会学、政治学和哲学等学科领域均有许多研究者开始研究金融化问题。金融化与不平等之间的关系也存在许多有潜力的研究点，本章认为有以下三个研究方向值得关注：第一，泛金融业的发展与职业流动之间的关系。泛金融业的扩张吸引了大量的劳动力进入行业，金融业劳动力市场的内部结构与流动模式如何？金融业劳动力市场的扩张会对中国传统的社会分层与流动模式产生什么影响？第二，非金融企业金融化的影响。除了劳动者与管理层之间的收入差距扩大，非金融企业的金融化是否还会产生其他影响？对金融资本和金融收入的依赖是否会削弱企业对地区的依赖，就像外包生产一样，是否会导致地区之间的不平等？非金融企业的金融化与性别平等之间的关系如何？第三，日常生活的金融化和不平等的实证研究。如何找到一个具体的研究对象讨论日常生活的金融化与不平等之间的关系，此外，目前关于日常生活金融化的研究更多集中于人们的消费行为，对人们的生产行为、劳动过程的关注较少，金融化对劳动者的影响除了降低职业稳定性和极化收入差距之外，金融化的逻辑是否也能重塑人们的劳动过程和生产逻辑？

参考文献：

贝磊，廖青."影子教育"之全球扩张：教育公平、质量、发展中的利弊谈.比较教育研究，2012，34（2）：13-17.

陈波.经济金融化：涵义、发生机制及影响.复旦学报（社会科学版），2018，60（5）：159-169.

陈享光，郭祎.中国金融化发展对实体经济的影响.学习与探索，2016（12）：94-103，76.

陈霄，叶德珠.中国互联网金融中的性别歧视研究.金融评论，2016，8（2）：1-15，124.

窦新华，孟鑫泊，周方召.P2P网络借贷中的"性别歧视"：来自人人贷数据的经验研究.软科学，2018，32（8）：121-124.

洪岩璧，赵延东.从资本到惯习：中国城市家庭教育模式的阶层分化.社会学研究，2014，29（4）：73-93，243.

胡枫，陈玉宇.社会网络与农户借贷行为：来自中国家庭动态跟踪调查（CFPS）的证据.金融研究，2012（12）：178-192.

何柔宛，翟宇航.清算华尔街的日常生活.编辑学刊，2018（3）：2.

黄泽清.金融化对收入分配影响的理论分析.政治经济学评论，2017，8（1）：162-185.

姜南.金融危机对女性就业权益的影响.企业研究，2012（2）：151-152.

李连波.新自由主义、主体性重构与日常生活的金融化.马克思主义与现实，2019（3）：149-155.

李维安,刘绪光,陈靖涵.经理才能、公司治理与契约参照点:中国上市公司高管薪酬决定因素的理论与实证分析.南开管理评论,2010,13(2):4-15.

李小荣,刘行.CEO vs CFO:性别与股价崩盘风险.世界经济,2012,35(12):102-129.

李新功,张二芳,赵攀,等.农产品资本化现象、影响及其应对措施探析.中国证券期货,2011(9):191-193.

李雪.全球市场下的垄断:竞争行业分割与收入不平等:以金融业和制造业为例.社会学研究,2018,33(5):191-215,246.

刘长喜,桂勇,于沁.金融化与国家能力:一个社会学的分析框架.社会学研究,2020,35(5):123-146,244-245.

吕鹏,李蒙迪,阳厚.青年炒鞋行为阈值引爆机制研究.中国青年研究,2020(7):68-75.

马健生,刘云华.教育中的资本扩张:危害与治理.清华大学教育研究,2021,42(4):50-61.

乔海曙,陈力.金融发展与城乡收入差距"倒U型"关系再检验:基于中国县域截面数据的实证分析.中国农村经济,2009(7):68-76,85.

石智雷,杨云彦.金融危机影响下女性农民工回流分析:基于对湖北省的调查.中国农村经济,2009(9):28-35,92.

孙亮,周琳.女性董事、过度投资与绩效波动:基于谨慎性视角的研究.管理评论,2016,28(7):165-178.

孙平.中国非金融企业金融化经济影响的政治经济学研究:基于微观视角.济南:山东大学,2019.

王红建,曹瑜强,杨庆,等.实体企业金融化促进还是抑制了企业创新:基于中国制造业上市公司的经验研究.南开管理评论,2017,20(1):155-166.

王年咏,张甜迪.不同程度金融化水平对功能性收入分配的影响分析:基于中国省际面板门限回归模型的研究.上海金融,2013(5):28-33,117.

王修华,邱兆祥.农村金融发展对城乡收入差距的影响机理与实证研究.经济学动态,2011(2):71-75.

魏易.校内还是校外:中国基础教育阶段家庭教育支出现状研究.华东师范大学学报(教育科学版),2020,38(5):103-116.

温铁军,计晗,高俊.粮食金融化与粮食安全.理论探讨,2014(5):82-87.

吴开泽.住房市场化与住房不平等:基于CHIP和CFPS数据的研究.社会学研究,2019,34(6):89-114,244.

吴卫星,邵旭方,陶利斌.家庭财富不平等会自我放大吗:基于家庭财务杠杆的分析.清华金融评论,2018(11):103-104.

吴育辉，吴世农. 高管薪酬：激励还是自利？：来自中国上市公司的证据. 会计研究，2010（11）：40-48，96-97.

向静林，艾云. 地方金融治理的三个维度：基于经济社会学视角的分析. 学术论坛，2020，43（2）：60-67.

谢家智，王文涛，江源. 制造业金融化、政府控制与技术创新. 经济学动态，2014（11）：78-88.

谢志华，张庆龙，袁蓉丽. 董事会结构与决策效率. 会计研究，2011（1）：31-37.

杨典. 金融全球化与"股东导向型"公司治理制度的跨国传播：对中国公司治理改革的社会学分析. 社会，2018，38（2）：46-83.

杨典，欧阳璇宇. 金融资本主义的崛起及其影响：对资本主义新形态的社会学分析. 中国社会科学，2018（12）：110-133，201-202.

姚耀军. 金融发展与城乡收入差距关系的经验分析. 财经研究，2005（2）：49-59.

余俊萱. 我国上市公司高管薪酬激励及其效果分析. 银行家，2021（6）：100-104.

余玲铮，魏下海. 金融发展加剧了中国收入不平等吗？：基于门槛回归模型的证据. 财经研究，2012，38（3）：105-114.

俞使超. 当代垄断资本主义经济金融化的经济效应：基于对过度金融化的批判. 社会科学家，2020（11）：74-79.

张成思. 金融化的逻辑与反思. 经济研究，2019，54（11）：4-20.

张成思，张步昙. 中国实业投资率下降之谜：经济金融化视角. 经济研究，2016，51（12）：32-46.

张成思，郑宁. 中国实业部门金融化的异质性. 金融研究，2019（7）：1-18.

张成思，郑宁. 中国实体企业金融化：货币扩张、资本逐利还是风险规避？. 金融研究，2020（9）：1-19.

张传勇. 住房差异是否影响了家庭收入不平等？：机制、假说与检验. 南开经济研究，2018（1）：67-85.

张宏彦，何清，余谦. 中国农村金融发展对城乡收入差距影响的实证研究. 中南财经政法大学学报，2013（1）：83-88，160.

张立军，湛泳. 中国农村金融发展对城乡收入差距的影响：基于1978—2004年数据的检验. 中央财经大学学报，2006（5）：34-39.

张慕濒，诸葛恒中. 全球化背景下中国经济的金融化：涵义与实证检验. 世界经济与政治论坛，2013（1）：122-138.

张翔，刘璐，李伦一. 国际大宗商品市场金融化与中国宏观经济波动. 金融研究，2017（1）：35-51.

张支南，葛天任，邓海云. 住房金融化的影响及应对. 中国金融，2021（18）：23-24.

赵峰，田佳禾．当前中国经济金融化的水平和趋势：一个结构的和比较的分析．政治经济学评论，2015，6（3）：120-142.

章奇，刘明兴，陶然，等．中国的金融中介增长与城乡收入差距．中国金融学，2003.

周弘，张成思，何启志．中国居民资产配置效率的门限效应研究：金融约束视角．金融研究，2018（10）：55-71.

庄家炽．金融化、股东价值导向与就业不稳定性：以中国A股上市公司为例．社会发展研究，2021，8（3）：132-151，244.

ALVAREZ I. Financialization, non-financial corporations and income inequality: The case of France. Socio-economic review, 2015, 13（3）: 449-475.

CARRUTHERS B G, KIM J C. The sociology of finance. Annual review of sociology, 2011, 37: 239-259.

DAVIS G F. Managed by the markets: How finance re-shaped America. Oxford: Oxford University Press, 2009.

DOBBIN F, ZORN D. Corporate malfeasance and the myth of shareholder value. Political power and social theory. Northspring: Emerald Publishing Limited, 2005: 179-198.

EPSTEIN G A. Financialization and the world economy. Northampton: Edward Elgar Publishing, 2005.

GREENWOOD J, JOVANOVIC B. Financial development, growth, and the distribution of income. Journal of political Economy, 1989, 98（5, Part 1）: 1076-1077.

HAIVEN M. Cultures of financialization: Fictitious capital in popular culture and everyday life. London: Springer, 2014.

KRIPPNER G R. The financialization of the American economy. Socio-economic review, 2005, 3（2）: 173-208.

LAGOARDE-SEGOT T. Financialization: Towards a new research agenda. International review of financial analysis, 2017, 51: 113-123.

LIN K-H, TOMASKOVIC-DEVEY D. Financialization and US income inequality, 1970—2008. American journal of sociology, 2013, 118（5）: 1284-1392.

MILBERG W. Shifting sources and uses of profits: Sustaining US financialization with global value chains. Economy and society, 2008, 37（3）: 420-451.

ROBERTS A, KWON R. Finance, inequality and the varieties of capitalism in post-industrial democracies. Socio-economic review, 2017, 15（3）: 511-538.

TOMASKOVIC-DEVEY D, LIN K-H. Income dynamics, economic rents, and the financialization of the US economy. American sociological review, 2011, 76（4）: 538-559.

第二十四章 │ 数字化转型与不平等[*]

李 丁

（中国人民大学社会学系）

数字化（digitization）指依靠计算机技术把各种形式的信息转换成二进制数字代码，以方便处理加工、储存传输，并在需要时进行还原，从而实现信息快速处理与交流的过程。由于数字化相关设备、技术、程序、流程在企业、政府、社会中的广泛使用导致其运营和管理发生了较大变化，开始出现数字化转型（digital transformation/digitalization）、数字政府、数字社会（digital society）等概念。本章中的数字化转型是指将计算机、互联网及人工智能算法等信息通讯技术（ICTs）广泛应用于政府管理、企业经营、市场交易、社会交往等人类生产生活领域，从而改变社会运作方式，提高生产效率，影响各主体关系、机会和地位的过程。数字化表现为对互联网、计算机、人工智能的广泛应用，是信息化的深化发展，除强调信息数字化和传播网络化外，数字信息的程序化加工和智能化应用成为其日渐凸显的新特征。

过去两百年间，工业化通过能源、机械、材料革命，大大提高了人类物质生产能力，大量农业劳动力及曾经的非劳动力（如妇女、儿童）转化为非农社会劳动力。人类社会的职业结构发生巨变，除蓝领工人队伍外，也产生了大量服务于设备生产维修、生产管理协调、商品贸易流通的技术性、管理性、服务性岗位，带来了巨大的结构性流动。与此同时，封建行会及等级制度消解，人

---

[*] 本章写作过程中白淞淞、陆尧提供了大量协助。

们凭借自身能力或人力资本就能获得相关工作或通过市场实现财富积累、地位提升，代际职业关联大大降低。这种结构性变化使得众多工业国家的阶级结构、职业结构与社会流动呈现出类似的特征（Lipset et al., 1959）。

随着现实社会中各种信息转化为可程序化计算、网络传输和稳定储存的数字，并应用于自动化、智能化控制或决策，数字化转型可以改变人们交流互动和组织社会生活的方式，改变社会组织内部的权责配置和不同社会主体之间（如平台与劳动者、商家，国家与公民，监管者与各种社会主体）的博弈条件，影响组织运作效率，形塑国家治理模式以及国家基础能力（王雨磊，2016；杜月，2017；唐博、张凌枫，2019）。这些变迁会改变各主体之间的权利、权威配置，深刻影响人们的自由感、效能感和平等感，引发人们对诸如个人隐私、言论自由、数字产权的关注和讨论。本章不讨论这些有关权力和权利关系，对数字化与不平等的介绍保持社会学对工业化社会不平等的量化研究特色，主要关注数字化转型带来的宏观社会分层结构、社会不平等的变化，以及数字资源占有和数字素养不同的地区、组织、个体在重要稀缺资源和福祉上的不平等。

具体而言，本章关注的内容主要包括：首先，数字化转型对宏观社会结构和不平等的影响，特别是对区域发展不均和阶层结构的影响；其次，互联网接入等数字化资源获得和使用上的差异（数字鸿沟）及其成因；最后，数字鸿沟及互联网使用对个体福祉（包括收入、人力资本等传统分层维度，也包括幸福感、效能感、健康状况、社会资本、社会参与等广义维度）的影响。

第一节　数字化转型与宏观不平等

数字化转型带来的宏观结构变化逐渐为理论家们所关注。正如工业革命最先在英国发生并逐渐向欧洲、美国及世界其他地区扩散传播从而造成地区或国家之间的不平等，数字化技术也经历了从局部地区（美国）向其他地区扩散、发展的过程，从而加剧了国家和地区间的不平等。研究表明，信息与传播技术投入额及发展水平对经济发展有显著正向效果，且越来越大。这主要得益于相关技术对学习、技术扩散、创新的影响，它们提高了决策质量，降低了成本，扩大了选择范围（Vu et al., 2020）。

社会学家有关工业化与社会不平等的实证研究更多地关注了工业社会内部的分层与不平等，对工业化和资本主义扩张过程中所形成的不平等世界体系及其给后发国家带来的不利处境研究有限（沃勒斯坦，2013）。这种忽视在社会学家关于后工业社会（贝尔，1984）及网络社会（卡斯特，2001）的研究中得到了修正。他们首先注意到，信息技术大大便利了信息传播和资本全球流动，带来不同国家、地区、城市、企业的不均衡发展。在新技术条件下，资本在全球追逐利润，制造业不断向劳动力成本更低的国家转移。拉美国家陷入中等收入陷阱。快速去工业化后，欧美发达国家的传统工业带陷入长期衰退，而这些国家部分核心城市的中心城区由于高端服务业发展而"士绅化"。这一系列的变动导致全球城市体系和城市系统发生巨变（诺克斯、迈克卡西，2009：98-103；顾朝林，2021：13）。这种结构性变迁改变了个体生存发展的社会环境和机会结构，给各国社会内部的不平等及其机制带来影响。在这一部分，我们主要关注数字化转型带来的区域发展不均与阶层结构变迁。

一、数字化与区域发展不平衡

数字化对区域发展不平衡的影响首先体现在各地区信息及高科技企业的数量、规模上。依据康德拉季耶夫周期理论和创新理论，先进技术和产品的发明可使部分企业获得相对垄断地位，从而为经济增长提供新基础。在信息化、数字化、智能化方面具有优势的企业更高的生产效率给股东带来了更高的回报，从而在资本市场上获得更高估值，在社会上获得更高声望，进而可以支配更多生产要素（资金、人力资本和技术等）。[1] 因此，数字化对区域发展不平衡的影响具体地表现为不同地区数字经济的规模，信息相关的科技公司的市值规模、就业人数，以及全球及地区富豪榜上信息技术相关企业创始人、股东和高管的

---

[1] 例如创新型汽车企业特斯拉，除了在能源方式上的创新，更强调智能驾驶、数字娱乐等数字化、智能化属性，其市值（2022年5月10日为8 154.5亿美金）占全球前50个汽车制造商的40%（Largest automakers by market capitalization.［2022-05-10］. https://companiesmarketcap.com/automakers/largest-automakers-by-market-cap/.）；而2021年，它收到超过300万份求职申请（Impact report 2023：A sustainable future is within reach.［2022-05-10］. https://www.tesla.com/impact.）。这些都是该公司具有极大资源配置能力的体现。

数量和身价。[1] 数字化到底是扩大还是缩小了国家与地区之间的不平等呢？从大的结果看，以美国为代表的发达国家凭借先进技术维持了相对于其他多数国家的霸权，但也有中国这样的后发国家在信息技术大规模应用中获得了一定机会（陈菁霞，2022）。

其次，数字化对区域发展不平衡的影响体现在不同国家、地区在数字化资源和能力上的差异（韦路、谢点，2015），比如网络接入率、电脑及智能手机普及率。发达国家内部，美国作为互联网与信息科技革命的起源地，其网络接入率显著高于英国、法国等西欧国家。[2] 发达国家网络接入率显著高于发展中国家，北美、欧洲等大洲的网络接入率显著高于亚洲、非洲与南美洲。欧美国家的学生可以在家使用计算机完成作业或在家上网的比例，远远高于越南、印度尼西亚、墨西哥等发展中国家（Bulman & Fairlie，2016）。经济发展水平、国家知识发展能力（教育成就指数、电脑普及水平和研究开发投入）、对外开放程度以及通信技术引进水平是影响互联网普及水平的重要因素（胡鞍钢、周绍杰，2002）。数字化转型早期，内地、香港地区、韩国、日本、台湾地区的数字鸿沟较大（柯惠新、王锡苓，2005）。

最后，数字化转型对地区不平等和发展不平衡的影响。研究表明，技术变革会在一段时间内加剧区域间的发展不均。尽管我国投入了大量资源实施包括"宽带中国"在内的信息化计划，但各地区的网络接入率、网络速率仍然存在差异，中东部显著强于西部[3]，北京、上海、江苏、浙江等经济发达且开放程度较高省份的网络接入率显著高于西藏、新疆、青海、宁夏等内陆省份。而基于"淘宝村"的研究也发现，凭借相关技术和平台最先发展起来的还是东部发

---

[1] 经济学和社会学研究者常常对企业估值及富豪榜数据嗤之以鼻，但这些榜单对普通大众有关分层与不平等的认知影响巨大。完全忽视这些榜单是荒唐的，少数不平等研究者（皮凯蒂，2014：241-309，445-460）与社会理论家（如齐格曼·鲍曼，Bauman，2013）对此给予了重视。一方面，富人们凭借何种原因获得财富也反映了社会的开放程度，相对于遗产继承、金融操纵，依靠创造发明和人力资本获得财富更容易被社会认可。另一方面，富豪榜更迭速度也是衡量社会开放性的重要指标。在资本主义社会，财富一旦形成，资本就会按照自身规律增长，规模足够大的情况下，财富可连续高速增长数十年（皮凯蒂，2014：454），缺乏变动的富豪榜意味着封闭和不平等。依据companiesmarketcap.com网站数据，截至2022年5月13日，全球估值最高的前200家科技公司中，美国占120家，这些公司的市值占到全部200家公司市值的77%，而中国有15家，排在第二位。如果只看市值前100名的互联网与电信公司，美国67家，占到总市值的63%；中国21家，占到总市值的16%。

[2] 数据来源：经济合作与发展组织 http://www1.oecd.org/dsti/sti/prod/Digitaldivide.pdf。

[3] 数据来源：http://www.ccw.com.cn/htm/center/shuzihonggou.asp。

达地区（邱泽奇等，2016），存量技能不足会降低本就处于弱势地位的农户利用电商发展的可能性，从而加剧地区间的不平等（邱泽奇、乔天宇，2021）。发达国家的农村地区因为相对偏远而在数字基础设施方面存在不足，从而造成接入（connectivity）上的鸿沟，同时农村人口教育水平和技能水平不足及使用的态度、技术等方面的不足，会造成数字融合上的不足（Salemink et al.，2017）。基于技术与就业的极化影响以及技能溢价效应提出的收入极化假设得到了省级面板数据的支持：一个省份工业机器人密度越高，收入基尼系数越高（王善迪，2022）。而另有研究者采用2003—2016年省级面板数据研究发现，互联网普及对城乡收入差距的影响呈现先增加后降低的倒U形特征，2009年左右是拐点，之后互联网使用对农村居民的收入效应要大于城镇居民（程名望、张家平，2019）。这种非线性作用为使用互联网技术缩小中国城乡收入差距提供了机遇。一定条件下，技术变革的消极影响能够被消解，平台发展为弱势农户提供了新的发展机会，缩小了贫富差距（邱泽奇、乔天宇，2021）。最新的经济学实证研究支持了互联网革命所推动的数字金融的发展对包容性增长的正向影响。数字金融不但在落后地区的发展速度更快，而且显著提升了家庭收入，尤其是农村低收入群体的收入；数字金融能够显著促进创新创业活动，改善了农村居民的创业行为，特别有助于促进低物质资本或低社会资本家庭的创业，并带来了创业机会的均等化（张勋等，2019）；数字普惠金融可以通过改善贫困家庭的金融可得性带来明显的减贫效果（刘锦怡、刘纯阳，2020）。

二、数字化与职业阶层

马克思在论述工业革命时期阶级结构变化时并没有将技术发明人及掌握者与资本家区分开来。工场主不仅掌握了资本，也竞相发明和采用新技术，改进内部分工和劳动技艺，提高生产效率以获取更多利润，也就是说缩短"工人为再生产其劳动所必需的劳动时间"而获得更多"相对剩余价值"（关士续，2002）。工场手工业的产品数量多、质量好，"价廉物美"，最终摧毁了封建行会手工业，消灭了师傅和帮工，使之沦为工场手工业的自由劳动者（吴泽，1983）。马克思也看到，随着技术的发展以及机器大工业的诞生，工具摆脱人身控制，工人可以同时使用许多同样的或同种的工具，从而节省了大量劳动力；另一方面，很多原来不能利用的物质可以被高效利用，从而节省了资本；资本家和企业家逐渐分工和专业化，企业家职能日渐突出，成为"工厂制度的灵魂"，而科学研究和技术创新也逐渐成为专门职业（汪澄清，2001；任力，2007），这些都会改变既有的阶级结构和力量对比。

技术发展对阶层不平等的影响在丹尼尔·贝尔对后工业社会特征以及新马克思主义阶级论者对后工业社会的阶层结构的分析中得到了重视。新技术可以提高生产效率和确定性，降低边际成本，使得企业产品可以在市场中获得竞争优势，而掌握关键技术的人——并非都是资本家——可以在组织内部获得更好的谈判地位、酬劳和职位。因此在后工业社会中，知识成为重要资源，技术成为权力基础，教育作为获取技术和知识的渠道使大学成为最重要的社会场所，科学家和研究者成为社会的统治力量（贝尔，1984）。而埃里克·奥林·赖特在《后工业社会中的阶级》中依据对稀缺技术的占有情况，将雇员分为专家、技术人员和非技术人员，并通过抽样调查数据对美国、日本等多个社会及美国不同历史阶段的阶层结构进行了比较。结果发现，在后工业社会，技术类职位大大增加了（赖特，2004）。改进后的阶层分析框架对分析技术发明者、占有者、掌握者在当代阶层结构中的位置意义重大。

网络社会的兴起和数字化转型催生了很多新企业和新岗位，同时减少和消灭了旧岗位，从而改变了社会阶层结构。我国阶层结构与变迁研究近年来取得了大量成果，包括阶层分类框架、社会经济地位测量、职业非农化、新社会阶层和中等收入群体等（李强，1993、2010；陆学艺，2002、2004；李春玲，2005；李路路等，2008），但更多反映的是市场化、工业化、城市化变迁的影响，关于信息技术产业发展及数字化转型这一新近发生的变迁对职业结构和社会阶层影响的研究还相对有限。[①]

既有理论为我们面对新变化提出研究假设提供了依据：资源强化理论认为，新技术会强化优势阶层的地位，原有社会阶层地位决定着信息阶层地位，进而再生产阶层地位（新的社会、经济地位差距）（李升，2006）；而资源替代论认为，新技术为弱势阶层提供了新的学习渠道和技术，弥补了知识差距，从而缩

[①] 民营科技企业的创业人员和技术人员是《在庆祝中国共产党成立八十周年大会上的讲话》提出的新社会阶层中排在最前面的群体（李培林，2017）。

小了阶层差异（王元超，2019）。实际情况受到观察周期和视角的影响。中国早期的上网者主要是那些受过高等教育，年龄在 18～30 岁之间，居住在北京、上海、天津、广东的男性（邱泽奇，2001）。而今天，互联网高度普及的情况下，网民结构已接近全人口的结构。这意味着互联网的影响也会发生相应变化。

相对于垄断行业（如能源、金融、地产、电信等）经常被怀疑容纳大量优势阶层子女，互联网及信息服务行业遭遇类似舆情的情况少很多，而更多被认为是普通青年实现阶层跃升的难得机会，不仅可以获得高工资（如图 24-1 所示，信息行业已超过金融业成为平均收入最高的行业），甚至能因企业成功上市而获得大量股票回报[1]，尽管这些企业同样主要为资本增值服务，且招募的海内外高校毕业生也主要来自中上阶层。这些新增高技术岗位和就业机会到底更有利于中下阶层还是中上阶层并无系统的统计指标支持，但相关企业恶化普通劳动者（如出租车司机、小摊贩）生存境地、强化社会焦虑、扩大贫富分化的苗头已为国家所警惕。随着国家对互联网行业开展整顿调整，金融资本与少数技术精英合作构建的超大规模平台试图颠覆传统产业甚至改变社会结构的能量已被大大限制。一些社会学研究者从劳动过程和劳动关系角度论证了这些新企业和领域中的权力关系和不平等，研究发现互联网从业人员面临大量加班、考核压力（梁萌、陈建伟，2017；梁萌，2018、2019），零工劳动者的劳动权益和自主性缺乏有效保障等问题（吴清军、李贞，2018；赵璐、刘能，2018；吴清军等，2019；孙萍，2019；李胜蓝、江立华，2020；陈龙，2020）。由于加班时间长、劳动强度大、技术更新快，很多从业者面对经济下滑或波动时极易被企业裁员。

数字化包括人工智能持续发展最终塑造出来的职业阶层结构取决于其创造的岗位的结构和数量及其取代的就业机会的结构和数量间的对比。不少研究认为，新技术将减少对特定劳动的需求，产生替代效应，引发大规模失业，只有那些拥有与新技术形成互补效应技能的人工资才能增长，导致收入不平等扩大（Lordan & Neumark，2018；Greatz & Micheals，2017；Acemoglu & Restrepo，

---

[1] 依据《中国统计年鉴 2021》，我国信息传输、软件和信息技术行业 2020 年从业人数为 487.1 万，年平均工资 17.75 万，居各行业平均工资之首。数据来源：国家统计局 https://data.stats.gov.cn/easyquery.htm?cn=C01&zb=A040H&sj=2021（按行业分城镇单位就业人员平均工资）。

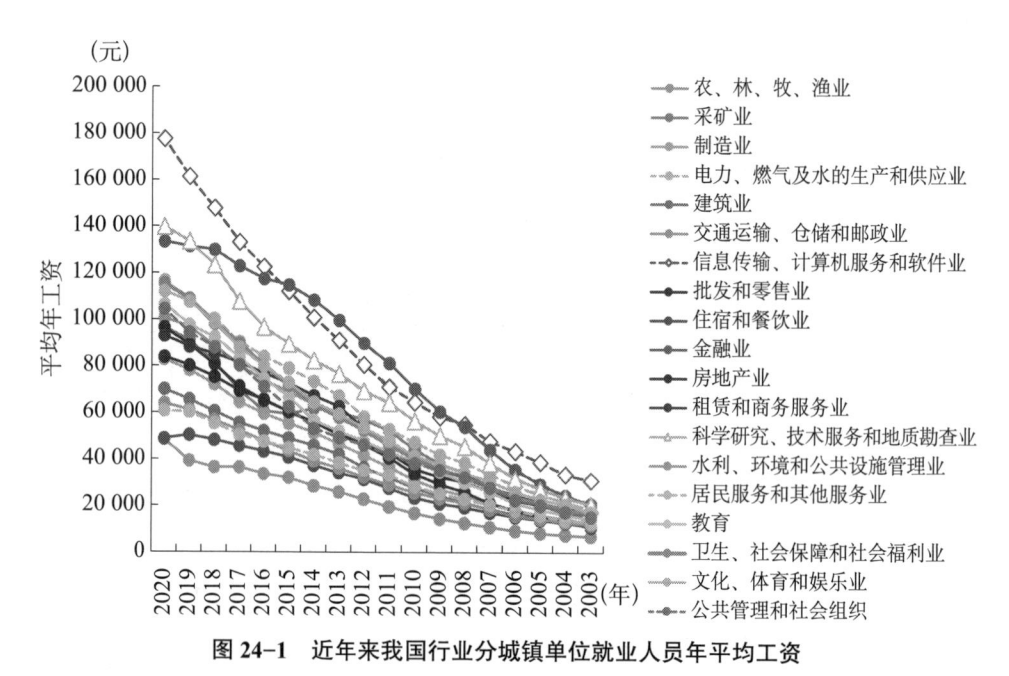

图 24-1　近年来我国行业分城镇单位就业人员年平均工资

注：数据来源为国家统计局。

2018、2019）。另有研究发现，技术进步同时导致了高技能工作（比如算法工程师）与低技能工作（比如食物配送等灵活就业）增加，大量工作岗位不断科技化、复杂化和灵活化，中等技能工作（比如银行柜员、会计、翻译）大幅减少（王国敏等，2020）。大量重复性劳动被自动化技术所取代，而以整个城市为生产场域的劳动则受到大数据和算法的规制，呈现出零工化趋势。有人甚至提出"无用阶级"的概念以描述机器和算法大规模取代人类后普通人面临的状况（赫拉利，2017：286），而为了保障这些人的尊严和体面，国家有必要出台"全民基本收入计划或无条件收入计划"。这意味着，未来社会的阶层结构可能更接近"倒丁字形"而非"橄榄形"。

第二节　从数字鸿沟到数字素养

相对于数字化对宏观不平等和阶层结构影响，更多研究者关注到了个体层面的机会不均和不平等——数字鸿沟和数字素养问题。信息通信技术成为社会分层的新维度（邱泽奇，2001）。

一、数字鸿沟的概念与类型

数字鸿沟（digital divide）这一词组最早见于1989年11月24日英国《泰晤士报－教育副刊》上题为"Digital Divide"的文章（Heppell, 1989），但文中含义与今天所用并不相同。今天我们主要用这一概念指称人们在信息通信技术（ICTs）等数字信息资源接入、使用、获益方面的差距。这个具体概念所反映的更大的"属"现象随着大众传播社会、后工业社会及信息社会的出现和发展而被关注。实际上，研究者早在20世纪70年代研究大众传播时就注意到了人们在占有、获取或运用信息能力方面的差距及其巨大影响，并提出了信息差距（information gap）或知识差距（knowledge gap）的概念（Tichenor et al., 1970）。保罗·拉扎斯菲尔德20世纪40年代领衔的哥伦比亚大学广播研究室，就曾专门研究社会经济地位与广播收听时间长度及内容偏好的关系并发现弱势阶层听广播时间更长且所听内容更不严肃（Lazarsfeld, 1940）。后工业社会的研究者丹尼尔·贝尔强调了科学知识及其生产机构如大学在新社会中的巨大作用。1990年美国著名未来学家托夫勒在《权力的转移》一书中细致论述了知识和信息对权力转移及权力系统的重要影响，提出信息富人、信息穷人、信息沟壑概念（托夫勒，2006）。1996年卡斯特尔出版的《网络社会的崛起》更是引发了人们对经由信息通信技术连通起来的网络社会的变革和不平等的关注。正是在人类社会数字化大转型的背景下，数字鸿沟才被人们日益关注，且内涵越来越复杂，并使得霍夫曼及其合作者1998年在《科学》杂志上发表的描述性论文"Bridging the racial divide on the Internet"有了成为关键节点文献的机会（洪海娟、万跃华，2014）。

研究者对数字鸿沟的关注实际上与政府针对数字鸿沟的政策密切相关。随着美国信息高速公路计划的推进，人们在信息获得及互联网接入上的不平等被政治家所关注。1994年美国前总统克林顿和副总统戈尔提出扩大学校和图书馆的互联网接入率，为人们特别是青年学生分享信息红利提供条件，此后组织了一系列讨论并出台一系列有力措施以消弭数字鸿沟。[1]美国国家远程通信和信息管理局（National Telecommunications and Information Administration，NTIA）在1995年、1998年、1999年接连发布《在网络中落伍》系列报告，用调查数据反映美国社会城乡和不同群体之间的信息设备拥有情况差异[2]，并在1999年的"Defining the Digital Divide"一文中将数字鸿沟定义为那些拥有信息时代工具的人和那些未曾拥有者间的鸿沟，并认为它是美社会首要的经济与社会问题之一。[3]到1999—2000年，美国国会讨论的法案中有21项涉及数字鸿沟，其中最终成为法律的"Kids 2000 Act"对研究、报告、缩减数字鸿沟做出了明确要求。[4]1999—2002年美国国会的立法、报告、会议中"数字鸿沟"这一概念的数量从头两年的2个突增到255个，此后大幅回落，直到2019—2020年才重新回到144个。[5]2000年7月世界经济论坛组织（WEF）向8国集团首脑会议提交的专题报告《从全球数字鸿沟到全球数字机遇》引发国际社会关注。[6]很多大型企业和组织（如微软、卡耐基基金会）参与到缩小数字鸿沟的行动和倡导中。[7]

邱泽奇、胡鞍钢等人很早就注意到了数字鸿沟及其对于社会不平等的影响（邱泽奇，2001；胡鞍钢、周绍杰，2002）。后来很多研究者对数字鸿沟概念的起源和内涵进行了整理和综述（邵艳丽等，2003；王学宾、郑晓乐，2004；闫慧、孙立立，2012；韦路、谢点，2015；刘艳，2020；徐芳、马丽，2020）。他们发现数字鸿沟是早已存在的信息鸿沟、知识鸿沟在数字化时代的新体现（杨璐露，2004）；数字鸿沟至少包括第一道接入沟（是否拥有电脑、手机等设备，

---

[1] https://clintonwhitehouse3.archives.gov/WH/EOP/OVP/speeches/edtech.html；The Clinton-gore Administration Record to Help Close the Digital Divide https://clintonwhitehouse4.archives.gov/WH/EOP/nec/html/FlintDigDivRecordFinal000921.html.

[2] https://ntia.doc.gov/ntiahome/fallingthru.html.

[3] https://www.ntia.doc.gov/legacy/ntiahome/fttn99/contents.html.

[4] https://www.congress.gov/bill/106th-congress/senate-bill/2045/text?q=%7B%22search%22%3A%5B%22%5C%22Digital+Divide%5C%22%22%2C%22%5C%22Digital%22%2C%22Divide%5C%22%22%5D%7D&s=9&r=9&overview=closed.

[5] https://www.congress.gov/search?q=%7B%22search%22%3A%22%5C%22Digital+Divide%5C%22%22%2C%22source%22%3A%5B%22comreports%22%2C%22committee-meetings%22%2C%22legislation%22%5D%7D.

[6] https://scout.wisc.edu/archives/r7222/from_the_global_digital_divide_to_the_global_digital_opportunity_proposals_submitted_to_the_g-8_kyushu-okinawa_summit_2000.

[7] https://news.microsoft.com/1999/07/22/bridging-the-digital-divide-in-rural-america-microsoft-and-west-virginia-create-first-state-technology-training-initiative-for-older-adults/；Economics and the Digital Divide：https://news.microsoft.com/2000/04/05/economics-and-the-digital-divide/.

能否接入和使用互联网）和第二道使用沟（运用互联网及其他数字化资源时在设备、主动性、能力技巧、社会支持与使用目的等多个维度上的差异），并试图在此基础上归纳出第三道知识沟的概念（韦路、张明新，2006；闫慧、孙立立，2012）。这种将数字鸿沟内涵复杂化的倾向不利于将数字鸿沟作为分析性概念，因为涉及了数字鸿沟的后果及其产生机制等多重问题。在这种情况下，数字素养（digital literacy）概念得到了重视，并主要用来描述公民在合理利用互联网及数字资源技术上的主观能力与素质差异（肖俊洪，2006；王佑镁等，2013），从而与数字资源可及性区别开来，更有利于各项政策有的放矢。下面我们将从接入沟、使用沟两个方面概述现有国内研究状况，并简要概述数字素养的含义及研究状况。

二、接入沟与网络可及性

个体层次的接入沟是指个人是否拥有电脑或接入互联网。随着互联网基础设施的普及，特别是国家在信息基础设施方面的投资增加，包括"宽带中国"计划的落实，普通人接入和使用互联网的可能性越来越高，我国已成为手机使用和互联网接入率较高的国家（2022年达到73%）。国家互联网络信息中心（CNNIC）多年以来一直在监测和调查我国互联网普及与网速情况，发布《中国互联网络发展状况统计报告》[①]，为我们了解和研究互联网接入情况提供了参考。

国内研究者主要通过抽样调查数据对比不同群体在使用互联网上的差异，以寻找接入沟的影响因素。数据显示性别、年龄、教育年限、个人年收入、社会经济地位等都对个人是否使用互联网存在显著影响。男性接入互联网的可能性显著高于女性，年龄越大者接入互联网的可能性越低，样本的教育年限越长则越可能接入互联网，年收入对互联网接入可能性存在显著正向影响，社会经济地位越高的样本接入互联网的概率也越大（郝大海、王磊，2014）。

在互联网快速覆盖的背景下，普及速度相对缓慢的老年群体面临的数字鸿沟得到了研究者更多的关注。一方面，老年人由于退出了劳动力市场，常常处

---

① http://www.cnnic.cn/hlwfzyj/.

于社会经济上的弱势地位；另一方面，老年人处于认知能力衰退阶段，对新事物的学习能力和动力有所不足。北京市朝阳区的调查显示老人中男性使用电脑/互联网的人更多，年龄较低、文化程度较高、离退休之前具有干部身份的人也更倾向于使用电脑/互联网，并且朋友支持会促进对电脑/互联网的使用（张硕，2013）。而深圳的调查显示，在老年人内部，主观因素对老人使用微信的影响较大且女性老人使用微信的比例更高（周裕琼，2018）。近年来，我国老年群体的互联网普及率大大提高，截至2021年12月，我国60岁及以上老年网民规模达1.19亿，互联网普及率达43.2%。[①]

三、使用沟与数字素养

使用沟主要考察个体在接入网络后使用状况上的差异，分为使用频率、时长、用途类型及使用能力水平等方面，其中用途类型差异是最受关注的差异（耿晓梦、喻国明，2020）。但用途类型的划分并无标准答案，有研究者将之区分为学习型/信息搜索型、社交型和娱乐型，有的利用因子分析方法分为学习发展型、娱乐互动型、关注时政型（汤志伟、叶昶秀，2022），更为简单的分类是根据使用时是否获得实用信息划分为信息获取型与娱乐型。王薪喜、孟天广（2021）的使用类型框架逻辑性最强，他们认为互联网接入可以分为个体接入和集体接入两种方式，而互联网信息消费类型分为娱乐导向型和社会导向型，将两个维度交叉分类可得到四种使用类型。

不同特质的人对互联网有着不同的使用习惯，进而造成不同的社会后果。社会学研究者偏向于将网络使用方式的影响因素划分为宏观的地区或社会因素以及个体层次因素如动机、数字能力等，强调技术与社会之间的互构。研究结果显示，宏观地区因素与个体社会经济因素都对使用沟存在显著影响：地区经济发展水平对发展型使用有负向影响，对娱乐型使用呈正向影响；教育年限、个人收入和社会经济地位对学习型使用有促进作用，对娱乐型使用的影响则相反；社会经济地位越高的网络使用者越倾向于将网络用于学习、工作目

[①] 数据来源：第49次《中国互联网络发展状况统计报告》http://www.cnnic.cn/hlwfzyj/hlwxzbg/hlwtjbg/202202/t20220225_71727.htm。

的，职业地位、收入与教育水平较低的人更少利用网络促进个人职业发展（陈福平，2013）。类似的发现同样出现在美国（DiMaggio et al.，2004）和瑞士（Bonfadelli，2002），即优势阶层更有可能利用互联网"积累资本"或获取经济收益。性别、年龄也对网络用途存在显著影响，相较于女性，男性更多使用网络进行学习和人力资本积累，女性互联网使用者中，性别观念更平等者使用互联网资源进行再学习和人力资本再积累的偏好更强（庄家炽等，2016）。而年龄越大，利用网络进行娱乐、学习与社交的可能性越低。

近年来"数字素养"逐渐成为多个学科用以反映个体适应数字化社会能力的综合性指标（许欢、尚闻一，2017），常常与"媒介素养""信息素养"等概念混用。这一概念由以色列学者提出（Eshet-Alkalai，2004），并经吉尔斯特进一步界定和发扬光大，后者在专著中认为数字素养主要指获取、理解与整合数字信息的能力，具体包括网络搜索、超文本阅读、数字信息批判与整合等技能（Gilster，1997）。此后不少研究者发展出了具体测量框架：有的将数字素养定义为个人正确使用数字工具和设备、合理利用数字资源、构建新知识、创新媒体表达及与他人沟通等的意识、态度和能力（Martin & Grudziecki，2006）；有的进一步认为，数字素养包括图片-图像素养、再创造素养、驾驭超媒体素养、信息素养、社会情感素养和实时思考技能六个方面（Eshet-Alkalai，2012）。全球很多国家和地区都制定了详细的数字素养或数字能力相关框架，以推动公民提升数字素养（许欢、尚闻一，2017）。如英国联合信息系统委员会提出了信息通信技术水平、数据与媒体素养、数字制作与创新、数字交流与协作、数字学习与发展、数字身份与健康六个方面的数字能力框架；欧盟将数字素养作为21世纪欧洲公民必备的八项核心素养之一，强调在工作和生活中批判性和创造性地使用信息化工具的能力，并不断修订完善（郭一弓，2017）；联合国教科文组织《全球数字素养框架》项目组等提出了设备操作、信息处理、交流协作、内容创作、安全保护、问题解决和特定职业相关域七个方面的素养域（Law et al.，2018）。国内研究者对数字素养做了梳理和界定，肖俊洪（2006）认为数字素养不仅涉及纯数字技术的使用技能，还包括认知技能、情感技能和社交技能。王佑镁等人（2013）指出数字素养概念包括了计算机素养、网络素养、信息素养和媒体素养等，且素养概念体系随时代发展呈现出既相互交融又连续统一的关系。程萌萌等人（2015）则指出数字素养强调运用数字技术批判、评估和交流不同格式的信息并创造新知识的能力。这些研究为推动国家重视全民数字素养提供了支持。2021年10月，习近平总书记在中共中央政治局第三十四次集体学习时指出，要提高全民全社会数字素养和技能，夯实我国数字经济发展社会基础。同月，中央网络安全和信息化委员会印发《提升全民数字素养与技能行动纲要》。《纲要》指出，数字素养与技能是数字社会公民学习工作生活中应具备的数字获取、制作、使用、评价、交互、分享、创新、安全保障、伦理道德等一系列素质与能力的集合，主张在加快网络强国、数字中国、智慧社会建设的新征程中让每位社会成员都能感受到生存于数字社会的获得感、幸福感与安全感，加强数字素养与技能教育，针对不同群体、不同年龄阶段的公民开展顶层设计，整体提升全民数字生活、学习、工作和创新能力。当前国内以相关指标体系测量青年或公众数字素养开展的实证研究还不多。

第三节 数字鸿沟的微观后果

人们对于数字鸿沟及数字素养的关注是与它们的影响或后果相关的，这方面得到了社会学研究者更多的关注（邱泽奇等，2016）。这一节将从互联网及数字鸿沟的经济后果、教育后果、主观幸福感及健康不平等等多个方面概述目前的研究进展。

一、互联网对经济不平等的影响

信息技术和互联网对收入的影响得到了大量研究。研究者首先关注的问题是互联网使用能否提高收入，即是否存在所谓的"溢价"。现有研究普遍认为互联网使用及数字素养会显著提高劳动者的经济收入（庄家炽等，2016；李雅楠、谢倩芸，2017）。对国际经合组织成人技能国际调查（Programme for the International Assessment of Adult Competencies，PIAAC）数据的分析发现，数字密集型行业工资显著高于非数字密集型行业，复杂认知能力中的信息和通信技术能力等多种技能在数字密集型行业中有更高的工资溢价（王国敏等，2020）。

其次，互联网对收入和经济不平等的影响是通过一系列的机制实现的。互联网可以提升个体的技术能力，助力人力资本积累，改善金融资本和社会资本状况等（庄家炽等，2016；王元超，2019）。邱泽奇等人（2016）基于电商案例的研究认为随着互联网的普及、接入沟缩小、连通性增强和平台的发展，人们有机会把积累的各类资产在互联网上转化为有差别的、组合性的互联网资本，并因为转化规模和转化效率的差异而形成红利差异。更多实证研究虽然通常不被算作不平等研究，但实际与经济不平等密切相关。这些研究关注到了互联网、数字金融等数字化相关的要素对农地流转（张景娜、张雪凯，2020；刘子涵等，2021；王杰等，2022）、农业现代化经营（阮荣平等，2017；苏岚岚、孔荣，2020）、就业决策与就业质量（周冬，2016；毛宇飞等，2019；赵羚雅、向运华，2019；宋林、何洋，2020；张卫东等，2021；李忠旭、庄健，2021）、创业决策（史晋川、王维维，2017；周洋、华语音，2017；周广肃、樊纲，2018；袁方、史清华，2019）、金融信贷（尹志超、张号栋，2018；谢绚丽等，2018；何婧、李庆海，2019）等重要经济活动的影响、作用机制与异质性问题。研究表明，互联网会通过影响信息渠道、融资渠道、社会资本、风险偏好、经营效率等多种中间机制最终缩小或扩大社会不平等。

最后，互联网影响收入的群体异质性问题。其中阶层异质性是研究者最关注的。有研究发现互联网工资溢价在城市户籍、高学历人群中更高（毛宇飞等，2021）。而另一些研究发现中间阶层获益更大，比如高中教育水平群体受益大于低教育水平的或更高教育水平群体（李雅楠、谢倩芸，2017）；中等地位阶层的互联网工资溢价效应显著高于低地位阶层，高地位阶层的互联网工资溢价效应并不显著高于中低地位阶层（王元超，2019）。此外，性别差异也得到了关注，互联网工资溢价在男性中大于女性（庄家炽等，2016）。这些异质性的存在与互联网给不同群体机会的冲击程度相关，也与群体内部的个体对互联网的使用方式、使用效率的差异程度有关，将之用于学习和人力资本再积累的人收益更大（庄家炽等，2016）。

二、数字鸿沟对教育不平等的影响

教育不平等是分层和不平等研究的重要内容，这与人力资本在现代社会分配中的作用密切相关。一方面，数字化时代，网络传输和多媒体等新技术可以大大提高信息传播的效率、改进知识传授的效果，数字鸿沟有转变为知识鸿沟的可能，导致学业成绩差异、教育成就差异，从而扩大社会不平等；另一方面，如果公共政策措施及家庭的行为策略得当，也可能为弱势阶层中少数人或多数人提供新的机会，从而促进教育平等。研究者们得到了一些初步结论。

第一，数字鸿沟使得落后地区的学生面临劣势。在数字社会，人们可以通过网络获得来自世界不同地方的教育资源，进行网上学习。信息技术和网络资源的拥有及使用将影响学习者的学习机会与效率。身处经济条件发达地区的学生能充分使用计算机以及网络，而经济落后地区的学生会因远程教育所需硬件普及率低、少数族群语言设备与软件资源的缺乏等原因而处于弱势地位。基于国际学生评估项目（PISA）数据的分析显示，学校的信息技术装备及使用在全球范围内存在巨大的城乡差异和地区差异，农村和乡镇学校教育信息化建设明显滞后于城市地区；拉丁美洲、加勒比海沿岸地区、中东地区和非洲等的校园信息化水平位于全球末端，而发达国家、亚洲、OECD国家的学校信息化程度较高；学校硬软件设施配备水平对学生学业成绩具有显著影响，全球学校信息化水平差距所导致的学生成绩差异在地区成绩总差值中占比1.27%~15.92%（马红梅等，2020）。

第二，优势阶层家庭可以利用资源优势获取更多数字化资源，同时更高效合理地使用这些资源，以得到较高回报，强化阶层优势。受父母亲教育水平、父母亲职业、家庭收入等因素的影响，不同阶层的学习者在上网设备、信息资源获得、信息素养方面差距明显。由于硬件设备、数字资源、信息素养欠缺，中下阶层家庭的子女缺乏充足的条件支撑其去获取更多教育资源。基于CFPS2014数据的分析发现，母亲使用互联网能显著地提高家庭教育投资，但在城镇家庭效应更大，对农民工家庭和农村家庭教育投资的影响不显著，优势阶层可将信息资源优势转为人力资本投资优势（杨钋、徐颖，2017）。而且优势阶层的子女更有可能形成良好的互联网使用习惯，从而扩大学业优势。互联网信息资源的复杂性、多样性与良莠不齐，使其对个人的影响并不总是好的，受到使用方式的影响。基于PISA上海数据的研究发现，学习型使用对学生数学、阅读和科学素养都有显著的正向影响，而娱乐型使用的影响显著为负，互联网使用时间控制在每日30分钟及以下的学生学业成绩显著更高。家庭经济社会文化地位对互联网使用偏好和学生学业成绩都有显著影响，社会经济地位更低家庭的孩子学习型使用更弱而娱乐型使用更强，家庭地位更高学生能从学习型使用中得到更好的学业成绩（陈纯槿、顾小清，2017）。尽管部分弱势家庭的子女确实可以形成良好网络使用习惯从而从数字资源中获益，但优势阶层家庭的父母整体而言有更多时间和资源预防数字化的负面影响，从而发挥其正面效应。对于留守儿童手机依赖或网络成瘾的关切从另一个方面说明了弱势家庭在面对互联网这一新工具时的适应不足（王清华、郑欣，2022）。

三、互联网使用对主观幸福感、效能感的影响

对多数人而言，提升幸福感是生活的重要目标。互联网及数字资源的使用是否能以及如何提升居民幸福感也成为近年来社会学研究的热点。互联网对幸福感提升的积极效应已经得到了既有研究的普遍证实（祝仲坤、冷晨昕，2018；鲁元平、王军鹏，2020）。互联网可以增加收入、促进社交和创造消费价值，从而提升主观幸福感（Hong，2007）。互联网的信息、娱乐、交易等功能是其提高居民主观福利的主要机制。感知到互联网在学习、工作、社交等方面"信息型用途"的个人才能获得互联网所带来的主观福利的增加；互联网的信息福利存在着边际递减的现象，客观上缩小了"优势人群"和"弱势人群"之间的主观福利差异（鲁元平、王军鹏，2020）。互联网可以起到维系老年人已有社交网络的重要作用，互相熟识的老年人可以通过互联网进行沟通交流；老年人可通过和自身社交网络中的关系人或团体进行沟通互动得到物质支持和情感支持，从而提升幸福感（彭希哲等，2019）。

在此基础上，互联网对幸福感作用的群体异质性也得到了研究。数据显示，其在男性中的效应要强于在女性中的效应，在中青年群体中的效应要强于在老年群体中的效应（王鹏，2014），农村地区比城市地区的正效应更多，中西部地区比东部地区的正效应更多（祝仲坤、冷晨昕，2018）。对于低收入、低受教育程度等"弱势人群"和农村地区、欠发达地区，互联网所产生的信息福利效应更强，对新技术的采用缩小了不同人群间既有的数字鸿沟，减少了同"优势群体"在主观福利上的差距（鲁元平、王军鹏，2020）。

针对特定群体及其内部异质性的研究显示，互联网使用能整体提升老年人

的主观幸福感，明显降低了个人收入对老年人的幸福激励效应；但其影响存在内部异质性，对男性的作用大于女性，少数民族大于汉族，有配偶大于无配偶，农村大于城市，党员大于非党员，东西部大于中部。对于小学学历的老年人，互联网使用对其主观幸福感有抑制作用，而在中学和大学及以上学历的老年群体中具有促进作用；使用方式不同效用不同，闲暇时间使用互联网进行社交和娱乐活动对老年人具有显著的幸福激励效应，学习活动则具有显著的幸福抑制效应（彭希哲等，2019）。杜鹏、汪斌（2020）的研究也显示，互联网使用显著提高了中国老年人的生活满意度，社区参与在此过程中起着积极的中介作用。

针对新生代农民工群体的研究显示，网络工具赋权和网络教育赋权对于新生代农民工幸福感具有显著的正向影响，网络情感赋权对于不同地域不同代际的新生代农民工的幸福感获得的影响存在明显差别，网络信息赋权并不能有效提升新生代农民工的主观幸福感（袁爱清、黄晓青，2021）。针对大学生数据的简单分析显示，电脑网络和手机网络与大学生的主观幸福感的关系比较复杂（申琦等，2014）。

互联网还会对人们的其他观念产生影响，进而影响社会分层、社会文化。基于 CFPS 的研究显示，互联网使用降低了个人对努力的认可程度，提高了对家庭关系和社会关系的认可程度，这种影响与人们对互联网的使用方式不同有关，使用互联网进行娱乐的个体更不认同个人努力，而以工作和学习为目的的互联网使用者具有更加正面的价值观（陈思宇等，2016）。

四、互联网使用与健康不平等

目前关于互联网与健康的关系主要存在三种观点。第一种是健康促进理论，互联网使用能够正向预测自评健康（Hong et al.，2017），缩小数字鸿沟有利于弥合健康不平等（Viswanath，2011）。第二种是技术压力理论。网络成瘾、过度依赖社交网络会危害个体身心健康，这警告我们思考社交媒体的弊端（Allcott et al.，2020）。互联网使用强度和自评健康呈倒 U 形关系，反映了健康促进理论和技术压力理论并不矛盾（陆杰华、汪斌，2020）。第三种观点是间接关系理论，即互联网的使用对健康并不是一个重要决定因素，数字鸿沟与健康之间的关系反映的是社会不平等，也就是健康的社会经济梯度（Gracia & Herrero，2009）。

互联网如何影响健康？首先是信息获取解释机制。公众会出于各种原因在互联网中获取健康信息（AlGhamdi & Moussa，2012），获取在线健康信息、使用在线健康服务和参与在线健康活动可以提高个人层面的健康素养和自我健康管理（Mano，2014）。二是人际情感解读机制，主要聚焦于心理健康方面，包括社会参与、社交活动和休闲娱乐等（汪连杰，2018）。互联网使用能够提高社会参与度，从而降低孤独感（Szabo et al.，2019），基于互联网的干预措施能够缓解疼痛（Bender et al.，2011），还能提高居民参与社区活动的积极性，促进社会适应性或社会健康（Han & Zhao，2021）。

互联网使用对不同群体的健康效应具有异质性。互联网使用对居民健康的影响在户籍、性别、区域、收入水平和受教育程度上存在异质性（陈亮，2022）。互联网有利于减少阶层间的健康不平等，其使用对不同出生队列健康的影响的差异并不显著，但对不同社会经济地位者健康的影响可能存在显著差异（陆杰华、汪斌，2020）。国内对互联网使用与健康间关系的研究主要集中于老年人群体。汪连杰（2018）指出互联网使用对没有配偶、受教育程度高和具有党员身份的老年人健康的作用效应更为明显。互联网使用对老年人心理健康的促进作用高于生理健康，它主要通过提升老年人的学习频率影响其健康，这种促进作用在60～69岁低龄老年人群体和城镇户籍老年人群体中更加明显（赵建国、刘子琼，2020）。

已有研究关于互联网对自评健康的影响、信息获取对健康的影响存在不一致的看法。汪连杰（2018）基于CGSS2013数据的研究指出将互联网作为信息来源对老年人健康的影响并不显著，有研究者（Wang et al.，2020）则基于CGSS2012和2015数据发现互联网使用对老年人自评健康没有显著影响。而陆杰华和汪斌（2020）基于CFPS2016的数据研究认为信息获取是互联网使用影响健康的重要机制。因此，信息获取对健康的影响还需要进一步的验证。

综上所述，国外关于互联网使用与健康的关系研究较为丰富，并形成了解释机制。国内的研究则主要聚焦于老年人群体，关注老年人的互联网使用情况对其身心健康的影响及影响机制。就信息获取而言，陆杰华和汪斌做出了探索，但互联网上存在诸多失真健康信息（宋士杰等，2019），需要对此进一步讨论。

在人际情感解释机制方面，对居民健康的研究还有所缺乏。

第四节　数字鸿沟对社会参与和社会资本的影响

除了经济维度和身心健康维度外，互联网使用在社会维度的结果不平等同样重要，这包括个体能够获得的社会资本、社会支持乃至社会声望和社会影响力以及更为高级的需求的满足如公共参与、社区参与等社会价值的实现。

一、互联网与社会资本、社会支持

随着智能手机的普及，网络日益成为人们交流互动的重要渠道，人们可以借助网络非常方便地进行信息交换、会议交流、远程协作、经济往来和情感交流。互联网使用对个体社会资本、社会支持的影响很早就得到了研究者们的关注（周桂林，2007；刘静、杨伯溆，2010）。郑中玉（2011）梳理了大量海外研究后认为，研究者们早期主要关注网络互动的性质与影响，即计算机中介的交往能否产生通常意义上的持续的人际关系，这种交往是"疏离"还是"延伸"了日常人际关系，这种关系更多是强纽带还是弱纽带。这些研究表明网络互动可以产生具有高度信任、互惠和广泛支持性的人际关系；这种关系对日常关系的影响是混杂的，到底是疏离还是延伸由多种因素综合决定；网络关系产生的更多是弱纽带，但并不排斥强关系的形成，并且实际发生着信息交换之外的很多互惠和信任。随着互联网的广泛普及，人们早已认识到网络互动也是真实的社会互动，能够产生真实的社会影响。在延伸了日常人际关系的同时，也一定程度上疏离了日常中的某些交往。个案研究显示，网络论坛能够为弱势群体提供在日常生活中难以得到的信息和社会支持（刘瑛、孙阳，2011）。网络平台为落后地区的村民构建了互动交往的网络公共空间，从而推动了村民公共生活的复兴、乡村集体记忆的书写以及乡村公共文化的建设，对建构新型乡村社区认同起到了重要作用（牛耀红，2017）。

定量研究表明，互联网使用有助于扩大并维持个人的社会网络（黄荣贵等，

2013），而用户使用社交工具的素养及其使用内容会影响"虚拟社会资本"多寡（付晓燕，2010）；博客、分类网站和社交网站使用者具有更多的网络社会信任（邓建国，2007）。前文有关互联网对经济不平等影响的研究部分验证了社会资本在其中的中介作用。

二、数字化转型公共参与及社区参与

互联网不仅是信息传播的重要渠道，在中国情境下更是意愿表达、公共参与、社区参与的重要途径。过去这些年，公众越来越多地借助互联网来获取政治信息，并通过互联网的公共论坛与政府互动，进行利益表达（孟天广、李锋，2015；李锋、孟天广，2016；孟天广、郑思尧，2017；孟天广、张小劲，2018；孟天广、赵娟，2018）。但是，总体而言，我国居民的线上线下参与都相对有限。

研究显示不同个体的互联网"使用目的"和"信息偏好"会影响其政治态度，进而影响网民的非制度化政治参与行为。与自我型网络使用、娱乐类信息偏好的网民相比，社交型网络使用、时政类信息偏好的网民政治信任水平更低、程序型民主观念更强，卷入非制度化政治参与行为的概率更高（王衡、季程远，2017）。

基于上海都市社区调查数据的分析显示，使用互联网越多，居民参与社区治理活动的可能性就越大，而且这种正相关关系在无上海户籍的租户群体中更为显著（袁浩等，2019）。基于南京的调查显示，城市居民社区网络使用总体呈现"高普及、低强度、新社区"的特征，社区网络的普及度较高但平均使用强度并不高，主要"以移动互联网为主"，使用度最高的是社区QQ群/微信群，其次为社区公众号/App、社区网站/社区论坛。社区网络的使用有助于促进线下社区参与，提高社区参与深度，推动非事务型社区参与向事务型社区参与的演进（常恩予等，2017）。而基于中国城市居民生活空间调查京津冀数据的分析发现，网络交往行为可以从社区情感认同、邻里交往参与和公共事务参与三个方面对居民社区融入产生积极影响，主要通过在线社区交往、社区信息传播和线上线下转化三种中间机制发挥作用（周骥腾、付堉琪，2021）。

和红、闫辰聿（2022）从动机上区分了公益性和私利性社区参与，并利用中国老年社会追踪调查（CLASS）数据对互联网对社区参与的异质性和潜在影响机制进行探讨。结果发现，互联网使用会显著降低老年人公益性和私利性社区参与，当老年人跨越社区参与的"栅栏"时，使用互联网会降低老年人公益性社区参与强度，提高其私利性社区参与强度，这种影响会因社区类型有所不同。互联网使用之所以会影响社区参与，可能与其提高了老年人社会支持水平和社会适应能力有关。

青年和大学生是最先使用互联网的群体，他们对于网络的使用和公共参与密切相关。在这方面已经有不少研究。

第五节 总结与展望

国家对数字经济和数字技术基础上的社会治理充满了期待，互联网、智能手机、人工智能也日益成为人们生活中不可或缺的部分，数字化转型正成为我国学界讨论的热点。以互联网使用、数字鸿沟为切入点，当前社会科学围绕数字化与社会不平等展开了大量研究，为我们认识这一新的变迁和社会要素对人们在稀有资源占有上的影响提供了参考。可以看到，数字化整体降低了人们获取信息、进行交流的成本，提高了社会生产力水平，但同样会带来新的不平等，甚至在某些条件下会扩大不平等。

当前有关数字化和社会不平等的研究主要围绕数字鸿沟及其影响因素，互联网使用对收入、学业成绩、主观幸福感、健康状况、社会资本、社会参与等的微观影响，也有一些研究利用宏观汇总数据分析了互联网和数字化发展对区域内收入不平等、区域发展不平衡的影响，但对数字化对社会阶层结构变迁影响的研究还比较少。数字素养成为重要的概念，但是相关研究目前仍主要停留在对数字素养概念的界定上，对数字素养进行调查，并讨论其影响因素和后果的研究还不多。

此外，随着全球性、全国性媒体平台和商业平台的出现，注意力和"流量"变得重要，个体作为平台信息和产品的产消者具有了综合性的社会影响力，这种社会影响力上的差异尚未得到社会分层研究的关注。

参考文献：

赖特.后工业社会中的阶级：阶级分析的比较研究.陈心想，皮小林，杨玉明，等译.沈阳：辽宁教育出版社，2004.

贝尔.后工业社会的来临：对社会预测的一项探索.高铦，王宏周，魏章玲，译.北京：商务印书馆，1984.

诺克斯，迈克卡西.城市化.顾朝林，汤培源，杨兴柱，等译.北京：科学出版社，2009.

常恩予，甄峰，孙晨.社区网络的使用及其对社区参与的影响：以南京市为例.地理科学进展，2017（7）：785-794.

陈纯槿，顾小清.互联网是否扩大了教育结果不平等：基于 PISA 上海数据的实证研究.北京大学教育评论，2017（1）：140-153，91-92.

陈福平.社交网络：技术 vs. 社会：社交网络使用的跨国数据分析.社会学研究，2013（6）：72-94，243-244.

陈菁霞，邱泽奇：中国正加速进入数字时代.中华读书报，2022-05-04（7）.

陈亮.互联网使用对居民健康的影响研究：理论分析与实证检验.河南科技学院学报，2022（1）：56-63.

陈龙."数字控制"下的劳动秩序：外卖骑手的劳动控制研究.社会学研究，2020，35（6）：113-135，244.

陈思宇，胡志安，陈斌开.技术与文化：互联网如何改变个人价值观？.经济学动态，2016（4）：37-47.

程萌萌，夏文菁，王嘉舟，等.《全球媒体和信息素养评估框架》（UNESCO）解读及其启示.远程教育杂志，2015，33（1）：21-29.

程名望，张家平.互联网普及与城乡收入差距：理论与实证.中国农村经济，2019（2）：19-41.

杜鹏，汪斌.互联网使用如何影响中国老年人生活满意度？.人口研究，2020，44（4）：3-17.

杜月.制图术：国家治理研究的一个新视角.社会学研究，2017（5）：192-217，246.

邓建国.Web2.0 时代的互联网使用行为与网民社会资本之关系考察.上海：复旦大学，2007.

付晓燕.社交网络服务对使用者社会资本的影响：社会资本视角下的 SNS 使用行为分析.新闻界，2010（4）：20-22，16.

耿晓梦，喻国明.数字鸿沟的新样态考察：基于多层线性模型的我国居民移动互联网使用沟研究.新闻界，2020（11）：50-61.

顾朝林.中国城镇化.北京：科学出版社，2021.

关士续.马克思关于技术创新的一些论述.自然辩证法研究，2002（1）：16-18，30.

郭一弓. 欧盟数字素养框架 DigComp 2.1：分析与启示. 数字教育，2017，3（5）：10-14.

郝大海，王磊. 地区差异还是社会结构性差异？：我国居民数字鸿沟现象的多层次模型分析. 学术论坛，2014，37（12）：88-95.

何婧，李庆海. 数字金融使用与农户创业行为. 中国农村经济，2019（1）：112-126.

和红，闫辰聿. 互联网使用对老年人社区参与的影响研究："隔离"还是"融入". 人口学刊，2022，44（2）：72-84.

洪海娟，万跃华. 数字鸿沟研究演进路径与前沿热点的知识图谱分析. 情报科学，2014，32（4）：54-58.

胡鞍钢，周绍杰. 新的全球贫富差距：日益扩大的"数字鸿沟". 中国社会科学，2002（3）：34-48，205.

黄荣贵，骆天珏，桂勇. 互联网对社会资本的影响：一项基于上网活动的实证研究. 江海学刊，2013（1）：227-233.

柯惠新，王锡苓. 亚太五国/地区数字鸿沟及其影响因素分析. 现代传播，2005（4）：88-94.

李春玲. 当代中国社会的声望分层：职业声望与社会经济地位指数测量. 社会学研究，2005（2）：74-102，244.

李锋，孟天广. 策略性政治互动：网民政治话语运用与政府回应模式. 武汉大学学报（人文科学版），2016，69（5）：119-129.

李路路，边燕杰，吴晓刚. 社会分层与流动：国外学者对中国研究的新进展. 中国人民大学出版社（社会学前沿论丛），2008.

李培林. 改革开放近40年来我国阶级阶层结构的变动、问题和对策. 中共中央党校学报，2017，21（6）：5-16.

李强. 当代中国社会分层与流动. 北京：中国经济出版社，1993.

李强. 当代中国社会分层：测量与分析. 北京：北京师范大学出版社，2010.

李升."数字鸿沟"：当代社会阶层分析的新视角. 社会，2006（6）：81-94，210.

李胜蓝，江立华. 新型劳动时间控制与虚假自由：外卖骑手的劳动过程研究. 社会学研究，2020，35（6）：91-112，243-244.

李雅楠，谢倩芸. 互联网使用与工资收入差距：基于CHNS数据的经验分析. 经济理论与经济管理，2017（7）：87-100.

李忠旭，庄健. 互联网使用、非农就业与农机社会化服务：基于CLDS数据的经验分析. 农林经济管理学报，2021，20（2）：166-75.

梁萌. 生命历程视角下的互联网企业工作压力机制及性别差异研究. 妇女研究论丛，2018（6）：31-42.

梁萌.996加班工作制：互联网公司管理控制变迁研究.科学与社会，2019，9（3）：67-86.

梁萌.弹性工时制何以失效？：互联网企业工作压力机制的理论与实践研究.社会学评论，2019，7（3）：35-49.

梁萌，陈建伟.补偿还是自主：互联网技术嵌入与工作压力作用机制变迁研究.中国人力资源开发，2017（8）：36-47，70.

刘锦怡，刘纯阳.数字普惠金融的农村减贫效应：效果与机制.财经论丛，2020（1）：43-53.

刘静，杨伯溆.校内网使用与大学生的互联网社会资本：以北京大学在校生的抽样调查为例.青年研究，2010（4）：57-69，95.

刘艳.基于知识图谱的国内数字鸿沟研究现状与演进趋势.国家图书馆学刊，2020，29（1）：99-113.

刘瑛，孙阳.弱势群体网络虚拟社区的社会支持研究：以乙肝论坛"肝胆相照"为例.新闻与传播研究，2011（2）：76-88，111-2.

刘子涵，辛贤，吕之望.互联网农业信息获取促进了农户土地流转吗.农业技术经济，2021（2）：100-111.

鲁元平，王军鹏.数字鸿沟还是信息福利：互联网使用对居民主观福利的影响.经济学动态，2020（2）：59-73.

陆杰华，汪斌.居民互联网使用对其自评健康影响机制探究：基于2016年中国家庭追踪调查数据.中山大学学报（社会科学版），2020，60（3）：117-127.

陆学艺.当代中国社会十大阶层分析.学习与实践，2002（3）：55-63，1.

陆学艺.当代中国社会社会阶层研究报告.北京：社会科学文献出版社，2002.

陆学艺.当代中国社会流动.北京：社会科学文献出版社，2002.

陆学艺.当代中国社会结构.2版.北京：社会科学文献出版社，2004.

马红梅，陈钰，肖雨桐.全球视域下学校信息化"数字鸿沟"及其对学生成绩的影响.现代远程教育研究，2020，32（5）：86-94.

曼纽尔，卡斯特.网络社会的崛起.北京：社会科学文献出版社，2001.

毛宇飞，曾湘泉，祝慧琳.互联网使用、就业决策与就业质量：基于CGSS数据的经验证据.经济理论与经济管理，2019（1）：72-85.

毛宇飞，胡文馨，曾湘泉.扩大抑或缩小：互联网使用对户籍工资差距的影响：基于CGSS数据的经验证据.财经论丛，2021（2）：3-12.

孟天广，李锋.网络空间的政治互动：公民诉求与政府回应性：基于全国性网络问政平台的大数据分析.清华大学学报（哲学社会科学版），2015，30（3）：17-29.

孟天广，张小劲.大数据驱动与政府治理能力提升：理论框架与模式创新.北京航空航天大学学报（社会科学版），2018，31（1）：18-25.

孟天广，赵娟．网络驱动的回应性政府：网络问政的制度扩散及运行模式．上海行政学院学报，2018，19（3）：36-44.

孟天广，郑思尧．信息、传播与影响：网络治理中的政府新媒体：结合大数据与小数据分析的探索．公共行政评论，2017，10（1）：29-52，205-206.

牛耀红．移动传播时代：村民网络公共参与对乡村社区认同的建构：基于甘肃陇南F村的田野调查．社会学评论，2017，5（1）：36-46.

皮凯蒂．21世纪资本论．巴曙松，译．北京：中信出版社，2014.

彭希哲，吕明阳，陆蒙华．使用互联网会让老年人感到更幸福吗？：来自CGSS数据的实证研究．南京社会科学，2019（10）：57-68.

邱泽奇．中国社会的数码区隔．二十一世纪评论，2001（4）．

邱泽奇，乔天宇．电商技术变革与农户共同发展．中国社会科学，2021（10）：145-166，207.

邱泽奇，张樹沁，刘世定，等．从数字鸿沟到红利差异：互联网资本的视角．中国社会科学，2016（10）：93-115，203-204.

任力．马克思对技术创新理论的贡献．当代经济研究，2007（7）：16-20.

阮荣平，周佩，郑风田．"互联网，"背景下的新型农业经营主体信息化发展状况及对策建议：基于全国1394个新型农业经营主体调查数据．管理世界，2017（7）：50-64.

邵艳丽，黄奇，朱庆华．国外数字鸿沟问题研究述略．情报资料工作，2003（4）：77-80.

申琦，廖圣清，秦悦．网络使用、社会支持与主观幸福感：以大学生为研究对象．新闻与传播研究，2014，21（6）：99-113，128.

史晋川，王维维．互联网使用对创业行为的影响：基于微观数据的实证研究．浙江大学学报（人文社会科学版），2017，47（4）：159-175.

宋林，何洋．互联网使用对中国农村劳动力就业选择的影响．中国人口科学，2020（3）：61-74，127.

宋士杰，赵宇翔，宋小康，等．互联网环境下失真健康信息可信度判断的影响因素研究．中国图书馆学报，2019，45（4）：72-85.

苏岚岚，孔荣．互联网使用促进农户创业增益了吗？：基于内生转换回归模型的实证分析．中国农村经济，2020（2）：62-80.

孙萍．"算法逻辑"下的数字劳动：一项对平台经济下外卖送餐员的研究．思想战线，2019，45（6）：50-57.

托夫勒．权力的转移．吴迎春，傅凌，译．北京：中信出版社，2006.

汤志伟，叶昶秀．数字使用鸿沟与公民政治参与：以政治效能感为中介变量的实证分析．

情报杂志，2022，41（9）：129-135，111.

唐博，张凌枫.税收信息化建设对企业纳税遵从度的影响研究.税务研究，2019（7）：62-69.

汪澄清.马克思与熊彼特创新思想之比较.马克思主义与现实，2001（3）：42-47.

汪连杰.互联网使用对老年人身心健康的影响机制研究：基于CGSS（2013）数据的实证分析.现代经济探讨，2018（4）：101-108.

王国敏，唐虹，费翔.数字经济时代的人力资本差异与收入不平等：基于PIAAC微观数据.社会科学研究，2020，250（5）：97-107.

王衡，季程远.互联网、政治态度与非制度化政治参与：基于1953名网民样本的实证分析.经济社会体制比较，2017（4）：45-55.

王杰，蔡志坚，秦希.互联网使用有助于农地长期转出吗？.湖南农业大学学报（社会科学版），2022（1）：44-54.

王鹏.互联网使用对幸福感的影响：基于城镇微观数据的实证研究.软科学，2014（10）：139-144.

王清华，郑欣.数字代偿：智能手机与留守儿童的情感社会化研究.新闻界，2022（3）：37-47，94.

王善迪.人工智能发展对我国收入不平等的影响研究.社会分层与流动研究冬季论坛，2022.

王薪喜，孟天广.中国城市居民的互联网使用与政治参与基于介入方式与信息消费的类型学分析.社会，2021，41（1）：178-206.

王学宾，郑晓乐.中国数字鸿沟研究综述.情报杂志，2004（12）：28-30.

王佑镁，杨晓兰，胡玮，等.从数字素养到数字能力：概念流变、构成要素与整合模型.远程教育杂志，2013，31（3）：24-29.

王雨磊.数字下乡：农村精准扶贫中的技术治理.社会学研究，2016，31（6）：119-142，244.

王元超.互联网工资溢价效应的阶层差异.社会学评论，2019（2）：27-41.

韦路，谢点.全球数字鸿沟变迁及其影响因素研究：基于1990—2010世界宏观数据的实证分析.新闻与传播研究，2015（9）：36-54，126-127.

韦路，张明新.第三道数字鸿沟：互联网上的知识沟.新闻与传播研究，2006（4）：43-53，95.

吴清军，李贞.分享经济下的劳动控制与工作自主性：关于网约车司机工作的混合研究.社会学研究，2018（4）：137-162，244-245.

吴清军，张艺园，周广肃.互联网平台用工与劳动政策未来发展趋势：以劳动者身份判定为基础的分析.中国行政管理，2019，406（4）：116-23.

吴泽.马克思论封建工具所有制与行会制度：纪念马克思逝世一百周年.历史教学问题，1983（2）：2-8.

沃勒斯坦.现代世界体系.郭方，等译.北京：社会科学文献出版社，2013.

肖俊洪.数字素养.中国远程教育，2006（5）：32-33.

谢绚丽，沈艳，张皓星，等.数字金融能促进创业吗？：来自中国的证据.经济学（季刊），2018（4）：1557-1580.

徐芳，马丽.国外数字鸿沟研究综述.情报学报，2020（11）：1232-1244.

许欢，尚闻一.美国、欧洲、日本、中国数字素养培养模式发展述评.图书情报工作，2017（16）：98-106.

闫慧，孙立立.1989年以来国内外数字鸿沟研究回顾：内涵、表现维度及影响因素综述.中国图书馆学报，2012（5）：82-94.

杨璐露.数字鸿沟：概念探讨与问题实质.情报资料工作，2004（4）：18-20.

杨钋，徐颖.数字鸿沟与家庭教育投资不平等.北京大学教育评论，2017（4）：126-154，188.

尹志超，张号栋.金融可及性、互联网金融和家庭信贷约束：基于CHFS数据的实证研究.金融研究，2018，461（11）：188-206.

赫拉利.未来简史：从智人到智神.北京：中信出版集团，2017.

袁爱清，黄晓青.媒介赋权下新生代农民工幸福感及影响因素研究.青年发展论坛，2021（6）：48-59.

袁方，史清华.从返乡到创业：互联网接入对农民工决策影响的实证分析.南方经济，2019（10）：61-77.

袁浩，谢可心，王体基.城市居民的互联网行为对城市居民社区参与的影响.城市问题，2019，285（4）：81-87.

张景娜，张雪凯.互联网使用对农地转出决策的影响及机制研究：来自CFPS的微观证据.中国农村经济，2020，243（3）：57-77.

张硕.中国城市老年人电脑/互联网使用影响因素研究：基于北京市朝阳区的调查.国际新闻界，2013，35（7）：51-61.

张勋，万广华，张佳佳，等.数字经济、普惠金融与包容性增长，经济研究，2019，54（8）：71-86.

张卫东，卜偲琦，彭旭辉.互联网技能、信息优势与农民工非农就业.财经科学，2021（1）：118-132.

赵建国，刘子琼.互联网使用对老年人健康的影响.中国人口科学，2020（5）：14-26，126.

赵羚雅，向运华.互联网使用、社会资本与非农就业.软科学，2019，33（6）：49-53.

赵璐, 刘能. 超视距管理下的"男性责任"劳动: 基于 O2O 技术影响的外卖行业用工模式研究. 社会学评论, 2018, 6 (4): 26-37.

郑中玉. 互联网对社会关系的影响: 争议与方向. 甘肃行政学院学报, 2011, 86 (4): 46-55, 127.

周冬. 互联网覆盖驱动农村就业的效果研究. 世界经济文汇, 2016, 232 (3): 76-90.

周广肃, 樊纲. 互联网使用与家庭创业选择: 来自 CFPS 数据的验证. 经济评论, 2018, 213 (5): 134-47.

周桂林. 网络沟通、社会资本与技术创新资源获取的关系. 边疆经济与文化, 2007 (7): 68-70.

周骥腾, 付堉琪. 互联网使用如何影响居民社区融入?: 基于"中国城市居民生活空间调查"的分析. 社会学评论, 2021, 9 (5): 105-121.

周洋, 华语音. 互联网与农村家庭创业: 基于 CFPS 数据的实证分析. 农业技术经济, 2017, 265 (5): 111-119.

周裕琼, 林枫. 数字代沟的概念化与操作化: 基于全国家庭祖孙三代问卷调查的初次尝试. 国际新闻界, 2018, 40 (9): 6-28.

祝仲坤, 冷晨昕. 互联网使用对居民幸福感的影响: 来自 CSS2013 的经验证据. 经济评论, 2018 (1): 78-90.

庄家炽, 刘爱玉, 孙超. 网络空间性别不平等的再生产: 互联网工资溢价效应的性别差异以第三期妇女地位调查为例. 社会, 2016, 36 (5): 88-106.

ACEMOGLU D, PASCUAL R. Automation and new tasks: How technology displaces and reinstates labor. Journal of economic perspectives, 2019, 33 (2): 3-30.

ACEMOGLU D, PASCUAL R. Artificial intelligence, automation and work. MIT Department of Economics working paper, 2018 (1). https://ssrn.com/abstract=3098384.

ALGHAMDI K M, MOUSSA N A. Internet use by the public to search for health-related information. International journal of medical informatics, 2012, 81 (6): 363-373.

ALLCOTT H, BRAGHIERI L, EICHMEYER S, et al. The welfare effects of social media. American economic review, 2020, 110 (3): 629-76.

BAUMAN Z. Does the richness of the few benefit us all?. Cambridge: Polity Press, 2013.

BENDER J L, RADHAKRISHNAN A, DIORIO C, et al. Can pain be managed through the internet?: A systematic review of randomized controlled trials. Pain, 2011, 152 (8): 1740-1750.

BONFADELL I, HEIN Z. The Internet and knowledge gaps: A theoretical and empirical investigation. European journal of communication. 2002, 17: 65-84.

BULMAN G, FAIRLIE R W. Technology and education: Computers, software, and the internet. Handbook of the economics of education, 2016: 239-280.

DIMAGGIO P, HARGITTAI E, CELESTE C, et al. Digital inequality: From unequal access to differentiated use//Social inequality. New York: Russell Sage Foundation, 2004: 355-400.

ESHET-ALKALAI Y. Digital literacy: A conceptual framework for survival skills in the digital era. Journal of educational multimedia and hypermedia, 2004, 13(1): 93-106.

ESHET-ALKALAI Y. Thinking in the digital era: A revised model for digital literacy. Issues in informing science and information technology, 2012, 9(2): 267-276.

GREATZ G, MICHEALS G. Is modern technology responsible for jobless recoveries?. American economic review, 2017, 107(5): 168-173.

GEORGE B, FAIRLIE R W. Technology and education: Computers, software, and the internet. Handbook of the economics of education, 2015.

GILSTER P. Digital literacy. New York: Wiley Computer Pub, 1997.

GRACIA E, HERRERO J. Internet use and self-rated health among older people: A national survey. Journal of medical internet research, 2009, 11(4): e1311.

HAN J, ZHAO X. Impact of internet use on multi-dimensional health: An empirical study based on CGSS 2017 data. Frontiers in public health, 2021, 9.

HEPPELL S. Digital divide. The educational supplement, 1989-11-24(57).

HONG S H. The recent growth of the internet and changes in household-level demand for entertainment. Information economics and policy, 2007, 19(3-4): 304-318.

HONG Y A, ZHOU Z, FANG Y, et al. The digital divide and health disparities in China: Evidence from a national survey and policy implications. Journal of medical internet research, 2017, 19(9): e7786.

LAZARSFELD P F. Radio and the printed page. New York: Duell, Sloan, and Pearce, 1940.

LAW N, WOO D, WONG G. A global framework of reference on digital literacy skills for indicator. UNESCO, 2018.

LIPSET S M. Some social requisites of democracy: Economic development and political legitimacy. The American political science review, 1959, 53(1): 69-105.

LIPSET S M, BENDIX R. Social mobility in industrial society. New York: Routledge, 2018.

LORDAN G, NEUMARK D. People versus machines: The impact of minimum wages on automatable jobs. Labour economics, 2018(52): 40-53.

MANO R S. Social media and online health services: A health empowerment perspective to online health information. Computers in human behavior, 2014, 39: 404-412.

MARTIN A, GRUDZIECKI J. DigEuLit: Concepts and tools for digital literacy development.

Innovation in teaching and learning in information and computer sciences, 2006, 5(4): 249-267.

SALEMINK K, STRIJKER D, BOSWORTH G. Rural development in the digital age: A systematic literature review on unequal ICT availability, adoption, and use in rural areas. Journal of rural studies, 2017(54): 360-371.

SZABO A, ALLEN J, STEPHENS C, et al. Longitudinal analysis of the relationship between purposes of internet use and well-being among older adults. The gerontologist, 2019, 59(1): 58-68.

TICHENOR P J, DONOHUE G A, OLIEN C N. Mass media flow and differential growth in knowledge. Public opinion quarterly, 1970, 34(2): 159-170.

VISWANATH K. Cyberinfrastructure: An extraordinary opportunity to bridge health and communication inequalities?. American journal of preventive medicine, 2011, 40(5): S245-S248.

VU K, HANAFIZADEH P, BOHLIN E. ICT as a driver of economic growth: A survey of the literature and directions for future research. Telecommunications policy, 2020, 44(2): 101922.

WANG J, LIANG C Y, LI K. Impact of internet use on elderly health: Empirical study based on Chinese general social survey(CGSS) Data. Healthcare(Basel). 2020, 12, 8(4): 482.

第五编

研究数据

第二十五章 ｜ 社会不平等研究的数据[*]

叶 华

（中山大学社会学与人类学学院）

第一节 数据对社会不平等研究的重要性

量化方法是社会不平等研究的重要方法。在社会分层领域，虽然不乏有影响力的质性研究，如《不平等的童年》（拉鲁，2018），但社会分层比较研究的发展，无不与新数据的搜集以及新统计分析技术的发展密切相关（Ganzeboom et al., 1991; Treiman & Ganzeboom, 2000）。在收入和流动领域，社会学对职业流动的研究与经济学对收入流动的研究虽然有不同的理论基础，但在研究技术上有不少共通之处，并长期进行对话，这些领域的研究也主要以量化研究为主。

我国社会不平等研究的发展，与社会调查数据的搜集也密切相关（Bian, 2002; Walder, 1989）。早期的社会调查数据大多就某一特定研究问题进行，这些研究问题与社会不平等不一定有直接关系。自20世纪80年代末开始的市场转型争论后，对市场转型争论的检验成为数据使用的一个方向，而该争论的核心议题就是不平等机制变迁与否的问题。1996年，时任香港科技大学社会科学部主任的魏昂德和加州大学洛杉矶分校的唐启明共同主持了"社会结构与社会

---

[*] 本章系国家社会科学基金一般项目"生育率下降背景下的教育分流与青年就业研究"（项目批准号：23BSH055）的阶段性成果。首发于《南方人口》第38卷第2期，收入本书时作者进行了修改。

现代化"（Life Histories and Social Change in Contemporary China）调查。这项全国性抽样社会调查成为后续全国性调查的一个参考模板，在实施这项调查的过程中，我国社会调查的人才成长了起来。在可用数据增加的背景下，社会分层与社会不平等作为社会学研究的核心课题开始蓬勃发展。进入21世纪，全国性的调查逐渐增多，抽样方法也更加严谨，甚至开始出现针对教育过程这一不平等研究重要领域的专门数据。

除了全国性调查，我国部分研究机构也开始搜集地区性数据，又或者在全国性调查中设计单独的地区抽样框以保证地区子样本的独立代表性。全国性调查能够反映全国的整体状况，但我国地区差异很大，难以根据对全国数据的分析来判断特定地区的状况，这也使得对地区性数据的搜集在近年来兴起。高质量数据的积累，为在迅速变化的中国社会记录不平等现象的变化提供了良好的条件。

第二节 现有社会不平等研究的数据类型及其特点

我国现有社会调查数据大致可以分为三种类型，即横截面调查数据、跟踪调查数据和轮换样本调查数据，它们有不同的特点，适用于社会不平等研究的不同方面。

一、横截面调查数据

在研究中我们最常接触到的数据类型往往是横截面调查数据（cross-sectional data）。横截面调查数据又可以细分为只进行了单次调查的单次横截面调查数据和进行了多次调查的重复横截面调查数据。周雪光在1994年搜集的"城市居民生活就业情况调查"（The State & Life Chances in Urban China, 1949—1994）数据是调查时间较早、影响力较大的单次横截面调查数据。他利用该数据研究了我国的教育分层（Zhou et al., 1998）、工作流动（Zhou et al., 1997）、"上山下乡"的影响（Zhou & Hou, 1999）等。另一项调查时间较早、影响力很大的数据是魏昂德和唐启明在 1996 年共同主持的"社会结构与社会现代化调查"。在早年进行的社会调查中，该数据是极少数搜集了被访者的教育史、工作史和户籍类型变动信息的数据，因此被研究者用于分析户籍类型对代际社会流动的影响（Wu & Treiman, 2007）、教育获得对专业技术精英地位获得的影响（Walder et al., 2000）等。

与单次横截面调查数据相比，重复横截面调查（repeated cross-sectional surveys）的每期数据都能够推论该时点上的人口、社会特征，并且由于采用了相同或相似的抽样框进行抽样，因此具有更强的可比性，适合用于分析社会变迁。社会学领域使用较多的重复横截面调查包括由中国人民大学中国调查与数据中心实施的"中国综合社会调查"（Chinese General Social Survey, CGSS）（Bian & Li, 2012），和由中国社会科学院社会学研究所组织实施的"中国社会状况综合调查"（Chinese Social Survey, CSS）。

中国综合社会调查在 2003 年启动，是我国最早的全国性、综合性、连续性学术调查项目，覆盖了我国的所有省级行政单位[①]（不含港澳台地区），搜集了社区、家庭、个人多个层次的数据。2003 年的第一期调查只调查了城镇地区，之后的各期调查都覆盖了城镇和农村地区。研究者们利用该调查项目的数据产生了大量成果，例如叶华和吴晓刚（2011）利用 2006 年的 CGSS 数据分析了 20 世纪 70 年代开始的"晚、稀、少"运动和计划生育政策所推动的生育率下降对男女教育获得平等化的影响。十年后，为了给学界提供一个研究社会变迁的工具，该项目在 2013 年调查问卷中加入了一个十年回顾模块（问卷中的模块 B），使用了 2003 年调查问卷中的部分问题和测量（但并非完全相同），后续年份的问卷设计也采取了相似的方式。虽然仅有两个时间点的数据仍难以排除抽样误差的影响（菲尔鲍，2012），但这种设计无疑为研究社会变迁提供了很大的方便。例如许琪等人（2020）利用 2005 年和 2015 年 CGSS 中关于机会公平和结果公平的十年回顾模块，研究了我国民众这十年间机会公平感和结果公平感的变迁，以及市场化程度对两种公平感变化的影响。

此外，中国综合社会调查项目组是"东亚社会调查"（East Asian Social Survey，

[①] "中国综合社会调查"项目在三个时期实施了不同的抽样方案，详见 http://cgss.ruc.edu.cn/xmwd/cysj.htm。

EASS）计划、"国际社会调查项目"（International Social Survey Programme，ISSP）的成员，已经完成了 EASS 和 ISSP 的多次主题调查，因此 CGSS 相应年份的数据也可以用于国际比较研究。例如张春泥、史海钧（2019）利用 2012 年 ISSP 中的"家庭与性别角色变迁"专项子数据库，分析了包括我国在内的 39 个国家或地区的性别平等环境、性别观念转变、减少工作时间、改善家庭分工等对工作-家庭冲突的影响。袁佳黎等人（2022）利用 2006 年和 2017 年 CGSS 十年回顾中"东亚社会调查项目"的双元孝道和代际交换相关题目，虽然没有进行跨国比较，但分析了我国青年群体孝道观念、代际支持和赡养行为的变化。

CSS 自 2005 年开始实施，采用概率抽样方法覆盖了全国 31 个省级行政区，对年满 18~69 周岁的住户人口进行入户访问，重点调查我国居民的劳动就业、家庭和社会生活、社会态度等方面的信息。研究者们使用该数据对不同的社会分层现象进行了研究，例如秦广强、张美玲（2019）利用 2015 年 CSS 数据分析了我国中产阶层的多元构成及其多维政治取向。

除了上述社会学领域使用较多的综合调查数据外，"中国家庭收入调查"（Chinese Household Income Project，CHIP）是经济学领域使用较多的重复横截面调查数据，该数据搜集了被访户详细的收入和支出信息，适合研究收入和消费的相关问题。社会学研究者也使用该数据研究了地区间教育回报的差异和变化（Hauser & Xie，2005）、性别间收入差异的变化（Shu & Bian，2003）等。

我国现阶段大多数适用于社会不平等研究的重复横截面调查面对的都是一般人口，调查涉及的内容也比较广，较少针对性的调查。从这个角度看，经济合作与发展组织每三年对其成员国进行的"国际学生能力评估项目"（Programme for International Student Assessment，PISA）是从教育领域研究社会不平等的重要数据资源。该调查始于 2000 年，测试对象是 15、16 岁的学生，测试项目包括阅读、数学和科学。[1] 我国虽然不是 OECD 成员国，但自 2009 年以来参与了该调查[2]，而我国香港地区、澳门地区和台湾地区分别自 2000 年、

---

[1] 对 PISA 数据的介绍详见：https://www.oecd.org/pisa/。
[2] 2009 年和 2012 年，上海参与了 PISA；2015 年，上海、北京、江苏和广东四个省级行政区参与了 PISA；2018 年，上海、北京、江苏和浙江四个省级行政区参与了 PISA。

2003年和2006年以来参与了该调查，因此该数据为我国不同地区之间的比较以及与其他国家的比较提供了重要的材料。如侯利明（2020）利用2015年的PISA数据研究了教育系统的分流模式对教育不平等的影响，并进行了国际比较。

人口普查和抽样调查是人口学领域使用最多的重复横截面调查（Wu & He, 2015），人口学研究者利用这些数据分析了我国人口的迁移、生育率的变化等。虽然人口普查和抽样调查问卷的内容明显比社会调查涉及的内容少，但其优点是样本量大，可以对细分的群体进行研究。例如，在一般的社会调查数据中，我们很难找到足够多的在1999年高等教育扩招前后面临高考的样本，因此难以研究家庭背景对获得高等教育机会的影响在扩招前后有没有发生变化，李春玲（2010）则利用2005年1%的人口抽样调查数据，通过区分1975—1979年出生（因而更可能在扩招前参加高考）和1980—1985年出生（因而更可能在扩招后参加高考）这两个队列，分析了家庭背景对获得高等教育机会的影响在扩招前后是否发生了变化。

二、跟踪调查数据

与横截面调查不同，跟踪调查通常追踪同一批人随时间的变化。我国社会科学领域的跟踪调查数据（panel data）既有一般性的，也有针对专门领域的。"中国家庭追踪调查"（China Family Panel Studies，CFPS）是一般性跟踪调查数据的代表，该调查由北京大学中国社会科学调查中心在2010年开始进行基线调查，调查对象为样本家庭户中的全部家庭成员，并以所有基线家庭成员及其之后的血缘/领养子女作为调查的基因成员进行持续追踪（Xie & Hu, 2014）。由于跟踪调查对相同的人进行了多次测量，因而很适合研究职业流动等社会分层话题，例如周扬、谢宇（2019）利用2010年和2012年的CFPS数据分析了体制二元分割下的工作流动及其收入效应。值得指出的是，CFPS除了整体是一个全国代表性数据外，数据中的上海、辽宁、河南、甘肃和广东子样本都由独立子样本框抽取，因此这五个省级行政区的子样本本身具有省级代表性。

面对老龄化，我国社会科学界也开始了数项针对养老、退休和健康的跟踪调查，这些调查可以用于研究人们的社会经济背景如何影响其健康状态，如"中国健康与养老追踪调查""中国老年社会追踪调查""中国老年人健康长寿影响因素调查"等。"中国健康与养老追踪调查"（China Health and Retirement Longitudinal Study，CHARLS）由北京大学国家发展研究院主持，北京大学中国社会科学调查中心与北京大学团委共同执行，该调查于2011年在全国进行基线调查，涵盖了我国年龄在45岁及以上的中老年人家庭和个人。对该数据的很多研究集中于中老年人的健康状态，例如高明华（2020）利用CHARLS的2011年基线数据和2014年生命历程数据，研究了身体暴力、童年迁移、母亲精神健康和父亲身体健康这四种早期社会心理风险对老年人健康的因果性影响。

"中国老年社会追踪调查"（China Longitudinal Aging Social Survey，CLASS）由中国人民大学中国调查与数据中心组织实施，于2014年开展全国范围的基线调查，搜集了家庭户中随机抽取的一位60岁以上老人的信息，之后每两年追踪一次。许琪（2017）通过分析CLASS的2012年试调查数据发现，父母对子女的帮助（特别是小孩照料）对是否能够得到子女赡养和赡养的水平均有显著影响，且其影响有城乡差异。陶涛等人（2021）利用2018年的CLASS数据，研究了我国多子女家庭中子女对父母养老的经济支持和家务支持在性别和排行上的分工。

"中国老年人健康长寿影响因素调查"（The Chinese Longitudinal Healthy Longevity Survey，CLHLS）由北京大学健康老龄与发展研究中心、国家发展研究院组织，于1998年进行基线调查，调查对象为65岁及以上老年人和35~64岁成年子女，其调查问卷分为存活被访者问卷和死亡老人家属问卷两种。童玉芬、廖宇航（2017）利用2014年的CLHLS数据，研究了退休老年人的健康状况对其劳动参与的影响，并分析了健康对劳动参与影响的城乡、性别和年龄差异。

与健康有关的跟踪调查数据还有由美国北卡罗来纳大学人口研究中心、美国国家营养与食物安全研究所和中国疾病预防控制中心合作开展的"中国健康与营养调查"（China Health & Nutrition Survey，CHNS）。该调查自1989年开始实施，虽然每期调查只涵盖约九个省级行政区，但开展时间早，且搜集了营养摄入和健康相关的丰富信息，旨在研究我国社会经济的转变如何影响人口健康和营养状况。於嘉和谢宇（2014）利用CHNS的1993年、1997年、2000年、2004年和2006年数据，研究了生育对女性工资的影响，及其影响在不同教育水平、不同职业、不同工作部门的差异。

教育是社会不平等研究的一个重要关注点。由中国人民大学中国调查与数据中心设计与实施的"中国教育追踪调查"（China Education Panel Survey, CEPS）以2013—2014学年为基线，以初中一年级（七年级）和初中三年级（九年级）两个同期群为调查起点，在全国范围内抽取了112所学校、438个班级，对入样班级的全体学生、被调查学生的家长或监护人、班主任老师、主课任课老师以及学校负责人进行问卷调查，为教育分层研究提供了丰富的材料。例如谢桂华和刘昕毓（2021）利用CEPS2013—2014学年七年级学生样本以及之后的两轮追访数据，研究了学生和家长对性别角色的刻板认知对男女生的数学能力的影响。

另一项教育追踪调查"首都大学生成长追踪调查"由中国人民大学冯仕政教授和当时在香港科技大学任教的吴晓刚教授组织，在2009年开展了第一次调查，其调查总体为北京市行政范围内所有教育部直属、其他部委或北京市所属大学中全日制一年级和三年级本科生，即于2006和2008秋季入学的本科生。该项目在2009年至2013年共进行了5次调查。李骏（2016）分析了首都大学生成长追踪调查中2006级学生在2011年和2012年的就业情况，发现同为高学历劳动者，城镇户籍出身比农村户籍出身的毕业生在工作收入和就业质量上更有相对优势，且这种优势随时间而扩大，原因部分在于城镇户籍出身的毕业生在初期工作上欠缺晋升机会和发生过度教育的可能性都比农村户籍出身者更低。

对社会不平等的研究中，研究者往往更多分析收入不平等，对财富不平等的研究则较少，原因是财富信息的敏感性使得其在调查中比收入信息更难获得。西南财经大学中国家庭金融调查与研究中心开展的"中国家庭金融调查"（China Household Finance Survey），是搜集居民家庭金融信息的一项重要尝试。该项目在全国范围内进行抽样调查，在样本家庭中搜集了住房资产与金融财富、负债与信贷约束、收入与消费、社会保障与保险、代际转移支付、人口特征与就业以及支付习惯等信息，为财富不平等的研究提供了丰富的材料。何欣和路晓蒙（2019）对2013年至2017年中国家庭金融调查数据的分析发现，住房公积金显著提升了参与者的住房需求，尤其是增强了低收入参与者的购房意愿，虽然加剧了公积金制度参与者与非参与者之间的住房不平等，但降低了参与者之间的住房不平等。

上述跟踪调查都以样本的全国代表性为目标，有覆盖面广的优点，但由于我国各地差异很大，而大部分调查在省级行政区的子样本都没有独立代表性，因此在刻画地区状况时存在困难。与此同时，研究者们也开始关注地区具体的社会经济环境对人们社会不平等后果的影响，地区层面的调查开始兴起。现任职于上海纽约大学的吴晓刚教授曾在香港科技大学应用社会经济研究中心开展了"香港社会动态追踪调查"（Hong Kong Panel Study of Social Dynamics，HKPSSD），该调查自2011年开始实施，以香港特区政府统计处的屋宇单位框为抽样框，抽取了香港地区具有代表性的家庭和个人，搜集的信息包括家庭住房、经济活动、消费活动，以及家庭成员的教育、婚姻、生育、就业、健康、日常社会活动、心理状态及社会态度等（吴晓刚，2014）。该调查在2011年、2013年、2015年进行了三期调查，还在2014年新增了样本，为研究香港地区提供了重要的微观数据。张卓妮和叶华（Zhang & Ye，2018）利用2010年的CFPS中具有独立代表性的广东子样本和2011年的HKPSSD数据，将从广东到香港地区的移民与留在广东以及香港地区本地的同龄人进行比较，分析了迁移方式与迁移年龄对三者职业获得的影响（Zhang & Ye，2018）。

上海大学数据科学与都市研究中心在我国另一个大都市上海，也开展了一项跟踪调查。"上海都市社区调查"（Shanghai Urban Neighborhood Survey，SUNS）使用多阶段分层PPS概率抽样，覆盖了上海市的所有区，在社区、家庭和个人三个层面都搜集了数据。该调查侧重于大都市的社会治理与社会生活，尤其是空间结构和社会环境对个人和家庭生活的影响。地区数据的搜集，为我国不同地区之间的比较提供了机会。例如，李骏（2018）利用2017年的上海都市社区调查、2012年的中国劳动力动态调查和2011年的香港社会动态追踪调查数据，比较了我国内地和香港地区的非稳定就业分布和劳动力市场分割程度的差异。

早在1999年，我国台湾地区的"中央研究院"就开展了"家庭动态调查"（Panel Study of Family Dynamics，PSFD），该调查采用分层多阶段抽样方法，在各层使用PPS等距抽样法逐步抽取台湾地区乡镇市区、村/里、个人，对访问对象进行追踪访问，并视样本损失增补样本。① 截至 2020 年，该调查已经完成了 18 期。值得指出的是，自 2004 年起，该调查与中国社会科学院人口与劳动经济研究所合作，以我国台湾地区的问卷为蓝本，将调查范围扩展至上海、浙江和福建三个省级行政区，截至 2019 年已完成了六期追踪调查。研究者们利用该数据研究了我国不同地区家庭决策的特点和差异。例如，於嘉和谢宇利用该数据研究了我国台湾地区、内地城市和农村的女性在家务劳动时间上的"性别表演"（gender display）现象及其差异（Yu & Xie，2011）。马森和温芳琪利用其中的上海、浙江和福建样本，研究了这三个省级行政区父母在多个子女中选择同住的理性过程（Ma & Wen，2016）。

三、轮换样本调查数据

除了上述（重复）横截面调查数据和跟踪调查数据，轮换样本调查数据（rotating panel data）也是社会科学领域常见的数据类型。轮换样本调查一般定期随机更换部分样本，具有跟踪调查和重复横截面调查的一些特点：因为它追踪了一部分样本，所以有跟踪调查的优点，能研究一批人随时间的变化；此外，由于它随机更换了一部分样本，所以它也有重复横截面调查的优点，能在相当程度上反映社会变迁。当然，轮换样本调查数据也有缺点：由于它跟踪同一批人的时间相对一般跟踪调查来说较短，对某些因变量（例如职业、健康状态、婚姻状态等）来说，可能没有足够的时间发生变化，因此我们可能难以分析影响这些因变量变化的因素。

由中山大学社会科学调查中心实施的"中国劳动力动态调查"（China Labor-force Dynamics Survey，CLDS）是一项全国性的轮换样本调查，它每两年进行一次调查，使用多阶段、分层、与劳动力规模成比例的概率抽样方法，涵盖了全国 29 个省市自治区（港澳台地区、西藏、海南除外）15 岁及以上的劳动人口。该调查在 2012 年实施时已经有一个完整的抽样框，该抽样框被随机分成四等分，2012 年的初次调查为积累经验，只使用了其中的三等分，2014 年的调查使用了全部四等分抽样框，之后自 2016 年开始每两年随机更换 25% 的

---

① 对"家庭动态调查"的详细介绍，见 https://psfd.sinica.edu.tw/。

样本。新加入的样本从全国概率抽样中获得，因此该调查既能代表各调查时点的横截面状况，又有跟踪调查的特征，能追踪一批人最多六年时间。研究者们用该数据研究了职业对健康的影响（梁童心等，2019）、职业流动对收入和工作满意度的影响（蔡禾、张东，2016）等。

第三节 社会不平等经典研究对数据的要求

我国的社会调查发展迅速，并且已经积累起一定数量的调查数据，但作为社会分层的研究者，需要注意并非所有现有数据都适用于社会不平等各个领域的研究，因为部分研究领域对数据有特定要求，研究者需要仔细筛选，以下以社会不平等的几项经典研究为例。

一、数据中子女与父母关系能否匹配，影响家庭背景信息的提取

在社会不平等研究中，地位获得研究和社会流动研究一直都是国际比较研究的重点（Ganzeboom et al., 1991）。无论是地位获得研究还是社会流动研究，都不仅需要被访者的职业或教育信息，还需要被访者父（母）亲的背景信息，以分析父代背景对子代成就的影响。在现有调查数据中，有部分数据以家户为最终抽样单位，家户中的所有人都进入个体样本，且在个体数据中没有提供被访者父母的信息或户内编码，导致难以匹配子女与父母。在这种情况下，即使个体问卷询问了被访者与户主的关系，如果被访者并非户主的父母或孩子，我们就难以确定户内的哪个人是他们的父母或子女，导致父（母）亲的背景信息无法从问卷中提取。

具有上述特点的数据，主要是人口普查和抽样调查数据，也包括利用人口普查抽样框获得的 CHIP 数据等。使用这类数据研究地位获得或社会流动时，往往需要剔除无法匹配父母信息的样本，但这么做有可能导致分析样本有偏（杨舸、王广州，2011）。

二、工作流动研究需要有被访者前后从事的至少两份工作的信息

除了代际社会流动研究，社会分层研究者还关心代内社会流动研究，也称工作流动（career mobility）研究。人们在不同工作组织之间的流动，可以反映体制内外经济机会的相对变化、市场化的影响等（Li，2013；Zhou et al.，1997），而人们在相同经济组织内部的晋升和离职，则能反映精英筛选机制（Walder et al.，2000）、市场化对女性工作流动的影响等（Cao & Hu，2007）。

研究工作流动的一个前提是调查数据搜集了被访者不同时点上的工作信息，最理想的是以工作史的形式搜集数据，而询问被访者在重要历史时期的工作状态也不失为一种次优的方案，但无奈这两种数据搜集方式都比较耗时耗力，且对被访者和访问员的要求较高，因此只有少数社会调查搜集了被访者在多个时点的工作信息。退而求其次，如果调查数据搜集了被访者至少两个时点上的工作信息，那么虽然也可以用于研究工作流动，但由于不同被访者工作所覆盖的历史时期不同，分析时可能会有较大误差。

跟踪调查数据的出现使得人们的工作流动信息也得以被记录，但可能需要较大的样本量或较长时间才能积累出足够的数据量供研究者分析，例如周扬、谢宇（2019）利用2010年和2012年的CFPS数据对工作流动及其收入效应的研究。此外，若要分析过去我国社会经济变化在工作变动领域的反映，则不能靠"面向未来"的跟踪调查，除非这些调查对被访者经历进行了回溯性询问。

三、户籍出身和变动信息搜集与否，影响了社会不平等研究的发现

要想使社会不平等研究的发现服务于我国改善社会公平的进程，就离不开对我国特有制度的分析。对这些特有的制度进行分析时，显然不能简单复制国外的社会调查，而要针对性地开展。

从1996年的"社会结构与社会现代化调查"开始,研究者在设计问卷时就考虑到了我国的户籍制度对社会分层的影响,并将被访者的户籍出身和户籍转换纳入问卷设计中,由此产生了许多重要的成果。早年因为从事社会调查的机构、研究者和经费都非常有限,所以研究者们往往只在一个城市进行调查。对这些数据进行的分析发现,我国代际职业关联较小,代际职业流动机会较大(Blau & Ruan,1990; Lin & Bian,1991)。后续的研究则发现,仅用城镇样本分析代际职业流动存在很大问题:因为户籍制度的限制,农业户籍居民大多只能通过考上中专或以上教育水平的学校而获得非农户籍,从而在城市中获得非农职业,否则难以离开农村地区、获得非农职业。调查时点上的城镇居民实际上有两部分人,一部分是非农户籍出身的城镇居民,另一部分是出身于农业户籍、通过教育"农转非"的农村居民的孩子。由于出身于农业户籍的居民在人口中占比相对较大,虽然他们获得中专以上教育机会的可能性不大,但由此而实现了"农转非"的绝对数量也较多,这使得后者在上述城镇居民中占有一定比例。对这些实现了"农转非"的农村居民的孩子来说,由于他们的教育水平较高,因此在城市获得的工作很可能是白领工作,而他们的父代很可能是农民。这种长距离的代际职业流动稀释了城镇中的代际职业关联,使得仅用城镇样本无法完整展示我国代际职业关联的全貌(Wu & Treiman,2007)。

上述研究使得研究者们更加重视户籍制度对教育获得、职业获得的影响,也让研究者们认识到在调查中同时获得城乡样本、询问被访者户籍出身和户籍转换的重要性,但并非所有调查都提供了这些信息。

四、婚姻匹配研究需要夫妻双方的信息

除了代际职业流动,研究社会开放性的另一个重要角度是婚姻匹配,即结为夫妻的双方分别有怎样的特征。如果夫妻双方在社会背景、教育、民族、宗教信仰等方面的特征总是相似的,就意味着在该社会在最亲密关系的形成上存在这些方面的隔阂,这不仅影响了夫妻在资源和社会关系上的积累,还会影响下一代的成长环境和机会结构。

对婚姻匹配的研究,要求至少有夫妻双方的信息。由于部分调查在入户

后并不访问所有住户,而是在户内抽取合资格的被访者进行访问,如果调查问卷没有直接询问被访者配偶的信息,我们就无法使用这类调查数据研究婚姻匹配。已有研究发现,影响婚姻匹配的因素除男女双方的教育(李煜,2008)、年龄(Mu & Xie, 2014)、工作单位和户籍(於嘉、谢宇,2013)外,甚至受到男女双方父母的影响(Hu, 2016)。在一般的社会调查中,搜集被访者配偶的信息已经比较难得,进一步搜集夫妻双方父母信息的调查则更少见。

严格来说,我们利用被访者及其配偶信息所研究的是当下婚姻的匹配,与初婚的婚姻匹配有可能存在差别,而在社会调查中询问再婚或离婚的被访者其初婚配偶的信息则更为困难。在针对婚姻状态变化、婚姻匹配影响因素的研究中,跟踪调查数据是一个很好的资源,但要想在调查期间观察到足够多的样本进入婚姻或者再婚,无疑需要时间积累。

五、生源地对研究高等教育升学很重要,但大多数数据都缺少该信息

对我国教育不平等的研究产生了丰富的成果,我们对家庭背景和结构、性别,甚至基层政府投资如何影响了人们的教育获得,都已经有了大量研究发现。然而,对地区教育不平等的研究主要集中在城乡差别,对不同省份之间教育差距的研究则不多。我国各地在基础教育和中等教育设施上存在明显差别,使得各地的教育质量不同,这也是对我国教育领域发展不平衡不充分的一个反映。对解决地区教育不平等问题提出针对性的政策,需要坚实的数据作为支撑。在高等教育领域,各省的高校数量、招生规模很大程度上影响了各省的高考分数线和各省考生入读大学的资格。对于这一人们关心的现象的分析,社会不平等研究并没有给出多少研究发现。

地区教育不平等研究的不足,很大程度上受到数据搜集的影响。在我国现有社会调查数据中,很少会询问被访者基础教育或中等教育阶段就读学校所在的省份,询问被访者户籍出身省份的调查则更少。究其原因,在于我国省份众多,如果要研究生源地对学生教育获得的影响,不仅要搜集生源地信息,还要求有足够大的样本。

第四节　社会不平等研究在数据使用上的创新

一、利用重复横截面调查数据研究社会变迁

横截面调查数据能够推论调查时点上的人口、社会特征，而同一机构进行的重复横截面调查由于抽样抽样方法和实施过程的相对一致性，研究者将其数据合并后可以用于分析社会变迁。[①]

利用重复横截面数据研究社会变迁，一般有三种不同的研究取向（菲尔鲍，2012）：一是研究社会总体趋势的变化，例如教育获得、职业分布等随时间的变化；二是将总体趋势的变化分解为年龄效应、时期效应和出生组效应；三是研究个人层面变量关系的变化，例如研究教育回报随时间的变化（Ye，2021）。为了保证分析中所发现的变化反映了社会变迁，或者其由社会变迁引起，而不是调查数据在抽样或者数据搜集上的差异所导致，一般要求用同一个系列的调查数据进行分析。如果受条件限制需要使用多于一个系列的调查数据，也建议保证不同系列的调查之间在抽样和数据搜集上尽可能可比，并且不同系列的调查数据在覆盖年份上尽可能有重叠，这样就可以检验和控制数据之间的差别。此外，利用重复调查数据描述和推测社会变迁的趋势，也建议用两个年份或以上的调查数据。如果只是用两年的数据，因为只有两个数据点，它们所体现的变化未必是真正的变化，而完全有可能是测量误差，多年数据所提供的多个数据点可以帮助我们避免短暂波动或测量误差的干扰，能更稳健地呈现出真正的趋势。

除了调查数据的可比性，变量的测量也很重要。使用重复调查数据，一般步骤是先仔细阅读问卷，保证分析中所使用的变量在多期调查中的测量是一致的。在某些情况下，早期的问卷和后续的问卷题目在选项上可能有差异，这时需要视情况决定是否可以合并部分选项。例如早期的调查可能没有区分大学生

[①] 关于使用不同系列的重复横截面数据的方法和注意事项，见菲尔鲍（2012），或参考 Ye（2021）。

和研究生,随着我国居民教育获得机会的增多,研究生的数量增加,在后期调查中便有必要将研究生单列,甚至区分硕士研究生和博士研究生。在这种情况下,如果对多期调查数据中的教育水平划分类别,为了保证变量测量的一致性,往往只能将后期调查中的大学生和研究生进行合并,称之为"大学或以上"教育水平。

二、借助跟踪调查数据厘清因果关系

在横截面数据中,我们一般利用统计控制的逻辑进行回归分析,也即寻找除关键因素外的、在其他可观测变量上都相同的两组研究对象,由此研究该关键因素对这两组研究对象的影响。因为社会科学的研究对象之间有内在的异质性,例如不同的人之间、组织之间都有内在的不同,所以即使两组对象在可观测变量上都相同,也不能保证他们在未能测量的变量上没有差别,也即不能保证这两组研究对象确实可比。例如我们通常在控制性别、年龄和工作单位的基础上来研究教育获得对收入的影响,但由于人与人之间有内在差异,收入的差别未必是教育获得差异导致的,而可能是未被测量到的人与人之间的智力差异、工作认真程度差异导致的。在没有有效手段测量上述差异的情况下,我们对教育回报的估计则可能会有偏误。

跟踪调查数据在一定程度上解决了这个问题。由于跟踪调查数据记录了同一个人多个时点的状态,我们可以研究在这几个时点上的状态变化对这个人的后续影响。不同人状态变化的影响的均值,就是我们所说的平均处理效应(average treatment effect)。相比于对比只在可观测变量上相同的两组人,把本人作为自己的参照对象,显然在推论上要更可靠,有助于厘清因果关系。

三、结合外部数据进行分析

我国社会科学的发展,调查数据的增多,为研究者提供了越来越丰富的材料来源。但由于各项调查有其特定的目的,例如综合类的社会调查内容涵盖面较广,但考虑到访谈时间和成本,可能在某些具体方面的测量不够细致,又或者在客观上不具备可行性,未必能提供研究者所需要的特定变量。此时,研究者需要创造性地结合外部数据和调查数据,为特定的研究提供可能。例如,梁玉成(2007)结合从统计年鉴中得到的12个社会经济指标,通过因子分析的方法获得了代表现代化的因子和代表市场化的因子,区分了现代化转型和市场转型对人们初职获得和工作流动的影响。

我们所使用的社会调查数据大多以区/县为初级抽样单位,这使得抽样时即使一个地级市内有多个区被抽中,这些被抽中的区的样本也不能代表上一级的地级市。此外,如果所需的变量容易受到异常值的影响,就要求有足够大的样本量。李骏和吴晓刚(2012)利用2005年全国1%人口抽样调查微观数据中的个人收入信息,计算了同一地级市行政辖区内居民收入的基尼系数,由此研究在控制了实际的不平等后,人们公平观的影响因素。

第五节 结 语

社会不平等研究的发展,离不开对社会调查数据的搜集和分析。我国的大型社会调查数据从无到有,从少到多,从针对一般性话题,到针对专门研究领域,从横截面调查数据,到跟踪调查数据和轮换样本调查数据,经历了迅猛发展的过程。研究者们也根据不同数据的特点,探索和分析了社会不平等研究的众多话题,产生了丰富的成果。我国社会的快速变化,既为研究者们的研究提供了机会,也对研究者准确把握社会变迁和分析新现象提出了挑战。在这个过程中,更好地搜集数据以反映我国的变化,挖掘新的数据以研究过去未能分析的不平等现象,以及创新性地利用已有数据,将为我们更深入地研究社会不平等提供更多可能。

参考文献:

拉鲁.不平等的童年:阶级、种族与家庭生活:第2版.宋爽,张旭,译.北京:北京大学出版社,2018.

蔡禾,张东.中国城镇劳动力市场中的职业流动及收益:基于CLDS2012年和CLDS2014年数据的实证研究.江海学刊,2016(3):94-102.

菲尔鲍.分析重复调查数据.叶华,译.上海:格致出版社,2012.

高明华. 早期社会心理风险对健康的影响效应：基于中国健康与养老追踪调查数据. 中国社会科学, 2020（9）：93-116, 206.

何欣, 路晓蒙. 公积金制度加剧了中国住房不平等吗？. 社会保障研究, 2019（2）：69-82.

侯利明. 教育系统的分流模式与教育不平等：基于 PISA 2015 数据的国际比较. 社会学研究, 2020, 35（6）：186-211, 245-246.

李春玲. 高等教育扩张与教育机会不平等：高校扩招的平等化效应考查. 社会学研究, 2010, 25（3）：82-113, 244.

李骏. 城乡出身与累积优势：对高学历劳动者的一项追踪研究. 社会学研究, 2016, 31（2）：57-81, 242.

李骏. 非稳定就业与劳动力市场分割：对内地与香港的比较研究. 社会学研究, 2018, 33（5）：164-190, 245.

李骏, 吴晓刚. 收入不平等与公平分配：对转型时期中国城镇居民公平观的一项实证分析. 中国社会科学, 2012（3）：114-128, 207.

李煜. 婚姻的教育匹配：50 年来的变迁. 中国人口科学, 2008（3）：73-79, 96.

梁童心, 齐亚强, 叶华. 职业是如何影响健康的？：基于 2012 年中国劳动力动态调查的实证研究. 社会学研究, 2019, 34（4）：193-217, 246.

梁玉成. 现代化转型与市场转型混合效应的分解：市场转型研究的年龄、时期和世代效应模型. 社会学研究, 2007（4）：93-117, 244.

秦广强, 张美玲. "类聚群分"：当代中国中产阶层的多元构成及其多维政治取向. 社会, 2019, 39（2）：107-132.

陶涛, 刘雯莉, 李婷. 长幼有序，男女有别：个体化进程中的中国家庭养老支持分工. 社会学研究, 2021, 36（5）：25-46, 226-227.

童玉芬, 廖宇航. 健康状况对中国老年人劳动参与决策的影响. 中国人口科学, 2017（6）：105-116, 128.

吴晓刚. 香港社会动态追踪调查：设计理念与初步发现. 港澳研究, 2014（4）：62-73, 95-96.

谢桂华, 刘昕毓. 数学的性别：性别观念对初中生数学水平的影响. 社会学研究, 2021, 36（4）：201-224, 230.

许琪. 扶上马再送一程：父母的帮助及其对子女赡养行为的影响. 社会, 2017, 37（2）：216-240.

许琪, 贺光烨, 胡洁. 市场化与中国民众社会公平感的变迁：2005—2015. 社会, 2020, 40（3）：88-116.

杨舸, 王广州. 户内人口匹配数据的误用与改进：兼与《高等教育扩张与教育机会平等》

一文商榷.社会学研究,2011,26(3):33-53,243.

叶华,吴晓刚.生育率下降与中国男女教育的平等化趋势.社会学研究,2011,26(5):153-177,245.

於嘉,谢宇.社会变迁与初婚影响因素的变化.社会学研究,2013,28(4):1-25,242.

於嘉,谢宇.生育对我国女性工资率的影响.人口研究,2014,38(1):18-29.

袁佳黎,刘飞,张文宏.孝道观念、代际支持与青年群体赡养行为的变迁:2006—2017.中国青年研究,2022(1):93-103.

张春泥,史海钧.性别观念、性别情境与两性的工作—家庭冲突:来自跨国数据的经验证据.妇女研究论丛,2019(3):26-41.

周扬,谢宇.二元分割体制下城镇劳动力市场中的工作流动及其收入效应.社会,2019,39(4):186-209.

BIAN Y J. Chinese social stratification and social mobility. Annual review of sociology, 2002, 28: 91-116.

BIAN Y J, LI L L. The Chinese general social survey (2003-8) sample designs and data evaluation. Chinese sociological review, 2012, 45 (1): 70-97.

BLAU P, RUAN D. Inequality of opportunity in urban China and America. Research in social stratification and mobility, 1990, 9: 3-32.

CAO Y, HU C Y. Gender and job mobility in postsocialist China: A longitudinal study of job changes in six coastal cities. Social forces, 2007, 85 (4): 1535-1560.

GANZEBOOM H B G, TREIMAN D J, ULTEE W C. Comparative intergenerational stratification research: Three generations and beyond. Annual review of sociology, 1991, 17: 277-302.

HAUSER S M, XIE Y. Temporal and regional variation in earnings inequality: Urban China in transition between 1988 and 1995. Social science research, 2005, 34 (1): 44-79.

HU Y. Marriage of matching doors: Marital sorting on parental background in China. Demographic research, 2016, 35: 557-580.

LI J. Job mobility in postreform urban China. Chinese sociological review, 2013, 45 (4): 81-109.

LIN N, BIAN Y J. Getting ahead in urban China. American journal of sociology, 1991, 97 (3): 657-688.

MA S, WEN F Q. Who coresides with parents?: An analysis based on sibling comparative advantage. Demography, 2016, 53 (3): 623-647.

MU Z, XIE Y. Marital age homogamy in China: A reversal of trend in the reform era?. Social science research, 2014, 44: 141-157.

SHU X L, BIAN Y J. Market transition and gender gap in earnings in urban China. Social forces, 2003, 81（4）: 1107-1145.

TREIMAN D, WALDER U A. Life histories and social change in contemporary China provisional codebook. Los Angeles: UCLA Institute for Social Science Research, 1998.

TREIMAN D J, GANZEBOOM H B G. The fourth generation of comparative stratification research. The international handbook of sociology, 2000: 122-150.

WALDER A G. Social change in post-revolution China. Annual review of sociology, 1989, 15: 405-424.

WALDER A G, LI B, TREIMAN D J. Politics and life chances in a state socialist regime: Dual career paths into the urban Chinese elite, 1949 to 1996. American sociological review, 2000, 65（2）: 191-209.

WU X, HE G. The evolution of population census undertakings in China, 1953—2010. The China review, 2015, 15（1）: 171-206.

WU X G, TREIMAN D J. Inequality and equality under Chinese socialism: The hukou system and intergenerational occupational mobility. American journal of sociology, 2007, 113（2）: 415-445.

XIE Y, HU J W. An introduction to the China family panel studies（CFPS）. Chinese sociological review, 2014, 47（1）: 3-29.

YE H. Earnings returns to tertiary education in urban China, 1988—2008. Chinese sociological review, 2021, 53（4）: 359-381.

YU J, XIE Y. The varying display of "gender display": A comparative study of Mainland China and Taiwan. Chinese sociological review, 2011, 44（2）: 5-30.

ZHANG Z N, YE H. Mode of migration, age at arrival, and occupational attainment of immigrants from Mainland China to Hong Kong. Chinese sociological review, 2018, 50（1）: 83-112.

ZHOU X, HOU L. Children of the Cultural Revolution: The state and the life course in the People's Republic of China. American sociological review, 1999, 64（1）: 12-36.

ZHOU X G, MOEN P, TUMA N B. Educational stratification in urban China: 1949-94. Sociology of education, 1998, 71（3）: 199-222.

ZHOU X G, TUMA N B, MOEN P. Institutional change and job-shift patterns in urban China, 1949 to 1994. American sociological review, 1997, 62（3）: 339-365.

图书在版编目（CIP）数据

当代中国社会分层与流动研究手册. 下 / 李路路，朱斌主编. -- 北京：中国人民大学出版社，2024.6
（明德群学 / 冯仕政总主编. 中国社会变迁）
ISBN 978-7-300-32662-7

Ⅰ.①当… Ⅱ.①李… ②朱… Ⅲ.①社会阶层－研究－中国 ②社会流动－研究－中国 Ⅳ.①D663 ②C912.8

中国国家版本馆 CIP 数据核字（2024）第 066364 号

明德群学　冯仕政　总主编
明德群学·中国社会变迁　李路路　主编

当代中国社会分层与流动研究手册（下）
李路路　朱　斌　主编
Dangdai Zhongguo Shehui Fenceng yu Liudong Yanjiu Shouce

出版发行	中国人民大学出版社		
社　　址	北京中关村大街 31 号	邮政编码	100080
电　　话	010 - 62511242（总编室）		010 - 62511770（质管部）
	010 - 82501766（邮购部）		010 - 62514148（门市部）
	010 - 62515195（发行公司）		010 - 62515275（盗版举报）
网　　址	http://www.crup.com.cn		
经　　销	新华书店		
印　　刷	北京昌联印刷有限公司		
开　　本	720 mm × 1000 mm　1/16	版　次	2024 年 6 月第 1 版
印　　张	26.25 插页 2	印　次	2024 年 6 月第 1 次印刷
字　　数	413 000	定　价	259.00 元（全两册）

版权所有　侵权必究　　印装差错　负责调换